R. Habib

PROFESSIONAL
COBOL/2
WORKBENCH

Ein umfassendes Werk über den neuen COBOL-

Standard nach ANSI '85 High Level und SAA für

die Betriebssysteme DOS, OS/2 und XENIX/UNIX.

CIP-Titelaufnahme der Deutschen Bibliothek

Habib, Raouf:
Professional COBOL/2 workbench : ein umfassendes Werk über den
neuen COBOL-Standard nach ANSI '85 high level und SAA für die
Betriebssysteme DOS, OS/2 und XENIX/UNIX / R. Habib. – 4. Aufl. –
Vaterstetten bei München : IWT, 1991
    ISBN 3-88322-200-3

ISBN 3-88322-200-3
4. Auflage 1991

PROFESSIONAL COBOL/2 WORKBENCH
ist ein Warenzeichen von Micro Focus

Printed in West Germany
© Copyright 1988 by IWT Verlag GmbH
Vaterstetten bei München

Herstellung: Freiburger Graphische Betriebe, Freiburg
Umschlaggestaltung: CommunAction, München

Vorwort

Der Name der kommerziellen und administrativen Programmiersprache COBOL ist die Abkürzung für COMMON BUSINESS ORIENTED LANGUAGE. Die COBOL-Sprache wurde vom amerikanischen Standard Institut (AMERICAN NATIONAL STANDARD INSTITUT) standardisiert und trägt seither den Namen ANSI COBOL.

Das Buch bietet eine ausführliche und sachliche Auseinandersetzung mit allen Klauseln und Anweisungen der COBOL-Sprache. Der gesamte Sprachvorrat von COBOL wurde thematisch in 19 Kapitel gegliedert.

Der in der vorliegenden Einführung behandelte COBOL-Sprachvorrat entspricht dem COBOL-Standard X3.24-1985.

Selbstverständlich befaßt sich das Buch auch mit Feinheiten und Details des von MICRO FOCUS entwickelten Compilers PROFESSIONAL COBOL/2 WORKBENCH. Dabei wurden Abweichungen und Erweiterungen zum ANSI'85 besonders hervorgehoben.

Die Grundlagen der COBOL-Sprache werden in den ersten 4 Kapiteln vermittelt. Alle weiteren Kapitel behandeln jeweils in sich abgeschlossene Themenbereiche.

Am Ende eines jeden Kapitels wird mindestens ein Programmbeispiel gegeben. Jedes Programm wird zur besseren Kontrolle mit einem Struktogramm und Testdaten versehen. Die Testdaten und Programmergebnisse bzw. den Dialogablauf finden Sie immer am Ende des Programms. Die 30 Programme sind so gestaltet, daß dem Leser der Weg vom Problem zum fertigen COBOL-Programm gezeigt wird. Schrittweise und abhängig von Ihren bisher gewonnenen Erfahrungen können Sie sich an der jeweiligen Problemlösung beteiligen.

Sehr ausführlich wird die Technik der strukturierten Programmierung vermittelt.

Der Fortgeschrittene wird auf die Spracherweiterungen für Bildschirmsteuerung (Kapitel 6) und die indexsequentielle Organisationsform (Kapitel 17) hingewiesen.

München, im Januar 1988   R. Habib

Inhaltsverzeichnis

1. DIE ALLGEMEINE COBOL-PROGRAMM-STRUKTUR

1.1 Vorbemerkung

Die meisten Programmiersprachen erlauben die Definitionen von Variablen, Konstanten und Dateien, aber auch die Codierung von ausführbaren Anweisungen an beliebigen Stellen im Quellprogramm. Dies führt dann zu einer aufwendigen Programmpflege, wenn man sich nicht an bestimmte Konventionen für die übersichtliche Gestaltung von Programmen hält. In COBOL sieht es dagegen anders aus. In diesem Kapitel werden die Struktur und die Elemente eines COBOL-Programms beschrieben.

1.2 COBOL-Programmstruktur

In der Programmiersprache COBOL hat man für Übersicht im Quellprogramm gesorgt, indem man das Quellprogramm in vier Programmteile "DIVISIONs" untergliedert hat.

Jedem Programmteil wurde ein fester Name als Überschrift und ein Verwendungszweck gegeben:

IDENTIFICATION DIVISION,

ENVIRONMENT DIVISION,

DATA DIVISION und

PROCEDURE DIVISION.

Diese DIVISIONs müssen in der hier angegebenen Reihenfolge im Programm erscheinen.

1.3 Die Bedeutung der Programmteile

Der **Erkennungsteil** "IDENTIFICATION DIVISION" enthält eine Reihe von Informationen zur Benennung und Dokumentation des Quellprogramms. Dieser Teil hat keinen Einfluß auf das Programm. Die in diesem Teil gemachten Angaben werden – für spätere Bezugnahme – Kommentareintragungen genannt.

Der **Maschinenteil** "ENVIRONMENT DIVISION" beschreibt die für das Programm notwendige Hardware-Umgebung. Zusätzlich werden Beziehungen zwischen den logischen Dateien, die im Quellprogramm definiert sind, und den tatsächlichen Ein/Ausgabeeinheiten, auf denen sich diese Dateien befinden, hergestellt. Die in diesem Teil gemachten Angaben werden Klauseln genannt.

Der **Datenteil** "DATA DIVISION" wird benutzt, um die Daten zu beschreiben, die im Programm verarbeitet werden sollen. Diese Daten umfassen Dateisatzbeschreibungen, Konstanten und Variablen. Die in diesem Teil gemachten Angaben werden Definitionen und Klauseln genannt.

Der **Prozedurteil** "PROCEDURE DIVISION" enthält eine Reihe von ausführbaren Anweisungen, die zusammen mit den definierten Daten das Objektprogramm bilden. Die in diesem Teil gemachten Angaben werden Anweisungen genannt.

1.4 Das COBOL-Programm im Überblick

(1)	IDENTIFICATION DIVISION. Kommentareintragungen ...

(2)	ENVIRONMENT DIVISION.
	CONFIGURATION SECTION.
	SOURCE-COMPUTER.
	    Name des Umwandlungssystems
	OBJECT-COMPUTER.
	    Name des ausführenden Systems
	SPECIAL-NAMES.
	    speziell vom Programmierer
	    festzulegende Namen und Regeln
	INPUT-OUTPUT SECTION.
	FILE-CONTROL.
	    Klauseln zur Definition von Dateien
	I-O-CONTROL.
	    Klauseln zu speziellen Ein/Ausgabe-
	    techniken

(3)	DATA DIVISION.
	FILE SECTION.
	    Definitionen von Dateiensätzen
	WORKING-STORAGE SECTION.
	    Definitionen von Konstanten und
	    Variablen
	LINKAGE SECTION.
	    Im Unterprogramm für Datenaustausch

(4)	PROCEDURE DIVISION. Anweisungen für die Verarbeitung

1.5 Die Hierarchie in einem COBOL-Programm

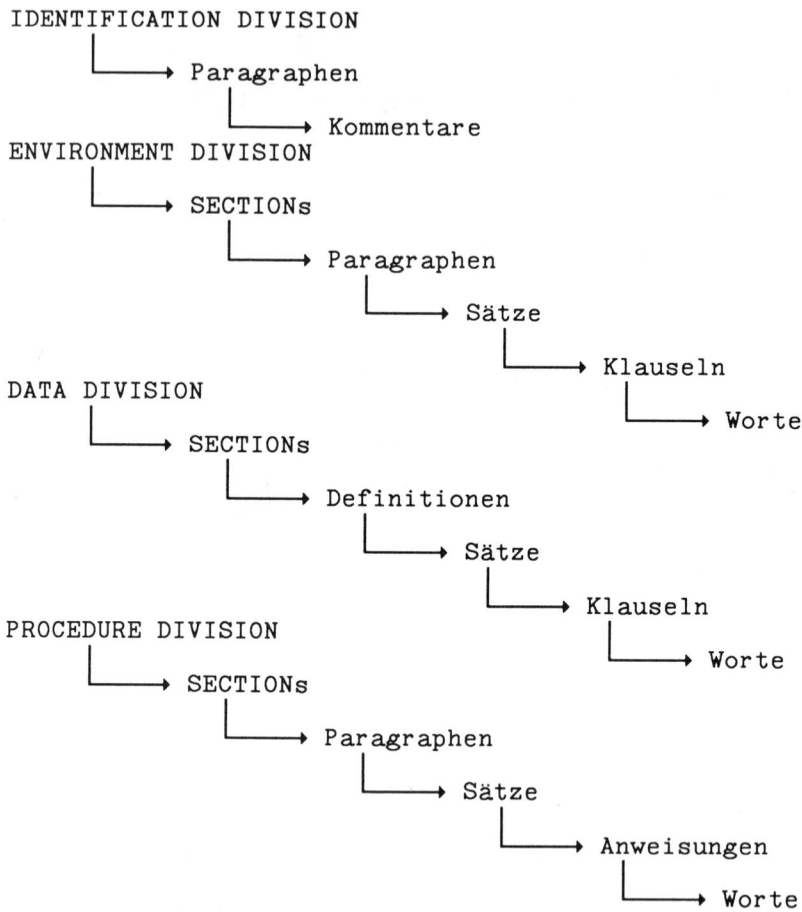

Alle Namen der SECTIONs und der Paragraphen in den ersten drei DIVISIONs sind von COBOL fest vorgegeben. In der PROCEDURE DIVISION können wir beliebige Namen dafür verwenden.

1.6 COBOL-Sprachelemente

Wir haben im Abschnitt 1.5 gesehen, daß ein COBOL- Programm letztendlich aus Worten besteht.

1.6.1 COBOL-reservierte Worte

Unter einem reservierten Wort versteht man ein Wort, das für die Darstellung einer Klausel oder einer Anweisung reserviert worden ist. Diese Worte umfassen:

Schlüsselworte

Dies sind Worte, die vorhanden sein müssen, wenn das Format, in dem die Worte vorkommen, im Quellprogramm verwendet wird. Es gibt drei Arten von Schlüsselworten:

- Verben wie MOVE, PERFORM, COMPUTE.

- Notwendige Wörter, die in den Klauseln und Anweisungen vorkommen, z.B. TO, FROM.

- Wörter, die eine besondere funktionelle Bedeutung haben, z.B. NEGATIVE, NUMERIC.

Wahlworte

Die Wahlworte können wahlweise, wo sie erlaubt sind, verwendet werden. Sie haben keinen Einfluß auf die Wirkung einer Klausel oder einer Anweisung und dienen ausschließlich der besseren Lesbarkeit des Programms, z.B. IS, ARE.

Verknüpfer

Ein Verknüpfer kann sein

- ein Kennzeichnerbindewort: IN, OF verknüpft einen Datennamen oder Paragraphennamen mit seinem Kennzeichner, z.B.
  NAME IN KUNDEN-SATZ

- oder ein boolescher Operator: AND, OR, AND NOT, OR NOT
  wird verwendet zur Herstellung von zusammengesetzten Bedingungen.

1.6.2 Programmiererworte

Ein Programmiererwort ist ein COBOL-Wort, das vom Programmierer selbst
gewählt werden kann. Es wird als symbolische Adresse zur Benennung von
Datenbereichen, Dateien oder Programm-Verzweigungszielen verwendet.

Aufbau:

a) Ein Wort besteht aus 1-30 Zeichen des folgenden Vorrates: A-Z,
0-9 und – (Bindestrich).

b) Ein Wort darf **nicht** mit einem Bindestrich beginnen oder enden.

c) Es darf **kein** Leerzeichen enthalten.

d) Alle Programmiererworte, ausgenommen Segmentnummern,
Stufennummern und Paragraphennamen in der PROCEDURE
DIVISION müssen eindeutig sein. Paragraphennamen innerhalb
einer einzigen SECTION müssen jedoch eindeutig sein.

e) Alle Programmierworte, ausgenommen Paragraphennamen, Ka-
pitelnamen, Stufennummern und Segmentnummern, müssen
mindestens ein alphabetisches Zeichen enthalten.

Beispiele

```
Datennamen    ----->    BETRAG    MWST    KUNDEN-SATZ

Kapitel u. Paragraphennamen -----> VERARBEITUNG LESEN
```

1.6.3 Literale

Ein Literal ist eine Konstante, die in der Form einer Zeichenfolge angegeben werden kann. Es kann mittels einer MOVE-Anweisung übertragen oder für die Vorbesetzung eines Datenfeldes mittels der VALUE-Klausel verwendet werden.

Nichtnumerische Literale

Ein nichtnumerisches Literal ist eine Zeichenfolge von 1-120 Zeichen, welche in Anführungszeichen eingeschlossen ist.

Das Literal kann, mit Ausnahme der Anführungszeichen, alle Zeichen aus dem ASCII-Zeichenvorrat enthalten.

Beispiele:

```
"NACHRICHT"
"14%"
"Umsatzliste"
```

Numerische Literale

Ein numerisches Literal ist eine Folge aus den Zeichen:

    a)   Ziffern von 0-9
    b)   Vorzeichen + oder -
    c)   Dezimalpunkt.

Aufbau:

a) Das Literal darf maximal 1-18 Ziffern enthalten.

b) Das Literal darf nur ein Vorzeichen enthalten, und zwar nur als erstes Zeichen. Wird das Vorzeichen weggelassen, so wird + angenommen.

c) Das Literal darf nur einen Dezimalpunkt enthalten, der nie als letztes Zeichen angegeben werden darf.

d) Es muß mindestens eine Ziffer verwendet werden.

Beispiele:

```
-123.45
+9876
.99
00000
```

1.6.4 Figurative Konstanten

Eine figurative Konstante ist ein COBOL-Wort, für das vom Compiler ein bestimmter Wert erzeugt wird.

ZERO bzw. ZEROS bzw. ZEROES

Der Inhalt des Datenfeldes, das diese figurative Konstanten enthält, hängt von seinem Attribut ab:

Beispiel

Feldbeschreibung	binär	entpackt	gepackt
Inhalt (hex)	"000000"	"303030"	"00000F"

SPACE bzw. SPACES

Eine oder mehrere Wiederholungen des Zeichens −Leerzeichen− (hex "20").

Beispiel:

Löschen des Bereiches KUNDEN-SATZ

```
MOVE SPACE TO KUNDEN-SATZ
```

Inhalt des Bereiches: X"202020202020202020202020202020"

Die MOVE-Anweisung überträgt Daten zu einem Feld und wird im Kapitel "Übertragungen" detailliert ausgeführt.

HIGH-VALUE bzw. HIGH-VALUES

Eine oder mehrere Wiederholungen des Zeichens (X"7F")

Beispiel:

```
MOVE HIGH-VALUE TO KENNZEICHEN
```

Inhalt des Datenfeldes: X"7F7F7F"

LOW-VALUE bzw. LOW-VALUES

Eine oder mehrere Wiederholungen des Zeichens (X"00")

Beispiel:

```
MOVE LOW-VALUE TO SUMME.
```

Inhalt des Datenfeldes: X"000000"

QUOTE bzw. QUOTES

Eine oder mehrere Wiederholungen des Zeichens –Anführungszeichen–
(X"22")

Beispiel:

```
MOVE QUOTE TO DATENFELD
```

ALL Literal

Die figurative Konstante "ALL Literal" wurde für den Programmierer freigelassen. Er kann damit bestimmen, welches Zeichen hier eingesetzt werden soll.

Beispiel 1:

Aufbauen einer Linie

```
MOVE   ALL   "-"   TO   LINIE
```

Inhalt des Datenfeldes: "--------------------"

Beispiel 2:

Aufbauen einer Tabulatorzeile

```
MOVE ALL "I----" TO TABZEILE
```

Inhalt des Datenfeldes: "I----I----I----I----I"

Sie können anhand dieses Beispiels sehen, daß dies so lange wiederholt wird, bis die Feldlänge nicht mehr ausreicht.

NULL bzw. NULLS

Diese Art von figurativen Konstanten wird für Adressenfelder (POINTER-Variable) benutzt und bedeutet, daß das Adressenfeld keine gültige Adresse enthalten soll (auf Null gesetzt).

Beispiel

```
01 ZEIGER          POINTER VALUE NULL.
```

1.6.5 Trennsymbole

Interpunktion

■ Leerzeichen

Ein Leerzeichen muß immer nach jedem COBOL-Element angegeben werden. Wo ein Leerzeichen vorhanden ist, können auch mehrere angegeben werden.

Beispiel:

```
COMPUTE SUMME = ZAHL1 + ZAHL2
```

■ Komma und Semikolon

Diese Zeichen haben keine Bedeutung für die Interpretation des Quellprogramms. Sie verbessern lediglich die Lesbarkeit der Klauseln und Anweisungen.

Beispiel:

```
ADD 1 TO ZAHL1, ZAHL2, ZAHL3.

01 STEUER PIC S9(0); COMP;    VALUE ZERO.
```

■   Punkt

Der Punkt stellt das Endkriterium einer Aussage dar, z.B. das Ende

einer Teil- oder Kapitelüberschrift,
einer Dateibeschreibung,
einer Feldbeschreibung,
einer Anweisung.

Beispiel:

```
IDENTIFICATION DIVISION.

Ø1 SCHALTER      PIC 9 VALUE ZERO.

VERARBEITUNG SECTION.

IF SCHALTER = 1 DISPLAY "ENDE"
                STOP RUN.
```

Insbesonders zeigt sich die Bedeutung des Punktes in der Beendigung von bedingten Anweisungen, z.B.:

```
IF ZZ = 5Ø MOVE ZERO TO ZZ
            ADD 1 TO SZ
            WRITE A-SATZ AFTER PAGE.

WRITE A-SATZ FROM POSTENZEILE
```

Der Punkt beendet in diesem Beispiel die IF-Anweisung, eine nachfolgende Anweisung wird in jedem Fall ausgeführt.

Anweisungsbegrenzer

In ANSI'85 wurden einige Anweisungen um einen Anweisungsbegrenzer erweitert. Dieser Begrenzer hat die Aufgabe, eine Anweisung zu beenden und syntaxmäßig von der nachfolgenden Anweisung zu trennen. Der Begrenzer ersetzt damit die Funktion des Punktes, z.B:

```
IF  ZZ = 50   MOVE ZERO TO ZZ
              ADD 1 TO SZ
              WRITE A-SATZ AFTER PAGE
    END-IF

    WRITE A-SATZ  FROM POSTENZEILE
```

Die folgende Tabelle enthält alle Anweisungsbegrenzer in ANSI'85:

Begrenzer	Anweisung
END-ADD	ADD
END-CALL	CALL
END-COMPUTE	COMPUTE
END-DELETE	DELETE
END-DIVIDE	DIVIDE
END-EVALUATE	EVALUATE
END-IF	IF
END-MULTIPLY	MULTIPLY
END-PERFORM	PERFORM
END-READ	READ
END-RETURN	RETURN
END-REWRITE	REWRITE
END-SEARCH	SEARCH
END-START	START
END-STRING	STRING
END-SUBTRACT	SUBTRACT
END-UNSTRING	UNSTRING
END-WRITE	WRITE

Anführungszeichen

Diese dürfen nur paarweise zur Begrenzung von nichtnumerischen Literalen auftreten, außer wenn das Literal fortgesetzt wird.

Einem öffnenden Anführungszeichen muß ein Leerzeichen oder eine Klammer unmittelbar vorausgehen. Einem schließenden Anführungszeichen muß eines der folgenden Trennzeichen unmittelbar folgen:

> Leerzeichen, Komma, Semikolon, Punkt oder schließende runde Klammer.

Beispiel:

```
MOVE █FALSCHES KENNZEICHEN█ TO FEHLER-MELDUNG.
```

Linke und rechte Rundklammern

Diese dürfen nur paarweise als Begrenzer von Normal- und Spezialindizes, arithmetischen Ausdrücken oder Bedingungen verwendet werden.

Runden Klammern können Leerzeichen vorausgehen und/oder folgen, sie müssen es aber nicht.

Arithmetische Operatoren

Beachten Sie bitte, daß vor und nach jedem arithmetischen Operator ein Leerzeichen vorhanden sein muß.

- `+`   Addition
- `-`   Subtraktion
- `*`   Multiplikation
- `/`   Division
- `**`   Potenzierung

Vergleichsoperatoren

Auch hier muß vor und nach jedem Operator ein
Leerzeichen vorhanden sein.

>   größer

<   kleiner

=   gleich

> =   größer gleich

< =   kleiner gleich

1.6.6 Sonderregister

Sonderregister sind Datenfelder, in denen bei Verwendung bestimmter Bestandteile von COBOL die dort angefallene Information abgelegt wird. Die Attribute und Namen dieser Sonderregister sind vorgegeben, z.B. LINAGE-COUNTER, TALLY, RETURN-CODE usw.

1.7 COBOL-Zeichensatz

Es geht hier um die Zeichen, die in einem COBOL-Quellprogramm verwendet werden können. Der COBOL-Zeichensatz enthält 52 ASCII-Codezeichen:

> 26 Buchstaben,
> 10 arabische Ziffern und
> 16 Sonderzeichen.

Dies sind die Zeichen, aus denen Klauseln und Anweisungen zusammengesetzt sind. Außerdem können Kleinbuchstaben benutzt werden, was aber nicht zu empfehlen ist. Die restlichen Zeichen aus dem ASCII-Code können nur in Kommentaren und nicht-numerischen Literalen verwendet werden.

Zeichenvorrat	Bedeutung
Ø bis 9	Ziffern
A bis Z	Großbuchstaben
a bis z	Kleinbuchstaben
b	Leerzeichen
+	Pluszeichen
−	Minuszeichen (Bindestrich)
*	Stern
/	Schrägstrich
=	Gleichheitszeichen
$	Währungszeichen (Dollarsymbol)
,	Komma
.	Punkt
;	Semikolon
"	Anführungszeichen
'	Apostroph
(	öffnende runde Klammer
)	schließende runde Klammer
>	größer als
<	kleiner als

Abb. 1.1 COBOL-Zeichensatz

1.8 Interpretation der COBOL-Klausel- und Anweisungsformate

Jede Klausel oder Anweisung wird von COBOL in einem bestimmten Format vorgegeben. Der Programmierer hat diese genauestens zu beachten, d.h. er darf nichts hinzufügen oder ein "Muß-Wort" auslassen.

Beispiel zur COBOL-Syntax:

```
DIVIDE ⎡Bezeichner-1⎤ INTO {Bezeichner-2 [ROUNDED]}...
       ⎣Literal-1   ⎦

   [ON SIZE ERROR unbedingte Anweisung]

   [NOT  ON SIZE ERROR unbedingte Anweisung]

   [END-DIVIDE]
```

Wie werden nun die einzelnen Elemente eines Formats interpretiert?

Worte in Großbuchstaben

Dies sind reservierte COBOL-Worte. Sie dürfen nur in dem Zusammenhang verwendet werden, in dem sie aufgetreten sind, z.B. DIVIDE, ROUNDED und ON.

Unterstrichene reservierte Worte

Dies sind sog. Schlüsselwörter. Sie müssen angegeben werden, wenn man die zugehörige Anweisung oder Klausel anwenden will, z.B. DIVIDE oder ROUNDED.

Nicht unterstrichene reservierte Worte

Dies sind Wahlworte, d.h. sie können angegeben oder ausgelassen werden. Sie dienen lediglich der besseren Lesbarkeit des Programms und haben keinen Einfluß auf die Wirkung der Anweisungen oder Klauseln, z.B. ON, IS und ARE.

Worte in Kleinbuchstaben

Dies sind Programmiererworte, die vom Programmierer selbst gewählt werden können. Sie dürfen nicht mit einem der reservierten Worte identisch sein, z.B. KUNDEN-SATZ, EINKOMMEN-STEUER, LAGER-STAMM-DATEI, usw.

Eckige Klammern

Es handelt sich hier um eine zusätzliche Angabe, deren Wirkung manchmal, jedoch nicht immer, bei der Programmierung gewünscht wird.

Geschweifte Klammern

Hier werden mehrere Angaben zur Wahl angeboten; Sie müssen eine dieser Angaben wählen.

Wiederholungssymbol ...

Das Wiederholungssymbol zeigt an, daß die unmittelbar vorausgegangene Einheit nach einmaliger Angabe beliebig oft wiederholt werden kann, aber nicht muß. Eine wiederholbare Einheit ist ein einziges Wort bzw. sind mehrere Wörter, die durch eckige oder geschweifte Klammern zusammengefaßt sind.

1.9 Das Codieren

Ein COBOL-Programm wird in 80stelligen Zeilen geschrieben. Jede Zeile wird wie folgt eingeteilt:

Zeilennumerierung (Spalte 1-6)

Dieser Bereich enthält eine fortlaufende Zahl zur Numerierung der Programmzeilen oder Leerzeichen.

A-Bereich (Spalte 8-11)

Im A-Bereich müssen die nachfolgenden COBOL-Elemente begonnen werden:

Teilüberschriften (DIVISIONs),
Kapitelüberschriften (SECTIONs),
Paragraphennamen,
Stufenbezeichnungen FD, SD,
Stufennummern 01 und 77.
Die Stufennummern 66 und 88 können im A-Bereich beginnen.

Diese COBOL-Elemente müssen spätestens in Spalte 11 erscheinen.

B-Bereich (Spalte 12-72)

Im B-Bereich müssen die nachfolgenden COBOL-Elemente begonnen werden:

Klauseln,
Datennamen,
Stufennummern 02-49,
Anweisungen,
Die Stufennummern 66 und 88 können im B-Bereich beginnen.

Fortsetzungsbereich (Spalte 7)

In diesem Bereich kann eines der nachfolgenden Zeichen für den jeweils angegebenen Verwendungszweck eingetragen werden:

*   In jede Zeile, die in Spalte 7 das Stern-Zeichen enthält, kann ein Kommentar geschrieben werden. Solche Zeilen werden bei der Übersetzung des COBOL-Programms nicht übersetzt.

/   Der Schrägstrich in Spalte 7 hat den gleichen Verwendungszweck wie der Stern, jedoch bewirkt dieser zusätzlich einen Seitenvorschub im Quellprogrammprotokoll.

D   Das Zeichen D in Spalte 7 kennzeichnet eine Testhilfezeile. Eine solche Zeile enthält Testhilfe-Anweisungen, die nur dann übersetzt werden, wenn die Klausel WITH DEBUGGING MODE im SOURCE-COMPUTER-Eintrag angegeben wird.

Der Bindestrich in Spalte 7 zeigt eine Fortsetzungszeile an. Er wird notwendig sein, wenn ein COBOL-Element in zwei Zeilen getrennt werden muß. Unter einem COBOL-Element wollen wir hier ein COBOL-Wort oder ein Literal verstehen.

In diesem Fall wird der erste Teil des COBOL-Elements bis einschließlich der Spalte 72 geschrieben und der Rest in Spalte 12 der Fortsetzungszeile fortgesetzt. Nur ein alphanumerisches Literal darf auch nach Spalte 12 fortgesetzt werden. Zwischen einer fortgesetzten Zeile und einer Fortsetzungszeile dürfen keine Leerzeilen vorhanden sein.

Beispiel 1:

Das Trennen einer Anweisung benötigt kein Fortsetzungszeichen.

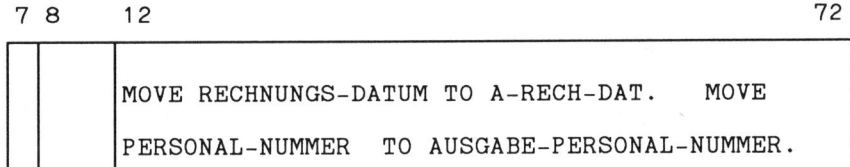

Beispiel 2:

Fortsetzen eines COBOL-Elementes

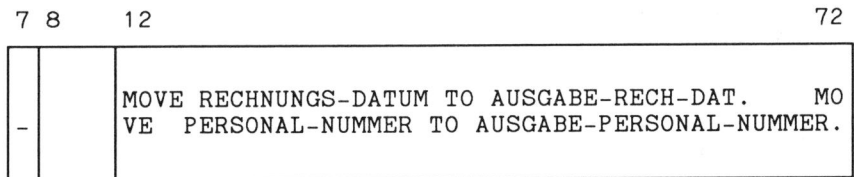

Beispiel 3:

Fortsetzen eines Literals

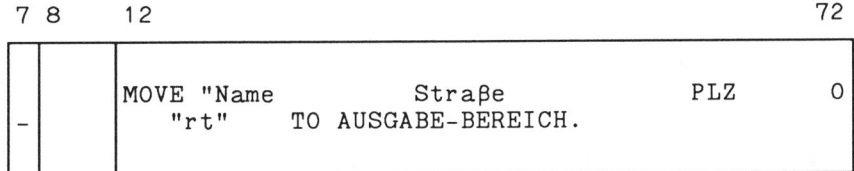

Beispiel 4:

Angabe eines Kommentars

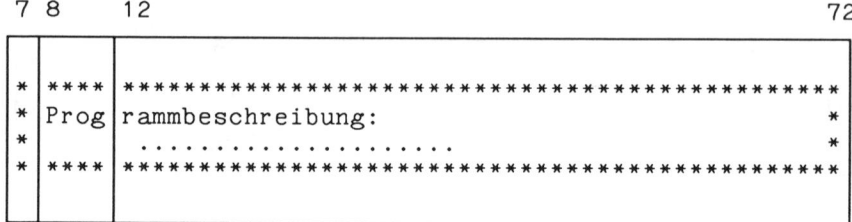

Programmidentifikationsbereich (Spalte 73-80)

Dieser Bereich ist für die Aufnahme des Programmnamens vorgesehen. Er kann auch Leerzeichen oder beliebige Zeichen zur Identifikation eines Teiles des Programms enthalten.

COBOL-Codierformular

1.10 Übungen:

1.   Nennen Sie die vier Teile eines COBOL-Programms und beschreiben Sie kurz jeweils den Verwendungszweck!

....
....
....
....

2.   Müssen alle vier Teile angegeben werden?

....

3.   Können die vier Teile in beliebiger Reihenfolge angegeben werden?

....

4.   Wie nennen sich die PROCEDURE DIVISION-Angaben?

....

5.   Aus welchen Wortarten setzen sich Anweisungen in der
PROCEDURE DIVISION zusammen?

....

6.   Was verstehen Sie unter einem reservierten COBOL-Wort?

....

7.   Was ist ein Programmierer-Wort?

....

8.   Kennzeichnen Sie, ob die nachfolgenden Programmierer-Worte falsch oder richtig sind!

Programmierer-Wort	falsch	richtig
a) MENGEN	O	O
b) LAGER-	O	O
c) LESEN-9999	O	O
d) NETTO BETRAG	O	O
e) LAGER/MENGE	O	O
f) DIVIDE	O	O
g) DIVIDE-50	O	O
h) 348978	O	O
i) 100-FELDER	O	O
j) ABCDE	O	O

9.   Kennzeichnen Sie, ob die folgenden Literale numerisch, nicht-numerisch oder ungültig sind!

Literal	numerisch	nicht-numerisch	ungültig
a) 1999.0	O	O	O
b) "+ 14 % Mwst"	O	O	O
c) Soll	O	O	O
d) 765.99-	O	O	O
e) + 678	O	O	O
f) -945.9 DM	O	O	O
g) -000	O	O	O
h) ""	O	O	O
i) ""Sonderrabatt""	O	O	O
j) "'Sonderrabatt'"	O	O	O

10.   Das Feld ZEILE ist 13 Stellen lang. Welchen Inhalt weist dieses auf, wenn die figurative Konstante ALL "*===" dorthin übertragen wird?

....

1.11 Lösungen

1. Die vier Teile sind:

    IDENTIFICATION DIVISION   Programm-Identifikation
    ENVIRONMENT DIVISION   Hardware-Umgebung
    DATA DIVISION   Datenbeschreibung
    PROCEDURE DIVISION   Verarbeitungsanweisungen

2. Nach Standard ANSI'85 müssen alle vier DIVISIONS angegeben werden.

3. Nein. Eine feste Reihenfolge wie oben angegeben, ist vorgeschrieben.

4. Anweisungen

5. Aus COBOL- und Programmierer-Worten

6. Ein Wort, das im COBOL-Sprachvorrat existiert und dem Compiler eine bestimmte Aktion mitteilt.

7. Ein Wort, das der Programmierer selbst festlegen kann, um z.B. eine Datendefinition vorzunehmen.

8. a) Richtig
    b) Falsch, der Bindestrich darf nicht am Ende sein.
    c) Richtig
    d) Falsch, Leerzeichen innerhalb des Wortes ist verboten.
    e) Falsch, Schrägstrich darf nicht verwendet werden.
    f) Falsch, DIVIDE ist ein reserviertes COBOL-Wort.
    g) Richtig, denn jede Modifizierung an einem reservierten Wort verwandelt dieses in ein Programmierer-Wort.
    h) Richtig, aber nur als Kapitel- oder Paragraphenname wegen des fehlenden Alphabet-Zeichens.
    i) Richtig
    j) Richtig, aber nicht empfohlen, da dieses keine Aussage über den Verwendungszweck trifft.

9. a) Numerisch
    b) Nicht-numerisch
    c) Ungültig, nicht in Anführungszeichen eingeschlossen.
    d) Ungültig, das Vorzeichen darf nicht am Ende sein.
    e) Ungültig, Leerzeichen im Literal ist verboten.
    f) Ungültig, die Zeichen "DM" sind nicht numerisch.
    g) Numerisch, eine Null wird immer positiv betrachtet.
    h) Ungültig, das Literal muß mindestens ein Zeichen enthalten.
    i) Ungültig, das Anführungszeichen muß mittels QUOTE übertragen werden.
    j) Nicht-numerisch.

10. Der Inhalt ist: " * = = = * = = = * = = = * "

Programmbeispiel: DEMO1-ZINSEN

Aufgabenstellung

Es ist ein Programm für die Berechnung des Endkapitals zu entwickeln. Die benötigten Werte Kapital, Anzahl der Jahre und Zinssatz werden am Bildschirm eingegeben.

Das Endkapital errechnet sich nach der Formel

$$kn = k \times qn$$

$$q = 1 + \frac{p}{100}$$

```
k = Anfangskapital
n = Anzahl der Jahre
p = Zinssatz
```

Struktogramm

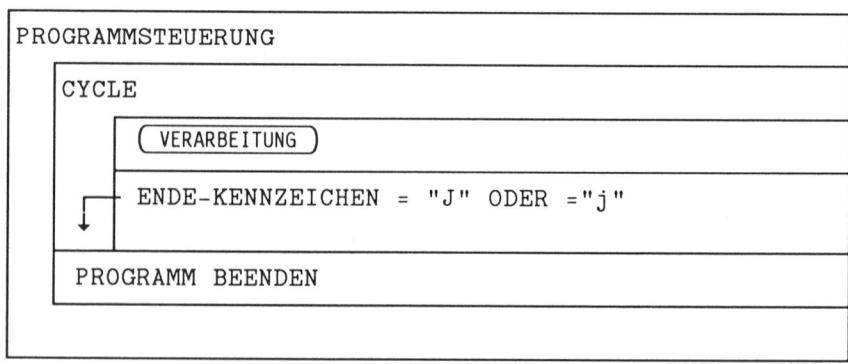

```
┌─────────────────────────────────────────────────────────────────┐
│ VERARBEITUNG                                                      │
│  ┌──────────────────────────────────────────────────────────┐   │
│  │ BILDSCHIRM LÖSCHEN                                         │   │
│  ├──────────────────────────────────────────────────────────┤   │
│  │ "Kapital    --->", "Zinssatz   --->",                     │   │
│  │  "Jahre      --->" ANZEIGEN                                │   │
│  ├──────────────────────────────────────────────────────────┤   │
│  │ E-KAPITAL, E-ZINSSATZ, ANZAHL-JAHRE EINGEBEN              │   │
│  ├──────────────────────────────────────────────────────────┤   │
│  │ E-KAPITAL   ---> KAPITAL                                   │   │
│  ├──────────────────────────────────────────────────────────┤   │
│  │ E-ZINSSATZ  ---> ZINSSATZ                                  │   │
│  ├──────────────────────────────────────────────────────────┤   │
│  │ Q = 1 + ZINSSATZ / 100                                     │   │
│  ├──────────────────────────────────────────────────────────┤   │
│  │ END-KAPITAL = KAPITAL * Q ** ANZAHL-JAHRE                  │   │
│  ├──────────────────────────────────────────────────────────┤   │
│  │ "Endkapital >>>"   ANZEIGEN                                │   │
│  ├──────────────────────────────────────────────────────────┤   │
│  │ END-KAPITAL        ANZEIGEN                                │   │
│  ├──────────────────────────────────────────────────────────┤   │
│  │ ENDE-MELDUNG       ANZEIGEN                                │   │
│  ├──────────────────────────────────────────────────────────┤   │
│  │ ENDE-KENNZEICHEN   EINGEBEN                                │   │
│  └──────────────────────────────────────────────────────────┘   │
└─────────────────────────────────────────────────────────────────┘
```

Programmlisting:

```
 1 IDENTIFICATION DIVISION.
 2 PROGRAM-ID.        DEMO1-ZINSEN.
 3 AUTHOR.            R. HABIB.
 4 DATE-WRITTEN.      12-08-1987.
 5 DATE-COMPILED. 24-Aug-87 21:17.
 6*
 7* PROGRAMMFUNKTION:
 8*
 9* DIESES PROGRAMM  BERECHNET DAS ENDKAPITAL NACH
10* DER EINGABE EINES KAPITALS, EINES ZINSSATZES
11* UND EINER ANSPARZEIT IN JAHREN.
12*
13*
14 ENVIRONMENT DIVISION.
15 CONFIGURATION SECTION.
16 SOURCE-COMPUTER.  IBM-PC.
17 OBJECT-COMPUTER.  IBM-PC.
18 SPECIAL-NAMES.
19     DECIMAL-POINT IS COMMA,
20     CONSOLE IS CRT.
21 INPUT-OUTPUT SECTION.
22 FILE-CONTROL.
23*------------------------------------------------*
24 DATA DIVISION.
25
26 WORKING-STORAGE SECTION.
27
28 01  E-KAPITAL          PIC ZZZ.ZZ9,99.
29 01  E-ZINSSATZ         PIC Z9,99.
30
31
32 01  KAPITAL            PIC 9(6)V99.
33 01  ANZAHL-JAHRE       PIC 99.
34 01  ZINSSATZ           PIC 99V99.
35 01  Q                  PIC 999V9999.
36
37 01  END-KAPITAL        PIC ZZZ.ZZZ.ZZZ.ZZ9,99.
```

```
38 01   ENDE-MELDUNG          PIC X(15) VALUE
39      "Ende (J/N) ===>".
40 01   ENDE-KENNZEICHEN      PIC X      VALUE SPACE.
41*---------------------------------------------------*
42 PROCEDURE DIVISION.
43 PROGRAMM-STEUERUNG SECTION.
44 PR-1000.
45      PERFORM VERARBEITUNG WITH TEST AFTER
46              UNTIL ENDE-KENNZEICHEN = "J" OR "j".
47 PR-9999.
48      STOP RUN.
49*---------------------------------------------------*
50 VERARBEITUNG SECTION.
51 VER-1000.
52      DISPLAY SPACE UPON CRT.
53      DISPLAY "Kapital   --->"  AT 0510.
54      DISPLAY "Zinssatz  --->"  AT 0610.
55      DISPLAY "Jahre     --->"  AT 0710.
56
57      ACCEPT  E-KAPITAL        AT 0525.
58      ACCEPT  E-ZINSSATZ       AT 0630.
59      ACCEPT  ANZAHL-JAHRE     AT 0733.
60
61      MOVE E-KAPITAL   TO KAPITAL.
62      MOVE E-ZINSSATZ  TO ZINSSATZ.
63
64      COMPUTE Q = 1 + ZINSSATZ / 100.
65      COMPUTE END-KAPITAL = KAPITAL * Q **
66              ANZAHL-JAHRE.
67
68      DISPLAY "Endkapital >>>"  AT 0910.
69      DISPLAY END-KAPITAL       AT 0925.
70
71      DISPLAY ENDE-MELDUNG    AT 2401.
72      ACCEPT  ENDE-KENNZEICHEN AT 2416.
73 VER-9999.
74      EXIT.
```

Dialog-Testlauf

```
        Kapital     --->  1.000,00
        zinssatz    --->      4,50
        Jahre       --->        01

        Endkapital  >>>          1.045,00



Ende (J/N) ===>N
```

2. PROGRAMMÜBERBLICK

2.1 IDENTIFICATION DIVISION

Wirkung

In der IDENTIFICATION DIVISION werden lediglich Kommentareintragungen gemacht, die zu Dokumentationszwecken dienen.

```
┌─ Format ──────────────────────────────────────────┐
│  ⎰ IDENTIFICATION DIVISION. ⎱                       │
│  ⎱ ID   DIVISION.           ⎰                       │
│                                                     │
│    PROGRAM-ID.      Programmname.                   │
│                                                     │
│  [AUTHOR.          [Kommentar] ...] Programmierername│
│                                                     │
│  [INSTALLATION.    [Kommentar] ...] Firma           │
│                                                     │
│  [DATE-WRITTEN.    [Kommentar] ...] Codierdatum     │
│                                                     │
│  [DATE-COMPILED.   [Kommentar] ...] Übersetzungsdatum│
│                                                     │
│  [SECURITY.        [Kommentar] ...] Sicherheitsvermerk│
│                                                     │
│  [REMARKS.         [Kommentar] ...] Bemerkung       │
└─────────────────────────────────────────────────────┘
```

Erläuterung

Die IDENTIFICATION DIVISION unterteilt sich direkt in Paragraphen. Alle Paragraphen, mit Ausnahme des PROGRAM-ID-Paragraphen, sind wahlweise anzugeben. Die ID DIVISION kann in PROFESSIONAL COBOL/2 weggelassen werden, wenn der ANSI-Switch bei der Übersetzung nicht gesetzt ist.

Beispiel

```
ID DIVISION.

PROGRAM-ID.         VERTRETER.

AUTHOR.             R. HABIB.

INSTALLATION.       KARL PHARMA GMBH.

DATE-WRITTEN.       12.SEPTEMPER 1985.

DATE-COMPILED.      14.9.1985.

SECURITY.           NUR FUER DIE PERSONALABTEILUNG.
```

2.2 ENVIRONMENT DIVISION

Wirkung

In der ENVIRONMENT DIVISION wird die Hardware-Umgebung des Programms beschrieben.

```
┌─ Format ──────────────────────────────────────────────────────┐
│                                                                 │
│  [ENVIRONMENT DIVISION.]                                        │
│                                                                 │
│  [CONFIGURATON SECTION.]                                        │
│                                                                 │
│  [SOURCE-COMPUTER. Eintrag  [WITH DEBUGGING MODE]. ]            │
│                                                                 │
│  [OBJECT-COMPUTER. Eintrag                                      │
│                                                                 │
│       [PROGRAM COLLATING SEQUENCE  IS Alphabet-name]            │
│                                                                 │
│       [SEGMENT-LIMIT IS Segmentnummer]. ]                       │
│                                                                 │
│  [SPECIAL-NAMES.                                                │
│                                                                 │
│                                                                 │
│         [DECIMAL-POINT  IS  COMMA]                              │
│                                                                 │
│         [CURRENCY SIGN  IS  Literal]                            │
│                                                                 │
│         [CURSOR IS Datenname-1]                                 │
│                                                                 │
│         [CONSOLE  IS CRT]                                       │
│                                                                 │
│         [CRT STATUS  IS Datenname-2]                            │
│                                                                 │
│         [SYSIN  IS Merkname-1]                                  │
│                                                                 │
│         [SYSOUT IS Merkname-2]                                  │
│                                                                 │
│         [TAB     IS Merkname-3]                                 │
│                                                                 │
│         [FORMFEED IS Merkname-4]                                │
│  ⎡                 ⎡ Ø ⎤                         ⎤              │
│  ⎢ SWITCH          ⎢ . ⎥ IS Merkname             ⎥              │
│  ⎣                 ⎣ 7 ⎦                          ⎦              │
│                                                                 │
│              ON  STATUS IS Bedingungsname-1 ⎤                   │
│           [OFF STATUS IS Bedingungsname-2]  ⎦ ...               │
│                                                                 │
└─────────────────────────────────────────────────────────────────┘
```

```
┌                                                                    ┐
│   ┌ ALPHABET  Alphabet-name IS                              ┐      │
│   │                                                         │      │
│   │ ┌┌ STANDARD-1 ┐                                 ┐       │      │
│   │ ││ STANDARD-2 │                                 │       │      │
│   │ │{  ASCII     }                                 │       │  ... │
│   │ ││  EBCDIC    │                                 │       │      │
│   │ │└  NATIVE    ┘                                 │       │      │
│   │ │                                               │       │      │
│   │ │             ┌ ┌ THROUGH ┐             ┐       │       │      │
│   │ {{ Literal-1  │ { THRU    } Literal-2   │       }...    │      │
│   │ │             │ {ALSO Literal-3}...      │       │       │      │
│   │ └             └                          ┘       ┘       │      │
│   └                                                         ┘      │
│                                                                    │
│        [Funktionsname IS Merkname]...                              │
│                                                                    │
│        [INPUT-OUTPUT SECTION.                                      │
│                                                                    │
│        [FILE-CONTROL.[Dateisteuerungseintrag.] ...                 │
│                                                                    │
│        [I-O-CONTROL. [Ein/Ausgabe-Steuerungseintrag.]...]]]        │
└                                                                    ┘
```

Erläuterung

CONFIGURATION SECTION

Die CONFIGURATION SECTION beschreibt die Hardware-Konfiguration des Programms und stellt wahlweise Beziehungen zwischen den systemintern definierten Namen und dem Programm her. Darüber hinaus können programm-individuelle Anforderungen gestellt werden.

SOURCE-COMPUTER

Beschreibt den Rechner, der das COBOL-Programm übersetzt.

WITH DEBUGGING MODE

Während der Testphase eines COBOL-Programms kann es notwendig sein, Testbefehle im Programm zur Kontrolle des Programmablaufs einzufügen. Diese Befehle werden jedoch in der Endphase nicht benötigt.

Solche Befehle können im Programm als Testhilfezeilen eingefügt werden, wenn diese Zeilen in Spalte 7 das Zeichen D enthalten.

Die DEBUGGING MODE-Klausel bewirkt, daß alle Testhilfezeilen als normale Zeilen des Quellprogramms übersetzt werden (Testphase).

Fehlt diese Klausel, so werden alle Testhilfezeilen als Kommentarzeilen betrachtet (Endphase).

OBJECT-COMPUTER

Beschreibt den Rechner, der das COBOL-Programm ausführt.

PROGRAM COLLATING SEQUENCE

Mit dieser Klausel kann der Programmierer eine bestimmte Sortierfolge, die im SPECIAL-NAMES-Paragraphen mit einem bestimmten Alphabetnamen verknüpft wurde, als maßgebliche Sortierfolge für alle alphanumerischen Vergleiche festlegen. Fehlt diese Klausel, so wird die Sortierfolge des Rechners (ASCII) verwendet (s. auch Alphabetname).

SEGMENT-LIMIT ...

In PROFESSIONAL COBOL/2 wird diese Klausel als Kommentar betrachtet. Ursprünglich hatte diese Klausel im ANSI'85-Standard den Zweck, Teile aus einem permanenten Programmteil als überlagerbare Segmente zu definieren.

SPECIAL-NAMES

Aus dem Namen des Paragraphen ist erkenntlich, daß dieser Paragraph für die Festlegung von programmindividuellen Anforderungen benutzt wird. So kann es z.B. der Fall sein, daß der Benutzer die Dezimalstelle in einer Druckliste durch ein Komma kennzeichnen will und nicht durch das dafür gedachte Standardzeichen, nämlich den Punkt.

DECIMAL-POINT IS COMMA-Klausel

Das Standardzeichen zur Darstellung der Dezimalstelle in Literalen und druckaufbereiteten Datenfeldern ist der Punkt. Mit DECIMAL-POINT IS COMMA-Klausel können die Funktionen des Kommas und des Dezimalpunktes ausgetauscht werden.

Beispiel

Standardangabe	DECIMAL-POINT IS COMMA.
MOVE 677.56 TO WERT.	MOVE 677,56 TO WERT.
PIC 999,999.99	PIC 999.999,99

CURRENCY SIGN-Klausel

Das Standard-Währungzeichen, das in einer PIC-Klausel erscheinen darf, ist das Dollarsymbol "$". Mit Hilfe der CURRENCY SIGN-Klausel kann der Benutzer eines der folgenden Zeichen als Währungszeichen festlegen:

- Ziffern 0 bis 9
- Buchstaben A,B,C,D,L,P,R,S,V,X,7 oder Leerzeichen
- Sonderzeichen * + - , . ; ( ) " / =

Beispiel

```
CURRENCY SIGN IS "F".
```

CURSOR IS Datenname-1

Nach Abschluß der Bildschirmeingabe einer ACCEPT-Anweisung ist es oftmals wünschenswert, die aktuelle Position des Cursors zu erfahren. Die CURSOR IS-Klausel verwendet ein Datenfeld, in dem die aktuelle Cursorposition, ausgedrückt in Zeilen und Spalten, übertragen wird. Datenname-1 ist ein 4-stelliges Datenfeld, das in der WORKING-STORAGE SECTION definiert werden muß.

CRT STATUS IS Datenname-2

Im Datenname-2 wird der Code der Taste geliefert, die die Eingabe durch die ACCEPT-Anweisung beendet hat (siehe ACCEPT-Anweisung).

Datenname-2 ist ein 3stelliges Datenfeld, das in der WORKING-STORAGE SECTION definiert werden muß. Diese Klausel gilt nur bei PROFESSIONAL COBOL/2.

CONSOLE IS CRT

Diese Klausel definiert die Standardangabe für die ACCEPT-Anweisung und die DISPLAY-Anweisung.

Funktionsnamen

Jeder Compilerhersteller definiert sich im Compiler sog. Funktionsnamen. Hinter jedem Funktionsnamen verbirgt sich eine bestimmte Funktion oder ein Verwendungszweck. Jeder Funktionsname kann im Programm benutzt werden, wenn er gleich einem vergleichbaren Namen (Merkname) gesetzt wird. Das allgemeine Format hierzu lautet:

```
Funktionsname IS Merkname
```

wobei

Funktionsname ein COBOL-Wort ist, welches eine bestimmte Bedeutung hat,

Merkname ein Programmierer-Wort ist, welches dann in den entsprechenden Anweisungen verwendet werden kann. In PROFESSIONAL COBOL/2 sind die folgenden Funktionsnamen vorhanden:

Funktionsname	Verwendungszweck
C01 bis C12	in der WRITE-Anweisung als Vorschub
CONSOLE	in den Anweisungen ACCEPT/DISPLAY
SYSIN SYSIPT	in der ACCEPT-Anweisung als logische Systemeingabeeinheit,
SYSOUT SYSLST SYSLIST SYSPUNCH SYSPNCH	in der DISPLAY-Anweisung als logische Systemausgabeeinheit,
TAB	in der WRITE-Anweisung für Zeilenvorschub in Druckdateien,
FORMFEED	in der WRITE-Anweisung für Seitenvorschub in Druckdateien.

Beispiel

```
SPECIAL-NAMES.

    SYSIN    IS  TASTATUR,
    SYSOUT   IS  BILDSCHIRM ,
    TAB      IS  ZEILENVORSCHUB,
    FORMFEED IS  BLATTVORSCHUB.
```

SWITCH IS ...

Diese Klausel ermöglicht dem Programmierer die Verwendung von einem der 8 COBOL-Schalter (SWITCH 0-7). Jeder der 2 möglichen Zustände eines Schalters (EIN oder AUS) kann einem Bedingungsnamen zugeordnet werden.

Jeder Schalter kann bei Aufruf des Programms auf "EIN" oder "AUS" gesetzt werden.

In der PROCEDURE DIVISION kann der Zustand eines Schalters mit der IF-Anweisung abgefragt werden.

Sinn und Zweck dieser Schalter ist das Gewinnen von Informationen im aktuellen Programm über Zustände aus Vorprogrammen. (Für weitere Informationen siehe Bediener-Handbuch "Ausführen eines Programms").

Beispiel

```
SPECIAL-NAMES.
     SWITCH 5 IS DEZEMBER-UMSATZ,
            ON STATUS IS DEZ-VORHANDEN,
            OFF STATUS IS DEZ-NICHT-VORHANDEN.
```

In diesem Beispiel soll im Programm eine bestimmte Situation gekennzeichnet und erkennbar gemacht werden, nämlich ob eine bestimmte Datei während der Programmausführung vorhanden ist oder nicht. Der ON-Status wurde mit dem Bedingungsnamen "DEZ-VORHANDEN" und der OFF-Status mit dem Bedingungsnamen "DEZ-NICHT-VORHANDEN" verknüpft. In der PROCEDURE DIVISION kann der Zustand eines Schalters mit Hilfe der IF-Anweisung abgefragt werden:

```
     IF DEZ-VORHANDEN THEN .....
```

bzw.

```
     IF DEZ-NICHT-VORHANDEN THEN .....
```

ALPHABET Alphabet-name IS ...

Diese Klausel wird benötigt, um eine andere Sortierfolge oder einen anderen Zeichensatz als den, der vom Rechner standardmäßig verwendet wird, festzulegen. Die Angabe STANDARD-1 oder ASCII spezifiziert den ASCII-Code als Zeichensatz mit Sortierfolge gemäß American National Standard X3.4-1968.

Die Angabe STANDARD-2 spezifiziert den ISO 7-Bit-Code als Zeichensatz mit Sortierfolge gemäß International Standard 646.

EBCDIC spezifiziert den EBCDI-Code als Zeichensatz mit Sortierfolge gemäß Extended Binar-Coded Decimal Interchange Code.

Können Sie zum Zeitpunkt der Codierung noch nicht entscheiden, ob ASCII- oder EBCDI-Code verwendet werden soll, so codieren Sie NATIVE. Spätestens jedoch zum Zeitpunkt der Übersetzung muß mit Hilfe der Übersetzungsdirektive NATIVE festgelegt werden, welcher Code verwendet werden soll.

Die Steuerung kann wie folgt vorgenommen werden:

```
A>COBOL CHECK BEISPIEL NATIVE"ASCII"
```

bzw.

```
A>COBOL CHECK BEISPIEL NATIVE"EBCDIC"
```

Sortierfolge anderer Systeme

Weiterhin kann der Programmierer mit Hilfe dieser Klausel systemeigene Sortierfolgen festlegen. Dies kann erforderlich sein, wenn Daten auf einer Anlage, die mit einem anderen Zeichensatz arbeitet, erstellt wurden. Zusätzlich sollen alle Datenvergleiche so durchgeführt werden, als ob sie auf der gleichen Anlage verarbeitet werden, auf der sie erstellt wurden.

Beispiel

```
OBJECT-COMPUTER. IBM-PC,
        PROGRAM COLLATING SEQUENCE IS ANLAGEN-CODE.

SPECIAL-NAMES.

        ANLAGEN-CODE IS "a" THRU "z"
                        "A" THRU "Z"
                        "Ø" THRU "9"
                        "!"#$%&/( )=?......".
```

In diesem Beispiel werden sämtliche Zeichen der anderen Anlage in eine Be- ziehung (Sortierfolge) miteinander gebracht, die der Sortierfolge dieser An- lage entspricht.

Änderung der Sortierfolge

Sollen nur bestimmte Zeichen aus dem ASCII-Code einen anderen Sortier- rang innerhalb der ASCII-Code-Sortierfolge einnehmen, so gibt man lediglich diese Zeichen im Alphabetnamen an.

Beispiel

```
OBJECT-COMPUTER. IBM-PC,
        PROGRAM COLLATING SEQUENCE IS RANG.

SPECIAL-NAMES.

        RANG   IS "Z" "Y" "X" "W" "V" "U" "T" "S".
```

In diesem Beispiel haben die aufgeführten Zeichen eine niedrigere Sortier- folge als alle andere Zeichen, wobei

Z kleiner ist als Y und
Y kleiner ist als X usw.

59

Gleichsetzen verschiedener Zeichen

Es ist oft wünschenswert bei einem Vergleich von zwei Datenfeldern, die zwar den gleichen Inhalt aufweisen, jedoch das eine Mal in Großbuchstaben und das andere Mal in Kleinbuchstaben, daß sie identisch sind. In diesem Fall müssen diese Zeichen gleichwertig gemacht werden.

Beispiel

```
OBJECT-COMPUTER. IBM-PC,
    PROGRAM COLLATING SEQUENCE IS GLEICH.

SPECIAL-NAMES.
    GLEICH IS  "A" ALSO "a"   "B" ALSO "b"
               "C" ALSO "c"   "D" ALSO "d"
               "E" ALSO "e"   "F" ALSO "f"
               . . . . .
```

In diesem Beispiel wird das "A" gleich dem "a" gemacht.

Somit sind Feldinhalte wie z.B.

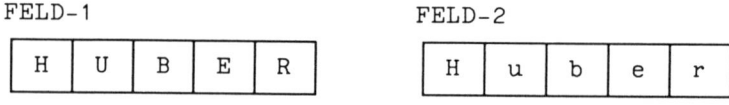

FELD-1

H	U	B	E	R

FELD-2

H	u	b	e	r

gleich.

INPUT-OUTPUT SECTION

In der INPUT-OUTPUT SECTION werden dateispezifische Eintragungen codiert. Eine ausführliche Beschreibung dafür finden Sie im Kapitel "Dateiverarbeitung". An dieser Stelle beschreiben wir die wichtigsten Klauseln im Überblick.

FILE-CONTROL

Der FILE-CONTROL-Paragraph beinhaltet die notwendigen Dateidefinitionen. Jede Datei, die im Programm verwendet werden soll, muß mit einer SELECT-Klausel definiert werden.

Beispiel

```
FILE-CONTROL.
    SELECT DRUCKER-DATEI ASSIGN TO "PRN:".
```

In diesem Beispiel wird eine Datei definiert. Die Datei erhält den logischen Namen "DRUCKER-DATEI" und den physischen Namen "PRN:". Alle Anweisungen, die sich auf den Dateinamen beziehen, wie z.B. OPEN-Anweisung bzw. CLOSE-Anweisung, müssen sich immer auf den logischen Namen der Datei beziehen.

Beispiel

```
    OPEN OUTPUT DRUCKER-DATEI.
```

Hier wird eine Datei für die Ausgabe eröffnet.

I-O-CONTROL

Dieser Paragraph enthält Eintragungen zur Steuerung der Ein/Ausgabe-Operationen, wie z.B. SAME AREA.

2.3 DATA DIVISION

```
┌─ Format ─────────────────────────────────────────────┐
│                                                        │
│  [DATA DIVISION.]                                      │
│                                                        │
│  [FILE SECTION.]                                       │
│                                                        │
│  [FD    Dateieintrag.                                  │
│                                                        │
│  {Ø1    Dateisatzbeschreibung.} ...] ...               │
│                                                        │
│                                                        │
│  [WORKING-STORAGE SECTION.]                            │
│                                                        │
│                    ⎰ 77   ⎱   ⎰ Datenname⎱             │
│  Stufennummer      ⎱ Ø1-49⎰   ⎱ FILLER   ⎰             │
│                                                        │
│             [REDEFINES-Klausel]                        │
│             [PICTURE-Klausel]                          │
│             [USAGE-Klausel]                            │
│             [VALUE-Klausel]                            │
│             [BLANK WHEN ZERO-Klausel]                  │
│             [JUSTIFIED-Klausel]                        │
│             [SYNCHRONIZED-Klausel]                     │
│             [OCCURS-Klausel]                           │
│             [SIGN-Klausel].                            │
│                                                        │
│  [LINKAGE SECTION.]                                    │
│                                                        │
│                    ⎰ 77   ⎱   ⎰ Datenname⎱             │
│  Stufennummer      ⎱ Ø1-49⎰   ⎱ FILLER   ⎰             │
│                                                        │
│             [REDEFINES-Klausel]                        │
│             [PICTURE-Klausel]                          │
│             [USAGE-Klausel]                            │
│             [BLANK WHEN ZERO-Klausel]                  │
│             [JUSTIFIED-Klausel]                        │
│             [SYNCHRONIZED-Klausel]                     │
│             [OCCURS-Klausel]                           │
│             [SIGN-Klausel].                            │
│                                                        │
└────────────────────────────────────────────────────────┘
```

Erläuterung

FILE SECTION

Jede Datei, die in einer SELECT-Klausel definiert wurde, muß in der FILE SECTION auf der Stufenbezeichnung FD auftreten. Die Dateisatzbeschreibung beschreibt den Aufbau eines Datensatzes dieser Datei. Der genaue Inhalt dieser SECTION würde hier zuweit führen, dies wird ausführlich im Kapitel Dateiverarbeitung beschrieben.

Beispiel

```
FD DRUCKER. Ø1 DRUCKER-SATZ        . . . . . . . . . .
```

WORKING-STORAGE SECTION

In der WORKING-STORAGE SECTION werden sämtliche Definitionen von Rechenfeldern, Hilfsfeldern und Satzstrukturen, die für den Ablauf des Programms notwendig sind, angegeben.

Achtung!

Eine Datendefinition muß mindestens eine der Klauseln

PICTURE-Klausel oder
USAGE-Klausel mit INDEX.

enthalten, damit in jedem Fall die Definition eines Datenfeldes mit einer bestimmten Länge gewährleistet ist.

Alle Klauseln, mit Ausnahme der REDEFINES-Klausel, können in beliebiger Reihenfolge, falls benötigt, niedergeschrieben werden.

LINKAGE SECTION

Struktur und Inhalt der LINKAGE SECTION entsprechen denen der WORKING-STORAGE SECTION, jedoch werden hier die Daten eines Unterprogramms beschrieben.

2.4 PROCEDURE DIVISION

```
┌─ Format ─────────────────────────────────────────────┐
│                                                       │
│  PROCEDURE DIVISION [USING {Datenname-1}...].         │
│                                                       │
│  [DECLARATIVES.                                        │
│                                                       │
│  {Kapitelname SECTION.    DECLARATIVES-Anweisung       │
│   [Paragraphenname.       [Anweisung]...]...}...       │
│                                                       │
│  END DECLARATIVES.]                                    │
│                                                       │
│  [Kapitelname SECTION.                                 │
│   [Paragraphenname.       [Anweisung]...]...]...       │
│                                                       │
│  [END PROGRAM Programname]                             │
│                                                       │
└───────────────────────────────────────────────────────┘
```

Erläuterung

In der **PROCEDURE DIVISION** werden alle ablauffähigen Befehle (COBOL-Anweisungen) codiert, d.h. also, daß hier nur Befehle codiert werden dürfen, die eine bestimmte Aktion bewirken, wie z.B. Übertragen, Addieren, Ausführen oder Verzweigen.

USING-Zusatz

Der USING-Zusatz darf nur in externen Unterprogrammen vorkommen, die in einem Hauptprogramm mit Hilfe der CALL-Anweisung aufgerufen werden. Er hat die Aufgabe, Daten des Hauptprogramms im Unterprogramm zugänglich zu machen. (Dem Thema "Externe Unterprogramme" haben wir ein eigenes Kapitel gewidmet).

DECLARATIVES (Sondervereinbarungen)

Die Eintragung des DECLARATIVES-Teils ist wahlfrei und abhängig von den Programmanforderungen. Dieser Teil beinhaltet zentrale Fehlerbehandlungsroutinen, die automatisch ausgeführt werden, wenn der entsprechende Fehler auftritt.

END PROGRAM

Diese Anweisung teilt dem Übersetzer das physische Ende des Programms mit. Als Programmname muß der Name, der im Paragraphen PROGRAM-ID festgelegt worden ist, angegeben werden.

Beispiel

```
PROGRAM-ID.   DEMO1.
.
.
.

     END PROGRAM DEMO1.
```

Aufbau der PROCEDURE DIVISION

Die PROCEDURE DIVISION ist die einzige DIVISION in einem COBOL-Programm, deren Aufbau und Gestaltung allein vom Programmierer abhängt; der Compiler schreibt hier nichts vor. COBOL-Anweisungen können also theoretisch in beliebiger Reihenfolge codiert werden.

Die Praxis jedoch empfiehlt die Strukturierung dieser DIVISION. Die PROCEDURE DIVISION sollte also in Kapitel (SECTIONs) unterteilt werden. Jedes Kapitel kann weiter in Paragraphen unterteilt werden.

Ein Kapitel kennzeichnet sich durch das Auftreten eines Namens, gefolgt von dem Wort "SECTION". Bei einem Paragraphen darf das Wort "SECTION" nicht vorkommen.

Ein Kapitel umfaßt alle nachfolgenden Paragraphen, bis ein weiteres Kapitel codiert wird (gekennzeichnet durch SECTION).

Spätestens vor dem Auftreten eines neuen Paragraphen muß ein Punkt angegeben werden.

Beispiel

```
PROCEDURE DIVISION.
VERARBEITUNG SECTION.
VER-1000.
    .
    .
    .
    .
    .
VER-2000.
    .
    .
    .
    .
VER-9999.
LESEN    SECTION.
    .
    .
    .
```

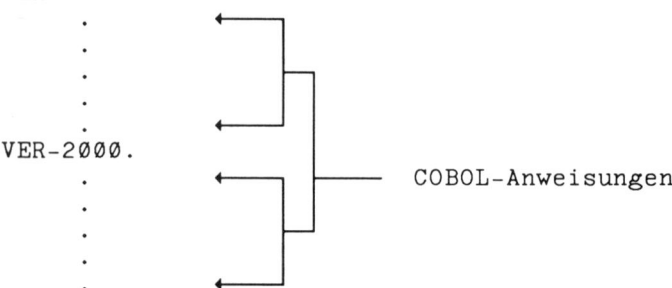

COBOL-Anweisungen

COBOL-Anweisungen im Überblick

Nachfolgend werden Ihnen die wichtigsten COBOL-Anweisungen in Kurzfassung vorgestellt. Diese Anweisungen und alle anderen werden noch in den restlichen Kapiteln thematisch eingeordnet und dort ausführlich beschrieben.

Anweisung	Wirkung
MOVE	Übertragen von Daten
COMPUTE	Auflösen arithmetischer Ausdrücke
ADD	Addieren
SUBTRACT	Subtrahieren
MULTIPLY	Multiplizieren
DIVIDE	Dividieren
READ	Lesen aus einer Eingabedatei
WRITE	Schreiben in eine Ausgabedatei
ACCEPT	Eingabe über die Tastatur
DISPLAY	Ausgabe am Bildschirm
IF	Prüfen einer Bedingung
PERFORM	Ausführen von internen Unterprogrammen
GO TO	Verzweigen zu einer Prozedur
STOP RUN	Beenden des Programms

Beispiele: Übertragungen

```
MOVE A TO B
```

Überträgt den Inhalt von "A" nach "B".

```
MOVE EINGABE-SATZ TO AUSGABE-SATZ1, AUSGABE-SATZ2
```

Überträgt den Inhalt vom "EINGABE-SATZ" zu den Feldern "AUSGABE-SATZ1" und "AUSGABE-SATZ2".

Beispiele: arithmetische Anweisungen

```
COMPUTE A = (B + C) / D
```

Ermittelt das Endergebnis dieses Ausdruckes und speichert es in das Feld "A".

```
ADD 1 TO ZAEHLER
```

Addiert eine 1 auf den Inhalt des Feldes "ZAEHLER".

```
SUBTRACT 2 FROM COUNT-DOWN
```

Vermindert den Inhalt vom "COUNT-DOWN" um den Wert 2.

```
MULTIPLY EINZEL-PREIS BY MENGE
```

Multipliziert "EINZEL-PREIS" mit "MENGE" und speichert das Produkt in das Feld "MENGE" ab.

```
DIVIDE 5 INTO ZAHL
```

Dividiert "ZAHL" durch 5 und speichert den Quotienten in das Feld "ZAHL".

Beispiele: Ein/Ausgabe-Anweisungen

READ-Anweisung

```
FILE-CONTROL.
     SELECT EINGABE    ASSIGN TO "B:EINGABE.DAT".
        .
        .
DATA DIVISION.
FILE SECTION.
FD EINGABE.
01 EINGABE-SATZ       PIC X(100).
        .
        .
     READ EINGABE
```

Die READ-Anweisung liest einen Datensatz in den Dateipuffer "EINGABE-SATZ".

WRITE-Anweisung

```
FILE-CONTROL.
     SELECT AUSGABE    ASSIGN TO "B:AUSGABE.DAT".
        .
DATA DIVISION.
FILE SECTION.
FD AUSGABE.
01 AUSGABE-SATZ       PIC X(100).
        .
     WRITE AUSGABE-SATZ AFTER 1 LINE
```

Die WRITE-Anweisung schreibt einen Datensatz in die Datei AUSGABE.

ACCEPT-Anweisung

```
     ACCEPT ZAHL AT 1020
```

Die ACCEPT-Anweisung liest eine Zahl von der Tastatur, dabei kann der Benutzer die Zahl auf der 20. Spalte der 10. Zeile am Bildschirm eingeben.

DISPLAY-Anweisung

```
DISPLAY MELDUNG AT 2401
```

Die DISPLAY-Anweisung zeigt das Feld MELDUNG auf dem Bildschirm (Bildschirmposition: Zeile 24, Spalte 1).

Beispiele: Steuer-Anweisungen

IF-Anweisung

```
IF A > B
THEN MOVE A TO X
ELSE MOVE A TO Y.
```

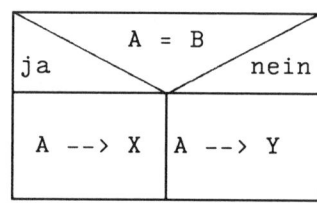

Die IF-Anweisung prüft die Bedingung "A = B". Ist die Bedingung erfüllt (wahr), so wird der THEN-Block ausgeführt, ist die Bedingung nicht erfüllt (falsch), so wird der ELSE-Block ausgeführt.

PERFORM-Anweisung ohne UNTIL-Bedingung

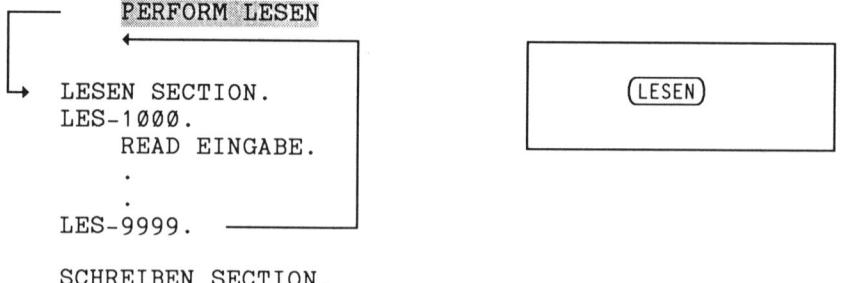

Die PERFORM-Anweisung führt das Unterprogramm "LESEN" aus und verzweigt anschließend zurück.

PERFORM-Anweisung mit UNTIL-Bedingung

```
MOVE 1 TO ZAHL.
PERFORM ANZEIGEN UNTIL ZAHL > 10.
        .
        .
ANZEIGEN SECTION.
ANZ-1000.
    DISPLAY ZAHL.
    ADD 1 TO ZAHL.
        .
ANZ-9999.

WEITER SECTION.
```

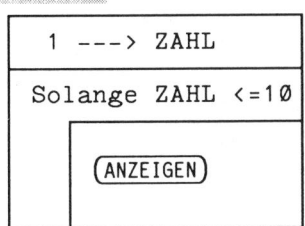

Die PERFORM-Anweisung führt das Unterprogramm "ANZEIGEN" so lange aus, bis die angegebene Bedingung "ZAHL > 10" erfüllt wird. Anschließend erfolgt eine Rückverzweigung zu der Anweisung, die nach PERFORM folgt. Man kann also mit PERFORM sog. Programmschleifen bilden. In unserem Beispiel wird das Unterprogramm "ANZEIGEN" 10mal ausgeführt.

STOP RUN-Anweisung

```
DISPLAY "PROGRAMMENDE".
STOP RUN.
```

Die STOP RUN-Anweisung beendet die Ausführung des Programms und gibt die Steuerung wieder an das Betriebssystem zurück.

Das einfachste COBOL-Programm

```
IDENTIFICATION DIVISION.
PROGRAM-ID.  BEISPIEL.

ENVIRONMENT DIVISION.

DATA DIVISION.
WORKING-STORAGE SECTION.
01  MELDUNG        PIC  X(30).

PROCEDURE DIVISION.
ANFANG.
    MOVE "Das war's eigentlich schon!" TO MELDUNG
    DISPLAY MELDUNG AT 1230.
ENDE.
    STOP RUN.
```

Programmbeispiel: DEMO2-SCHREIBMASCHINE

Aufgabenstellung

Es ist ein Programm zu entwickeln, mit dessen Hilfe der Drucker als Schreibmaschine umfunktioniert werden kann (z.b. zum Briefeschreiben).

Dabei ist darauf zu achten, daß eine Zeile erst gedruckt werden darf, nachdem sie vollständig am Bildschirm geschrieben ist.

Struktogramm

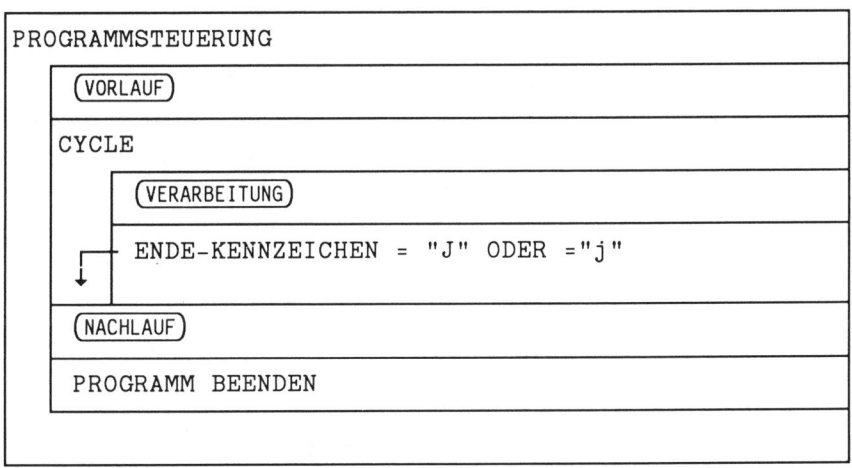

```
┌─────────────────────────────────────────────────────────┐
│ VORLAUF                                                   │
│   ┌─────────────────────────────────────────────────┐    │
│   │ DRUCKER ERÖFFNEN                                  │    │
│   ├─────────────────────────────────────────────────┤    │
│   │ MELDUNG-1, MELDUNG-2, ">", "<"  ANZEIGEN          │    │
│   └─────────────────────────────────────────────────┘    │
│                                                           │
└─────────────────────────────────────────────────────────┘

┌─────────────────────────────────────────────────────────┐
│ VERARBEITUNG                                              │
│   ┌─────────────────────────────────────────────────┐    │
│   │ BILDSCHIRM LÖSCHEN                                │    │
│   ├─────────────────────────────────────────────────┤    │
│   │ BLANKS --->    DRUCKER-SATZ                       │    │
│   ├─────────────────────────────────────────────────┤    │
│   │ DRUCKER-SATZ  EINGEBEN                            │    │
│   ├─────────────────────────────────────────────────┤    │
│   │ DRUCKER-SATZ  DRUCKEN                             │    │
│   ├─────────────────────────────────────────────────┤    │
│   │ ENDE-MELDUNG  ANZEIGEN                            │    │
│   ├─────────────────────────────────────────────────┤    │
│   │ ENDE-KENNZEICHEN EINGEBEN                         │    │
│   ├─────────────────────────────────────────────────┤    │
│   │ ENDE-KENNZEICHEN  EINGEBEN                        │    │
│   └─────────────────────────────────────────────────┘    │
│                                                           │
└─────────────────────────────────────────────────────────┘

┌─────────────────────────────────────────────────────────┐
│ NACHLAUF                                                  │
│   ┌─────────────────────────────────────────────────┐    │
│   │ DRUCKER SCHLIESSEN                                │    │
│   ├─────────────────────────────────────────────────┤    │
│   │ BILDSCHIRM LÖSCHEN                                │    │
│   └─────────────────────────────────────────────────┘    │
│                                                           │
└─────────────────────────────────────────────────────────┘
```

Programmlisting:

```
 1 IDENTIFICATION DIVISION.
 2 PROGRAM-ID.        DEMO2-SCHREIBMASCHINE.
 3 AUTHOR.            R. HABIB.
 4 DATE-WRITTEN.      12-08-1987.
 5 DATE-COMPILED. 24-Aug-87 21:22.
 6*
 7* PROGRAMMFUNKTION:
 8*
 9* MIT HILFE DIESES PROGRAMMS KANN DER DRUCKER
10* ALS SCHREIBMASCHINE BENUTZT WERDEN.
11*
12*
13 ENVIRONMENT DIVISION.
14 CONFIGURATION SECTION.
15 SOURCE-COMPUTER.   IBM-PC.
16 OBJECT-COMPUTER.   IBM-PC.
17 SPECIAL-NAMES.
18      CONSOLE IS CRT.
19 INPUT-OUTPUT SECTION.
20 FILE-CONTROL.
21      SELECT  DRUCKER ASSIGN TO "PRN".
22*--------------------------------------------------*
23 DATA DIVISION.
24
25 FILE SECTION.
26 FD   DRUCKER.
27 01   DRUCKER-SATZ        PIC X(50).
28
29 WORKING-STORAGE SECTION.
30 01  MELDUNG-1           PIC X(35) VALUE
31      "*** Drucker on line einschalten ***".
32 01  MELDUNG-2           PIC X(29) VALUE
33      "Bitte geben Sie den Text ein:".
34 01  ENDE-MELDUNG        PIC X(15) VALUE
35      "Ende (J/N) ===>".
36 01  ENDE-KENNZEICHEN    PIC X VALUE SPACE.
37*--------------------------------------------------*
```

```
38 PROCEDURE DIVISION.
39 PROGRAMM-STEUERUNG SECTION.
40 PR-1000.
41     PERFORM VORLAUF.
42     PERFORM VERARBEITUNG WITH TEST AFTER
43             UNTIL ENDE-KENNZEICHEN = "J" OR "j".
44     PERFORM NACHLAUF.
45 PR-9999.
46     STOP RUN.
47*------------------------------------------------*
48 VORLAUF SECTION.
49 VOR-1000.
50     OPEN OUTPUT DRUCKER.
51     DISPLAY SPACE.
52     DISPLAY MELDUNG-1 AT 0120.
53     DISPLAY MELDUNG-2 AT 0301.
54     DISPLAY ">"      AT 0510.
55     DISPLAY "<"      AT 0561.
56 VOR-9999.
57     EXIT.
58*------------------------------------------------*
59 VERARBEITUNG SECTION.
60 VER-1000.
61     MOVE SPACE TO DRUCKER-SATZ.
62     ACCEPT  DRUCKER-SATZ    AT 0511 FROM CRT.
63     WRITE   DRUCKER-SATZ.
64     DISPLAY ENDE-MELDUNG    AT 2401.
65     ACCEPT  ENDE-KENNZEICHEN AT 2416.
66 VER-9999.
67     EXIT.
68*------------------------------------------------*
69 NACHLAUF SECTION.
70 NAC-1000.
71     CLOSE DRUCKER.
72     DISPLAY SPACE.
73 NAC-9999.
74     EXIT.
```

Dialog-Testlauf:

```
        *** Drucker on line einschalten ***

    Bitte geben Sie den Text ein:

    >Sehr geehrter Herr Heindl              <




Ende (J/N) ===>N
```

3. DEFINITIONEN VON DATENFELDERN

Ein Datenfeld ist ein Teil des Hauptspeichers, der zur Aufnahme von Daten vorgesehen ist. Aus der Sicht eines COBOL-Programms ist das Datenfeld, syntaktisch gesehen, ein symbolischer Name, der nach bestimmten Regeln und mit bestimmten Eigenschaften definiert wird. Die Eigenschaften eines Feldes werden durch Vergabe von bestimmten Klauseln festgelegt.

Die Definition eines Datenfeldes muß immer mit einer Stufennummer beginnen.

3.1 Stufennummer 77

Die Stufennummer 77 wird verwendet, um unabhängige Datenfelder zu definieren. Solche Datenfelder werden als Datenelemente im Sinne der COBOL-Sprache verstanden und dürfen daher nicht in einem Datensatz beschrieben werden. Die Stufennummer 77 darf nur in der WORKING-STORAGE SECTION und LINKAGE SECTION angegeben werden.

Beispiel

```
77   BETRAG      . . . . . . .

77   GEHALT      . . . . . . .

77   KONSTANTE . . . . . . .
```

3.2 PICTURE-Klausel

Wirkung

Die PICTURE-Klausel beschreibt ein Datenfeld hinsichtlich seiner Datenklasse und seiner Länge.

```
┌─ Format ──────────────────────────────────────────────┐
│                                                        │
│      ⎧ PICTURE ⎫                                       │
│      ⎨         ⎬      IS Zeichenkette                  │
│      ⎩ PIC     ⎭                                       │
│                                                        │
└────────────────────────────────────────────────────────┘
```

Erläuterung

Jedes Datenelement muß mit einer PICTURE-Klausel beschrieben werden.
Das einzige Datenfeld, bei dem keine PICTURE-Klausel angegeben werden
darf, ist das Indexdatenelement.

Soweit eine Abkürzung im Format ausdrücklich erlaubt ist, kann diese hier
verwendet werden. Wir sehen dies am Beispiel der PICTURE-Klausel: PIC
kann also gleichwertig wie PICTURE verwendet werden.

Die Zeichenkette kann maximal 30 Zeichen lang sein, die Feldlänge selbst
kann viel größer sein.

Die Zeichenkette muß eine Kombination aus den folgenden 18 Zeichen aufweisen:

```
A X B    9 S V P   . , - + * Z $ Ø / CR DB
```

Beispiel:

```
77  A     PIC 9999
```

definiert ein 4stelliges numerisches Datenfeld, d.h. also, daß jede 9 ein Byte reserviert.

Sollte das gleiche Symbol mehrfach in der PICTURE-Zeichenkette aufeinander folgen, so braucht dies nur einmal codiert zu werden, gefolgt von Klammern, in denen die Anzahl der Wiederholungen des Symbols angegeben wird. Als Symbole hierfür sind die folgenden gedacht:

```
A , X 9 P Z * $ B / Ø - +
```

Beispiel:

```
77  A          PIC 9(4)
```

Die Zeichen S V . CR DB dürfen nur einmal in der PIC-Zeichenkette auftreten.

Wenigstens eines der Symbole A X Z 9 * oder wenigstens zwei der Symbole + - $ müssen in der Zeichenfolge vorkommen.

Die Kombination der PIC-Zeichenkette bestimmt die Datenkategorie eines Datenfeldes.

Datenfeld	Klassen	Kategorien
	Alphabetisch	Alphabetisch
	Numerisch	Numerisch
Element	Alphanumerisch	Numerisch aufbereitet Alphanumerisch aufbereitet Alphanumerisch
Gruppe	Alphanumerisch	Alphabetisch Numerisch Numerisch aufbereitet Alphanumerisch aufbereitet Alphanumerisch

Abb. 3.1 Klassen und Kategorien von Datenfeldern

Die Klassifizierung der Datenfelder in der Abbildung 3.1 ist deshalb notwendig, da sich bestimmte Anweisungen auf bestimmte Datenkategorien beziehen müssen.

In den nachfolgenden Erläuterungen und Beispielen werden wir erfahren, welchen Verwendungszweck das jeweilige Symbol der PICTURE-Zeichenkette hat.

Alphabetische Datenfelder

Alphabetische Datenfelder sind zur Aufnahme von allen Groß- und Kleinbuchstaben und des Leerzeichens vorgesehen. Die PIC-Zeichenkette eines alphabetischen Datenfeldes darf nur aus den Symbolen A und B bestehen.

A   Das Symbol A in einer PIC-Zeichenkette kann einen Buchstaben des Alphabets oder ein Leerzeichen aufnehmen.

B   Das Symbol B kann nur ein Leerzeichen aufnehmen.

Beispiel:

```
77      ALPHABET      PIC    A(10)
```

Beispiele:

Wir werden jetzt eine Reihe von gleichgestalteten Beispielen ansehen. Man sollte sich dabei vorstellen, daß der Inhalt eines Datenfeldes "SENDEFELD" mit der MOVE-Anweisung zu einem Empfangsfeld übertragen wird. Es ist dann einfach, die Wirkung der PICTURE-Klausel auf den Inhalt eines Feldes zu sehen, nachdem dieses übertragen wurde.

```
MOVE    SENDEFELD    TO          EMPFANGSFELD
```

SENDEFELD		EMPFANGSFELD	
PIC	Inhalt	PIC	Inhalt
A(5)	IBMPC	A(3)BAA	IBM_PC
A(5)	COBOL	ABABABABA	C_O_B_O_L

_ = Leerzeichen

Alphanumerische Datenfelder

Alphanumerische Datenfelder sind zur Aufnahme aller Zeichen des ASCII-Zeichenvorrats vorgesehen. Die PIC-Zeichenkette eines alphanumerischen Datenfeldes darf nur aus den Symbolen (X A 9) bestehen. Dabei muß mindestens ein X oder eine 9 mit einem A vorhanden sein, um das Feld als alphanumerisches zu interpretieren.

X   Das Symbol X in einer PIC-Zeichenkette kann jedes Zeichen des ASCII-Zeichenvorrats aufnehmen.

9   Das Symbol 9 kann nur eine Ziffer von 0 bis 9 aufnehmen.

A   Das Symbol A kann einen Buchstaben des Alphabets oder ein Leerzeichen aufnehmen.

Beispiele

```
MOVE    SENDEFELD   TO            EMPFANGSFELD
```

SENDEFELD		EMPFANGSFELD	
PIC	Inhalt	PIC	Inhalt
X(5)	IBMPC	X(7)	IBMPC__
X(6)	IBM-PC	X(6)	IBM-PC
X(9)	08:30 UHR	X(9)	08:30_UHR
X(9)	08:30 UHR	99X99XXXX	08:30_UHR
X(9)	08:30 UHR	99X99AAAA	08:30_UHR
X(5)	456XYZ	999AAA	456XYZ

_ = Leerzeichen

Numerische Datenfelder

Numerische Datenfelder sind ausschließlich für die Durchführung von Rechenoperationen vorgesehen. Die PICTURE-Zeichenkette eines numerischen Datenfeldes darf nur aus den Symbolen (9 V S P) bestehen. Dabei muß mindestens eine 9 vorhanden sein, um das Feld als numerisches zu interpretieren.

9   Das Symbol 9 kann nur eine Ziffer von 0 bis 9 aufnehmen, wobei maximal 18 Stellen angegeben werden können.

Beispiel

```
77  RECHNUNGSSUMME       PIC 9(4)
```

Dieses Feld ist 4 Byte lang und kann nur positive ganzzahlige Werte von 0 bis 9999 aufnehmen.

V   Das Symbol V kennzeichnet einen fiktiven Dezimalpunkt. Das heißt also, wenn wir ein Datenfeld mit Nachkommastellen definieren wollen, zählen wir die Nachkommastellen und geben das Symbol V davor an. Das Symbol V benötigt keinen Speicherplatz und darf nur einmal vorkommen.

Beispiel

```
77 RECHNUNGSSUMME        PIC 9(4)V99
```

Dieses Feld ist 6 Byte lang und kann nur positive Werte von 0000.00 bis 9999.99 aufnehmen, z.B. für DM-Beträge mit Pfennigen.

S   Das Symbol S ist immer zu verwenden, wenn das Datenfeld negative Werte aufnehmen soll. Dieses Symbol kennzeichnet also das Vorhandensein eines Vorzeichens, es reserviert keinen Speicherplatz und darf nur einmal vorkommen, gegebenenfalls muß es als erstes in der PICTURE-Zeichenkette erscheinen.

Beispiel

```
77  FEHL-STUNDEN          PIC S99
```

Dieses Feld ist 2 Byte lang und kann nur ganzzahlige Werte von -99 bis +99 aufnehmen.

P   Das Symbol P erweitert das Fassungsvermögen eines Datenfeldes, ohne Speicherplatz dafür reservieren zu müssen. Ein P erweitert den Wert eines Datenfeldes um eine Zehnerpotenz. Die Ps dürfen nur nebeneinander, ganz links oder ganz rechts in der Zeichenkette erscheinen.

Beispiel 1

```
77  GRAMM                 PIC 99PPP
```

Dieses Feld ist 2 Byte lang und kann zwar nur ganzzahlige Werte von 0 bis 99 aufnehmen, der rechnerische Wert wird jedoch um das 1000fache mehr angenommen. Nehmen wir an, das Feld GRAMM enthält den Wert 5 (5 Kilo), so wird dieser bei einer Rechenoperation als 5000 (5000 Gramm) interpretiert.

Beispiel 2

```
77  KILO                  PIC PPP99
```

Dieses Feld ist 2 Byte lang und kann zwar nur Nachkommastellen von .00 bis .99 aufnehmen, der rechnerische Wert wird jedoch um das 1000fache weniger angenommen. Nehmen wir also an, das Feld KILO enthält den Wert .8 (8 Gramm), so wird dieser bei einer Rechenoperation als ,008 interpretiert.

Beispiele

MOVE   SENDEFELD   TO   EMPFANGSFELD

SENDEFELD		EMPFANGSFELD	
PIC	Inhalt	PIC	Inhalt
9(4)	1234	9(6)	001234
9(4)	1234	9(3)	234
9(4)V99	1234 56 ^	9(6)V999	001234 560 ^
9(4)V99	1234 56 ^	9(6)V9	001234 5 ^
V9(3)	567 ^	9(6)	000000 ^

^ = Dezimalstelle

Alphanumerisch druckaufbereitete Datenfelder

Alphanumerische Datenfelder sind zum Drucken in einer Liste bzw. zu deren Anzeige auf dem Bildschirm vorgesehen. Die PICTURE-Zeichenkette eines alphanumerischen Datenfeldes darf nur aus den Symbolen (X A 9 B 0 /) bestehen. Dabei muß mindestens eine der Kombinationen (X und B), (X und 0), (X und /), (A und 0) oder (A und 9) vorhanden sein, um das Feld als alphanumerisches zu interpretieren.

Die Symbole (X A 9) haben den gleichen Zweck, wie bereits in den anderen Datenkategorien aufgeführt wurde.

Einfügungssymbole (B 0 /)

Einfügungssymbole werden dann benutzt, wenn der Inhalt eines Feldes in einer anderen Form aufbereitet werden soll. Sollen z.B. Leerzeichen an beliebigen Stellen in einem Datenfeld eingefügt werden, so gibt man an diesen Stellen das Symbol B an, usw.

3. DEFINITIONEN VON DATENFELDERN

Beispiele

```
MOVE    SENDEFELD    TO              EMPFANGSFELD
```

SENDEFELD		EMPFANGSFELD	
PIC	Inhalt	PIC	Inhalt
X(6)	UMSATZ	XBXBXBXBXBX	U_M_S_A_T_Z
X(6)	111111	XØXØXØXØXØX	1Ø1Ø1Ø1Ø1Ø1
X(6)	19Ø586	XX/XX/XX	19/Ø5/86

_ = Leerzeichen

Numerisch-druckaufbereitete Datenfelder

Diese Datenkategorie wird benutzt, um numerische Felder (Rechenfelder und Ergebnisse) druckfähig zu machen. Diese Datenkategorie wird ebenfalls für die Aufbereitung von Ein/Ausgabedatenfeldern für den Bildschirm benutzt. Die PICTURE-Zeichenkette eines numerischen Datenfeldes darf nur aus den folgenden Symbolen bestehen:

9	Neun (Zifferstelle)
Z	Zifferstelle mit Nullenunterdrückung
*	Zifferstelle mit Nullenunterdrückung
,	Einfügungszeichen oder Dezimalkomma
.	Dezimalpunkt oder Einfügungszeichen
-	Minus-Vorzeichen
+	Plus-Vorzeichen
B	Einfügungszeichen (Blank)
0	Einfügungszeichen (Null)
/	Einfügungszeichen (Schrägstrich)
CR	Einfügungszeichen (Kreditor-Zeichen)
DB	Einfügungszeichen (Debitor-Zeichen)
$	Zifferstelle mit Nullenunterdrückung
V	Ausrichtung der Dezimalstelle
P	Ausrichtung der Zehnerpotenzen

Bei der Zusammenstellung der PICTURE-Zeichenkette sind jedoch die folgenden Regeln zu beachten:

- Die maximale Anzahl der Symbole, die als Ziffernstellen vorgesehen sind, beträgt 18.

- Die maximale Länge eines numerischen druckaufbereiteten Datenfeldes beträgt 127 Zeichen.

- Die PICTURE-Zeichenkette muß mindestens eines der Symbole (0 B / Z * + - , . CR DB $) enthalten, damit das Feld als druckaufbereitet anerkannt wird.

Beschreibung der einzelnen PICTURE-Symbole im Detail:

Festlegung der Dezimalstelle:

Im Standardfall gilt der Punkt als Dezimalzeichen und das Komma als Einfügungssymbol. Im deutschsprachigen Raum werden jedoch die zwei Symbole mit vertauschten Funktionen verwendet. Dies ist einfach im eigenen Programm zu realisieren, wenn im SPECIAL-NAMES-Paragraph die Klausel DECIMAL-POINT IS COMMA codiert wird.

Mit Hilfe des Dezimalzeichens kann der Wert des Sendefeldes innerhalb des Empfangsfeldes ausgerichtet werden. Das Einfügungszeichen hat jedoch die Aufgabe, als Symbol im Druckbild zu erscheinen, z.B. für die Kennzeichnung der Tausenderstelle innerhalb eines größeren Betrages.

Das Dezimalzeichen darf nur einmal vorkommen; das Einfügungszeichen darf so oft vorkommen, wie es erforderlich ist, jedoch nur links vom Dezimalzeichen.

In den nachfolgenden Beispielen wollen wir davon ausgehen, daß die Klausel DECIMAL-POINT IS COMMA codiert wurde. Wir wollen weiter annehmen, daß der Inhalt eines Sendefeldes "BETRAG" zu einem Empfangsfeld "DRUCK-FELD" übertragen werden soll, und dabei die Arbeitsweise der Aufbereitung üben.

Beispiele:

```
MOVE    BETRAG    TO              DRUCK-FELD
```

BETRAG		DRUCK-FELD	
PIC	Inhalt	PIC	Inhalt
999V99	12345	999,99	123,45
999V99	00345	999,99	003,45
V9(5)	12345	999,99	000,12
9(5)V99	1234567	99.999,99	12.345,67
999V99	12345	999.99	001.23

Unterdrückung der führenden Nullen

Das Symbol 9 kann ja bekanntlich eine Ziffer aus dem Sendefeld aufnehmen und aufbereiten, jedoch werden hier die führenden Nullen nicht unterdrückt. Die Symbole Z und * haben die gleiche Aufgabe wie die 9, jedoch werden die führenden Nullen unterdrückt. Ein Z ersetzt also eine führende Null in Leerzeichen und * in einem Sternsymbol. Bei der Nullenunterdrückung müssen die folgenden Regeln beachtet werden:

- Man kann Z und 9 kombiniert verwenden oder * und 9.

- Die 9 kann nur rechts vom Z oder vom * vorkommen.

- Alle Einfügungszeichen und das Dezimalzeichen, deren Positionen innerhalb der führenden Nullen anfallen, werden entsprechend in Z oder in * unterdrückt.

- Das Auftreten des Dezimalzeichens in der PICTURE-Zeichenkette bewirkt die Aufhebung der Unterdrückung der führenden Nullen, alle nachfolgenden Nullen werden dann im Druckbild erscheinen. Ausnahme hierzu ist, wenn der gesamte Wert des Sendefeldes, einschließlich Dezimalstellen, gleich Null ist.

- Handelt es sich bei dem Unterdrückungssymbol um einen Stern, so erscheint in jedem Fall das Dezimalzeichen.

Beispiele:

```
MOVE    BETRAG    TO          DRUCK-FELD
```

BETRAG		DRUCK-FELD	
PIC	Inhalt	PIC	Inhalt
999V99	12345	ZZ9,99	123,45
999V99	12345	ZZZ,ZZ	123,45
999V99	00340	ZZZ,ZZ	__3,40
9(5)V99	0000000	ZZ.ZZZ,ZZ	_____
999V99	00040	ZZZ,ZZ	___,40
9(6)	000004	ZZZZ.ZZ	_____40
9(5)V99	0003456	ZZ999,99	__034,56
999V99	00040	ZZZ,99	___,40
999V99	12345	**9,99	123,45
999V99	12345	***,**	123,45
999V99	00340	***,**	__3,40
9(5)V99	0000000	**.***,**	******,**
999V99	00040	***,**	***,40
9(6)	000004	****.**	*****40
9(5)V99	0003456	**999,99	**034,56
999V99	00040	***,99	***,40

_ = Leerzeichen

Die Symbole + und - als Vorzeichen:

Diese Symbole werden in der PICTURE-Zeichenkette benutzt, um negative und positive Beträge im Druckbild zu unterscheiden.

Bei der Verwendung des Vorzeichens müssen die folgenden Regeln beachtet werden:

- Es darf nur ein + oder ein - verwendet werden.

- Das Vorzeichen kann am Anfang oder am Ende der PICTURE-Zeichenkette angegeben werden.

- Sinnvollerweise sollte das Sendefeld ein S in seiner PICTURE-Klausel aufweisen, da sonst der Inhalt des Feldes immer als positiv angesehen wird.

- Das Ergebnis der Aufbereitung ist vom Inhalt des Feldes abhängig und ergibt sich wie folgt:

PICTURE-Symbol	Ergebnis bei positivem Inhalt	Ergebnis bei negativem Inhalt
+	+	-
-	Leerzeichen	-

Beispiele

```
MOVE    BETRAG    TO              DRUCK-FELD
```

BETRAG		DRUCK-FELD	
PIC	Inhalt	PIC	Inhalt
S9999	+ 1234	+9999	+1234
S9999	+ 1234	9999+	1234+
S9999	- 1234	+9999	-1234
S9999	- 0034	+ZZ99	-__34
S9999	+ 1234	-9999	b1234
S9999	+ 1234	9999-	1234b
S9999	- 1234	-9999	-1234
S9999	- 0034	-ZZ99	-__34

```
_ = Leerzeichen
```

Die Symbole CR und DB

Diese Symbole werden in der PICTURE-Zeichenkette benutzt, um negative und positive Beträge im Druckbild zu unterscheiden.

Bei der Verwendung dieser Symbole müssen die folgenden Regeln beachtet werden:

- Es darf entweder CR oder DB verwendet werden und zwar nur an den letzten beiden Stellen.

- Das Ergebnis der Aufbereitung ist vom Inhalt des Feldes abhängig und ergibt sich wie folgt:

PICTURE- Symbol	Ergebnis bei positivem Inhalt	Ergebnis bei negativem Inhalt
DB	2 Leerzeichen	DB
CR	2 Leerzeichen	CR

Beispiele

MOVE   BETRAG   TO   DRUCK-FELD

BETRAG		DRUCK-FELD	
PIC	Inhalt	PIC	Inhalt
S9999	+ 1234	9999CR	1234__
S9999	- 1234	9999CR	1234CR
S9999	+ 1234	9999DB	1234__
S9999	- 1234	9999DB	1234DB
S9999	+ 0000	ZZZZDB	_____

_ = Leerzeichen

Einfügungssymbole B 0 /

Die Einfügungszeichen haben schlicht die Aufgabe, im Druckbild an den angegebenen Positionen zu erscheinen.

Beispiele:

```
MOVE    BETRAG     TO          DRUCK-FELD
```

BETRAG		DRUCK-FELD	
PIC	Inhalt	PIC	Inhalt
9999	1234	99BB99	12__34
9999	1234	9B9B9B9	1_2_3_4
9999	1234	990099	120034
9999	1234	9090909	1020304
9(6)	123456	99/99/99	12/34/56
9999	1234	99/99/99	00/12/34
9999	1234	ZZ0BZZ0	120_340

_ = Leerzeichen

Gleitendes Vorzeichen + -

Wir haben bereits die Symbole + und - (plus und minus) als Vorzeichen gesehen. Diese Art von Vorzeichen weist einen Nachteil auf, wenn der Inhalt des Sendefeldes führende Nullen enthält; hier wird dann das Vorzeichen durch Leerzeichen von den Ziffern getrennt dargestellt.

Bei gleitendem Vorzeichen müssen mindestens zwei Symbole (+ oder -) verwendet werden; das Symbol rückt dann nach rechts ein bis zur ersten Ziffer.

Beispiele:

```
MOVE    BETRAG    TO              DRUCK-FELD
```

BETRAG		DRUCK-FELD	
PIC	Inhalt	PIC	Inhalt
S9999	+ 1234	+++++	+1234
S9999	+ 0034	+++++	__+34
S9999	- 0034	+++++	__-34
S9999	+ 1234	-----	_1234
S9999	+ 0034	-----	___34
S9999	- 0034	-----	__-34

_ = Leerzeichen

Das Währungssymbol $

Das Währungssymbol kann in der PICTURE-Zeichenkette als Zifferstelle oder als gleitende Zifferstelle verwendet werden. Im zweiten Fall müssen mindestens zwei Symbole verwendet werden.

Beispiele

```
MOVE     BETRAG     TO              DRUCK-FELD
```

BETRAG		DRUCK-FELD	
PIC	Inhalt	PIC	Inhalt
9999	1234	$9999	$1234
9999	1234	$$$$$	$1234
9999	0034	$$$$$	__$34
99V9	123	$$$,$	$12,3
9999	1234	$$.$$9,$$	$1.234,00
9999	0034	$$.$$9,$$	___$34,00

3.3 VALUE-Klausel

Wirkung

Die VALUE-Klausel wird benutzt, um ein Datenfeld bereits bei der Definition mit einem Anfangswert zu versehen.

```
┌─ Format ──────────────────────────────────────────┐
│                                                    │
│        VALUE   IS   Literal                        │
│                                                    │
└────────────────────────────────────────────────────┘
```

Erläuterung

Die VALUE-Klausel darf nur in der WORKING-STORAGE SECTION verwendet werden.

Man kann einem Datenelement oder einer Datengruppe einen Anfangswert zuweisen. Bei einer Datengruppe muß das angegebene Literal zu der alphanumerischen Klasse gehören. Datenelemente solcher Gruppen dürfen nicht die Klausel "JUSTIFIED", "SYNCHRONIZED" und "USAGE" (außer "DISPLAY"), enthalten.

Die VALUE-Klausel darf nicht verwendet werden bei Datenfeldern, die mit der OCCURS-Klausel oder REDEFINES-Klausel beschrieben sind oder die bereits wegen ihrer Zugehörigkeit zu einer Gruppe mit einem Anfangswert versehen wurden.

Beispiele:

```
01   ZEILE-1      PIC   X(20) VALUE   "Umsatzliste".

01   ZEILE-2      PIC   X(08) VALUE   "Rechnung"

01   ZEILE-3      PIC   X(99) VALUE   ALL "=".

01   MWST         PIC   99V99 VALUE   14.

01   KLEIN-DRUCK PIC   XX    VALUE   X"1B0F".
```

97

3.4 USAGE-Klausel

Wirkung

Mit Hilfe der USAGE-Klausel kann die Abspeicherung unterschiedlicher Datenformate realisiert werden.

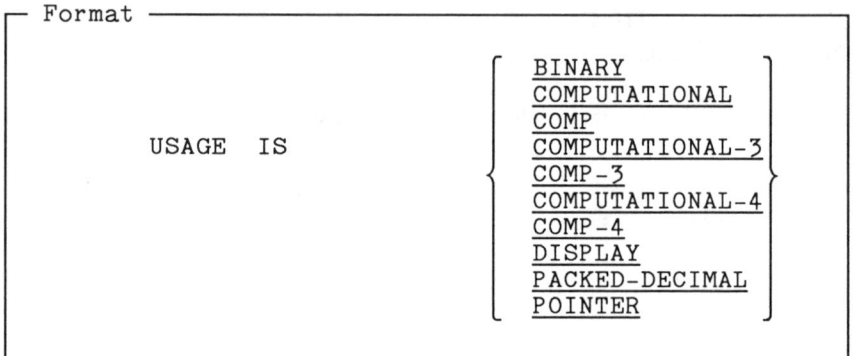

```
┌─ Format ──────────────────────────────────────────┐
│                                    ┌ BINARY          ┐ │
│                                    │ COMPUTATIONAL    │ │
│                                    │ COMP             │ │
│            USAGE   IS              ⎨ COMPUTATIONAL-3  ⎬ │
│                                    │ COMP-3           │ │
│                                    │ COMPUTATIONAL-4  │ │
│                                    │ COMP-4           │ │
│                                    │ DISPLAY          │ │
│                                    │ PACKED-DECIMAL   │ │
│                                    └ POINTER          ┘ │
│                                                      │
└──────────────────────────────────────────────────────┘
```

Erläuterung

Diese Klausel ist wahlweise einzutragen. Fehlt die Klausel, so wird USAGE IS DISPLAY angenommen.

Sie kann zu einem Datenelement oder einer Datengruppe definiert werden. Im zweiten Fall werden alle untergliederten Elemente so interpretiert, als wären sie selbst mit der USAGE-Klausel beschrieben.

DISPLAY

Diese interne Datendarstellung wird für Felder benutzt, die ausgedruckt oder am Bildschirm angezeigt werden sollen.

Sie muß für alphanumerische Felder implizit oder explizit, und sie kann auch für numerische Felder angegeben werden.

3. DEFINITIONEN VON DATENFELDERN

Numerische Felder, die mit USAGE DISPLAY beschrieben wurden, werden auch "entpackt" oder "extern dezimal" genannt (Kurzbez.: ED). Bei der Speicherplatzreservierung wird für jedes Zeichen ein Byte reserviert.

Beispiel 1

```
01   ALPHA-FELD   PIC X(4) VALUE "ABCD".
```

Der Inhalt des Feldes ALPHA-FELD laut ASCII-Code ist:

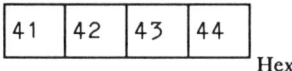

Beispiel 2

```
01   BETRAG       PIC 9(4) VALUE 5678.   oder
01   BETRAG       PIC 9(4) VALUE 5678 USAGE DISPLAY.
```

Der Inhalt des Feldes BETRAG laut ASCII-Code ist:

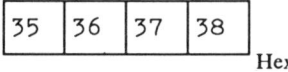

Das Feld BETRAG in diesem Beispiel ist zwar rechenfähig, jedoch nicht optimal dafür definiert.

COMP-3 oder PACKED-DECIMAL

Diese interne Datendarstellung wird für numerische Felder benutzt, die in Rechenoperationen benutzt werden sollen.

Numerische Felder, die mit USAGE COMP-3 beschrieben wurden, werden auch "gepackt" oder "intern dezimal" genannt (Kurzbez.: ID). Bei der Speicherplatzreservierung wird für jede Ziffer ein Halbbyte reserviert.

Beispiel 1

```
01   ANZAHL-1    PIC 9(4) VALUE 5678 COMP-3.
```

Die arithmetische Größe 5678 wird in das Feld ANZAHL-1 wie folgt abgespeichert:

Ø5	67	8F

Hex

Beispiel 2

```
01   ANZAHL-2    PIC S9(4) VALUE 5678 COMP-3.
```

Die arithmetische Größe 5678 wird in das Feld ANZAHL-2 wie folgt abgespeichert:

Ø5	67	8C

Hex

Beispiel 3

```
01   ANZAHL-3    PIC S9(4) VALUE -5678 COMP-3.
```

Die arithmetische Größe -5678 wird in das Feld ANZAHL-2 wie folgt abgespeichert:

Ø5	67	8D

Hex

COMP, COMP-4 oder BINARY

Diese interne Datendarstellung empfiehlt sich für numerische Felder, die an rechenintensiven Operationen beteiligt sind.

Numerische Felder, die mit USAGE COMP beschrieben wurden, werden auch binäre Felder genannt (Kurzbez.: BI). Bei der Speicherplatzreservierung geht man nach der folgenden Tabelle vor:

PICTURE-Klausel	Anzahl der reservier-ten Bytes
S9(Ø1) - S9(Ø2)	1
S9(Ø3) - S9(Ø4)	2
S9(Ø5) - S9(Ø6)	3
S9(Ø7) - S9(Ø9)	4
S9(1Ø) - S9(11)	5
S9(12) - S9(14)	6
S9(15) - S9(16)	7
S9(17) - S9(18)	8

Beispiel 1

```
Ø1   B-1           PIC S9(4) VALUE 14 COMP.
```

Die arithmetische Größe 14 wird binär im Feld B-1 wie folgt abgespeichert:

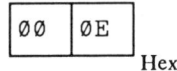

Hex

Beispiel 2

```
Ø1   B-2           PIC S9(4) VALUE -4 COMP.
```

Die arithmetische Größe -4 wird binär im Zweierkomplement umgewandelt und in das Feld B-1 wie folgt abgespeichert:

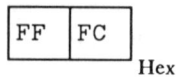

Beispiel 3

```
01   B-2          PIC S9(4) VALUE ZERO COMP.
```

Die arithmetische Größe 0 wird binär in das Feld B-1 wie folgt abgespeichert:

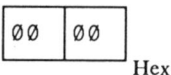

POINTER

Diese Angabe definiert Adreßfelder zur Aufnahme der Adresse anderer Datenfelder. Solche Adreßfelder werden mittels der SET-Anweisung Format 3 versorgt. Die hauptsächliche Anwendung für Adreßfelder findet in externen Unterprogrammen statt.

Beispiel

```
01   ZEIGER-1         POINTER.

01   ZEIGER-2         POINTER.

01   PERSONALSATZ.

     05 PR-NR         PIC X(06).
     05 NAME          PIC X(30).
     05 STR           PIC X(30).
     05 PLZ           PIC X(04).
     05 ORT           PIC X(30).
```

Diese Anweisung überträgt die Adresse von ZEIGER-2 nach ZEIGER-1:

```
SET ZEIGER-1  TO ZEIGER-2.
```

Diese Anweisung setzt die Adresse der Struktur PERSONALSATZ gleich dem Inhalt von ZEIGER-2:

```
SET ADDRESS OF SATZ TO ZEIGER-2.
```

3.5 BLANK WHEN ZERO-Klausel

Wirkung

Diese Klausel bewirkt, daß in einem numerischen Datenfeld, in dem nur noch Nullen stehen, Leerzeichen übertragen werden.

```
┌ Format ─────────────────────────────────────────────
│
│    BLANK   WHEN   ZERO
│
└──────────────────────────────────────────────────────
```

Erläuterung

Die Klausel darf nur für numerische oder numerisch aufbereitete Datenelemente verwendet werden.

Die Klausel ist sinnvoll einzusetzen bei Datenfeldern, deren PICTURE-Klausel nicht nur aus dem Symbol Z besteht.

Beispiel:

```
01  UEBER-FEHL-STD         PIC  -Z9,99   BLANK WHEN ZERO.

    MOVE  ZERO TO UEBER-FEHL-STD.
```

Diese Anweisung setzt den Inhalt des Feldes UEBER-FEHL-STD auf Null, damit stehen nur noch Leerzeichen in diesem Feld.

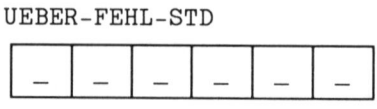

```
UEBER-FEHL-STD
```

```
_  =  Leerzeichen
```

3.6 JUSTIFIED-Klausel

Wirkung

Diese Klausel bewirkt die rechtsbündige Abspeicherung der Daten in einem alphabetischen bzw. alphanumerischen Datenfeld.

```
┌ Format ─────────────────────────────────────────┐
│  ┌ JUSTIFIED ┐                                   │
│  {           }        RIGHT                      │
│  └ JUST      ┘                                   │
└──────────────────────────────────────────────────┘
```

Erläuterung

Gewöhnlich werden Daten in alphanumerischen Feldern linksbündig abgespeichert. In der Programmierung ist es jedoch manchmal erforderlich, daß die Daten rechtsbündig abgespeichert werden. Dies ist mit Hilfe der JUSTIFIED-Klausel in COBOL möglich.

Diese Klausel darf nur für Datenelemente angegeben werden, die zu einer alphabetischen oder alphanumerischen Klasse gehören.

Beispiel

```
Ø1    TEXT-1              PIC  X(6)  VALUE "SEITE:".

Ø1    AUSGABE-ZEILE-1     PIC  X(8Ø).

Ø1    AUSGABE-ZEILE-2     PIC  X(8Ø)  JUST.
      .
      .
      .


      MOVE TEXT-1 TO AUSGABE-ZEILE-1

      MOVE TEXT-1 TO AUSGABE-ZEILE-2
```

AUSGABE-ZEILE-1

SEITE:

AUSGABE-ZEILE-2

SEITE:

3.7 SYNCHRONIZED-Klausel

Wirkung

Diese Klausel richtet binäre Felder auf erforderliche Hauptspeichergrenzen aus.

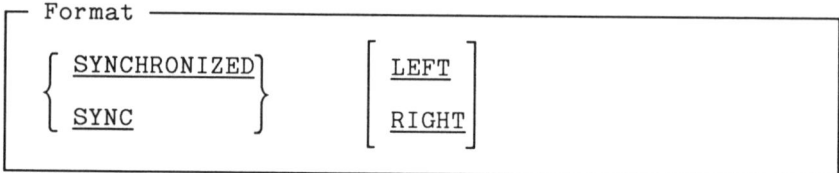

```
┌─ Format ──────────────────────────────────────────────┐
│                                                        │
│   ⎰ SYNCHRONIZED⎱        ⎡ LEFT  ⎤                      │
│   ⎱ SYNC        ⎰        ⎣ RIGHT ⎦                      │
│                                                        │
└────────────────────────────────────────────────────────┘
```

Erläuterung

Diese Klausel ist kompatibilitätshalber mit anderen COBOL-Compilern für Großrechner vorhanden. Sie wird jedoch in PROFESSIONAL COBOL/2 nur als Kommentar betrachtet.

Sie hatte ursprünglich die Aufgabe, numerische binäre Felder auf Hauptspeichergrenzen auszurichten.

3.8 SIGN-Klausel

Wirkung

Die SIGN-Klausel beschreibt die Position und die Darstellungsart des Vorzeichens innerhalb eines numerischen Datenfeldes.

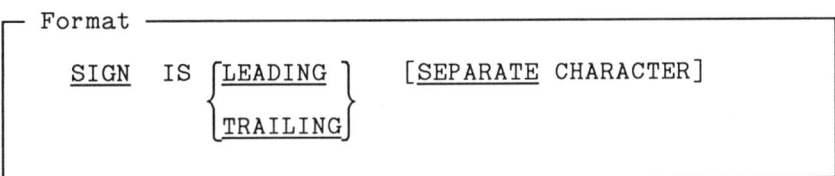

Erläuterung

Die SIGN-Klausel darf nur für numerische Felder, deren PICTURE-Klausel das Symbol S enthält, spezifiziert werden. Die Datendefinition solcher Datenfelder muß mit USAGE IS DISPLAY beschrieben sein.

LEADING bewirkt, daß das Vorzeichen am Anfang des Feldes abgespeichert wird.

TRAILING bewirkt, daß das Vorzeichen am Ende des Feldes abgespeichert wird.

Die SEPARATE CHARACTER-Angabe bewirkt, daß das Vorzeichen in einem zusätzlichen Byte angelegt wird.

Fehlt die SEPARATE CHARACTER-Angabe, so wird kein zusätzliches Byte für das Vorzeichen reserviert.

Beispiel

```
Ø1   BS-EINGABE-1  PIC S9999.

Ø1   BS-EINGABE-2  PIC S9999 SIGN IS LEADING.

Ø1   BS-EINGABE-3  PIC S9999 SIGN IS TRAILING.

Ø1   BS-EINGABE-4  PIC S9999 SIGN IS LEADING SEPARATE.

Ø1   BS-EINGABE-5  PIC S9999 SIGN IS TRAILING SEPARATE.

MOVE -1234 TO BS-EINGABE-1, BS-EINGABE-2, BS-EINGABE-3,
             BS-EINGABE-4, BS-EINGABE-5.
```

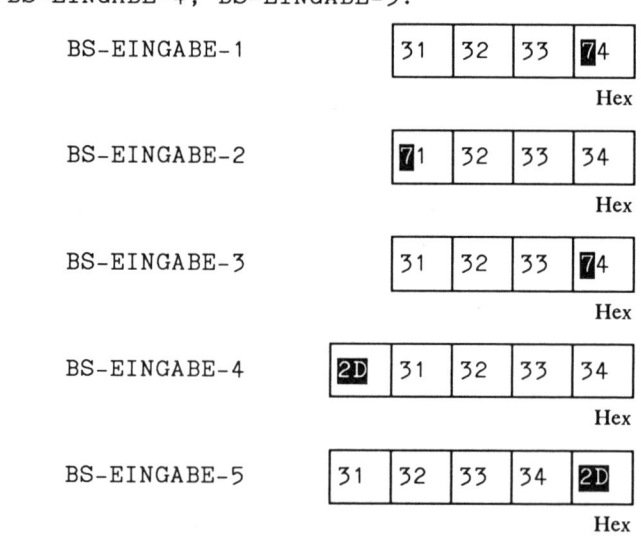

Das negative Vorzeichen wird bei entpackten Zahlen durch das Zeichen 7 dargestellt.

3.9 Übungen

1. Ergänzen Sie die folgende Tabelle, wenn der Inhalt des Feldes A zu dem Feld B übertragen wird, und berücksichtigen Sie dabei, daß die DECIMAL-POINT-Klausel angegeben ist!

MOVE   A   TO   B

A		B	
PIC	Inhalt	PIC	Inhalt
999V99	56789	ZZ9,99	
999V99	00000	$$$,$$	
9(4)V99		$$$$,99	_____,00
	0012340	$Z.ZZZ,ZZ	$__123,40
999V99	00060		__,060
S9(6)	-000005		_____-,50
S9(5)V99	+0003456		___+34,56
S999V99		ZZZ,99+	___,46-
9(6)V99	00034567	$***.**9,99	
S999V99	-00040	**9,99BDB	

_ = Leerzeichen

2. Wie viele Bytes werden durch die folgenden Definitionen jeweils reserviert?

```
a)    01  SALDO        PIC  9999V99  COMP-3.
b)    01  GEAHLT       PIC  9(5)V99  COMP-3.
c)    01  ANZAHL       PIC  S9       COMP.
d)    01  UEBERTRAG    PIC  S9(9)V99 COMP.
e)    01  KONTONUMMER  PIC  S9(7)    COMP.
f)    01  ENDSUMME     PIC  9999V99  DISPLAY.
```

3. Definieren Sie die folgenden Datenfelder!

    a) Ein numerisches Feld "UMSATZ" mit dem gepackten Inhalt 896,54.

    ....

    b) Ein numerisches Feld "WERT" zur Aufnahme eines negativen oder positiven Betrages bis zu 5 Stellen im entpackten Format.

    ....

    c) Ein numerisches Feld "SUMME" zur Aufnahme einer Summe bis zu 18 Stellen in binärem Format.

    ....

    d) Ein alphanumerisches Feld "SATZ" in der Länge von 80 Bytes mit einer unterbrochenen Linie als Inhalt.

    ....

4. Geben Sie den Inhalt der folgenden Datenfelder in hexadezimalem Format an.

```
a)  01  SALDO        PIC  9999V99  COMP-3 VALUE 23.
b)  01  GEAHLT       PIC  9(5)V99  COMP-3 VALUE 3000.
c)  01  ANZAHL       PIC  S9       COMP   VALUE 4.
d)  01  UEBERTRAG    PIC  S9(9)    COMP   VALUE 32.
e)  01  KONTONUMMER  PIC  S9(7)    COMP   VALUE 128.
f)  01  ENDSUMME     PIC  9999V99  DISPLAY VALUE 7,9.
```

3.10 Lösungen

1.

A		B	
PIC	Inhalt	PIC	Inhalt
999V99	56789	ZZ9,99	567,89
999V99	00000	$$$,$$	
(4)V99	00000	$$$$,99	____,00
9(5)V99	0012340	$Z.ZZZ,ZZ	__123,40
999V99	00060	ZZ,ZZZ	__,060
S9(6)	-000005	-----,--	____-,50
S9(5)V99	+0003456	++++++,99	___+34,56
S999V99	-00046	ZZZ,99+	___,46-
9(6)V99	00034567	$***.**9,99	$****345,67
S999V99	-00040	**9,99BDB	**0,40_DB

_ = Leerzeichen

2.

a)	4 Bytes
b)	4 Bytes
c)	1 Byte
d)	5 Bytes
e)	4 Bytes
f)	6 Bytes

3.

a)   `01 UMSATZ     PIC 999V99 VALUE 896,54 COMP-3.`

b)   `01 WERT       PIC S9(5).`

c)   `01 SUMME      PIC S9(18) COMP.`

d)   `01 SATZ       PIC  X(80) VALUE ALL "- ".`

4.

a)   `"0002300F" Hex`
b)   `"0300000F" Hex`
c)   `"04" Hex`
d)   `"00000020" Hex`
e)   `"00000080" Hex`
f)   `"303030373930" Hex`

Programmbeispiel: DEMO3-ZWEIERPOTENZEN-LISTE

Aufgabenstellung

Es ist ein Programm für die Erstellung einer Liste der Zweier-Potenzen von
20 - 232 zu entwickeln.

Ausgabeformat: siehe Druckliste

Struktogramm

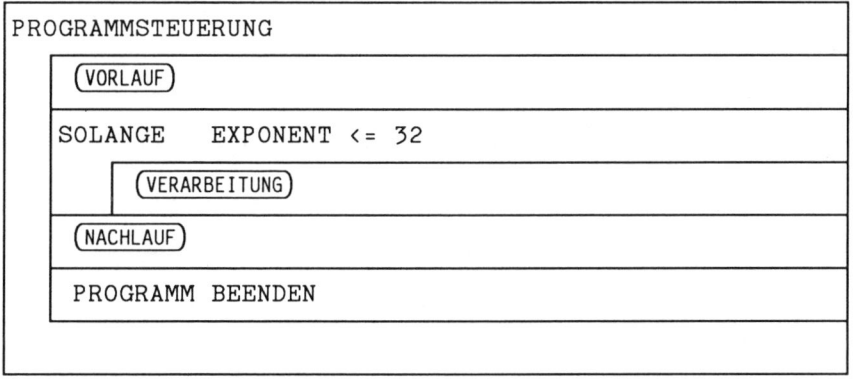

```
VORLAUF

    AUSGABE ERÖFFNEN

    AUSGABE-ZEILE-1 DRUCKEN

    AUSGABE-ZEILE-2 DRUCKEN

    0 ---> EXPONENT

```

```
VERARBEITUNG

    EXPONENT ---> A-EXPONENT

    A-POTENZ  = 2 ** EXPONENT

    EXPONENT = EXPONENT + 1

    AUSGABE-ZEILE-3 DRUCHEN

```

```
NACHLAUF

    AUSGABE SCHLIESSEN

```

Programmlisting:

```
 1 IDENTIFICATION DIVISION.
 2 PROGRAM-ID.        DEMO3-ZWEIERPOTENZEN-LISTE.
 3 AUTHOR.            R. HABIB.
 4 DATE-WRITTEN.      12-08-1987.
 5 DATE-COMPILED. 24-Aug-87 21:23.
 6*┌─────────────────────────────────────────────┐
 7*│PROGRAMMFUNKTION:
 8*│
 9*│DAS PROGRAMM ERSTELLT EINE LISTE DER ZWEIER-
10*│POTENZEN VON 2 ** 0 BIS 2 ** 32.
11*│
12*└─────────────────────────────────────────────┘
13 ENVIRONMENT DIVISION.
14 CONFIGURATION SECTION.
15 SOURCE-COMPUTER.  IBM-PC.
16 OBJECT-COMPUTER.  IBM-PC.
17 SPECIAL-NAMES.
18     DECIMAL-POINT IS COMMA.
19 INPUT-OUTPUT SECTION.
20 FILE-CONTROL.
21     SELECT AUSGABE ASSIGN TO "POTENZEN.AUS".
22*---------------------------------------------------*
23 DATA DIVISION.
24 FILE SECTION.
25 FD  AUSGABE.
26 01  A-SATZ            PIC X(30).
27*---------------------------------------------------*
28 WORKING-STORAGE SECTION.
29
30 01  EXPONENT          PIC 99.
31
32 01  AUSGABE-ZEILE-1.
33     05 FILLER         PIC X(30) VALUE
34     "LISTE DER 2-ER POTENZEN 2 ** n".
35
36 01 AUSGABE-ZEILE-2.
37     05 FILLER         PIC X(30) VALUE
```

```
38    " n             POTENZEN".
39
40 01 AUSGABE-ZEILE-3.
41    05 A-EXPONENT        PIC Z9.
42    05 FILLER            PIC X(5).
43    05 A-POTENZ          PIC ZBZZZBZZZBZZZ.
44*-------------------------------------------------*
45 PROCEDURE DIVISION.
46 PROGRAMM-STEUERUNG SECTION.
47 PR-1000.
48      PERFORM VORLAUF.
49      PERFORM VERARBEITUNG UNTIL EXPONENT > 32.
50      PERFORM NACHLAUF.
51 PR-9999.
52      STOP RUN.
53*-------------------------------------------------*
54 VORLAUF SECTION.
55 VOR-1000.
56      OPEN OUTPUT AUSGABE.
57      WRITE A-SATZ FROM AUSGABE-ZEILE-1 AFTER PAGE.
58      WRITE A-SATZ FROM AUSGABE-ZEILE-2 AFTER 2.
59      MOVE 0 TO EXPONENT.
60 VOR-9999.
61      EXIT.
62*-------------------------------------------------*
63 VERARBEITUNG SECTION.
64 VER-1000.
65      MOVE EXPONENT TO A-EXPONENT.
66      COMPUTE A-POTENZ  = 2 ** EXPONENT.
67      ADD 1 TO EXPONENT.
68      WRITE A-SATZ FROM AUSGABE-ZEILE-3 AFTER 1.
69 VER-9999.
70      EXIT.
71*-------------------------------------------------*
72 NACHLAUF SECTION.
73 NAC-1000.
74      CLOSE AUSGABE.
75 NAC-9999.
76      EXIT.
```

Druckliste: "POTENZEN.AUS"

```
LISTE DER 2-ER POTENZEN 2 ** n
```

n	POTENZEN
0	1
1	2
2	4
3	8
4	16
5	32
6	64
7	128
8	256
9	512
10	1 024
11	2 048
12	4 096
13	8 192
14	16 384
15	32 768
16	65 536
17	131 072
18	262 144
19	524 288
20	1 048 576
21	2 097 152
22	4 194 304
23	8 388 608
24	16 777 216
25	33 554 432
26	67 108 864
27	134 217 728
28	268 435 456
29	536 870 912
30	1 073 741 824
31	2 147 483 648
32	4 294 967 296

4. DEFINITIONEN VON STRUKTUREN UND SÄTZEN

In der Programmierung ist es oft erforderlich, einzelne Datenfelder zu einer Datengruppe zusammenzufassen bzw. mehrere Datengruppen zu einem Datensatz. Man spricht dann in diesem Fall grundsätzlich von einer Datenstruktur.

In diesem Kapitel befassen wir uns nun mit dem Aufbau einer Struktur und den dazu notwendigen Stufennummern bzw. Klauseln.

4.1 Stufennummer 01-49

Wirkung

Mit Hilfe der Stufennummer 01-49 können wir den Aufbau einer Struktur und die Zusammenhänge deren einzelner Felder beschreiben.

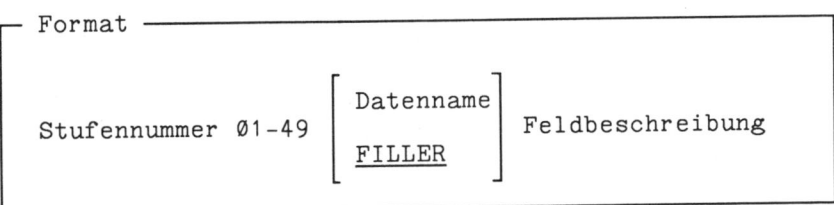

```
┌─ Format ──────────────────────────────────────────┐
│                        ┌─────────────┐             │
│                        │ Datenname   │             │
│  Stufennummer 01-49    │             │ Feldbeschreibung │
│                        │ FILLER      │             │
│                        └─────────────┘             │
└────────────────────────────────────────────────────┘
```

Erläuterung

Wir haben bereits kennengelernt, daß jede Datendefinition grundsätzlich mit einer Stufennummer beginnen muß. Mit der Stufennummer 77 konnte man z.b. nur Datenelemente beschreiben, die nicht weiter unterteilt werden durften.

Die Stufennummern 01-49 beschreiben jedoch Datensätze und Datengruppen, die beliebig untergliedert werden können. Wir machen uns zunächst einmal mit einigen Begriffen vertraut, die in diesem Zusammenhang vorkommen.

Datenstruktur bzw. Datensatz

Unter einer Datenstruktur bzw. einem Datensatz versteht man einen Datenbereich, der üblicherweise in Datenelemente unterteilt wird. Der Datensatz beginnt auf Stufennummer 01 und gilt grundsätzlich als höchstumfassender Bereich mehrerer Datenfelder.

Datengruppe

Eine oder mehrere Datengruppen können als Bestandteile in einem Datensatz vorkommen. Eine Gruppe kann weitere Gruppen und/oder Datenelemente umfassen. Sie darf daher nicht mit einer PICTURE-Klausel beschrieben werden. Datengruppen werden vom COBOL-Compiler immer als alphanumerische Datenfelder behandelt.

Datenelement

Ein oder mehrere Datenelemente können als Bestandteile in einer Datengruppe vorkommen. Ein Datenelement kann nicht weiter untergliedert werden. Es muß daher mit einer PICTURE-Klausel beschrieben werden und wird auf der Stufennummer 02-49 angegeben. Datenelemente werden bezüglich ihrer Datenklasse je nach PICTURE-Klausel in die entsprechende Klasse eingeordnet.

Datenname

Ein Datenname ist lediglich eine symbolische Adresse, die die Bezugnahme auf einen Datensatz, eine Datengruppe oder ein Datenelement ermöglicht.

FILLER

FILLER ist ein COBOL-Wort, welches anstelle des Datennamens angegeben werden kann. Es kann immer dann für einen Bereich angegeben werden, wenn dieser Bereich in der aktuellen Satzstruktur nicht angesprochen werden soll.

Diese Einrichtung in COBOL entlastet den Programmierer davon, sich unnötige und willkürlich gewählte Datennamen auszudenken, wenn diese doch nicht angesprochen werden.

FILLER kann nicht, im Gegensatz zu Datennamen, angesprochen werden. Es kann auf den Stufennummern 01-49 vorkommen.

Feldbeschreibung

Unter Feldbeschreibung versteht man jede Klausel, die für die Festlegung bestimmter Feldeigenschaften nötig ist.

Beispiel 1

In einem Programm sollen die Felder VORNAME und NACHNAME gleichzeitig unter einem Datennamen angesprochen werden. Die Felder haben jeweils eine Länge von 20 Bytes.

NAME	
VORNAME	NACHNAME

```
01    NAME.
      02 VORNAME     PIC X(20).
      02 NACHNAME    PIC X(20).
```
Aus dieser einfachen Struktur können wir ersehen, daß

- NAME eine Datenstruktur ist, die keine PICTURE-Klausel enthalten darf und eine Länge von 40 Bytes aufweist,

- VORNAME und NACHNAME Datenelemente sind, die eine PICTURE-Klausel enthalten müssen,

- das Einrücken von Stufennummern und Datennamen ausschließlich der besseren Übersichtlichkeit und Lesbarkeit des Programms dient.

Beispiel 2

In einem Programm soll für die Bezugnahme auf bestimmte Bereiche eines Datensatzes die folgende Struktur beschrieben werden.

KUNDENSATZ						
NR	ADRESSE					UMSATZ
	NAME		PLZ	ORT	STR	
	VORNAME	NACHNAME				

```
Ø1   KUNDENSATZ.
     Ø5 NR              PIC 9(5).
     Ø5 ADRESSE.
        1Ø NAME.
           15 VORNAME   PIC X(2Ø).
           15 NACHNAME  PIC X(2Ø).
        1Ø PLZ          PIC X(4).
        1Ø ORT          PIC X(25).
        1Ø STR          PIC X(25).
     Ø5 UMSATZ          PIC 9(5)V99.
```

Aus dieser Struktur können wir ersehen, daß

- die Stufennummern mit einer Schrittweite von 5 gewählt wurden, um eine nachträgliche Veränderung der Struktur leichter vornehmen zu können,

- die Datengruppe ADRESSE eine Länge von 94 Bytes aufweist,

- die Datengruppe NAME eine Länge von 40 Bytes aufweist.

Beispiel 3

Wir beschreiben den Datensatz einer Auftrags-Datei.

AUFTRAG-SATZ							
KDNR	ARTIKEL			LIEFER	RUECK		FILLER
	NR	BESTAND	PREIS	MENGE	WERT	MENGE	WERT
		ALT	NEU				

```
Ø1   AUFTRAG-SATZ.
     Ø5 AUF-KDNR                      PIC 9(5).
     Ø5 AUF-ARTIKEL.
        1Ø AUF-ARTIKEL-NR             PIC 9(4).
        1Ø AUF-ARTIKEL-BRSTAND.
           15 AUF-ARTIKEL-BESTAND-ALT PIC 9(6).
           15 AUF-ARTIKEL-BESTAND-NEU PIC 9(6).
        1Ø AUF-ARTIKEL-PREIS          PIC 9(5)V99.
     Ø5 AUF-LIEFER.
        1Ø AUF-LIEFER-MENGE           PIC 9(6).
        1Ø AUF-LIEFER-WERT            PIC 9(1Ø)V99.
     Ø5 AUF-RUECK.
        1Ø AUF-RUECK-MENGE            PIC 9(6).
        1Ø AUF-RUECK-WERT             PIC 9(1Ø)V99.
     Ø5 FILLER                        PIC X(2Ø).
```

Aus dieser Struktur können wir ersehen, daß

- Datennamen einen Bezugspunkt haben sollen, wonach sie schnell im Programm lokalisiert werden können; wir haben in diesem Fall die ersten drei Buchstaben des Satznamens gewählt, darüber hinaus sollen hauptsätchlich nur aussagefähige Namen verwendet werden,

- FILLER dann benutzt werden kann, wenn ein Datenbereich innerhalb des Datensatzes nicht benötigt wird.

4.2 REDEFINES-Klausel

Wirkung

Die REDEFINES-Klausel wird verwendet, um Datenfelder,
die bereits definiert worden sind, neu zu definieren.

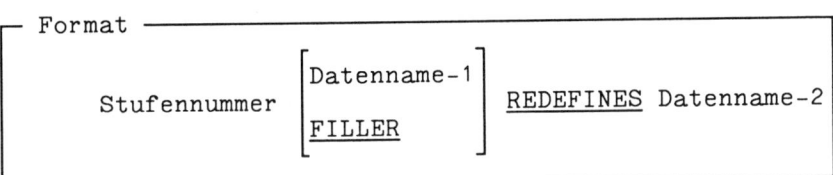

Erläuterung

Der Vorteil der REDEFINES-Klausel liegt darin, daß man bei der neuen
Definition die Eigenschaften eines Feldes verändern kann. Somit ist es mög-
lich, ein Datenfeld unter verschiedenen Namen bzw. Eigenschaften (z.B.
Datenklasse oder PICTURE-Klausel) anzusprechen.

Beispiel 1

```
Ø1   AUSGABE-FELD-1                        PIC X(1Ø).
Ø1   AUSGABE-FELD-2 REDEFINES AUSGABE-FELD-1
                 PIC XBXBXBXBXB.
```

Durch die vorliegenden Definitionen wird ein Datenbereich in einer Länge
von insgesamt 10 Bytes angelegt.

Der hier angelegte Datenbereich kann sowohl unter AUSGABE-FELD-1 als
auch unter AUSGABE-FELD-2 angesprochen werden, wobei das erste ein
alphanumerisches Feld, das zweite ein alphanumerisches druckaufbereitetes
Feld ist.

125

Beispiel 2

```
05 PERSONAL-NR                              PIC 9(6).
05 PERSONAL-NR-ALPHA REDEFINES PERSONAL-NR PIC X(6).
```

Hier kann das Feld einmal als numerisches und einmal unter dem Namen PERSONAL-NR-ALPHA als alphanumerisches Feld angesprochen werden.

Beispiel 3

Die gleiche Ausgabezeile soll für die Verarbeitung in verschiedenen Strukturen benötigt werden.

```
01   AUSGABE-ZEILE.
     05 ERSTE-FELD        PIC X(20).
     05 ZWEITE-FELD       PIC X(30).
     05 DRITTE-FELD       PIC X(40).
     05 VIERTE-FELD       PIC X(20).

01   AUSGABE-ZEILE-NEU-1  REDEFINES AUSGABE-ZEILE.
     05 A                 PIC X(20).
     05 B                 PIC X(20).
     05 C                 PIC X(20).
     05 D                 PIC X(20).

01   AUSGABE-ZEILE-NEU-2  REDEFINES AUSGABE-ZEILE.
     05 F1                PIC X(10).
     05 F2                PIC X(10).
     05 F3                PIC X(10).
     05 F4                PIC X(40).
     05 F5                PIC X(40).
```

Durch die vorliegenden Definitionen wird ein Datenbereich in einer Länge von insgesamt 110 Bytes angelegt.

Aus diesem Beispiel können wir folgendes entnehmen:

Soll ein Datenbereich mehrfach redefiniert werden, so beziehen sich alle Re-definitionen immer auf den gleichen Namen (hier AUSGABE-ZEILE).

Redefintionen sind nur auf der Stufennummer 01-49 erlaubt. Die gesamte Länge einer Redefinition darf sich von der Länge des ursprünglichen Feldes nur dann unterscheiden, wenn die Redefinition auf der Stufennummer 01 er-folgt.

Allgemeines

Eine Redefinition in der FILE SECTION auf der Stufennummer 01 ist nicht möglich.

Ein Datenfeld darf nur unmittelbar nach seiner Beschreibung redefiniert werden.

In der Redefinition selbst darf die VALUE-Klausel nicht benutzt werden.

Die Redefinition (Datenname-1) und das zu redefinierende Datenfeld (Datenname-2) müssen die gleiche Stufennummer aufweisen.

4.3 Stufennummer 88

Wirkung

Die Stufennummer 88 ist, im Gegensatz zu allen anderen Stufennummern, nicht für die Reservierung von Datenbereichen vorgesehen, sondern für die Definition von internen Schaltern. Diese Schalter werden hier Bedingungsnamen genannt.

```
┌─ Format ──────────────────────────────────────────────────┐
│                                                            │
│   88 Bedingungsname                                        │
│                                                            │
│   ⎡VALUE   IS ⎤         ⎡ ⎧THRU    ⎫          ⎤            │
│   ⎨           ⎬ Literal-1 ⎨THROUGH ⎬ Literal-2 ⎥           │
│   ⎣VALUES  ARE⎦         ⎣ ⎩        ⎭          ⎦            │
│                                                            │
│                  ⎡          ⎧THRU    ⎫          ⎤ ⎤        │
│                  ⎢ Literal-3 ⎨THROUGH ⎬ Literal-4⎥ ⎥ ...   │
│                  ⎣          ⎩        ⎭          ⎦ ⎦        │
│                                                            │
└────────────────────────────────────────────────────────────┘
```

Erläuterung

Bedingungsnamen werden verwendet, um IF-Abfragen in der PROCEDURE DIVISION soweit wie möglich zu vereinfachen.

Ein Bedingungsname ist lediglich ein Schalter, der mit einem bestimmten Wert verbunden wird.

Beispiel 1

Die folgenden Definitionen werden in der WORKING-STORAGE SECTION angegben:

```
Ø1   DATEI-ENDE-KZ          PIC 9 VALUE Ø.
     88 DATEI-ENDE          VALUE 1.
```

Wir nennen hier das Feld DATEI-ENDE-KZ eine Bedingungsvariable und das Feld DATEI-ENDE einen Bedingungsnamen.

In der PROCEDURE DIVISION kann die normalerweise wie folgt zu formulierende Abfrage

```
        IF DATEI-ENDE-KZ = 1 THEN ....
```

so vereinfacht werden:

```
        IF DATEI-ENDE THEN ....
```

Einer Bedingungsvariablen können mehrere Bedingungsnamen zugeordnet werden – wie das Programm es erfordert.

Beispiel 2

```
Ø1   VERTRETER-UMSATZ       PIC 9(5)V99.
     88 UMSATZ-1            VALUE 1     THRU  9999.
     88 UMSATZ-2            VALUE 1ØØØØ THRU 19999.
     88 UMSATZ-3            VALUE 2ØØØØ THRU 29999.
     88 UMSATZ-4            VALUE 3ØØØØ THRU 39999.
     88 UMSATZ-5            VALUE 4ØØØØ THRU 49999.
     88 UMSATZ-6            VALUE 5ØØØØ THRU 59999.
     88 UMSATZ-7            VALUE 6ØØØØ THRU 99999,99.
```

Besonders interessant für die Programmierung sind die Bedingungsnamen, wenn ein ähnlicher Fall wie in diesem Beispiel vorliegt.

Wollen wir z.B. feststellen, ob das Feld VERTRETER-UMSATZ einen Wert zwischen 40000 und 49999 – jeweils einschließlich – beinhaltet, so können wir die folgende Abfrage in der PROCEDURE DIVISION codieren:

```
IF UMSATZ-5 THEN ....
```

Das Wort THRU ist lediglich die Abkürzung für THROUGH und kann gleichbedeutend als Alternative benutzt werden.

Mit Hilfe der THROUGH-Angabe kann einem Bedingungsnamen ein Wertbereich zugeordnet werden. In diesem Fall muß Literal-2 größer als Literal-1 sein.

Allgemeines

Bedingungsnamen können in allen SECTIONs der DATA DIVISION angegeben werden.

Für ein Literal kann auch eine figurative Konstante verwendet werden.

4.4 Stufennummer 66

Wirkung

Mit Hilfe der Stufennummer 66 und der RENAMES-Klausel können bereits
definierte Datenfelder neu benannt oder umgruppiert werden.

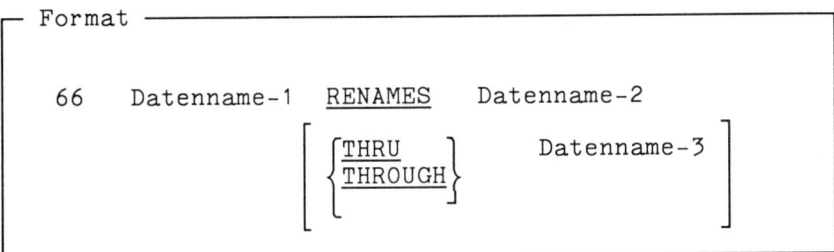

Erläuterung

Ähnlich wie die REDEFINES-Klausel belegt die Neubenennung den gleichen
Speicherplatz des bereits definierten Datenfeldes.

Beispiel 1

AUFTRAG-SATZ								
KDNR	ARTIKEL			LIEFER		RUECK		FILLER
	NR	BESTAND	PREIS	MENGE	WERT	MENGE	WERT	
		ALT	NEU					
		NEU-GRUPPE						

```
Ø1    AUFTRAG-SATZ.
      Ø5 AUF-KDNR                        PIC 9(5).
      Ø5 AUF-ARTIKEL.
         1Ø AUF-ARTIKEL-NR               PIC 9(4).
         1Ø AUF-ARTIKEL-BESTAND.
            15 AUF-ARTIKEL-BESTAND-ALT   PIC 9(6).
            15 AUF-ARTIKEL-BESTAND-NEU   PIC 9(6).
         1Ø AUF-ARTIKEL-PREIS            PIC 9(5)V99.
      Ø5 AUF-LIEFER.
         1Ø AUF-LIEFER-MENGE             PIC 9(6).
         1Ø AUF-LIEFER-WERT              PIC 9(1Ø)V99.
      Ø5 AUF-RUECK.
         1Ø AUF-RUECK-MENGE              PIC 9(6).
         1Ø AUF-RUECK-WERT               PIC 9(1Ø)V99.
      Ø5 FILLER                          PIC X(2Ø).

66    NEU-GRUPPE     RENAMES AUF-ARTIKEL-BESTAND-NEU
                     THRU AUF-RUECK-MENGE.
```

Aus diesem Beispiel können wir sehen, daß die neue Datengruppe 5 Datenelemente umfaßt. Eine PICTURE-Klausel darf dabei nicht benutzt werden.

Das Datenfeld "NEU-GRUPPE" hat hier die Eigenschaft einer Datengruppe.

4.5 Stufennummer 78

Wirkung

Die Stufennummer 78 wird für die Definition von Konstanten verwendet.

```
┌─ Format ────────────────────────────────────────────┐
│                                                      │
│  78 Konstantenname    VALUE IS   Literal             │
│                                                      │
└──────────────────────────────────────────────────────┘
```

Erläuterung

Diese MICRO FOCUS Implementierung erlaubt dem Benutzer die Definition von Konstantennamen. Solche Konstanten dürfen an jeder Stelle in der PROCEDURE DIVISION verwendet werden, wo auch ein Literal erlaubt ist. Eine Konstante erhält bereits bei ihrer Definition einen Wert und bleibt auf Programmdauer unverändert. Sie kann also nicht als Ziel-Feld verwendet werden. Bei der Definition einer Konstanten darf nur der Konstantenname und die VALUE-Klausel benutzt werden. Jede Konstante erhält automatisch eine Datenklasse und eine Feldlänge, die vom verwendeten Literal abhängig sind.

Beispiele

```
78   MWST          VALUE 14.

78   UEBERSCHRIFT   VALUE "L I S T E".
```

Anwendungen in der PROCEDURE DIVISION:

```
MOVE   MWST   TO RECHEN-MWST.

IF   WERT > MWST .....
```

4.6 Übungen

1. Beschreiben Sie die folgende Satzstruktur mit Hilfe der Stufennummer 01-49 und ermitteln Sie die gesamte Länge, die dafür benötigt wird!

ANGEBOT-SATZ							
NR	FIL-LER	DATUM		RABATTSATZ	ZAHL-ART	VERSAND-ART	MENGE
		JJ	MM				

```
1    2    3    4       5          6            7              8
```

Zu beachten:

Alle Datennamen sollen den Präfix "AN-" aufweisen.

Feldpostion	Stellenanzahl	Interne Darstellung
1	5	entpackt
2	8	alphanumerisch
3	2	entpackt
4	2	entpackt
5	2NKST, 2VKST	gepackt
6	1	entpackt
7	1	entpackt
8	6	binär

Legende:

NKST = Nachkommastellen
VKST = Vorkommastellen

....
....
....
....
....
....
....
....
....
....
....
....
....
....
....
....
....

2.   Redefinieren Sie das folgende Feld so, daß in der ersten Redefinition "WERT-HUNDERTSTEL" der Inhalt des Feldes als ein Hundertstel und in der zweiten Redefinition "WERT-TAUSENDSTEL" als ein Tausendstel angesehen werden kann.

```
Ø1     WERT            PIC  S9(6)  COMP.
```

....
....

4.7 Lösungen

1.

```
Satzstruktur                          Feldlänge in Bytes

Ø1  ANGEBOT-SATZ.
    Ø5 AN-NR            PIC 99.                    2
    Ø5 FILLER           PIC X(8).                  8
    Ø5 AN-DATUM.
       1Ø AN-JJ         PIC 99.                    2
       1Ø AN-MM         PIC 99.                    2
    Ø5 AN-RABATTSATZ    PIC 99V99 COMP-3.          3
    Ø5 AN-ZAHL-ART      PIC X.                     1
    Ø5 AN-VERSAND-ART   PIC X.                     1
    Ø5 AN-MENGE         PIC 9(6)  COMP.            3


              Gesamte Länge  ----->              22
```

2.

```
Ø1  WERT                            PIC  S9(6)     COMP.
Ø1  WERT-HUNDERTSTEL REDEFINES WERT PIC  S9(4)V99  COMP.
Ø1  WERT-TAUSENDSTEL REDEFINES WERT PIC  S999V999  COMP.
```

Programmbeispiel: DEMO4-ARTIKELLISTE

Aufgabenstellung

Alle Artikel der Datei "ARTIKEL.EIN", die zu der Artikelgruppe "F" gehören, sind in einer Artikelliste aufzulisten.

Entwickeln Sie ein Programm für dieses Problem.

Aufbau der Artikeldatei "ARTIKEL.EIN":

Anz. Stellen	Feldverwendung
5	Artikelnummer
1	Artikelgruppe
2Ø	Artikelbezeichnung
5	Lagerbestand
3	Lagernummer
4V2	Einkaufspreis
4V4	Verkaufspreis

Aufbau der Artikelliste: siehe Druckliste

Struktogramm

```
PROGRAMMSTEUERUNG
    (VORLAUF)
    SOLANGE NICHT DATEI-ENDE
        (VERARBEITUNG)
    (NACHLAUF)
    PROGRAMM BEENDEN
```

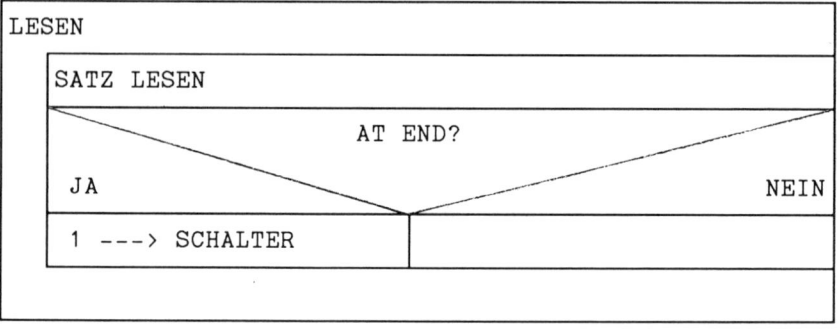

VORLAUF

| EINGABE, AUSGABE ERÖFFNEN |
| AUSGABE-ZEILE-1 DRUCKEN |
| AUSGABE-ZEILE-2 DRUCKEN |
| AUSGABE-ZEILE-3 DRUCKEN |

(LESEN)

LESEN

SATZ LESEN

AT END?

JA   NEIN

1 ---> SCHALTER

```
┌─────────────────────────────────────────────────────────────────┐
│ VERARBEITUNG                                                      │
│   ┌───────────────────────────────────────────────────────────┐ │
│   │ \                        E-AGRUPPE = "F"   ?            /  │ │
│   │   \                                                   /    │ │
│   │     JA                                          NEIN       │ │
│   ├──────────────────────────────────────────────┬────────────┤ │
│   │ E-ANR            ---> A-ANR                    │            │ │
│   ├──────────────────────────────────────────────┤            │ │
│   │ E-ABEZ           ---> A-ABEZ                   │        /   │ │
│   ├──────────────────────────────────────────────┤      /     │ │
│   │ E-LAGERBESTAND --->  A-LAGERBESTAND            │    /       │ │
│   ├──────────────────────────────────────────────┤  /         │ │
│   │ E-LAGERNR        ---> A-LAGERNR                │ /          │ │
│   ├──────────────────────────────────────────────┤/           │ │
│   │ E-EIN-PREIS      ---> A-EIN-PREIS              │            │ │
│   ├──────────────────────────────────────────────┴────────────┤ │
│   │ POSTEN-ZEILE DRUCKEN                                        │ │
│   ├───────────────────────────────────────────────────────────┤ │
│   │ (LESEN)                                                     │ │
│   └───────────────────────────────────────────────────────────┘ │
└─────────────────────────────────────────────────────────────────┘

┌─────────────────────────────────────────────────────────────────┐
│ NACHLAUF                                                          │
│   ┌───────────────────────────────────────────────────────────┐ │
│   │ SCHLUSS-ZEILE DRUCKEN                                       │ │
│   ├───────────────────────────────────────────────────────────┤ │
│   │ EINGABE, AUSGABE SCHLIESSEN                                 │ │
│   └───────────────────────────────────────────────────────────┘ │
└─────────────────────────────────────────────────────────────────┘
```

Programmlisting:

```
 1 IDENTIFICATION DIVISION.
 2 PROGRAM-ID.        DEMO4-ARTIKELLISTE.
 3 AUTHOR.            R. HABIB.
 4 DATE-WRITTEN.      12-08-1987.
 5 DATE-COMPILED. 24-Aug-87 23:35.
 6*
 7* PROGRAMMFUNKTION:
 8*
 9* DAS PROGRAMM ERSTELLT FÜR ALLE ARTIKEL   DER
10* ARTIKELGRUPPE "F" EINE ARTIKELLISTE
11*
12*
13 ENVIRONMENT DIVISION.
14 CONFIGURATION SECTION.
15 SOURCE-COMPUTER.  IBM-PC.
16 OBJECT-COMPUTER.  IBM-PC.
17 SPECIAL-NAMES.
18    DECIMAL-POINT IS COMMA,
19    CONSOLE IS CRT.
20 INPUT-OUTPUT SECTION.
21 FILE-CONTROL.
22
23    SELECT  EINGABE ASSIGN TO "ARTIKEL.EIN",
24            ORGANIZATION IS LINE SEQUENTIAL.
25
26    SELECT  AUSGABE ASSIGN TO "ARTIKEL.AUS".
27*-------------------------------------------------*
28 DATA DIVISION.
29 FILE SECTION.
30 FD  EINGABE.
31 01  E-SATZ.
32     05 E-ANR           PIC X(5).
33     05 E-AGRUPPE        PIC X.
34     05 E-ABEZ           PIC X(20).
35     05 E-LAGERBESTAND    PIC 9(5).
36     05 E-LAGERNR         PIC 9(3).
37     05 E-EIN-PREIS       PIC 9(4)V99.
```

```
38      05 E-VER-PREIS       PIC 9(4)V99.
39
40 FD  AUSGABE.
41 01  A-SATZ               PIC X(56).
42*--------------------------------------------------*
43 WORKING-STORAGE SECTION.
44 01  UEBERSCHRIFT-1.
45      05 FILLER            PIC X(17) VALUE SPACE.
46      05 FILLER            PIC X(23) VALUE
47      "ARTIKELLISTE (GRUPPE=F)".
48
49 01  UEBERSCHRIFT-2.
50      05 FILLER            PIC X(08) VALUE
51      "ART.-NR".
52      05 FILLER            PIC X(22) VALUE
53      "ART.BEZEICHNUNG".
54      05 FILLER            PIC X(10) VALUE
55      "LAG-BES.".
56      05 FILLER            PIC X(09) VALUE
57      "LAG-NR.".
58      05 FILLER            PIC X(07) VALUE
59      "E-PREIS".
60
61 01  UEBERSCHRIFT-3.
62      05 FILLER            PIC X(56) VALUE ALL "=".
63
64 01  POSTEN-ZEILE.
65      05 A-ANR             PIC X(05).
66      05 FILLER            PIC X(03).
67      05 A-ABEZ            PIC X(20).
68      05 FILLER            PIC X(05).
69      05 A-LAGERBESTAND     PIC ZZZ99.
70      05 FILLER            PIC X(05).
71      05 A-LAGERNR         PIC Z99.
72      05 FILLER            PIC X(02).
73      05 A-EIN-PREIS       PIC Z.ZZ9,99.
74
75 01  SCHLUSS-ZEILE.
76      05 FILLER            PIC X(21) VALUE SPACE.
```

```
77      05 FILLER            PIC X(14) VALUE
78      "ENDE DER LISTE".
79
80 01  SCHALTER             PIC 9 VALUE 0.
81 88  DATEI-ENDE           VALUE 1.
82*----------------------------------------------*
83 PROCEDURE DIVISION.
84 PROGRAMM-STEUERUNG SECTION.
85 PR-1000.
86      PERFORM VORLAUF.
87      PERFORM VERARBEITUNG UNTIL DATEI-ENDE.
88      PERFORM NACHLAUF.
89 PR-9999.
90      STOP RUN.
91*----------------------------------------------*
92 VORLAUF SECTION.
93 VOR-1000.
94      OPEN INPUT EINGABE OUTPUT AUSGABE.
95      WRITE A-SATZ FROM UEBERSCHRIFT-1 AFTER PAGE.
96      WRITE A-SATZ FROM UEBERSCHRIFT-2 AFTER 1.
97      WRITE A-SATZ FROM UEBERSCHRIFT-3 AFTER 2.
98      PERFORM LESEN.
99 VOR-9999.
100     EXIT.
101*----------------------------------------------*
102 VERARBEITUNG SECTION.
103 VER-1000.
104     IF E-AGRUPPE = "F"
105        MOVE E-ANR           TO A-ANR,
106        MOVE E-ABEZ          TO A-ABEZ,
107        MOVE E-LAGERBESTAND  TO A-LAGERBESTAND,
108        MOVE E-LAGERNR       TO A-LAGERNR,
109        MOVE E-EIN-PREIS     TO A-EIN-PREIS,
110        WRITE A-SATZ FROM POSTEN-ZEILE AFTER 2,
111     END-IF
112
113     PERFORM LESEN.
114 VER-9999.
115     EXIT.
```

```
116*-------------------------------------------------*
117 NACHLAUF SECTION.
118 NAC-1000.
119     WRITE A-SATZ FROM SCHLUSS-ZEILE  AFTER 3.
120     CLOSE EINGABE AUSGABE.
121 NAC-9999.
122     EXIT.
123*-------------------------------------------------*
124 LESEN SECTION.
125 LES-1000.
126     READ EINGABE AT END  MOVE 1 TO SCHALTER.
127 LES-9999.
128     EXIT.
```

Testdaten "ARTIKEL.EIN":

```
11111FEinbaulautsprecher  000981000012300018000
22222FCD-Player           000342000080900138000
33333FCassettenrecorder   000233600030000059895
44444FHIFI-Turm           000124550090000189850
55555FFernsehgerät        002345771180002219800
12345SKochtopf            000534551005600011240
66666FElektrogitarre      012233440445600022290
77777FCD-Player D/100     003445000060900146000
88888FAuto-CB-Funk        030005730089000029870
99999FVHS-Videorecorder   032204452098002260090
34656DTelefontisch        000555667007700020950
```

Druckliste "ARTIKEL.AUS":

```
                ARTIKELLISTE (GRUPPE=F)
ART.-NR ART.BEZEICHNUNG       LAG-BES.  LAG-NR.  E-PREIS

==========================================================
11111   Einbaulautsprecher        98     100     123,00

22222   CD-Player                 34     200     809,00

33333   Cassettenrecorder         23     360     300,00

44444   HIFI-Turm                 12     455     900,00

55555   Fernsehgerät             234     577   1.180,00

66666   Elektrogitarre          1223     344     445,60

77777   CD-Player D/100          344     500     609,00

88888   Auto-CB-Funk            3000     573      89,00

99999   VHS-Videorecorder       3220     445   2.098,00


              ENDE DER LISTE
```

5. DATENÜBERTRAGUNGEN

5.1 MOVE-Anweisung

Wirkung

Mit Hilfe der MOVE-Anweisung werden Informationen von einem Feld in ein anderes übertragen.

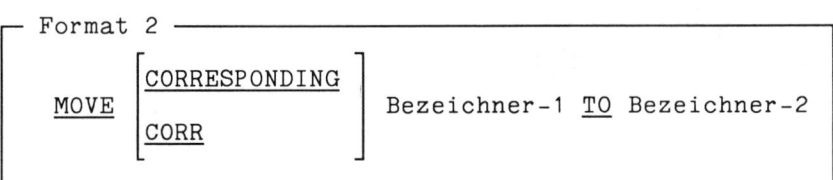

```
┌─ Format 1 ────────────────────────────────────────────────┐
│        ┌               ┐                                   │
│        │Bezeichner-1   │                                   │
│  MOVE  │               │TO Bezeichner-2 [Bezeichner-3]...  │
│        │Literal        │                                   │
│        └               ┘                                   │
└────────────────────────────────────────────────────────────┘
```

```
┌─ Format 2 ────────────────────────────────────────────────┐
│        ┌                ┐                                  │
│        │CORRESPONDING   │                                  │
│  MOVE  │                │ Bezeichner-1 TO Bezeichner-2     │
│        │CORR            │                                  │
│        └                ┘                                  │
└────────────────────────────────────────────────────────────┘
```

Erläuterung

Unter Datenübertragung versteht man im allgemeinen die Erzeugung einer Kopie eines Feldes in ein anderes.

Bezeichner-1 gilt hier als Sendefeld, Bezeichner-2 bzw. Bezeichner-3 als Empfangsfeld.

Je nach Eigenschaft der an der Übertragung beteiligten Datenfelder werden bestimmte Aktionen automatisch durchgeführt, z.B. Datenumwandlung oder Druckaufbereitung. Dies wird in den anschließenden Beispielen im Detail beschrieben.

Die MOVE-Anweisung berücksichtigt grundsätzlich:

> die Datenklasse,
> die interne Darstellung und
> die Länge eines Datenfeldes.

Beispiel 1

Das Beispiel zeigt die Übertragung eines alphanumerischen Feldes in ein anderes alphanumerisches Feld.

Ist das Empfangsfeld länger als das Sendefeld, so werden die restlichen Stellen mit Leerzeichen nach rechts aufgefüllt.

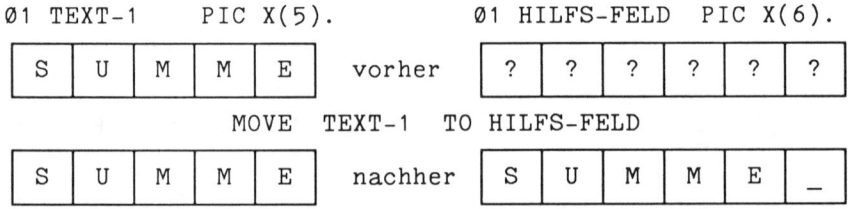

```
Ø1 TEXT-1    PIC X(5).        Ø1 HILFS-FELD  PIC X(6).
```

| S | U | M | M | E | vorher | ? | ? | ? | ? | ? | ? |

```
              MOVE  TEXT-1  TO HILFS-FELD
```

| S | U | M | M | E | nachher | S | U | M | M | E | _ |

```
_ = Leerzeichen
```

Beispiel 2

Ist das Empfangsfeld kürzer als das Sendefeld, so werden die rechten Stellen des Sendefeldes abgeschnitten.

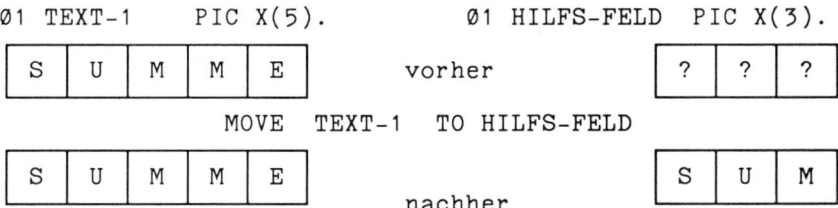

Beispiel 3

Ist das Empfangsfeld mit der JUSTIFIED-Klausel versehen, so werden die Daten grundsätzlich rechtsbündig übertragen.

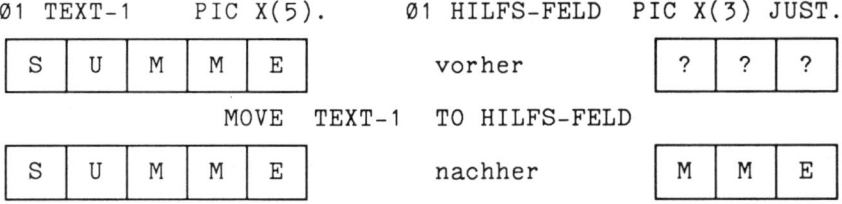

Beispiel 4

Handelt es sich bei dem Sendefeld oder Empfangsfeld um eine Datengruppe, so werden diese als alphanumerische Felder betrachtet. In diesem Fall können durchaus numerische Felder, die als Bestandteil des Empfangsfeldes definiert sind, mit nicht-numerischen Daten versorgt werden. Alle Eigenschaften der Elemente einer Gruppe bleiben also hier unberücksichtigt.

01 TEXT-1   PIC X(5).   01 AUSGABE-TEXT.
                          05 DM   PIC X(2).
                          05 BETRAG   PIC 99V99.

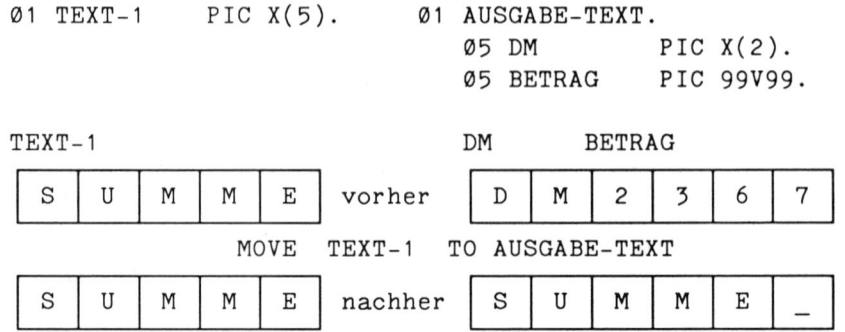

Obwohl das Feld "BETRAG" numerisch definiert ist, gelangen trotzdem durch die Übertragung in einer Datengruppe nicht-numerische Zeichen in das Feld.

Beispiel 5

Bei der Übertragung von numerischen Datenelementen werden grundsätzlich die dezimalen Stellen in den beteiligten Feldern berücksichtigt. Die Übertragung erfolgt also kommagerecht.

01 UMSATZ   PIC 9999V99.   01 GESAMT-UMSATZ PIC 9(5)V99.

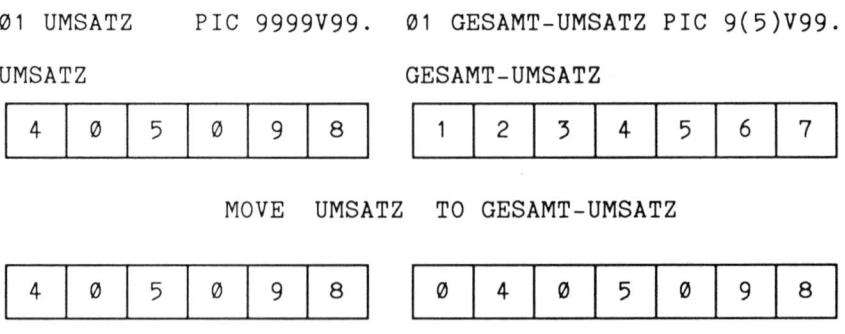

Beispiel 6

Ist die PICTURE-Klausel des Empfangsfeldes ohne das Symbol S definiert, so wird nur der absolute Wert des Sendefeldes übernommen.

01 DIFFERENZ PIC S9999V99. 01 GESAMT   PIC 9(5)V99.

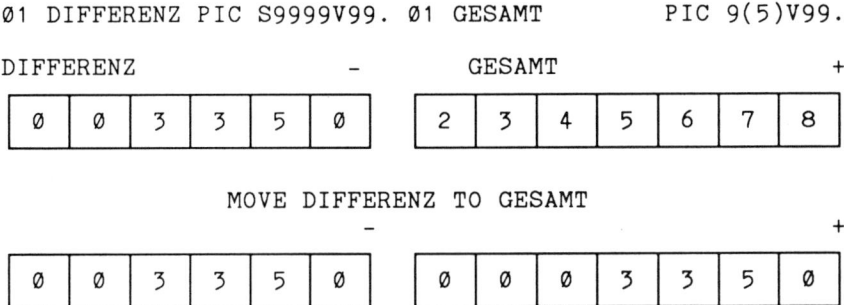

Der negative Inhalt des Feldes "DIFFERENZ" wird in das Feld "GESAMT" als positiver Inhalt übertragen.

Beispiel 7

Haben die numerischen Datenelemente eine unterschiedliche interne Datendarstellung (USAGE-Klausel), so werden die Daten des Sendefeldes gemäß denen des Empfangsfeldes umgewandelt.

01 NETTOWERT PIC 9(6).   01 GESAMT-UMSATZ PIC 9(5)V99
                                           COMP-3.

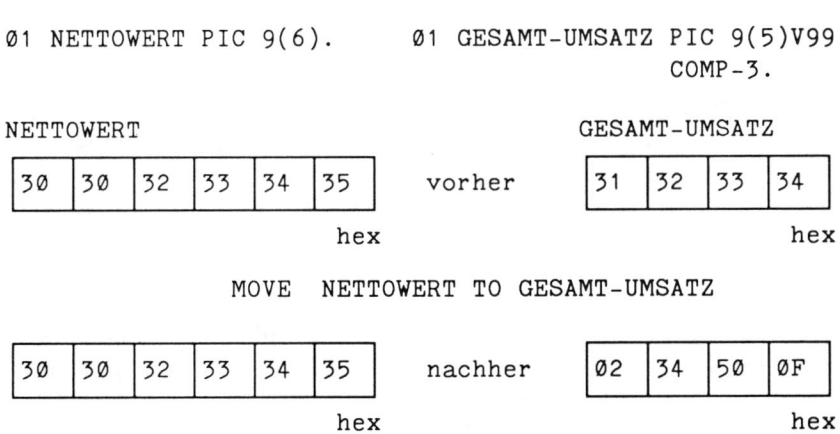

Beispiel 8 (nicht ANSI-Standard)

In PROFESSIONAL COBOL/2 können nicht-numerische Zeichen in numerische Felder übertragen werden. In diesem Fall wird das linke Halbbyte eines jeden Zeichens automatisch durch die hexaziffer 3 ersetzt.

```
01 AUS-WERT  PIC X(4).    01 RECHEN-WERT  PIC 9(4).
```

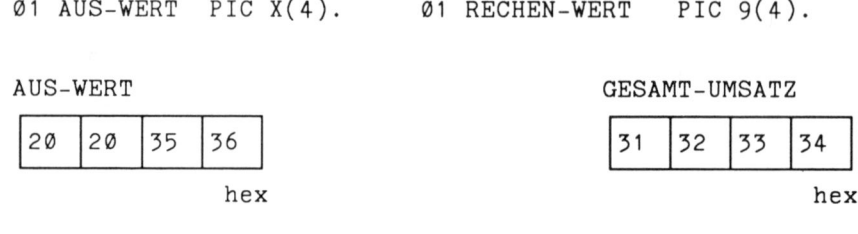

AUS-WERT

20	20	35	36

          hex

GESAMT-UMSATZ

31	32	33	34

          hex

```
         MOVE  AUS-WERT  TO RECHEN-WERT
```

20	20	35	36

          hex

30	30	35	36

          hex

Hier werden die Leerzeichen (hex "20") in Nullen umgewandelt (hex "30").

Beispiel 9 (nicht ANSI-Standard)

Nach den allgemeinen Regeln des ANSI-Standards können numerisch-druckaufbereitete Datenfelder nur in alphanumerische Felder übertragen werden. Hier können jedoch solche auch in numerische Felder übertragen werden. Die hier vorhandenen Druckaufbereitungssymbole wie Punkt oder Komma werden automatisch "ausgefiltert".

Diese Einrichtung kann besonders sinnvoll bei Datenfeldern eingesetzt werden, die am Bildschirm eingegeben werden sollen. Um später daraus rechenfähige Felder zu machen, muß man solche numerisch-druckaufbereiteten Felder in numerische Felder übertragen.

150

```
01 BILDSCHIRM-KAPITAL     PIC Z.ZZZ.ZZZ,ZZ.
```

b	b	9	0	0	.	5	0	0	,	8	0

```
MOVE  BILDSCHIRM-KAPITAL TO RECHEN-KAPITAL
```

```
01 RECHEN-KAPITAL         PIC 9(7)V99.
```

0	9	0	0	5	0	0	8	0

Die MOVE-CORRESPONDING-Anweisung

Die MOVE-CORRESPONDING-Anweisung wird benutzt, um mehrere
Datenelemente einer Datengruppe gleichzeitig mit der gleichen Anweisung in
die dazu korrespondierenden Elemente einer anderen Datengruppe zu übertragen.

Als korrespondierend betrachtet man alle Datenelemente, die denselben
Namen im Bezeichner-1 und Bezeichner-2 haben. Darüber hinaus müssen die
Datenelemente die gleichen übergeordneten Datengruppen aufweisen.

Beispiel

```
01   VERT-SATZ.
     05 NR                      PIC 9(5).
     05 VERKAUF.
        10 VERKAUF-BEZIRK       PIC X(3).
        10 VERKAUF-TOUR         PIC 99.
        10 VERKAUF-ANZ          PIC 9(4).
     05 PROV-SATZ               PIC 99V99.
     05 UMSATZ                  PIC 9(6)V99.
     05 FILLER                  PIC X(8).
     05 NAME                    PIC X(20).
```

```
Ø1   DRUCKER-SATZ.
     Ø5 NR                        PIC 9(5).
     Ø5 FILLER                    PIC X(8).
     Ø5 NAME                      PIC X(2Ø).
     Ø5 FILLER                    PIC X(8).
     Ø5 UMSATZ                    PIC 9(6)V99.
     Ø5 FILLER                    PIC X(8).
     Ø5 PROV-SATZ                 PIC 99V99.
     Ø5 VERKAUF-BEZIRK            PIC X(3).
```

Will man bei den vorliegenden Satzstrukturen mehrere Felder übertragen, so muß man codieren:

```
MOVE NR        IN VERT-SATZ TO NR        IN DRUCKER-SATZ
MOVE NAME      IN VERT-SATZ TO NAME      IN DRUCKER-SATZ
MOVE UMSATZ    IN VERT-SATZ TO UMSATZ    IN DRUCKER-SATZ
MOVE PROV-SATZ IN VERT-SATZ TO PROV-SATZ IN DRUCKER-SATZ
```

Die oben angegebenen MOVE-Anweisungen können nun mit Hilfe der MOVE-CORRESPONDING-Anweisung wie folgt verkürzt werden:

```
MOVE CORR      VERT-SATZ TO DRUCKER-SATZ
```

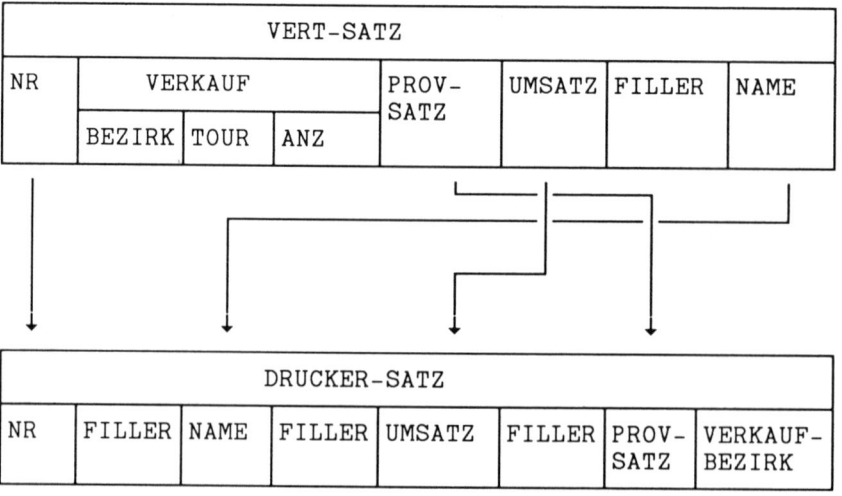

Aus diesem Beispiel können wir folgendes entnehmen:

FILLER werden nicht übertragen;

nur Namen, die den gleichen Kennzeichner haben, werden übertragen;

die Datennamen auf der Stufennummer 01 müssen eindeutig sein;

Bezeichner-1 und Bezeichner-2 müssen Datengruppen sein.

5.2 INITIALIZE-Anweisung

Wirkung

Die INITIALIZE-Anweisung wird zum Initialisieren von Datenfeldern mit vordefinierten Werten verwendet.

```
┌─ Format 1 ──────────────────────────────────────────────┐
│                                                          │
│    INITIALIZE   {Bezeichner-1}...                        │
│                                                          │
│                                                          │
│    [REPLACING                                            │
│                                                          │
│     ⎡ ⎡ ALPHABETIC        ⎤                      ⎤       │
│     ⎢ ⎢ ALPHANUMERIC      ⎥                      ⎢       │
│     ⎨ ⎨ NUMERIC           ⎬ DATA BY⎡ Bezeichner-2⎤ ...⎥  │
│     ⎢ ⎢ ALPHANUMERIC-EDITED⎥       ⎨            ⎬ ⎢    │
│     ⎣ ⎣ NUMERIC-EDITED     ⎦       ⎣ Literal-1   ⎦ ⎦    │
│                                                          │
└──────────────────────────────────────────────────────────┘
```

Erläuterung

In dieser Anweisung gilt Literal-1 bzw. Bezeichner-2 als Sendefeld, welches in das Empfangsfeld Bezeichner-1 übertragen wird.

Überschneidung mit der MOVE-Anweisung

Die INITIALIZE-Anweisung entspricht einer MOVE-Anweisung, so lange Bezeichner-1 ein Datenelement ist. D.h., hier wird eine Operation nach Regeln der MOVE-Anweisung ausgeführt.

Beispiel 1

```
Ø1    SUMME           PIC 9(5)V99.
      .
      .
      .

      INITILIALIZE   SUMME.
```

SUMME

Nach der Initialisierung ---> | Ø | Ø | Ø | Ø | Ø | Ø | Ø |

Ist Bezeichner-1 eine Datengruppe oder eine Tabelle, so werden die darin enthaltenen Datenelemente bzw. Tabellenelemente einzeln angesprochen. Die INITIALIZE-Anweisung entspricht dann einer Serie von MOVE-Anweisungen, die sich auf diese Elemente beziehen. Felder innerhalb einer Datengruppe bzw. einer Tabelle, die mit FILLER bezeichnet worden sind, bleiben durch die INITIALIZE-Anweisung unverändert.

Beispiel 2

```
Ø1    SUMMENFELDER.

      Ø5   STD-SUMME            PIC  S9(5)V99.
      Ø5   UEBER-STD-SUMME      PIC  S9(5)V99   COMP-3
      Ø5   FEHL-STD-SUMME       PIC  S9(5)V99   COMP.
      .
      .
      .

      INITILIALIZE  SUMMENFELDER.
```

Nach der Initialisierung der Summenfelder enthält jedes Feld die Nullen in seinem Format, d.h. entpackt, gepackt oder binär. Die vorhergehende Anweisung entspricht hiermit der Anweisungsfolge:

```
      MOVE ZERO TO STD-SUMME.
      MOVE ZERO TO UEBER-STD-SUMME.
      MOVE ZERO TO FEHL-STD-SUMME.
```

Hier weist die INITIALIZE-Anweisung einen deutlichen Unterschied zu der MOVE-Anweisung auf. Die Anweisung MOVE ZERO TO SUMMEN-FELDER würde den gesamten Bereich als alphanumerisches Feld behandeln und überträgt somit nur entpackte Nullen dorthin.

Ohne den Zusatz REPLACING

Ohne den Zusatz REPLACING werden alphabetische, alphanumerische und alphanumerisch-aufbereitete Datenfelder mit Leerzeichen (SPACE) initialisiert, numerische und numerisch-aufbereitete Datenfelder mit Nullen (ZERO).

Beispiel 3

```
Ø1   HILFSFELDER.
     Ø5 H-ANR              PIC X(5).
     Ø5 H-ABEZ             PIC B/X(4)/B.
     Ø5 FILLER             PIC X(Ø3).
     Ø5 H-LAGERBESTAND     PIC 9(5)     COMP-3.
     Ø5 H-LAGERNR          PIC 9(3).
     Ø5 H-EIN-PREIS        PIC 9(4)V99 COMP.
     Ø5 H-VER-PREIS        PIC *.**9,99.
     Ø5 LEER               PIC A(Ø5).
     .
     .
     .

     INITIALIZE HILFSFELDER.
```

Nach der Ausführung erhalten Felder die folgenden Inhalte:

H-ANR

H-ABEZ

	/				/	
	/				/	

H-LAGERBESTAND

Ø	Ø	Ø	Ø	Ø
Ø	Ø	Ø	Ø	Ø

H-LAGERNR

Ø	Ø	Ø
Ø	Ø	Ø

H-EIN-PREIS

Ø	Ø	Ø	Ø	Ø	Ø
Ø	Ø	Ø	Ø	Ø	Ø

H-VER-PREIS

*	*	*	*	Ø	,	Ø	Ø
*	*	*	*	Ø	,	Ø	Ø

LEER

Die Feldinhalte bestätigen nochmal die Arbeitsweise der INITIALIZE-Anweisung, hier ist auch die Druckaufbereitung zu erkennen.

Mit dem Zusatz REPLACING

Mit dem Zusatz REPLACING werden nur Datenfelder einer Gruppe initialisiert, die in der angegebenen Datenkategorie anfallen. Hiermit kann auch der Anfangswert für die Initialisierung bestimmt werden.

Beispiel 4

```
01  HILFSFELDER.
    05 H-ANR             PIC X(5).
    05 H-ABEZ            PIC B/X(4)/B.
    05 FILLER            PIC X(03).
    05 H-LAGERBESTAND    PIC 9(5)      COMP-3.
    05 H-LAGERNR         PIC 9(3).
    05 H-EIN-PREIS       PIC 9(4)V99 COMP.
    05 H-VER-PREIS       PIC *.**9,99.
    05 LEER              PIC A(05).
    .
    .
    .


    INITIALIZE HILFSFELDER
             REPLACING NUMERIC DATA BY ZERO.
```

Initialisiert werden durch diese Anweisung nur die numerischen Datenfelder H-LAGERBESTAND, H-LAGERNR und H-EIN-PREIS.

Beispiel 5

```
01  HILFSFELDER.
    05 F1              PIC X(5).
    05 FILLER          PIC X(2).
    05 F2              PIC X(5).
    05 FILLER          PIC X(2).
    05 F3              PIC 9(6)V9(2).
```

```
    INITIALIZE HILFSFELDER
            REPLACING ALPHANUMERIC DATA BY "*".
```

Hier werden die alphanumerischen Datenfelder F1 und F2 mit "*" versorgt.

INITIALIZE für Tabellen

Besonders wichtig zeigt sich die INITIALIZE-Anweisung für die Initialisierung von Tabellen. Eine solche Tabelle wie im folgenden Beispiel konnte bis ANSI'74 nur mit einer Programmschleife initialisiert werden.

Mit Hilfe der INITIALIZE-Anweisung werden hier jedoch die 12 Felder UMSATZSUMME (1) bis UMSATZSUMME (12) auf gepackte Nullen gesetzt.

Beispiel 6

```
01  TABELLE.
    05  ELEMENT          OCCURS 12 INDEXED I.
        10 MONAT         PIC X(10).
        10 UMSATZSUMME   PIC 9(6)V9(2) COMP-3.
```

```
    INITIALIZE TABELLE REPLACING NUMERIC DATA BY 0.
```

Auch hier ist das Ansprechen eines Tabellenelements, wie die folgenden Anweisungen zeigen, erlaubt:

```
INITIALIZE ELEMENT (3).

INITIALIZE MONAT (1) REPLACING BY "JANUAR".

INITIALIZE MONAT (2) REPLACING BY "FEBRUAR".
```

5.3 SET-Anweisung

Wirkung

Die SET-Anweisung wird in 4 verschiedenen Formaten angegeben, von denen in diesem Kapitel nur die ersten 3 beschrieben werden. Sie wird verwendet, um einen Merknamen auf "EIN" bzw. auf "AUS" zu setzen, um einen Bedingungsnamen auf "WAHR" zu setzen oder um Adreßfelder zu übertragen.

```
┌─ Format 1 ──────────────────────────────────────────────┐
│                                             ┌    ┐       │
│   SET{(Mnemonischer Name} ... TO  { ON  } }...          │
│                                     Off                  │
│                                                          │
└──────────────────────────────────────────────────────────┘
```

```
┌─ Format 2 ──────────────────────────────────────────────┐
│                                                          │
│   SET (Bedingungsname} ... TO TRUE                       │
│                                                          │
└──────────────────────────────────────────────────────────┘
```

5. DATENÜBERTRAGUNGEN

```
┌─ Format 3 ────────────────────────────────────────────┐
│                                                        │
│  SET                                                   │
│  ┌ADDRESS OF Bezeichner-1┐ TO ┌ADDRESS OF Bezeichner-3┐│
│  ┤Bezeichner-2           ├    ┤Bezeichner-4           ├│
│  └                       ┘    └NULL                   ┘│
│                                                        │
└────────────────────────────────────────────────────────┘
```

Erläuterung zu Format 1

Mit Format 1 kann ein mnemonischer Name (Merkname), der im SPECIAL-NAMES-Paragraph festgelegt worden ist, auf "EIN" bzw. auf "AUS" gesetzt werden. Der Merkname muß in diesem Fall mit SWITCH 0 bis SWITCH 7 verknüpft worden sein. Die Angabe ON setzt den Merknamen auf "EIN" und OFF setzt ihn auf "AUS".

Beispiel

```
SPECIAL-NAMES.

    SWITCH  2 IS SCHALTER-2  ON STATUS IS EINGESCHALTET
                             OFF STATUS IS AUSGESCHALTET,

    SWITCH  7 IS SCHALTER-7  ON STATUS IS AKTIVE,
                             OFF STATUS IS INAKTIVE.
    .
    .
    .
    .


PROCEDURE DIVISION.
```

In der PROCEDURE DIVISION können die Schalter unabhängig von ihrem aktuellen Status wie folgt gesetzt werden:

```
SET SCHALTER-2 TO ON
    SCHALTER-7 TO OFF.
```

Ein spätere Bezugnahme auf einen Schalter könnte so formuliert werden:

```
IF EINGESCHALTET THEN     .....


IF INAKTIVE   THEN     .....
```

Erläuterung zu Format 2

Format 2 der SET-Anweisung verwendet man, um einen Bedingungsnamen auf "WAHR" (TRUE) zu setzen. Durch diese Operation wird das Literal, welches mit dem Bedingungsnamen verknüpft worden ist, automatisch in die zugehörigen Bedingungsvariablen übertragen. Wurde der Bedingungsname mit mehreren Literalen oder mit Literalbereichen verknüpft, so wird immer das erste Literal übertragen.

Beispiel

```
Ø1  SCHALTER        PIC X.
88  DATEI-ENDE      VALUE 1.



PROCEDURE DIVISION.
```

In der PROCEDURE DIVISION wird der Bedingungsname DATEI-ENDE auf "WAHR" gesetzt. Dies bewirkt die Übertragung des Wertes 1 in die Bedingungsvariable SCHALTER.

```
READ EINGABE AT END   SET DATEI-ENDE TO TRUE.
```

161

Beispiel

```
Ø1   KENNZEICHEN        PIC X.
88   KZ-GUELTIG         VALUE "A"   "L"   "S"   "E".



PROCEDURE DIVISION.


    SET KZ-GUELTIG TO TRUE.
```

In diesem Beispiel wird das Zeichen A in die Bedingungsvariable KENN-ZEICHEN übertragen.

Erläuterung zu Format 3

Mit diesem Format kann die Adresse eines Feldes in ein anderes übertragen werden. Bezeichner-2 und Bezeichner-4 müssen auf der Stufennummer 01 oder 77 und mit USAGE IS POINTER definiert sein und spezifizieren damit sog. Adreßfelder.

Sowohl in VS COBOL als auch in PROFESSIONAL COBOL/2 wird für jedes Feld auf der Stufennummer 01 oder 77 in der LINKAGE SECTION automatisch ein Adreßfeld angelegt. In PROFESSIONAL COBOL/2 gilt dies auch für die WORKING-STORAGE SECTION. Um auf dieses Adreßfeld zugreifen zu können, verwendet man nun den Zusatz ADDRESS OF Bezeichner.

Beispiel 1

Übertragen von selbstdefinierten Adreßfeldern.

```
Ø1  ZEIGER-1           POINTER.
Ø1  ZEIGER-2           POINTER.
.
.
.


SET ZEIGER-1  TO ZEIGER-2.
```

Hier wird die Adresse aus dem Adreßfeld ZEIGER-2 in das Adreßfeld ZEIGER-1 übertragen. Das Objekt der Übertragung ist also der Inhalt von ZEIGER-2.

Beispiel 2

Übertragen von automatisch-angelegten Adreßfeldern in ebensolche.

```
Ø1  ZEIGER-1           POINTER.

Ø1  SATZ-1.
    Ø5  F1             PIC X(1Ø).

Ø1  SATZ-2.
    Ø5  F2             PIC X(1Ø).
.
.


SET ADDRESS OF SATZ-1 TO ZEIGER-1.
```

Hier wird der Inhalt von ZEIGER-1 (eine Adresse) in das automatisch-angelegte Adreßfeld von SATZ-1 übertragen.

```
SET ADDRESS OF SATZ-2 TO ADDRESS OF SATZ-1.
```

Diese SET-Anweisung setzt die Adresse von SATZ-2 gleich der Adresse von SATZ-1. Damit wird SATZ-1 durch SATZ-2 repräsentiert.

Beispiel 3

```
SET ADDRESS OF SATZ-1 TO NULL.
```

Mit dieser Anweisung wird die Adresse von SATZ-1 auf eine ungültige Adresse (Null) gesetzt. In diesem Fall kann ein Zugriff auf SATZ-1 nicht mehr erfolgen.

5.4 Übungen

1. Vertauschen Sie die Feldinhalte von "NAME" und "VORNAME"!

```
01  NAME         PIC X(20).
01  VORNAME      PIC X(20).
```

2. Das Tagesdatum liegt in der Form "JJMMTT" im Feld "T-DATUM".

```
01  T-DATUM.
    05 JJ        PIC 99.
    05 MM        PIC 99.
    05 TT        PIC 99.
```

Codieren Sie die notwendigen Anweisungen und Definitionen, um das Tagesdatum in der Form "TT-MM-19JJ" aufzubereiten.

3. Übertragen Sie die letzte Ziffer aus dem Feld "KONTONUMMER" in das Feld "PRUEF-ZIFFER"!

```
01  KONTONUMMER  PIC 9(8).
01  PRUEFZIFFER  PIC 9.
```

5.5 Lösungen

1.

```
Ø1  HILF          PIC X(2Ø).
     .
     .
     .
    MOVE NAME      TO HILF.
    MOVE VORNAME   TO NAME.
    MOVE HILF      TO VORNAME.
```

2.

```
Ø1  D-DATUM.
    Ø5 TT          PIC 99.
    Ø5 FILLER      PIC X   VALUE "-".
    Ø5 MM          PIC 99.
    Ø5 FILLER      PIC XXX VALUE "-19".
    Ø5 JJ          PIC 99.

    MOVE CORR T-DATUM TO D-DATUM.
```

3.

```
    MOVE KONTONUMMER  TO PRUEFZIFFER.
```

Programmbeispiel: DEMO5-GEHALTS-STATISTIK

Aufgabenstellung

Es ist ein Programm für die Erstellung einer Gehaltsstatistik zu entwickeln.

In der Statistik sollen das niedrigste Gehalt, das höchste Gehalt, die Differenz dazwischen und der Durchschnitt aller Gehälter erscheinen.

Aufbau der Artikeldatei "MITARB.EIN":

Anz. Stellen	Feldverwendung
4 2Ø 5V2	Mitarbeiternummer Mitarbeitername Mitarbeitergehalt

Aufbau der Gehaltsstatistik-Liste: siehe Druckliste

Struktogramm

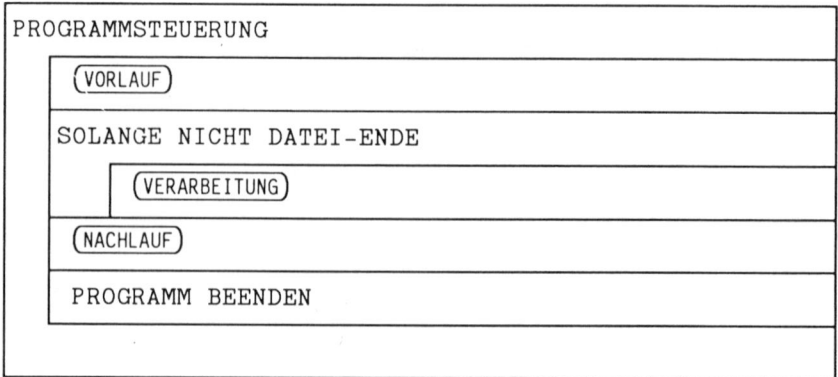

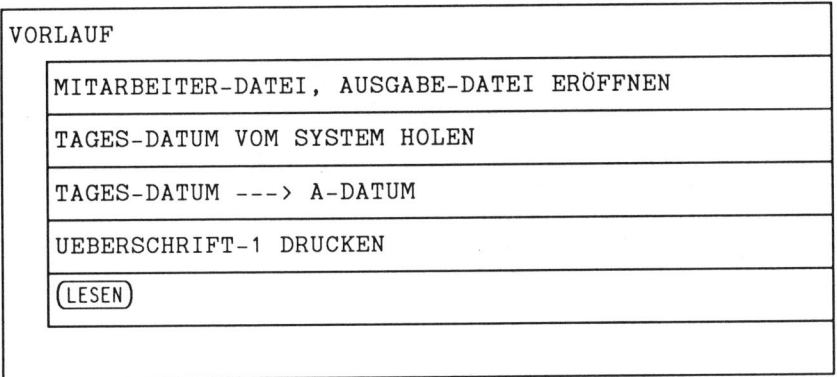

```
VORLAUF

   MITARBEITER-DATEI, AUSGABE-DATEI ERÖFFNEN

   TAGES-DATUM VOM SYSTEM HOLEN

   TAGES-DATUM ---> A-DATUM

   UEBERSCHRIFT-1 DRUCKEN

   (LESEN)
```

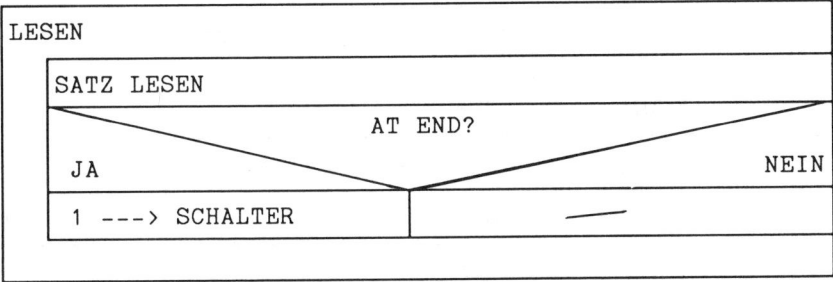

```
LESEN

   SATZ LESEN
                        AT END?
   JA                                           NEIN

   1 ---> SCHALTER              ———
```

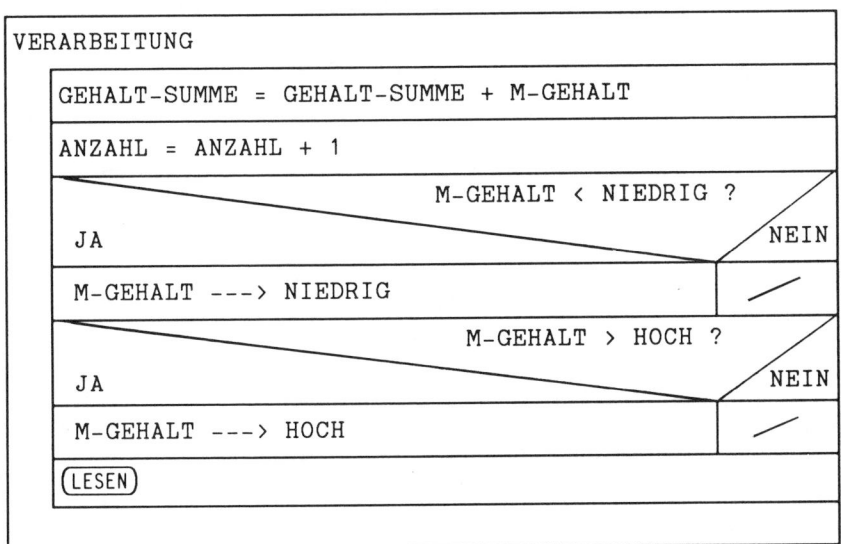

```
VERARBEITUNG

   GEHALT-SUMME = GEHALT-SUMME + M-GEHALT

   ANZAHL = ANZAHL + 1
                        M-GEHALT < NIEDRIG ?
   JA                                          NEIN

   M-GEHALT ---> NIEDRIG                 ———
                        M-GEHALT > HOCH ?
   JA                                          NEIN

   M-GEHALT ---> HOCH                    ———
   (LESEN)
```

```
NACHLAUF

    "GEHALTSDURCHSCHNITT = " ---> A-TEXT

    A-WERT = GEHALT-SUMME / ANZAHL

    AUSGABE-ZEILE   DRUCKEN

    "NIEDRIGSTES GEHALT   = " ---> A-TEXT

    NIEDRIG   TO A-WERT

    AUSGABE-ZEILE   DRUCKEN

    "HÖCHSTES    GEHALT  = " ---> A-TEXT

    HOCH      ---> A-WERT

    AUSGABE-ZEILE   DRUCKEN

    "DIFFERENZ           = " ---> A-TEXT

    A-WERT = HOCH - NIEDRIG

    AUSGABE-ZEILE   DRUCKEN

    SCHLUSS-ZEILE DRUCKEN

    MITARBEITER-DATEI, AUSGABE-DATEI SCHLIESSEN

```

Programmlisting:

```
 1 IDENTIFICATION DIVISION.
 2 PROGRAM-ID.          DEMO5-GEHALT-STATISTIK.
 3 AUTHOR.              R. HABIB.
 4 DATE-WRITTEN.        12-08-1987.
 5 DATE-COMPILED. 24-Aug-87 02:42.
 6*
 7*|PROGRAMMFUNKTION:
 8*|
 9*|DIESES PROGRAMM ERSTELLT EINE GEHALTSTATISTIK
10*|FÜR DIE MITARBEITER EINES UNTERNEHMENS.
11*|
12*
13 ENVIRONMENT DIVISION.
14 CONFIGURATION SECTION.
15 SOURCE-COMPUTER.   IBM-PC.
16 OBJECT-COMPUTER.   IBM-PC.
17 SPECIAL-NAMES.
18      DECIMAL-POINT IS COMMA.
19 INPUT-OUTPUT SECTION.
20 FILE-CONTROL.
21
22      SELECT  MITARBEITER ASSIGN TO "MITARB.EIN",
23              ORGANIZATION IS LINE SEQUENTIAL.
24
25      SELECT  AUSGABE ASSIGN TO "MITARB.AUS".
26*-----------------------------------------------*
27 DATA DIVISION.
28 FILE SECTION.
29 FD  MITARBEITER.
30 01  M-SATZ.
31      05 M-NR            PIC X(4).
32      05 M-NAME          PIC X(20).
33      05 M-GEHALT        PIC 9(5)V99.
34
35 FD  AUSGABE.
36 01  A-SATZ             PIC X(56).
37*-----------------------------------------------*
38 WORKING-STORAGE SECTION.
39 01  UEBERSCHRIFT-1.
40      05 FILLER          PIC X(14) VALUE SPACE.
41      05 FILLER          PIC X(20) VALUE
42      "GEHALTSTATISTK VOM ".
43      05 A-DATUM.
```

```
44            10 TAG            PIC 99.
45            10 FILLER         PIC X VALUE ".".
46            10 MONAT          PIC 99.
47            10 FILLER         PIC XXX VALUE ".19".
48            10 JAHR           PIC 99.
49
50 01    AUSGABE-ZEILE.
51            05 A-TEXT         PIC X(30).
52            05 A-WERT         PIC ZZ.ZZ9,99.
53
54 01    SCHLUSS-ZEILE.
55            05 FILLER         PIC X(21) VALUE SPACE.
56            05 FILLER         PIC X(18) VALUE
57       "ENDE DER STATISTIK".
58
59 01    TAGES-DATUM.
60            05   JAHR         PIC 99.
61            05   MONAT        PIC 99.
62            05   TAG          PIC 99.
63
64 01    NIEDRIG               PIC 9(5)V99 VALUE 99999,99.
65 01    HOCH                  PIC 9(5)V99 VALUE 0.
66 01    GEHALT-SUMME          PIC 9(7)V99 VALUE 0.
67 01    ANZAHL                PIC 9(5)V99 VALUE 0.
68 01    DURCHSCHNITT          PIC 9(5)V99 VALUE 0.
69
70 01    SCHALTER              PIC 9 VALUE 0.
71 88    DATEI-ENDE            VALUE 1.
72 *-----------------------------------------------------*
73 PROCEDURE DIVISION.
74 PROGRAMM-STEUERUNG SECTION.
75 PR-1000.
76       PERFORM VORLAUF.
77       PERFORM VERARBEITUNG UNTIL DATEI-ENDE.
78       PERFORM NACHLAUF.
79 PR-9999.
80       STOP RUN.
81 *-----------------------------------------------------*
82 VORLAUF SECTION.
83 VOR-1000.
84       OPEN INPUT MITARBEITER OUTPUT AUSGABE.
85       ACCEPT TAGES-DATUM FROM DATE.
86       MOVE CORR TAGES-DATUM TO A-DATUM.
87       WRITE A-SATZ FROM UEBERSCHRIFT-1 AFTER PAGE.
88       PERFORM LESEN.
89 VOR-9999.
90       EXIT.
```

```
 91*--------------------------------------------------*
 92 VERARBEITUNG SECTION.
 93 VER-1000.
 94     ADD M-GEHALT TO GEHALT-SUMME.
 95     ADD 1 TO  ANZAHL.
 96
 97     IF  M-GEHALT < NIEDRIG
 98         MOVE M-GEHALT TO NIEDRIG.
 99
100     IF  M-GEHALT > HOCH
101         MOVE M-GEHALT TO HOCH.
102
103     PERFORM LESEN.
104 VER-9999.
105     EXIT.
106*--------------------------------------------------*
107 NACHLAUF SECTION.
108 NAC-1000.
109     MOVE "GEHALTSDURCHSCHNITT = " TO A-TEXT.
110     COMPUTE A-WERT = GEHALT-SUMME / ANZAHL.
111     WRITE A-SATZ FROM AUSGABE-ZEILE  AFTER 2.
112
113     MOVE "NIEDRIGSTES GEHALT  = " TO A-TEXT.
114     MOVE NIEDRIG  TO A-WERT.
115     WRITE A-SATZ FROM AUSGABE-ZEILE  AFTER 2.
116
117     MOVE "HÖCHSTES   GEHALT  = " TO A-TEXT.
118     MOVE HOCH     TO A-WERT.
119     WRITE A-SATZ FROM AUSGABE-ZEILE  AFTER 2.
120
121     MOVE "DIFFERENZ          = " TO A-TEXT.
122     COMPUTE A-WERT = HOCH - NIEDRIG.
123     WRITE A-SATZ FROM AUSGABE-ZEILE  AFTER 2.
124
125     WRITE A-SATZ FROM SCHLUSS-ZEILE  AFTER 3.
126     CLOSE MITARBEITER AUSGABE.
127 NAC-9999.
128     EXIT.
129*--------------------------------------------------*
130 LESEN SECTION.
131 LES-1000.
132     READ MITARBEITER AT END
133                     SET DATEI-ENDE TO TRUE
134     END-READ.
135 LES-9999.
136     EXIT.
```

5. DATENÜBERTRAGUNGEN

Testdaten "MITARB.EIN"

```
12345SCHULZ        │0300000
34567MAIER         │0400000
34567KADE          │0500000
45437SCHMIDT       │0633000
34543RÖHRIG        │0700000
65624JAHN          │0844400
67567FRITZ         │0900000
87873BAUER         │0950000
78324MEHRINGER     │0200000
62367HEINEMANN     │0180000
67567KIRCHER       │0750000
```

Gehaltsstatistik-Liste: "MITARB.AUS"

```
           GEHALTSSTATISTK VOM  24.08.1986


GEHALTSDURCHSCHNITT  =        5.779,45
NIEDRIGSTES GEHALT   =        1.800,00
HÖCHSTES    GEHALT   =        9.500,00
DIFFERENZ            =        7.700,00


           ENDE DER STATISTIK
```

6. BILDSCHIRM-STEUERUNG

6.1 DISPLAY-Anweisung

Wirkung

Mit Hilfe der DISPLAY-Anweisung können Informationen am Bildschirm angezeigt werden. Zusammen mit der ACCEPT-Anweisung können wir einen Dialog mit dem Rechner durchführen.

```
┌─ Format 1 ──────────────────────────────────────────────────┐
│                                                              │
│   DISPLAY    ⎧ Bezeichner-1 ⎫   ⎡ Bezeichner-2 ⎤  ...        │
│             ⎨ Literal-1     ⎬   ⎢ Literal-2     ⎥            │
│              ⎩              ⎭   ⎣              ⎦             │
│                                                              │
│              ⎡                      Merkname  ⎤              │
│              ⎢ UPON                 CONSOLE   ⎥              │
│              ⎣                               ⎦              │
│                                                              │
└──────────────────────────────────────────────────────────────┘
```

```
┌─ Format 2 ──────────────────────────────────────────────────┐
│                            ⎡         Datenname-2 ⎤           │
│   DISPLAY Datenname-1      ⎢ AT      Literal-1    ⎥           │
│                            ⎣                      ⎦           │
│                                                              │
│              ⎡                      CRT        ⎤             │
│              ⎢ UPON                 CRT-UNDER  ⎥             │
│              ⎣                               ⎦              │
│                                                              │
└──────────────────────────────────────────────────────────────┘
```

Erläuterung

Die DISPLAY-Anweisung Format-1 wird für die Anzeige mehrerer Datenfelder und/oder Literale benutzt. In diesem Fall darf die CONSOLE IST
CRT-Klausel im SPECIAL-NAMES-Paragraph nicht benutzt werden.

Beispiel 1

```
01    DISPLAY-TEXT        PIC X(13)
      VALUE  "Kapital: ===>".
      .
      .
      .
      DISPLAY DISPLAY-TEXT.
```

Diese Anweisung zeigt den Inhalt des Feldes "DISPLAY-TEXT" an der aktuellen Cursor-Position an.

AT-Zusatz

Die DISPLAY-Anweisung Format-2 wird für die Anzeige eines einzigen
Datenfeldes bzw. einer Struktur benutzt. Dabei können die anzuzeigenden
Informationen an einer beliebigen Bildschirmstelle positioniert werden.

Soll der Text in Beispiel 1 an einer bestimmten Stelle am Bildschirm positioniert werden, so muß man sich des Formates-2 bedienen. Der anzugebende
Datenname-2 in Format-2 beinhaltet die gewünschte Cursor-Position, an der
der Text angezeigt werden soll. Die Anweisung lautet dann z.B.

```
      DISPLAY DISPLAY-TEXT AT 0515.
```

Diese Anweisung positioniert den Text auf Spalte 15 der 5. Zeile des Bildschirms.

Als Cursor-Position kann ein numerisches Literal oder eine entsprechende
Variable benutzt werden, z.B.

```
01   CURSOR-POSITION         PIC 9999.
```

Erweiterte Eigenschaften der DISPLAY-Anweisung

In den hier beschriebenen Compilern wurde festgelegt, daß Datenelemente
einer Struktur, die den Namen FILLER aufweisen, nicht angezeigt werden.

Beispiel 2

```
Ø1   AUSGABE-ZEILE.
     Ø5 FILLER    PIC X(3Ø).
     Ø5 A-1       PIC X(2Ø) VALUE "*** TILGUNGSPLAN ***".
     Ø5 FILLER    PIC X(3Ø).

     Ø5 FILLER    PIC X(24Ø).

     Ø5 A-2       PIC X(Ø7) VALUE  "Kredit:".
     Ø5 FILLER    PIC X(25).
     Ø5 A-3       PIC X(Ø9) VALUE  "Zinssatz:".
     Ø5 FILLER    PIC X(24).
     Ø5 A-4       PIC X(Ø9) VALUE  "Laufzeit:".
     Ø5 FILLER    PIC X(6).
     .
     .
     .
     DISPLAY AUSGABE-ZEILE AT Ø1Ø1.
```

```
┌──────────────────────────────────────────────────────┐
│              *** TILGUNGSPLAN ***                      │
│                                                        │
│                                                        │
│ Kredit:            Zinssatz:        Laufzeit:          │
│                                                        │
│                                                        │
│                                                        │
│                                                        │
└──────────────────────────────────────────────────────┘
```

Abb. 6.1 Bildschirmausgabe

Bei der Entwicklung von Satzstrukturen für die DISPLAY-Anweisung sollte man die folgenden Punkte berücksichtigen:

- Die Bildschirmgröße beträgt 2000 Bytes (25 Zeilen a 80 Spalten). Satzstrukturen sollten die genannte Größe nicht überschreiten.

- Bei umfangreichen Satzstrukturen sollten die Datenfelder zu einer Zeile in der Länge von 80 Spalten oder dem Mehrfachen davon gruppiert werden. Dies verbessert die Übersicht einer Struktur und erleichtert eine nachträgliche Veränderung.

- Datenfeldern, die angezeigt werden sollen, haben wir einen Namen gegeben; andere Bereiche, die nicht angezeigt werden sollen, erhalten den Namen FILLER.

- In unserem Beispiel haben wir eine Zeile für die Überschrift, 3 Leerzeilen und eine Zeile für die Leittexte definiert.

Upon-Zusatz

In Format-1 wurde dieser Zusatz aus Gründen der Kompatibilität zu anderen Compilern beibehalten. Der Zusatz macht lediglich eindeutig, daß der Text über Console angezeigt werden soll. Merkname kann jeder sein, der gleich dem Wort "CONSOLE" im SPECIAL-NAMES-Paragraph gesetzt worden ist.

In Format-2 legt der UPON CRT-Zusatz lediglich fest, daß es sich hier um die erweitere DISPLAY-Anweisung mit dem AT-Zusatz handelt.

Der Zusatz UPON CRT-UNDER kann nur im Zusammenhang mit dem erweiterten Bildschirm- und Tastaturtreiber (ANSI. SYS) verwendet werden. Er bewirkt die Unterstreichung des Textes auf dem Monochrom-Bildschirm oder eine entsprechende Darstellung für Farbbildschirme.

Löschen des Bildschirmes

Ein Sonderformat der DISPLAY-Anweisung kann zum Löschen des Bildschirmes verwendet werden. Sie lautet:

```
DISPLAY SPACE UPON CRT.
```

Hat man im SPECIAL-NAMES-Paragraph die Klausel CONSOLE IS CRT" festgelegt, so reicht es auch, wenn man codiert:

```
DISPLAY SPACE.
```

Vorpositionierung des Cursors

Die Anweisung DISPLAY LOW-VALUES AT .... bewirkt, daß der Cursor auf der angegebenen Position positioniert wird. Eine nachfolgende DISPLAY-Anweisung ohne den At-Zusatz würde sich implizit auf die aktuelle Cursor-Position beziehen.

Allgemeines

Eine figurative Konstante (außer ALL) kann das Literal-1 in Format-1 oder Datenname-1 in Format-2 ersetzen. In diesem Fall wird ein einziges Zeichen angezeigt. Die Anweisung DISPLAY SPACE ist also gleichbedeutend mit der Anweisung DISPLAY " ".

Werden alle Zusätze weggelassen, so wird Format-1 Standard angenommen; es sei denn, die Klausel CONSOLE IS CRT wurde im SPECIAL-NAMES-Paragraph angegeben.

6.2 ACCEPT-Anweisung

Wirkung

Die ACCEPT-Anweisung erlaubt dem Benutzer, Daten über die Tastatur einzugeben.

```
┌─ Format 1 ──────────────────────────────────────────┐
│                                                      │
│   ACCEPT    Bezeichner  ⌈                 Merkname ⌉  │
│                         ⌊  FROM           CONSOLE  ⌋  │
│                                                      │
└──────────────────────────────────────────────────────┘
```

```
┌─ Format 2 ──────────────────────────────────────────┐
│                                                      │
│                         ⌈          Datenname-2 ⌉     │
│   ACCEPT    Datenname-1 ⌊  AT       Literal-1   ⌋     │
│                                                      │
│                           [FROM           CRT]       │
│                                                      │
└──────────────────────────────────────────────────────┘
```

Erläuterung

Wenn eine ACCEPT-Anweisung ausgeführt wird, bleibt das Programm so lange angehalten, bis der Benutzer die gewünschten Daten eingegeben und die Eingabe mit der [RETURN]-Taste ([ENTER]-Taste) abgeschlossen hat.

Die ACCEPT-Anweisung Format-1 bewirkt keine spezielle Positionierung des Eingabefeldes; die Eingabe wird lediglich an der aktuellen Cursor-Position erwartet. Diese Eigenschaft gilt standardmäßig, wenn die CONSOLE IST CRT-Klausel im SPECIAL-NAMES-Paragraph nicht angegeben wird.

Beispiel 1

```
Ø1    EINGABE           PIC X(1Ø).
      .
      .
      .
      ACCEPT EINGABE.
```

Bei der Ausführung dieser Anweisung wird der Cursor an der aktuellen Cursor-Position positioniert. Der Benutzer wird dann aufgefordert, die gewünschten Daten einzugeben. Die Eingabe wird mit der ⌐RETURN⌐-Taste abgeschlossen, das Programm setzt die Verarbeitung mit der nächsten Anweisung fort.

AT-Zusatz

Im Rahmen der Gestaltung von Bildschirm-Masken wurde die ACCEPT-Anweisung in Format-2 erweitert. Dieses Format kann das Eingabefeld an eine beliebige Bildschirmstelle positionieren. Die Cursor-Position selbst ist wie bei der DISPLAY-Anweisung anzugeben.

Wollen wir also das Feld "EINGABE" in Beispiel 1 auf der Spalte 20 in Zeile 10 positionieren, so müssen wir codieren:

```
ACCEPT EINGABE AT 1Ø2Ø.
```

Gleichzeitige Eingabe in mehrere Felder

Soll eine Bildschirm-Maske mit mehreren Eingabefeldern benutzt werden, so braucht man nicht für jedes Eingabefeld eine eigene ACCEPT-Anweisung zu codieren.

In diesem Fall müssen die Eingabefelder ihren Positionen entsprechend in einer Struktur integriert werden. Die nicht benötigten Eingabebereiche in dieser Struktur müssen den Namen FILLER aufweisen. Eine einzige ACCEPT-Anweisung für diese Struktur ist dann ausreichend, um alle Eingabefelder über die Tastatur zu versorgen.

Wird eine solche ACCEPT-Anweisung ausgeführt, so wird der Cursor auf das erste Feld in der Struktur positioniert, und die Eingabe kann beginnen. Der Cursor wird automatisch auf das nächste Feld positioniert, wenn das aktuelle Feld vollständig eingegeben wurde. Will man jedoch während der Eingabe den Cursor auf das nächste Feld positionieren, so kann man dazu die Tabulator- (⎄) oder Cursorbewegungstasten (↑, ↓, →, ←) benutzen. Die ⎡Home⎤-Taste positioniert den Cursor wieder auf das erste Feld in der Struktur. Zu beachten ist dabei, daß eine einmalige Betätigung der ⎡RETURN⎤-Taste ausreichend ist, um die Eingabe für alle Felder abzuschließen.

Wir können diese Eigenschaften der ACCEPT-Anweisung anhand des nächsten Beispieles kennenlernen.

Beispiel 2

Bezogen auf Beispiel 2 für die DISPLAY-Anweisung wollen wir nun die Eingabefelder definieren. Legen wir die DISPLAY-Struktur und die darin enthaltenen Positionen zugrunde, so ergibt sich die folgende ACCEPT-Struktur:

```
Ø1   EINGABE-ZEILE.
     Ø5 FILLER     PIC X(32Ø).

     Ø5 FILLER     PIC X(Ø7).
     Ø5 KREDIT      PIC ZZZ.ZZZ,ZZ.
     Ø5 FILLER     PIC X(24).
     Ø5 ZINSSATZ    PIC ZZ,ZZ.
     Ø5 FILLER     PIC X(28).
     Ø5 LAUFZEIT    PIC ZZ.
     Ø5 FILLER     PIC X(Ø4).
     .

     .
     ACCEPT   EINGABE-ZEILE AT Ø1Ø1.
```

```
          *** TILGUNGSPLAN ***


Kredit:200.000,00   Zinssatz:10,00   Laufzeit:10
```

Abb. 6.2 Bildschirm-Eingabe/Ausgabe

Eingabe in numerische Felder

Die Eingabe in numerische Felder ist unproblematisch. Bei der Durchführung einer solchen ACCEPT-Anweisung wird der Cursor auf der dezimalen Stelle positioniert, und man kann dann die gewünschten Ziffern eingeben.

Bei einer solchen Eingabe werden nur Ziffern von 0-9 zugelassen; die Betätigung jeder anderen Taste wird mit einem Signalton zurückgewiesen.

Bei numerisch-druckaufbereiteten Feldern erfolgt zusätzlich eine sofortige Aufbereitung jeder eingegebenen Ziffer.

ACCEPT-Anweisung und CURSOR-Klausel

In Kapitel 2 haben wir die CURSOR-Klausel im Detail beschrieben. Diese Klausel wird im SPECIAL-NAMES-Paragraph angegeben, um ein Datenfeld für die aktuelle Cursor-Position festzulegen. Diese Klausel ist nur sinnvoll im Zusammenhang mit der ACCEPT-Anweisung zu verwenden. Die ACCEPT-Anweisung versorgt nämlich das in der CURSOR-Klausel genannte Datenfeld mit der aktuellen Cursor-Position. Man kann also unmittelbar nach der Ausführung der ACCEPT-Anweisung die aktuelle Cursor-Position erfragen.

Diese Möglichkeit ist nur dann gegeben, wenn das genannte Feld vor der Ausführung der ACCEPT-Anweisung einen Wert ungleich Null aufweist.

Die CURSOR-Klausel ist **nicht** im ANSI-Standard enthalten.

Beispiel 3

```
SPECIAL-NAMES.
     CURSOR IS CURSOR-NUMERIC.
     .
     .
WORKING-STORAGE SECTION.
01   CURSOR-POSITION.
     05 ZEILEN-NR              PIC 99.
     05 SPALTEN-NR             PIC 99.
01   CURSOR-NUMERIC REDEFINES CURSOR-POSITION PIC 9(4).

01   EINGABE-ZEILE.
     05 FILLER   PIC X(80).

     05 FILLER   PIC X(30).
     05 NAME     PIC X(20).
     05 FILLER   PIC X(30).

     05 FILLER   PIC X(30).
     05 STRASSE  PIC X(20).
     05 FILLER   PIC X(30).

     05 FILLER   PIC X(30).
     05 PLZ      PIC X(04).
     05 FILLER   PIC X(46).

     05 FILLER   PIC X(30).
     05 ORT      PIC X(20).
     05 FILLER   PIC X(30).
PROCEDURE DIVISION.

     MOVE   0101 TO CURSOR-NUMERIC.
     ACCEPT  EINGABE-ZEILE AT CURSOR-NUMERIC.
     IF ZEILEN-NR = 3 THEN ....
     ELSE IF ZEILEN-NR = 4 THEN ....
     .
     .
```

Stellt man fest, daß das Feld ZEILEN-NR den Wert 3 beinhaltet, so kann man davon ausgehen, daß der Benutzer noch mit der Eingabe in das Feld STRASSE beschäftigt war, eine entsprechende Aktion kann daraufhin vorgenommen werden.

Weiterhin hat die CURSOR-Klausel eine wichtige Bedeutung für den Ablauf der ACCEPT-Anweisung. Vor der Ausführung der ACCEPT-Anweisung wird der Inhalt des Cursor-Feldes geprüft. Der Cursor wird dann auf das Feld positioniert, dessen Cursor-Position innerhalb der Struktur als nächste zu dem Wert des Cursor-Feldes liegt.

Beispiel 4

Diese Eigenschaft der CURSOR-Klausel kann sehr sinnvoll eingesetzt werden, besonders bei Datenprüfung nach einer erfolgten Eingabe. Wollen wir z.B. prüfen, ob der Benutzer in Beispiel 3 eine Eingabe in das Feld ORT gemacht hat oder nicht, und gegebenenfalls den Cursor erneut auf diesem Feld positionieren, so können wir folgendes codieren:

```
IF ORT = SPACE MOVE  Ø5 TO ZEILEN-NR
              ACCEPT  EINGABE-ZEILE.
```

Eine umfassende Prüfung für alle Datenfelder könnte wie folgt codiert werden:

```
IF NAME = SPACE MOVE  Ø2 TO ZEILEN-NR
ELSE IF STRASSE = SPACE MOVE  Ø3 TO ZEILEN-NR
     ELSE IF PLZ = SPACE MOVE  Ø4 TO ZEILEN-NR
          ELSE IF PLZ = SPACE MOVE Ø5 TO ZEILEN-NR.
ACCEPT  EINGABE-ZEILE.
```

Entspricht der Wert des Cursor-Feldes einer Position, ab der kein Feld mehr innerhalb der Struktur liegt, so wird der Cursor automatisch auf das erste Feld positioniert. Dies ist der Fall in Beispiel 4, wenn man so codiert:

```
MOVE Ø8  TO ZEILEN-NR.
ACCEPT  EINGABE-ZEILE.
```

ACCEPT-Anweisung und CRT STATUS-Klausel

Der Compiler PROFESSIONAL COBOL/2 erlaubt zusätzlich die Angabe der CRT STATUS-Klausel. Diese Klausel legt ein 3stelliges Datenfeld fest, welches für die Abspeicherung bestimmter Informationen nach der Ausführung der ACCEPT-Anweisung benutzt wird.

Wenn eine ACCEPT-Anweisung ausgeführt wird, sind normalerweise sog. Funktionstasten und ähnliches (F1 ... F2) nicht zugänglich. Solche Funktionstasten können jedoch mit Hilfe einer Assembler-Unterroutine (X"AF"), deren Beschreibung jetzt zu weit führen würde, zugänglich gemacht werden.

Wenn diese Funktionstasten zugänglich sind, wird die Eingabe während der ACCEPT-Anweisung sofort beendet, sobald eine solche Taste gedrückt wird (ähnlich wie bei der RETURN -Taste).

Nun zu der CRT STATUS-Klausel zurück; hier bekommen wir im angegebenen Feld Informationen darüber, welche Taste die ACCEPT-Anweisung beendet hat. Wir demonstrieren das am besten gleich an einem Beispiel.

Beispiel 5

```
SPECIAL-NAMES.
        CRT STATUS IS CRT-STATUS-FELD.
        .
        .
WORKING-STORAGE SECTION.
01   CRT-STATUS-FELD           PIC XXX.
01   TASTEN REDEFINES CRT-STATUS-FELD.
        05 1-BYTE              PIC X.
        05 2-BYTE              PIC 99 COMP.
        05 3-BYTE              PIC X.

01   AUSWAHL-KZ                PIC X.


01   AUSWAHL-MENUE.
```

```
05    FILLER              PIC X(80).


05    FILLER              PIC X(25).
05    A-1                 PIC X(30)
      VALUE "Verwaltung Kunden-Stammdaten".
05    FILLER              PIC X(25).


05    FILLER              PIC X(240).


05    FILLER              PIC X(25).
05    A-2                 PIC X(30)
      VALUE "F1 = Hilfsinformationen".
05    FILLER              PIC X(25).


05    FILLER              PIC X(25).
05    A-3                 PIC X(30)
      VALUE "F2 = Anzeigen".
05    FILLER              PIC X(25).


05    FILLER              PIC X(25).
05    A-4                 PIC X(30)
      VALUE "F3 = Erfassen".
05    FILLER              PIC X(25).


05    FILLER              PIC X(25).
05    A-5                 PIC X(30)
      VALUE "F4 = Aktualisieren".
05    FILLER              PIC X(25).


05    FILLER              PIC X(25).
05    A-6                 PIC X(30)
      VALUE "F5 = Auswerten".
05    FILLER              PIC X(25).


05    FILLER              PIC X(25).
05    A-7                 PIC X(30)
      VALUE "ESC= Programm beenden".
05    FILLER              PIC X(25).
```

```
PROCEDURE DIVISION.

    DISPLAY AUSWAHL-MENUE AT 0101.
    ACCEPT  AUSWAHL-KZ AT 2501
    IF 1-BYTE = 1
        IF 2-BYTE = 0 PERFORM NACHLAUF, STOP RUN.
        ELSE IF 2-BYTE = 1 PERFORM HILFE
            ELSE IF 2-BYTE = 2 PERFORM ANZEIGEN
                ELSE IF 2-BYTE = 3 PERFORM ERFASSEN
                    ELSE IF 2-BYTE = 4
                            THEN PERFORM AKTUALISIEREN
                        ELSE IF 2-BYTE = 5
                            THEN PERFORM AUSWERTEN
                    ELSE PERFORM FEHLER.
```

```
┌────────────────────────────────────────────────────┐
│                                                      │
│            Verwaltung Kunden-Stammdaten              │
│                                                      │
│                                                      │
│            F1 = Hilfsinformationen                   │
│            F2 = Anzeigen                             │
│            F3 = Erfassen                             │
│            F4 = Aktualisieren                        │
│            F5 = Auswerten                            │
│                                                      │
└────────────────────────────────────────────────────┘
```

Abb. 6.3 Ablauf des Dialogs in Beispiel 5

Hat man die CRT STATUS-Klausel codiert und eine ACCEPT-Anweisung ausgeführt, so wird das CRT-STATUS-Feld wie folgt aktualisiert:

Das Feld "1-BYTE" enthält

0   wenn die ACCEPT-Anweisung durch die RETURN-Taste beendet wurde;

1   wenn eine Funktionstaste gedrückt wird. In diesem Fall wird die Nummer der Funktionstaste in das Feld "2-BYTE" geliefert.

Diese Nummer liegt zwischen 0 und 255 und ist einer bestimmten Funktionstaste zugeordnet. Für die ESC-Taste wird die Nummer 0 geliefert, für die F1-Taste die Nummer 1 usw;

9   wenn ein Fehler auftritt.

Vergleichen wir nochmal die Codierung der IF-Abfrage in diesem Beispiel anhand der hier gewonnenen Erfahrung.

Allgemeines zur ACCEPT-Anweisung

Werden alle Zusätze weggelassen, so wird standardmäßig Format-1 angenommen, es sei denn, die Klausel CONSOLE IS CRT wurde im SPECIAL-NAMES-Paragraph angegeben.

Spezielle Dialogtechniken mit DISPLAY und ACCEPT

Betrachten wir die Ausgabe- und die Eingabe-Struktur in Beispiel 2 zu der DISPLAY- und ACCEPT-Anweisung, so stellen wir fest, daß in einer Struktur Bereiche benötigt werden, die in der anderen Struktur mit FILLER bezeichnet werden und umgekehrt. Wollen wir diese optimieren, so können wir codieren:

```
Ø1   AUSGABE-ZEILE.
     .
     .
     .
Ø1   EINGABE-ZEILE REDEFINES AUSGABE-ZEILE.
     .
     .
     .


     DISPLAY AUSGABE-ZEILE AT Ø1Ø1.
     ACCEPT  EINGABE-ZEILE AT Ø1Ø1.
```

In diesem Fall würde man hier einen Datenbereich von 400 Bytes einsparen.

187

Programmbeispiel: DEMO6-DARLEHEN

Aufgabenstellung

Es ist ein Programm für die Erstellung eines Tilgungsplans zu entwickeln.

Am Bildschirm werden das Darlehen, der Zinssatz, die monatliche Rate und das Datum der ersten Rückzahlung eingegeben.

Bildschirmformat und Ablauf des Dialogs: siehe Dialog-Testlauf

Struktogramm

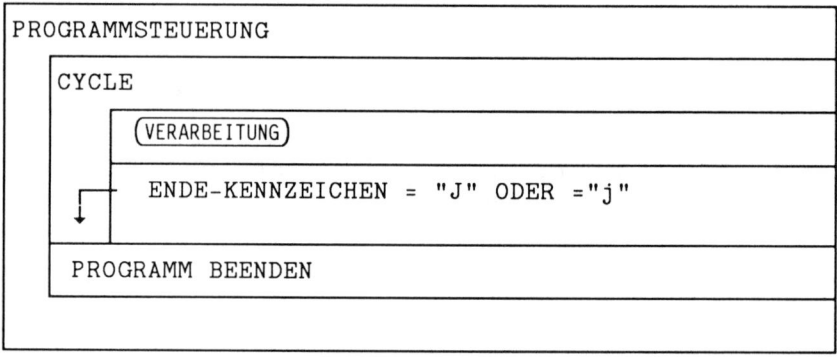

```
┌─────────────────────────────────────────────────────────────────┐
│ VERARBEITUNG                                                      │
│  ┌──────────────────────────────────────────────────────────────┐│
│  │ BILDSCHIRM LÖSCHEN                                             ││
│  ├──────────────────────────────────────────────────────────────┤│
│  │ "Erstellung eines Tilgungsplanes" ANZEIGEN                    ││
│  ├──────────────────────────────────────────────────────────────┤│
│  │ "Darlehen  --->"  ANZEIGEN                                    ││
│  ├──────────────────────────────────────────────────────────────┤│
│  │ "Zinssatz  --->"  ANZEIGEN                                    ││
│  ├──────────────────────────────────────────────────────────────┤│
│  │ "Monatliche Rate --->"  ANZEIGEN                              ││
│  ├──────────────────────────────────────────────────────────────┤│
│  │ "Beginn der Rückzahlung (mm jj) --->" ANZEIGEN                ││
│  ├──────────────────────────────────────────────────────────────┤│
│  │ E-DARLEHEN, E-ZINSSATZ, E-MONATLICHE-RATE,                    ││
│  │ E-BEGINN-RUECKZAHL EINGEBEN                                   ││
│  ├──────────────────────────────────────────────────────────────┤│
│  │ E-DARLEHEN  ---> DARLEHEN                                     ││
│  ├──────────────────────────────────────────────────────────────┤│
│  │ E-ZINSSATZ  ---> ZINSSATZ                                     ││
│  ├──────────────────────────────────────────────────────────────┤│
│  │ E-MONATLICHE-RATE --->  MONATLICHE-RATE                      ││
│  ├──────────────────────────────────────────────────────────────┤│
│  │ E-BEGINN-RUECKZAHL --->  BEGINN-RUECKZAHL                    ││
│  ├──────────────────────────────────────────────────────────────┤│
│  │ ZINSSATZ = ZINSSATZ / 12                                      ││
│  ├──────────────────────────────────────────────────────────────┤│
│  │ BLANKS --->  WEITER-ANZEIGEN                                  ││
│  ├──────────────────────────────────────────────────────────────┤│
│  │ (UEBERSCHRIFT)                                                ││
│  ├──────────────────────────────────────────────────────────────┤│
│  │ SOLANGE DARLEHEN > ZERO UND NICHT ENDE-DER-ANZEIGE           ││
│  │    ┌──────────────────────────────────────────────────────┐  ││
│  │    │  (a)                                                  │  ││
│  ├──────────────────────────────────────────────────────────────┤│
│  │ ENDE-MELDUNG ANZEIGEN                                        ││
│  ├──────────────────────────────────────────────────────────────┤│
│  │ ENDE-KENNZEICHEN EINGEBEN                                    ││
│  └──────────────────────────────────────────────────────────────┘│
└─────────────────────────────────────────────────────────────────┘
```

189

a

| ZINSBETRAG = DARLEHEN * ZINSSATZ / 100 |
| TILGUNG = MONATLICHE-RATE - ZINSBETRAG |
| DARLEHEN = DARLEHEN - TILGUNG |
| MONAT   ---> A-MONAT |
| JAHR   ---> A-JAHR |
| ZINSBETRAG   ---> A-ZINSBETRAG |
| TILGUNG   ---> A-TILGUNG |
| DARLEHEN   ---> A-RESTSCHULD |
| AUSGABE-ZEILE ANZEIGEN |
| ZEILE = ZEILE + 1 |
| TILG-SUM = TILG-SUM + TILGUNG |

ZEILE = 24?

JA   NEIN

| "Ende der Anzeige? (j/n)" ANZEIGEN |
| WEITER-ANZEIGEN EINGEBEN |
| (UEBERSCHRIFT) |

MONAT = 12?

JA   NEIN

| 1 ---> MONAT | MONAT=MONAT+1 |
| JAHR=JAHR+1 | |

```
UEBERSCHRIFT

    BILDSCHIRM LÖSCHEN

    "*** TILGUNGSPLAN ***"   ANZEIGEN

    "RÜCKZAHL.    ZINSEN    TILGUNG    RESTSCHULD"
    ANZEIGEN

    0520   --->   CURSOR-POSITION
```

Programmlisting:

```
 1 IDENTIFICATION DIVISION.
 2 PROGRAM-ID.          DEMO6-DARLEHEN.
 3 AUTHOR.              R. HABIB.
 4 DATE-WRITTEN.        12-08-1987.
 5 DATE-COMPILED. 25-Aug-87 10:35.
 6*
 7* PROGRAMMFUNKTION:
 8*
 9* DAS PROGRAMM FORDERT VOM BENUTZER DIE EINGABE
10* EINES DARLEHENS, EINES ZINSSATZES, EINER MONAT-
11* LICHEN RATE UND DES RÜCKZAHLUNGSDATUMS.
12* FÜR DIE EINGEGEBENEN DATEN WIRD NUN EIN
13* TILGUNGSPLAN ERSTELLT.
14*
15*
16 ENVIRONMENT DIVISION.
17 CONFIGURATION SECTION.
18 SOURCE-COMPUTER.  IBM-PC.
19 OBJECT-COMPUTER.  IBM-PC.
20 SPECIAL-NAMES.
21     DECIMAL-POINT IS COMMA,
22     CONSOLE IS CRT.
23*-----------------------------------------------*
24 DATA DIVISION.
25 WORKING-STORAGE SECTION.
26
27 01  E-DARLEHEN          PIC ZZZ.ZZ9,99.
28 01  E-ZINSSATZ          PIC Z9,9(4).
29 01  E-MONATLICHE-RATE   PIC ZZ.ZZ9,99.
30 01  E-BEGINN-RUECKZAHL  PIC ZZ.ZZ.
31
32 01  DARLEHEN            PIC S9(6)V99.
33 01  ZINSSATZ            PIC 99V9(4).
34 01  MONATLICHE-RATE     PIC 9(6)V99.
35 01  BEGINN-RUECKZAHL.
36     05  MONAT           PIC 99.
37     05  FILLER          PIC X.
38     05  JAHR            PIC 99.
```

```
39 01   ZINSBETRAG          PIC 9(5)V99.
40 01   TILGUNG             PIC 9(5)V99.
41 01   TILG-SUM            PIC 9(6)V99.
42
43 01   CURSOR-POSITION.
44      05  ZEILE           PIC 99.
45      05  SPALTE          PIC 99.
46
47 01 AUSGABE-ZEILE.
48      05 A-MONAT          PIC Z9.
49      05 A-PUNKT          PIC X   VALUE ".".
50      05 A-JAHR           PIC 99.
51      05 FILLER           PIC X(5).
52      05 A-ZINSBETRAG     PIC ZZ.ZZ9,99.
53      05 FILLER           PIC X.
54      05 A-TILGUNG        PIC ZZ.ZZ9,99.
55      05 FILLER           PIC XX.
56      05 A-RESTSCHULD     PIC ----.--9,99.
57
58 01 WEITER-ANZEIGEN       PIC X      VALUE SPACE.
59 88 ENDE-DER-ANZEIGE      VALUE "J", "j".
60 01 ENDE-MELDUNG          PIC X(25) VALUE
61    "Programmende? (J/N) ===>".
62 01 ENDE-KENNZEICHEN      PIC X      VALUE SPACE.
63*--------------------------------------------------*
64 PROCEDURE DIVISION.
65 PROGRAMM-STEUERUNG SECTION.
66 PR-1000.
67    PERFORM VERARBEITUNG WITH TEST AFTER
68          UNTIL ENDE-KENNZEICHEN = "J" OR "j".
69 PR-9999.
70    STOP RUN.
71*--------------------------------------------------*
72 VERARBEITUNG SECTION.
73 VER-1000.
74    DISPLAY SPACE UPON CRT.
75    DISPLAY "Erstellung eines Tilgungsplanes"
76          AT 0120.
77    DISPLAY "Darlehen --->" AT 0501.
```

```
78      DISPLAY "Zinssatz --->"  AT 0601.
79      DISPLAY "Monatliche Rate --->"  AT 0701.
80      DISPLAY "Beginn der Rückzahlung (mm jj) --->"
81                        AT 0801.
82
83      ACCEPT  E-DARLEHEN          AT 0536.
84      ACCEPT  E-ZINSSATZ          AT 0636.
85      ACCEPT  E-MONATLICHE-RATE   AT 0736.
86      ACCEPT  E-BEGINN-RUECKZAHL  AT 0836.
87
88      MOVE E-DARLEHEN  TO DARLEHEN.
89      MOVE E-ZINSSATZ  TO ZINSSATZ.
90      MOVE E-MONATLICHE-RATE TO MONATLICHE-RATE.
91      MOVE E-BEGINN-RUECKZAHL TO BEGINN-RUECKZAHL.
92      DIVIDE  12   INTO ZINSSATZ ROUNDED.
93      MOVE SPACE TO  WEITER-ANZEIGEN.
94
95      PERFORM UEBERSCHRIFT.
96
97      PERFORM WITH TEST BEFORE
98            UNTIL DARLEHEN NOT > ZERO OR
99                  ENDE-DER-ANZEIGE
100
101     COMPUTE ZINSBETRAG = DARLEHEN * ZINSSATZ / 100
102     COMPUTE TILGUNG = MONATLICHE-RATE - ZINSBETRAG
103     COMPUTE DARLEHEN = DARLEHEN - TILGUNG
104     MOVE MONAT       TO A-MONAT
105     MOVE JAHR        TO A-JAHR
106     MOVE ZINSBETRAG  TO A-ZINSBETRAG
107     MOVE TILGUNG     TO A-TILGUNG
108     MOVE DARLEHEN    TO A-RESTSCHULD
109     DISPLAY AUSGABE-ZEILE AT CURSOR-POSITION
110
111     ADD  1 TO ZEILE
112     ADD   TILGUNG TO TILG-SUM
113
114     IF ZEILE = 24
115        DISPLAY "Ende der Anzeige? (j/n)" AT 2501,
116        ACCEPT  WEITER-ANZEIGEN AT 2530,
```

```
117        PERFORM UEBERSCHRIFT
118     END-IF
119
120     IF MONAT = 12   MOVE 1 TO MONAT
121                     ADD   1 TO JAHR
122     ELSE ADD 1 TO MONAT
123     END-IF
124
125     END-PERFORM
126
127     DISPLAY ENDE-MELDUNG      AT 2501.
128     ACCEPT   ENDE-KENNZEICHEN AT 2530.
129 VER-9999.
130     EXIT.
131*---------------------------------------------*
132 BERECHNUNG SECTION.
133 BER-1000.
134 BER-9999.
135     EXIT.
136*---------------------------------------------*
137 UEBERSCHRIFT SECTION.
138 UEB-1000.
139     DISPLAY SPACE UPON CRT.
140     DISPLAY "*** TILGUNGSPLAN ***"  AT 0130.
141     DISPLAY
142     "RÜCKZAHL.   ZINSEN   TILGUNG   RESTSCHULD"
143        AT 0320.
144
145     MOVE 0520  TO CURSOR-POSITION.
146 UEB-9999.
147     EXIT.
```

Dialog-Testlauf:

```
              Erstellung eines Tilgungsplanes



    Darlehen   --->                    100.000,00
    Zinssatz   --->                      6,0000
    Monatliche Rate --->                 1.500,00
    Beginn der Rückzahlung (mm jj) --->  7.86
```

```
                *** TILGUNGSPLAN ***

        RÜCKZAHL.      ZINSEN    TILGUNG     RESTSCHULD

          7.86        500,00    1.000,00     99.000,00
          8.86        495,00    1.005,00     97.995,00
          9.86        489,97    1.010,03     96.984,97
         10.86        484,92    1.015,08     95.969,89
         11.86        479,84    1.020,16     94.949,73
         12.86        474,74    1.025,26     93.924,47
          1.87        469,62    1.030,38     92.894,09
          2.87        464,47    1.035,53     91.858,56
          3.87        459,29    1.040,71     90.817,85
          4.87        454,08    1.045,92     89.771,93
          5.87        448,85    1.051,15     88.720,78
          6.87        443,60    1.056,40     87.664,38
          7.87        438,32    1.061,68     86.602,70
          8.87        433,01    1.066,99     85.535,71
          9.87        427,67    1.072,33     84.463,38
         10.87        422,31    1.077,69     83.385,69
         11.87        416,92    1.083,08     82.302,61
         12.87        411,51    1.088,49     81.214,12
          1.88        406,07    1.093,93     80.120,19
    Ende der Anzeige? (j/n) █
```

7. SYSTEM-INFORMA-TIONEN/SYSTEM-BEENDIGUNG

7.1 ACCEPT-Anweisung Format-3

Wirkung

Die ACCEPT-Anweisung stellt dem Programm bestimmte Systeminformationen zur Verfügung.

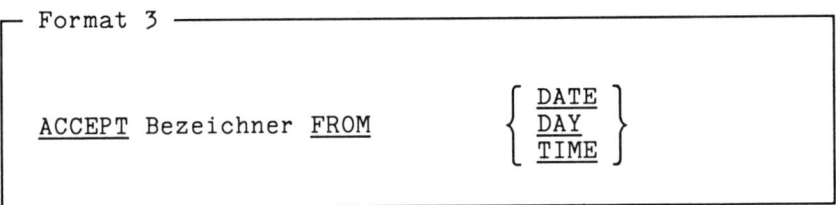

```
┌─ Format 3 ──────────────────────────────────────────┐
│                                                      │
│                                          ⎰ DATE ⎱    │
│   ACCEPT Bezeichner FROM                 ⎨ DAY  ⎬    │
│                                          ⎱ TIME ⎰    │
│                                                      │
└──────────────────────────────────────────────────────┘
```

Erläuterung

Beim Systemstart kann der Benutzer das Tagesdatum und die Uhrzeit eingeben. Im eigenen Anwendungsprogramm können diese Informationen zur Verfügung gestellt werden.

DATE, DAY und TIME sind interne Datenfelder, die in COBOL mit bestimmten Eigenschaften und Verwendungszwecken automatisch definiert sind. Diese dürfen nicht vom Programmierer definiert werden.

DATE

DATE beinhaltet das Tagesdatum in der amerikanischen Schreibweise "JJMMTT". DATE hat die implizite PICTURE-Klausel PIC 9(6), wobei

TT der Tag innerhalb eines Monats, MM der Monat innerhalb eines Jahres und JJ das Jahr innerhalb eines Jahrhunderts ist.

Beispiel 1

Wurde das Tagesdatum, z.B. 31.12.1985, beim Systemstart eingegeben, so kann mit Hilfe der folgenden Codierung auf das Tagesdatum zugegriffen werden:

```
WORKING-STORAGE SECTION.
Ø1    TAGESDATUM              PIC 9(6).
      .

      .


PROCEDURE DIVISION.

      ACCEPT   TAGESDATUM   FROM   DATE.
```

Inhalt des Feldes TAGESDATUM:

8	5	1	2	3	1
J	J	M	M	T	T

DAY

DAY beinhaltet das Tagesdatum in der Schreibweise "JJTTT". DAY hat die implizite PICTURE-Klausel PIC 9(5), wobei

TTT   der Tag innerhalb eines Jahres und
JJ   das Jahr innerhalb eines Jahrhunderts ist.

Beispiel 2

Für den 31.12.1985 würde man nach der ACCEPT-Anweisung die folgenden Werte bekommen:

```
WORKING-STORAGE SECTION.
Ø1    DATUM              PIC 9(6).
      .
      .
```

```
PROCEDURE DIVISION.

      ACCEPT   DATUM   FROM   DAY.
```

```
Inhalt des Feldes DATUM:
```

8	5	3	6	5
J	J	T	T	T

TIME

TIME beinhaltet die Uhrzeit in der Schreibweise "SSMMSSHH". TIME hat die implizite PICTURE-Klausel PIC 9(8), wobei

SS   die Stunde innerhalb eines Tages,
MM   die Minute innerhalb einer Stunde,
SS   die Sekunde innerhalb einer Minute und
HH   das Hundertstel einer Sekunde ist.

Beispiel 3

Für die Uhrzeit 12:30:10:99 würde man nach der ACCEPT-Anweisung die folgenden Werte bekommen:

```
WORKING-STORAGE SECTION.
01    UHRZEIT                   PIC 9(8).
      .
      .
PROCEDURE DIVISION.

      ACCEPT  UHRZEIT FROM  TIME.
```

Inhalt des Feldes UHRZEIT.

1	2	3	0	1	0	9	9
S	S	M	M	S	S	H	H

7.2 STOP-Anweisung

Wirkung

Die STOP-Anweisung beendet die Ausführung des Objektprogramms.

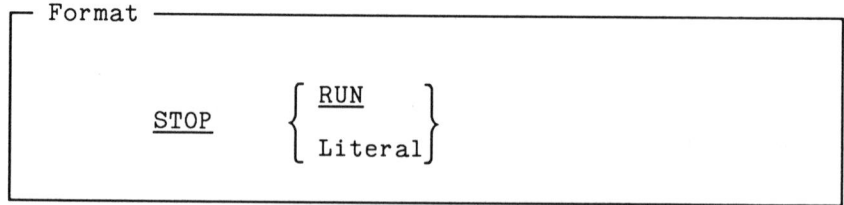

```
┌─ Format ────────────────────────────────────┐
│                                              │
│                       ⎰ RUN     ⎱            │
│            STOP       ⎱ Literal ⎰            │
│                                              │
└──────────────────────────────────────────────┘
```

Erläuterung

Codiert man STOP RUN, so wird die Ausführung des Objektprogramms endgültig beendet. Die vom Betriebssystem erhaltene Steuerung geht an dieses wieder zurück.

Beispiel 1

```
STEUERUNGS-ENDE.
    STOP RUN.
```

Codiert man dagegen STOP Literal, wobei das Literal jedes alphanumerische Literal sein kann, wird das Programm lediglich angehalten. Das angegebene Literal wird am Bildschirm angezeigt und die Ausführung des Programms fortgesetzt, sobald die (RETURN)-Taste gedrückt wird.

Beispiel 2

```
    STOP "DRUCKER EINSCHALTEN, RETURN-TASTE DRÜCKEN".
    .
    .
    .
STEUERUNGS-ENDE.
    STOP RUN.
```

Programmbeispiel: DEMO7-DEGRESSIVE-ABSCHREIBUNG

Aufgabenstellung

Es ist ein Programm für die Ermittlung der Abschreibungsbeträge einer Anlage nach dem Verfahren der degressiven Abschreibung zu entwickeln.

Bei diesem Verfahren wird zunächst der Degressionsbetrag ermittelt:

$$D = \frac{B}{N}$$

D = Degressionsbetrag
N = Summe der Werte 1+2+3....+ n Nutzungsjahre
B = Basiswert

Die jährlichen Abschreibungsbeträge sind dann wie folgt zu ermitteln:

$$At = D \times R$$

R = Rest-Nutzungsdauer

Für jede Anlage ist in der Datei "ANLAGEN.EIN" ein Datensatz mit den folgenden Daten vorhanden:

Anz. Stellen	Feldverwendung
15	Anlagenbezeichnung
2	Nutzungsdauer
6V2	Basiswert

Aufbau der Abschreibungsliste: siehe Druckliste

202

Struktogramm

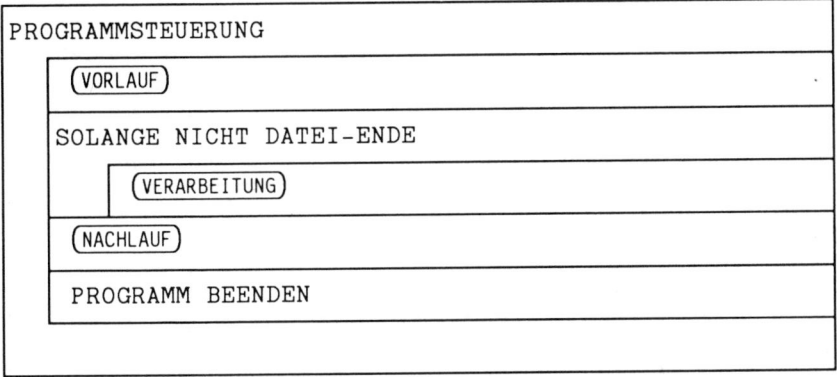

```
PROGRAMMSTEUERUNG

    (VORLAUF)                                           .

    SOLANGE NICHT DATEI-ENDE

        (VERARBEITUNG)

    (NACHLAUF)

    PROGRAMM BEENDEN

```

```
VORLAUF

    ANLAGEN-DATEI, AUSGABE-DATEI ERÖFFNEN

```

```
VERARBEITUNG
    SATZ LESEN
                          AT END?
        NEIN                                          JA
    (BLATTWECHSEL)                          1 --->
                                            SCHALTER
    1 --->      I
    Ø --->      N
    SOLANGE I <= AN-NUTZUNGSDAUER
        N = N + I
        I = I + 1
    DEG-BETRAG = AN-BASISWERT / N
    AN-BEZ        ---> AUS-BEZ
    AN-BASISWERT        ---> AUS-BASISWERT
    AN-NUTZUNGSDAUER ---> AUS-NUTZ-DAUER
    DEG-BETRAG          ---> AUS-DEG-BETRAG
    AUSGABE-ZEILE-1 DRUCKEN
    AUSGABE-ZEILE-2 DRUCKEN
    1 ---> I
    SOLANGE AN-NUTZUNGSDAUER NICHT = ZERO
        AUS-ABSCH-BETRAG = DEG-BETRAG
                * AN-NUTZUNGSDAUER
        I ---> AUS-JAHR
        AUSGABE-ZEILE-3 DRUCKEN
        AN-NUTZUNGSDAUER = AN-NUTZUNGSDAUER
                        - 1
        I = I + 1
```

```
BLATTWECHSEL

    UEBERSCHRIFT-1 DRUCKEN

    UEBERSCHRIFT-3 DRUCKEN


```

```
NACHLAUF

    ANLAGEN-DATEI, AUSGABE-DATEI SCHLIESSEN


```

Programmlisting:

```
 1 IDENTIFICATION DIVISION.
 2 PROGRAM-ID.        DEMO7-DEGRESSIVE-ABSCHREIBUNG.
 3 AUTHOR.            R. HABIB.
 4 DATE-WRITTEN.      12-08-1987.
 5 DATE-COMPILED. 25-Aug-87 12:48.
 6*┌─────────────────────────────────────────────┐
 7*│PROGRAMMFUNKTION:                              │
 8*│                                               │
 9*│DAS PROGRAMM ERSTELLT EINE LISTE DER ANLAGEN-  │
10*│ABSCHREIBUNGEN.                                │
11*│                                               │
12*└─────────────────────────────────────────────┘
13 ENVIRONMENT DIVISION.
14 CONFIGURATION SECTION.
15 SOURCE-COMPUTER.  IBM-PC.
16 OBJECT-COMPUTER.  IBM-PC.
17 SPECIAL-NAMES.
18      DECIMAL-POINT IS COMMA.
19 INPUT-OUTPUT SECTION.
20 FILE-CONTROL.
21
22      SELECT  ANLAGEN ASSIGN TO "ANLAGEN.EIN",
23              ORGANIZATION IS LINE SEQUENTIAL.
24
25      SELECT  AUSGABE ASSIGN TO "ANLAGEN.AUS".
26*-------------------------------------------------*
27 DATA DIVISION.
28 FILE SECTION.
29 FD  ANLAGEN.
30 01  AN-SATZ.
31      05 AN-BEZ            PIC X(15).
32      05 AN-NUTZUNGSDAUER PIC 99.
33      05 AN-BASISWERT      PIC 9(6)V99.
34
35 FD  AUSGABE.
36 01  A-SATZ               PIC X(56).
37*-------------------------------------------------*
38 WORKING-STORAGE SECTION.
```

```
39 01 UEBERSCHRIFT-1.
40    05 FILLER            PIC X(16) VALUE SPACE.
41    05 FILLER            PIC X(20) VALUE
42    "ABSCHREIBUNGSLISTE".
43
44 01 UEBERSCHRIFT-2.
45    05 FILLER            PIC X(17) VALUE
46    "ANLAGE".
47    05 FILLER            PIC X(12) VALUE
48    "BASISWERT".
49    05 FILLER            PIC X(10) VALUE
50    "N-DAUER".
51    05 FILLER            PIC X(17) VALUE
52    "DEGRESSIONSBETRAG".
53
54 01 AUSGABE-ZEILE-1.
55    05 AUS-BEZ           PIC X(15).
56    05 FILLER            PIC X(4).
57    05 AUS-BASISWERT     PIC ZZZ.ZZ9,99.
58    05 FILLER            PIC X(5).
59    05 AUS-NUTZ-DAUER    PIC Z9.
60    05 FILLER            PIC X(10).
61    05 AUS-DEG-BETRAG    PIC ZZZ.ZZ9,99.
62
63 01 AUSGABE-ZEILE-2.
64    05 FILLER            PIC X(30) VALUE
65    "ABSCHREIBUNGSBETRÄGE:".
66
67 01 AUSGABE-ZEILE-3.
68    05 FILLER            PIC X(20) VALUE SPACE.
69    05 AUS-JAHR          PIC Z9.
70    05 FILLER            PIC X(5)  VALUE ".JAHR".
71    05 FILLER            PIC X(5)  VALUE SPACE.
72    05 AUS-ABSCH-BETRAG  PIC ZZZ.ZZ9,99.
73    05 FILLER            PIC X(3)  VALUE " DM".
74
75 01 DEG-BETRAG           PIC 9(6)V99 VALUE 0.
76 01 ANZAHL               PIC 9(5)V99 VALUE 0.
77 01 I                    PIC 99      VALUE 0.
```

```
78 01  N                     PIC 99      VALUE 0.
79
80 01  SCHALTER              PIC 9 VALUE 0.
81 88  DATEI-ENDE            VALUE 1.
82*---------------------------------------------------*
83 PROCEDURE DIVISION.
84 PROGRAMM-STEUERUNG SECTION.
85 PR-1000.
86     PERFORM VORLAUF.
87     PERFORM VERARBEITUNG UNTIL DATEI-ENDE.
88     PERFORM NACHLAUF.
89 PR-9999.
90     STOP RUN.
91*---------------------------------------------------*
92 VORLAUF SECTION.
93 VOR-1000.
94     OPEN INPUT ANLAGEN OUTPUT AUSGABE.
95 VOR-9999.
96     EXIT.
97*---------------------------------------------------*
98 VERARBEITUNG SECTION.
99 VER-1000.
100    READ ANLAGEN AT END SET DATEI-ENDE TO TRUE
101
102             NOT  AT END
103
104    PERFORM BLATTWECHSEL
105    MOVE 1 TO I
106    MOVE 0 TO N
107
108    PERFORM UNTIL I > AN-NUTZUNGSDAUER
109        ADD I TO N
110        ADD 1 TO I
111    END-PERFORM
112
113    COMPUTE DEG-BETRAG = AN-BASISWERT / N
114
115    MOVE AN-BEZ           TO AUS-BEZ
116    MOVE AN-BASISWERT     TO AUS-BASISWERT
```

```
117        MOVE AN-NUTZUNGSDAUER TO AUS-NUTZ-DAUER
118        MOVE DEG-BETRAG        TO AUS-DEG-BETRAG
119        WRITE A-SATZ FROM AUSGABE-ZEILE-1 AFTER 2
120        WRITE A-SATZ FROM AUSGABE-ZEILE-2 AFTER 1
121
122        MOVE 1 TO I
123
124        PERFORM UNTIL AN-NUTZUNGSDAUER = ZERO
125          COMPUTE AUS-ABSCH-BETRAG = DEG-BETRAG *
126                                     AN-NUTZUNGSDAUER
127          MOVE  I TO AUS-JAHR
128          WRITE A-SATZ FROM AUSGABE-ZEILE-3 AFTER 1
129          SUBTRACT 1 FROM AN-NUTZUNGSDAUER
130          ADD 1 TO I
131        END-PERFORM
132        END-READ.
133 VER-9999.
134        EXIT.
135*-------------------------------------------------*
136 NACHLAUF SECTION.
137 NAC-1000.
138        CLOSE ANLAGEN AUSGABE.
139 NAC-9999.
140        EXIT.
141*-------------------------------------------------*
142 BLATTWECHSEL SECTION.
143 BLA-1000.
144        WRITE A-SATZ FROM UEBERSCHRIFT-1 AFTER PAGE.
145        WRITE A-SATZ FROM UEBERSCHRIFT-2 AFTER 3.
146 BLA-9999.
147        EXIT.
```

Testdaten "ANLAGEN.EIN":

```
KOPIERMASCHINE |09|13500000
LKW            |05|03000000
```

Abschreibungsliste "ANLAGEN.AUS":

```
                ABSCHREIBUNGSLISTE


ANLAGE            BASISWERT   N-DAUER   DEGRESSIONSBETRAG

KOPIERMASCHINE    135.000,00     9           3.000,00


ABSCHREIBUNGSBETRÄGE:
                        1.JAHR    27.000,00 DM
                        2.JAHR    24.000,00 DM
                        3.JAHR    21.000,00 DM
                        4.JAHR    18.000,00 DM
                        5.JAHR    15.000,00 DM
                        6.JAHR    12.000,00 DM
                        7.JAHR     9.000,00 DM
                        8.JAHR     6.000,00 DM
                        9.JAHR     3.000,00 DM

                ABSCHREIBUNGSLISTE


ANLAGE            BASISWERT   N-DAUER   DEGRESSIONSBETRAG

LKW                30.000,00     5           2.000,00


ABSCHREIBUNGSBETRÄGE:
                        1.JAHR    10.000,00 DM
                        2.JAHR     8.000,00 DM
                        3.JAHR     6.000,00 DM
                        4.JAHR     4.000,00 DM
                        5.JAHR     2.000,00 DM
```

8. ARITHMETISCHE OPERATIONEN

8.1 COMPUTE-Anweisung

Wirkung

Mit Hilfe der COMPUTE-Anweisung können arithmetische Ausdrücke aufgelöst werden.

```
┌─ Format ──────────────────────────────────────────────────────┐
│                                                                 │
│  COMPUTE Bezeichner-1 [ROUNDED]            ⎡EQUAL⎤               │
│          [Bezeichner-2 [ROUNDED]] ...⎨     ⎢  =  ⎥              │
│                                            ⎣     ⎦               │
│          ⎧ Bezeichner-3            ⎫                            │
│          ⎨ Literal                 ⎬                            │
│          ⎩ arithmetischer Ausdruck ⎭                            │
│                                                                 │
│  [ON SIZE ERROR unbedingte Anweisung [END-COMPUTE]]             │
│                                                                 │
│  [NOT ON SIZE ERROR unbedingte Anweisung]                       │
│                                                                 │
│  [END-COMPUTE]                                                  │
│                                                                 │
└─────────────────────────────────────────────────────────────┘
```

Erläuterung

Hauptsächlich wird die COMPUTE-Anweisung für die Auflösung eines arithmetischen Ausdruckes eingesetzt, man kann sie aber auch für eine einfache Wertzuweisung benutzen.

Beispiel 1

```
COMPUTE  SUMME = A * B
```

Das Endergebnis des Ausdruckes A * B wird intern ermittelt und anschließend im Feld "SUMME" abgespeichert. Wir beachten hier, daß der Inhalt in "SUMME" vor der Ausführung der COMPUTE-Anweisung nicht von Bedeutung ist.

Beispiel 2

```
COMPUTE  SUMME = BETRAG
```

Der Inhalt des Feldes "BETRAG" wird dem Feld "SUMME" zugewiesen. Diese Operation entspricht der folgenden MOVE-Anweisung:

```
MOVE BETRAG TO SUMME.
```

Bei der COMPUTE-Anweisung unterscheidet man zwischen Empfangsfeldern und Rechenfeldern.

Empfangsfelder werden ausschließlich zur Aufnahme des Endergebnisses verwendet. Sie können daher numerische oder numerisch-aufbereitete Datenelemente sein. Sie werden laut Format durch Bezeichner-1 und Bezeichner-2 dargestellt.

Rechenfelder sind direkt an den Rechenoperationen beteiligt. Sie müssen daher numerische Datenelemente sein. Sie werden laut Format durch alle Angaben, die rechts vom Gleichheitszeichen liegen, dargestellt.

Operatoren

In einem arithmetischen Ausdruck können die folgenden Operatoren verwendet werden:

Operator	Bedeutung
−	Subtrahieren
+	Addieren
/	Dividieren
*	Multiplizieren
**	Potenzieren

Auflösung arithmetischer Ausdrücke

Bei der Auflösung eines arithmetischen Ausdruckes werden die darin enthaltenen Rechenoperationen in einer bestimmten Reihenfolge (Prioritäten) ausgeführt. Diese sind im folgenden aufgeführt:

1. von links nach rechts,
2. evtl. vorhandene Klammerpaare werden von innen nach außen aufgelöst.
3. Vorzeichen (+ und -)
4. Potenzierung,
5. Multiplikation und Division,
6. Addition und Subtraktion.

Beispiel 3

```
COMPUTE A =  B  *  (C + D) - E / (F + G)
                      1.            2.
                  3.            4.
                        5.
```

Das Endergebnis wird in der angegebenen Reihenfolge ermittelt und im Feld "A" abgespeichert.

Der ROUNDED-Zusatz

Der ROUNDED-Zusatz kann in jeder arithmetischen Operation als zusätzlicher Eintrag benutzt werden. Er wird immer dann benötigt, wenn ein Ergebnisfeld so kurz definiert ist, daß Dezimalstellen abgeschnitten werden.

Beispiel 4

Berechnen des Verzinsungsfaktors nach der Formel:

$$q = 1 + \frac{p}{100}$$

```
Ø1  Q                    PIC    99V9(4).

Ø1  P                    PIC    99V999.


MOVE  4,875 TO P.

COMPUTE  Q  ROUNDED = 1 + P / 1ØØ.
```

Ablauf der COMPUTE-Anweisung

```
1.            4,875
           /1ØØ
           ----------
             Ø,Ø4875
2.         +1
           ----------
             1,Ø4875      Zwischenergebnis
3.         +     5        ROUNDED
           ----------
             1,Ø488Ø      Endergebnis
```

Wie aus diesem Beispiel zu sehen ist, hat das Zwischenergebnis 5 Dezimalstellen, das Ergebnisfeld "Q" ist jedoch nur mit 4 Dezimalstellen definiert. Hier wird also die erste abgeschnittene Stelle durch die Zahl 5 aufgerundet. Ein evtl. auftretender Übertrag wird immer auf die nächsthöhere Stelle aufaddiert.

Hätten wir den ROUNDED-Zusatz nicht angegeben, wäre der Wert 1,0487 als Endergebnis abgespeichert.

Der ON SIZE ERROR-Zusatz

Der ON SIZE ERROR-Zusatz spezifiziert eine unbedingte Anweisung, die dann ausgeführt wird, wenn ein Überlauf auftritt.

Ein Überlauf tritt auf, wenn ein Zwischenergebnis ermittelt wird, welches mehr Vorkommastellen aufweist als das Endergebnisfeld aufnehmen kann.

Das Auftreten eines Überlaufs sollte in jedem Fall vermieden werden, indem auf die Größe der beteiligten Felder geachtet und eine entsprechende Größe für das Ergebnisfeld gewählt wird.

Tritt jedoch ein Überlauf auf, so kann dieser mit Hilfe des SIZE ERROR-Zusatzes festgestellt werden. In diesem Fall bleibt der Inhalt des Empfangsfeldes unverändert, und die unbedingte Anweisung, die auf ON SIZE ERROR folgt, wird ausgeführt. Die COMPUTE-Anweisung wird dann als NICHT AUSGEFÜHRT betrachtet.

Beispiel 5

```
Ø1   SUMME          PIC 9(5)V99.
Ø1   MENGE          PIC 9(3).
Ø1   PREIS          PIC 9(3)V99.

MOVE 9ØØ  TO MENGE.
MOVE 4ØØ,5 TO PREIS.
COMPUTE  SUMME = MENGE * PREIS
                 ON SIZE ERROR PERFORM FEHLER.
```

Ablauf der COMPUTE-Anweisung

```
1.          900
         *  400,5
         --------
         360450,00        Zwischenergebnis
```

Da das Zwischenergebnis 6 Vorkommastellen aufweist, das Endergebnisfeld jedoch nur mit 5 Vorkommastellen definiert ist, tritt hier ein Überlauf auf. Das Zwischenergebnis wird nicht abgespeichert, das Ergebnisfeld bleibt unverändert.

Falls ein Überlauf auftritt und der SIZE ERROR-Zusatz nicht angegeben wurde, wird der Inhalt des Ergebnisfeldes nicht verändert, die COMPUTE-Anweisung wird ignoriert. Zu beachten ist hier, daß der Programmierer diesen Überlauf nicht feststellen kann, um evtl. eine entsprechende Aktion zu veranlassen.

Der NOT ON SIZE ERROR-Zusatz

Diese Erweiterung in ANSI'85 spezifiziert eine unbedingte Anweisung, die nur dann ausgeführt wird, wenn kein Überlauf auftritt.

8.2 ADD-Anweisung

Wirkung

Die ADD-Anweisung wird für die Addition mehrerer Operanden benutzt.

```
┌─ Format 1 ──────────────────────────────────────────────────┐
│                                                              │
│   ADD   ⎰Bezeichner-1⎱⎡Bezeichner-2  ⎤ ...                   │
│         ⎱Literal-1   ⎰⎣Literal-2     ⎦                       │
│                                                              │
│         TO Bezeichner-m [ROUNDED]                            │
│                                                              │
│         [Bezeichner-n [ROUNDED]] ...                         │
│                                                              │
│   [ON SIZE ERROR unbedingte Anweisung [END-ADD]]            │
│                                                              │
│   [NOT ON SIZE ERROR unbedingte Anweisung]                   │
│                                                              │
│   [END-ADD]                                                  │
│                                                              │
└──────────────────────────────────────────────────────────────┘
```

```
┌─ Format 2 ──────────────────────────────────────────────────┐
│                                                              │
│   ADD   ⎰Bezeichner-1⎱⎰Bezeichner-2⎱ ...                     │
│         ⎱Literal-1   ⎰⎱Literal-2   ⎰                         │
│                                                              │
│        GIVING Bezeichner-m  [ROUNDED]                        │
│                                                              │
│              [Bezeichner-n  [ROUNDED]] ...                   │
│                                                              │
│   [ON SIZE ERROR unbedingte Anweisung [END-ADD]]            │
│                                                              │
│   [NOT ON SIZE ERROR unbedingte Anweisung]                   │
│                                                              │
│   [END-ADD]                                                  │
│                                                              │
└──────────────────────────────────────────────────────────────┘
```

Erläuterung

Zu Format 1

Die Summe aller Operanden, die vor dem Wort TO angegeben sind, wird jeweils zu dem Wert aller Operanden, die dem Wort TO folgen, hinzuaddiert.

Beispiel 1

```
ADD   SOZ-VER-ABZUEGE   KIRCHEN-STEUER  TO  GESAMT-ABZUEGE.

Vorher  -->       500              90                 200

Nachher -->       500              90                 790
```

Diese ADD-Anweisung entspricht der folgenden COMPUTE-Anweisung:

```
COMPUTE GESAMT-ABZUEGE = GESAMT-ABZUEGE  +
                         SOZ-VER-ABZUEGE +
                         KIRCHEN-STEUER.
```

Wir merken uns hier, daß alle beteiligten Operanden in Format 1 eine numerische Datenklasse aufweisen müssen.

Zu Format 2

Die Summe aller Operanden, die vor dem Wort GIVING angegeben sind, wird gebildet und in die Operanden, die nach dem Wort GIVING angegeben sind, übertragen.

Beispiel 2

```
ADD SOZ-VER-ABZUEGE KIRCHEN-STEUER GIVING GESAMT-ABZUEGE

Vorher  -->     500            90               200

Nachher -->     500            90               590
```

Aus dem Beispiel sieht man, daß ein evtl. vorhandener Wert im Feld "GESAMT-ABZUEGE" nicht berücksichtigt wird. Dieses Feld in Format 2 wird also ausschließlich als Empfangsfeld für das Endergebnis verwendet.

Die vorliegende ADD-Anweisung entspricht somit der folgenden COMPUTE-Anweisung:

```
COMPUTE GESAMT-ABZUEGE = SOZ-VER-ABZUEGE +
                         KIRCHEN-STEUER.
```

Einen wesentlichen Unterschied zu Format 1 sollte man sich hier merken, nämlich daß das "GIVING-Feld" (in unserem Beispiel: GESAMT-ABZUEGE) numerisch oder numerisch-druckaufbereitet sein kann. Alle anderen Operanden müssen jedoch numerische Datenfelder sein.

8.3 SUBTRACT-Anweisung

Wirkung

Die SUBTRACT-Anweisung subtrahiert einen oder mehrere Operanden von
einem oder von mehreren Operanden.

```
┌─ Format 1 ─────────────────────────────────────────────────────┐
│                                                                 │
│  SUBTRACT   ⎡Bezeichner-1⎤⎡Bezeichner-2⎤ ...                    │
│             ⎨Literal-1   ⎬⎢Literal-2   ⎥                        │
│             ⎣            ⎦⎣            ⎦                        │
│                                                                 │
│         FROM Bezeichner-m [ROUNDED]                             │
│                                                                 │
│              [Bezeichner-n [ROUNDED]] ...                       │
│                                                                 │
│         [ON SIZE ERROR unbedingte Anweisung [END-SUBTRACT]]     │
│         [NOT ON SIZE ERROR unbedingte Anweisung]                │
│         [END-SUBTRACT]                                          │
│                                                                 │
└─────────────────────────────────────────────────────────────────┘
```

```
┌─ Format 2 ─────────────────────────────────────────────────────┐
│                                                                 │
│  SUBTRACT   ⎡Bezeichner-1⎤⎡Bezeichner-2⎤ ...                    │
│             ⎨Literal-1   ⎬⎢Literal-2   ⎥                        │
│             ⎣            ⎦⎣            ⎦                        │
│                                                                 │
│              ⎡Bezeichner-m⎤                                     │
│         FROM ⎨            ⎬ [ROUNDED]                           │
│              ⎣Literal-m   ⎦                                     │
│                                                                 │
│            GIVING Bezeichner-n  [ROUNDED]                       │
│                                                                 │
│                   [Bezeichner-o  [ROUNDED]] ...                 │
│                                                                 │
│         [ON SIZE ERROR unbedingte Anweisung [END-SUBTRACT]]     │
│         [NOT ON SIZE ERROR unbedingte Anweisung]                │
│         [END-SUBTRACT]                                          │
│                                                                 │
└─────────────────────────────────────────────────────────────────┘
```

Erläuterung

Zu Format 1

Die Summe aller Operanden, die vor dem Wort TO angegeben sind, wird jeweils vom Wert aller Operanden, die nach dem Wort TO erscheinen, subtrahiert.

Beispiel 1

```
SUBTRACT GESAMT-ABZUEGE FROM BRUTTO-LOHN.

Vorher   -->        1100            3500

Nachher  -->        1100            2400
```

Diese SUBTRACT-Anweisung entspricht der folgenden COMPUTE-Anweisung:

```
COMPUTE BRUTTO-LOHN = BRUTTO-LOHN - GESAMT-ABZUEGE.
```

Beispiel 2

```
SUBTRACT LOHN-STEUER KIR-STEUER SOZ-VER FROM BRUTTO-LOHN

Vorher   -->    600      100     400          3500

Nachher  -->    600      100     400          2400
```

Hier wird die Summe aller Felder vor dem Wort FROM vom Inhalt des Feldes "BRUTTO-LOHN" subtrahiert.

Diese Anweisung ist gleichbedeutend mit:

```
COMPUTE BRUTTO-LOHN = BRUTTO-LOHN -
                      LOHN-STEUER -
                      KIR-STEUER   -
                      SOZ-VER.
```

Zu Format 2

Die Summe aller Operanden, die vor dem Wort FROM angegeben sind, wird gebildet und vom Operanden, der nach dem Wort FROM angegeben ist, subtrahiert, die Differenz wird in alle "GIVING-Felder" abgespeichert.

Beispiel 3

```
SUBTRACT GES-ABZUEGE FROM BRUTTO-LOHN GIVING NETTO DR-NE

Vorher  -->      1100           3500        0000 000000

Nachher -->      1100           3500        2400 2.400
```

Diese Anweisung ist gleichbedeutend mit:

```
COMPUTE NETTO,  DR-NE = BRUTTO-LOHN - GES-ABZUEGE.
```

Der Vorteil des zweiten Formates der arithmetischen Anweisungen sei hier nochmals betont. Das Endergebnis wird sowohl im Feld "NETTO" als auch im Feld "DR-NE" abgespeichert, wobei das erste ein rechenfähiges Feld ist, welches in weiteren Rechenoperationen verwendet werden kann, und das zweite ein druckaufbereitetes Feld ist, welches für die Ausgabe vorgesehen ist.

8.4 MULTIPLY-Anweisung

Wirkung

Die MULTIPLY-Anweisung wird für die Multiplikation zweier Operanden benutzt.

```
┌ Format 1 ─────────────────────────────────────────────────────────┐
│                                                                     │
│  MULTIPLY   ┌Bezeichner-1┐  BY   Bezeichner-2 [ROUNDED]             │
│             │Literal-1   │                                          │
│             │            │      [Bezeichner-3 [ROUNDED]]...         │
│             └            ┘                                          │
│                                                                     │
│  [ON SIZE ERROR unbedingte Anweisung [END-MULTIPLY]]                │
│                                                                     │
│  [NOT ON SIZE ERROR unbedingte Anweisung]                           │
│                                                                     │
│  [END-MULTIPLY]                                                     │
│                                                                     │
└─────────────────────────────────────────────────────────────────────┘
```

```
┌ Format 2 ─────────────────────────────────────────────────────────┐
│                                                                     │
│  MULTIPLY   ┌Bezeichner-1┐       ┌Bezeichner-2┐                     │
│             │            │  BY   │            │                     │
│             │Literal-1   │       │Literal-2   │                     │
│             └            ┘       └            ┘                     │
│                                                                     │
│         GIVING Bezeichner-3  [ROUNDED]                              │
│                                                                     │
│                [Bezeichner-4  [ROUNDED]]  ...                       │
│                                                                     │
│  [ON SIZE ERROR unbedingte Anweisung [END-MULTIPLY]]                │
│                                                                     │
│  [NOT ON SIZE ERROR unbedingte Anweisung]                           │
│                                                                     │
│  [END-MULTIPLY]                                                     │
│                                                                     │
└─────────────────────────────────────────────────────────────────────┘
```

Erläuterung

Zu Format 1

Bei der Multiplikation wird der Multiplikator (Bezeichner-1) mit dem Multiplikanden (Bezeichner-2) multipliziert, das entstandene Produkt wird in Bezeichner-2 abgespeichert. Falls ein zweiter Multiplikand (Bezeichner-3) angegeben wird, so wird dieser mit dem Multiplikator (Bezeichner-1) multipliziert und das zugehörige Produkt wird in Bezeichner-3 abgespeichert.

Beispiel 1

```
MULTIPLY ANZ-STUNDEN BY STUNDENLOHN.

Vorher  -->      10            12

Nachher -->      10           120
```

Diese Anweisung entspricht:

```
COMPUTE STUNDENLOHN = STUNDENLOHN * ANZ-STUNDEN.
```

Beispiel 2

```
MULTIPLY KOST-FAKTOR BY KOSTEN-ST1 KOSTEN-ST2 KOSTEN-ST3

Vorher  -->       5          20          25          40

Nachher -->       5         100         125         200
```

Diese Anweisung spricht dafür, daß eine einfache MULTIPLY-Anweisung manchmal effektiver ist als eine COMPUTE-Anweisung. Um diese MULTIPLY-Anweisung durch COMPUTE zu ersetzen, müßten wir schreiben:

```
COMPUTE KOSTEN-ST1 = KOSTEN-ST1 * KOST-FAKTOR.

COMPUTE KOSTEN-ST2 = KOSTEN-ST2 * KOST-FAKTOR.

COMPUTE KOSTEN-ST3 = KOSTEN-ST3 * KOST-FAKTOR.
```

Wenn wir alle 3 Endergebnis-Felder in einer einzigen COMPUTE-Anweisung angeben, so haben diese immer den gleichen Inhalt.

Zu Format 2

Der Ablauf des zweiten Formates unterscheidet sich wesentlich vom ersten Format. Hier wird der Multiplikator (Bezeichner-1) mit dem einzigen Multiplikanden (Bezeichner-2) multipliziert, das entstandene Produkt in Bezeichner-3 und wahlweise in Bezeichner-4 abgespeichert.

Beispiel 3

```
MULTIPLY STUECKZAHL BY STUECKPREIS GIVING SUMME AUSGABE.

Vorher  -->     200         30      0000 00000000

Nachher -->     200         30      6000 6.000,00
```

Für diese MULTIPLY-Anweisung können wir auch codieren:

```
COMPUTE SUMME, AUSGABE = STUECKZAHL * STUECKPREIS.
```

225

8.5 DIVIDE-Anweisung

Wirkung

Die DIVIDE-Anweisung wird für die Division zweier Operanden benutzt.

```
┌─ Format 1 ──────────────────────────────────────────────────┐
│                                                              │
│   DIVIDE    ⎰Bezeichner-1⎱ INTO Bezeichner-2 [ROUNDED]       │
│             ⎱Literal-1    ⎰                                  │
│                             [Bezeichner-3 [ROUNDED]]...      │
│                                                              │
│   [ON SIZE ERROR unbedingte Anweisung [END-DIVIDE]]          │
│                                                              │
│   [NOT ON SIZE ERROR unbedingte Anweisung]                   │
│                                                              │
│   [END-DIVIDE]                                               │
│                                                              │
└──────────────────────────────────────────────────────────────┘
```

```
┌─ Format 2 ──────────────────────────────────────────────────┐
│                                                              │
│   DIVIDE    ⎰Bezeichner-1⎱ ⎰INTO⎱ ⎰Bezeichner-2⎱             │
│             ⎱Literal-1    ⎰ ⎱ BY ⎰ ⎱Literal-2    ⎰           │
│                                                              │
│        GIVING Bezeichner-3 [ROUNDED]                         │
│                                                              │
│             [Bezeichner-4 [ROUNDED]] ...                     │
│                                                              │
│   [ON SIZE ERROR unbedingte Anweisung [END-DIVIDE]]          │
│                                                              │
│   [NOT ON SIZE ERROR unbedingte Anweisung]                   │
│                                                              │
│   [END-DIVIDE]                                               │
│                                                              │
└──────────────────────────────────────────────────────────────┘
```

```
┌─ Format 3 ──────────────────────────────────────────────────┐
│                                                              │
│   DIVIDE    ⎡Bezeichner-1⎤  ⎡INTO⎤  ⎡Bezeichner-2⎤           │
│             ⎨Literal-1   ⎬  ⎨BY  ⎬  ⎨Literal-2   ⎬           │
│             ⎣            ⎦  ⎣    ⎦  ⎣            ⎦           │
│                                                              │
│       GIVING Bezeichner-3  [ROUNDED]                         │
│                                                              │
│       REMAINDER  Bezeichner-4                                │
│                                                              │
│    [ON SIZE ERROR unbedingte Anweisung [END-DIVIDE]]         │
│                                                              │
│    [NOT ON SIZE ERROR unbedingte Anweisung]                  │
│                                                              │
│    [END-DIVIDE]                                              │
│                                                              │
└──────────────────────────────────────────────────────────────┘
```

Erläuterung

Zu Format 1

In Format-1 wird der Dividend (Bezeichner-2) durch den Divisor (Bezeichner-1) dividiert, der Quotient in Bezeichner-2 abgespeichert. Der gleiche Vorgang wird für Bezeichner-3 genauso ausgeführt, wenn dieser angegeben ist.

Beispiel 1

```
DIVIDE      ANZAHL INTO GEWINN.

Vorher  -->      5          10000

Nachher -->      5          2000
```

Diese Anweisung entspricht:

```
COMPUTE GEWINN = GEWINN / ANZAHL.
```

227

Zu Format 2

Beim zweiten Format muß man sich entscheiden, ob man das Wort INTO oder das Wort BY verwenden will.

Mit INTO wird Bezeichner-2 als Dividend und Bezeichner-1 als Divisor angesehen.

Mit BY wird Bezeichner-1 als Dividend und Bezeichner-2 als Divisor angesehen.

Der Quotient wird jedenfalls in Bezeichner-3 abgespeichert.

Beispiel 2

```
DIVIDE ANSCHAFFUNGSKOSTEN BY NUTZ-DAUER GIVING ABSCHREIB.

Vorher   -->        100000           10            00000

Nachher  -->        100000           10            10000
```

Die folgende COMPUTE-Anweisung könnte anstelle dieser COMPUTE-Anweisung codiert werden:

```
COMPUTE ABSCHREIB = ABSCHAFFUNGSKOSTEN / NUTZ-DAUER.
```

Zu Format 3

Der wesentliche Unterschied zwischen Format-3 und Format-2 liegt darin, daß in Format-3 mit Hilfe des REMAINDER-Zusatzes der Divisionsrest gebildet werden kann.

Wenn man die Syntax des dritten Formates genau betrachtet, stellt man hier fest, daß für den Quotienten nur ein einziges Feld (Bezeichner-3) vorgesehen ist. Dies bestätigt die Tatsache, daß der Rest auf Grund der PICTURE-Klausel des Quotienten-Feldes gebildet wird.

Rest der Division

Der Rest einer Division entsteht, wenn der Dividend nicht ohne Rest durch den Divisor teilbar ist.

Er wird wie folgt ermittelt: Rest = Dividend - (Quotient * Divisor)

Beispiel 3

In einer Programmschleife soll festgestellt werden, ob die Variable "DIVIDEND" restlos durch 50 teilbar ist. In einem solchen Beispiel ist es sinnvoll, die PICTURE-Klausel der beteiligten Felder anzugeben.

```
DIVIDE DIVIDEND BY DIVISOR GIVING QUOTIENT REMAINDER REST

PIC         999      99            99          99

Vorher  --> 830      50            00          00

Nachher --> 830      50            16          30
```

Nach der Division kann die IF-Anweisung zu der genannten Feststellung wie folgt codiert werden:

```
IF REST = ZERO THEN  ....
```

Würde man hier die PICTURE-Klausel des Quotienten-Feldes ändern, so erhielte man die folgenden Werte:

```
DIVIDE DIVIDEND BY DIVISOR GIVING QUOTIENT REMAINDER REST

PIC         999      99            99V99       99

Vorher  --> 830      50            00 00       00

Nachher --> 830      50            16 60       00
```

Wir sehen hier eindeutig, daß der Rest von der PICTURE-Klausel des Quotienten-Feldes abhängig ist.

Korrespondierendes Addieren und Subtrahieren

```
┌─ ADD-Anweisung Format 3 ──────────────────────────────────────┐
│                                                                │
│   ADD    ⎧CORR         ⎫  Bezeichner-1 TO Bezeichner-2        │
│          ⎨CORRESPONDING⎬                                      │
│          ⎩             ⎭                [ROUNDED]             │
│                                                                │
│      [ON SIZE ERROR unbedingte Anweisung [END-ADD]]           │
│                                                                │
│      [NOT ON SIZE ERROR unbedingte Anweisung]                 │
│                                                                │
│      [END-ADD]                                                 │
│                                                                │
└────────────────────────────────────────────────────────────────┘
```

```
┌─ SUBTRACT-Anweisung Format 3 ─────────────────────────────────┐
│                                                                │
│   SUBTRACT ⎡CORR         ⎤ Bezeichner-1 FROM Bezeichner-2     │
│            ⎣CORRESPONDING ⎦                                    │
│                                          [ROUNDED]             │
│                                                                │
│      [ON SIZE ERROR unbedingte Anweisung [END-SUBTRACT]]      │
│                                                                │
│      [NOT ON SIZE ERROR unbedingte Anweisung]                 │
│                                                                │
│      [END-SUBTRACT]                                            │
│                                                                │
└────────────────────────────────────────────────────────────────┘
```

Erläuterung

Mit Hilfe des dritten Formates der ADD- und SUBTRACT-Anweisungen können mehrere Datenfelder gleichzeitig addiert bzw. subtrahiert werden. Der Ablauf dieser Anweisungen ist ähnlich wie bei der MOVE CORR-Anweisung. Im übrigen handelt es sich hier um Anweisungen, die selten in der Praxis benutzt werden.

Beispiel

```
ADD CORR   ARTIKEL-ZEILE-1   TO ARTIKEL-ZEILE-2.
```

8.6 Übungen

1. Der Einkommensbetrag ist für den Fall, daß ein Restbetrag auftritt, auf die nächste durch 54 restlos teilbare Zahl abzurunden.

    ```
    Ø1  EINKOMMENSBETRAG          PIC  9(5)V99. .


    Ø1  REST                      PIC  9(5).
    Ø1  QUOT                      PIC  9(5).
    ```

2. Berechnen Sie 15% Nutzungskosten aus dem Feld "BETRAG".

    ```
    Ø1  BETRAG          PIC  9(5)V99.
    Ø1  NUTZUNGSKOSTEN  PIC  9(4)V99.
    ```

3. Codieren Sie für die folgenden arithmetischen Ausdrücke jeweils eine COMPUTE-Anweisung!

    a)

    $$Z = A + \frac{B}{C} - D$$

    b)

    $$X = M \frac{A}{B} - N (F - 5)$$

8.7 Lösungen

1.

```
DIVIDE EINKOMMENSBETRAG BY 54 GIVING QUOT
        REMAINDER REST.

IF REST  NOT = ZERO
        SUBTRACT REST FROM EINKOMMENSBETRAG.
```

2.

```
COMPUTE NUTZUNGSKOSTEN = BETRAG * 15 / 100.
```

3.

a)

```
COMPUTE Z = A + B / C -  D
```

b)

```
COMPUTE X = M * (A / B) - N * (F-5)
```

Programmbeispiel: DEMO8-FAHRKARTEN-AUTOMAT

Aufgabenstellung

Es ist ein Programm zu entwickeln, welches den Kaufvorgang einer Fahrkarte vom Fahrkartenautomat simuliert. Der Fahrpreis wird vom eingeworfenen Betrag abgezogen, der Rest soll nun in einzelne Münzen zerlegt und am Bildschirm angezeigt werden (siehe den Dialog-Testlauf dieses Programms).

Dabei kann davon ausgegangen werden, daß jeder Betrag eingeworfen werden kann, die Fahrkarte einen beliebigen Preis hat und daß der Automat über alle Münzarten (5 DM, 2 DM, 1 DM, 50 Pf., 10 Pf., 5 Pf., 2 Pf., 1 Pf.) verfügt.

Struktogramm

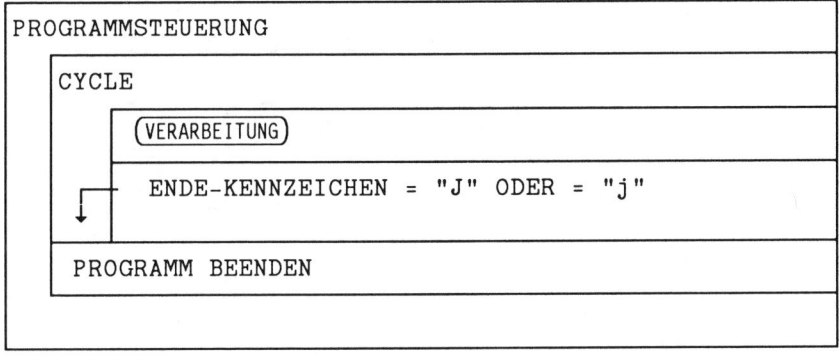

```
┌─────────────────────────────────────────────────────────────┐
│ VERARBEITUNG                                                  │
│   ┌───────────────────────────────────────────────────────┐ │
│   │ BILDSCHIRM LÖSCHEN                                      │ │
│   ├───────────────────────────────────────────────────────┤ │
│   │ "Fahrkarten-Automat ", "Zu bezahlender Betrag --->"    │ │
│   │ "Bezahlter   Betrag --->"   ANZEIGEN                   │ │
│   ├───────────────────────────────────────────────────────┤ │
│   │ ZERO ---> ZU-BEZ-BETRAG, BEZ-BETRAG                    │ │
│   ├───────────────────────────────────────────────────────┤ │
│   │ E-ZU-BEZ-BETRAG EINGEBEN                               │ │
│   ├───────────────────────────────────────────────────────┤ │
│   │ E-BEZ-BETRAG EINGEBEN                                  │ │
│   ├───────────────────────────────────────────────────────┤ │
│   │ E-ZU-BEZ-BETRAG ---> ZU-BEZ-BETRAG                     │ │
│   ├───────────────────────────────────────────────────────┤ │
│   │ E-BEZ-BETRAG    ---> BEZ-BETRAG                        │ │
│   ├───────────────────────────────────────────────────────┤ │
│   │ BETRAG-REST = BEZ-BETRAG - ZU-BEZ-BETRAG              │ │
│   ├───────────────────────────────────────────────────────┤ │
│   │ MOVE BETRAG-REST ---> A-RUECK-BETRAG                  │ │
│   ├───────────────────────────────────────────────────────┤ │
│   │ A-REST ANZEIGEN                                        │ │
│   ├───────────────────────────────────────────────────────┤ │
│   │           BETRAG-REST POSITIVE ?                       │ │
│   │ JA                                          NEIN       │ │
│   ├────────────────────────────┬──────────────────────────┤ │
│   │  (ZERLEGEN)                │         ──                │ │
│   ├────────────────────────────┴──────────────────────────┤ │
│   │ ENDE-MELDUNG      ANZEIGEN                             │ │
│   ├───────────────────────────────────────────────────────┤ │
│   │ ENDE-KENNZEICHEN  EINGEBEN                             │ │
│   └───────────────────────────────────────────────────────┘ │
│                                                               │
└─────────────────────────────────────────────────────────────┘
```

ZERLEGEN
QUOT = DM / 5, Rest---> REST
QUOT ---> A-WERT
"5-DM" ---> A-TEXT
AUSGABE-ZEILE ANZEIGEN
REST ---> DM
QUOT = DM / 2, Rest---> REST
QUOT ---> A-WERT
"2-DM" ---> A-TEXT
AUSGABE-ZEILE ANZEIGEN
REST ---> A-WERT
"1-DM" ---> A-TEXT
AUSGABE-ZEILE ANZEIGEN
QUOT = P-F / 50, Rest---> REST
QUOT ---> A-WERT
"50-PF" ---> A-TEXT
AUSGABE-ZEILE ANZEIGEN
REST ---> P-F
QUOT = P-F / 10, Rest---> REST
QUOT ---> A-WERT
"10-PF" ---> A-TEXT
AUSGABE-ZEILE ANZEIGEN
REST ---> P-F

QUOT = P-F / 5, Rest---> REST
QUOT   ---> A-WERT
"5-PF" ---> A-TEXT
AUSGABE-ZEILE ANZEIGEN
REST   ---> P-F
QUOT = P-F / 2, Rest---> REST
QUOT   ---> A-WERT
"2-PF" ---> A-TEXT
AUSGABE-ZEILE ANZEIGEN
REST   ---> P-F
REST   ---> A-WERT
"1-PF" ---> A-TEXT
AUSGABE-ZEILE ANZEIGEN

Programmlisting:

```
 1 IDENTIFICATION DIVISION.
 2 PROGRAM-ID.        DEMO8-FAHRKARTEN-AUTOMAT.
 3 AUTHOR.            R. HABIB.
 4 DATE-WRITTEN.      12-08-1987.
 5 DATE-COMPILED. 25-Aug-87 15:33.
 6*┌────────────────────────────────────────────┐
 7*│PROGRAMMFUNKTION:                             │
 8*│                                              │
 9*│DAS PROGRAMM ZERLEGT DEN REST EINES BETRAGES  │
10*│IN EINZELNE  MÜNZ-STÜCKE.                     │
11*│                                              │
12*└────────────────────────────────────────────┘
13 ENVIRONMENT DIVISION.
14 CONFIGURATION SECTION.
15 SOURCE-COMPUTER.  IBM-PC.
16 OBJECT-COMPUTER.  IBM-PC.
17 SPECIAL-NAMES.
18     DECIMAL-POINT IS COMMA,
19     CONSOLE IS CRT.
20*-------------------------------------------------*
21 DATA DIVISION.
22 WORKING-STORAGE SECTION.
23 01  E-ZU-BEZ-BETRAG      PIC Z9,99.
24 01  E-BEZ-BETRAG         PIC Z99.
25
26 01  ZU-BEZ-BETRAG        PIC  S99V99.
27 01  BEZ-BETRAG           PIC  S999.
28
29 01  BETRAG-REST          PIC  S999V99.
30 01  REST-NEU    REDEFINES BETRAG-REST.
31     05 DM               PIC  999.
32     05 P-F              PIC  99.
33
34 01  QUOT                 PIC  999.
35 01  REST                 PIC  999.
36
37 01 AUSGABE-ZEILE.
```

```
38      05 A-WERT              PIC ZZ9.
39      05 A-FILLER            PIC X(9) VALUE
40         " Stück a".
41      05 A-TEXT              PIC X(20).
42
43 01 A-REST.
44      05 A-FILLER            PIC X(15) VALUE
45         "Rückbetrag -->".
46      05 A-RUECK-BETRAG        PIC ---9,99.
47
48 01   ENDE-MELDUNG           PIC X(25) VALUE
49      "Programmende? (J/N) ===>".
50 01   ENDE-KENNZEICHEN  PIC X     VALUE SPACE.
51*------------------------------------------------*
52 PROCEDURE DIVISION.
53 PROGRAMM-STEUERUNG SECTION.
54 PR-1000.
55      PERFORM VERARBEITUNG WITH TEST AFTER
56             UNTIL ENDE-KENNZEICHEN = "J" OR "j".
57 PR-9999.
58      STOP RUN.
59*------------------------------------------------*
60 VERARBEITUNG SECTION.
61 VER-1000.
62      DISPLAY SPACE UPON CRT.
63      DISPLAY "Fahrkarten-Automat "   AT 0130.
64
65      DISPLAY "Zu bezahlender Betrag --->" AT 0501.
66      DISPLAY "Bezahlter   Betrag --->" AT 0541.
67
68      MOVE ZERO TO ZU-BEZ-BETRAG, BEZ-BETRAG.
69
70      ACCEPT  E-ZU-BEZ-BETRAG AT 0530.
71      ACCEPT  E-BEZ-BETRAG    AT 0565.
72
73      MOVE    E-ZU-BEZ-BETRAG TO ZU-BEZ-BETRAG.
74      MOVE    E-BEZ-BETRAG    TO BEZ-BETRAG.
75
```

```
76        SUBTRACT ZU-BEZ-BETRAG FROM BEZ-BETRAG
77                GIVING BETRAG-REST.
78
79        MOVE BETRAG-REST TO A-RUECK-BETRAG.
80        DISPLAY A-REST AT 0701.
81
82        IF BETRAG-REST POSITIVE PERFORM ZERLEGEN.
83
84        DISPLAY ENDE-MELDUNG      AT 2501.
85        ACCEPT  ENDE-KENNZEICHEN AT 2530.
86 VER-9999.
87        EXIT.
88*--------------------------------------------------*
89 ZERLEGEN SECTION.
90 ZER-1000.
91        DIVIDE DM BY 5 GIVING QUOT REMAINDER REST.
92        MOVE QUOT  TO A-WERT.
93        MOVE "5-DM" TO A-TEXT.
94        DISPLAY AUSGABE-ZEILE AT 0830.
95        MOVE REST  TO DM.
96
97        DIVIDE DM BY 2 GIVING QUOT REMAINDER REST.
98        MOVE QUOT  TO A-WERT.
99        MOVE "2-DM" TO A-TEXT.
100       DISPLAY AUSGABE-ZEILE AT 0930.
101
102       MOVE REST  TO A-WERT.
103       MOVE "1-DM" TO A-TEXT.
104       DISPLAY AUSGABE-ZEILE AT 1030.
105
106       DIVIDE P-F BY 50 GIVING QUOT REMAINDER REST.
107       MOVE QUOT  TO A-WERT.
108       MOVE "50-PF" TO A-TEXT.
109       DISPLAY AUSGABE-ZEILE AT 1130.
110       MOVE REST  TO P-F.
111
112       DIVIDE P-F BY 10 GIVING QUOT REMAINDER REST.
113       MOVE QUOT  TO A-WERT.
114       MOVE "10-PF" TO A-TEXT.
```

```
115      DISPLAY AUSGABE-ZEILE AT 1230.
116      MOVE REST  TO P-F.
117
118      DIVIDE P-F BY 5 GIVING QUOT REMAINDER REST.
119      MOVE QUOT  TO A-WERT.
120      MOVE "5-PF" TO A-TEXT.
121      DISPLAY AUSGABE-ZEILE AT 1330.
122      MOVE REST  TO P-F.
123
124      DIVIDE P-F BY 2 GIVING QUOT REMAINDER REST.
125      MOVE QUOT  TO A-WERT.
126      MOVE "2-PF" TO A-TEXT.
127      DISPLAY AUSGABE-ZEILE AT 1430.
128      MOVE REST  TO P-F.
129
130      MOVE REST  TO A-WERT.
131      MOVE "1-PF" TO A-TEXT.
132      DISPLAY AUSGABE-ZEILE AT 1530.
133 ZER-9999.
134      EXIT.
```

Dialog-Testlauf:

```
            Fahrkarten-Automat

Zu bezahlender Betrag        Bezahlter Betrag
---> 11,12                   ---> 50

Rückbetrag ---> 38,88

       7 Stück a 5-DM
       1 Stück a 2-DM
       1 Stück a 1-DM
       1 Stück a 50-PF
       3 Stück a 10-PF
       1 Stück a 5-PF
       1 Stück a 2-PF
       1 Stück a 1-PF
```

9. PROGRAMMVER-ZWEIGUNGEN

9.1 GO TO-Anweisung

Wirkung

Mit Hilfe der GO TO-Anweisung kann man zu einer beliebigen Stelle im Programm verzweigen. Die Programmausführung wird dann an dieser Stelle fortgesetzt.

```
┌─ Format 1 ─────────────────────────────────────────┐
│                                                     │
│   GO   TO   Prozedurname                            │
│                                                     │
└─────────────────────────────────────────────────────┘
```

Erläuterung

Der anzugebende Prozedurname kann ein Paragraphen- oder ein Kapitelname (SECTION) sein, wobei in der GO TO-Anweisung selbst nur der Name, ohne das Wort SECTION, erscheinen darf.

Beispiel 1: Verzweigen zu einem Paragraphen

```
GO TO VERARBEITUNGSENDE.
.
.
.
VERARBEITUNGSENDE.
```

Beispiel 2: Verzweigen zu einem Kapitel (SECTION)

```
GO TO VERARBEITUNG.
.
.
.
VERARBEITUNG SECTION.
```

Strukturiertes Programmieren

Eines der wichtigsten Ziele der strukturierten Programmierung ist die Entwicklung von verständlichen und änderungsfreundlichen Programmen. Bei solchen Programmen sind die Wirkungen der einzelnen Anweisungen und deren Zusammenhänge klar formuliert und leicht nachvollziehbar.

Zunächst sei gesagt, daß strukturierte Programme nicht nur solche sind, die keine GO TO-Anweisungen enthalten, sondern auch Programme, in denen die GO TO-Anweisung so eingesetzt ist, daß sie nicht gegen die Regeln der strukturierten Programmierung verstößt.

Man wird gegen die Regeln der strukturierten Programmierung verstoßen, wenn man z.B. einen Programmteil so codiert, daß er keinem Struktogramm-Block entspricht.

In der strukturierten Programmierung verwendet man bekanntermaßen 6 Struktogramm-Blöcke. Wir werden auf die einzelnen Blöcke an verschiedenen Stellen dieses Buches zurückkommen.

Einer dieser Blöcke ist der CYCLE-Block, der an dieser Stelle besprochen werden soll.

Betrachten wir den Aufbau des CYCLE-Blockes etwas näher:

```
CYCLE

        Anweisungsfolge   a

        BREAK,   WHEN Abbruch-Bedingung-1

        Anweisungsfolge   b

        BREAK,   WHEN Abbruch-Bedingung-2

        Anweisungsfolge   c
```

Leider gibt es in COBOL keine Anweisung, mit deren Hilfe dieser Block direkt programmiert werden kann. Wir haben schon einmal die PERFORM-Anweisung kurz besprochen und werden noch detailliert darauf eingehen, jedoch ist diese Anweisung hauptsächlich für die Programmierung des DO WHILE- oder CYCLE-Blockes mit einer Bedingung am Ende vorgesehen.

Der CYCLE-Block beginnt mit einer Anweisungsfolge und enthält meistens mehrere Abbruchbedingungen. In der Schleife selbst werden die Abbruchbedingungen geprüft. Ist eine Bedingung erfüllt, wird die Schleife abgebrochen.

Will man den CYCLE-Block, der auch "Schleife mit freier Endbedingung" genannt wird, in der ursprünglichen Form codieren, so muß man mit GO TO arbeiten.

Die Codierung sieht wie folgt aus:

```
CYCLE-BLOCK SECTION.
ANWEISUNGSFOLGE-A.
        .
        .
        .
    IF ABBRUCH-BEDINGUNG-1 THEN GO TO CYCLE-BLOCK-ENDE.
ANWEISUNGSFOLGE-B.
        .
        .
        .
    IF ABBRUCH-BEDINGUNG-2 THEN GO TO CYCLE-BLOCK-ENDE.
ANWEISUNGSFOLGE-C.
        .
        .
        .
    GO TO CYCLE-BLOCK.
CYCLE-BLOCK-ENDE.
    EXIT.
```

Ein klassisches Beispiel für eine solche CYCLE-Schleife ist das Lesen der Sätze einer Datei und deren Verarbeitung, bis das Dateiende (EOF) oder ein anderes Abbruchkriterium auftritt. Wenn wir das Beispiel genau betrachten, stellen wir fest, daß als erstes aus der Datei gelesen werden muß, um anschließend das Dateiende feststellen zu können oder um ein weiteres Abbruchkriterium, das erst nach dem Lesen auftreten kann, festzustellen.

Es sei aber trotzdem gesagt, daß in vielen Fällen die Umformulierung der Anweisungsfolge möglich ist und daß man dafür eine Anweisung verwenden kann, die grundsätzlich für die strukturierte Programmierung gedacht ist. Wir meinen hier die PERFORM UNTIL-Anweisung.

Die folgende PERFORM-Anweisung kann auch für das Beispiel als Alternative benutzt werden:

```
PERFORM CYCLE-BLOCK UNTIL ABBRUCH-BEDINGUNG-1 OR
                         ABBRUCH-BEDINGUNG-2.
```

Bei der PERFORM UNTIL-Anweisung wird zwar die Abbruchbedingung als erstes geprüft, aber dies hat in manchen Fällen keinen Einfluß auf die Ausführung des Schleifeninhalts. In jedem Fall sollte das Verzichten auf die GO TO-Anweisung die Laufzeiteffizienz nicht in Frage stellen.

Wir haben hier zwar demonstriert, daß die GO TO-Anweisung nicht unbedingt gegen die strukturierte Programmierung arbeitet. Trotzdem wollen wir darauf achten, daß GO TO soweit wie möglich vermieden wird und auf keinen Fall an der falschen Stelle im Programm erscheint.

9.2 GO TO ... DEPENDING ON-Anweisung

Wirkung

Die GO TO DEPENDING ON-Anweisung verzweigt zu einer von mehreren angegebenen Prozeduren aufgrund des Wertes einer Variablen.

```
┌─ Format 2 ─────────────────────────────────────────┐
│                                                     │
│  GO   TO   Prozedurname-1    [Prozedurname-2]...    │
│                                                     │
│            DEPENDING  ON   Bezeichner               │
│                                                     │
└─────────────────────────────────────────────────────┘
```

Erläuterung

Diese Anweisung kann für die Realisierung des CASE-Blockes sinnvoll eingesetzt werden. Hierzu wird eine numerische ganzzahlige Variable benötigt, die nach DEPENDING ON angegeben wird. In der GO TO-Anweisung selbst können mehrere Sprungziele angegeben werden, wobei die Verzweigung jedoch nur zu einem davon stattfinden kann.

245

Die Verzweigung erfolgt in Abhängigkeit vom Wert der angegebenen Variablen. Ist der Wert = 1, so erfolgt eine Verzweigung zum ersten Sprungziel, ist der Wert = 2, so erfolgt die Verzweigung zum zweiten Sprungziel usw.

Ist der Wert der Variablen zum Zeitpunkt der Ausführung der GO TO-Anweisung kleiner als 1 oder größer als die Anzahl der angegebenen Sprungziele, so erfolgt keine Verzweigung.

Beispiel 1

Es soll aufgrund des Wertes, der in der Variablen "AUSWAHL-KZ" enthalten ist, zu einem der folgenden Verarbeitungsmodule verzweigt werden:

        1.   ANZEIGEN
        2.   ERFASSEN
        3.   AENDERN
        4.   LOESCHEN

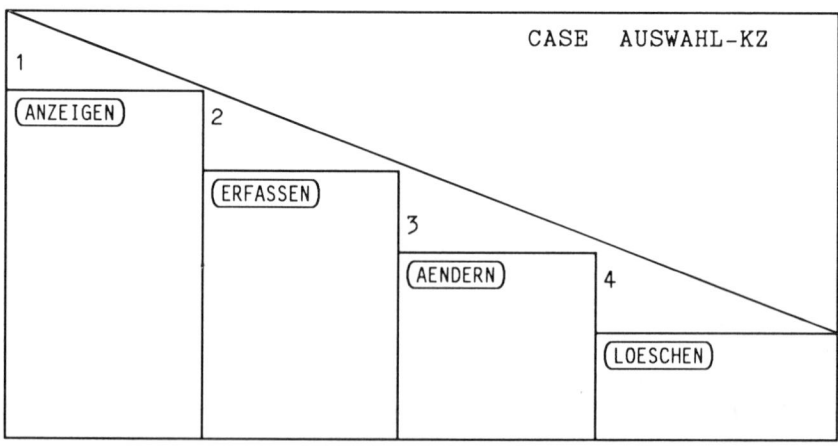

Die Codierung für dieses Beispiel kann wie folgt aussehen:

```
WORKING-STORAGE SECTION.

Ø1    AUSWAHL-KZ                    PIC 9.
      .
      .
      .

PROCEDURE DIVISION.
      .
CASE-AUSWAHL-KZ.

      GO TO ANZEIGEN, ERFASSEN, AENDERN, LOESCHEN,
      DEPENDING ON AUSWAHL-KZ.
      .
      GO TO CASE-ENDE.
```

```
ANZEIGEN.
      .
      GO TO CASE-ENDE.
```

```
ERFASSEN.
      .
      GO TO CASE-ENDE.
```

```
AENDERN.
      .
      GO TO CASE-ENDE.
```

```
LOESCHEN.
      .
      GO TO CASE-ENDE.
```

```
CASE-ENDE.
      EXIT.
```

Enthält die Variable "AUSWAHL-KZ" zur Ausführungszeit der GO TO-Anweisung den Wert 1, so verzweigt die GO TO-Anweisung zum "ANZEIGEN" usw. Ist der Wert = 0 oder > 4, so erfolgt keine Verzweigung. In jedem Fall verzweigt man am Ende der Verarbeitung einer Routine zu dem gleichen Paragraphen.

Zu beachten ist auch hier, daß die Paragraphen zwar in beliebiger Reihenfolge codiert werden dürfen, jedoch der Einfachheit halber codiert man sie in der Reihenfolge, in der sie in der GO TO-Anweisung aufgetreten sind.

Beispiel 2

Ändert man das 1. Beispiel so, daß eine entsprechende Fehlerroutine durchgeführt werden soll, falls keiner der erwarteten Werte auftritt, so ergibt sich das folgende Struktogramm und die folgende Codierung:

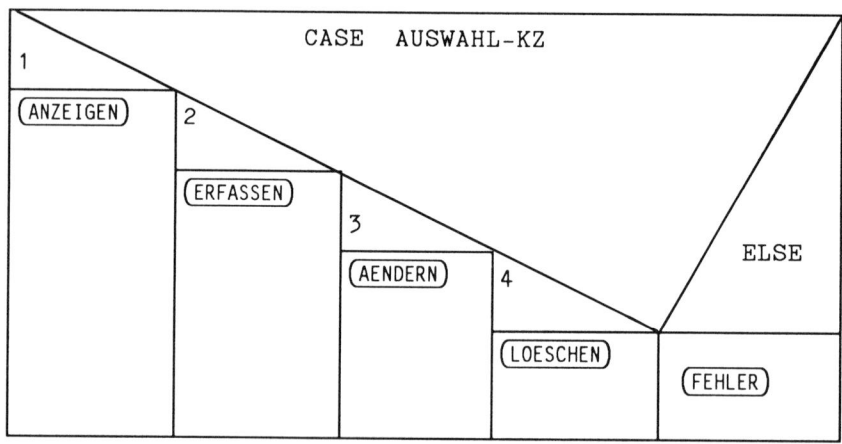

```
CASE-AUSWAHL-KZ.

    GO TO ANZEIGEN, ERFASSEN,AENDERN, LOESCHEN,
        DEPENDING ON AUSWAHL-KZ.
```

```
FEHLER.
    .
    GO TO CASE-ENDE.
```

```
ANZEIGEN.
    .
    GO TO CASE-ENDE.
```

```
ERFASSEN.
    .
    GO TO CASE-ENDE.
```

```
AENDERN.
    .
    GO TO CASE-ENDE.
```

```
LOESCHEN.
    .
    GO TO CASE-ENDE.
```

```
CASE-ENDE.
    EXIT.
```

Die Modifizierung ist hier ganz einfach. Man braucht lediglich die Fehlerroutine nach der GO TO-Anweisung zu plazieren, denn hierzu erfolgt eine automatische Verzweigung, wenn der Wert der Variablen = 0 oder > 4 ist.

Strukturiertes Programmieren

Die gezeigten Beispiele sind zwar strukturiert, denn sie entsprechen dem CASE-Block der strukturierten Programmierung. Es wäre aber auch möglich, solche Routinen ohne GO TO-Anweisungen zu realisieren.

In diesem Fall ergeben sich die folgenden Codierungen für das erste Beispiel:

```
CASE-AUSWAHL-KZ.

    IF AUSWAHL-KZ = 1 PERFORM ANZEIGEN
    ELSE IF AUSWAHL-KZ = 2 PERFORM ERFASSEN
        ELSE IF AUSWAHL-KZ = 3 PERFORM AENDERN
            ELSE IF AUSWAHL-KZ = 4 PERFORM LOESCHEN.

CASE-ENDE.
    EXIT.
```

und für das zweite Beispiel:

```
CASE-AUSWAHL-KZ.

IF AUSWAHL-KZ = 1 PERFORM ANZEIGEN
ELSE IF AUSWAHL-KZ = 2 PERFORM ERFASSEN
    ELSE IF AUSWAHL-KZ = 3 PERFORM AENDERN
        ELSE IF AUSWAHL-KZ = 4 PERFORM LOESCHEN.
            ELSE        PERFORM FEHLER.

CASE-ENDE.
    EXIT.
```

Programmbeispiel:
DEMO9-1-STUFIGER-GRUPPENWECHSEL

Aufgabenstellung

Ein Unternehmen will die Belastung der verschiedenen Kostenstellen in einer Übersichtsliste darstellen.

Dazu führt das Unternehmen die Kostenbelastungsdatei "KOSTENST.EIN", deren Aufbau anschließend beschrieben wird. Die Datei ist nach dem Kostenanfallsdatum aufsteigend sortiert.

Entwickeln Sie dafür ein 1stufiges Gruppenwechselprogramm mit den Anforderungen der am Ende dieses Programms gezeigten Druckliste.

Aufbau der Kostenbelastungsdatei "KOSTENST.EIN":

Anz. Stellen	Feldverwendung
15 6 4V2	Kostenstellenbezeichnung Kostenanfallsdatum (Format: jjmmtt) Kosten

Struktogramm

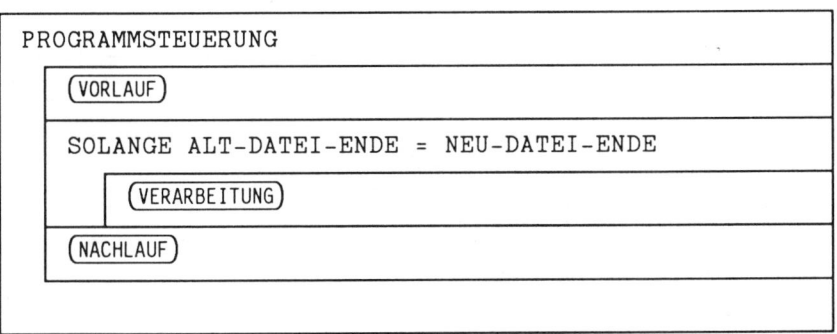

```
┌─────────────────────────────────────────────────────────────┐
│ VORLAUF                                                       │
│   ┌─────────────────────────────────────────────────────┐   │
│   │ EINGABE-DATEI, AUSGABE-DATEI ERÖFFNEN                 │   │
│   ├─────────────────────────────────────────────────────┤   │
│   │ (LESEN)                                               │   │
│   ├─────────────────────────────────────────────────────┤   │
│   │ NEU-KST    ---> ALT-KST                               │   │
│   └─────────────────────────────────────────────────────┘   │
└─────────────────────────────────────────────────────────────┘
```

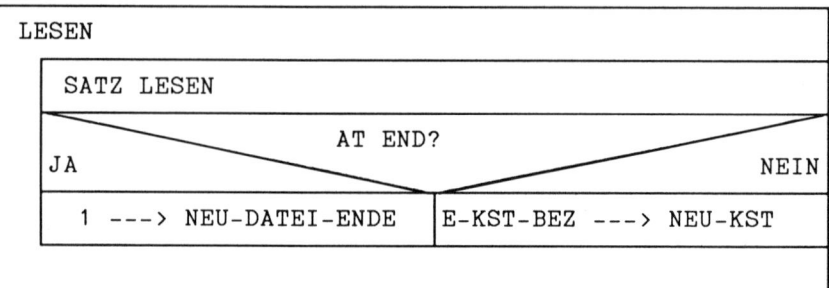

```
┌─────────────────────────────────────────────────────────────┐
│ LESEN                                                         │
│   ┌─────────────────────────────────────────────────────┐   │
│   │   SATZ LESEN                                          │   │
│   ├─────────────────────────────────────────────────────┤   │
│   │                      AT END?                          │   │
│   │ JA                                            NEIN    │   │
│   ├───────────────────────────┬─────────────────────────┤   │
│   │ 1 ---> NEU-DATEI-ENDE      │ E-KST-BEZ ---> NEU-KST   │   │
│   └───────────────────────────┴─────────────────────────┘   │
└─────────────────────────────────────────────────────────────┘
```

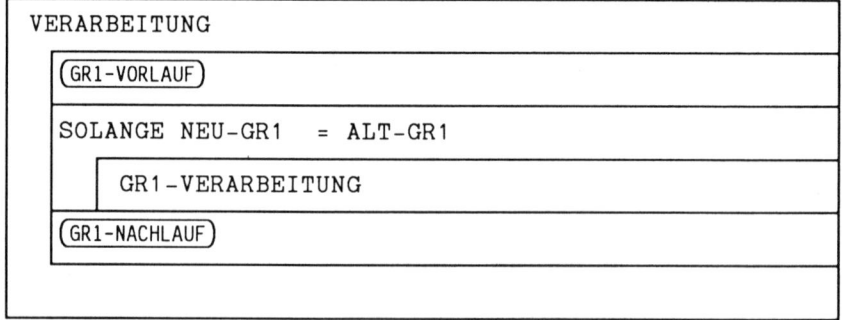

```
┌─────────────────────────────────────────────────────────────┐
│ VERARBEITUNG                                                  │
│   ┌─────────────────────────────────────────────────────┐   │
│   │ (GR1-VORLAUF)                                         │   │
│   ├─────────────────────────────────────────────────────┤   │
│   │ SOLANGE NEU-GR1  = ALT-GR1                            │   │
│   │     ┌───────────────────────────────────────────┐   │   │
│   │     │   GR1-VERARBEITUNG                          │   │   │
│   │ (GR1-NACHLAUF)                                        │   │
│   └─────────────────────────────────────────────────────┘   │
└─────────────────────────────────────────────────────────────┘
```

```
┌─────────────────────────────────────────────────────────────┐
│ NACHLAUF                                                      │
│   ┌─────────────────────────────────────────────────────┐   │
│   │ GESAMTSUMME   ---> AUS-GESAMTKOSTEN                   │   │
│   ├─────────────────────────────────────────────────────┤   │
│   │ SCHLUSS-ZEILE-2 DRUCKEN                               │   │
│   ├─────────────────────────────────────────────────────┤   │
│   │ EINGABE-DATEI, AUSGABE-DATEI SCHLIESSEN              │   │
│   └─────────────────────────────────────────────────────┘   │
└─────────────────────────────────────────────────────────────┘
```

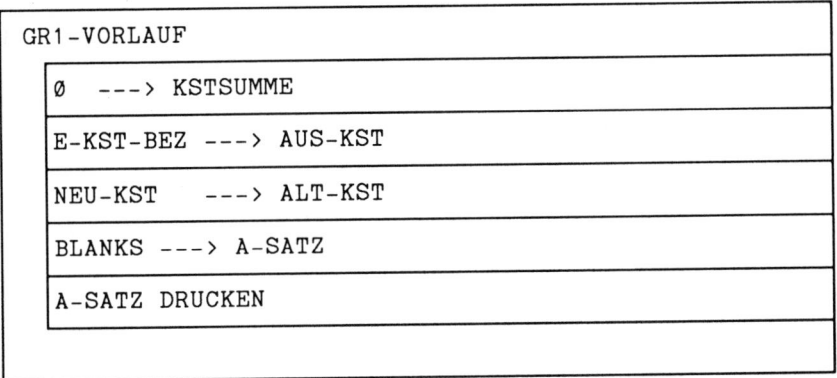

```
GR1-VORLAUF

  Ø   ---> KSTSUMME

  E-KST-BEZ ---> AUS-KST

  NEU-KST    ---> ALT-KST

  BLANKS ---> A-SATZ

  A-SATZ DRUCKEN
```

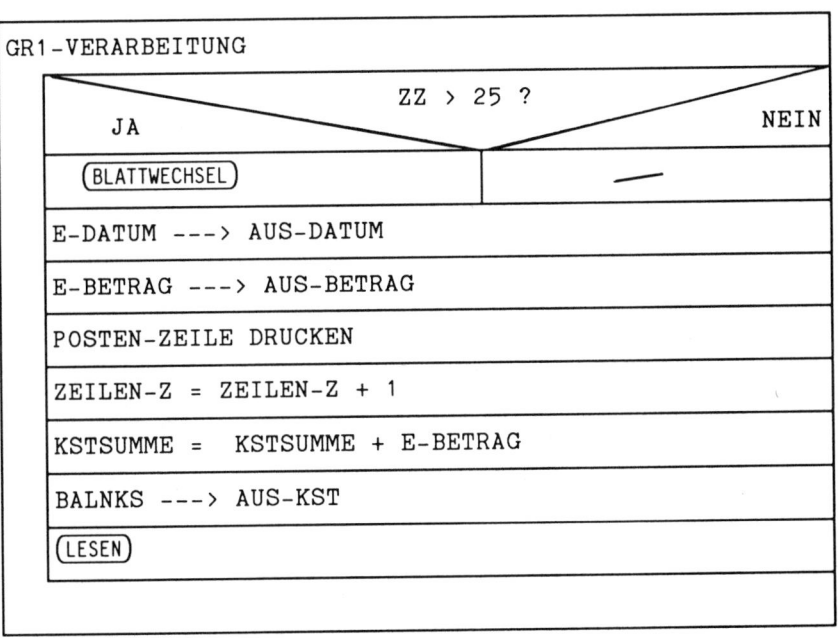

```
GR1-VERARBEITUNG
                          ZZ > 25 ?
     JA                                            NEIN

    (BLATTWECHSEL)                      ───

  E-DATUM ---> AUS-DATUM

  E-BETRAG ---> AUS-BETRAG

  POSTEN-ZEILE DRUCKEN

  ZEILEN-Z = ZEILEN-Z + 1

  KSTSUMME =  KSTSUMME + E-BETRAG

  BALNKS ---> AUS-KST

  (LESEN)
```

```
GR1-NACHLAUF

    ALT-KST ---> SCHL-KST

    KSTSUMME ---> AUS-SUMME

    SCHLUSS-ZEILE-1 DRUCKEN

    ZEILEN-Z = ZEILEN-Z + 1

    GESAMTSUMME = GESAMTSUMME + KSTSUMME

```

```
BLATTWECHSEL

    SEITEN-Z = SEITEN-Z + 1

    5 ---> ZEILEN-Z

    SEITEN-Z ---> A-SEITEN-NR

    UEBERSCHRIFT-1 DRUCKEN

    UEBERSCHRIFT-2 DRUCKEN

    UEBERSCHRIFT-3 DRUCKEN

```

Programmlisting:

```
 1 IDENTIFICATION DIVISION.
 2 PROGRAM-ID.          DEMO9-1-STUFIGER-GRUPPENWECHS.
 3 AUTHOR.              R. HABIB.
 4 DATE-WRITTEN.        12-08-1987.
 5 DATE-COMPILED. 27-Aug-87 07:09.
 6*
 7* PROGRAMMFUNKTION:
 8*
 9* DAS PROGRAMM DEMONSTRIERT DIE STEUERUNG EINES
10* 1-STUFIGEN GRUPPENWECHSELS UND ERSTELLT DABEI
11* EINE ÜBERSICHT FÜR DIE BELASTUNG DER KOSTEN-
12* STELLEN.
13*
14*
15 ENVIRONMENT DIVISION.
16 CONFIGURATION SECTION.
17 SOURCE-COMPUTER.  IBM-PC.
18 OBJECT-COMPUTER.  IBM-PC.
19 SPECIAL-NAMES.
20      DECIMAL-POINT IS COMMA.
21 INPUT-OUTPUT SECTION.
22 FILE-CONTROL.
23
24      SELECT  EINGABE ASSIGN TO "KOSTENST.EIN",
25              ORGANIZATION IS LINE SEQUENTIAL.
26
27      SELECT  AUSGABE ASSIGN TO "KOSTENST.AUS".
28*---------------------------------------------*
29 DATA DIVISION.
30 FILE SECTION.
31 FD  EINGABE.
32 01  E-SATZ.
33      05 E-KST-BEZ      PIC X(15).
34      05 E-DATUM.
35          10 JAHR       PIC 99.
36          10 MONAT      PIC 99.
37          10 TAG        PIC 99.
```

255

```
38       05 E-BETRAG           PIC 9(4)V99.
39
40 FD   AUSGABE.
41 01   A-SATZ                PIC X(56).
42*----------------------------------------------------*
43 WORKING-STORAGE SECTION.
44 01   UEBERSCHRIFT-1.
45       05 FILLER            PIC X(12) VALUE SPACE.
46       05 FILLER            PIC X(23) VALUE
47       "KOSTENSTELLEN-STATISTIK".
48       05 FILLER            PIC X(13) VALUE SPACE.
49       05 FILLER            PIC X(6)  VALUE "SEITE".
50       05 A-SEITEN-NR       PIC Z9.
51
52 01   UEBERSCHRIFT-2.
53       05 FILLER            PIC X(17) VALUE "KOSTENSTELLE".
54       05 FILLER            PIC X(17) VALUE "DATUM".
55       05 FILLER            PIC X(17) VALUE "BETRAG".
56       05 FILLER            PIC X(05) VALUE "SUMME".
57
58 01   UEBERSCHRIFT-3.
59       05 FILLER            PIC X(56) VALUE ALL "=".
60
61 01   POSTEN-ZEILE.
62       05 AUS-KST           PIC X(15).
63       05 FILLER            PIC X(02).
64       05 AUS-DATUM.
65          10 TAG            PIC Z9.
66          10 FILLER         PIC X VALUE ".".
67          10 MONAT          PIC 99.
68          10 FILLER         PIC X VALUE ".".
69          10 JAHR           PIC 99.
70       05 FILLER            PIC X(09).
71       05 AUS-BETRAG        PIC Z.ZZ9,99.
72
73 01   SCHLUSS-ZEILE-1.
74       05 FILLER            PIC X(10) VALUE
75       "SUMME KST.".
76       05 FILLER            PIC X(05) VALUE SPACE.
```

```
77      05 SCHL-KST          PIC X(15).
78      05 FILLER            PIC X(16) VALUE SPACE.
79      05 AUS-SUMME         PIC **.**9,99.
80      05 FILLER            PIC X(1) VALUE "*".
81
82 01 SCHLUSS-ZEILE-2.
83      05 FILLER            PIC X(44) VALUE
84      "GESAMTKOSTEN".
85      05 AUS-GESAMTKOSTEN PIC ***.**9,99.
86      05 FILLER            PIC X(2) VALUE "**".
87*--------------------------------------------------*
88 01 KSTSUMME              PIC 9(5)V99 VALUE ZERO.
89 01 GESAMTSUMME           PIC 9(6)V99 VALUE ZERO.
90*--------------------------------------------------*
91 01 ZEILEN-Z              PIC 99      VALUE 26.
92 01 SEITEN-Z              PIC 99      VALUE 0.
93*--------------------------------------------------*
94 01 ALT-GR1.
95      05 ALT-DATEI-ENDE    PIC 9      VALUE 0.
96      05 ALT-KST           PIC X(15) VALUE SPACE.
97*--------------------------------------------------*
98 01 NEU-GR1.
99      05 NEU-DATEI-ENDE    PIC 9      VALUE 0.
100     05 NEU-KST           PIC X(15) VALUE SPACE.
101*-------------------------------------------------,-*
102 PROCEDURE DIVISION.
103 PROGRAMM-STEUERUNG SECTION.
104 PR-1000.
105     PERFORM VORLAUF.
106     PERFORM VERARBEITUNG
107        UNTIL ALT-DATEI-ENDE NOT = NEU-DATEI-ENDE.
108     PERFORM NACHLAUF.
109 PR-9999.
110     STOP RUN.
111*--------------------------------------------------*
112*--------------------------------------------------*
113 VORLAUF SECTION.
114 VOR-1000.
115     OPEN INPUT EINGABE OUTPUT AUSGABE.
116     PERFORM LESEN.
```

```
117      MOVE NEU-KST    TO ALT-KST.
118 VOR-9999.
119      EXIT.
120*-------------------------------------------------*
121 VERARBEITUNG SECTION.
122 VER-1000.
123      PERFORM GR1-VORLAUF.
124      PERFORM GR1-VERARBEITUNG
125            UNTIL NEU-GR1  NOT = ALT-GR1.
126      PERFORM GR1-NACHLAUF.
127 VER-9999.
128      EXIT.
129*-------------------------------------------------*
130 NACHLAUF SECTION.
131 NAC-1000.
132      MOVE GESAMTSUMME  TO AUS-GESAMTKOSTEN.
133      WRITE A-SATZ FROM SCHLUSS-ZEILE-2 AFTER 3.
134      CLOSE EINGABE AUSGABE.
135 NAC-9999.
136      EXIT.
137*-------------------------------------------------*
138*-------------------------------------------------*
139 GR1-VORLAUF SECTION.
140 GR1-VOR-1000.
141      MOVE ZERO       TO KSTSUMME.
142      MOVE E-KST-BEZ TO AUS-KST.
143      MOVE NEU-KST    TO ALT-KST.
144
145      MOVE SPACE TO A-SATZ.
146      WRITE A-SATZ AFTER  1.
147 GR1-VOR-9999.
148      EXIT.
149*-------------------------------------------------*
150 GR1-VERARBEITUNG SECTION.
151 GR1-VER-1000.
152      IF ZEILEN-Z > 25 PERFORM BLATTWECHSEL.
153
154      MOVE CORR E-DATUM TO AUS-DATUM.
155      MOVE E-BETRAG TO AUS-BETRAG.
156
```

```
157      WRITE A-SATZ FROM POSTEN-ZEILE AFTER 1.
158      ADD 1 TO ZEILEN-Z.
159
160      ADD E-BETRAG TO KSTSUMME.
161      MOVE SPACE TO AUS-KST.
162      PERFORM LESEN.
163 GR1-VER-9999.
164      EXIT.
165*------------------------------------------------*
166 GR1-NACHLAUF SECTION.
167 GR1-NAC-1000.
168      MOVE ALt-KST TO  SCHL-KST,
169      MOVE KSTSUMME TO AUS-SUMME.
170      WRITE A-SATZ FROM SCHLUSS-ZEILE-1 AFTER  1.
171      ADD 1 TO ZEILEN-Z.
172      ADD  KSTSUMME TO GESAMTSUMME.
173 GR1-NAC-9999.
174      EXIT.
175*------------------------------------------------*
176*------------------------------------------------*
177 LESEN SECTION.
178 LES-1000.
179      READ EINGABE AT END MOVE 1 TO NEU-DATEI-ENDE.
180
181      IF NEU-DATEI-ENDE = 1 THEN NEXT SENTENCE
182      ELSE MOVE E-KST-BEZ TO NEU-KST.
183 LES-9999.
184      EXIT.
185*------------------------------------------------*
186 BLATTWECHSEL SECTION.
187 BLA-1000.
188      ADD  1 TO SEITEN-Z.
189      MOVE 5 TO ZEILEN-Z.
190      MOVE SEITEN-Z TO A-SEITEN-NR.
191
192      WRITE A-SATZ FROM UEBERSCHRIFT-1 AFTER PAGE.
193      WRITE A-SATZ FROM UEBERSCHRIFT-2 AFTER 3.
194      WRITE A-SATZ FROM UEBERSCHRIFT-3 AFTER 1.
195 BLA-9999.
196      EXIT.
```

Testdaten "KOSTENST.EIN":

```
DREHEREI      860403100000
DREHEREI      860405200000
DREHEREI      860406300000
DREHEREI      860409400000
DREHEREI      860412500000
DREHEREI      860414600000
DREHEREI      860416700000
DREHEREI      860424800000
DREHEREI      860428900000
FRÄSEREI      860402200000
FRÄSEREI      860404400000
FRÄSEREI      860406600000
FRÄSEREI      860407800000
FRÄSEREI      860419200000
FRÄSEREI      860422100000
FRÄSEREI      860424100000
FRÄSEREI      860426500000
FRÄSEREI      860429700000
FUHRPARK      860412100000
FUHRPARK      860413200000
FUHRPARK      860418400000
FUHRPARK      860419500000
FUHRPARK      860422700000
FUHRPARK      860427800000
FUHRPARK      860430900000
GEBÄUDE       860403600000
GEBÄUDE       860404500000
GEBÄUDE       860408400000
GEBÄUDE       860410300000
GEBÄUDE       860419200000
GEBÄUDE       860424100000
GEBÄUDE       860427100000
GEBÄUDE       860429200000
MATERIAL      860404300000
MATERIAL      860405500000
MATERIAL      860407700000
```

```
MATERIAL     860409|900000
MATERIAL     860415|100000
MATERIAL     860416|200000
MATERIAL     860417|300000
MATERIAL     860428|400000
MATERIAL     860429|500000
VERWALTUNG   860410|400000
VERWALTUNG   860412|500000
VERWALTUNG   860413|600000
VERWALTUNG   860414|700000
VERWALTUNG   860415|100000
VERWALTUNG   860416|200000
VERWALTUNG   860417|300000
VERWALTUNG   860426|400000
VERWALTUNG   860429|500000
```

Druckliste "KOSTENST.AUS":

```
            KOSTENSTELLEN-STATISTIK            SEITE   1


KOSTENSTELLE    DATUM            BETRAG            SUMME
=======================================================
DREHEREI        3.04.86          1.000,00
                5.04.86          2.000,00
                6.04.86          3.000,00
                9.04.86          4.000,00
                12.04.86         5.000,00
                14.04.86         6.000,00
                16.04.86         7.000,00
                24.04.86         8.000,00
                28.04.86         9.000,00
SUMME KST.      DREHEREI                       45.000,00*


FRÄSEREI        2.04.86          2.000,00
                4.04.86          4.000,00
                6.04.86          6.000,00
                7.04.86          8.000,00
                19.04.86         2.000,00
                22.04.86         1.000,00
                24.04.86         1.000,00
                26.04.86         5.000,00
                29.04.86         7.000,00
SUMME KST.      FRÄSEREI                       36.000,00*

FUHRPARK        12.04.86         1.000,00
```

```
         KOSTENSTELLEN-STATISTIK              SEITE  2


KOSTENSTELLE     DATUM                BETRAG          SUMME
==========================================================
                 13.04.86            2.000,00
                 18.04.86            4.000,00
                 19.04.86            5.000,00
                 22.04.86            7.000,00
                 27.04.86            8.000,00
                 30.04.86            9.000,00
SUMME KST.       FUHRPARK                         36.000,00*


GEBÄUDE           3.04.86            6.000,00
                  4.04.86            5.000,00
                  8.04.86            4.000,00
                 10.04.86            3.000,00
                 19.04.86            2.000,00
                 24.04.86            1.000,00
                 27.04.86            1.000,00
                 29.04.86            2.000,00
SUMME KST.       GEBÄUDE                          24.000,00*


MATERIAL          4.04.86            3.000,00
                  5.04.86            5.000,00
                  7.04.86            7.000,00
                  9.04.86            9.000,00
                 15.04.86            1.000,00
```

```
                KOSTENSTELLEN-STATISTIK               SEITE  3


KOSTENSTELLE      DATUM              BETRAG            SUMME
============================================================
                  16.04.86          2.000,00
                  17.04.86          3.000,00
                  28.04.86          4.000,00
                  29.04.86          5.000,00
SUMME KST.        MATERIAL                           39.000,00*

VERWALTUNG        10.04.86          4.000,00
                  12.04.86          5.000,00
                  13.04.86          6.000,00
                  14.04.86          7.000,00
                  15.04.86          1.000,00
                  16.04.86          2.000,00
                  17.04.86          3.000,00
                  26.04.86          4.000,00
                  29.04.86          5.000,00
SUMME KST.        VERWALTUNG                         37.000,00*


GESAMTKOSTEN                                        217.000,00**
```

10. INTERNE UNTER-PROGRAMME

Wenn eine Anweisungsfolge mehrfach im Programm benötigt wird, muß man rechtzeitig in der Programmierung überlegen, wie man eine solche Anweisungsfolge so aufbaut, daß man sie nur einmal zu codieren braucht. Eine unumgängliche Methode dafür ist die Realisierung der Anweisungsfolge als eine Prozedur (Unterprogramm).

Wenn solche Prozeduren nur intern benötigt werden (d.h. also nur in dem Programm, mit dem man gerade beschäftigt ist und nicht in weiteren Anwendungen), so ist es ausreichend, wenn die Prozedur als internes Unterprogramm aufgebaut wird.

10.1 PERFORM-Anweisung

Wirkung

Die PERFORM-Anweisung führt eine Prozedur aus.

```
┌─ Format 1 ──────────────────────────────── OUT-OF-LINE ─┐
│                                                          │
│  PERFORM   Prozedurname-1    ┌┌ THRU    ┐Prozedurname-2┐ │
│                              ││ THROUGH │              │ │
│                              └└         ┘              ┘ │
├─ Format 1 ───────────────────────────────────── IN-LINE ┤
│                                                          │
│  PERFORM {Unbedingte Anweisung}...                       │
│  END-PERFORM                                             │
└──────────────────────────────────────────────────────────┘

┌─ Format 2 ──────────────────────────────── OUT-OF-LINE ─┐
│                                                          │
│  PERFORM   Prozedurname-1   ┌┌ THRU    ┐Prozedurname-2┐  │
│                             ││ THROUGH │              │  │
│                             ││         ┘              │  │
│                             ││┌Bezeichner┐            │  │
│                             └│         ├   TIMES       │ │
│                              └Ganzzahl  ┘               │
├─ Format 2 ───────────────────────────────────── IN-LINE ┤
│  PERFORM                                                 │
│         ┌Bezeichner┐                                     │
│         │          ├   TIMES                             │
│         └Ganzzahl  ┘                                     │
│                                                          │
│         {Unbedingte Anweisung}...                        │
│  END-PERFORM                                             │
└──────────────────────────────────────────────────────────┘
```

266

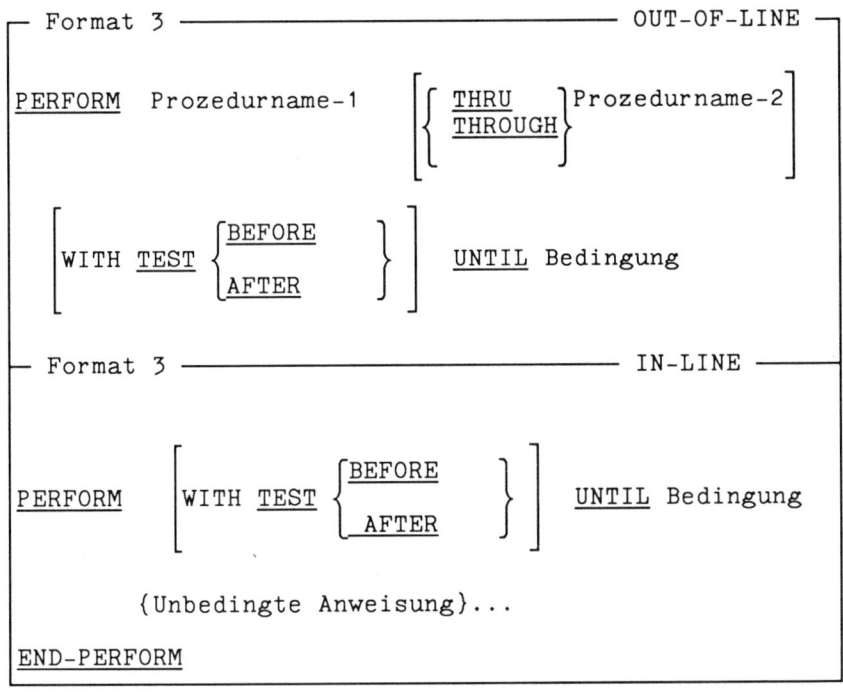

```
┌ Format 3 ─────────────────────────── OUT-OF-LINE ┐

  PERFORM   Prozedurname-1     ⎡ ⎧ THRU    ⎫ Prozedurname-2 ⎤
                               ⎣ ⎩ THROUGH ⎭                ⎦

     ⎡                 ⎡ BEFORE ⎤ ⎤
     ⎢ WITH TEST ⎧      ⎫        ⎥   UNTIL Bedingung
     ⎣           ⎩ AFTER ⎭        ⎦
┌ Format 3 ─────────────────────────── IN-LINE ──────

  PERFORM   ⎡ WITH TEST ⎧ BEFORE ⎫ ⎤   UNTIL Bedingung
            ⎣           ⎩ AFTER  ⎭ ⎦

              {Unbedingte Anweisung}...
  END-PERFORM
```

267

```
┌─────────────────────────────────────────────────────────────────┐
│  ┌ Format 4 ──────────────────────────── OUT-OF-LINE ─┐          │
│                                                                   │
│  PERFORM   Prozedurname-1        ┌ ┌ THRU     ┐ Prozedurname-2 ┐  │
│                                  │ { THROUGH  }                 │  │
│                                  └ └          ┘                 ┘  │
│                                                                   │
│     ┌                  ┌ BEFORE ┐  ┐                             │
│     │ WITH TEST        {        }  │                             │
│     └                  └ AFTER  ┘  ┘                             │
│                                                                   │
│  VARYING ┌ Bezeichner-1 ┐ FROM ┌ Bezeichner-2 ┐ BY ┌ Bezeichner-3 ┐│
│          { Indexname-1  }      { Index-name-2 }    { Literal-3    }│
│          └              ┘      └ Literal-2    ┘    └              ┘│
│                                                                   │
│          UNTIL Bedingung-1                                        │
│   ┌ AFTER ┌ Bezeichner-4 ┐ FROM ┌ Bezeichner-5 ┐ BY ┌ Bezeichner-6 ┐│
│   │       { Indexname-4  }      { Index-name-5 }    { Literal-6    }│
│   │       └              ┘      └ Literal-5    ┘    └              ┘│
│                                                                   │
│          UNTIL Bedingung-2 ┘ ...                                  │
│  ┌ Format 4 ──────────────────────────── IN-LINE ─┐              │
│                                                                   │
│                 ┌              ┌ BEFORE ┐   ┐                    │
│  PERFORM        │ WITH TEST    {        }   │   UNTIL Bedingung  │
│                 └              └ AFTER  ┘   ┘                    │
│                                                                   │
│  VARYING ┌ Bezeichner-1 ┐ FROM ┌ Bezeichner-2 ┐ BY ┌ Bezeichner-3 ┐│
│          { Indexname-1  }      { Index-name-2 }    { Literal-3    }│
│          └              ┘      └ Literal-2    ┘    └              ┘│
│                 UNTIL Bedingung-1                                 │
│                                                                   │
│          {Unbedingte Anweisung}...                                │
│  END-PERFORM                                                      │
└─────────────────────────────────────────────────────────────────┘
```

Allgemeines zu PERFORM

Eine Prozedur, die mit der PERFORM-Anweisung ausgeführt werden soll, kann grundsätzlich überall in der PROCEDURE DIVISION auftreten. Die ausführende PERFORM-Anweisung selbst kann ebenfalls überall in der PROCEDURE DIVISION codiert werden. Es ist lediglich eine Frage der Übersichtlichkeit des Programms, wo und in welcher Reihenfolge die Prozeduren angeordnet werden sollen.

OUT-OF-LINE-PERFORM

In ANSI'85 unterscheidet man zwischen OUT-OF-LINE-PERFORM und IN-LINE-PERFORM.

In einer OUT-OF-LINE-PERFORM wird der Name des auszuführenden Unterprogramms angegeben. Dieses Unterprogramm kann dann an verschiedenen Stellen des Programms aufgerufen werden. Hier darf der Zusatz END-PERFORM nicht verwendet werden.

Beispiel 1

Eine Überschrift-Routine wird in einem Programm mehrfach benötigt und soll deshalb als Prozedur gestaltet werden, die man mit der PERFORM-Anweisung ausführen kann.

```
        .
        .
    PERFORM UEBERSCHRIFT-ROUTINE.
        .                        ◄────Rücksprung──────
        .
  UEBERSCHRIFT-ROUTINE.

      WRITE AUSGABE-SATZ FROM UEBER-ZEILE-1 AFTER PAGE.
      WRITE AUSGABE-SATZ FROM UEBER-ZEILE-2 AFTER 5.
      WRITE AUSGABE-SATZ FROM UEBER-ZEILE-3 AFTER 2.
      WRITE AUSGABE-SATZ FROM UEBER-ZEILE-4 AFTER 1.
      MOVE ZERO TO ZEILENZAEHLER.
      ADD 1 TO SEITENZAEHLER.

  ENDE-UEBERSCHRIFT-ROUTINE.
```

Das Bild zeigt eindeutig, daß die PERFORM-Anweisung die Verzweigung zu dem Paragraphen "UEBERSCHRIFT-ROUTINE" bewirkt. Die hier vorhandenen Anweisungen werden in ihrer Reihenfolge ausgeführt, bis ein neuer Prozedurname auftritt (hier "ENDE-UEBERSCHRIFT-ROUTINE"). Es erfolgt nun ein Rücksprung zu der Anweisung, die nach PERFORM codiert ist.

Es ist unbedingt darauf zu achten, daß solche Routinen auch sequentiell ausgeführt werden können, wenn sie die Steuerung des Programms erhalten, d.h. also ohne von einer PERFORM-Anweisung aufgerufen zu werden.

Beispiel 2

In allen Formaten der PERFORM-Anweisung gibt es den Zusatz "THRU Prozedurname-2", von dem wir auch Gebrauch machen können. Dieser Zusatz wird dann benutzt, wenn man eine Reihe von Prozeduren, die hintereinander liegen, ausführen möchte.

Wenn dieser Zusatz benutzt wird, besagt die PERFORM-Anweisung wörtlich "führe alle Anweisungen aus, die ab Prozedurname-1 vorhanden sind, bis einschließlich aller Anweisungen, die in Prozedurname-2 noch vorhanden sind". Demzufolge muß darauf geachtet werden, daß der genannte Prozedurname-2 erst nach Prozedurname-1 vorkommen darf.

```
        .
  ┌── PERFORM RECHNEN THRU DRUCKEN.
  │     .                          ◄──────Rücksprung──────┐
  │     .                                                 │
  └─► RECHNEN.                                            │
        COMPUTE RABATT-BETRAG = PREIS * RABATT / 100.     │
        COMPUTE NETTO-BETRAG  = PREIS - RABATT-BETRAG.    │
        COMPUTE MWST          = NETTO-BETRAG * 14 / 100.  │
        COMPUTE GES-BETRAG    = NETTO-BETRAG + MWST.      │
      ENDE-RECHNEN.                                       │
                                                          │
      DRUCKEN.                                            │
        MOVE   ......                                     │
        MOVE   ......                                     │
        WRITE DRUCK-SATZ   FROM POSITIONSZEILE AFTER 1.   │
        ADD 1 TO ZEILENZAEHLER.                           │
      ENDE-DRUCKEN. ──────────────────────────────────────┘
```

Hier können wir genau nachvollziehen, wie der Rücksprung in einer solchen Situation erfolgt. Erst nachdem alle Anweisungen des Paragraphen "DRUCKEN" ausgeführt wurden, erfolgt ein Rücksprung zu der Anweisung, die nach der PERFORM-Anweisung codiert ist.

Beispiel 3

Wir haben bis jetzt zwei Beispiele zur PERFORM-Anweisung gesehen, in denen man sich bei den Prozedurnamen lediglich der Paragraphennamen bedient hat.

Wir erinnern uns jedoch, daß wir bei der Codierung der PROCEDURE DIVISION die freie Wahl haben, wie diese strukturiert werden soll. Es ist in jedem Fall zu empfehlen, die PROCEDURE DIVISION, bestehend aus einfachen Unterprogrammen, aufzubauen. Jedes Unterprogramm sollte hier als ein Kapitel (SECTION) angegeben werden. Dies wird realisiert, indem man das Wort "SECTION" nach dem Paragraphennamen angibt.

Als SECTION betrachtet man nun eine Einheit, die aus mehreren Paragraphen besteht und deren Ende dann erreicht wird, wenn eine neue SECTION auftritt.

Nun zu PERFORM zurück: Wenn wir also den Namen einer SECTION in der PERFORM-Anweisung angeben, wird die Ausführung dieser SECTION erst beendet, nachdem eine neue SECTION aufgetreten ist.

```
       .
       .
       .
  ┌── PERFORM ERFASSEN.
  │    .                              ◄──────Rücksprung──────────┐
  │    .                                                         │
  │  ┌──────────────────────────────────────────────────────┐   │
  └─►│ ERFASSEN SECTION.                                      │   │
     │ ERF-EINGABE.                                           │   │
     │   DISPLAY SPACE UPON CRT.                              │   │
     │   DISPLAY AUSGABE-FELDER AT 0101.                      │   │
     │   ACCEPT EINGABE-FELDER AT 0101.                       │   │
     │ ERF-PRUEFEN.                                           │   │
     │   PERFORM PRUEFEN.                                      │   │
     │   IF PRUEF-SCHALTER = 1 PERFORM FEHLER-1.              │   │
     │ ERF-UEBERTRAGEN.                                        │   │
     │   IF PRUEF-SCHALTER NOT = 1 PERFORM UEBERTRAGEN.       │   │
     │ ERF-SICHERN.                                           │   │
     │   IF PRUEF-SCHALTER NOT = 1                            │   │
     │     WRITE EINGABE-SATZ INVALID KEY PERFORM FEHLER-2.   │   │
     │ ENDE-ERFASSEN.                              ─────────  │───┘
     │
     │ LESEN SECTION.
     │ LES-1000.
     │   DISPLAY SPACE UPON CRT.
     │    .
     │    .
     │    .
     └──────────────────────────────────────────────────────┘
```

Wie aus dem Bild zu sehen ist, haben wir die erfassungsspezifischen Verarbeitungen in einer einzigen SECTION zusammengefaßt. Der Rücksprung erfolgt einzig durch das Auftreten der neuen SECTION "LESEN".

IN-LINE-PERFORM

Eine IN-LINE-PERFORM beinhaltet die auszuführende Anweisungsfolge direkt nach PERFORM und muß mit END-PERFORM beendet werden. Diese Art von PERFORM-Anweisungen ist insbesondere in den Formaten 2, 3 und 4 sinnvoll. Hier kann dann eine Anweisungsfolge mehrfach und abhängig von einer Bedingung ausgeführt werden.

zu Format 2

Abgesehen von den bisher beschriebenen allgemeinen Regeln, die für alle PERFORM-Anweisungen gelten, wollen wir einige weitere Erkenntnisse für die Erleichterung der Programmierung gewinnen.

In Format 2 kann ein Unterprogramm beliebig oft ausgeführt werden. Vor der Ausführung der PERFORM-Anweisung muß die Anzahl der Durchläufe feststehen.

Beispiel 4

Nachdem die Eingabedatei eröffnet wurde, sollen die ersten 10 Sätze gelesen und angezeigt werden.

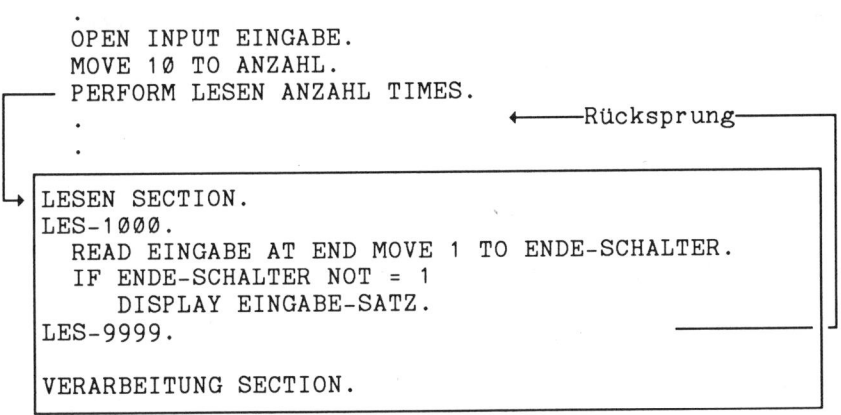

```
    .
    .
    OPEN INPUT EINGABE.
    MOVE 1Ø TO ANZAHL.
    PERFORM LESEN ANZAHL TIMES.
    .                               ←————Rücksprung————
    .

LESEN SECTION.
LES-1ØØØ.
    READ EINGABE AT END MOVE 1 TO ENDE-SCHALTER.
    IF ENDE-SCHALTER NOT = 1
        DISPLAY EINGABE-SATZ.
LES-9999.

VERARBEITUNG SECTION.
```

Dieses Unterprogramm "LESEN" wird genau 10mal ausgeführt. Selbst wenn man den Wert des Feldes "ANZAHL" innerhalb des Unterprogramms verändern würde, hätte dies keinen Einfluß mehr auf die Anzahl der Durchläufe. Wir hätten ebenso anstatt der Variablen "ANZAHL" das Literal 10 angeben können.

zu Format 3

Hierbei handelt es sich um eine bedingte PERFORM-Anweisung, deren Ausführung von der angegebenen Bedingung abhängig ist.

WITH TEST BEFORE/AFTER

Mit diesem Zusatz kann bestimmt werden, ob die Bedingung vor (BEFORE) oder nach (AFTER) der Ausführung des Unterprogramms getestet werden soll. Fehlt dieser Zusatz, so wird WITH TEST BEFORE angenommen.

Wurde WITH TEST BEFORE angegeben oder impliziert, so wird die Bedingung vor der Ausführung des Unterprogramms getestet. Ist die Bedingung bereits am Anfang erfüllt, so wird das Unterprogramm kein einziges Mal ausgeführt. Ist die Bedingung nicht erfüllt, so wird das Unterprogramm einmal ausgeführt und anschließend die Bedingung erneut geprüft. Dieser Vorgang wiederholt sich so lange, bis die Bedingung erfüllt wird, erst dann erfolgt der Rücksprung zu der Anweisung, die nach PERFORM steht. Die PERFORM-Anweisung entspricht damit der Logik einer DO WHILE-Schleife.

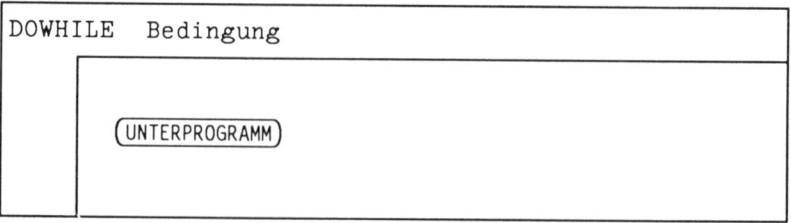

Wir folgern hieraus, daß das Unterprogramm niemals ausgeführt werden kann, wenn die Bedingung bereits am Anfang erfüllt ist, bzw. daß wir eine endlose Schleife erhalten, wenn die Bedingung nie erfüllt wird.

Beispiel 5

In einem Programm sollen die Sätze einer Datei gelesen und verarbeitet werden.

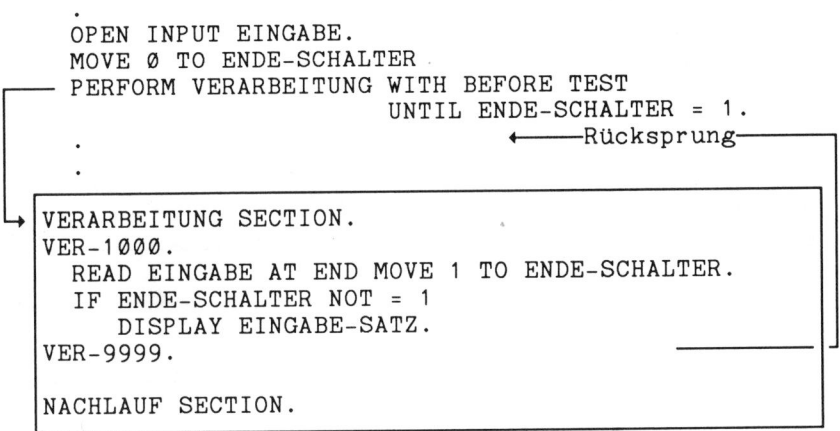

```
     .
     .
OPEN INPUT EINGABE.
MOVE 0 TO ENDE-SCHALTER.
PERFORM VERARBEITUNG WITH BEFORE TEST
              UNTIL ENDE-SCHALTER = 1.
                        ←——Rücksprung——
     .
     .
VERARBEITUNG SECTION.
VER-1000.
    READ EINGABE AT END MOVE 1 TO ENDE-SCHALTER.
    IF ENDE-SCHALTER NOT = 1
       DISPLAY EINGABE-SATZ.
VER-9999.

NACHLAUF SECTION.
```

Das Unterprogramm "VERARBEITUNG" wird so lange ausgeführt, bis das Dateiende erreicht ist.

Strukturiertes Programmieren mit PERFORM UNTIL

Die PERFORM UNTIL-Anweisung ist die wichtigste Anweisung für die Unterstützung der strukturierten Programmierung in COBOL. Auch hier kann der Struktogramm-Block "DO WHILE-Schleife" realisiert werden.

Diese Schleife lautet: *"Führe etwas aus, solange die gegebene Bedingung andauert"*.

Vergleichen wir unser 5. Beispiel mit dieser Schleife, so ergibt sich eine Logik, welche mit dem nachfolgenden Struktogramm zu realisieren ist:

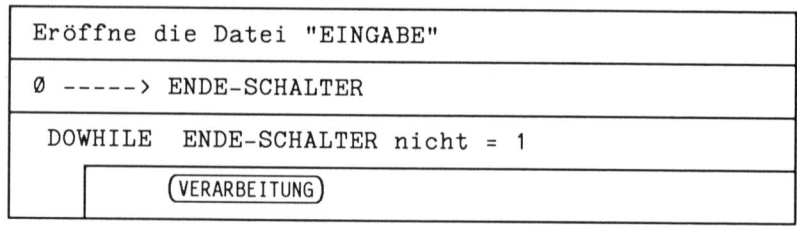

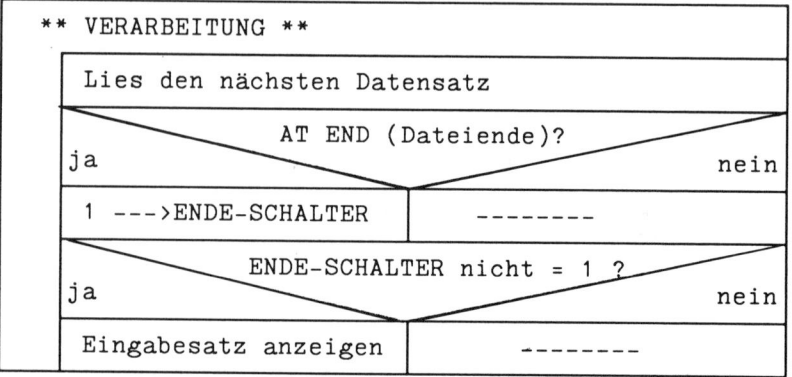

Solange die Bedingung (ENDE-SCHALTER nicht = 1) andauert, wird das Unterprogramm "VERARBEITUNG" ausgeführt. Diese Bedingung ist dann nicht mehr gegeben, wenn das Dateiende erreicht ist.

Benutzt man die Angabe WITH TEST AFTER, so will man die Bedingung nach der ersten Ausführung des Unterprogramms testen. Die PERFORM-Anweisung entspricht dann der Logik einer DO UNTIL-Schleife.

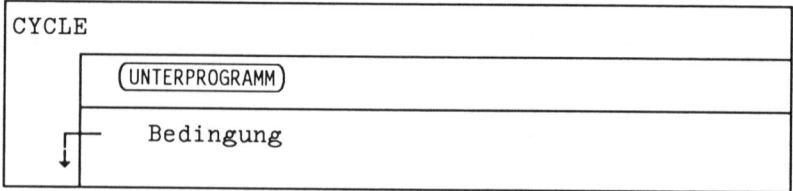

Beispiel 6

In diesem Beispiel soll das Unterprogramm LESEN mindestens einmal und so lange ausgeführt werden, bis die angegebene Bedingung erfüllt ist.

```
PERFORM LESEN WITH AFTER TEST
        UNTIL ART-GR = 5 OR ENDE-SCHALTER = 1.
.
.
.
LESEN.

READ EINGABE-DATEI AT END MOVE 1 TO ENDE-SCHALTER.
```

Die Codierung kann auch wie folgt lauten:

```
PERFORM WITH AFTER TEST
        UNTIL ART-GR = 5 OR ENDE-SCHALTER = 1

        READ EINGABE-DATEI
             AT END MOVE 1 TO ENDE-SCHALTER
        END-READ
END-PERFORM
```

zu Format 4

Das 4. Format der PERFORM-Anweisung ist vom Ablauf her ähnlich wie das 3. Format. Sie wird auch als bedingte PERFORM bezeichnet, denn die Ausführung des genannten Unterprogramms hängt ebenfalls davon ab, ob die angegebene Bedingung erfüllt (wahr) oder nicht erfüllt (falsch) ist.

Der Unterschied liegt hier jedoch darin, daß Format 4 für die Bildung von Programmschleifen mit Laufvariablen benutzt wird. Als Laufvariable versteht man hier ein numerisches Feld, welches bei der erstmaligen Ausführung des Unterprogramms einen Anfangswert erhält und bei jeder weiteren Ausführung um eine Schrittweite verändert wird, bis ein bestimmter Endwert erreicht ist.

PERFORM VARYING-Analyse

Wir wollen nun die verschiedenen Angaben im Format der PERFORM-Anweisung in Anbetracht der hier beschriebenen Logik untersuchen. Die folgenden PERFORM-Angaben definieren die nebenstehenden Werte bzw. Felder:

```
PERFORM-Angabe        Werte/Felder


VARYING               Laufvariablenfeld
FROM                  Anfangswert
BY                    Schrittweite
UNTIL                 Endwert
```

Beispiel 7

Nehmen wir an, wir wollen in einem Programm die Werte 1-25 erzeugen und am Bildschirm anzeigen, etwa um die Bildschirmzeilen zu numerieren. In diesem Fall haben wir:

```
ZEILEN-NR  als   Laufvariablenfeld
1           "    Anfangswert
1           "    Schrittweite
25          "    Endwert.
```

Struktogramm

```
P  V │1 ---> ZEILEN-NR
E  A ├─────────────────────────────────────────────
R  R │DOWHILE  ZEILEN-NR <= 25
F  Y ├──┬──────────────────────────────────────────
O  I │  │ (ANZEIGEN)
R  N │  ├──────────────────────────────────────────
M  G │  │ ZEILEN-NR = ZEILEN-NR + 1

        ┌──────────────────────────────────────────
        │ ** ANZEIGEN **
        ├──┬───────────────────────────────────────
        │  │ ZEILEN-NR am Bildschirm anzeigen
```

Codierung

```
WORKING-STORAGE SECTION.
Ø1    CURSOR-POSITION.
      Ø5 ZEILEN-NR        PIC 99.
      Ø5 SPALTEN-NR       PIC 99 VALUE Ø1.
      .
      .
      PERFORM ANZEIGEN VARYING ZEILEN-NR
              FROM 1 BY 1 UNTIL ZEILEN-NR > 25.
      .                            <————Rücksprung—————
      .
  ANZEIGEN.
      DISPLAY ZEILEN-NR AT CURSOR-POSITION UPON CRT.
  ANZEIGEN-ENDE.
```

Dieses Unterprogramm "ANZEIGEN" wird genau 25mal ausgeführt, die
Variable "ZEILEN-NR" erhält dabei die Werte 1, 2, 3, ...- 25. Sobald die
Laufvariable den Wert 26 erhält, ist die Bedingung erfüllt (wahr), das Unter-
programm wird dann nicht mehr ausgeführt.

Die Codierung kann auch wie folgt lauten:

```
PERFORM VARYING ZEILEN-NR
      FROM 1 BY 1 UNTIL ZEILEN-NR > 25

      DISPLAY ZEILEN-NR AT CURSOR-POSITION UPON CRT

END-PERFORM.
```

Der AFTER-Zusatz

Oftmals ist es in der Programmierung erforderlich, sog. geschachtelte Programmschleifen zu bilden. Hierunter versteht man eine Schleife wie im 7. Beispiel gezeigt, wobei in jedem Durchlauf dieser Schleife wiederum eine innere Schleife programmiert ist.

Mit Hilfe des AFTER-Zusatzes können nun solche inneren Schleifen realisiert werden. Bis zu 6 geschachtelte Schleifen (insgesamt 7 Schleifen) können nach ANSI'85-Konventionen angegeben werden. Der erste auftretende AFTER-Zusatz definiert die erste geschachtelte Schleife usw.

Zu beachten ist dabei, daß für jede Schleife eine Laufvariable, ein Anfangswert, eine Schrittweite und ein Endwert angegeben werden muß.

Wird die IN-LINE-PERFORM-Anweisung Format 4 benutzt, so darf der AFTER-Zusatz nicht verwendet werden.

Beispiel 8

Wir beziehen uns auf Beispiel 7 und wollen nun das Beispiel so erweitern, daß zusätzlich in jeder Zeile der Inhalt des Feldes "AUSGABE-FELD" an den Spalten 10, 20, 30, 40, 50, 60 und 70 angezeigt werden soll. Es handelt sich hierbei um verschiedene Inhalte, die sich aus bestimmten Berechnungen ergeben und hier nicht weiter diskutiert werden sollen. In diesem Fall muß eine zweifache Schleife programmiert werden:

für die 1. Schleife			für die 2. Schleife		
ZEILEN-NR	als	Laufvariable	SPALTEN-NR	als	Laufvariable
1	"	Anfangswert	1	"	Anfangswert
1	"	Schrittweite	1Ø	"	Schrittweite
25	"	Endwert.	7Ø	"	Endwert.

Als Anfangswert für SPALTEN-NR wurde hier 1 gewählt, da wir an dieser Stelle die Zeilennummer anzeigen wollen.

Struktogramm

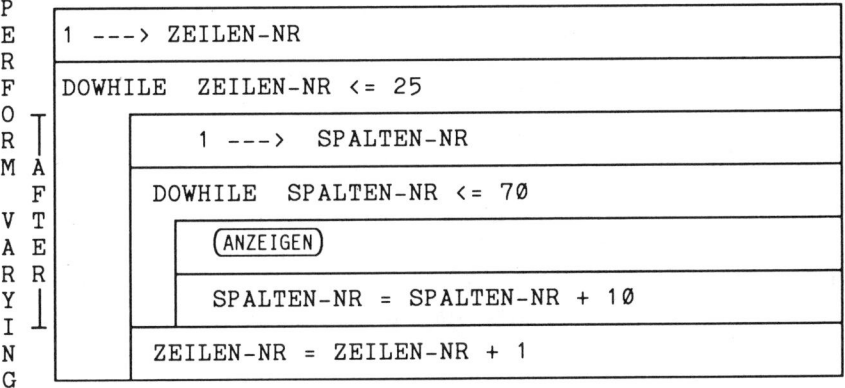

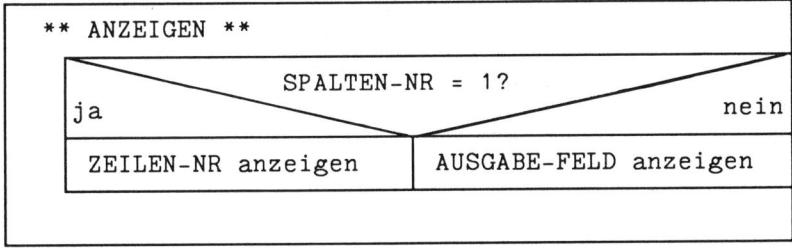

Codierung

```
WORKING-STORAGE SECTION.
01    CURSOR-POSITION.
      05 ZEILEN-NR        PIC 99.
      05 SPALTEN-NR       PIC 99.
01    AUSGABE-FELD        PIC Z.ZZZ,ZZ.
      .
```

```
     ┌─ PERFORM ANZEIGEN VARYING
     │        ZEILEN-NR   FROM 1 BY 1   UNTIL ZEILEN-NR  > 25
     │    AFTER SPALTEN-NR FROM 1 BY 10 UNTIL SPALTEN-NR > 70.
     │    .                             ◄──────Rücksprung────────┐
     └─► ANZEIGEN.                                               │
          .                                                      │
          .                                                      │
          IF SPALTEN-NR = 1                                      │
              DISPLAY ZEILEN-NR AT CURSOR-POSITION UPON CRT.     │
          ELSE                                                   │
              DISPLAY AUSGABE-FELD AT CURSOR-POSITION UPON CRT.  │
          ANZEIGEN-ENDE.                           ──────────────┘
```

Das Unterprogramm "ANZEIGEN" wird hier 200mal ausgeführt (25 X 8),
die Variable "ZEILEN-NR" erhält dabei die Werte 1, 2, 3, ... 25. Während die
Variable "ZEILEN-NR" 8mal konstant bleibt, verändert sich die Variable
"SPALTEN-NR" und erhält dabei die Werte 1, 10, 20, 30, 40, 50, 60 und 70.

	1	10	20	30		70
01	1.234,00	2.987,00	6.345,98			3.653,33
02	5.567,00	8.667,00	5.888,97			4.556,45
03	4.674,00	6.996,00	4.374,59			3.687,53
04	2.267,00	5.677,00	1.343,49			5.877,56
.						
24	6.254,00	5.967,00	3.334,93			4.232,34
25	8.294,00	2.956,00	8.344,49			4.687,66

Abb. 10.1 Beispiel für Ausgabedaten am Bildschirm

Beispiel 9

In einem Programm für die Erzeugung einer Umsatz-Statistik der Filialen eines Unternehmens werden 3 Laufvariablen bei der Ausführung des entsprechenden Unterprogramms benötigt. Im Unterprogramm wird eine 3fache Schleife benötigt, deren Aufbau anschließend beschrieben wird:

1. Schleife

```
Laufvariable:   JAHR
Anfangswert :   wird vom Bildschirm eingegeben
Schrittweite:   1
Endwert     :   wird vom Bildschirm eingegeben
```

2. Schleife

```
Laufvariable:   MONAT
Anfangswert :   1
Schrittweite:   1
Endwert     :   12
```

3. Schleife

```
Laufvariable:   FILIAL-NR
Anfangswert :   1
Schrittweite:   1
Endwert     :   6
```

Struktogramm

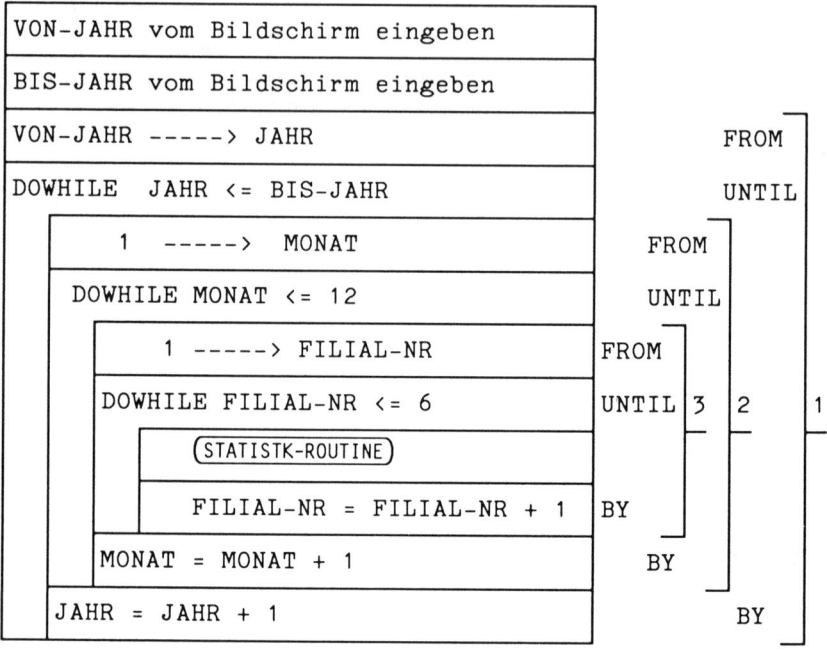

Programm-Ausschnitte

```
WORKING-STORAGE SECTION.
01   JAHR              PIC 9(4).
01   MONAT             PIC 99.
01   FILIAL-NR         PIC 99.
01   VON-JAHR          PIC 9(4).
01   BIS-JAHR          PIC 9(4).


PROCEDURE DIVISION.
     .
     .
     ACCEPT VON-JAHR AT 1005.
     ACCEPT BIS-JAHR AT 1015.
     PERFORM STATISTIK-ROUTINE VARYING
          JAHR FROM VON-JAHR BY 1 UNTIL JAHR > BIS-JAHR
     AFTER MONAT FROM 1        BY 1 UNTIL SMONAT > 12
     AFTER FILIAL-NR  FROM 1   BY 1 UNTIL FILIAL-NR > 6.
     .                         ◄———Rücksprung———┐
STATISTIK-ROUTINE.
     .
     .
     .
STATISTIK-ENDE.              ————————┘
```

Geschachtelte PERFORM-Anweisungen

Unter einer geschachtelten PERFORM-Anweisung versteht man eine PERFORM-Anweisung, die in einem Unterprogramm vorhanden ist, welches selbst mit einer PERFORM-Anweisung ausgeführt werden soll.

Grundsätzlich können alle PERFORM-Anweisungen geschachtelt werden. Es erhebt sich lediglich die Frage, ob die Schachtelung der PERFORM-Anweisungen notwendig ist und ob sie den Überblick im Programm stark beeinflußt. Dies muß jedenfalls rechtzeitig in der Programmierung gut überlegt und durchdacht sein.

Beispiel 10

In einem Programm soll eine Eingabe-Datei gelesen und verarbeitet werden.
Nach dem Lesen eines jeden Datensatzes soll eine bestimmte Prüfroutine für
die Eingabefelder durchgeführt werden. Zur Vereinfachung des Unterprogramms "VERARBEITUNG" codieren wir die Lese- und die Prüfroutine in
einem gesonderten Unterprogramm, welches direkt in der Verarbeitung aufgerufen wird. Im übrigen sollen hier sonstige Aspekte nicht Bestandteil des
Beispieles sein.

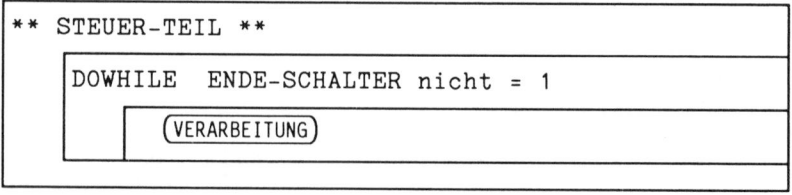

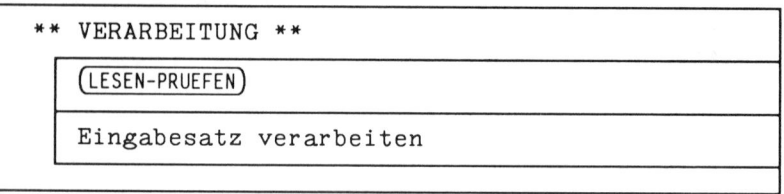

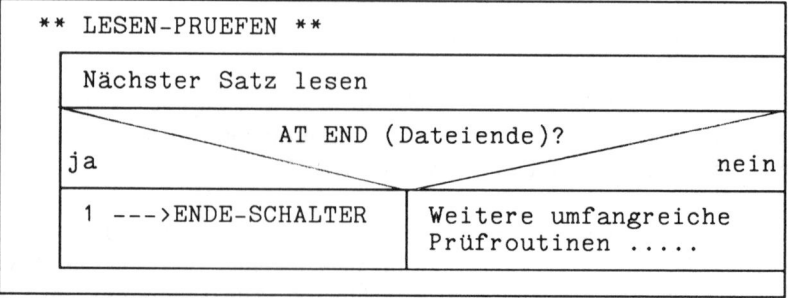

Programm-Ausschnitte

```
        .
        .
STEUER-TEIL.
        PERFORM VERARBEITUNG UNTIL ENDE-SCHALTER = 1.
        .                         ←——2. Rücksprung——
        .

  VERARBEITUNG SECTION.
  VER-1000.
  - PERFORM LESEN-PRUEFEN.
        .                        ←—1. Rücksprung—
  VER-9999.
  AUSGEBEN SECTION

        .
        .

  LESEN-PRUEFEN SECTION.
  LES-1000.
     READ EINGABE AT END MOVE 1 TO ENDE-SCHALTER.
     IF ENDE-SCHALTER NOT = 1 .....
  LES-9999.
  WEITERE SECTION.
```

10.2 EXIT-Anweisung

Wirkung

Mit Hilfe der EXIT-Anweisung kann das Ende eines Unterprogramms sichergestellt werden.

```
┌─ Format ──────────────────────────────────────────
│
│   Paragraphenname.
│
│      EXIT.
│
└──────────────────────────────────────────────────
```

Erläuterung

Die EXIT-Anweisung hatte ursprünglich den obengenannten Verwendungs-zweck. Dies ist jedenfalls die Regel nach ANSI COBOL Standard, denn im Standard COBOL können geschachtelte Unterprogramme, die mit der PERFORM-Anweisung ausgeführt werden sollen, nicht am gleichen End-punkt enden. So konnte man hier einen "quasi" zusätzlichen Paragraphen an-geben, um den Endpunkt beider Unterprogramme zu differenzieren. In die-sem sollte nun die EXIT-Anweisung plaziert werden.

Beispiel 11

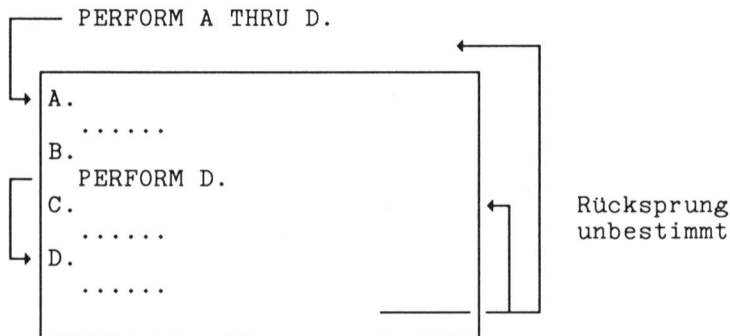

```
   ┌── PERFORM A THRU D.
   │
  └→ A.
        ......
     B.
        PERFORM D.
  ┌─ C.                              Rücksprung
  │     ......                       unbestimmt
  └→ D.
        ......
```

Diese Darstellung ist nach den Regeln des ANSI COBOL Standards falsch, da die geschachtelten PERFORM-Anweisungen den gleichen Endpunkt haben. In einem solchen Fall muß der Endpunkt einer PERFORM-Anweisung verändert werden. Wir fügen also einen Paragraphen "ENDE" ein, der die EXIT-Anweisung enthält.

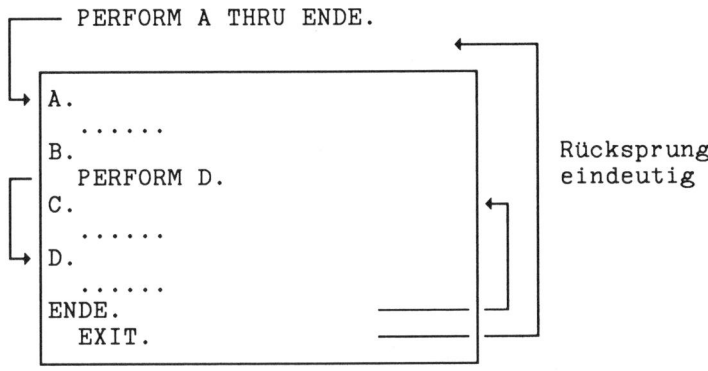

Hier konnte die falsche Darstellung mit Hilfe der EXIT-Anweisung verbessert werden. Am Umfang der auszuführenden Anweisung bezüglich ihrer Wirkung auf die Anwendung hat sich dennnoch nichts verändert.

In den hier beschriebenen Compilern sind alle Schachtelungen der PERFORM-Anweisungen zulässig; wohlgemerkt, sie funktionieren auch in der beabsichtigten Form.

Heutzutage verwendet man die EXIT-Anweisung lediglich aus Kompatibilitätsgründen mit anderen Compilern bzw. mit bereits vorhandener Software oder schlicht aus Gewohnheit, um ausdrücklich zu betonen, daß das Unterprogramm an dieser Stelle endet.

10.3 Übungen

1. Wie oft wird das Unterprogramm RECHNEN in den folgenden
    Fällen ausgeführt?

    a) ```
        PERFORM RECHNEN VARYING A FROM 1 BY 1
                        UNTIL A > 30.
        ```

    b)  ```
        PERFORM RECHNEN VARYING  A FROM 1 BY 1
                        UNTIL A = 30.
        ```

    c) ```
        PERFORM RECHNEN VARYING A FROM 1 BY 1
                        UNTIL A < 30.
        ```

    d)  ```
        PERFORM RECHNEN VARYING  A FROM 1 BY 1
                        UNTIL A NOT < 30.
        ```

    e) ```
        PERFORM RECHNEN VARYING A FROM 1 BY 10
                        UNTIL A > 30.
        ```

    f)  ```
        PERFORM RECHNEN VARYING  A FROM 10 BY 1
                        UNTIL A > 30.
        ```

    g) ```
        PERFORM RECHNEN VARYING A FROM 1 BY 1
                        UNTIL A > 5
                        AFTER   B FROM 1 BY 1
                        UNTIL B > 3.
        ```

2.  Welche Werte werden durch die folgende DISPLAY-Anweisung an-
    gezeigt?

    ```
    PERFORM RECHNEN VARYING X FROM 1 BY 5
                    UNTIL X > 303
                    AFTER   Y FROM 1 BY 3
                    UNTIL Y > 90.
    DISPLAY X, Y.
    ```
    ```

3. Das Unterprogramm EINGABE soll so lange ausgeführt werden, bis das Feld NAME einen beliebigen Wert ungleich Leerzeichen und das Feld UMSATZ einen beliebigen Wert ungleich Null enthält!

4. Codieren Sie mit Hilfe einer PERFORM-Anweisung die folgenden Struktogramme!

a)

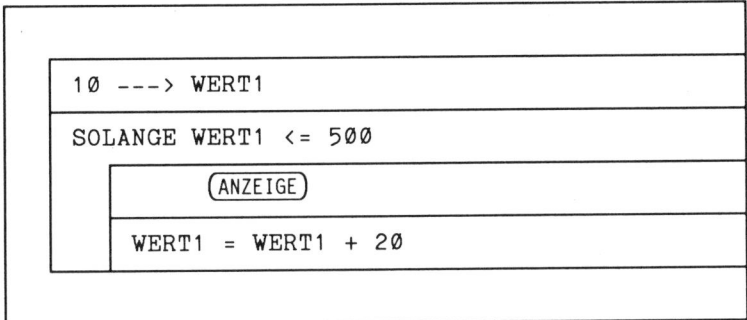

b)

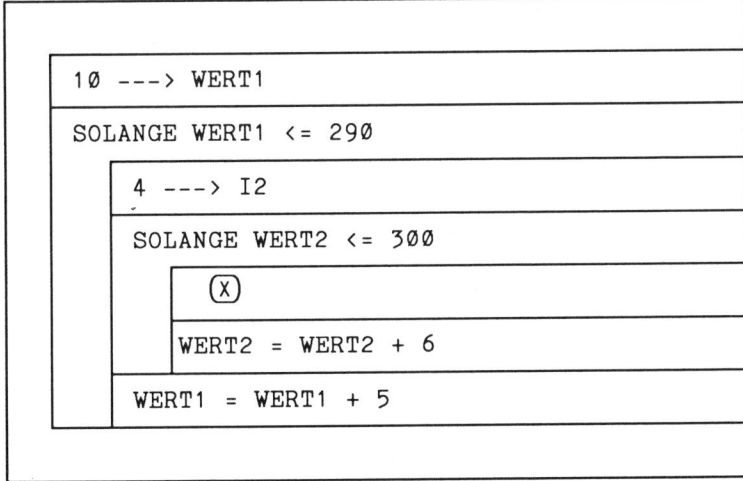

10.4 Lösungen

1.

    a)   30mal
    b)   29mal
    c)   nie
    d)   29mal
    e)   3mal
    f)   21mal
    g)   15mal

2.

$$x = 306$$

$$y = 1$$

3.

```
PERFORM EINGABE UNTIL NAME NOT = SPACE AND
                      UMSATZ NOT = ZERO.
```

4.

a)

```
PERFORM ANZEIGE VARYING  WERT1 FROM 10 BY 20
                UNTIL WERT1  > 500.
```

b)

```
PERFORM X VARYING  WERT1 FROM 10 BY 5
                UNTIL WERT1  > 290
          AFTER WERT2 FROM 4 BY 6
                UNTIL WERT1  > 300.
```

Programmbeispiel:
DEMO10-2-STUFIGER-GRUPPENWECHSEL

Aufgabenstellung

Entwickeln Sie nach der Logik des Programms "DEMO9" ein 2stufiges Gruppenwechselprogramm für die folgende Aufgabenstellung:

Die Umsatzdatei eines Unternehmens soll für die Erstellung einer Umsatzstatistik verwendet werden. Die Umsatzstatistik soll dabei die Summe aller getätigten Umsätze in einem Monat bzw. in einem Jahr zeigen.

Die Umsätze sind in der Datei "UMSATZ10.EIN" vorhanden. Die Datensätze dieser Datei sind aufsteigend nach Verkaufsdatum sortiert.

Aufbau der Umsatzdatei "UMSATZ.EIN":

Anz. Stellen	Feldverwendung
6	Verkaufsdatum (Format: jjmmtt)
4V2	Umsatz

Ausgabeformat: siehe Druckliste

Struktogramm

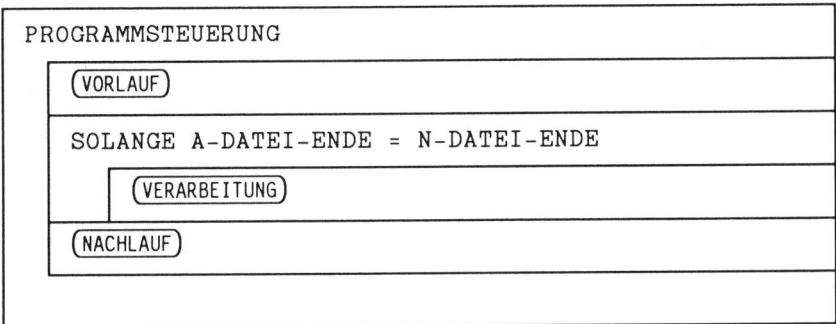

293

```
VORLAUF

    EINGABE-DATEI, AUSGABE-DATEI ERÖFFNEN

    TAGES-DATUM VOM SYSTEM HOLEN

    TAGES-DATUM ---> A-DATUM

   (LESEN)

       N-JAHR   ---> A-JAHR

       N-MONAT ---> A-MONAT
```

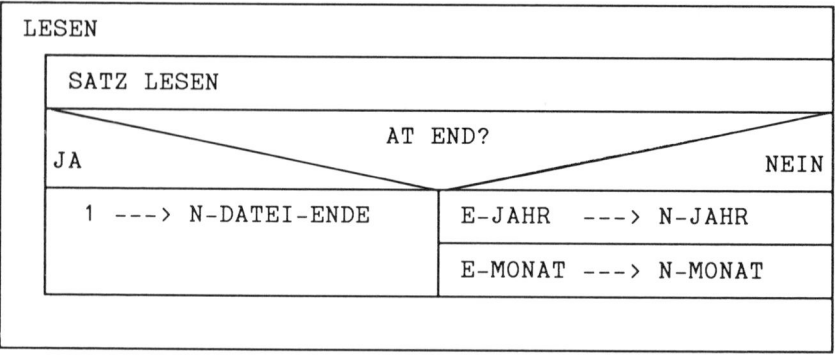

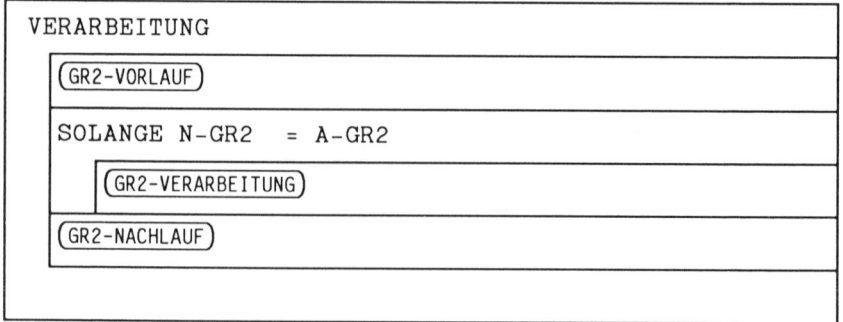

```
NACHLAUF

    GESAMTSUMME  ---> AUS-GESAMTUMSATZ

    SCHLUSS-ZEILE-3 DRUCKEN

    EINGABE-DATEI, AUSGABE-DATEI SCHLIESSEN

```

```
GR2-VORLAUF

    Ø      ---> JAHRESSUMME

    E-JAHR ---> AUS-JAHR

    N-JAHR ---> A-JAHR

```

```
GR2-VERARBEITUNG

    (GR1-VORLAUF)

    SOLANGE N-GR1  = A-GR1

        (GR1-VERARBEITUNG)

    (GR1-NACHLAUF)

```

```
GR2-NACHLAUF

    JAHRESSUMME  ---> AUS-JAHRESUMSATZ

    SCHLUSS-ZEILE-5 DRUCKEN

    SCHLUSS-ZEILE-2 DRUCKEN

    ZEILEN-Z = ZEILEN-Z + 2

    GESAMTSUMME = GESAMTSUMME + JAHRESSUMME

```

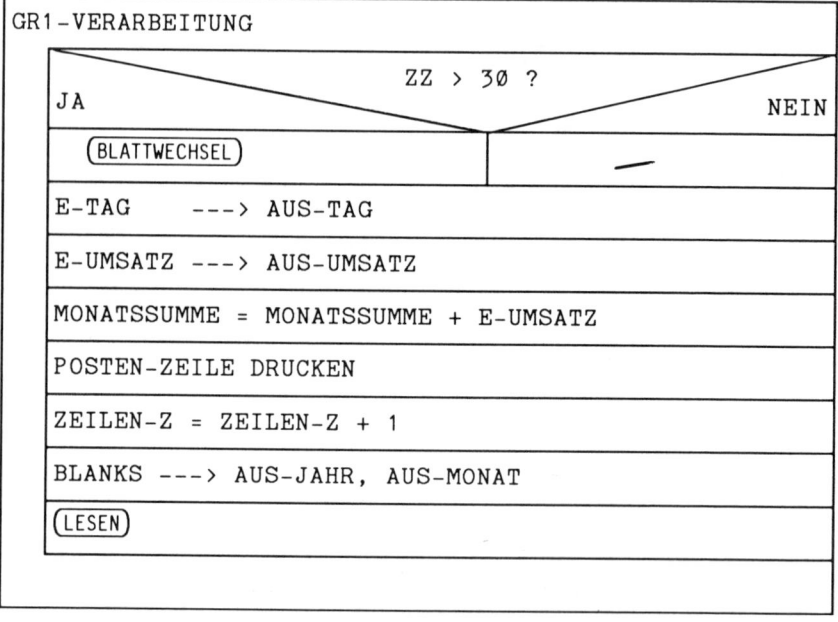

```
GR1-VORLAUF

  Ø           ---> MONATSSUMME

  E-MONAT ---> AUS-MONAT

  N-MONAT ---> A-MONAT


GR1-VERARBEITUNG

                        ZZ > 3Ø ?
  JA                                              NEIN

    (BLATTWECHSEL)                      ─

  E-TAG       ---> AUS-TAG

  E-UMSATZ ---> AUS-UMSATZ

  MONATSSUMME = MONATSSUMME + E-UMSATZ

  POSTEN-ZEILE DRUCKEN

  ZEILEN-Z = ZEILEN-Z + 1

  BLANKS ---> AUS-JAHR, AUS-MONAT

  (LESEN)
```

```
GR1-NACHLAUF

    MONATSSUMME   ---> AUS-MONATSUMSATZ.

    SCHLUSS-ZEILE-4 DRUCKEN

    SCHLUSS-ZEILE-1 DRUCKEN

    ZEILEN-Z = ZEILEN-Z + 2

    JAHRESSUMME = JAHRESSUMME + MONATSSUMME

    GESAMTSUMME = GESAMTSUMME + KSTSUMME
```

```
BLATTWECHSEL

    SEITEN-Z = SEITEN-Z + 1

    5 ---> ZEILEN-Z

    SEITEN-Z ---> A-SEITEN-NR

    UEBERSCHRIFT-1 DRUCKEN

    UEBERSCHRIFT-3 DRUCKEN

    UEBERSCHRIFT-2 DRUCKEN

    UEBERSCHRIFT-3 DRUCKEN
```

Programmlisting:

```
 1 IDENTIFICATION DIVISION.
 2 PROGRAM-ID.         DEMO10-2-STUFIGER-GRUPPENWECHS.
 3 AUTHOR.             R. HABIB.
 4 DATE-WRITTEN.       12-08-1987.
 5 DATE-COMPILED. 27-Aug-87 08:48.
 6*
 7* PROGRAMMFUNKTION:
 8*
 9* DAS PROGRAMM DEMONSTRIERT DIE STEUERUNG EINES
10* 2-STUFIGEN GRUPPENWECHSELS UND ERSTELLT DABEI
11* EINE VERKAUFSSTATISTIK FÜR EIN UNTERNEHMEN.
12*
13*
14 ENVIRONMENT DIVISION.
15 CONFIGURATION SECTION.
16 SOURCE-COMPUTER.  IBM-PC.
17 OBJECT-COMPUTER.  IBM-PC.
18 SPECIAL-NAMES.
19     DECIMAL-POINT IS COMMA.
20 INPUT-OUTPUT SECTION.
21 FILE-CONTROL.
22
23     SELECT  EINGABE ASSIGN TO "UMSATZ10.EIN",
24             ORGANIZATION IS LINE SEQUENTIAL.
25
26     SELECT  AUSGABE ASSIGN TO "UMSATZ10.AUS".
27*--------------------------------------------------*
28 DATA DIVISION.
29 FILE SECTION.
30 FD  EINGABE.
31 01  E-SATZ.
32     05 E-VERKAUFSDATUM.
33        10 E-JAHR      PIC 99.
34        10 E-MONAT     PIC 99.
35        10 E-TAG       PIC 99.
36     05 E-UMSATZ       PIC 9(4)V99.
37
```

```
38 FD   AUSGABE.
39 01   A-SATZ              PIC X(56).
40*--------------------------------------------------*
41 WORKING-STORAGE SECTION.
42 01   UEBERSCHRIFT-1.
43      05 FILLER           PIC X(06) VALUE SPACE.
44      05 FILLER           PIC X(20) VALUE
45      "UMSATZSTATISTIK VOM ".
46      05 A-DATUM.
47         10 TAG           PIC Z9.
48         10 FILLER        PIC X VALUE ".".
49         10 MONAT         PIC 99.
50         10 FILLER        PIC XXX VALUE ".19".
51         10 JAHR          PIC 99.
52      05 FILLER           PIC X(11) VALUE SPACE.
53      05 FILLER           PIC X(7)  VALUE "SEITE:".
54      05 A-SEITEN-NR      PIC Z9.
55
56 01   UEBERSCHRIFT-2.
57      05 FILLER           PIC X(15) VALUE "JAHR".
58      05 FILLER           PIC X(15) VALUE "MONAT".
59      05 FILLER           PIC X(17) VALUE "TAG".
60      05 FILLER           PIC X(06) VALUE "UMSATZ".
61
62 01   UEBERSCHRIFT-3.
63      05 FILLER           PIC X(56) VALUE ALL "=".
64
65 01   POSTEN-ZEILE.
66      05 AUS-JAHR         PIC ZZ.
67      05 FILLER           PIC X(13).
68      05 AUS-MONAT        PIC ZZ.
69      05 FILLER           PIC X(13).
70      05 AUS-TAG          PIC Z9.
71      05 FILLER           PIC X(13).
72      05 AUS-UMSATZ       PIC Z.ZZ9,99.
73
74 01   SCHLUSS-ZEILE-1.
75      05 FILLER           PIC X(15) VALUE SPACE.
76      05 FILLER           PIC X(29) VALUE
```

```
77          "MONATSUMSATZ:".
78          05 AUS-MONATSUMSATZ PIC **.**9,99.
79          05 FILLER          PIC X(1) VALUE "*".
80
81 01    SCHLUSS-ZEILE-2.
82          05 FILLER          PIC X(43) VALUE
83          "JAHRESUMSATZ:".
84          05 AUS-JAHRESUMSATZ PIC ***.**9,99.
85          05 FILLER          PIC X(2) VALUE "**".
86
87 01    SCHLUSS-ZEILE-3.
88          05 FILLER          PIC X(41) VALUE
89          "GESAMTUMSATZ:".
90          05 AUS-GESAMTUMSATZ PIC *.***.**9,99.
91          05 FILLER          PIC X(3) VALUE "***".
92
93 01    SCHLUSS-ZEILE-4.
94          05 FILLER          PIC X(44) VALUE SPACE.
95          05 FILLER          PIC X(11) VALUE ALL "-".
96
97 01    SCHLUSS-ZEILE-5.
98          05 FILLER          PIC X(44) VALUE SPACE.
99          05 FILLER          PIC X(12) VALUE ALL "=".
100*-------------------------------------------------*
101 01    TAGES-DATUM.
102         05   JAHR           PIC 99.
103         05   MONAT          PIC 99.
104         05   TAG            PIC 99.
105*-------------------------------------------------*
106 01 MONATSSUMME              PIC 9(5)V99 VALUE ZERO.
107 01 JAHRESSUMME              PIC 9(6)V99 VALUE ZERO.
108 01 GESAMTSUMME              PIC 9(7)V99 VALUE ZERO.
109*-------------------------------------------------*
110 01 ZEILEN-Z                 PIC 99      VALUE 31.
111 01 SEITEN-Z                 PIC 99      VALUE 0.
112*-------------------------------------------------*
113 01 A-GR1.
114       05 A-GR2.
115          10 A-DATEI-ENDE    PIC 9   VALUE 0.
```

```
116      10 A-JAHR         PIC 99 VALUE 0.
117    05 A-MONAT          PIC 99 VALUE 0.
118*--------------------------------------------------*
119 01 N-GR1.
120    05 N-GR2.
121      10 N-DATEI-ENDE   PIC 9  VALUE 0.
122      10 N-JAHR         PIC 99 VALUE 0.
123    05 N-MONAT          PIC 99 VALUE 0.
124*--------------------------------------------------*
125 PROCEDURE DIVISION.
126 PROGRAMM-STEUERUNG SECTION.
127 PR-1000.
128    PERFORM VORLAUF.
129    PERFORM VERARBEITUNG
130          UNTIL A-DATEI-ENDE NOT = N-DATEI-ENDE.
131    PERFORM NACHLAUF.
132 PR-9999.
133    STOP RUN.
134*--------------------------------------------------*
135*--------------------------------------------------*
136 VORLAUF SECTION.
137 VOR-1000.
138    OPEN INPUT EINGABE OUTPUT AUSGABE.
139    ACCEPT TAGES-DATUM FROM DATE.
140    MOVE CORR TAGES-DATUM TO A-DATUM.
141    PERFORM LESEN.
142    MOVE N-JAHR  TO A-JAHR.
143    MOVE N-MONAT TO A-MONAT.
144 VOR-9999.
145    EXIT.
146*--------------------------------------------------*
147 VERARBEITUNG SECTION.
148 VER-1000.
149    PERFORM GR2-VORLAUF.
150    PERFORM GR2-VERARBEITUNG
151          UNTIL N-GR2 NOT = A-GR2.
152    PERFORM GR2-NACHLAUF.
153 VER-9999.
154    EXIT.
```

```
155*--------------------------------------------------*
156 NACHLAUF SECTION.
157 NAC-1000.
158     MOVE GESAMTSUMME  TO AUS-GESAMTUMSATZ.
159     WRITE A-SATZ FROM SCHLUSS-ZEILE-3 AFTER 3.
160     CLOSE EINGABE AUSGABE.
161 NAC-9999.
162     EXIT.
163*--------------------------------------------------*
164*--------------------------------------------------*
165 GR2-VORLAUF SECTION.
166 GR2-VOR-1000.
167     MOVE ZERO TO JAHRESSUMME.
168     MOVE E-JAHR TO AUS-JAHR.
169     MOVE N-JAHR TO A-JAHR.
170 GR2-VOR-9999.
171     EXIT.
172*--------------------------------------------------*
173 GR2-VERARBEITUNG SECTION.
174 GR2-VER-1000.
175     PERFORM GR1-VORLAUF.
176     PERFORM GR1-VERARBEITUNG
177             UNTIL N-GR1  NOT = A-GR1.
178     PERFORM GR1-NACHLAUF.
179 GR2-VER-9999.
180     EXIT.
181*--------------------------------------------------*
182 GR2-NACHLAUF SECTION.
183 GR2-NAC-1000.
184     MOVE JAHRESSUMME  TO AUS-JAHRESUMSATZ.
185     WRITE A-SATZ FROM SCHLUSS-ZEILE-5 AFTER  1.
186     WRITE A-SATZ FROM SCHLUSS-ZEILE-2 AFTER  1.
187     ADD 2 TO ZEILEN-Z.
188     ADD JAHRESSUMME  TO GESAMTSUMME.
189 GR2-NAC-9999.
190     EXIT.
191*--------------------------------------------------*
192*--------------------------------------------------*
193 GR1-VORLAUF SECTION.
```

```
194 GR1-VOR-1000.
195     MOVE ZERO    TO MONATSSUMME.
196     MOVE E-MONAT TO AUS-MONAT.
197     MOVE N-MONAT TO A-MONAT.
198 GR1-VOR-9999.
199     EXIT.
200*----------------------------------------------*
201 GR1-VERARBEITUNG SECTION.
202 GR1-VER-1000.
203
204     IF ZEILEN-Z > 30 PERFORM BLATTWECHSEL.
205
206     MOVE E-TAG    TO AUS-TAG.
207     MOVE E-UMSATZ TO AUS-UMSATZ.
208     ADD  E-UMSATZ TO MONATSSUMME.
209
210     WRITE A-SATZ FROM POSTEN-ZEILE AFTER 1.
211     ADD 1 TO ZEILEN-Z.
212
213     MOVE SPACE TO AUS-JAHR, AUS-MONAT.
214     PERFORM LESEN.
215 GR1-VER-9999.
216     EXIT.
217*----------------------------------------------*
218 GR1-NACHLAUF SECTION.
219 GR1-NAC-1000.
220     MOVE MONATSSUMME  TO AUS-MONATSUMSATZ.
221     WRITE A-SATZ FROM SCHLUSS-ZEILE-4 AFTER  1.
222     WRITE A-SATZ FROM SCHLUSS-ZEILE-1 AFTER  1.
223     ADD 2 TO ZEILEN-Z.
224     ADD  MONATSSUMME  TO JAHRESSUMME.
225 GR1-NAC-9999.
226     EXIT.
227*----------------------------------------------*
228*----------------------------------------------*
229 LESEN SECTION.
230 LES-1000.
231     READ EINGABE AT END MOVE 1 TO N-DATEI-ENDE.
232
```

```
233      IF N-DATEI-ENDE = 1 THEN NEXT SENTENCE
234      ELSE MOVE E-JAHR  TO N-JAHR
235           MOVE E-MONAT TO N-MONAT.
236 LES-9999.
237      EXIT.
238*-------------------------------------------------*
239 BLATTWECHSEL SECTION.
240 BLA-1000.
241      ADD  1 TO SEITEN-Z.
242      MOVE 5 TO ZEILEN-Z.
243      MOVE SEITEN-Z TO A-SEITEN-NR.
244
245      WRITE A-SATZ FROM UEBERSCHRIFT-1 AFTER PAGE.
246      WRITE A-SATZ FROM UEBERSCHRIFT-3 AFTER 3.
247      WRITE A-SATZ FROM UEBERSCHRIFT-2 AFTER 1.
248      WRITE A-SATZ FROM UEBERSCHRIFT-3 AFTER 1.
249
250 BLA-9999.
251      EXIT.
```

Testdaten "UMSATZ10.EIN":

```
8305013000000
8305031000000
8305042000000
8305054000000
8305065000050
8305098000000
8305119000050
8305143000000
8306163400000
8306234000000
8306285000000
8404012200000
8404035500000
8404049000000
8405012345000
8405069000050
8406097000000
8408127670500
8408145000000
8408163400000
8408245500000
8408264660000
8502012200000
8502035500000
8502049000000
8502050000000
8504139000050
8504145500000
8505167670500
8505175000000
8505183400000
8508295500000
8508304660000
8602012200000
8602031500000
8602049100000
8602051100000
8605209056500
```

10. INTERNE UNTERPROGRAMME

Druckliste "UMSATZ.AUS":

```
         UMSATZSTATISTIK VOM 12.05.1980            SEITE:  1


============================================================
JAHR           MONAT          TAG            UMSATZ
============================================================
83              5              1             3.000,00
                               3             1.000,00
                               4             2.000,00
                               5             4.000,00
                               6             5.000,50
                               9             8.000,00
                              11             9.000,50
                              14             3.000,00
                                          ----------
               MONATSUMSATZ:                35.001,00*
                6             16             3.400,00
                              23             4.000,00
                              28             5.000,00
                                          ----------
               MONATSUMSATZ:                12.400,00*
                                          ============
JAHRESUMSATZ:                              *47.401,00**
84              4              1             2.200,00
                               3             5.500,00
                               4             9.000,00
                                          ----------
               MONATSUMSATZ:                16.700,00*
                5              1            ,2.345,00
                               6             9.000,50
                                          ----------
               MONATSUMSATZ:                11.345,50*
```

306

```
UMSATZSTATISTIK VOM  1.01.1980          SEITE:  2


=========================================================
JAHR         MONAT           TAG              UMSATZ
=========================================================
               6              9            7.000,00
                                          ----------
            MONATSUMSATZ:                 *7.000,00*
               8             12            7.670,50
                             14            5.000,00
                             16            3.400,00
                             24            5.500,00
                             26            4.660,00
                                          ----------
            MONATSUMSATZ:                 26.230,50*
                                          ============
JAHRESUMSATZ:                             *61.276,00**
85             2              1            2.200,00
                              3            5.500,00
                              4            9.000,00
                              5                0,00
                                          ----------
            MONATSUMSATZ:                 16.700,00*
               4             13            9.000,50
                             14            5.500,00
                                          ----------
            MONATSUMSATZ:                 14.500,50*
               5             16            7.670,50
                             17            5.000,00
                             18            3.400,00
                                          ----------
            MONATSUMSATZ:                 16.070,50*
```

```
UMSATZSTATISTIK VOM  1.01.1980                SEITE:  3


================================================================
JAHR           MONAT           TAG              UMSATZ
================================================================
                8               29               5.500,00
                                30               4.660,00
                                                -----------
                        MONATSUMSATZ:
10.160,00*
                                                ============
JAHRESUMSATZ:                                   *57.431,00**
86              2               1                2.200,00
                                3                1.500,00
                                4                9.100,00
                                5                1.100,00
                                                -----------
                MONATSUMSATZ:                   13.900,00*
                5               20               9.056,50
                                                -----------
                MONATSUMSATZ:                   *9.056,50*
                                                ============
JAHRESUMSATZ:                                   *22.956,50**
GESAMTUMSATZ:                                   **189.064,50***
```

11. BEDINGUNGEN

11.1 Vorbemerkung

In fast allen Anwendungen müssen wir laufend Entscheidungen treffen, um eine bestimmte Aktion im Programm durchführen zu dürfen. So ist z.b. die Berechnung von Überstunden in einem Lohn/Gehaltsprogramm davon abhängig, ob überhaupt Überstunden vorliegen. In einer anderen Anwendung mag die Bearbeitung eines Kundenauftrages von der verfügbaren Lagermenge eines Artikels abhängig sein usw.

Es ergeben sich Fragen über Fragen, die während der Ausführung des Objektprogramms beantwortet werden müssen, bevor eine Aktion unternommen werden kann.

In diesem Kapitel wollen wir uns nun damit beschäftigen, wie solche Fragen (Bedingungen) gestellt werden können, wie die Wahrheit einer Bedingung festgestellt wird, wie entsprechende Aktionen angegeben und vor allem wie komplizierte Entscheidungen überschaubar und vereinfacht dargestellt werden können.

11.2 IF-Anweisung

Wirkung

Mit Hilfe der IF-Anweisung kann die Wahrheit einer Bedingung festgestellt werden.

```
┌─ Format ──────────────────────────────────────────────┐
│                                                        │
│   IF Bedingung THEN  ┌Anweisung-1   ⎫                  │
│                      ⎨NEXT SENTENCE ⎬                  │
│                      └             ⎭                   │
│                                                        │
│         ⎡  ┌ ELSE      ⎫⎤⎡Anweisung-2   ⎫⎤             │
│         ⎢  ⎨ OTHERWISE ⎬⎥⎨NEXT SENTENCE ⎬⎥             │
│         ⎣  └           ⎭⎦⎣             ⎭⎦              │
│                                                        │
│      [END-IF]                                          │
│                                                        │
└────────────────────────────────────────────────────────┘
```

Erläuterung

Nach Prüfung der angegebenen Bedingung durch eine IF-Anweisung hat die
Stelle, bei der das Objektprogramm fortgesetzt wird, eine von zwei Möglichkeiten. Sie hängt von der Erfüllung der angegebenen Bedingung ab.

Wenn die Bedingung erfüllt ist (wahr), wird der THEN-Zweig (Anweisung-1)
ausgeführt, ist die Bedingung nicht erfüllt (falsch), so wird der ELSE-Zweig
ausgeführt.

Nach Ausführung des entsprechenden Zweiges wird die weitere Ausführung
des Programms beim nächsten COBOL-Satz, der auf die IF-Anweisung folgt,
fortgesetzt. Dies gilt allerdings nur dann, wenn der auszuführende Zweig
keine GO TO-Anweisung enthält, die möglicherweise die Programmsteuerung an eine andere Stelle im Programm übergibt.

END-IF

Hier sollte der Begriff "COBOL-Satz" nochmals erwähnt werden, denn dieser
hat eine sehr wichtige Bedeutung für die Codierung der IF-Anweisung. Ein
COBOL-Satz besteht aus einer oder mehreren Anweisungen und wird normalerweise mit einem Punkt abgeschlossen. Bei einigen Anweisungen kann
der Anweisungsbegrenzer END-Anweisung verwendet werden, so z.B. die IF-
Anweisung, die mit END-IF beendet werden kann. Der END-IF-Zusatz be-

grenzt also die Anweisungsfolge des THEN- bzw. des ELSE-Zusatzes von den nachfolgenden Anweisungen, die unabhängig von der IF-Anweisung ausgeführt werden sollen. Der hauptsächliche Einsatz von END-IF findet jedoch in der Schachtelung der IF-Anweisung statt.

Die IF-Anweisung selbst, samt aller Anweisungen im THEN- und im ELSE-Zweig, bildet einen COBOL-Satz, der auf jeden Fall mit einem Punkt oder mit END-IF abgeschlossen werden muß.

Beispiel 1

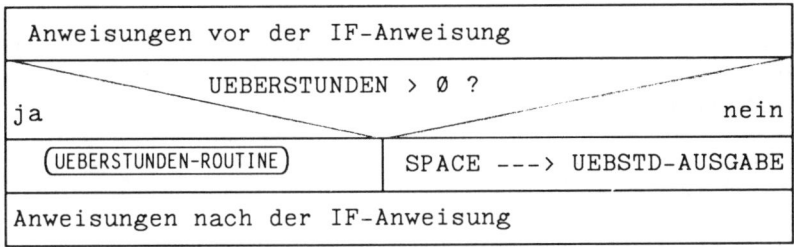

```
Codierung
      .
      .
      IF UEBERSTUNDEN > 0 THEN PERFORM UEBERSTUNDEN-ROUTINE
      ELSE  MOVE SPACE TO UEBSTD-AUSGABE.
      .
      .
```

oder

```
      IF UEBERSTUNDEN > 0 THEN PERFORM UEBERSTUNDEN-ROUTINE
      ELSE  MOVE SPACE TO UEBSTD-AUSGABE
      END-IF
      .
      .
```

311

Der ELSE/OTHERWISE-Zusatz

In vielen Entscheidungen wollen wir eine bestimmte Aktion durchführen, aber nur dann, wenn die Bedingung wahr ist. In diesem Fall können wir auf die Codierung des ELSE-Zweigs verzichten, denn hier ist nichts anzugeben. Wird bei der Prüfung der Bedingung festgestellt, daß die Bedingung nicht erfüllt (falsch) ist, und ist kein ELSE-Zweig angegeben, so wird das Programm bei der nächsten Anweisung fortgesetzt. OTHERWISE bedeutet "andernfalls" und ist gleichbedeutend mit ELSE.

Beispiel 2

In einem Programm für das Versandwesen werden die anfallenden Transportkosten nach Kilometern erhoben, jedoch ein Mindestbetrag von 30,00 DM angenommen.

```
                     TRANSPORT-KOSTEN < 30 ?
 ja                                                            nein

 30 --->TRANSPORT-KOSTEN          -----------
```

Codierung

```
    .
    .
 IF TRANSPORT-KOSTEN < 30 THEN
    MOVE 30 TO TRANSPORT-KOSTEN.
    .
    .
```

oder

```
 IF TRANSPORT-KOSTEN < 30 THEN
    MOVE 30 TO TRANSPORT-KOSTEN
 END-IF
    .
    .
```

Das Wahl-Wort THEN

Das Wort THEN kann ausschließlich zur besseren Lesbarkeit benutzt werden, es hat hier keine weitere Bedeutung für die Logik der IF-Anweisung.

Die NEXT SENTENCE-Angabe

Diese Angabe kann im THEN- oder im ELSE-Zweig angegeben werden, wenn im entsprechenden Zweig keine Anweisungen codiert werden sollen. Sie bewirkt dann, daß das Programm mit dem nächsten COBOL-Satz fortgesetzt wird.

Die NEXT SENTENCE-Angabe muß im THEN-Zweig codiert werden, wenn hier keine Aktion durchgeführt werden soll, sondern nur im ELSE-Zweig.

Da der ELSE-Zweig grundsätzlich wahlfrei ist, kann er weggelassen werden, wenn hier keine weitere Aktion durchgeführt werden soll. Infolgedessen erübrigt sich die NEXT SENTENCE-Angabe. Es wird jedoch empfohlen, diese Angabe stets zu benutzen, um die Klarheit einer Bedingung zu betonen. Unentbehrlich wird sie dann, wenn die IF-Anweisungen geschachtelt werden.

Schachtelung von IF-Anweisungen

Die IF-Anweisungen können beliebig geschachtelt werden, sie bilden dann gemeinsam einen einzigen COBOL-Satz.

Eine geschachtelte IF-Anweisung liegt vor, wenn diese selbst im THEN- bzw. ELSE-Zweig einer anderen IF-Anweisung codiert wird.

Alles, was man zu einer IF-Schachtelung gut beachten muß, ist die Arbeitsweise des Compilers, wie also die ELSE-Zweige zu den codierten IF-Anweisungen zugeordnet werden.

Beispiel 3

Die Vergabe eines Rabattes wird abhängig vom Rabattsystem und von den Warengruppen gewährt.

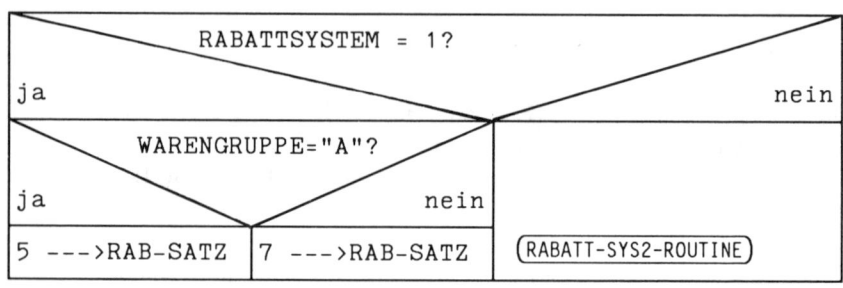

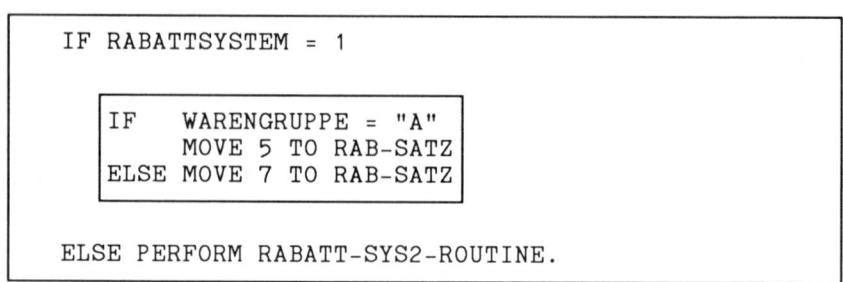

Es sei dazu noch erwähnt, daß die codierten ELSE-Zweige von innen nach außen den vorhandenen IF-Anweisungen zugeordet werden. Das heißt, daß der erste vorkommende ELSE-Zweig der zuletzt angegebenen IF-Anweisung zugeordnet wird usw.

Der Übersichtlichkeit halber sollten die ELSE-Zweige eingerückt unter den zugehörigen IF-Anweisungen codiert werden. Dies hat zwar für die IF-ELSE-Zuordnung keine Bedeutung, wird aber empfohlen, insbesondere bei umfangreicher Schachtelung.

Angenommen, es wäre keine Anweisung im ersten ELSE-Zweig notwendig, so hätte der ELSE-Zweig lauten müssen "ELSE NEXT SENTENCE". Wenn dieser ELSE-Zweig fehlt, wird der nächste ELSE-Zweig der Abfrage (IF

WARENGRUPPE = "A") zugeordnet, dies stimmt jedoch nicht mit dem Struktogramm überein.

Beispiel 4

In einem Unternehmen erhalten die Mitarbeiter abhängig von der Betriebszugehörigkeitsdauer und der belegten Kostenstelle eine bestimmte Prämie.

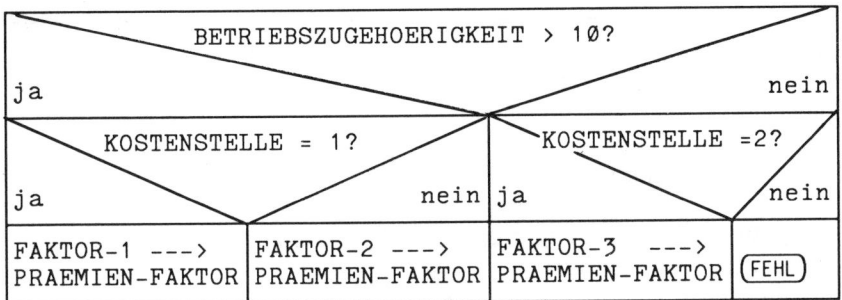

Codierung

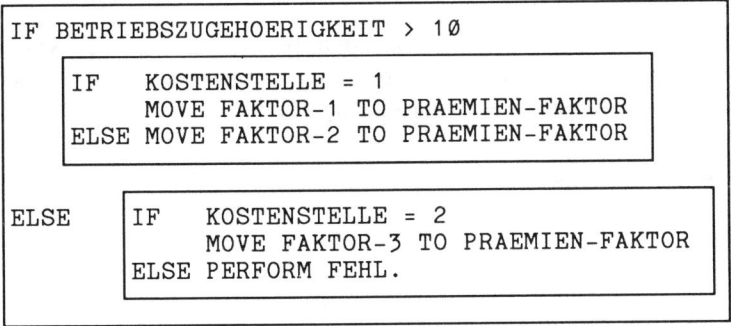

Beispiel 5

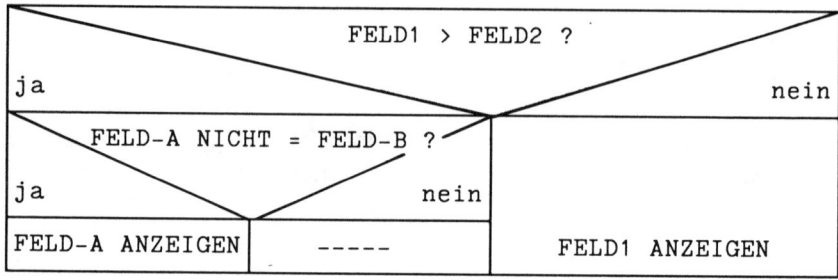

Codierung

```
IF FELD1 = FELD2

    IF FELD-1 NOT = FELD-B
        DISPLAY FELD-A
    END-IF

ELSE   DISPLAY FELD1
END-IF
```

In diesem Beispiel fehlt für die geschachtelte IF-Anweisung der ELSE-Zweig, weshalb sie mit END-IF beendet wird; der nachfolgende ELSE-Zweig wird der äußeren IF-Anweisung automatisch zugeordnet.

Beispiel 6

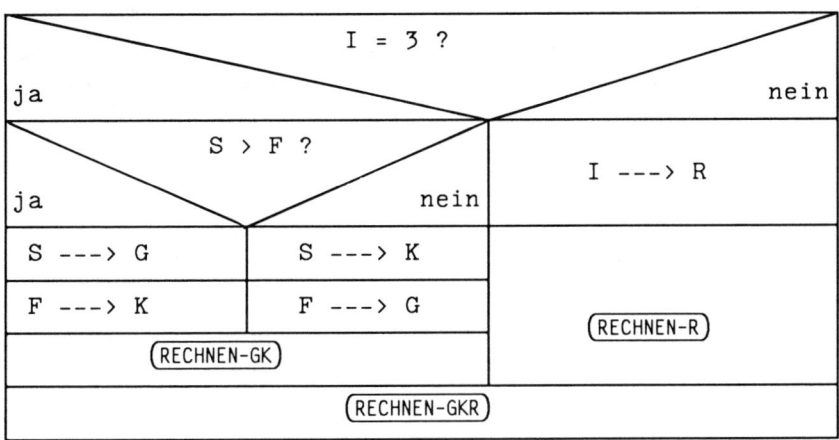

Codierung

```
IF  I = 3

      IF S > F
            MOVE S TO G
            MOVE F TO K
      ELSE
            MOVE S TO K
            MOVE F TO G
      END-IF
      PERFORM RECHNEN-GK

ELSE PERFORM RECHNEN-R

END-IF
```

PERFORM RECHNEN-GKR

Nach dem Struktogramm in Beispiel 6 soll die Aktion "PERFORM RECHNEN-GK" sowohl im THEN- als auch im ELSE-Zweig der geschachtelten IF-Anweisung ausgeführt werden; in einem solchen Fall muß die geschachtelte IF-Anweisung mit END-IF beendet werden, damit die nächste Anweisung noch in den THEN-Zweig der äußeren IF-Anweisung zugeordnet werden kann.

Einfache Bedingungen

In COBOL unterscheidet man zwischen den folgenden Bedingungen:

- Vergleichsbedingung

- Vorzeichenbedingung

- Klassenbedingung

- Bedingungsnamen-Bedingung

11.2.1 Vergleichsbedingung

```
┌─ Format ──────────────────────────────────────────────────────┐
│                                                                │
│     ┌Bezeichner-1                        ┐                     │
│     │Literal-1                           │                     │
│     ⟨Arithmetischer Ausdruck-1           ⟩                     │
│     │Indexname-1                         │                     │
│     └                                    ┘                     │
│              ┌IS [NOT] GREATER THAN          ┐                 │
│              │IS [NOT] LESS    THAN          │                 │
│              │IS [NOT] EQUAL   TO            │                 │
│              │IS [NOT]  >                    │                 │
│              ⟨IS [NOT]  <                    ⟩                 │
│              │IS [NOT]  =                    │                 │
│              │IS GREATER THAN OR EQUAL TO    │                 │
│              │IS > =                         │                 │
│              │IS LESS THAN OR EQUAL TO       │                 │
│              └IS < =                         ┘                 │
│     ┌Bezeichner-2                        ┐                     │
│     │Literal-2                           │                     │
│     ⟨Arithmetischer Ausdruck-2           ⟩                     │
│     │Indexname-2                         │                     │
│     └                                    ┘                     │
└────────────────────────────────────────────────────────────────┘
```

Erläuterung

Bei einer Vergleichsbedingung werden zwei Operanden verglichen. Dabei wird der erste Operand "Subjekt" und der zweite Operand "Objekt" genannt. Beide Operanden können eine beliebige Kombination, wie aus dem Format ersichtlich ist, bilden. Sie dürfen jedoch nicht gleichzeitig Literale sein.

Der Vergleich zwischen numerischen Operanden

Bei der Durchführung eines solchen Vergleichs werden die algebraischen Größen beider Operanden verglichen, dabei können die Längen und die internen Darstellungen beider Operanden unterschiedlich sein.

Beispiel 7

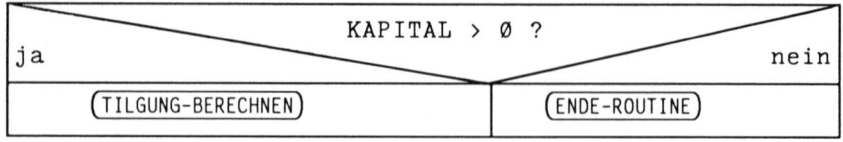

```
IF KAPITAL > Ø PERFORM TILGUNG-BERECHNEN
ELSE PERFORM ENDE-ROUTINE.
```

Der Vergleich zwischen nicht-numerischen Operanden

Der Vergleich zwischen nicht-numerischen Operanden wird anhand der binären Sortierfolge des verwendeten Codes (hier: ASCII-Code) durchgeführt. Die hier beteiligten Operanden müssen die interne Darstellung "USAGE IS DISPLAY" aufweisen.

Beispiel 8

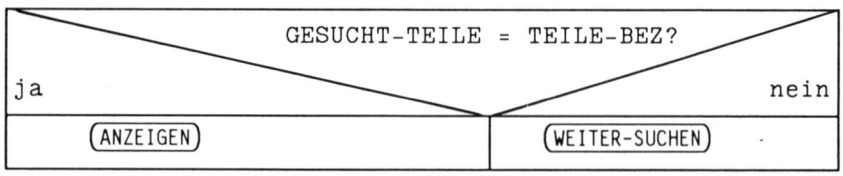

```
IF GESUCHT-TEILE = TEILE-BEZ
    PERFORM ANZEIGEN
ELSE PERFORM WEITER-SUCHEN
END-IF
```

```
Ø1 GESUCHT-TEILE PIC X(12).      Ø1 TEILE-BEZ PIC X(12).
```

| S | T | O | S | S | T | A | N | G | E | | H |

| S | T | O | S | S | T | A | N | G | E | | V |

Diese Bedingung ist nicht erfüllt, da der Inhalt des ersten Feldes – alphabetisch gesehen – kleiner als der des zweiten Feldes ist.

Nicht-numerische Operanden mit unterschiedlichen Längen

Wenn zwei nicht-numerische Operanden mit unterschiedlicher Länge verglichen werden, wird der kürzere Operand so verglichen, als hätte er so viele Leerzeichen, wie der Längenunterschied zwischen beiden Operanden ausmacht.

Beispiel 9

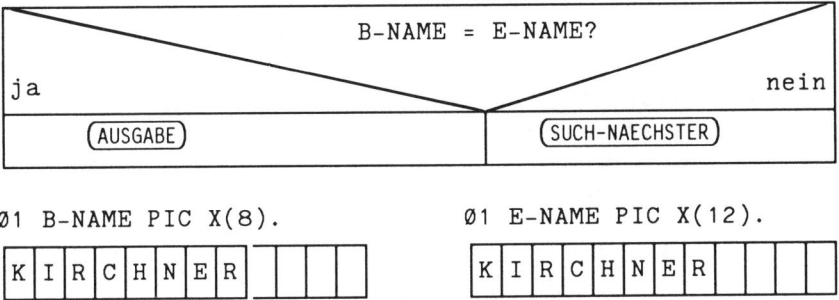

```
01 B-NAME PIC X(8).          01 E-NAME PIC X(12).
```

| K | I | R | C | H | N | E | R | | | | |

| K | I | R | C | H | N | E | R | | | | |

```
IF B-NAME = E-NAME PERFORM AUSGABE
ELSE PERFORM SUCH-NAECHSTE
END-IF
```

Diese Bedingung ist erfüllt, da bei der Auswertung der Bedingung das kürzere Feld "B-NAME" ergänzend mit Leerzeichen in der Länge des zweiten Feldes "E-NAME" verglichen wird. Der Vergleich zwischen numerischen und nicht-numerischen Operanden

Bei einem solchen Vergleich muß der nicht-numerische Operand ganzzahlig sein. Er wird wie ein alphanumerisches Feld behandelt. Der Vergleich wird ebenfalls anhand der binären Sortierfolge des verwendeten Codes durchgeführt.

Die USAGE-Klausel bei den Operanden muß "USAGE IS DISPLAY" lauten.

Im Gegensatz zu ANSI Standard COBOL erlauben die hier beschriebenen Compiler, daß die Operanden eine unterschiedliche USAGE-Klausel aufweisen.

Beispiel 10

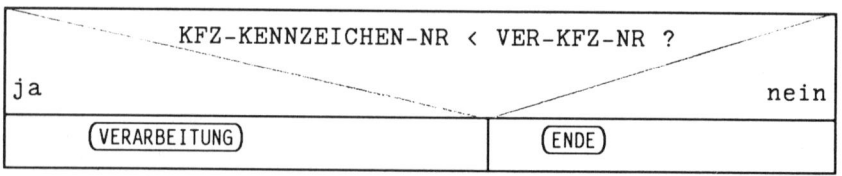

```
IF KFZ-KENNZEICHEN-NR < VER-KFZ-NR
   PERFORM VERARBEITUNG
ELSE PERFORM ENDE
END-IF
```

01 KFZ-KENNZEICHEN-NR PIC 9(4).   01 VER-KFZ-NR PIC X(4).

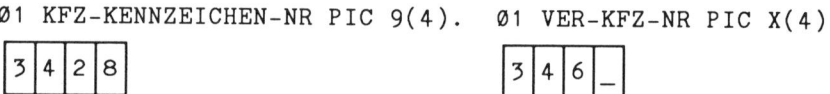

_ = Leerzeichen

Diese Bedingung ist erfüllt, denn die "2" im dritten Byte des ersten Feldes ist kleiner als die "6" im dritten Byte des zweiten Feldes.

Verneinung einer Bedingung (NOT)

Die NOT-Angabe

Die NOT-Angabe kann benutzt werden, um verneinte Bedingungen zu erzeugen. Sie kann als Bestandteil des Vergleichsoperators oder zum Verneinen der gesamten Bedingung benutzt werden.

Beispiel 11

```
┌──────────────────────────────────────────────────────┐
│ \              EINKOMMEN nicht > 4536 ?             / │
│  \                                                 /  │
│ja \                                               /   nein
│    \                                             /    │
├──────────────────────────────┬───────────────────────┤
│    Ø  --->  STEUER           │   (WEITER)            │
└──────────────────────────────┴───────────────────────┘
```

Die folgende IF-Anweisung verwendet die NOT-Angabe als Bestandteil des Vergleichsoperators (NOT >).

```
IF EINKOMMEN NOT > 4536 MOVE ZERO TO STEUER
ELSE PERFORM WEITER
END-IF
```

Die folgende IF-Anweisung verwendet die NOT-Angabe zum Verneinen der Bedingung (EINKOMMEN > 4536).

```
IF NOT (EINKOMMEN > 4536) MOVE ZERO TO STEUER
ELSE PERFORM WEITER END-IF
```

Die vorliegenden IF-Anweisungen können für die Lösung des Problems als Alternativen benutzt werden.

11.2.2 Vorzeichenbedingung

Wirkung

Mit Hilfe dieser Bedingung kann festgestellt werden, ob der Inhalt eines Feldes positiv, negativ oder gleich Null ist.

```
┌─ Format ──────────────────────────────────────────────────────
│  ⌈Bezeichner              ⌉                   ⌈POSITIVE⌉
│  ⎰arithmetischer Ausdruck ⎱  IS  [NOT]        ⎰NEGATIVE⎱
│  ⌊                        ⌋                   ⌊ZERO    ⌋
│
```

Erläuterung

Anstelle des Bezeichners kann auch ein arithmetischer Ausdruck angegeben werden, dessen Endergebnis intern ermittelt und anschließend mit Null verglichen wird.

Die Vorzeichenbedingung ist in den folgenden Fällen erfüllt (wahr):

Bedingung	Wenn der Bezeichner oder das Endergebnis
POSITIVE	> 0
NEGATIVE	< 0
ZERO	= 0

Beispiel 12

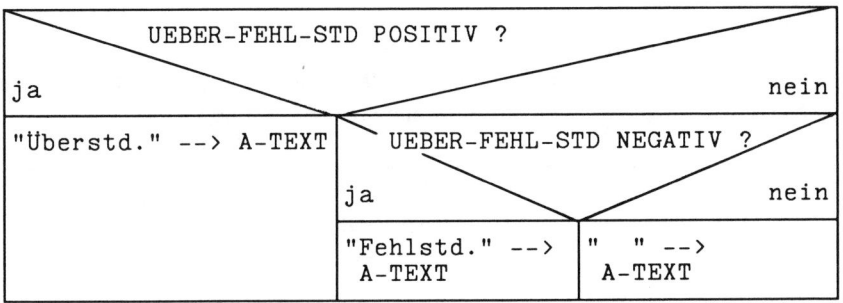

```
IF    UEBER-FEHL-STD POSITIVE
      MOVE "Überstd." to A-TEXT

ELSE IF    UEBER-FEHL-STD NEGATIVE
           MOVE "Fehlstd." to A-TEXT
      ELSE MOVE SPACE TO A-TEXT
      END-IF

END-IF
```

11.2.3 Klassenbedingung

Wirkung

Mit Hilfe dieser Bedingung kann festgestellt werden, ob der Inhalt eines Feldes zu der numerischen oder zu der alphabetischen Klasse gehört.

```
┌─ Format ──────────────────────────────────────
│
│  Bezeichner   IS    [NOT]   ┌NUMERIC   ┐
│                             {ALPHABETIC}
│                             └          ┘
└────────────────────────────────────────────────
```

Erläuterung

Die Klassenbedingung ist in den folgenden Fällen erfüllt (wahr):

Bedingung	Wenn der Inhalt des Bezeichners
NUMERIC	eine Kombination aus den Ziffer 0-9 ist.
ALPHABETIC	eine Kombination aus den Buchstaben A-Z und dem Leerzeichen ist.

Es ist nicht zulässig, daß ein Datenfeld auf eine beliebige Datenklasse geprüft wird. Die erlaubte Prüfung soll der folgenden Tabelle entnommen werden:

Klasse des zu prüfenden Feldes	Erlaubte Prüfung
Numerisch	NUMERIC NOT NUMERIC
Alphabetisch	ALPHABETIC NOT ALPHABETIC
Alphanumerisch Alphanumerisch aufbereitet Numerisch aufbereitet	NUMERIC NOT NUMERIC ALPHABETIC NOT ALPHABETIC

Beispiel 13

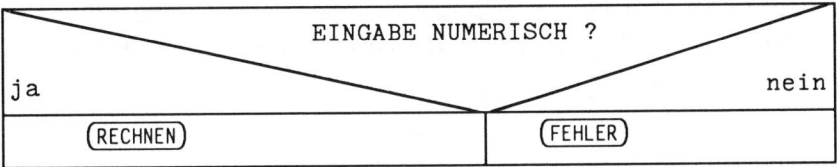

```
IF EINGABE NUMERIC PERFORM RECHNEN
ELSE PERFORM FEHLER
END-IF
```

11.2.4 Bedingungsnamen-Bedingung

Wirkung

Diese Bedingung ist eine Alternative zur Vergleichsbedingung. Sie wird verwendet, um aussagefähige Namen als Bedingungsnamen zu definieren.

```
┌─ Format ──────────────────────────────────────┐
│                                                │
│   Bedingungsname                               │
│                                                │
└────────────────────────────────────────────────┘
```

Erläuterung

Diese Bedingung ist besonders sinnvoll einzusetzen, wenn ein Datenfeld auf verschiedene Inhalte abgefragt werden soll.

327

Beispiel 14

Aufgrund des vorhandenen Kennzeichens im Feld "K-ANREDE-KZ" soll ein
entsprechendes Wort im Ausgabefeld "A-ANREDE" übertragen werden.

```
Ø1  KUNDEN-SATZ.
      Ø5  K-NAME            PIC X(25).
      Ø5  K-ANREDE-KZ       PIC X.
          88  FIRMA         VALUE "M".
          88  HERR          VALUE "H".
          88  FRAU          VALUE "F".
          88  FRL           VALUE "R".
      Ø5  FILLER            PIC X(13Ø).

Ø1  AUSGABE-SATZ.
      Ø5  A-ANREDE          PIC X(1Ø).
      Ø5  A-NAME            PIC X(25).
```

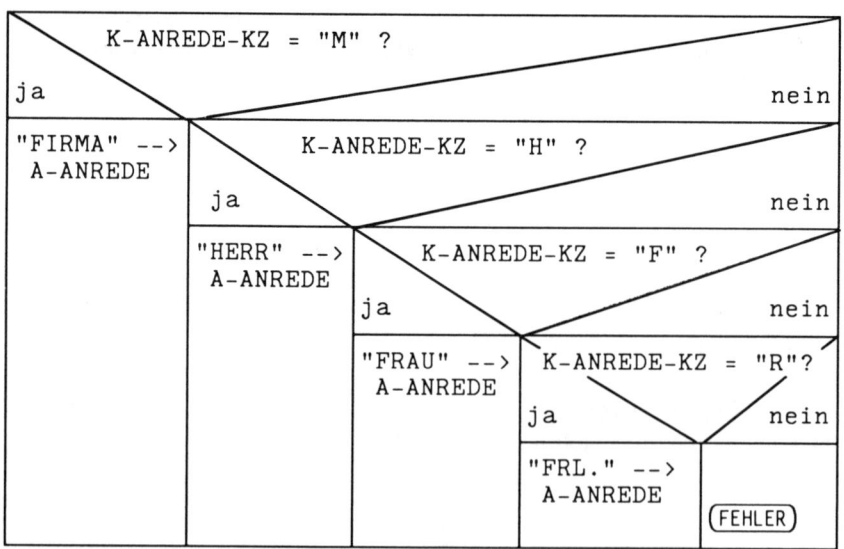

```
IF FIRMA MOVE "FIRMA" TO A-ANREDE
ELSE IF HERR MOVE "HERR" TO A-ANREDE
     ELSE IF FRAU MOVE "FRAU" TO A-ANREDE
          ELSE IF FRL MOVE "FRL." TO A-ANREDE
               ELSE PERFORM FEHLER
               END-IF
          END-IF
     END-IF
END-IF
```

Zusammengesetzte Bedingungen

Wenn in einer IF-Anweisung mehrere einfache Bedingungen mit den logischen Operatoren AND und/oder OR verknüpft werden, sprechen wir von zusammengesetzten Bedingungen. Die Ausführung des THEN- oder des ELSE-Zweiges in einer IF-Anweisung hängt allein vom Wahrheitswert der zusammengesetzten Bedingung ab. Ob nun eine solche zusammengesetzte Bedingung erfüllt oder nicht erfüllt ist, dies hängt davon ab, welche Verknüpfungsoperatoren angegeben wurden, und ob die einfachen Bedingungen selbst erfüllt oder nicht erfüllt sind.

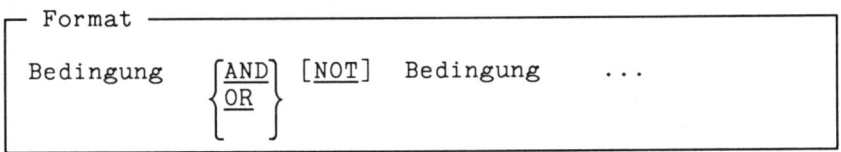

```
┌─ Format ──────────────────────────────────┐
│                                            │
│  Bedingung    ⎡AND⎤ [NOT]  Bedingung   ... │
│               ⎨ ─ ⎬                        │
│               ⎣OR ⎦                        │
│               ─                            │
└────────────────────────────────────────────┘
```

Erläuterung

Die Codierung einer solchen Bedingung ist immer dann erforderlich, wenn die Ausführung einer bestimmten Aktion von mehreren Bedingungen abhängt.

Die AND-Verknüpfung

Müssen zwei oder mehrere Bedingungen erfüllt sein, um eine bestimmte Aktion durchzuführen, so werden diese Bedingungen mit dem logischen Operator AND verknüpft. In diesem Fall wird die zusammengesetzte Bedingung als erfüllt betrachtet, wenn alle mit AND verknüpften Bedingungen erfüllt sind.

Beispiel 15

Selbstverständlich kann das folgende Struktogramm mit einer geschachtelten IF-Anweisung codiert werden, jedoch ist eine zusammengesetzte Bedingung, die mit AND verknüpft wird, effektiver.

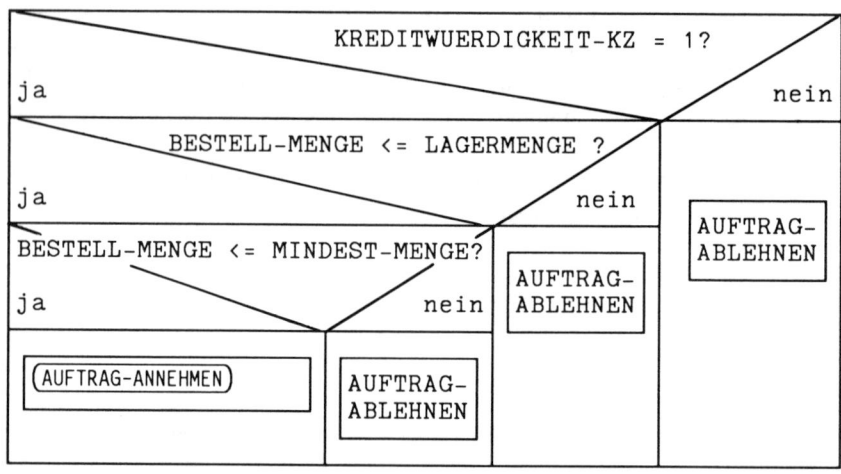

```
IF KREDITWUERDIGKEIT-KZ = 1          AND
   BESTELL-MENGE NOT > LAGERMENGE    AND
   BESTELL-MENGE NOT < MINDEST-MENGE
   PERFORM AUFTRAG-ANNEHMEN

ELSE PERFORM AUFTRAG-ABLEHNEN
END-IF
```

Der Vergleichsoperator < = darf in COBOL nicht verwendet werden; daher haben wir das Äquivalent NOT > angegeben. Ebenfalls anstelle von < = wurde NOT < angegeben.

Die OR-Verknüpfung

Hängt die Ausführung einer bestimmten Aktion von der Erfüllung einer von mehreren Bedingungen ab, so verknüpft man solche Bedingungen mit dem logischen Operator OR. In diesem Fall betrachtet man die zusammengesetzte Bedingung als erfüllt, wenn mindestens eine der mit OR verknüpften Bedingungen erfüllt ist.

Beispiel 16

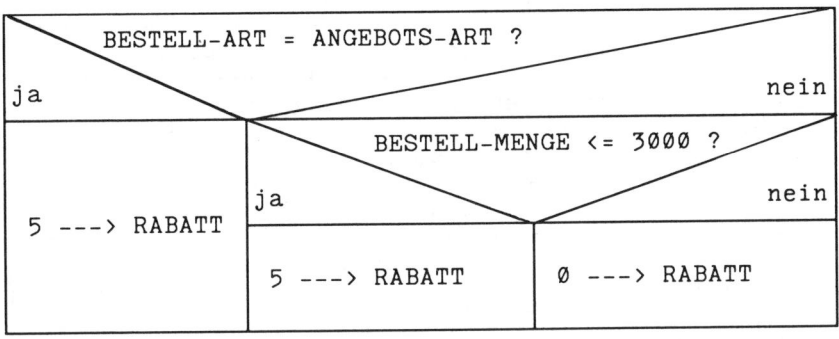

```
IF BESTELL-ART = ANGEBOTS-ART OR
    BESTELL-MENGE NOT < 3000
    MOVE 5 TO RABATT

ELSE MOVE ZERO TO RABATT
END-IF
```

Die Auswertung zusammengesetzter Bedingungen

Bei der Auswertung der Wahrheit einer zusammengesetzten Bedingung werden zunächst die einzelnen einfachen Bedingungen, die zusammen logisch verknüpft worden sind, ausgewertet. Die Auswertung erfolgt stets von links nach rechts. Klammern können benutzt werden, um die Auswertungspriorität zu verändern; in diesem Fall werden die in Klammern gesetzten Bedingungen zuerst ausgewertet. Bei der Verwendung von geschachtelten Klammern erfolgt die Auswertung von innen nach außen.

Die nachfolgende Tabelle zeigt im Überblick, welche Elemente in einer zusammengesetzten Bedingung mit welchem Rang versehen werden.

Rang	Elemente einer zusammengesetzten Bedingung
1	Auflösen der Klammern
2	Auflösen aller arithmetischen Ausdrücke
3	Auswerten der Vergleichsbedingungen
4	Auswerten der Klassenbedingungen
5	Auswerten der Bedingungsnamen-Bedingungen
6	Auswerten der Vorzeichenbedingungen
7	Bearbeitung des NOT-Operators
8	Auswerten der mit AND verknüpften Bedingungen
9	Auswerten der mit OR verknüpften Bedingungen

Abb. 11.1 Reihenfolge der Auswertung zusammengesetzter Bedingungen

Die nachfolgende Tabelle zeigt den Wahrheitswert einer zusammengesetzten Bedingung unter Einbeziehung unterschiedlicher Verknüpfungen:

A	B	A AND B	A OR B	NOT A	NOT (A AND B)	NOT A AND B	NOT (A OR B)	NOT A OR B
W	W	W	W	F	F	F	F	W
F	W	F	W	W	W	W	F	W
W	F	F	W	F	W	F	F	F
F	F	F	F	W	W	F	W	W

Abb. 11.2 Auswertungsergebnisse der zusammengesetzten Bedingungen

A = erste Bedingung
B = zweite Bedingung
W = erfüllt (wahr)
F = nicht erfüllt (falsch)

Implizierte Vergleichssubjekte und Vergleichsoperatoren

Soll eine Vergleichsbedingung, die sich auf das gleiche Subjekt und/oder den gleichen Vergleichsoperator bezieht, codiert werden, so hat man die Möglichkeit, auf Codierung des Subjektes und/oder des Vergleichsoperators zu verzichten und jeweils den zuletzt angegebenen zu implizieren.

```
┌─ Format ──────────────────────────────────────────────────┐
│                                                            │
│      Vergleichsbedingung                                   │
│                                                            │
│   ⎰ ⎡AND⎤  [NOT]                                      ⎱    │
│   ⎱ ⎣OR ⎦            Vergleichsoperator  Objekt ⎰...  ⎰    │
│                                                            │
└────────────────────────────────────────────────────────────┘
```

Erläuterung

Diese verkürzte Schreibweise von Bedingungen ist nur bei Vergleichsbedingungen zulässig.

Kommt das Wort NOT unmittelbar vor einem Vergleichsoperator (etwa NOT <, NOT =, NOT >), so wird es als Teil des Vergleichsoperators interpretiert und somit mit ihm impliziert. In allen anderen Fällen wird es als Operator zum Negieren einer Bedingung betrachtet und damit nicht impliziert.

Beispiel 17

Es soll festgestellt werden, ob die gesuchte PLZ zwischen 8000 und 8999 (jeweils einschließlich) liegt.

```
IF PLZ NOT < 8000 AND PLZ NOT > 8999 THEN .....
ELSE .....
```

Die vorliegende Bedingung kann in ihrer Schreibweise wie folgt verkürzt werden:

```
IF PLZ NOT < 8000 AND NOT > 8999 THEN .....
ELSE .....
```

Beispiel 18

Es soll festgestellt werden, ob das Feld "RABATT-SATZ" den Wert 4 oder 6 beinhaltet.

```
IF RABATT-SATZ NOT = 4 OR RABATT-SATZ = 6 THEN .....
ELSE .....
```

Diese Bedingung kann wie folgt verkürzt werden:

```
IF RABATT-SATZ NOT = 4 OR 6 THEN .....
ELSE .....
```

11.3 CONTINUE-Anweisung

Wirkung

Die CONTINUE-Anweisung gilt als "NO-OPERATION" und spezifiziert damit eine nicht-ausführbare Anweisung.

```
┌─ Format ──────────────────────────────────────────────┐
│                                                        │
│  CONTINUE                                              │
│                                                        │
└────────────────────────────────────────────────────────┘
```

Erläuterung

Die CONTINUE-Anweisung kann anstelle einer bedingten oder unbedingten Anweisung codiert werden. Sie dient ausschließlich der Klarheit der Codierung, wie in den folgenden Beispiele zu sehen ist.

Beispiel 1

```
IF A = B AND C = D AND NOT X THEN CONTINUE

ELSE MOVE K TO M.
```

In diesem Beispiel kennzeichnet die CONTINUE-Anweisung, daß es im THEN-Zweig keine ausführbaren Anweisungen gibt und daß das Programm in jedem Fall beim nächsten COBOL-Satz fortgesetzt werden soll.

Beispiel 2

```
READ EINGABE-DATEI AT END CONTINUE.
```

Hier sehen Sie eine typische Anwendung der CONTINUE-Anweisung. Der AT END-Zusatz kann codiert werden, um einen Programmabbruch bei Dateiende zu unterbinden, auch wenn an dieser Stelle nichts ausgeführt werden soll. Um aber eine ordnungsgemäße Codierung zu erreichen, wird die CONTINUE-Anweisung angegeben.

11.4 EVALUATE-Anweisung

Wirkung

Die EVALUATE-Anweisung wird verwendet, um eine Steuerleiste bestehend aus komplexen Bedingungen auszuwerten und die zugehörigen Aktionen auszuführen.

```
┌─ Format ─────────────────────────────────────────────────────────┐
│                      ┌            ┐ ┌ ┌            ┐ ┐             │
│  EVALUATE   ┌Bezeichner-1┐          ┌Bezeichner-2┐                │
│             │Literal-1   │          │Literal-2   │                │
│             ⟨Ausdruck-1  ⟩  ALSO  ⟨Ausdruck-2  ⟩  ...            │
│             │TRUE        │          │TRUE        │                │
│             └FALSE       ┘          └FALSE       ┘                │
│                                                                    │
│  {{WHEN                                                            │
│              ┌ANY                                      ┐          │
│              │Bedingung-1                              │          │
│              │TRUE                                     │          │
│              │FALSE                                    │          │
│              │        ┌Bezeichner-3┐┌┌THROUGH┐┌Bezeichner-4┐┐│    │
│              ⟨[NOT]⟨Literal-3   ⟩│⟨THRU   ⟩⟨Literal-4   ⟩│⟩│    │
│              └        └Arith-Ausdruck-1┘└      ┘└Arith-Ausdruck-2┘┘┘│
│                                                                    │
│       ┌ALSO                                                   ┐   │
│       │      ┌ANY                                      ┐       │   │
│       │      │Bedingung-2                              │       │   │
│       │      │TRUE                                     │       │   │
│       │      │FALSE                                    │       │   │
│       │      │        ┌Bezeichner-5┐┌┌THROUGH┐┌Bezeichner-6┐┐│...}...│
│       │      ⟨[NOT]⟨Literal-5   ⟩│⟨THRU   ⟩⟨Literal-6   ⟩│⟩│   │
│       │      └        └Arith-Ausdruck-3┘└      ┘└Arith-Ausdruck-4┘┘┘│   │
│       │                                                       │   │
│       └      Unbedingte-Anweisung-1}...                       ┘   │
│                                                                    │
│          [WHEN OTHER Unbedingte-Anweisung-2]                      │
│                                                                    │
│       [END-EVALUATE]                                              │
└────────────────────────────────────────────────────────────────┘
```

Erläuterung

Da die EVALUATE-Anweisung unzählige Möglichkeiten an Codierformen erlaubt, ist es auch sinnvoll, wenn die grobe Struktur dieser Anweisung zunächst erläutert wird. In der Syntax der EVALUATE-Anweisung dominieren 3 wichtige Angaben:

1. Auswahlsubjekt

2. Auswahlobjekt

3. Aktion

Zum besseren Verständnis würde eine EVALUATE-Anweisung so gelesen, wie im nächsten Beispiel codiert ist:

```
EVALUATE     Subjekt

    WHEN     Objekt-1

             Aktion-1

    WHEN     Objekt-2

             Aktion-2

END-EVALUATE
```

Und frei übersetzt heißt dies: *"Werte dieses Subjekt aus, wenn Objekt-1 auf dieses Subjekt zutrifft, dann führe Aktion-1 aus. Wenn Objekt-2 auf dieses Subjekt zutrifft, dann führe Aktion-2 aus".*

Die Auswahlsubjekte

Subjekte werden vor dem Wort WHEN angegeben und dienen als Auswahl-kriterien für eine bevorstehende Selektion in den WHEN-Zusatz.

Die Auswahlobjekte

Objekte werden nach dem Wort WHEN angegeben. Sie stellen Bezugnah-men auf die Subjekte dar und müssen zutreffen, um die nebenstehende Ak-tion ausführen zu können.

Die Aktion

Aktion ist eine beliebige Anweisung oder Anweisungsfolge, die dann ausge-führt wird, wenn alle Objekte des zugehörigen WHEN-Zusatzes zutreffen. In der EVALUATE-Anweisung können mehrere WHEN-Zusätze angegeben werden, es kann jedoch nur die Aktion eines einzigen WHEN-Zusatzes zur Ausführung gebracht werden. Hierzu werden die WHEN-Zusätze in der Rei-henfolge der Codierung einzeln geprüft. Treffen alle Objekte eines WHEN-Zusatzes zu, so wird die zugehörige Aktion ausgeführt, die restlichen WHEN-Zusätze werden nicht mehr ausgewertet und die EVALUATE-Anweisung ist damit beendet.

Bevor jedoch auf die vollständige Syntax der EVALUATE-Anweisung einge-gangen wird, betrachten wir uns zunächst ein einfaches Beispiel.

Beispiel 1

In einem Programm soll eine bestimmte Verarbeitung abhängig vom Inhalt
der Variablen "SATZART" ausgeführt werden.

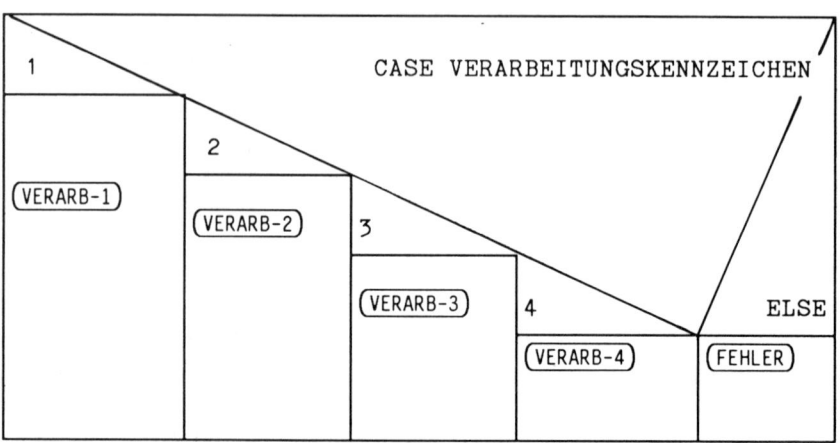

Wir codieren:

```
Ø1  VERARBEITUNGSKENNZEICHEN        PIC 9(3).

    .
    .
    .

    EVALUATE VERARBEITUNGSKENNZEICHEN

        WHEN 1      PERFORM VERARBEITUNG-1

        WHEN 2      PERFORM VERARBEITUNG-2

        WHEN 3      PERFORM VERARBEITUNG-3

        WHEN 4      PERFORM VERARBEITUNG-4

        WHEN OTHER PERFORM FEHLER-ROUTINE

    END-EVALUATE
```

Erläuterung zu Beispiel 1

Die EVALUATE-Anweisung prüft den Inhalt des Feldes SATZART, ist dieser 1, wird VERARBEITUNG-1 ausgeführt, ist dieser 2, wird VERARBEITUNG-2 ausgeführt usw., trifft keine der angegebenen WHEN-Zusätze zu, so wird FEHLER-ROUTINE – falls dieser Zusatz codiert ist – ausgeführt, andernfalls wird das Programm nach END-EVALUATE fortgesetzt.

Allgemein läßt sich folgendes klarstellen:

Subjekt der EVALUATE-Anweisung ist das Datenfeld "SATZART", das Objekt im ersten WHEN-Zusatz ist 1, das Objekt im zweiten WHEN-Zusatz ist 2 usw.

Die ALSO-Angabe

Das Wort ALSO erlaubt die Spezifikation eines neuen Auswahl-Subjektes bzw. -Objektes in der EVALUATE-Anweisung.

Beispiel 2

```
EVALUATE   A    ALSO  B   ALSO  C


   WHEN   5    ALSO 30 ALSO 67   MOVE "X" TO KENNZEICHEN

   WHEN   23   ALSO 45 ALSO 90   MOVE "Y" TO KENNZEICHEN

   WHEN   20   ALSO 30 ALSO 40   MOVE "Z" TO KENNZEICHEN

   WHEN OTHER            MOVE "N" TO KENNZEICHEN

END-EVALUATE
```

Erläuterung zu Beispiel 2

In dieser EVALUATE-Anweisung werden 3 Subjekte " A B C" und 3 Objekte in jedem WHEN-Zusatz angegeben. Die Aktion "MOVE "X" TO KENN-ZEICHEN" wird dann ausgeführt, wenn A = 5, B = 30 und C = 67 ist, andere WHEN-Zusätze sind entsprechend zu interpretieren. Enthalten die Felder A B C andere Wertkombinationen als in den ersten 3 WHEN-Zusätzen angegeben ist, so wird die Aktion "MOVE "N" TO KENNZEICHEN" ausgeführt. Wir stellen also hier folgendes fest:

1.   Die Anzahl der Objekte in einem WHEN-Zusatz muß mit der der Subjekte übereinstimmen.

2.   Die Objekte in jedem WHEN-Zusatz werden den Subjekten der Reihenfolge nach zugeordnet, d.h.

```
5     zu A,
30    zu B und
67    zu C.
```

Die TRUE- und FALSE-Angabe

Diese Angaben können als Subjekt oder als Objekt in einer EVALUATE-Anweisung verwendet werden. Sie müssen in jedem Fall mit Bedingungen korrespondieren. D.h. wenn TRUE als Subjekt angegeben wird, muß das entsprechende Objekt eine Bedingung sein. TRUE bedeutet, daß die korrespondierende Bedingung erfüllt sein muß (WAHR), FALSE bedeutet, daß die Bedingung nicht erfüllt sein darf (FALSCH).

Beispiel 3

EVALUATE

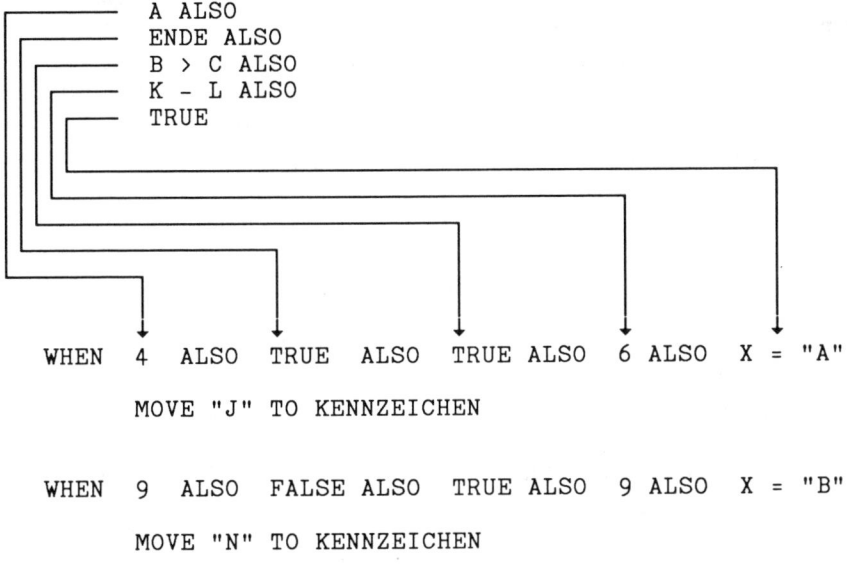

```
                    A  ALSO
                    ENDE ALSO
                    B > C ALSO
                    K - L ALSO
                    TRUE
```

```
WHEN   4  ALSO  TRUE  ALSO  TRUE ALSO  6 ALSO  X = "A"

       MOVE "J" TO KENNZEICHEN


WHEN   9  ALSO  FALSE ALSO  TRUE ALSO  9 ALSO  X = "B"

       MOVE "N" TO KENNZEICHEN

END-EVALUATE
```

Erläuterung zu Beispiel 3

Hier wird die Aktion "MOVE "J" TO KENNZEICHEN" nur dann ausgeführt, wenn die folgenden Bedingungen zutreffen:

1. A muß gleich 4 sein,
2. ENDE muß wahr sein, (ENDE ist ein Bedingungsname "Stu-
    fennr. 88"),
3. Die Bedingung B > C muß wahr sein,
4. Der Ausdruck K - L muß ein Wert gleich 6 ergeben und
5. die Bedingung (X = "A") muß falsch sein.

343

Die ANY-Angabe

Wenn das Wort ANY anstelle eines Objektes benutzt wird, so kann das mit diesem Objekt korrespondierende Subjekt einen beliebigen Ausgang erhalten. Die zu prüfenden Situation (Bedingung, Bezeichner, Ausdruck usw.) wird in jedem Fall als wahr betrachtet. Diese Angabe ist dann notwendig, wenn die Prüfung eines bestimmten Subjektes in einem WHEN-Zusatz erforderlich ist, in einem anderen WHEN-Zusatz jedoch keine Rolle spielt und beide WHEN-Zusätze in einer einzigen EVALUATE-Anweisung vorkommen. Das nachfolgende Beispiel verdeutlicht dies.

Beispiel 4

```
EVALUATE  UMSATZ          ALSO KUNDEN-GRUPPE

    WHEN  3000 THRU 5000 ALSO 3    MOVE 2 TO RABATT

    WHEN  5001 THRU 9000 ALSO 3    MOVE 4 TO RABATT

    WHEN  9001 THRU 9999 ALSO ANY  MOVE 5 TO RABATT

END-EVALUATE
```

Erläuterung zu Beispiel 4

Im dritten WHEN-Zusatz sehen wir die Aktion MOVE 5 TO RABATT, die dann ausgeführt wird, wenn es sich um eine beliebige Kundengruppe handelt, jedoch um einen Umsatz zwischen 9001 und 9999.

Das Objekt ANY wurde also dem Subjekt Kundengruppe zugeordnet. Da das Subjekt in den anderen WHEN-Zusätzen eine Rolle spielt, konnte dieses in der EVALUATE-Anweisung nicht weggelassen werden.

Die THRU-Angabe

Die THRU-Angabe stellt eine wertvolle Einrichtung in der EVALUATE-Anweisung dar. Sie bietet dem Benutzer die Möglichkeit, sich auf einem Wertbereich in einem Bezeichner (Subjekt) zu beziehen. THRU darf nur als Objekt verwendet werden. In jedem Fall muß der Wertbereich die gleiche Datenkategorie wie die des Subjektes aufweisen.

Beispiel 5

```
EVALUATE   WARENGRUPPE        ALSO MINDESTBESTAND

   WHEN   3 THRU  5           Ø THRU 199

   WHEN   6                   Ø THRU 799

   WHEN   NOT 9 THRU  12      Ø THRU 549

          PERFORM BESTELLUNG

END-EVALUATE
```

Erläuterung zu Beispiel 5

In diesem Beispiel wird die Auflösung der EVALUATE-Anweisung noch deutlicher. Man kann die Verknüpfung zwischen den Objekten eines einzigen WHEN-Zusatzes als AND-Verknüpfung betrachten. Alle WHEN-Zusätze sind jedoch mit einer OR-Verknüpfung verknüpft. Wenn also eine Aktion in einem WHEN-Zusatz fehlt, wird die Aktion des nachfolgenden WHEN-Zusatzes angenommen.

Hier soll abhängig von der Warengruppe und vom Mindestbestand eine Bestellung ausgelöst werden. Das Objekt (3 THRU 5) ist dann wahr, wenn die Warengruppe = 3, 4 oder 5 ist. Die Formulierung NOT 9 THRU 12 schließt das Vorhandensein eines Wertes zwischen 9 und 12 (jeweils einschließlich) in der Warengruppe aus.

Beispiel 6

```
EVALUATE    A ALSO B

    WHEN   1 ALSO 2    PERFORM VERARBEITUNG-1

    WHEN   3 ALSO 4    PERFORM VERARBEITUNG-2

END-EVALUATE
```

In diesem Beispiel wird VERARBEITUNG-1 ausgeführt, wenn A = 1 und B = 2 ist, VERARBEITUNG-2 wird ausgeführt, wenn A = 3 und B = 4 ist.

Entscheidungstabellen mit EVALUATE

Entscheidungstabellen sind Hilfsmittel für die Softwareentwicklung. In einer Entscheidungstabelle mit n Bedingungen können max. bis 2 ** n Regeln vorkommen.

Beispiel 7

Bedingungen	Regeln			
	R1	R2	R3	R4
Beschäftigungszeit > 3 Jahre	J	J	N	N
Abwesenheit < 5 Tage	J	N	J	N
Aktionen				
Dienstprämie vergeben	X	X	–	–
Anwesenheitsprämie vergeben	X	–	X	–
100 DM Prämie vergeben	–	–	–	X

Legende:

J bedeutet	die Bedingung **muß** zutreffen
N bedeutet	die Bedingung **darf nicht** zutreffen
X bedeutet	die Aktion wird ausgeführt
- bedeutet	die Aktion wird **nicht** ausgeführt

Die Codierung

```
EVALUATE  BESCHAEFTIGUNGSZEIT > 3  ALSO ABWESENHEIT < 5

      WHEN  TRUE                ALSO    TRUE
            PERFORM DIENSTPRAEMIE
            PERFORM ANWESENHEITSPRAEMIE


      WHEN  TRUE                ALSO    FALSE
            PERFORM DIENSTPRAEMIE


      WHEN  FALSE               ALSO    TRUE
            PERFORM ANWESENHEITSPRAEMIE


      WHEN  FALSE               ALSO    FALSE
            PERFORM 100-DM-PRAEMIE

   END-EVALUATE
```

11. BEDINGUNGEN

Beispiel 8

In einem Programm ist die Vergabe von Rabatt und Bonus von den folgenden Bedingungen abhängig:

Bedingungen	Regeln				
	R1	R2	R3	R4	SONST
Umsatz	>5000	>5000	>9999	>9999	...
Stammkunde	J	N	J	N	...
Warengruppe < 7	J	J	N	N	...
Warengruppe >= 7	N	N	J	J	...
Aktionen					
3% Rabatt vergeben	X	–	–	X	–
5% Rabatt vergeben	–	X	X	–	–
1% Bonus vergeben	X	–	X	X	–
Rabatt und Bonus auf 0 setzen	–	–	–	–	X

Die Codierung

```
Ø1  UMSATZ               PIC 9(5).
Ø1  KUNDENSCHLUESSEL     PIC 9(1).
88  STAMMKUNDEN    VALUE 2.
Ø1  W-GR                 PIC 9(2).


EVALUATE          UMSATZ  ALSO
                  STAMMKUNDE ALSO
                  W-GR < 7   ALSO
                  W-GR >= 7  ALSO


   WHEN  5000 THRU 9999  ALSO TRUE  ALSO TRUE ALSO FALSE
         MOVE  3 TO RABATT
         MOVE  1 TO BONUS

   WHEN  5000 THRU 9999  ALSO FALSE ALSO TRUE ALSO FALSE
         MOVE  5 TO RABATT

   WHEN  9999 THRU 99999 ALSO TRUE  ALSO FALSE ALSO TRUE
         MOVE  5 TO RABATT
         MOVE  1 TO BONUS

   WHEN  9999 THRU 99999 ALSO FALSE ALSO FALSE ALSO TRUE
         MOVE  3 TO RABATT
         MOVE  1 TO BONUS

   WHEN OTHER
         MOVE  0 TO RABATT
         MOVE  0 TO BONUS

   END-EVALUATE
```

11.5 Übungen

Codieren Sie die folgenden Struktogramm-Ausschnitte!

a)

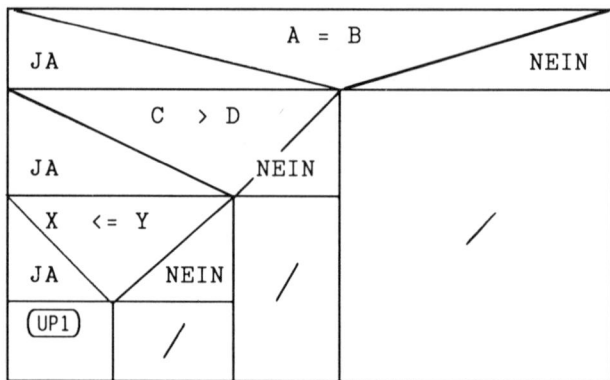

b)

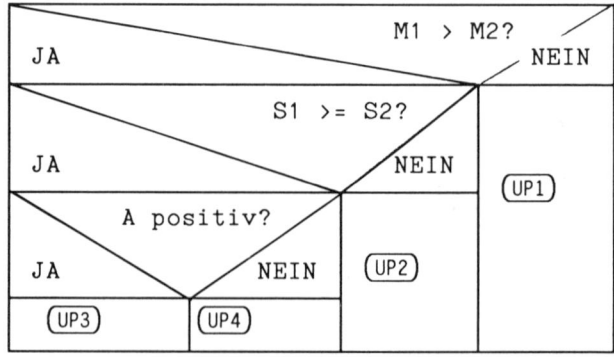

c)

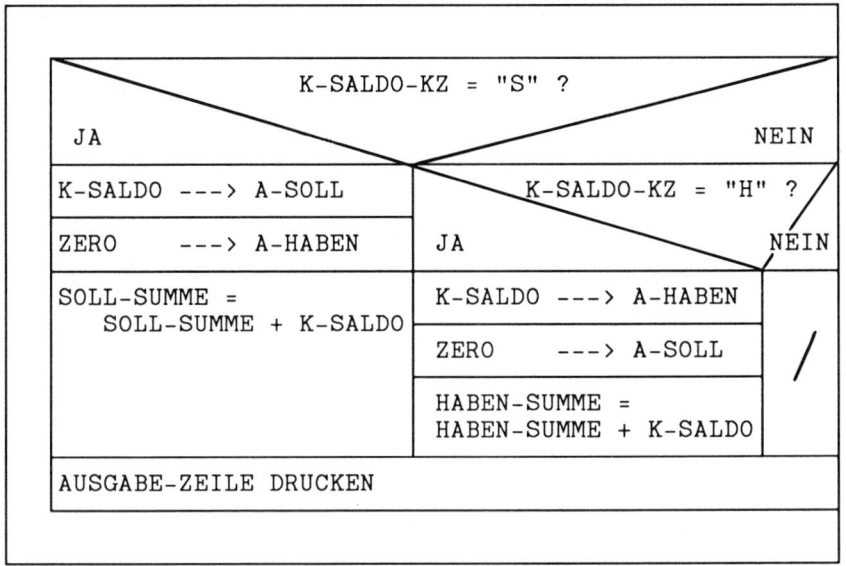

11.6 Lösungen

a)

```
IF A = B  IF C > D IF X NOT > Y THEN  PERFORM UP1.
```

oder

```
IF A = B AND C > D AND X NOT > Y THEN PERFORM UP1.
```

b)

```
IF M1 = M2 IF S1 > = S2 IF    A ·POSITIVE
                              PERFORM UP3
                              ELSE PERFORM UP4
                              END-IF
                ELSE PERFORM UP2
                END-IF
ELSE PERFORM UP1
END-IF
```

c)

```
IF K-SALDO-KZ = "S"
    MOVE K-SALDO TO A-SOLL,
    MOVE ZERO    TO A-HABEN,
    ADD  K-SALDO TO SOLL-SUMME,
ELSE IF K-SALDO-KZ = "H"
        MOVE K-SALDO TO A-HABEN,
        MOVE ZERO    TO A-SOLL,
        ADD  K-SALDO TO HABEN-SUMME
    END-IF
END-IF
WRITE AUSGABE-ZEILE
```

Programmbeispiel: DEMO11-KONTOSTAND

Aufgabenstellung

Es ist ein Programm für die Erstellung einer Kontostandliste für eine Bank zu entwickeln.

Die Verarbeitung dieses Programms umfaßt das Drucken der einzelnen Datensätze der Kontodatei, Soll- und Habenbeträge sollen jeweils getrennt aufgelistet werden. Darüber hinaus werden die Summen aller Soll- und Habenbeträge und die Differenz als Schlußzeilen am Ende der Verarbeitung ausgedruckt.

Aufbau der Kontodatei "KONTO.EIN":

Anz. Stellen	Feldverwendung
1Ø	Kontonummer
6V2	Saldo ·
1	Saldokennzeichen (S = Soll, H = Haben)

Aufbau der Kontostandliste: siehe Druckliste

Struktogramm

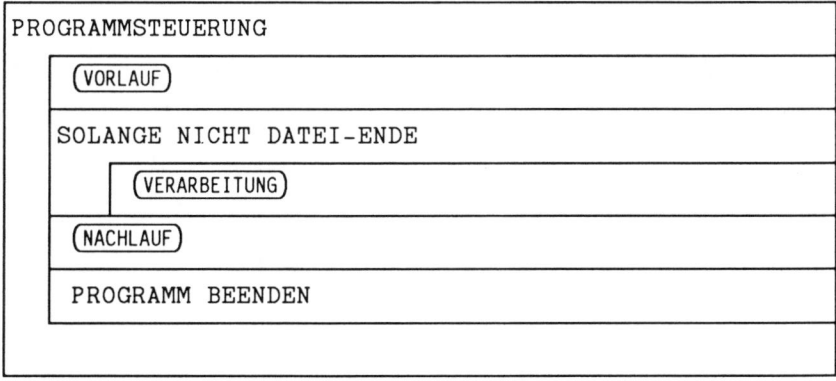

PROGRAMMSTEUERUNG

(VORLAUF)

SOLANGE NICHT DATEI-ENDE

(VERARBEITUNG)

(NACHLAUF)

PROGRAMM BEENDEN

```
┌─────────────────────────────────────────────────────────────────┐
│ VORLAUF                                                           │
│   ┌─────────────────────────────────────────────────────────┐   │
│   │ KONTO-DATEI, AUSGABE-DATEI ERÖFFNEN                       │   │
│   ├─────────────────────────────────────────────────────────┤   │
│   │ TAGES-DATUM VOM SYSTEM HOLEN                              │   │
│   ├─────────────────────────────────────────────────────────┤   │
│   │ TAGES-DATUM ---> A-DATUM                                  │   │
│   ├─────────────────────────────────────────────────────────┤   │
│   │ UEBERSCHRIFT-1 DRUCKEN                                    │   │
│   ├─────────────────────────────────────────────────────────┤   │
│   │ UEBERSCHRIFT-2 DRUCKEN                                    │   │
│   ├─────────────────────────────────────────────────────────┤   │
│   │ BLANKS --->  A-SATZ                                       │   │
│   ├─────────────────────────────────────────────────────────┤   │
│   │ A-SATZ DRUCKEN                                            │   │
│   ├─────────────────────────────────────────────────────────┤   │
│   │ (LESEN)                                                   │   │
│   └─────────────────────────────────────────────────────────┘   │
└─────────────────────────────────────────────────────────────────┘
```

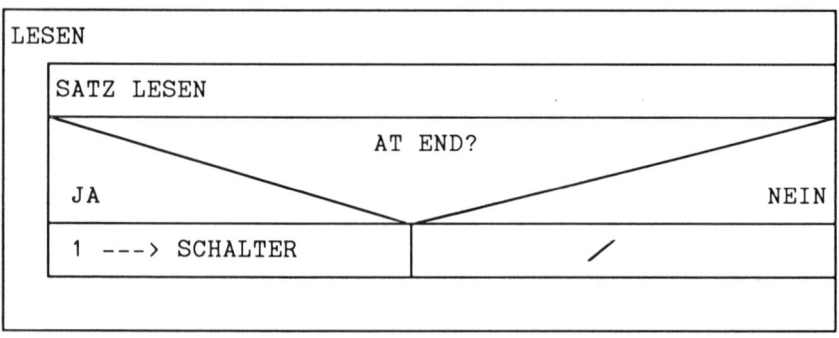

```
┌─────────────────────────────────────────────────────────────────┐
│ LESEN                                                             │
│   ┌─────────────────────────────────────────────────────────┐   │
│   │ SATZ LESEN                                                │   │
│   │ \                        AT END?                       /  │   │
│   │   \                                                  /    │   │
│   │ JA   \                                            /  NEIN │   │
│   ├─────────────────────────┬───────────────────────────────┤   │
│   │ 1 ---> SCHALTER         │              /                │   │
│   └─────────────────────────┴───────────────────────────────┘   │
└─────────────────────────────────────────────────────────────────┘
```

```
┌─────────────────────────────────────────────────────────────────┐
│ VERARBEITUNG                                                      │
│  ┌──────────────────────────────────────────────────────────┐   │
│  │ K-KONTO-NR ---> A-KONTO-NR                                 │   │
│  ├──────────────────────────────────────────────────────────┤   │
│  │                  K-SALDO-KZ = "S" ?                        │   │
│  │   JA                                            NEIN       │   │
│  ├─────────────────────────┬────────────────────────────────┤   │
│  │ K-SALDO ---> A-SOLL      │      K-SALDO-KZ = "H" ?         │   │
│  ├─────────────────────────┤                                 │   │
│  │ ZERO    ---> A-HABEN     │  JA                     NEIN    │   │
│  ├─────────────────────────┼──────────────────────────┬──────┤   │
│  │ SOLL-SUMME =             │ K-SALDO ---> A-HABEN     │      │   │
│  │    SOLL-SUMME + K-SALDO  ├──────────────────────────┤      │   │
│  │                          │ ZERO    ---> A-SOLL      │  /   │   │
│  │                          ├──────────────────────────┤      │   │
│  │                          │ HABEN-SUMME =            │      │   │
│  │                          │ HABEN-SUMME + K-SALDO    │      │   │
│  ├──────────────────────────────────────────────────────────┤   │
│  │ AUSGABE-ZEILE DRUCKEN                                      │   │
│  ├──────────────────────────────────────────────────────────┤   │
│  │ ( LESEN )                                                  │   │
│  └──────────────────────────────────────────────────────────┘   │
│                                                                   │
└─────────────────────────────────────────────────────────────────┘
```

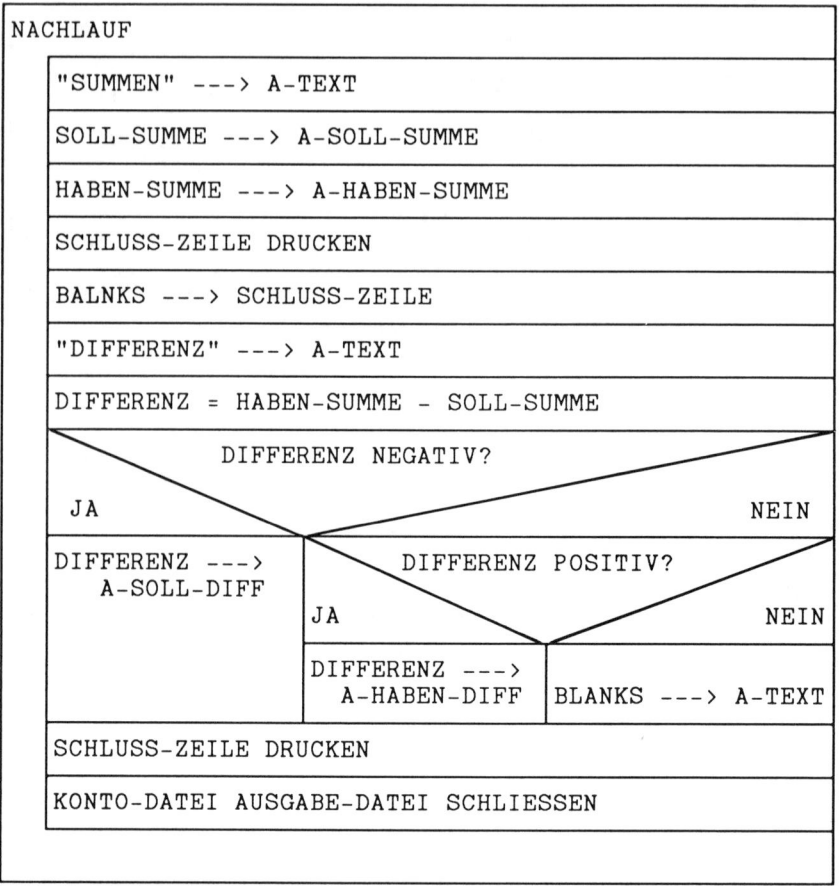

```
NACHLAUF
    "SUMMEN" ---> A-TEXT
    SOLL-SUMME ---> A-SOLL-SUMME
    HABEN-SUMME ---> A-HABEN-SUMME
    SCHLUSS-ZEILE DRUCKEN
    BALNKS ---> SCHLUSS-ZEILE
    "DIFFERENZ" ---> A-TEXT
    DIFFERENZ = HABEN-SUMME - SOLL-SUMME
                    DIFFERENZ NEGATIV?
      JA                                        NEIN
    DIFFERENZ --->        DIFFERENZ POSITIV?
      A-SOLL-DIFF
                      JA                         NEIN
                    DIFFERENZ --->
                      A-HABEN-DIFF   BLANKS ---> A-TEXT
    SCHLUSS-ZEILE DRUCKEN
    KONTO-DATEI AUSGABE-DATEI SCHLIESSEN
```

Programmlisting:

```
 1 IDENTIFICATION DIVISION.
 2 PROGRAM-ID.        DEMO11-KONTOSTAND.
 3 AUTHOR.            R. HABIB.
 4 DATE-WRITTEN.      12-08-1987.
 5 DATE-COMPILED. 28-Aug-87 15:34.
 6*
 7* PROGRAMMFUNKTION:
 8*
 9* DAS PROGRAMM ERSTELLT EINE ÜBERSICHTSLISTE FÜR
10* DEN KONTOSTAND DER BANKKUNDEN.
11*
12*
13 ENVIRONMENT DIVISION.
14 CONFIGURATION SECTION.
15 SOURCE-COMPUTER.  IBM-PC.
16 OBJECT-COMPUTER.  IBM-PC.
17 SPECIAL-NAMES.
18     DECIMAL-POINT IS COMMA.
19 INPUT-OUTPUT SECTION.
20 FILE-CONTROL.
21
22     SELECT  KONTO        ASSIGN TO "KONTO.EIN",
23             ORGANIZATION IS LINE SEQUENTIAL.
24
25     SELECT  AUSGABE ASSIGN TO "KONTO.AUS".
26*---------------------------------------------*
27 DATA DIVISION.
28 FILE SECTION.
29 FD  KONTO.
30 01  K-SATZ.
31     05 K-KONTO-NR      PIC X(10).
32     05 K-SALDO         PIC 9(6)V99.
33     05 K-SALDO-KZ      PIC X.
34
35 FD  AUSGABE.
36 01  A-SATZ            PIC X(56).
37*---------------------------------------------*
38 WORKING-STORAGE SECTION.
```

```
39 01  UEBERSCHRIFT-1.
40      05 FILLER            PIC X(8) VALUE SPACE.
41      05 FILLER            PIC X(20) VALUE
42      "KONTOSTAND VOM ".
43      05 A-DATUM.
44         10 TAG            PIC 99.
45         10 FILLER         PIC X VALUE ".".
46         10 MONAT          PIC 99.
47         10 FILLER         PIC XXX VALUE ".19".
48         10 JAHR           PIC 99.
49
50 01  UEBERSCHRIFT-2.
51      05 FILLER            PIC X(26) VALUE
52      "KONTO-NR.".
53      05 FILLER            PIC X(14) VALUE
54      "SOLL".
55      05 FILLER            PIC X(10) VALUE
56      "HABEN".
57
58 01  AUSGABE-ZEILE.
59      05 A-KONTO-NR        PIC X(10).
60      05 FILLER            PIC X(10).
61      05 A-SOLL            PIC ZZZ.ZZZ,ZZ.
62      05 FILLER            PIC X(05).
63      05 A-HABEN           PIC ZZZ.ZZZ,ZZ.
64
65 01  SCHLUSS-ZEILE.
66      05 A-TEXT            PIC X(18).
67      05 A-SOLL-SUMME      PIC Z.ZZZ.ZZ9,99.
68      05 A-SOLL-DIFF REDEFINES A-SOLL-SUMME
69                          PIC -.---.---,--.
70      05 FILLER            PIC X(03).
71      05 A-HABEN-SUMME     PIC Z.ZZZ.ZZ9,99.
72      05 A-HABEN-DIFF REDEFINES A-HABEN-SUMME
73                          PIC +.+++.+++,++.
74
75 01  TAGES-DATUM.
76      05  JAHR             PIC 99.
77      05  MONAT            PIC 99.
78      05  TAG              PIC 99.
```

```
79
80 01  SOLL-SUMME        PIC 9(7)V99 VALUE Ø.
81 01  HABEN-SUMME       PIC 9(7)V99 VALUE Ø.
82 01  DIFFERENZ         PIC 9(7)V99 VALUE Ø.
83
84 01  SCHALTER          PIC 9 VALUE Ø.
85 88  DATEI-ENDE        VALUE 1.
86*----------------------------------------------------*
87 PROCEDURE DIVISION.
88 PROGRAMM-STEUERUNG SECTION.
89 PR-1000.
90     PERFORM VORLAUF.
91     PERFORM VERARBEITUNG UNTIL DATEI-ENDE.
92     PERFORM NACHLAUF.
93 PR-9999.
94     STOP RUN.
95*----------------------------------------------------*
96 VORLAUF SECTION.
97 VOR-1000.
98     OPEN INPUT KONTO OUTPUT AUSGABE.
99     ACCEPT TAGES-DATUM FROM DATE.
100    MOVE CORR TAGES-DATUM TO A-DATUM.
101    WRITE A-SATZ FROM UEBERSCHRIFT-1 AFTER PAGE.
102    WRITE A-SATZ FROM UEBERSCHRIFT-2 AFTER 2.
103    MOVE SPACE TO A-SATZ.
104    WRITE A-SATZ AFTER 1.
105    PERFORM LESEN.
106 VOR-9999.
107    EXIT.
108*----------------------------------------------------*
109 VERARBEITUNG SECTION.
110 VER-1000.
111    MOVE K-KONTO-NR TO A-KONTO-NR.
112
113    EVALUATE  K-SALDO-KZ
114       WHEN   "S"
115            MOVE K-SALDO TO A-SOLL,
116            MOVE ZERO    TO A-HABEN,
117            ADD  K-SALDO TO SOLL-SUMME,
118       WHEN   "H"
```

```
119                    MOVE K-SALDO TO A-HABEN,
120                    MOVE ZERO    TO A-SOLL,
121                    ADD  K-SALDO TO HABEN-SUMME
122          END-EVALUATE
123
124          WRITE A-SATZ FROM AUSGABE-ZEILE  AFTER 1.
125
126          PERFORM LESEN.
127 VER-9999.
128          EXIT.
129*-------------------------------------------------*
130 NACHLAUF SECTION.
131 NAC-1000.
132          MOVE "SUMMEN" TO A-TEXT.
133          MOVE SOLL-SUMME TO A-SOLL-SUMME.
134          MOVE HABEN-SUMME TO A-HABEN-SUMME.
135          WRITE A-SATZ FROM SCHLUSS-ZEILE  AFTER 3.
136
137          MOVE SPACE TO SCHLUSS-ZEILE.
138          MOVE "DIFFERENZ" TO A-TEXT.
139          SUBTRACT SOLL-SUMME FROM HABEN-SUMME
140                  GIVING DIFFERENZ.
141
142          IF DIFFERENZ NEGATIVE
143             MOVE DIFFERENZ TO A-SOLL-DIFF
144          ELSE IF DIFFERENZ POSITIVE
145                  MOVE DIFFERENZ TO A-HABEN-DIFF
146             ELSE MOVE SPACE TO A-TEXT.
147
148          WRITE A-SATZ FROM SCHLUSS-ZEILE  AFTER 2.
149          CLOSE KONTO, AUSGABE.
150 NAC-9999.
151          EXIT.
152*-------------------------------------------------*
153 LESEN SECTION.
154 LES-1000.
155          READ KONTO AT END  MOVE 1 TO SCHALTER.
156 LES-9999.
157          EXIT.
```

Testdaten "KONTO.EIN":

```
1234567890|00050000|S
2222222222|00050000|H
3333333333|00040000|H
4444444444|00030000|H
8888888888|00020000|S
5656565656|01060000|S
9999999999|01000000|H
2525252525|03500001|H
3232323232|20000000|H
9898989898|08000000|S
```

Druckliste "KONTO.AUS":

```
        KONTOSTAND VOM      12.05.1980


KONTO-NR.                SOLL           HABEN

1234567890             500,00
2222222222                            500,00
3333333333                            400,00
4444444444                            300,00
8888888888             200,00
5656565656          10.600,00
9999999999                         10.000,00
2525252525                         35.000,01
3232323232                        200.000,00
9898989898          80.000,00
SUMMEN              91.300,00     246.200,01

DIFFERENZ                        +154.900,01
```

361

12. COPY-BIBLIOTHEK

COPY-Anweisung

Wirkung

Mit Hilfe der COPY-Anweisung können bereits erstellte Programmteile in einem COBOL-Quellprogramm kopiert werden.

```
┌─ Format ─────────────────────────────────────────────────────┐
│                                                               │
│   COPY  ┌Textname              ┐                              │
│         {Dateinamen-Literal    }                              │
│         └                      ┘                              │
│                                                               │
│         ┌                                                ┐    │
│         │ ┌OF┐ ┌Bibliotheksname              ┐           │    │
│         │ {IN} {Bibliotheksnamen-Literal     }           │    │
│         │ └  ┘ └                             ┘           │    │
│         └                                                ┘    │
│   [SUPPRESS]                                                  │
│   ┌                                                       ┐   │
│   │          ┌Bezeichner-1      ┐    ┌Bezeichner-2      ┐ │   │
│   │REPLACING │Literal-1         │    │Literal-2         │ │...│
│   │          │Wort-1            │ BY │Wort-2            │ │   │
│   │          └==pseudo-Text-1== ┘    └==pseudo-Text-2== ┘ │   │
│   └                                                       ┘   │
│                                                               │
└───────────────────────────────────────────────────────────────┘
```

Erläuterung

Die COPY-Anweisung kann in jeder DIVISION des COBOL-Programms eingesetzt werden. Der Einsatz der COPY-Anweisung erspart uns die mehrmalige Erstellung gleicher oder ähnlicher Programmteile. Solche Teile wie z.B. Satzstrukturen oder Dateidefinitionen brauchen nur ein einziges Mal erstellt zu werden, sie können dann mit Hilfe der COPY-Anweisung in jedem weiteren Progamm kopiert werden.

Textname ist der externe Name einer Datei, die das COPY-Element beinhaltet.

Der Name ist nach den allgemeinen Regeln für Dateinamen unter dem Betriebssystem DOS zu bilden. Er kann mit oder ohne Dateierweiterung angegeben werden.

Beispiel 1

Ausschnitt aus einem Programm:

```
        .
        .
    FD UMSAETZE.
    COPY    "U-SATZ.CPY".
    FD AUSGABE.
        .
        .
```

Nach der Übersetzung wird der Inhalt des COPY-Elementes im Quellprogramm nach der COPY-Anweisung eingefügt und das Übersetzungsprotokoll weist den folgenden Inhalt auf:

```
FD UMSAETZE.
COPY    "U-SATZ.CPY".
01   U-SATZ.
        05 U-VERTRETER-NR    PIC X(4).
        05 U-SOLL-MENGE      PIC 9(3).
        05 U-SOLL-UMSATZ     PIC 9(6).
        05 U-IST-MENGE       PIC 9(3).
        05 U-IST-UMSATZ      PIC 9(6).
FD AUSGABE.
```

Beispiel 2

Wenn ein Name ohne Dateierweiterung angegeben wird, sucht der Compiler automatisch nach einem der folgenden Namen in der angegebenen Reihenfolge:

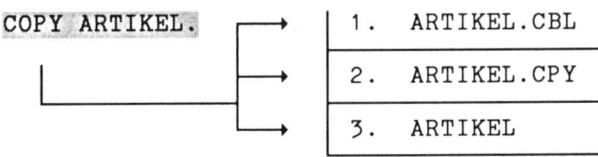

Beispiel 3

Dem Textnamen kann auch die Laufwerkbezeichnung vorangestellt werden, in diesem Fall wird das COPY-Element gezielt auf dem angegebenen Laufwerk gesucht.

```
COPY A:TEILE.SAT
```

Wenn ein Literal verwendet wird, so muß dieses ein alphanumerisches Literal sein. Der Inhalt des Literals ist der externe Name des zu kopierenden COPY-Elementes.

Beispiel 4

```
COPY "B:RECHEN.DEF"
```

COPY-Bibliotheken

Der Compiler PROFESSIONAL COBOL/2 erlaubt zusätzlich den Aufbau von COPY-Bibliotheken. Mit Hilfe des Zusatzes IN/OF kann man sich auf eine bestimmte Bibliothek beziehen, aus der das COPY-Element zu kopieren ist. COPY-Bibliotheken können in PROFESSIONAL COBOL/2 mit der F7-Taste aus dem Hauptmenü generiert werden.

Beispiel 5

Das COPY-Element mit dem Namen "A-SATZ-1.DEF" wird aus der Bibliothek "SATZ-DEF.LIB" kopiert.

```
COPY "A-SATZ-1.DEF" IN "SATZ-DEF.LIB".
```

Beispiel 6

Will man praxisgerecht hinsichtlich der Auslagerung von COPY-Dateien gewissermaßen "Ordnung schaffen", so ist das problemlos zu realisieren, indem z.B. die COPY-Dateien in Subdirectory oder in COPY-Bibliotheken aufbewahrt werden. Sowohl beim Textnamen als auch beim Bibliotheksnamen ist die Angabe einer Laufwerksbezeichnung und/oder eines Pfadnamens erlaubt.

Folgende Möglichkeiten zeigen, was in PROFESSIONAL COBOL/2 möglich
ist:

```
COPY  COPY-DAT  IN  COPYBIB.

COPY  "COPY-DAT"  IN  "COPYBIB".

COPY  "COPY-DAT"  IN  "A:COPYBIB".

COPY  COPY-DAT  IN  "A:".

COPY  "A:COPY-DAT".

COPY  "\COPY-DAT".

COPY  "B:\SUBDIREC\COPY-DAT".

COPY  "B:\SUBDIREC\COPY-DAT".

COPY  \SUBDIREC\COPY-DAT.

COPY  COPY-DAT IN  "\SUBDIREC\COPYBIB".

COPY  COPY-DAT IN "A:\SUBDIREC\COPYBIB".

COPY  COPY-DAT IN  "\SUBDIREC\".
```

Der REPLACING-Zusatz

Der REPLACING-Zusatz erlaubt die Änderung eines Wortes im COPY-
Element, bevor dieses im Quellprogramm kopiert wird. Die Änderungen
werden nur in den erzeugten Kopien durchgeführt, so daß das COPY-Element für nachfolgende COPY-Operationen unverändert bleibt.

12. COPY-BIBLIOTHEK

Beispiel 7

Das folgende COPY-Element beinhaltet Definitionen für die Aufbereitung des Tagesdatums und soll daher im laufenden Programmm kopiert werden.

Inhalt des COPY-Elementes "DAT-DEF.CPY"

```
Ø1   TAGES-DATUM.
     Ø5  JAHR            PIC 99.
     Ø5  MONAT           PIC 99.
     Ø5  TAG             PIC 99.
Ø1   DRUCK-DATUM.
     1Ø  TAG             PIC 99.
     1Ø  FILLER          PIC X VALUE ".".
     1Ø  MONAT           PIC 99.
     1Ø  FILLER          PIC X VALUE ".".
     1Ø  JAHR            PIC 99.
```

.
.
.

```
WORKING-STORAGE SECTION.
COPY "DAT-DEF.CPY"
     REPLACING DRUCK-DATUM BY AUSGABE-DATUM-1
               "."          BY    "-"
               TAG          BY    TT.
```

Inhalt des Übersetzungsprotokolls

```
Ø1   TAGES-DATUM.
     Ø5  JAHR            PIC 99.
     Ø5  MONAT           PIC 99.
     Ø5  TT              PIC 99.
Ø1   AUSGABE-DATUM-1
     1Ø  TT              PIC 99.
     1Ø  FILLER          PIC X VALUE "-".
     1Ø  MONAT           PIC 99.
     1Ø  FILLER          PIC X VALUE "-".
     1Ø  JAHR            PIC 99.
```

368

In den REPLACING-Zusatz können die folgenden Elemente angegeben werden:

- ein Bezeichner   wie z.b. GESAMT-SOLL,

- ein COBOL-Wort   wie z.b: READ,

- ein Literal   wie z.b. "SOLL-IST-VERGLEICH"

- ein Pseudotext:

Ein Pseudotext ist eine Folge aus mehreren Worten und/oder Interpunktionszeichen, die in zwei aufeinanderfolgenden Gleichheitszeichen (= =) eingeschlossen werden müssen, wie z.b.

```
== MOVE "SUMMEN" TO A-VERTRETER-NR ==.
```

Dabei darf der zu ersetzende Pseudotext-1 nicht nur aus einer Null-Kette (= = = =), aus Leerzeichen (= =   = =) oder aus Kommentarzeilen bestehen. Als Pseudotext-2 kann jedoch alles angegeben werden. Beim Vergleichsvorgang, um den Pseudotext-1 im COPY-Element zu finden, spielen Leerzeichen am Anfang und am Ende des angegebenen Pseudotextes keine Rolle. Leerzeichen zwischen den Worten müssen jedoch übereinstimmen.

Die SUPPRESS-Angabe

Auch hier erweist sich die Anwendung des Wortes SUPPRESS als sinnvoll, wenn Zeit bei der Übersetzung gespart werden soll. Es bewirkt nämlich, daß das angeforderte COPY-Element nicht im Übersetzungsprotokoll aufgelistet oder ausgedruckt wird. Das COPY-Element ist aber wohl Bestandteil des Objektprogramms.

Programmbeispiel:
DEMO12-VERTRIEBS-SOLL-IST-VERGLEICH

Aufgabenstellung

Für die Erfolgskontrolle im Vertrieb soll ein SOLL-IST-Vergleich für die Handelsvertreter erstellt werden.

Im SOLL-IST-Vergleich sollen die Mengen- und Umsatzabweichungen dargestellt werden.

Als Endkontrolle für den Vertrieb soll ebenfalls die Abweichung vom gesamten Soll aller Handelsvertreter dargestellt werden.

Abweichungen werden in % im Verhältnis zum Soll ausgedrückt.

Aufbau der Umsatzdatei "UMSAETZE.EIN":

Anz. Stellen	Feldverwendung
4	Vertreternummer
3	Soll-Menge
6	Soll-Umsatz
3	Ist-Menge
6	Ist-Umsatz

Die Satzdefinition ist in einem COPY-Element unter dem Namen "U-SATZ.CPY" vorhanden.

Aufbau des SOLL-IST-Vergleichs: siehe Druckliste

Struktogramm

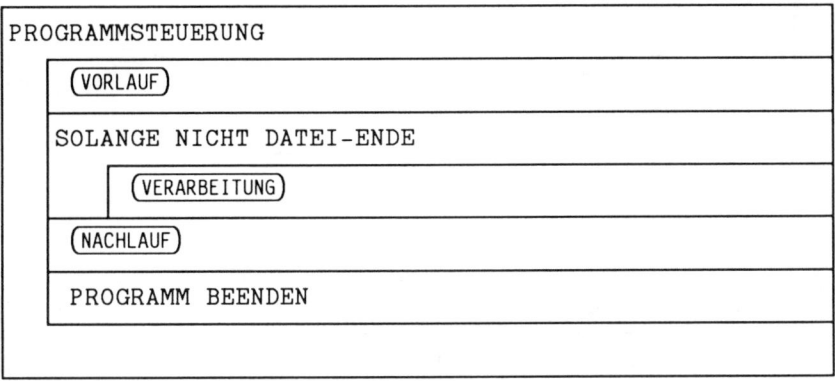

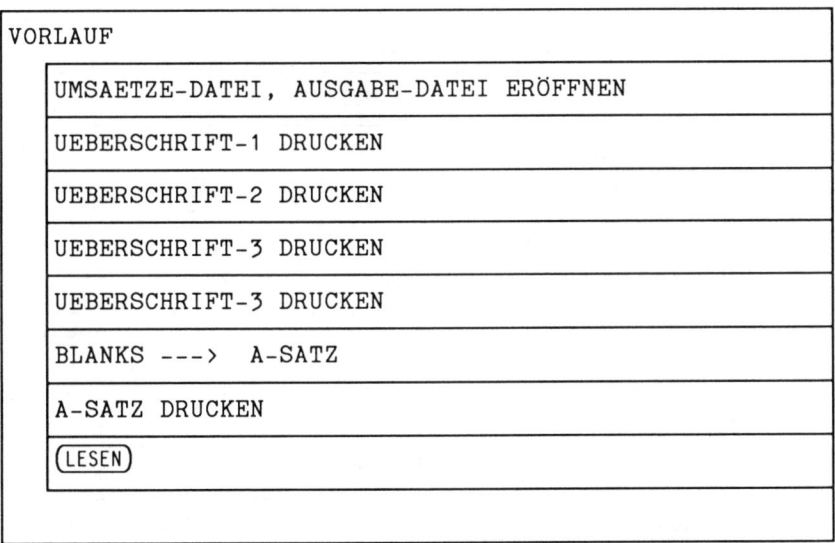

```
┌─────────────────────────────────────────────────────────────────┐
│ LESEN                                                             │
│  ┌──────────────────────────────────────────────────────────┐    │
│  │ SATZ LESEN                                                 │    │
│  │                       AT END?                              │    │
│  │    JA                                              NEIN     │    │
│  │  ┌───────────────────────────┬──────────────────────────┐ │    │
│  │  │ 1 ---> SCHALTER           │                          │ │    │
│  │  └───────────────────────────┴──────────────────────────┘ │    │
│  └──────────────────────────────────────────────────────────┘    │
└─────────────────────────────────────────────────────────────────┘

┌─────────────────────────────────────────────────────────────────┐
│ VERARBEITUNG                                                      │
│  ┌──────────────────────────────────────────────────────────┐    │
│  │ U-VERTRETER-NR ---> A-VERTRETER-NR                         │    │
│  ├──────────────────────────────────────────────────────────┤    │
│  │ U-SOLL-MENGE    ---> A-SOLL-MENGE                          │    │
│  ├──────────────────────────────────────────────────────────┤    │
│  │ U-SOLL-UMSATZ  ---> A-SOLL-UMSATZ                          │    │
│  ├──────────────────────────────────────────────────────────┤    │
│  │ U-IST-MENGE     ---> A-IST-MENGE                           │    │
│  ├──────────────────────────────────────────────────────────┤    │
│  │ U-IST-UMSATZ  ---> A-IST-UMSATZ                            │    │
│  ├──────────────────────────────────────────────────────────┤    │
│  │ MENGEN-DIFFERENZ = U-IST-MENGE - SOLL-MENGE                │    │
│  ├──────────────────────────────────────────────────────────┤    │
│  │ A-ABWEICH-MENGE = MENGEN-DIFFERENZ / U-SOLL-MENGE          │    │
│  │                   * 100.                                   │    │
│  ├──────────────────────────────────────────────────────────┤    │
│  │ UMSATZ-DIFFERENZ = U-IST-UMSATZ - U-SOLL-UMSATZ            │    │
│  ├──────────────────────────────────────────────────────────┤    │
│  │ A-ABWEICH-UMSATZ = UMSATZ-DIFFERENZ / U-SOLL-UMSATZ        │    │
│  │                    * 100.                                  │    │
│  ├──────────────────────────────────────────────────────────┤    │
│  │ AUSGABE-ZEILE DRUCKEN                                      │    │
│  ├──────────────────────────────────────────────────────────┤    │
│  │ GES-SOLL-MENGE = GES-SOLL-MENGE + U-SOLL-MENGE             │    │
│  ├──────────────────────────────────────────────────────────┤    │
│  │ GES-SOLL-UMSATZ = GES-SOLL-UMSATZ + U-SOLL-UMSATZ          │    │
│  ├──────────────────────────────────────────────────────────┤    │
│  │ GES-IST-MENGE = GES-IST-MENGE + U-IST-MENGE                │    │
│  ├──────────────────────────────────────────────────────────┤    │
│  │ GES-IST-UMSATZ = GES-IST-UMSATZ + U-IST-UMSATZ             │    │
│  ├──────────────────────────────────────────────────────────┤    │
│  │ (LESEN)                                                    │    │
│  └──────────────────────────────────────────────────────────┘    │
└─────────────────────────────────────────────────────────────────┘
```

```
NACHLAUF

    "SUMMEN" ---> A-VERTRETER-NR

    GES-SOLL-MENGE    ---> A-SOLL-MENGE

    GES-SOLL-UMSATZ   ---> A-SOLL-UMSATZ

    GES-IST-MENGE     ---> A-IST-MENGE

    GES-IST-UMSATZ    ---> A-IST-UMSATZ

    MENGEN-DIFFERENZ = GES-IST-MENGE - GES-SOLL-MENGE

    A-ABWEICH-MENGE = MENGEN-DIFFERENZ / GES-SOLL-MENGE
                      * 100.

    UMSATZ-DIFFERENZ = GES-IST-UMSATZ - GES-SOLL-UMSATZ

    A-ABWEICH-UMSATZ=UMSATZ-DIFFERENZ / GES-SOLL-UMSATZ
                      * 100.

    SCHLUSS-ZEILE DRUCKEN

    AUSGABE-ZEILE DRUCKEN

    KONTO-DATEI AUSGABE-DATEI SCHLIESSEN
```

Programmlisting:

```
 1 IDENTIFICATION DIVISION.
 2 PROGRAM-ID. DEMO12 VERTRIEBS-SOLL-IST-VERGLEICH.
 3 AUTHOR.            R. HABIB.
 4 DATE-WRITTEN.      12-08-1987.
 5 DATE-COMPILED. 29-Aug-87 08:30.
 6 REMARKS.
 7
 8 |PROGRAMMFUNKTION:
 9 |
10 |DIESES PROGRAMM STELLT DIE ABWEICHUNG BEIM
11 |SOLL-IST-VERGLEICH FÜR DIE VERTRETERUMSÄTZE DAR
12 |
13 |
14 ENVIRONMENT DIVISION.
15 CONFIGURATION SECTION.
16 SOURCE-COMPUTER.  IBM-PC.
17 OBJECT-COMPUTER.  IBM-PC.
18 SPECIAL-NAMES.
19     DECIMAL-POINT IS COMMA.
20 INPUT-OUTPUT SECTION.
21 FILE-CONTROL.
22
23
24     SELECT  UMSAETZE    ASSIGN TO "UMSAETZE.EIN",
25               ORGANIZATION IS LINE SEQUENTIAL.
26
27     SELECT  AUSGABE     ASSIGN TO "UMSAETZE.AUS".
28*-------------------------------------------------*
29 DATA DIVISION.
30 FILE SECTION.
31 FD  UMSAETZE.
32 COPY   "U-SATZ.CPY" IN "\PROCOB\".
33 01  U-SATZ.
34     05 U-VERTRETER-NR   PIC X(4).
35     05 U-SOLL-MENGE     PIC 9(3).
36     05 U-SOLL-UMSATZ    PIC 9(6).
37     05 U-IST-MENGE      PIC 9(3).
38     05 U-IST-UMSATZ     PIC 9(6).
```

```
39
40 FD   AUSGABE.
41 01   A-SATZ              PIC X(56).
42*--------------------------------------------------*
43 WORKING-STORAGE SECTION.
44 01   UEBERSCHRIFT-1.
45      05 FILLER          PIC X(56) VALUE
46 "ABWEICHUNG BEIM SOLL-IST-VERGLEICH JE VERTRETER".
47
48 01   UEBERSCHRIFT-2.
49      05 FILLER          PIC X(38) VALUE
50      "V-NR.    SOLL                IST        ".
51      05 FILLER          PIC X(16) VALUE
52      "  ABWEICHUNG ".
53
54 01   UEBERSCHRIFT-3.
55      05 FILLER          PIC X(38) VALUE
56      "   MENGE   UMSATZ  MENGE     UMSATZ".
57      05 FILLER          PIC X(i6) VALUE
58      "  MENGE   UMSATZ".
59
60 01   UEBERSCHRIFT-4.
61      05 FILLER          PIC X(38) VALUE
62      "      ST.      DM   ST.         DM".
63      05 FILLER          PIC X(16) VALUE
64      "     %        %".
65
66 01   AUSGABE-ZEILE.
67      05 A-VERTRETER-NR  PIC X(5).
68      05 FILLER          PIC X(1).
69      05 A-SOLL-MENGE     PIC ZZZZ.
70      05 FILLER          PIC X(3).
71      05 A-SOLL-UMSATZ    PIC Z(7).
72      05 FILLER          PIC X(03).
73      05 A-IST-MENGE      PIC ZZZZ.
74      05 FILLER          PIC X(3).
75      05 A-IST-UMSATZ     PIC Z(7).
76      05 FILLER          PIC X(02).
```

```
77      05 A-ABWEICH-MENGE   PIC +++9,9
78                          BLANK WHEN ZERO.
79      05 FILLER            PIC X(2).
80      05 A-ABWEICH-UMSATZ PIC +++9,9
81                          BLANK WHEN ZERO.
82  01  SCHLUSS-ZEILE.
83      05 FILLER            PIC X(6).
84      05 FILLER            PIC X(31) VALUE ALL "=".
85
86  01  GES-SOLL-MENGE       PIC S9(7)     VALUE 0.
87  01  GES-SOLL-UMSATZ      PIC S9(7)V99 VALUE 0.
88  01  GES-IST-MENGE        PIC S9(7)     VALUE 0.
89  01  GES-IST-UMSATZ       PIC S9(7)V99 VALUE 0.
90  01  MENGEN-DIFFERENZ     PIC S9(5)     VALUE 0.
91  01  UMSATZ-DIFFERENZ     PIC S9(7)V99 VALUE 0.
92
93  01  SCHALTER             PIC 9 VALUE 0.
94  88  DATEI-ENDE           VALUE 1.
95*-------------------------------------------------*
96 PROCEDURE DIVISION.
97 PROGRAMM-STEUERUNG SECTION.
98 PR-1000.
99      PERFORM VORLAUF.
100     PERFORM VERARBEITUNG UNTIL DATEI-ENDE.
101     PERFORM NACHLAUF.
102 PR-9999.
103     STOP RUN.
104*-------------------------------------------------*
105 VORLAUF SECTION.
106 VOR-1000.
107     OPEN INPUT UMSAETZE OUTPUT AUSGABE.
108
109     WRITE A-SATZ FROM UEBERSCHRIFT-1 AFTER PAGE.
110     WRITE A-SATZ FROM UEBERSCHRIFT-2 AFTER 2.
111     WRITE A-SATZ FROM UEBERSCHRIFT-3 AFTER 1.
112     WRITE A-SATZ FROM UEBERSCHRIFT-4 AFTER 1.
113     MOVE SPACE TO A-SATZ.
114     WRITE A-SATZ AFTER 1.
115     PERFORM LESEN.
```

```
116 VOR-9999.
117     EXIT.
118*-------------------------------------------------*
119 VERARBEITUNG SECTION.
120 VER-1000.
121     MOVE U-VERTRETER-NR TO A-VERTRETER-NR.
122     MOVE U-SOLL-MENGE   TO A-SOLL-MENGE.
123     MOVE U-SOLL-UMSATZ  TO A-SOLL-UMSATZ.
124     MOVE U-IST-MENGE    TO A-IST-MENGE.
125     MOVE U-IST-UMSATZ   TO A-IST-UMSATZ.
126
127     SUBTRACT U-SOLL-MENGE FROM U-IST-MENGE
128             GIVING MENGEN-DIFFERENZ.
129
130     COMPUTE A-ABWEICH-MENGE =
131         MENGEN-DIFFERENZ / U-SOLL-MENGE * 100.
132
133     SUBTRACT U-SOLL-UMSATZ FROM U-IST-UMSATZ
134             GIVING UMSATZ-DIFFERENZ.
135
136     COMPUTE A-ABWEICH-UMSATZ =
137         UMSATZ-DIFFERENZ / U-SOLL-UMSATZ * 100.
138
139     WRITE A-SATZ FROM AUSGABE-ZEILE  AFTER 1.
140
141     ADD U-SOLL-MENGE    TO GES-SOLL-MENGE.
142     ADD U-SOLL-UMSATZ   TO GES-SOLL-UMSATZ.
143     ADD U-IST-MENGE     TO GES-IST-MENGE.
144     ADD U-IST-UMSATZ    TO GES-IST-UMSATZ.
145
146     PERFORM LESEN.
147 VER-9999.
148     EXIT.
149*-------------------------------------------------*
150 NACHLAUF SECTION.
151 NAC-1000.
152     MOVE "SUMMEN" TO A-VERTRETER-NR.
153
154     MOVE GES-SOLL-MENGE    TO A-SOLL-MENGE.
```

```
155      MOVE GES-SOLL-UMSATZ   TO A-SOLL-UMSATZ.
156      MOVE GES-IST-MENGE     TO A-IST-MENGE.
157      MOVE GES-IST-UMSATZ    TO A-IST-UMSATZ.
158
159      SUBTRACT GES-SOLL-MENGE FROM GES-IST-MENGE
160             GIVING MENGEN-DIFFERENZ.
161      COMPUTE A-ABWEICH-MENGE =
162          MENGEN-DIFFERENZ / GES-SOLL-MENGE * 100.
163
164      SUBTRACT GES-SOLL-UMSATZ FROM GES-IST-UMSATZ
165             GIVING UMSATZ-DIFFERENZ.
166      COMPUTE A-ABWEICH-UMSATZ =
167          UMSATZ-DIFFERENZ / GES-SOLL-UMSATZ * 100.
168
169      WRITE A-SATZ FROM SCHLUSS-ZEILE  AFTER 1.
170      WRITE A-SATZ FROM AUSGABE-ZEILE  AFTER 2.
171      CLOSE UMSAETZE, AUSGABE.
172 NAC-9999.
173      EXIT.
174*-------------------------------------------------*
175 LESEN SECTION.
176 LES-1000.
177      READ UMSAETZE AT END  MOVE 1 TO SCHALTER.
178 LES-9999.
179      EXIT.
```

Testdaten "UMSAETZE.EIN":

```
1111200100000300200000
2222200800000220700000
3333400820000800820000
4444500200000300500000
5555200500000300800000
6666300500000300600000
7777400450000200555000
8888500500000770400000
9999900600000700200000
```

Druckliste "UMSAETZE.AUS":

```
ABWEICHUNG BEIM SOLL-IST-VERGLEICH JE VERTRETER
```

V-NR.	SOLL		IST		ABWEICHUNG	
	MENGE	UMSATZ	MENGE	UMSATZ	MENGE	UMSATZ
	ST.	DM	ST.	DM	%	%
1111	200	100000	300	200000	+50,0	+100,0
2222	200	800000	220	700000	+10,0	-12,5
3333	400	820000	800	820000	+100,0	
4444	500	200000	300	500000	-40,0	+150,0
5555	200	500000	300	800000	+50,0	+60,0
6666	300	500000	300	600000		+20,0
7777	400	450000	200	555000	-50,0	+23,3
8888	500	500000	770	400000	+54,0	-20,0
9999	900	600000	700	200000	-22,2	-66,6
=====	=====	=======	=====	=======	=====	=====
SUMME	3600	4470000	3890	4775000	+8,0	+6,8

13. SEQUENTIELLE DATEIORGANISATION

13.1 Vorbemerkung

Jede Datei, die in einem COBOL-Programm definiert werden soll, muß mit einer entsprechenden Organisationsform beschrieben werden. Dies ist notwendig, damit der Compiler die zugehörige Zugriffsroutine im Objektprogramm hinzufügt. Die Organisationsform einer Datei gibt darüber Informationen, wie die Datensätze in der Datei abgespeichert werden sollen.

Wann immer eine Datei mit einer bestimmten Organisationsform generiert werden soll, muß sie weiterhin für jede Bezugnahme in einem anderen Programm mit der gleichen Organisationsform beschrieben werden.

In diesem Kapitel wollen wir uns ausschließlich mit sequentiellen Dateien beschäftigen.

In der sequentiellen Organisationsform werden die Datensätze in der Reihenfolge ihrer Erzeugung (fortlaufend) in die Datei aufgenommen. Dabei können die Datensätze sortiert oder unsortiert sein, dies wird jedenfalls nicht vom Compiler geprüft.

Die sequentielle Organisationsform muß gewählt werden, wenn z.B. eine Druckdatei erstellt werden soll.

Der Vorteil dieser Organisationsform liegt darin, daß ein solcher Datenbestand geringfügige Verwaltungsinformationen benötigt und damit eine effektive Ausnutzung des externen Speichermediums erreicht wird.

Der Nachteil dieser Organisationsform liegt darin, daß eine sequentielle Datei nur sequentiell verarbeitet (ACCESS MODE SEQUENTIAL) werden kann. Das bedeutet, daß die Datensätze einer solchen Datei nur in der Reihenfolge, in der sie das erste Mal in der Datei abgespeichert worden sind, gelesen bzw. geschrieben werden können.

Die vollständige Beschreibung einer Datei im Programm erfordert bestimmte Eintragungen in der ENVIRONMENT DIVISION und der DATA DIVISION.

13.2 Eintragungen in der ENVIRONMENT DIVISION

```
┌─ Format ──────────────────────────────────────────────────────────────┐
│ ENVIRONMENT DIVISION.                                                   │
│ INPUT-OUTPUT SECTION.                                                   │
│ FILE-CONTROL.                                                           │
│                                                                         │
│            ┌ ⎧ OPTIONAL     ⎫ ⎤                                         │
│ SELECT     │ ⎨ NOT OPTIONAL ⎬ │ Dateiname ASSIGN TO                     │
│            └ ⎩              ⎭ ⎦                                         │
│                                                                         │
│ ⎧ ┌ ⎡ EXTERNAL ⎤ ⎤ ⎡ ⎡ LINE ADVANCING              ⎤ ⎧ externer-Dateinamen ⎫           │
│ │ │ ⎣ DYNAMIC  ⎦ │ │ │ MULTIPLE ⎧ REEL ⎫           │FILE⎨ Datei-Datenname     ⎬           │
│ │ └             ┘ │ ⎣ DISK     ⎩ UNIT ⎭           ⎦ ⎩ Literal-1           ⎭           │
│ │                                                                       │
│ │ ┌ ⎡ EXTERNAL ⎤ ⎤ ⎧ DISK      ⎫ ⎡ externer-Dateinamen ⎤              │
│ │ │ ⎣ DYNAMIC  ⎦ │ ⎨ KEYBOARD  ⎬ │ Datei-Datenname     │              │
│ ⎩ └             ┘ ⎪ DISPLAY   ⎪ ⎣ Literal-1           ⎦              │
│                   ⎪ PRINTER   ⎪                                        │
│                   ⎩ PRINTER-1 ⎭                                        │
│                                                                         │
│        ⎡ ORGANIZATION  IS  ⎡ ⎧ RECORD ⎫ ⎤           ⎤                  │
│        ⎣                    ⎣ ⎩ LINE   ⎭ ⎦ SEQUENTIAL ⎦                 │
│                                                                         │
│        [ACCESS MODE   IS  SEQUENTIAL]                                   │
│        [FILE STATUS   IS  Datenname-1]                                  │
│        [PASSWORD      IS  Datenname-2]                                  │
│                                                                         │
│        ⎡ RESERVE   ⎧ Ganzzahl-1 ⎫ ALTERNATE ⎡ ⎧ AREA  ⎫ ⎤ ⎤           │
│        ⎣           ⎩ NO         ⎭           ⎣ ⎩ AREAS ⎭ ⎦ ⎦           │
│                                                                         │
│        ⎡ LOCK  MODE  IS ⎡ EXCLUSIVE  ⎤ ⎤                               │
│        ⎣               ⎣ ⎨ AUTOMATIC ⎬ ⎦ ⎦                             │
│                        ⎣ MANUAL    ⎦                                   │
│                                                                         │
│        ⎡ PADDING CHARACTER IS ⎡ Datenname-3 ⎤ ⎤                        │
│        ⎣                      ⎣ Literal-2    ⎦ ⎦                       │
│                                                                         │
│        ⎡ RECORD DELIMITER IS ⎡ STANDARD-1   ⎤ ⎤                        │
│        ⎣                     ⎣ Zeichenkette ⎦ ⎦                        │
└─────────────────────────────────────────────────────────────────────────┘
```

Erläuterung

13.2.1 SELECT-Klausel

Mit Hilfe der SELECT-Klausel kann der logische Dateiname festgelegt werden. Dieser Name muß immer in den Anweisungen, die den Dateinamen verwenden, angegeben werden.

Der OPTIONAL-Zusatz kann für Dateien, die im Eingabemodus eröffnet werden, benutzt werden, um anzugeben, daß diese Dateien nicht unbedingt für die Verarbeitung notwendig sind.

Ist eine mit OPTIONAL beschriebene Datei zum Zeitpunkt der Programmausführung nicht vorhanden, so verursacht dies keinen Programmabbruch; vielmehr kann das Nichtvorhandensein einer OPTIONAL-Datei beim ersten Lesen durch den AT END-Zusatz festgestellt werden.
Der NOT OPTIONAL-Zusatz darf nur für Dateien, die mit OPEN I-O eröffnet werden sollen, angegeben werden (s. OPEN-Anweisung).

Beispiel 1

```
SELECT KUNDEN ....
```

13.2.2 ASSIGN-Klausel

Die ASSIGN-Klausel stellt die Verbindung zwischen dem logischen Datei-namen und dem eigentlichen Datenbestand, der verarbeitet werden soll, her.

Druck-Dateien

Der Zusatz LINE ADVANCING kann verwendet werden, um Druckdateien zu definieren. Bei solchen Dateien werden die Datensätze automatisch mit einzeiligem Vorschub ausgegeben, ohne daß dafür der Zusatz AFTER 1 in der WRITE-Anweisung angegeben werden muß. Ebenfalls kann hier das Wort PRINTER oder PRINTER-1 verwendet werden, um eine Druckdatei zu definieren. Die Ausgabe erfolgt in diesem Fall on-line, d.h. bei der Aus-führung einer OPEN- oder einer WRITE-Anweisung für diese Datei, muß der angesprochene Drucker on-line verfügbar sein.

Mehrdatenträger-Dateien

Man kann mit Hilfe des Zusatzes "MULTIPLE REEL FILE" bzw. "MULTIPLE UNIT FILE" eine Mehrdatenträger-Datei definieren. Eine sol-che Datei kann auf mehrere Datenträger (z.B. Disketten) abgespeichert wer-den.

Der externe Dateiname

Der externe Dateiname ist der Name einer Datei, wie er auf der Diskette unter dem Betriebssystem DOS abgespeichert werden soll. Er kann die fol-genden Elemente enthalten:

```
Laufwerksbezeichg:\Verzeichnis\Dateiname.Dateierweiterng
```

```
           "C:\TESTDAT\KUNDEN.DAT"
```

Der externe Dateiname kann auch mehrere Unterverzeichnisse beinhalten.

385

Beispiel 2

```
SELECT KUNDEN ASSIGN TO "C:KUNDEN.DAT"
```

Einige Namen wurden für das Betriebssystem DOS mit einer bestimmten Bedeutung reserviert, diese sind:

Namen	Bedeutung
AUX	Erste serielle Schnittstelle
COM1	Erste serielle Schnittstelle
COM2	Zweite serielle Schnittstelle
CON	Bei Eingabeoperationen wird die Tastatur angesprochen, bei Ausgabeoperationen wird der Bildschirm angesprochen.
LPT	Erster Drucker
LPT1	Erster Drucker
PRN	Erster Drucker
LPT2	Zweiter Drucker
LPT3	Dritter Drucker
NUL	Dummy-Einheit für die Simulation von E/A-Operationen. Bei der Ausgabe wird die Operation simuliert, aber nichts ausgegeben. Bei der Eingabe wird das Dateiende festgestellt.

Dynamische Dateizuweisung

Wenn der Name der Datei zum Zeitpunkt der Codierung noch nicht bekannt ist bzw. nicht festgelegt werden soll, so kann man eine Variable als Datei-Datennamen benutzen. Vor der Ausführung einer OPEN-Anweisung auf dieser Datei muß die Variable mit dem vorgesehenen Dateinamen versorgt werden.

Beispiel 3

```
FILE-CONTROL.
    SELECT LISTE ASSIGN TO DATEI-NAME ...
.
.
WORKING-STORAGE SECTION.
Ø1  DATEI-NAME           PIC X(14).
.
.
PROCEDURE DIVISION.
.
.
    ACCEPT DATEI-NAME AT 1Ø1Ø.
    OPEN OUTPUT LISTE.
```

Externe Dateizuweisung

Will man den Dateinamen im Programm noch nicht festlegen, so kann das Wort EXTERNAL in der ASSIGN-Klausel verwendet werden. Dieses bedeutet, daß die Dateizuweisung extern (außerhalb des Programms) erfolgen soll. Mit Hilfe des DOS-Kommandos SET (ab DOS 3.0) kann dann die Datei wie im nächsten Beispiel gezeigt ist, zugewiesen werden.

Beispiel 4

```
FILE-CONTROL.
    SELECT ARTIKELDATEN ASSIGN TO EXTERNAL DATEI.
    .
    .
    .
```

Noch vor der Ausführung des Programms muß das SET-Kommando in der DOS-Umgebung wie folgt ausgeführt werden:

```
C>SET DATEI=ARTIKEL.EIN
```

"ARTIKEL.EIN" ist der externe Name der Datei, wie er auf Diskette oder Festplatte vorhanden ist.

Die DISK-Angabe

Das Wort DISK spezifiziert eine Diskettendatei, deren externer Name in der Klausel VALUE OF FILE-ID angegeben werden muß.

Beispiel 5

```
FILE-CONTROL.
    SELECT VERTRETER ASSIGN TO DISK
    .
    .
    .

FILE SECTION.
FD  VERTRETER VALUE OF FILE-ID "C:VERT.DAT".
    .
    .
```

Direkte Ein/Ausgabe

In der ASSIGN-Klausel können Gerätebezeichnungen verwendet werden, wonach eine direkte Ein/Ausgabe von bzw. zu diesem Gerät erfolgen kann.

Diese sind:

KEYBOARD   spezifiziert die Tastatur als Eingabequelle

DISPLAY   spezifiziert den Bildschirm als Ausgabeziel

PRINTER   spezifiziert den ersten Drucker als Ausgabeziel

PRINTER-1   spezifiziert den zweiten Drucker als Ausgabeziel

13.2.3 ORGANIZATION-Klausel

Die ORGANIZATION-Klausel spezifiziert die Organisationsform der Datei. Fehlt diese Klausel, so wird ORGANIZATION SEQUENTIAL angenommen.

ORGANIZATION LINE SEQUENTIAL

Die meisten Software-Produkte generieren bei sequentiellen Dateien Sätze mit variabler Satzlänge. Um diese Datei auch bearbeiten bzw. solche erstellen zu können, wurde die ORGANIZATION LINE SEQUENTIAL-Methode vorgesehen. Bei der Abspeicherung eines Datensatzes in einer solchen Datei werden alle 8 Leerzeichen in einem Tabulator-Zeichen (hex "09") komprimiert.

Das Ende eines jeden Datensatzes wird mit den Kennzeichen CR und LF (hex "0D0A") gekennzeichnet. Das Dateiende selbst wird durch ein Ctrl-Z (hex "1A") gekennzeichnet.

Wird die Datei für die Eingabe eröffnet, so wird beim Lesen eines jeden Datensatzes jedes Tabulator-Zeichen in 8 Leerzeichen umgewandelt.

ORGANIZATION RECORD SEQUENTIAL

Wird ORGANIZATION RECORD SEQUENTIAL verwendet, so werden beim Lesen mit der READ-Anweisung so viele Zeichen in den Eingabepuffer eingelesen, wie aus der Satzlänge in der FD-Beschreibung für diese Datei hervorgeht. Hier kommt es also zu einer Fehlersituation, wenn eine Datei mit RECORD SEQUENTIAL definiert wird, obwohl sie im LINE SEQUENTIAL-Format abgespeichert ist. In diesem Fall werden beim Lesen des zweiten oder eines nachfolgenden Satzes die Steuerzeichen (CR und LF) in den Eingabepuffer miteingelesen.

Fehlen die Angaben LINE und RECORD in der ORGANIZATION-Klausel, so kann die Übersetzungsdirektive SEQUENTIAL immer noch entscheiden, welche Angabe hier gelten soll. Die SEQUENTIAL-Direktive wird wie folgt angegeben:

```
SEQUENTIAL"RECORD" oder SEQUENTIAL"LINE"
```

Eingeleitet werden kann jede Direktive wie folgt:

1) direkt vom CHECKER-Menü mit Hilfe der F10 -Taste (F10 = more) kann jede Direktive eingegeben werden,

2) von der Kommandozeile aus, z.B.:

```
C>COBOL CHECK PROG1 SEQUENTIAL"LINE"
```

3) mit der SET-Steueranweisung in der ersten Zeile des Programms:

```
$SET SEQUENTIAL"LINE"
|
Spalte 7
```

13.2.4 ACCESS MODE-Klausel

Die ACCESS MODE-Klausel spezifiziert den Zugriffsmodus für diese Datei. Eine sequentielle Datei kann jedoch nur sequentiell verarbeitet werden, daher kann auch diese Klausel weggelassen werden.

13.2.5 FILE STATUS-Klausel

Die FILE STATUS-Klausel ordnet der Datei ein zweistelliges Datenfeld zu, in dem nach jeder Ein/Ausgabeoperation für diese Datei ein Fehlercode übertragen wird.

Die Angabe der FILE STATUS-Klausel unterbindet den Programmabbruch, der aufgrund eines Fehlers in der Datei auftreten kann; nach der Ausführung der E/A-Operation muß jedoch sichergestellt werden, daß die Operation erfolgreich verlaufen ist.

Das Datenfeld Datenname-1 kann numerisch oder alphanumerisch sein und muß in der WORKING-STORAGE SECTION oder LINKAGE SECTION definiert werden.

Der Fehlercode gibt Informationen über den Dateizustand nach der Ausführung der E/A-Operation. Im folgenden sind die wichtigsten Codes aufgeführt:

1.Byte	Bedeutung
0	E/A-Anweisung wurde erfolgreich ausgeführt.

	2.Byte	Bedeutung
	0	Keine weitere Informationen
	4	Die Länge des soeben geschriebenen Satzes entspricht nicht der Eigenschaft der Datei als eine mit fester Satzlänge.
	5	Kennzeichnet, daß die soeben eröffnete Optional-Datei nicht vorhanden war.
	7	Eine CLOSE REEL/UNIT wurde für eine Datei benutzt, die nicht als REEL-Datei interpretiert werden kann, z.B eine Drucker-Datei.

1.Byte	Bedeutung		
1	AT END-Bedingung		
	2.Byte	**Bedeutung**	
	0	Kein logischer Satz mehr vorhanden, weil das Dateiende aufgetreten ist oder die READ-Anweisung auf einer Optional-Datei ausgeführt wurde, die nicht existiert.	
3	Permanenter Fehler		
	2.Byte	**Bedeutung**	
	0	Keine weiteren Informationen.	
	4	Dateigröße überschritten.	
	5	Es wurde versucht, eine NOT OPTIONAL-Datei, die nicht existiert, mit OPEN INPUT, I-O oder EXTEND zu eröffnen.	
	7	Der OPEN-Modus für eine Datei ist nicht möglich.	
	8	Die Datei kann nicht eröffnet werden, da sie mit CLOSE WITH LOCK geschlossen worden ist.	
	9	Satzlängen-Fehler	

1.Byte	Bedeutung
4	Logischer Fehler

2.Byte	Bedeutung
1	Datei bereits eröffnet.
2	Datei bereits geschlossen.
3	Eine REWRITE-Anweisung kann nicht im sequentiellen Zugriffsmodus ohne vorausgehendes Lesen ausgeführt werden.
4	Überschreitung der Dateigröße. Ursache dafür ist der Versuch, einen Satz zu schreiben oder zurückzuschreiben, dessen Länge nicht innerhalb der erlaubten Grenzen gemäß des Zusatzes RECORD IS VARYING liegt.
6	Der für das sequentielle Lesen zuständige Satzzeiger (current record pointer) ist undefinierbar. Ursache dafür ist eine erfolglose READ-Anweisung.
7	Der aktuelle Eröffnungsmodus erlaubt das Lesen nicht.
8	Der aktuelle Eröffnungsmodus erlaubt das Schreiben nicht.
9	Der aktuelle Eröffnungsmodus erlaubt das Löschen oder das Zurückschreiben nicht.

1.Byte	Bedeutung
9	Runtime System Fehler

2.Byte	Bedeutung
xxx	Das zweite Byte enthält eine 3stellige Zahl im binären Format, die im Anhang D zu finden ist.

Abb. 13.1 FILE STATUS-Werte für sequentielle Dateien

Enthält das erste Byte eine 9, so handelt es sich hier um einen Betriebs-systemfehler. In diesem Fall wird im zweiten Byte ein 3stelliger Fehlercode im binären Format geliefert. Diese Fehlercodes sind im Anhang für RUN TIME SYSTEM ERROR aufgeführt.

Beispiel 6

Das Beispiel zeigt, wie man sich vergewissern kann, ob eine Anweisung ord-nungsgemäß ausgeführt wurde oder einen Fehler verursacht hat.

```
ENVIRONMENT DIVISION.
INPUT-OUTPUT SECTION.
FILE-CONTROL.
     SELECT ARTIKEL ASSIGN TO "C:ARTIKEL.DAT"
               ORGANIZATION    IS LINE SEQUENTIAL,
               ACCESS  MODE     IS SEQUENTIAL,
               FILE STATUS      IS ARTIKEL-STATUS.

FILE SECTION.
FD  ARTIKEL.
01  A-SATZ              PIC X(200).
WORKING-STORAGE  SECTION.
01  ARTIKEL-STATUS.
      05 STELLE-1       PIC 9.
      05 STELLE-2       PIC 9.
01  STATUS-BINAER REDEFINES ARTIKEL-STATUS PIC 9(4) COMP.

01  AUSGABE-STATUS.
      05 A-STELLE-1     PIC 9.
      05 A-STELLE-2     PIC /999.

PROCEDURE  DIVISION.
      .
      .
      OPEN INPUT ARTIKEL.
      IF STELLE-1 = 9
         MOVE STELLE-1        TO A-STELLE-1,
         MOVE LOW-VALUE       TO STELLE-1,
         MOVE STATUS-BINAER TO A-STELLE-2,
         DISPLAY AUSGABE-STATUS AT 2501.
      .
      .
```

13.2.6 RESERVE-Klausel

Die RESERVE-Klausel bestimmt die Anzahl der E/A-Puffer. PROFES-SIONAL COBOL/2 betrachtet diese Klausel als Kommentar.

13.2.7 PASSWORD-Klausel

Die PASSWORD-Klausel ist aus Kompatibilitätsgründen mit dem IBM-COBOL-Compiler für die VSAM-Zugriffsmethode vorhanden. Sie ist nur zulässig, wenn bei der Übersetzung des Programms die Steuer-Directive "IBM" angegeben ist. Sie wird hier als Kommentar betrachtet.

13.2.8 LOCK MODE-Klausel

Diese Klausel wird für die Multiuser-Umgebung benutzt, wir werden dieses Thema ausführlich und zentral in Kapitel 17 (Indexsequentielle Dateien) beschreiben.

13.2.9 PADDING CHARACTER-Klausel

PROFESSIONAL COBOL/2 betrachtet diese Klausel als Kommentar.

13.2.10 RECORD DELIMITER-Klausel

PROFESSIONAL COBOL/2 betrachtet diese Klausel als Kommentar.

13.3 Eintragungen in der DATA DIVISION

Jede Datei, die im Programm definiert wird, muß unter FD (File Description) in der FILE SECTION beschrieben werden. Die Beschreibung umfaßt Details über den Aufbau der Datei und deren Satzaufbau.

```
┌─ Format ──────────────────────────────────────────────────┐
│                                                            │
│   FILE  SECTION.                                           │
│                                                            │
│   FD   Dateiname                                           │
│   ┌                                            ┐           │
│   │       ⎧ RECORD  ⎫ IS  ⎧ STANDARD ⎫         │           │
│   │ LABEL ⎨         ⎬     ⎨          ⎬         │           │
│   │       ⎩ RECORDS ⎭ ARE ⎩ OMITTED  ⎭         │           │
│   └                                            ┘           │
│   ┌                                                      ┐ │
│   │        ⎡ CONTAINS Ganzzahl-1 CHARACTERS            ⎤ │ │
│   │        │                                           │ │ │
│   │ RECORD ⎨ IS VARYING IN SIZE [[FROM Ganzzahl-2]     ⎬ │ │
│   │        │           [TO Ganzzahl-3] CHARACTERS]     │ │ │
│   │        │           [DEPENDING ON Datenname-1]      │ │ │
│   │        ⎣ CONTAINS Ganzzahl-4 TO Ganzzahl-5 CHARACTERS ⎦ │
│   └                                                      ┘ │
│   ┌                                                      ┐ │
│   │ BLOCK CONTAINS [Ganzzahl-6 TO] Ganzzahl-7 ⎧CHARACTERS⎫│ │
│   │                                           ⎨RECORDS   ⎬│ │
│   │                                           ⎩          ⎭│ │
│   └                                                      ┘ │
│   ┌                                                   ┐    │
│   │      ⎧ RECORD   IS ⎫ Datenname-2 [Datenname-3]... │    │
│   │ DATA ⎨ RECORDS  ARE⎬                              │    │
│   │      ⎩             ⎭                              │    │
│   └                                                   ┘    │
│   ┌                                                  ⎤     │
│   │          ⎡Datenname-4 IS ⎡Datenname-5⎤ ⎫        │      │
│   │ VALUE OF ⎢               ⎨Titeral-1  ⎬ ⎪        │      │
│   │          ⎢               ⎩           ⎭ ⎬        │      │
│   │          ⎢FILE-ID        ⎡Datenname-6⎤ ⎪        │      │
│   │          ⎣               ⎨Literal-2  ⎬ ⎭        │      │
│   └                          ⎩           ⎭          ┘      │
└────────────────────────────────────────────────────────────┘
```

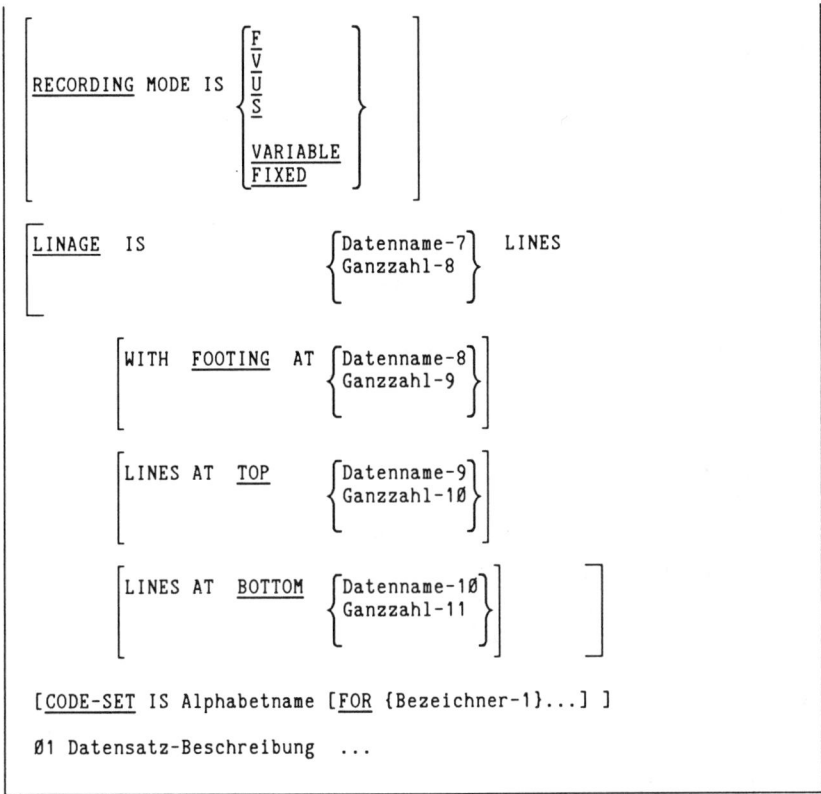

```
┌┌                  ┌F  ┐            ┐
││                  │V  │            │
││RECORDING MODE IS │U  │            │
││                  │S  │            │
││                  │   │            │
││                  │VARIABLE│       │
│└                  └FIXED   ┘       ┘
│
│┌                   ┌Datenname-7┐ LINES
││LINAGE  IS          │Ganzzahl-8 │
│└                   └           ┘

   ┌WITH  FOOTING  AT ┌Datenname-8┐┐
   │                  │Ganzzahl-9 ││
   └                  └           ┘┘

   ┌LINES AT  TOP     ┌Datenname-9 ┐┐
   │                  │Ganzzahl-10 ││
   └                  └            ┘┘

   ┌LINES AT  BOTTOM  ┌Datenname-10┐┐  ┐
   │                  │Ganzzahl-11 ││  │
   └                  └            ┘┘  ┘

[CODE-SET IS Alphabetname [FOR {Bezeichner-1}...] ]

01 Datensatz-Beschreibung  ...
```

Erläuterung

13.3.1 LABEL RECORD-Klausel

Die LABEL RECORD-Klausel spezifiziert, ob die Datei mit oder ohne Kennsätze auf dem Datenträger vorhanden ist. Kennsätze sind Sätze, die Verwaltungsinformationen über eine Datei enthalten.

STANDARD spezifiziert, daß die Datei Standard-Kennsätze aufweist, die den Konventionen eines bestimmten Betriebssystems entsprechen.

397

OMITTED spezifiziert, daß die Datei keine Kennsätze aufweist; dies ist z.B. der Fall bei Druckdateien.

PROFESSIONAL COBOL/2 betrachtet diese Klausel als Kommentar.

13.3.2 RECORD CONTAINS-Klausel

Die RECORD CONTAINS-Klausel spezifiziert die Länge des Datensatzes. Wird z.B. RECORD CONTAINS 130 CHARACTERS angegeben, so darf keine Satzbeschreibung, die zu dieser gehört, die angegebene Länge überschreiten.

Variable Satzlänge

Wird die Angabe RECORD IS VARYING IN SIZE verwendet, so spezifiziert man damit eine variable Satzlänge. Dabei gibt Ganzzahl-2 die minimale Satzlänge und Ganzzahl-3 die maximale Satzlänge an. Die angegebene Ganzzahl-2 muß kleiner als Ganzzahl-3 sein. Wird die minimale Satzlänge nicht angegeben, so wird die kleinste Länge eines Satzes, der nach der FD-Beschreibung dieser Datei, als minimale Satzlänge festgesetzt. Wird die maximale Satzlänge nicht angegeben, so wird die längste Länge eines Satzes, der nach der FD-Beschreibung dieser Datei, als maximale Satzlänge festgesetzt.

Verarbeitung der variablen Satzlänge

Die jeweils zu verarbeitende variable Satzlänge geht aus dem Inhalt des Feldes Datenname-1 hervor. Datenname-1 bestimmt also die aktuelle Satzlänge und muß in der WORKING-STORAGE SECTION oder LINKAGE SECTION als numerische und vorzeichenlose Ganzzahl definiert werden.

Ein/Ausgabe-Anweisungen für eine Datei mit variabler Satzlänge beziehen sich automatisch auf den Inhalt dieses Datennamens bzw. beeinflussen dessen Inhalt.

Noch vor der Ausführung einer WRITE-, REWRITE- oder RELEASE-Anweisung muß die aktuelle Länge des zu schreibenden Satzes in Datenname-1 gebracht werden. Eine WRITE-Anweisung würde sich dann auf den aktuellen Inhalt vom Datenname-1 beziehen und schreibt tatsächlich nur so viele Zeichen vom Datensatz in die Datei, wie aus dem Datenname-1 hervorgeht.

Im Gegensatz zu diesen Anweisungen liefert eine erfolgreich ausgeführte READ- oder RETURN-Anweisung die aktuelle Satzlänge des gerade gelesenen Satzes in den Datenname-1.

Es ist darauf zu achten, daß eine WRITE-, REWRITE- oder RELEASE-Anweisung bzw. eine mißglückte READ- oder RETURN-Anweisung den Inhalt des Datennamens nicht beeinflußt.

Ist Datenname-1 nicht angegeben, so werden so viele Zeichen geschrieben, wie aus der Satzbeschreibung hervorgeht. Eine evtl. in der Satzbeschreibung definierte Tabelle mit variabler Elementanzahl wird berücksichtigt. D.h. die aktuelle Anzahl der Tabellenelemente wird zur Festlegung der zu schreibenden Länge herangezogen.

Beispiel 7

```
FILE SECTION.

FD  UMSAETZE  RECORD IS VARYING IN SIZE
                     FROM 20  TO 240 CHARACHTERS
                     DEPENDING ON SATZLAENGE.

01  UMSAETZE-SATZ       PIC X(240).


WORKING-STORGE SECTION.

01  SATZLAENGE          PIC 9(3).


PROCEDURE DIVISION.
    .
    .
    .
    MOVE 160 TO SATZLAENGE.
    WRITE UMSAETZE-SATZ.
    .
    .
    .
```

13.3.3 BLOCK CONTAINS-Klausel

Die BLOCK CONTAINS-Klausel gibt den Blockungsfaktor bei geblockten Sätzen an. PROFESSIONAL COBOL/2 betrachtet diese Klausel als Kommentar.

13.3.4 DATA RECORDS-Klausel

Die DATA RECORDS-Klausel gibt den Namen des zugehörigen Datensatzes (E/A-Puffer) dieser Datei an.

Datensatzbeschreibung

Nachdem die notwendigen Klauseln unter FD angegeben worden sind, muß nun die Datensatzbeschreibung unter der Stufennummer 01 folgen.

Dieser Datensatz wird für die Abwicklung der E/A-Operationen verwendet. Werden mehrere unterschiedlich strukturierte Datensätze für eine Datei benötigt, so können diese hintereinander jeweils auf der Stufennummer 01 beschrieben werden. Sie benötigen immer den gleichen Speicherplatz.

Beispiel 8

```
DATA DIVISION.
FILE SECTION.
FD   ARTIKEL DATA   RECORD   ARTIKEL-SATZ.
01   ARTIKEL-SATZ.
     05   ART-NR          PIC   999.
     05   ART-BEZ         PIC   X(25).
     05   ART-PREIS       PIC   9(5)V99.
     05   ART-M-EINHEIT   PIC   X.
     05   FILLER          PIC   X(100).
```

13.3.5 LINAGE-Klausel

Die LINAGE-Klausel kann für Druckdateien verwendet werden, um logische Seiten aufzubauen.

Ganzzahl-8 spezifiziert die Anzahl der Zeilen pro Seite. Der Bereich dieser Zeilen wird Seitenrumpf genannt. Er umfaßt Zeilen, die geschrieben und/oder freigehalten werden.

Die FOOTING-Klausel

Die FOOTING-Klausel spezifiziert die erste Zeilennummer innerhalb des Seitenrumpfes, bei der die Fußzone beginnt. Die Zeilennummer darf nicht größer als die Anzahl der Zeilen in Ganzzahl-8 sein. Wird die FOOTING-Angabe weggelassen, so wird ihr Wert gleich dem des Seitenrumpfes angenommen.

Die TOP-Klausel

Die TOP-Klausel spezifiziert die Anzahl der Zeilen im oberen Bereich einer Seite (Kopfzone). Wird die TOP-Angabe weggelassen, so wird 0 angenommen.

Die BOTTOM-Klausel

Die BOTTOM-Klausel spezifiziert die Anzahl der Zeilen im unteren Rand einer Seite (Fußzone). Wird die BOTTOM-Angabe weggelassen, so wird 0 angenommen.

Die logische Seitengröße ist die Summe von Ganzzahl-8, Ganzzahl-10 und Ganzzahl-11.

LINAGE-COUNTER

LINAGE-COUNTER ist ein Sonderregister, das für jede Datei, die eine LINAGE-Klausel enthält, generiert wird. Es kann als Zeilenzähler benutzt werden.

Es wird bei der Ausführung der OPEN-Anweisung für diese Datei mit 1 initialisiert und automatisch durch die WRITE-Anweisung entsprechend der AFTER-Angabe verändert (für Details s. die WRITE-Anweisung). Werden mehrere Dateien mit der LINAGE-Klausel beschrieben, so generiert der Compiler für jede Datei einen LINAGE-COUNTER. Der LINAGE-COUNTER muß dann über den Dateinamen qualifiziert werden, z.B:

```
LINAGE-COUNTER   OF LISTE-1.
```

Beispiel 9

```
FD LISTE,
      LINAGE              40   LINES,
      WITH    FOOTING     40,
      LINES   AT TOP      12,
      LINES   AT BOTTOM   20.
```

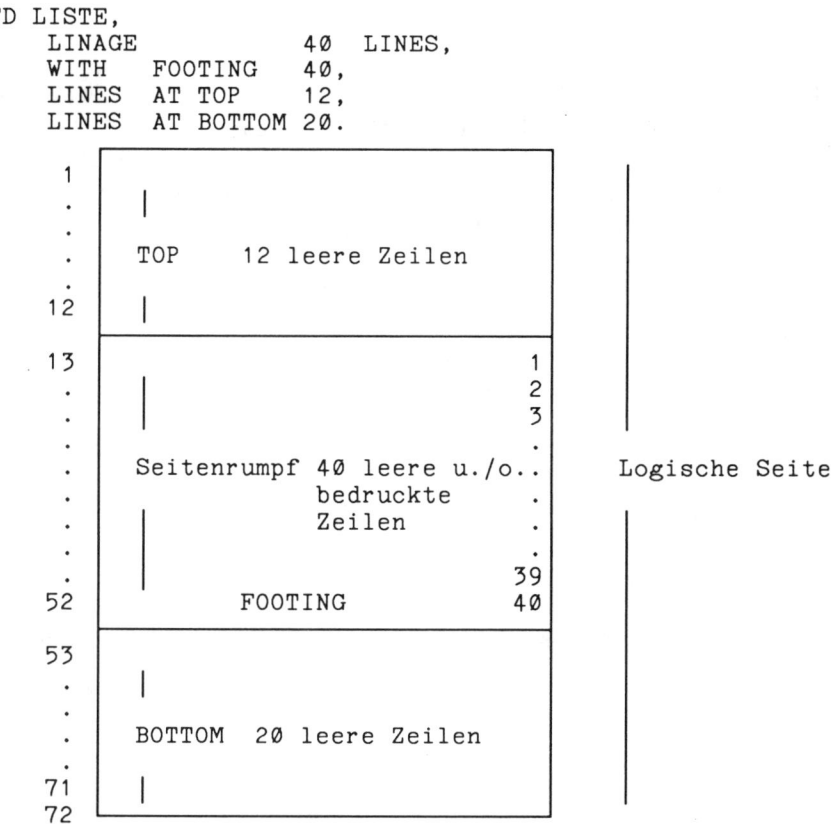

Abb. 13.2 Einteilung einer logischen Seite

Wird in diesem Beispiel die FOOTING-Angabe mit 35 angegeben, so verkürzt sich der Seitenrumpf auf 35 Zeilen.

13.3.6 RECORDING MODE-Klausel

Diese Klausel definiert das Format des Satzes. Feste Satzlänge kann mit F, variable Satzlänge mit V beschrieben werden. U und S werden als Kommentar betrachtet.

13.3.7 VALUE OF-Klausel

Die VALUE OF-Klausel kann nur im Zusammenhang mit einer Datei verwendet werden, die im FILE-CONTROL-Paragraphen mit ASSIGN TO DISK definiert worden ist. Hierzu verwendet man die Angabe VALUE OF FILE-ID, um den externen Dateinamen in Form eines nichtnumerischen Literals oder als Inhalt in Datenname-6 anzugeben.

Die Formulierung "VALUE OF Datenname-4" wird als Kommentar betrachtet.

Beispiel 10

```
FILE-CONTROL.
    SELECT ARTIKEL ASSIGN TO DISK.
    .
    .

FILE SECTION.
FD  ARTIKEL VALUE OF FILE-ID IS "C:\DATEN\ARTIKEL.EIN".
    .
    .
    .
```

13.3.8 CODE-SET-Klausel

In Anbetracht der Praxisgegebenheiten hinsichtlich der Kommunikation und des Datentransfers zwischen PC und Großrechner stellt diese Klausel eine wichtige Anwendung im COBOL-Programm dar. Die Klausel muß einen Alphabetnamen spezifizieren, der im SPECIAL-NAMES-Paragraphen mit EBCDIC verknüpft worden ist.

Beim Schreiben in eine solchen Datei werden dann die zu schreibenden Daten vom ASCII-Code in den EBCDIC-Code umgewandelt und die erstellte Datei liegt somit im EBCDIC-Code für den Großrechner bereit.

Beim Lesen aus einer solchen Datei werden die Daten vom EBCDIC-Code in den ASCII-Code umgewandelt und der eingelesene Satz ist somit für weitere Verarbeitungen in der PC-Umgebung im ASCII-Code vorhanden.

Es ist darauf zu achten, daß die Satzbeschreibung einer solchen Datei ausschließlich aus Feldern besteht, die implizit oder explizit mit USAGE DISPLAY definiert worden sind.

Wird der Alphabetname mit dem Wort STANDARD-1, STANDARD-2, NATIVE oder ASCII verknüpft, so erfolgt keine Umwandlung.

Professional COBOL/2 erlaubt zusätzlich die Angabe "FOR {Bezeichner}..." in der CODE-SET-Klausel. In diesem Fall müssen alle angegebenen Bezeichner in der zugehörigen Satzbeschreibung der betroffenen Datei liegen und die Umwandlung findet nur für die angegebenen Bezeichner statt. Ist der Bezeichner ein Tabellenelement, so wird nur das erste Tabellenelement umgewandelt. Wenn der Bezeichner der Tabellenname ist, findet die Umwandlung für die gesamte Tabelle statt.

Beispiel 11

```
ENVIRONMENT DIVISION.
CONFIGURATION SECTION.

SPECIAL-NAMES.
     ALPHABET  CODE-UMWANDLUNG IS EBCDIC.

INPUT-OUTPUT SECTION.
FILE-CONTROL.
     SELECT ARTIKEL ASSIGN TO "C:ARTIKEL.DAT"

FILE SECTION.
FD  ARTIKEL  CODE-SET IS CODE-UMWANDLUNG.
     .
     .
     .
```

13.4 Anweisungen in der PROCEDURE DIVISION

Für die Verarbeitung einer sequentiellen Datei können die nachfolgenden Anweisungen benutzt werden:

OPEN	Eröffnen der Datei
READ	Lesen aus der Datei
WRITE	Schreiben in die Datei
REWRITE	Ersetzen eines Satzes in der Datei
CLOSE	Schließen der Datei
USE	Behandlung von Fehlern

13.4.1 OPEN-Anweisung

Wirkung

Die OPEN-Anweisung eröffnet die Dateien für die Verarbeitung.

```
┌─ Format ──────────────────────────────────────────────┐
│                                                        │
│         ⎡ INPUT  ⎡Dateiname-1 ⎡WITH NO REWIND⎤⎤ ⎤ ...  │
│         ⎢        ⎣            ⎣REVERSED      ⎦⎦ ⎥       │
│         ⎢                                       ⎥       │
│  OPEN  ⎨ OUTPUT {Dateiname-2  [WITH NO REWIND]}... ⎬... │
│         ⎢                                       ⎥       │
│         ⎢ I-O    {Dateiname-3}  ...             ⎥       │
│         ⎢                                       ⎥       │
│         ⎣ EXTEND {Dateiname-4}  ...             ⎦       │
│                                                        │
└────────────────────────────────────────────────────────┘
```

Erläuterung

Jede Datei, die im Programm angesprochen wird, muß mit der OPEN-Anweisung eröffnet werden, ehe ein Zugriff auf diese Datei ausgeführt wird. Bei
der Eröffnung einer Datei werden, abhängig vom Eröffnungsmodus, verschiedene Funktionen ausgeführt. So wird z.b. bei OPEN INPUT geprüft, ob
eine Datei für die Eingabe vorhanden ist. Bei OPEN OUTPUT wird der
Dateiname im Inhaltsverzeichnis angelegt.

Der Eingabemodus

Wenn eine Datei mit OPEN INPUT eröffnet wird, so kann sie ausschließlich
durch die READ-Anweisung eingelesen werden (sog. Eingabemodus). Dabei
wird vorausgesetzt, daß die Datei vorhanden sein muß, es sei denn, sie wurde
in der SELECT-Klausel mit OPTIONAL beschrieben.

Das Einlesen der Datensätze kann in umgekehrter Reihenfolge erfolgen,
wenn der Zusatz REVERSED angegeben wird. Das heißt, daß die erste ausgeführte READ-Anweisung den letzten Datensatz einliest usw. Der
REVERSED-Zusatz kann jedoch nur für Dateien, die mit ORGANIZA-
TION SEQUENTIAL beschrieben sind, verwendet werden.

Beispiel 1

```
OPEN INPUT ARTIKEL.
```

Der Ausgabemodus

Wird eine Datei mit OPEN OUTPUT eröffnet, so kann sie ausschließlich
durch die WRITE-Anweisung das erste Mal erstellt werden (sog. Ausgabe-
modus). Eine evtl. vorhandene Datei mit dem gleichen Namen wird überschrieben, es sei denn, die Datei ist vom Betriebssystem schreibgeschützt. In
diesem Fall tritt ein Fehler auf.

Beispiel 2

```
OPEN OUTPUT LISTE.
```

Der Update-Modus

Die OPEN I-O eröffnet die Datei im Update-Modus. Die Sätze der Datei können nun mit der READ-Anweisung gelesen, aktualisiert und anschließend mit der REWRITE-Anweisung zurückgeschrieben werden.

Dabei wird die Existenz der Datei vorausgesetzt, wenn für diese Datei die NOT OPTIONAL-Angabe in der SELECT-Klausel gemacht worden ist. Der Update-Modus ist für Dateien, die mit ORGANIZATION LINE SEQUEN-TIAL beschrieben worden sind, nicht zulässig.

Beispiel 3

```
OPEN I-O LAGER.
```

Der Erweiterungsmodus

Eine Datei, die mit OPEN EXTEND eröffnet wird, befindet sich im Erweiterungsmodus, d.h., daß eine evtl. bestehende Datei um weitere Datensätze erweitert werden kann. Die Sätze werden am Ende der Datei hinzugefügt.

Ist die Datei nicht vorhanden, so wird sie zum erstenmal erstellt. Der Erweiterungsmodus ist für Dateien, die mit ORGANIZATION SEQUENTIAL oder ORGANIZATION LINE SEQUENTIAL beschrieben sind, zulässig, jedoch nicht für Mehrdatenträger-Dateien (MULTIPLE REEL FILE).

Beispiel 4

```
OPEN EXTEND ADRESSEN.
```

Der NO REWIND-Zusatz

Der NO REWIND-Zusatz wird hier als Kommentar betrachtet. Er bewirkt in
ANSI STANDARD COBOL, daß der Datenträger nicht zurückgespult wird.

13.4.2 READ-Anweisung

Wirkung

Die READ-Anweisung liest jeweils den nächsten Datensatz einer Datei.

```
┌─ Format ─────────────────────────────────────────────────────┐
│                                                               │
│  READ    Dateiname RECORD                                     │
│          [INTO   Bezeichner]                                  │
│          [WITH   LOCK]                                        │
│          [AT     END unbedingte Anweisung-1 [END-READ]]       │
│          [NOT AT END unbedingte Anweisung-2]                  │
│                                                               │
│      [END-READ]                                               │
│                                                               │
└───────────────────────────────────────────────────────────────┘
```

Erläuterung

Das Einlesen eines Datensatzes aus einer Datei bedeutet, daß der Datensatz
vom Datenträger in den zugehörigen Datenpuffer dieser Datei übertragen
wird.

Der INTO-Zusatz bewirkt, daß der Inhalt des Eingabepuffers zusätzlich in
den Datensatz übertragen wird, der durch den Bezeichner angegeben wird.
Der Datensatz selbst kann beliebig in der WORKING-STORAGE
SECTION oder FILE SECTION definiert werden.

Beispiel 5

```
FILE-CONTROL.
      SELECT ARTIKEL ASSIGN TO "ARTIKEL.DAT" ...

FD   ARTIKEL DATA   RECORD   ARTIKEL-SATZ.
01   ARTIKEL-SATZ.
      05   ART-NR          PIC   999.
      05   ART-BEZ         PIC   X(25).
      05   ART-PREIS       PIC   9(5)V99.
      05   ART-M-EINHEIT   PIC   X.
      05   FILLER          PIC   X(100).
WORKING-STORAGE SECTION.
01 AUSGABE-SATZ           PIC   X(136).
PROCEDURE DIVISION.
      .
      .
      .
      OPEN INPUT ARTIKEL.
      READ ARTIKEL INTO AUSGABE-SATZ.
```

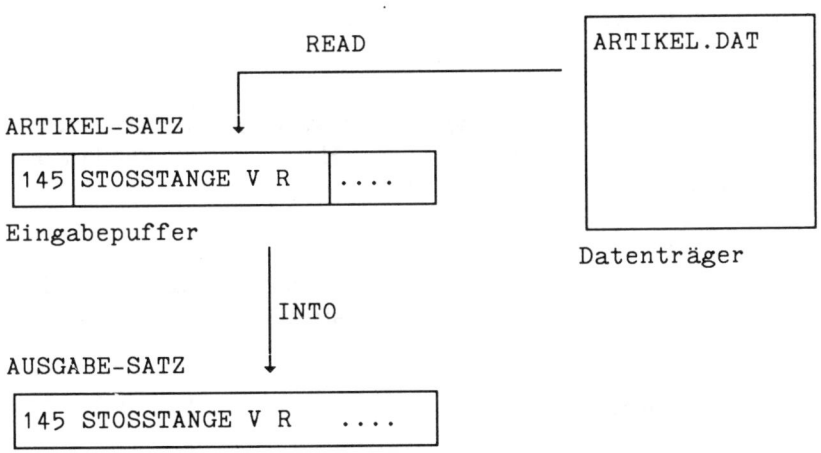

Abb. 13.3 Funktion der READ-Anweisung

Der AT END-Zusatz

Der AT END-Zusatz spezifiziert eine Anweisung bzw. Anweisungsfolge, die dann ausgeführt wird, wenn das Dateiende festgestellt wird.

Das Dateiende wird festgestellt, wenn alle Sätze der Datei gelesen worden sind und kein Satz mehr vorhanden ist. In diesem Fall wird – falls vorhanden – das FILE-STATUS-Feld automatisch auf den Wert 10 gesetzt.

Beispiel 6

```
WORKING-STORAGE SECTION.
Ø1 DATEIENDE-KZ          PIC   9 VALUE Ø.
   .
   .
   READ ARTIKEL AT END MOVE 1 TO DATEIENDE-KZ.
   .
   .

   IF DATEIENDE-KZ = 1 DISPLAY "DATEIENDE ERREICHT",
                       CLOSE ARTIKEL.
```

Ist die FILE STATUS-Klausel angegeben, so kann der AT END-Zusatz weggelassen werden, das Dateiende kann mit Hilfe des FILE-STATUS-Feldes festgestellt werden, z.B.

```
   READ ARTIKEL.
   IF ARTIKEL-STATUS = 1Ø DISPLAY "DATEIENDE ERREICHT",
                         CLOSE ARTIKEL.
```

Der Zusatz NOT AT END

Dieser Zusatz spezifiziert eine Anweisung, die dann ausgeführt wird, wenn das Dateiende noch nicht festgestellt worden ist. Diese Anweisung erhält in jedem Fall die Steuerung, wenn das Dateiende nicht auftritt, auch dann, wenn aus irgendeinem Grund – außer Dateiende – kein Datensatz gelesen worden ist.

Lesen aus Mehrdatenträger-Dateien

Wurde eine Datei in der SELECT-Klausel mit MULTIPLE REEL FILE beschrieben und wurde bei der Verarbeitung der ersten Datenträger zu Ende gelesen und dabei festgestellt, daß noch Sätze auf einem weiteren Datenträger vorhanden sind, so erscheint die folgende Meldung mit der Aufforderung, einen weiteren Datenträger zur Verfügung zu stellen:

```
PLEASE LOAD VOLUME nnnn OF tapename FOR access
ENTER NEW DEVICE (IF REQUIRED) AND <CR> WHEN READY
```

wobei,

nnnn	: die Datenträgernummer,
tapename	: der Dateiname,
access	: der Zugriffsmodus ist.

WITH LOCK-Zusatz

Dieser Zusatz wird für die Multiuser-Umgebung benutzt. Wir werden dieses Thema ausführlich in Kapitel 17 (Indexsequentielle Dateien) beschreiben.

13.4.3 WRITE-Anweisung

Wirkung

Die WRITE-Anweisung wird benutzt, um Datensätze in einer Datei auszugeben.

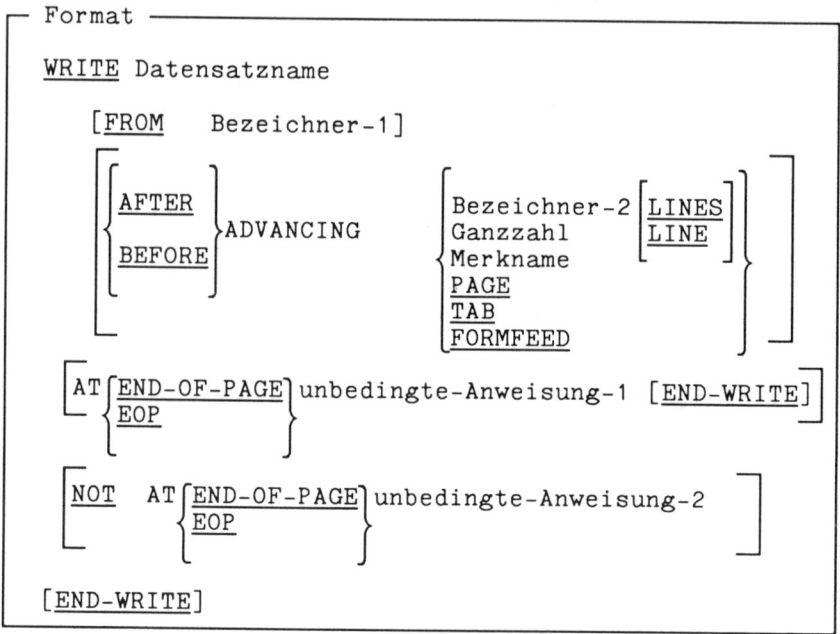

```
┌─ Format ──────────────────────────────────────────────────────┐
│                                                                 │
│  WRITE Datensatzname                                            │
│                                                                 │
│      [FROM    Bezeichner-1]                                     │
│                                                                 │
│      ⎡⎧AFTER ⎫          ⎧Bezeichner-2 ⎡LINES⎤⎫⎤                 │
│      ⎢⎨      ⎬ADVANCING ⎪Ganzzahl     ⎣LINE ⎦⎪⎥                 │
│      ⎣⎩BEFORE⎭          ⎨Merkname               ⎬                │
│                         ⎪PAGE                   ⎪                │
│                         ⎪TAB                    ⎪                │
│                         ⎩FORMFEED               ⎭                │
│                                                                 │
│      ⎡AT⎧END-OF-PAGE⎫unbedingte-Anweisung-1 [END-WRITE]⎤         │
│      ⎣  ⎩EOP        ⎭                                  ⎦         │
│                                                                 │
│      ⎡NOT  AT⎧END-OF-PAGE⎫unbedingte-Anweisung-2⎤               │
│      ⎣       ⎩EOP        ⎭                       ⎦               │
│                                                                 │
│  [END-WRITE]                                                    │
└─────────────────────────────────────────────────────────────────┘
```

Erläuterung

Das Schreiben in eine Datei bedeutet, daß der Datensatz aus dem Ausgabepuffer, der für diese Datei vereinbart worden ist, auf den Datenträger übertragen wird.

Der Datensatzname ist der Name des Ausgabepuffers in der FILE SECTION, auf den sich die WRITE-Anweisung immer beziehen muß.

Der FROM-Zusatz

Der FROM-Zusatz bewirkt, daß der Inhalt des Bezeichners noch vor Ausführung der WRITE-Anweisung in den Ausgabepuffer übertragen wird. Nachdem wir die VALUE-Klausel in der FILE SECTION nicht verwenden dürfen, etwa für die Definitionen von Datensätzen mit Anfangswerten für die Ausgabe in einer Druckdatei, können wir diese Datensätze in der WORKING-STORAGE SECTION definieren und im FROM-Zusatz angeben.

Beispiel 7

```
FILE-CONTROL.
     SELECT LISTE ASSIGN TO "PRN" ...

FD   LISTE.
Ø1   L-SATZ            PIC   X(7Ø).

WORKING-STORAGE SECTION.
Ø1 SATZ-1.
     Ø5 FILLER         PIC   X(25).
     Ø5 FILLER         PIC   X(2Ø) VALUE "UMSATZLISTE".

PROCEDURE DIVISION.
     .
     .
     OPEN OUTPUT LISTE.
     WRITE L-SATZ FROM SATZ-1.
```

Abb. 13.4 Funktion der WRITE-Anweisung

415

Die WRITE-Anweisung und Druck-Dateien

Druck-Dateien sind Bestände, die entweder direkt über den Drucker ausgegeben werden (z.B. ASSIGN TO "PRN") oder permanent auf einer Diskette gespeichert werden und anschließend mit dem Print-Befehl vom Betriebssystem ausgedruckt werden.

Der ADVANCING-Zusatz

Der ADVANCING-Zusatz wird verwendet, um eine Zeile in einer Druck-Datei mit einer bestimmten Anzahl von Zeilenvorschüben zu drucken. Der AFTER-Zusatz bedeutet, daß das Drucken der Zeile erst nach dem Vorschub erfolgen soll. Codiert man z.B. WRITE AUSGABE-SATZ AFTER 4, erzeugt man damit 3 Leerzeilen.

```
Aktuelle Druckkopf-Position              |_____UMSATZLISTE_____
                                       1 |_____
                                       2 |_____
                                       3 |_____
WRITE AUSGABE-SATZ AFTER 4             4 |_NÄCHSTE_ZEILE_____
                                         |_____
                                         |_____
```

Abb. 13.5 Funktion des AFTER-Zusatzes

Der BEFORE-Zusatz bewirkt, daß das Drucken der Zeile noch vor dem Vorschub erfolgen soll. Er bewirkt eine Vorpositionierung für die nächste Zeile.

In jedem Fall kann das Wort PAGE verwendet werden, um einen Seitenvorschub zu erzeugen. Man kann auch jeden Merknamen verwenden, der im SPECIAL-NAMES-Paragraphen mit dem Wort FORMFEED oder TAB verknüpft worden ist.

FORMFEED ist in der Funktion gleichwertig mit PAGE, TAB ist eine Alternative für AFTER 1.

Wurde für eine Datei ORGANIZATION IS LINE SEQUENTIAL angegeben und fehlt bei der WRITE-Anweisung der ADVANCING-Zusatz, wird jede Zeile automatisch mit einzeiligem Vorschub geschrieben.

Ist die Datei mit ORGANIZATION IS SEQUENTIAL beschrieben und fehlt bei der WRITE-Anweisung der ADVANCING-Zusatz, so wird jede Zeile automatisch mit einzeiligem Vorschub geschrieben, wenn die WRITE-Anweisung den Drucker direkt anspricht (z.B. ASSIGN TO "PRN").

Wurde die Datei in der ASSIGN-Klausel mit dem Zusatz LINE ADVANCING beschrieben und fehlt bei der WRITE-Anweisung der ADVANCING-Zusatz, so erfolgt in jedem Fall ein Zeilenvorschub.

Die WRITE-Anweisung und die LINAGE-Klausel

Der AT END-OF-PAGE-Zusatz darf nur für Dateien verwendet werden, die in der FILE SECTION mit der LINAGE-Klausel beschrieben worden sind. Die dort angegebene unbedingte Anweisung wird dann aktiviert, wenn der zugehörige LINAGE-COUNTER den Wert der FOOTING-Angabe erreicht oder überschritten hat.

Eine WRITE-Anweisung mit dem Zusatz AFTER bzw. BEFORE PAGE bewirkt, daß der LINAGE-COUNTER auf 1 zurückgesetzt wird. Wird beim Vorschub eine bestimmte Anzahl von Zeilen verwendet, so erhöht sich der LINAGE-COUNTER automatisch um diese Anzahl.

Druckersteuerung

Um eine bestimmte Schriftart oder eine Funktion des Druckers zu aktivieren, muß ein entsprechender ESCAPE-Sequence an den Drucker geleitet werden. Dieser beginnt immer mit dem ESCAPE-Zeichen (hex "1B"), gefolgt vom gewünschten Steuerzeichen. Steuerzeichen sind von Drucker zu Drucker unterschiedlich und können dem jeweiligen Drucker-Bedienungshandbuch entnommen werden. Ein Steuerzeichen braucht nur ein einziges Mal aktiviert zu werden, es bleibt so lange aktiv, bis es durch ein Gegen-Steuerzeichen deaktiviert wird.

417

Der ESCAPE-Sequence kann wie folgt im hex Format angegeben werden:

Beispiel 8

```
    SELECT LISTE ASSIGN TO "PRN" ...

FD  LISTE.
Ø1  L-SATZ              PIC   X(7Ø).

WORKING-STORAGE SECTION.
Ø1 SATZ-1.
    Ø5 STEUER-ZEICHEN . PIC   XX.
    Ø5 FILLER           PIC   X(25).
    Ø5 FILLER           PIC   X(2Ø) VALUE "UMSATZLISTE".

PROCEDURE DIVISION.
    .

    .
    MOVE X"1BØF" TO STEUER-ZEICHEN.
    WRITE L-SATZ FROM SATZ-1 AFTER PAGE.
```

Dieser ESCAPE-Sequence erzeugt bei den meisten Druckern eine Schmal-schrift.

13.4.4 REWRITE-Anweisung

Wirkung

Die REWRITE-Anweisung verwendet man, um bestehende Sätze einer Datei zurückzuschreiben.

```
┌─ Format ──────────────────────────────────────────────┐
│                                                        │
│  REWRITE Datensatzname [FROM  Bezeichner]              │
│                                                        │
│                                                        │
│  [END-REWRITE]                                         │
└────────────────────────────────────────────────────────┘
```

Erläuterung

Die Verwendung der REWRITE-Anweisung erfordert das Eröffnen der Datei im Update-Modus (OPEN I-O). Darüber hinaus muß die Datei mit ORGANIZATION SEQUENTIAL beschrieben worden sein.

Das Zurückschreiben eines Satzes in eine Datei bedeutet, daß der Datensatz aus dem Ausgabepuffer, der für diese Datei vereinbart worden ist, auf den Datenträger übertragen wird. Dabei wird vorausgesetzt, daß der Datensatz schon in der Datei existiert. Er muß vorher gelesen werden, bevor er zurückgeschrieben werden kann.

Der FROM-Zusatz

Der FROM-Zusatz kann mit gleicher Bedeutung wie bei der WRITE-Anweisung benutzt werden.

Beispiel 9

Das Beispiel demonstriert lediglich die Arbeitsweise und das Zusammenspiel zwischen der READ- und der REWRITE-Anweisung.

```
FILE-CONTROL.
    SELECT LOHN-DATEN ASSIGN TO "LOHN.DAT"
            ORGANIZATION    IS SEQUENTIAL.

FD  LOHN-DATEN DATA  RECORD  ARTIKEL-SATZ.
Ø1  LOHN-SATZ.
    Ø5  L-ARB-NR        PIC   999.
    Ø5  L-VORSCHUSS     PIC   9(4).
    Ø5  FILLER          PIC   X(1ØØ).
WORKING-STORAGE SECTION.
Ø1  VORSCHUSS           PIC   9(4).
```

```
PROCEDURE DIVISION.
    .
    .
    .
    OPEN I-O LOHN-DATEN.
    .
    .
    READ LOHN-DATEN.                        (1)
    .
    .
    ADD VORSCHUSS TO L-VORSCHUSS.           (2)
    .
    .
    REWRITE  LOHN-SATZ.                     (3)
```

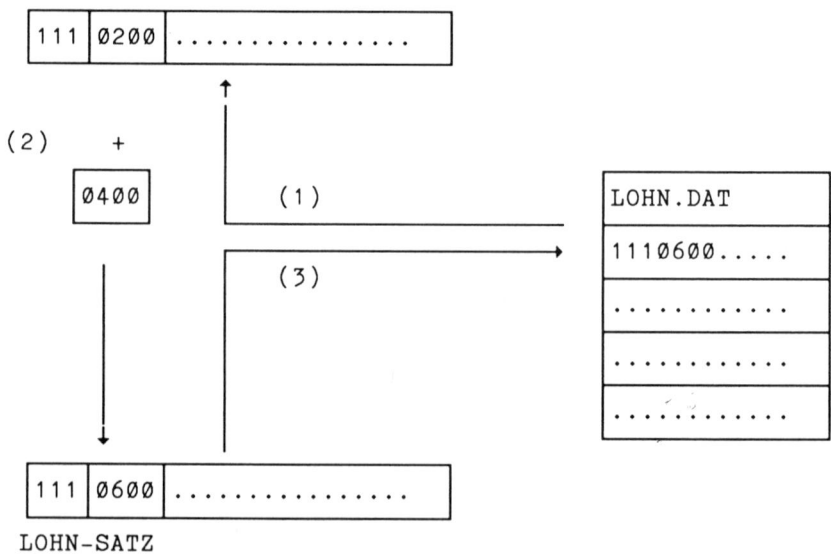

Abb. 13.6 Funktion der REWRITE-Anweisung

13.4.5 CLOSE-Anweisung

Wirkung

Die CLOSE-Anweisung wird verwendet, um eine Datei zu schließen.

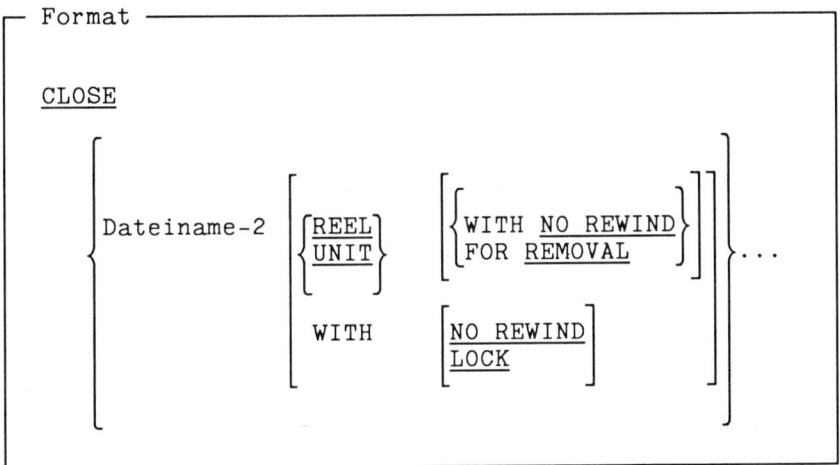

Erläuterung

Beim Schließen einer Datei werden die Verwaltungsinformationen für diese Datei aktualisiert, anschließend wird die Datei freigegeben.

Nach dem Schließen der Datei dürfen keine E/A-Operationen mehr für diese Datei ausgeführt werden.

Der REEL/UNIT-Zusatz muß für Dateien, die in der SELECT-Klausel mit MULTIPLE REEL bzw. UNIT definiert worden sind, angegeben werden. Er darf nicht für andere Dateien verwendet werden.

Der LOCK-Zusatz bewirkt, daß die Datei indemselben Programmlauf nicht mehr eröffnet werden kann.

Die restlichen Zusätze werden in PROFESSIONAL COBOL/2 als Kommentar betrachtet.

Beispiel 10

```
CLOSE ARTIKEL, LISTE.
```

Zusammenfassung

Die folgende Darstellung zeigt die zulässigen E/A-Anweisungen in den verschiedenen Eröffnungsmodi für sequentielle Dateien.

Anweisung	Eröffnungsmodus			
	INPUT	OUTPUT	EXTEND	I-O
READ	X			X
WRITE		X	X	
REWRITE				X

Abb. 13.7 Zulässige E/A-Anweisungen für sequentielle Dateien

13.4.6 USE-Anweisung

Wirkung

Die USE-Anweisung wird benutzt, um zentrale Fehlerbehandlungs-Routinen für eine bestimmte Datei zu definieren.

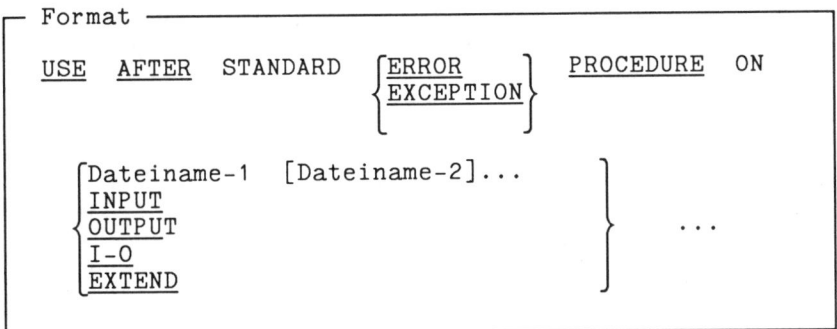

```
┌─ Format ────────────────────────────────────────────────────────┐
│                                                                  │
│  USE   AFTER   STANDARD   ┌ERROR    ┐  PROCEDURE   ON             │
│                           ⎨EXCEPTION⎬                            │
│                           └         ┘                            │
│                                                                  │
│       ┌Dateiname-1   [Dateiname-2]...  ┐                         │
│       │INPUT                           │                         │
│       ⎨OUTPUT                          ⎬       ...               │
│       │I-O                             │                         │
│       └EXTEND                          ┘                         │
│                                                                  │
└──────────────────────────────────────────────────────────────────┘
```

Erläuterung

In vielen Situationen treten bei Dateizugriffen bestimmte Fehler auf; z.B. wenn beim Erstellen einer Datei die Diskette voll wird oder wenn ein falscher Dateiname verwendet wird usw.

Nun erhebt sich die Frage, wie solche Fehler festgestellt werden können, um eine entsprechende Mitteilung an den Benutzer zu geben.

Es ist durchaus möglich, daß nach jedem Dateizugriff eine Fehlerbehandlungs-Routine codiert werden kann, um den Fehler festzustellen, dies wäre jedoch zu umfangreich. In COBOL hat man dafür den DECLARATIVES-Teil vorgesehen.

Der DECLARATIVES-Teil beginnt unmittelbar nach der PROCEDURE DIVISION mit dem Wort DECLARATIVES und endet mit END DECLARATIVES.

Er kann eine oder mehrere SECTIONs beinhalten. Jede SECTION enthält nun eine USE-Anweisung, die sich auf eine oder mehrere Dateien bezieht.

Der DECLARATIVES-Teil wird bei der Programmausführung nicht aktiviert, sondern nur dann, wenn für eine Datei, die dort in einer USE-Anweisung angegeben wurde, ein Fehler auftritt.

Die USE-Anweisung selbst teilt dem System mit, daß die nachfolgenden Anweisungen, die noch in dieser SECTION codiert sind, ausgeführt werden sollen, wenn für die in dieser SECTION definierte Datei ein Zugriffsfehler auftritt.

Codiert man z.B. in einer SECTION im DECLARATIVES-Teil:

```
USE AFTER STANDARD ERROR PROCEDURE ON ARTIKEL
```

so werden die hier noch in dieser SECTION vorhandenen Anweisungen ausgeführt, wenn für die Datei "ARTIKEL" ein Fehler auftritt. Die Anweisungen selbst können beliebig sein. Sinnvollerweise sind es jedoch solche, die sich auf das FILE STATUS-Feld dieser Datei beziehen, um den Fehler zu analysieren.

Verursacht z.B. die Anweisung (OPEN INPUT ARTIKEL) einen Fehler, weil möglicherweise die Datei nicht vorhanden ist, so wird die für diese Datei festgelegte SECTION automatisch ausgeführt, anschließend wird das Programm nach der OPEN-Anweisung fortgesetzt.

Die Wörter ERROR und EXCEPTION können mit gleicher Bedeutung verwendet werden.

Bezieht man sich nicht explizit in der USE-Anweisung auf einen bestimmten Dateinamen, sondern auf eine der Möglichkeiten (INPUT, OUTPUT, I-O, oder EXTEND), so werden die entsprechend eröffneten Dateien in dieser USE-Anweisung impliziert. In diesem Fall ist darauf zu achten, daß eine Datei nur in einer SECTION implizit oder explizit vorkommen kann.

Beispiel 11

Das Beispiel beschränkt sich auf die Auswertung einiger Fehler. Tritt keiner der vorgesehenen Fehler auf, so wird allgemein kommentiert "DATEIFEH-LER".

```
ENVIRONMENT DIVISION.
INPUT-OUTPUT SECTION.
FILE-CONTROL.
     SELECT ARTIKEL ASSIGN TO "C:ARTIKEL.DAT"
          ORGANIZATION   IS LINE SEQUENTIAL,
          ACCESS MODE    IS SEQUENTIAL,
          FILE STATUS    IS ARTIKEL-STATUS.

FILE SECTION.
FD  ARTIKEL.
01  A-SATZ             PIC X(200).
WORKING-STORAGE  SECTION.
01  ARTIKEL-STATUS.
     05 STELLE-1        PIC 9.
     05 STELLE-2        PIC 9.
01  FEHLER-CODE REDEFINES ARTIKEL-STATUS PIC 9(4) COMP.

01  FEHL-1             PIC X(30) VALUE
     "DISKETTE VOLL".

01  FEHL-2             PIC X(30) VALUE
     "INHALTSVERZEICHNIS VOLL".

01  FEHL-3             PIC X(30) VALUE
     "FALSCHER DATEINAME".

01  FEHL-4             PIC X(30) VALUE
     "DATEI NICHT VORHANDEN".

01  FEHL-TEXT          PIC X(30).
01  WARTEN             PIC X.
```

```
PROCEDURE   DIVISION.
DECLARATIVES.
ART-FEHL-BEHANDLUNG  SECTION.
    USE AFTER STANDARD ERROR PROCEDURE ON ARTIKEL.

    IF STELLE-1 = 9
       MOVE LOW-VALUE TO STELLE-1

       IF FEHLER-CODE = 007
          MOVE FEHL-1 TO FEHL-TEXT
       ELSE IF FEHLER-CODE = 009
               MOVE FEHL-2 TO FEHL-TEXT
            ELSE IF FEHLER-CODE = 004
                    MOVE FEHL-3 TO FEHL-TEXT
                 ELSE IF FEHLER-CODE = 013
                         MOVE FEHL-4 TO FEHL-TEXT
                      ELSE
                      MOVE "DATEIFEHLER" TO FEHL-TEXT.
    DISPLAY FEHL-TEXT AT 2501.
    ACCEPT   WARTEN   AT 2531.
ART-9999.
    EXIT.
END DECLARATIVES.

PROGRAMM-STEUERUNG SECTION.
PRO-1000.
    .
    .
    .
```

Programmbeispiel: DEMO13-UEBERWEISUNGEN

Aufgabenstellung

Das Unternehmen "Mustermann" will seine Zahlungen auf EDV umstellen.
Für alle Zahlungen sollen nun Überweisungsaufträge erstellt werden.

Die Zahlungsempfänger sind in der Datei "EMPFAENG.EIN" vorhanden.

Die Auftraggeber-Datei "AUFT-GEB.EIN" enthält einen einzigen Datensatz
mit den Daten des Auftraggebers.

Aufbau der Zahlungsempfänger-Datei "EMPFAENG.EIN":

Anz. Stellen	Feldverwendung
15	Empfängername
15	Empfängerstraße
4	Empfänger-Plz
15	Empfängerort
10	Empfängerkontonummer
15	Empfängerbank
10	Empfängerbankleitzahl
15	Verwendungszweck
5V2	Überweisungsbetrag

Aufbau der Auftraggeber-Datei "AUFT-GEB.EIN":

Anz. Stellen	Feldverwendung
15	Auftraggebername
10	Auftraggeberkontonummer
15	Auftraggeberbank
10	Auftraggeberbankleitzahl

Aufbau des Überweisungsformulars: siehe Druckliste

427

Struktogramm

```
PROGRAMMSTEUERUNG
     ( VORLAUF )
     SOLANGE NICHT DATEI-ENDE
          ( VERARBEITUNG )
     ( NACHLAUF )
     PROGRAMM BEENDEN
```

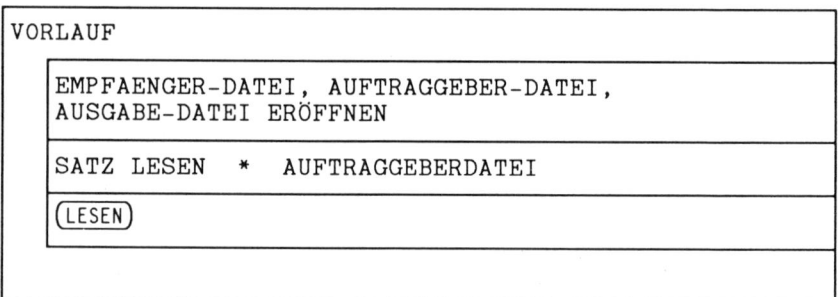

```
VORLAUF
     EMPFAENGER-DATEI, AUFTRAGGEBER-DATEI,
     AUSGABE-DATEI ERÖFFNEN
     SATZ LESEN   *   AUFTRAGGEBERDATEI
     ( LESEN )
```

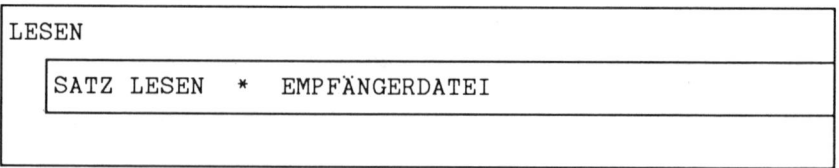

```
LESEN
     SATZ LESEN   *   EMPFÄNGERDATEI
```

```
VERARBEITUNG

    E-NAME              ---> U-NAME

    E-BLZ               ---> U-BLZ

    UEBERWEISUNGSZEILE-1 DRUCKEN

    E-STR               ---> U-STR

    E-PLZ               ---> U-PLZ

    E-ORT               ---> U-ORT

    UEBERWEISUNGSZEILE-2 DRUCKEN

    E-KONTO-NR          ---> U-KONTO-NR

    E-BANK              ---> U-BANK

    UEBERWEISUNGSZEILE-3 DRUCKEN

    E-VERWEND-ZWECK ---> U-VERWEND-ZWECK

    E-BETRAG            ---> U-BETRAG

    UEBERWEISUNGSZEILE-4 DRUCKEN

    BLANKS ---> A-SATZ

    A-SATZ DRUCKEN

    A-NAME              ---> U-AUF-NAME

    A-KONTO-NR          ---> U-AUF-KONTO-NR

    UEBERWEISUNGSZEILE-5 DRUCKEN

    (LESEN)


NACHLAUF

    EMPFAENGER-DATEI, AUFTRAGGEBER-DATEI,
    AUSGABE-DATEI ERÖFFNEN SCHLIESSEN
```

Programmlisting:

```
 1 IDENTIFICATION DIVISION.
 2 PROGRAM-ID.        DEMO13-UEBERWEISUNGEN.
 3 AUTHOR.            R. HABIB.
 4 DATE-WRITTEN.      12-08-1987.
 5 DATE-COMPILED. 10-Sep-87 09:09.
 6*
 7* PROGRAMMFUNKTION:
 8*
 9* DIESES PROGRAMM DRUCKT EINE ÜBERWEISUNGESLISTE
10* AUS.
11*
12 ENVIRONMENT DIVISION.
13 CONFIGURATION SECTION.
14 SOURCE-COMPUTER.  IBM-PC.
15 OBJECT-COMPUTER.  IBM-PC.
16 SPECIAL-NAMES.
17     DECIMAL-POINT IS COMMA.
18 INPUT-OUTPUT SECTION.
19 FILE-CONTROL.
20
21     SELECT EMPFAENGER ASSIGN TO "EMPFAENG.EIN",
22            ORGANIZATION IS LINE SEQUENTIAL,
23            FILE STATUS  IS EMP-STATUS.
24
25     SELECT AUFTRAGGEBER ASSIGN TO "AUFT-GEB.EIN"
26            ORGANIZATION IS LINE SEQUENTIAL.
27
28     SELECT AUSGABE ASSIGN TO "UEBERW.AUS".
29*-------------------------------------------------*
30 DATA DIVISION.
31 FILE SECTION.
32 FD  EMPFAENGER.
33 01  E-SATZ.
34     05 E-NAME         PIC X(15).
35     05 E-STR          PIC X(15).
36     05 E-PLZ          PIC X(4).
```

```
37      05 E-ORT              PIC X(15).
38      05 E-KONTO-NR         PIC X(10).
39      05 E-BANK             PIC X(15).
40      05 E-BLZ              PIC X(10).
41      05 E-VERWEND-ZWECK    PIC X(15).
42      05 E-BETRAG           PIC 9(5)V99.
43
44 FD AUFTRAGGEBER.
45 01   AUF-SATZ.
46      05 A-NAME             PIC X(15).
47      05 A-KONTO-NR         PIC X(10).
48      05 A-BANK             PIC X(15).
49      05 A-BLZ              PIC X(10).
50
51 FD   AUSGABE
52              LINAGE   20 LINES
53                       FOOTING 20
54                       TOP 0
55                       BOTTOM 5.
56 01   A-SATZ             PIC X(56).
57*-------------------------------------------------*
58 WORKING-STORAGE SECTION.
59 01   EMP-STATUS         PIC 99.
60 88   DATEI-ENDE         VALUE 10.
61
62 01   UEBERWEISUNGSZEILE-1.
63      05 U-NAME             PIC X(15).
64      05 FILLER             PIC X(28) VALUE SPACE.
65      05 U-BLZ              PIC X(10).
66
67 01   UEBERWEISUNGSZEILE-2.
68      05 U-STR              PIC X(15).
69      05 FILLER             PIC X(2) VALUE ",".
70      05 U-PLZ              PIC X(4).
71      05 FILLER             PIC X    VALUE SPACE.
72      05 U-ORT              PIC X(15).
73
74 01   UEBERWEISUNGSZEILE-3.
75      05 U-KONTO-NR         PIC X(10).
```

```
76       05 FILLER              PIC X(6) VALUE SPACE.
77       05 U-BANK              PIC X(15).
78
79 01 UEBERWEISUNGSZEILE-4.
80       05 U-VERWEND-ZWECK  PIC X(15).
81       05 FILLER              PIC X(28) VALUE SPACE.
82       05 U-BETRAG            PIC *(7),99.
83       05 FILLER              PIC X(2) VALUE "**".
84
85 01 UEBERWEISUNGSZEILE-5.
86       05 U-AUF-KONTO-NR   PIC X(10).
87       05 FILLER              PIC X(6) VALUE SPACE.
88       05 U-AUF-NAME          PIC X(15).
89
90*-------------------------------------------------*
91 PROCEDURE DIVISION.
92 PROGRAMM-STEUERUNG SECTION.
93 PR-1000.
94       PERFORM VORLAUF.
95       PERFORM VERARBEITUNG UNTIL DATEI-ENDE.
96       PERFORM NACHLAUF.
97 PR-9999.
98       STOP RUN.
99*-------------------------------------------------*
100 VORLAUF SECTION.
101 VOR-1000.
102      OPEN INPUT   EMPFAENGER,
103                   AUFTRAGGEBER,
104          OUTPUT AUSGABE.
105      READ AUFTRAGGEBER.
106      PERFORM LESEN.
107 VOR-9999.
108      EXIT.
109*-------------------------------------------------*
110 VERARBEITUNG SECTION.
111 VER-1000.
112      MOVE E-NAME         TO U-NAME.
113      MOVE E-BLZ          TO U-BLZ.
114      WRITE A-SATZ FROM UEBERWEISUNGSZEILE-1 AFTER 0.
```

```
115
116      MOVE E-STR          TO U-STR.
117      MOVE E-PLZ          TO U-PLZ.
118      MOVE E-ORT          TO U-ORT.
119      WRITE A-SATZ FROM UEBERWEISUNGSZEILE-2 AFTER 1.
120
121      MOVE E-KONTO-NR     TO U-KONTO-NR.
122      MOVE E-BANK         TO U-BANK.
123      WRITE A-SATZ FROM UEBERWEISUNGSZEILE-3 AFTER 2.
124
125      MOVE E-VERWEND-ZWECK TO U-VERWEND-ZWECK.
126      MOVE E-BETRAG        TO U-BETRAG.
127      WRITE A-SATZ FROM UEBERWEISUNGSZEILE-4 AFTER 4.
128
129      MOVE SPACE TO A-SATZ.
130      WRITE A-SATZ AFTER 7.
131
132      MOVE A-NAME         TO U-AUF-NAME.
133      MOVE A-KONTO-NR     TO U-AUF-KONTO-NR.
134 WRITE A-SATZ FROM UEBERWEISUNGSZEILE-5 BEFORE PAGE.
135
136
137      PERFORM LESEN.
138 VER-9999.
139      EXIT.
140*--------------------------------------------------*
141 NACHLAUF SECTION.
142 NAC-1000.
143      CLOSE EMPFAENGER, AUFTRAGGEBER, AUSGABE.
144 NAC-9999.
145      EXIT.
146*--------------------------------------------------*
147 LESEN SECTION.
148 LES-1000.
149      READ EMPFAENGER.
150 LES-9999.
151      EXIT.
```

13. SEQUENTIELLE DATEIORGANISATION

Testdaten "EMPFAENG.EIN":

```
PETER SCHNEIDERSONNENSTR. 123 8ØØØMÜNCHEN 2     1234Ø98765HYPO-BANK      7ØØ 2ØØ Ø1RECH.-NR. 86/24Ø183650
C. RIECHERT   LEOPOLDSTR. 72 8ØØØMÜNCHEN 4Ø      5676677889RAIFFEISENBANK 75Ø 5Ø5 86MIETE 2/86      Ø95ØØ
BERGMANN      SENSERSTR. 56  8ØØØMÜNCHEN 7Ø      2224446666VOLKSBANK      7ØØ 3ØØ 2ØRECH-.NR. 4583 Ø45ØØØØ
```

Testdaten "AUFT-GEB.EIN":

```
MUSTERMANN       |9988776655|B. VEREINSBANK |7ØØ2Ø27Ø
```

Druckliste "UEBERW.AUS":

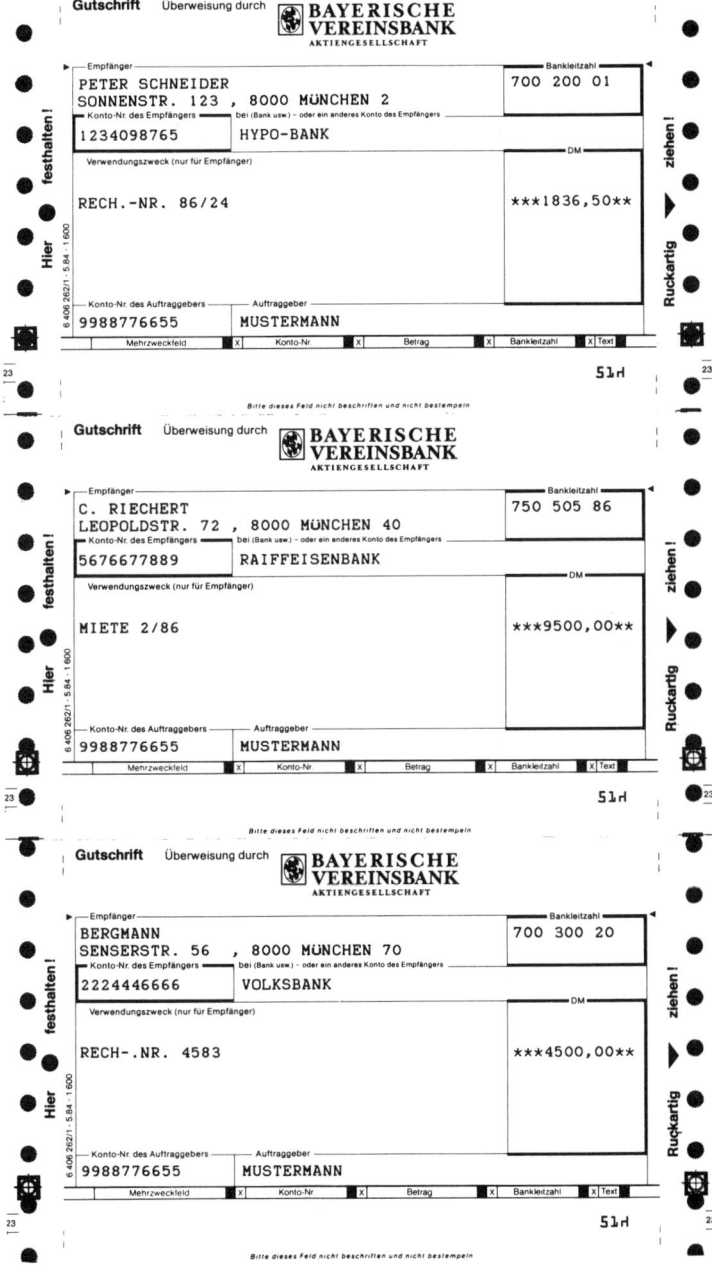

14. EXTERNE UNTER-PROGRAMME

14.1 Vorbemerkung

Die Gestaltung von externen Unterprogrammen bringt einige unentbehrliche Vorteile für die Praxis mit sich.

- Modularisierung umfangreicher Programme.

- Programmroutinen, die in unterschiedlichen Programmen benötigt werden, brauchen nur noch einmal geschrieben zu werden.

- Effektive Verwaltung des Speicherplatzes bei der Gestaltung von dynamischen externen Unterprogrammen, die freigegeben werden können, sobald sie nicht mehr benötigt werden.

- Wenn eine Routine in COBOL nicht realisiert werden kann, z.B. ein Zugriff auf Hardware-Ebene, so kann diese in einer anderen Programmiersprache codiert werden.

Nachdem alle benötigten Unterprogramme codiert und jeweils separat übersetzt wurden, müssen sie mit dem Hauptprogramm zu einem Programmsystem gebunden werden. Das Ergebnis dieses Bindevorganges ist ein Lademodul, der nun im Hauptspeicher geladen und ausgeführt werden kann.

14.2 Sprachelemente für Unterprogramm-Technik

Die Programmiersprache COBOL unterstützt die Unterprogramm-Technik
mit dem folgenden Sprachvorrat:

Im aufrufenden Programm

> CALL-Anweisung

> CANCEL-Anweisung

> CHAIN-Anweisung

Im aufgerufenen Programm

> LINKAGE SECTION

> USING-Zusatz der PROCEDURE DIVISION

> ENTRY-Anweisung

> EXIT PROGRAM

> GOBACK

14.3 Die Programmverbindung

Das Hauptprogramm (aufrufend) übergibt die Steuerung an das Unterprogramm (aufgerufen) mit Hilfe der CALL-Anweisung. Das Unterprogramm wird nun ausgeführt. Anschließend wird die Steuerung an das Hauptprogramm mit Hilfe der EXIT PROGRAM-Anweisung zurück übergeben.

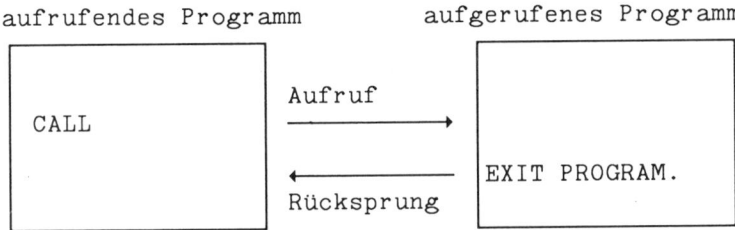

Abb. 14.1 Programmverbindungen

Geschachtelte Programmaufrufe

Ein aufgerufenes Programm kann gleichzeitig ein aufrufendes Programm sein, wenn dieses weitere Unterprogramme aufruft. In der folgenden Darstellung sind die Unterprogramme "A" und "B" gleichzeitig aufrufende und aufgerufene Programme.

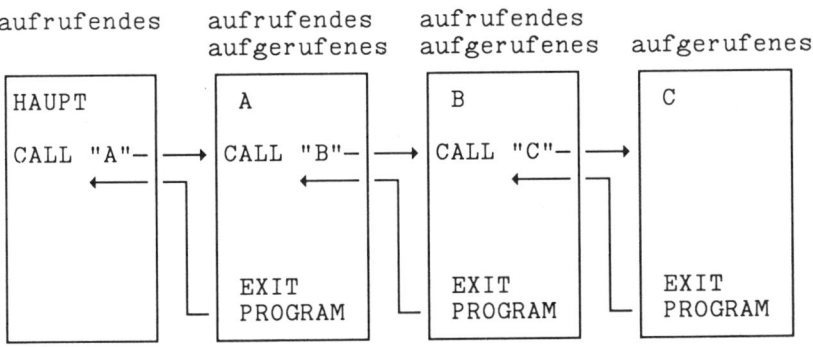

Abb. 14.2 Geschachtelte Programmaufrufe

14.4 CALL-Anweisung

Wirkung

Die CALL-Anweisung wird benutzt , um die Programmsteuerung an ein separat übersetztes Programm zu übergeben (aufrufen).

```
 ┌─ Format 1 ──────────────────────────────────────────────────┐
 │                                                              │
 │           ┌ Literal-1    ┐                                   │
 │   CALL   ┤              ┝                                    │
 │           └ Bezeichner-1 ┘                                   │
 │                                                              │
 │  ┌       ┌[BY REFERENCE] {Bezeichner-2}...              ┐┐   │
 │  │       │[BY REFERENCE] [ADDRESS OF] {Satzname}...      ││  │
 │  │       │[BY CONTENT] {Bezeichner-2}...                ││   │
 │  │       │                                              ││   │
 │  │ USING │ BY CONTENT ┌Literal-2             ┐          │.. │
 │  │       ┤           ┤LENGTH OF Bezeichner-3 ┝... ┝..    │   │
 │  │       │            └                      ┘          ││   │
 │  │       │            ┌Bezeichner-4          ┐          ││   │
 │  │       │ BY VALUE  ┤Literal-3              ┝...        ││   │
 │  └       │            └LENGTH OF Bezeichner-5┘          ┘┘   │
 │                                                              │
 │  [ON OVERFLOW unbedingte Anweisung-1 [END-CALL] ]            │
 │                                                              │
 └──────────────────────────────────────────────────────────────┘
```

```
┌─ Format 2 ─────────────────────────────────────────────────┐
│                                                             │
│         ⎧ Literal-1      ⎫                                  │
│  CALL   ⎨                ⎬                                  │
│         ⎩ Bezeichner-1   ⎭                                  │
│                                                             │
│  ⎡        ⎡[BY REFERENCE] {Bezeichner-2}...              ⎤  │
│  ⎢        ⎢[BY REFERENCE] [ADDRESS OF] {Satzname}...     ⎢  │
│  ⎢        ⎢[BY CONTENT] {Bezeichner-2}...               ⎢  │
│  ⎢        ⎢                                             ⎢  │
│  ⎢ USING ⎨  BY CONTENT ⎡Literal-2               ⎫      ⎬.. │
│  ⎢        ⎢             ⎨LENGTH OF Bezeichner-3 ⎬...   ⎢  │
│  ⎢        ⎢             ⎩                        ⎭      ⎢  │
│  ⎢        ⎢            ⎡Bezeichner-4          ⎫          ⎢  │
│  ⎢        ⎢  BY VALUE ⎨Literal-3              ⎬...       ⎢  │
│  ⎣        ⎣            ⎩LENGTH OF Bezeichner-5⎭          ⎦  │
│                                                             │
│  [ON EXCEPTION unbedingte Anweisung-1 ]                     │
│  [NOT ON EXCEPTION unbedingte Anweisung-2]                  │
│  [END-CALL]                                                 │
└─────────────────────────────────────────────────────────────┘
```

Erläuterung

In der CALL-Anweisung können wir den Namen des Unterprogramms, welches aufgerufen werden soll, in einem nicht-numerischen Literal angeben. In diesem Fall hat man sich für ein bestimmtes Programm entschieden.

Beispiel 1

```
CALL "BILANZ".
```

Es besteht jedoch die Möglichkeit, den Namen des Unterprogramms erst zum Zeitpunkt der Ausführung zu bestimmen. Hierzu muß der Bezeichner als Variable benutzt werden. Rechtzeitig vor der Ausführung der CALL-Anweisung muß der Bezeichner mit dem Namen des Unterprogramms, welches aufgerufen werden soll, versorgt werden.

Beispiel 2

```
Ø1  UNTERPROGRAMM        PIC X(8).
    .
    .
    MOVE "ZINSEN" TO UNTERPROGRAMM.
    CALL UNTERPROGRAMM.
```

Eingangspunkt im Unterprogramm

Gewöhnlich beginnt das Unterprogramm die Ausführung mit der ersten Anweisung in der PROCEDURE DIVISION, diese wird die primäre Eingangsstelle im Unterprogramm genannt.

Es ist jedoch möglich, weitere sekundäre Eingangsstellen im Unterprogramm zu definieren. Jede zusätzliche Eingangsstelle muß mit der ENTRY-Anweisung im Unterprogramm definiert werden. Bezieht sich nun die CALL-Anweisung auf einen ENTRY-Namen, so beginnt die Ausführung des Unterprogramms mit der ersten Anweisung, die nach der ENTRY-Anweisung vorkommt (für Details s. ENTRY-Anweisung).

Status des Unterprogramms

Ein aufgerufenes Unterprogramm befindet sich in seinem ursprünglichen Status, sowohl wenn es das erste Mal aufgerufen wird als auch beim erstmaligen Aufruf, nachdem es mit einer CANCEL-Anweisung freigegeben wurde. Bei allen anderen Eintritten in das aufgerufene Unterprogramm ist es in dem zuletzt benutzten Zustand.

Zu Format 1

Der Zusatz ON OVERFLOW bewirkt, daß die angegebene unbedingte Anweisung-1 ausgeführt wird, wenn die Ausführung einer CALL-Anweisung beginnt und nicht genügend Speicher für die Unterbringung des Unterprogramms zur Verfügung steht.

Zu Format 2

Der Zusatz ON EXCEPTION bewirkt, daß die angegebene unbedingte Anweisung-1 ausgeführt wird, wenn die Ausführung einer CALL-Anweisung aus irgendeinem Grund unmöglich wird, z.B. wenn kein Objektmodul mit dem aufgerufenen Namen vorhanden ist.

Der USING-Zusatz

Die bisher gezeigten Beispiele haben jeweils bewirkt, daß ein Unterprogramm angesteuert und ausgeführt wurde, ohne daß es Zugriff zu den Daten des Hauptprogramms hatte. Wie werden nun Datenfelder (Parameter) an ein Unterprogramm übergeben?

Der USING-Zusatz wird dazu verwendet, Datenfelder des Hauptprogramms an das Unterprogramm zu übergeben. Die zu übergebenden Datenfelder müssen aus der FILE SECTION oder aus der WORKING-STORAGE SECTION des aufrufenden Programms stammen. Datenfelder der LINKAGE SECTION können ebenso an ein Unterprogramm übergeben werden, jedoch nur dann, wenn das aufrufende Programm selbst ein aufgerufenes ist.

Beispiel 3

```
WORKING-STORAGE SECTION.

01   EINKOMMEN              PIC 9(6)V99.
01   STEUER-BETRAG          PIC 9( )V99.
```

Beim Aufruf des Unterprogramms "STEUER" sollen die Felder "EINKOMMEN" und "STEUER-BETRAG" übergeben werden.

```
CALL "STEUER" USING EINKOMMEN STEUER-BETRAG.
```

Die Auswahl der USING-Parameter

Sollen Parameter an ein Unterprogramm übergeben werden, so müssen diese in den ersten 64K der WORKING-STORAGE SECTION im aufrufenden Programm vorliegen.

Eine detaillierte Beschreibung der Parameter finden Sie anschließend nach Punkt 14.6 (USING-Zusatz der PROCEDURE DIVISION).

14.5 LINKAGE SECTION

Wirkung

Die LINKAGE SECTION erlaubt die Definition der Parameter, die vom Hauptprogramm an das Unterprogramm übergeben werden.

```
┌─ Format ────────────────────────────────────────────────┐
│                                                          │
│  LINKAGE SECTION.                                        │
│                                                          │
│  ⎡Ø1-49⎤                                                 │
│  ⎢     ⎥   Datenname/FILLER-Klausel                      │
│  ⎣ 77  ⎦                                                 │
│                                                          │
│     [REDEFINES-Klausel]                                  │
│     [PIC-Klausel]                                        │
│     [USAGE-Klausel]                                      │
│     [BLANK-WHEN ZERO-Klausel]                            │
│     [JUST-Klausel]                                       │
│     [OCCURS-Klausel]                                     │
│     [SYNC-Klausel]                                       │
│     [88  Bedingungsname VALUE-Klausel]                   │
│     [66  RENAMES-Klausel]                                │
│                                                          │
└──────────────────────────────────────────────────────────┘
```

Erläuterung

Für keines der Datenfelder, die in der LINKAGE SECTION definiert werden, wird ein Speicherplatz reserviert. Solche Datenfelder sind als Dummy-Felder zu bezeichnen, sie sind lediglich als symbolische Adressen vorhanden, nicht jedoch als echte Speicherstellen. Sie "vertreten vorläufig" die im Hauptprogramm definierten Datenfelder, bis das Programm gebunden wird. Zur Ausführungzeit des Unterprogramms hat man die Möglichkeit, auf Datenfelder, die im Hauptprogramm definiert sind, zuzugreifen.

Der allgemeine Aufbau der LINKAGE SECTION entspricht im wesentlichen dem der WORKING-STORAGE SECTION. Die VALUE-Klausel darf je-

445

doch in der LINKAGE SECTION auf der Stufennummer 01-49 oder 77 nicht benutzt werden. Die LINKAGE SECTION wird nur im aufgerufenen Programm benötigt.

In der LINKAGE SECTION wird für jedes Datenfeld auf der Stufennummer 01 oder 77 ein Adreßfeld automatisch generiert. Die Generierung erfolgt, sobald das Adreßfeld in einer Anweisung angesprochen wird, z.B.

```
Ø1  SATZ.
    Ø5  ADRESSFELD        POINTER.
    Ø5  DATEN             PIC X(2ØØ).

Ø1  SATZ-A               PIC X(35).
```

```
    SET ADRESSFELD TO ADDRESS OF SATZ-A.
```

Beispiel 4

Die in Beispiel 3 vom Hauptprogramm übergebenen Datenfelder sollen nun im Unterprogramm beschrieben werden.

```
LINKAGE SECTION.

Ø1  EINKOMMEN            PIC 9(6)V99.
Ø1  STEUER-BETRAG        PIC 9(6)V99.
```

Testen von Unterprogrammen

Unterprogramme, die Parameter in der LINKAGE SECTION enthalten und somit von der Zuweisung von Parametern durch ein höheres Programm abhängig sind, können auch selbständig getestet werden, d.h. ohne Ansteuern von einem höheren Programm.

Sobald ein unadressierbarer Parameter in einer Anweisung angesprochen wird, zeigt der Animator die folgende Fehlermeldung an:

```
CALL parameter not supplied (Error 203)
```

Der Animator kann jedoch dynamische Parameterzuweisungen zwecks Testen durchführen. Dazu positioniert man den Cursor auf das Feld in der LINKAGE SECTION und drückt die Q-Taste und anschließend C-Taste. Der Animator meldet nun:

```
Linkage record not linked; assign data area? Y/N
```

Beantworten Sie diese Frage nun mit Y und fordern Sie damit (vorüberge-hend) die Zuweisung eines Datenbereichs für das angezeigte Feld.

14.6 USING-Zusatz der PROCEDURE DIVISION

Wirkung

Der USING-Zusatz der PROCEDURE DIVISION erlaubt die Zuordnung zwischen den Parametern, die vom Hauptprogramm übergeben werden, und den Datenfeldern, die im Unterprogramm in der LINKAGE SECTION definiert werden.

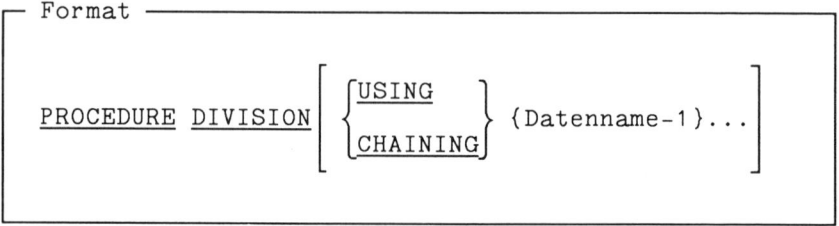

```
┌─ Format ──────────────────────────────────────────────┐
│                                                        │
│                      ┌─USING   ─┐                      │
│  PROCEDURE DIVISION  {          } {Datenname-1}...     │
│                      └─CHAINING─┘                      │
│                                                        │
└────────────────────────────────────────────────────────┘
```

Erläuterung

Der USING-Zusatz darf nur verwendet werden, wenn das Unterprogramm durch eine CALL-Anweisung aufgerufen wird, die auch einen USING-Zusatz enthält.

Als Datennamen dürfen nur solche verwendet werden, die im Unterprogramm in der LINKAGE SECTION definiert sind.

Der CHAINING-Zusatz darf nur verwendet werden, wenn das Programm durch eine CHAIN-Anweisung angesteuert wird, die einen USING-Zusatz enthält. In diesem Fall müssen alle angegebenen Datenfelder in der WORKING-STORAGE oder in der FILE SECTION, aber nicht in der LINKAGE SECTION definiert werden.

Im allgemeinen müssen genauso viele Datenfelder in diesem Zusatz angegeben werden, wie im USING-Zusatz der CALL-Anweisung angegeben sind.

Es ist jedoch erlaubt, auf Datenfelder, die vom Hauptprogramm bereitgestellt sind, zu verzichten, d.h. im USING-Zusatz der PROCEDURE DIVISION können weniger Datenfelder angegeben werden als in der CALL-Anweisung, aber nicht umgekehrt.

Beispiel 5

Für die CALL-Anweisung in Beispiel 3 sollen nun entsprechende Felder zugeordnet werden.

```
PROCEDURE DIVISION USING EINKOMMEN STEUER-BETRAG.
```

Die Auswahl der USING-Parameter in der CALL-Anweisung

Wird einer der Zusätze (BY REFERENCE, BY CONTENT, BY VALUE) verwendet, so bezieht sich dieser auf alle nachfolgend angegebenen Bezeichner, bis ein anderer Zusatz spezifiziert wird.

BY REFERENCE

Dieser Zusatz wird standardmäßig in der USING-Angabe angenommen, wenn keiner der Zusätze (BY REFERENCE, BY CONTENT, BY VALUE) verwendet wird.

Wird der Zusatz BY REFERENCE direkt vor einem Datenfeld angegeben oder impliziert, so wird das Datenfeld im Unterprogramm so behandelt, als würde es den gleichen Speicherplatz belegen, der im Hauptprogramm vom angegebenen Datenfeld belegt ist.

449

Beispiel 6

```
ID DIVISION.
PROGRAM-ID.  HAPRO.
ENVIRONMENT DIVISION.
DATA DIVISION.
WORKING-STORAGE SECTION.
Ø1   BETRAG                   PIC 9(6)V9(2).
Ø1   MWST                     PIC 9(6)V9(2).

PROCEDURE DIVISION.


     CALL "UPRO" USING
              BY REFERENCE BETRAG MWST.
     .
     .
     .
     STOP RUN.
```

```
ID DIVISION.
PROGRAM-ID.  UPRO.
ENVIRONMENT DIVISION.
DATA DIVISION.
WORKING-STORAGE SECTION.
Ø1   RECHENFELD               PIC 9(8)V9(2).
LINKAGE SECTION.
Ø1   BETRAG                   PIC 9(6)V9(2).
Ø1   MWST                     PIC 9(6)V9(2).

PROCEDURE DIVISION USING  BETRAG MWST.
     .'
     .

     MOVE BETRAG TO RECHENFELD.
     .
     .
     GOBACK.
```

BY REFERENCE ADDRESS OF

Dieser Zusatz kann verwendet werden, um die Adresse eines Datensatzes an ein Unterprogramm weiterzuleiten. In diesem Fall muß der übergebene Parameter mit einem POINTER-Feld korrespondieren. Das POINTER-Feld wird im Unterprogramm mit USAGE POINTER beschrieben und im USING-Zusatz der PROCEDURE DIVISION angegeben.

Diese Art von Parameterübergabe verwendet man insbesonders im Zusammenhang mit POINTER-Feldern zum Verketten von Datensätzen.

Jeder der zu verkettenden Datensätze enthält am Anfang ein Adreßfeld, in dem die Adresse des nächsten zu verarbeitenden Datensatzes abgespeichert wird. Im letzten Datensatz wird lediglich eine ungültige Adresse (figurative Konstante NULL) abgespeichert, um anzudeuten, daß keine Sätze mehr vorkommen. Die nachfolgende Abbildung zeigt das Prinzip:

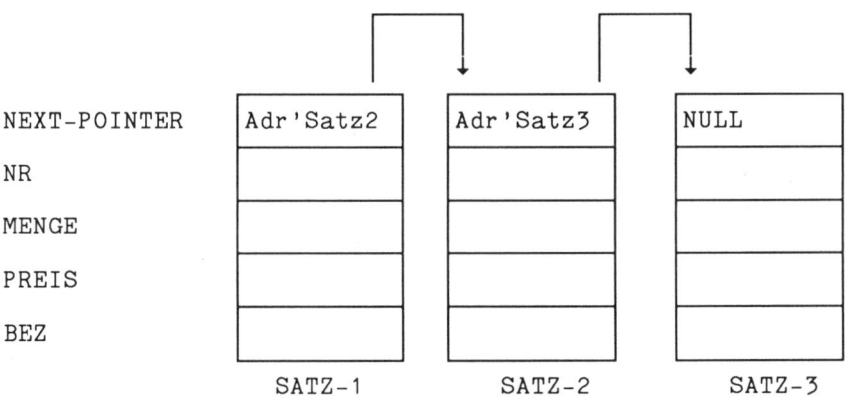

451

Beispiel 7

```
ID DIVISION.
PROGRAM-ID.  HAPRO.
ENVIRONMENT DIVISION.
DATA DIVISION.
WORKING-STORAGE SECTION.
01   SATZ-1.
     05 NEXT-POINTER-1       POINTER.
     05 DATEN                PIC X(34).

01   SATZ-2.
     05 NEXT-POINTER-2       POINTER.
     05 DATEN                PIC X(34).

01   SATZ-3.
     05 NEXT-POINTER-3       POINTER.
     05 DATEN                PIC X(34).

PROCEDURE DIVISION.
     SET NEXT-POINTER-1 TO ADDRESS OF SATZ-2.
     SET NEXT-POINTER-2 TO ADDRESS OF SATZ-3.
     SET NEXT-POINTER-3 TO NULL.

     CALL "TEST15U" USING
          BY REFERENCE ADDRESS OF SATZ-1.
     STOP RUN.
```

```
ID DIVISION.
PROGRAM-ID.  UPRO.
ENVIRONMENT DIVISION.
DATA DIVISION.
WORKING-STORAGE SECTION.
Ø1  GESAMT                  PIC 9(7)V9(2).
Ø1  SUMME                   PIC 9(8)V9(2).
LINKAGE SECTION.

Ø1  ANFANG-PTR              POINTER.

Ø1  DATENSATZ.
    Ø5 NEXT-POINTER         POINTER.
    Ø5 NR                   PIC 9(3).
    Ø5 MENGE                PIC 9(4).
    Ø5 BEZ                  PIC X(2Ø).
    Ø5 PREIS                PIC 9(5)V9(2).

PROCEDURE DIVISION USING  ANFANG-PTR.

    SET ADDRESS OF DATENSATZ TO

        ADDRESS OF ANFANG-PTR.

    PERFORM WITH TEST BEFORE

            UNTIL NEXT-POINTER = NULL

        MULTIPLY MENGE BY PREIS GIVING GESAMT
        ADD GESAMT TO SUMME
        SET ADDRESS OF DATENSATZ TO
                    NEXT-POINTER

    END-PERFORM

    GOBACK.
```

BY CONTENT

Bei Verwendung dieses Zusatzes kann zwar das Unterprogramm den Inhalt des korrespondierenden Feldes verändern, dies hat jedoch keinen Einfluß auf den Inhalt des Feldes im aufrufenden Programm.

Die oben aufgeführte Erörterung gilt genauso für die Übergabe von Literale an ein Unterprogramm.

Beispiel 8

```
CALL "UPRO" USING BY CONTENT FELD-1 "LISTE".
```

BY CONTENT LENGTH OF

Mit diesem Zusatz in der USING-Angabe kann die Länge eines Feldes im Hauptprogramm an ein Unterprogramm weitergegeben werden. Für die Übernahme der Länge im Unterprogramm muß ein Feld mit der Beschreibung " PIC 9(9) USAGE COMP" definiert werden.

Beispiel 9

```
CALL "UPRO" USING BY REFERENCE SATZ-1
                 BY CONTENT LENGTH OF SATZ-1.
```

```
ID DIVISION.
PROGRAM-ID. UPRO.
ENVIRONMENT DIVISION.
DATA DIVISION.
WORKING-STORAGE SECTION.
.
.
.
LINKAGE SECTION.
01  SATZ-LAENGE            PIC 9(9) COMP.
01  DATENSATZ              PIC X(34).

PROCEDURE DIVISION USING DATENSATZ
                         SATZ-LAENGE.
.
.
.
    MOVE SATZ-LAENGE TO LAENGE
    DISPLAY SATZ-LAENGE
    ADD  SATZ-LAENGE TO X
.
.
.

    GOBACK.
```

BY VALUE

Wird in der USING-Angabe der Zusatz "BY VALUE" verwendet, so kann das Unterprogramm den Inhalt des Feldes nicht verändern. Dieser Zusatz darf nur verwendet werden, wenn das aufgerufene Programm nicht in COBOL geschrieben ist. Des weiteren arbeitet "BY VALUE" ähnlich wie "BY CONTENT".

14.7 EXIT PROGRAM-Anweisung

Wirkung

Die EXIT PROGRAM-Anweisung beendet die Ausführung des Unterprogramms und gibt die Steuerung an das Hauptprogramm zurück.

```
┌─ Format ─────────────────────────────────────────

  EXIT PROGRAM.
```

Erläuterung

Die EXIT PROGRAM-Anweisung wird nur aktiviert, wenn das Programm, welches die EXIT PROGRAM-Anweisung beinhaltet, durch eine CALL-Anweisung angesteuert wird.

Nach ANSI STANDARD COBOL muß die EXIT PROGRAM-Anweisung als einzige Anweisung in einem COBOL-Satz codiert werden. Dieser Satz muß als einziger in einem Paragraphen vorhanden sein. Der Compiler PROFESSIONAL COBOL/2 verzichtet jedoch auf diese Codierweise.

Beispiel 10

Es soll ein Unterprogramm für die Berechnung der nachfolgenden Formel codiert werden. Die benötigten Werte werden im Hauptprogramm vom Bildschirm eingelesen und an das Unterprogramm übergeben.

$$JAHRESZINS = \frac{DISKONT\text{-}BETRAG + WECHSEL\text{-}STEUER + DISKONT\text{-}SPESEN}{KREDIT\text{-}BETRAG}$$

$$X \ \frac{360}{WECHSEL\text{-}LAUFZEIT} \ X \ 100$$

Aufrufendes Programm

```
IDENTIFICATION DIVISION.
PROGRAM-ID. HAUPT.
ENVIRONMENT DIVISION.
DATA DIVISION.
WORKING-STORAGE SECTION.
01 DISKONT-BETRAG      PIC 9(5)V99.
01 WECHSEL-STEUER      PIC 9(3)V99.
01 KREDIT-BETRAG       PIC 9(5)V99.
01 DISKONT-SPESEN      PIC 9(3)V99.
01 WECHSEL-LAUFZEIT    PIC 9(3).
01 JAHRESZINS          PIC 9(2)V99.

PROCEDURE DIVISION.
EINGABE SECTION.
EIN-1000.
* ROUTINE ZUM ANZEIGEN DER LEITTEXTE, HIER NICHT
* BESTANDTEIL DES BEISPIELES.
    ACCEPT DISKONT-BERTRAG   AT 1015.
    ACCEPT WECHSEL-STEUER    AT 1015.
    ACCEPT KREDIT-BETRAG     AT 1015.
    ACCEPT DISKONT-SPESEN    AT 1015.
    ACCEPT WECHSEL-LAUFZEIT  AT 1015.
* AUFRUF DES UNTERPROGRAMMS
    CALL "DISKONT" USING DISKONT-BETRAG WECHSEL-STEUER
                   KREDIT-BETRAG   DISKONT-SPESEN
                   WECHSEL-LAUFZEIT JAHRESZINS.
    DISPLAY JAHRESZINS AT 1015.
EIN-9999.
    STOP RUN.
```

Aufgerufenes Programm

```
IDENTIFICATION DIVISION.
PROGRAM-ID. DISKONT.
ENVIRONMENT DIVISION.
DATA DIVISION.
WORKING-STORAGE SECTION.

LINKAGE SECTION.
01 DISKONT-BETRAG      PIC 9(5)V99.
01 WECHSEL-STEUER      PIC 9(3)V99.
01 KREDIT-BETRAG       PIC 9(5)V99.
01 DISKONT-SPESEN      PIC 9(3)V99.
01 WECHSEL-LAUFZEIT    PIC 9(3).
01 JAHRESZINS          PIC 9(2)V99.

PROCEDURE DIVISION USING DISKONT-BETRAG WECHSEL-STEUER
                        KREDIT-BETRAG   DISKONT-SPESEN
                        WECHSEL-LAUFZEIT JAHRESZINS.
BERECHNUNG SECTION.
BER-1000.
   COMPUTE JAHRESZINS =

          (DISKONT-BERTRAG + WECHSEL-STEUER   +
          DISKONT-SPESEN) / KREDIT-BETRAG *
          360 / WECHSEL-LAUFZEIT * 100.
BER-9999.
   EXIT PROGRAM.
```

14.8 ENTRY-Anweisung

Wirkung

Die ENTRY-Anweisung wird benutzt, um sekundäre Eingangsstellen im Unterprogramm zu definieren.

```
┌─ Format ──────────────────────────────────────────────┐
│                                                        │
│  ENTRY Literal [USING  Datenname-1 [Datenname-2]...]   │
│                                                        │
└────────────────────────────────────────────────────────┘
```

Erläuterung

Der Inhalt des Literals ist der Name des Unterprogramms (sekundäre Eingangsstelle), auf den sich eine CALL-Anweisung beziehen kann.

Der USING-Zusatz hat hier die gleiche Anwendung wie bei der PROCEDURE DIVISION eines Unterprogramms.

Aufrufen von sekundären Eingangsstellen

In einem Programm können beliebig viele sekundäre Eingangsstellen definiert werden. Jede Eingangsstelle im Programm kann von einem anderen Programm beliebig oft aufgerufen werden und muß logisch von den anderen mit GOBACK oder EXIT PROGRAM getrennt werden.

Da die Eingangsstelle im Programm nichts anderes als ein interner Name ist, der lediglich im Programm festgelegt wird und nicht in der Systemumgebung als externer Name bekannt ist, muß nun die Frage gestellt werden: Wie findet die CALL-Anweisung die aufgerufene Eingangsstelle in einem Programm? Das nachfolgende Beispiel erläutert diese Situation.

Beispiel 11

In diesem Beispiel wird das Programm "UPRO" mit den 3 Eingangsstellen "E1", "E2" und "E3" versehen und selbst unter dem Namen "UPRO.CBL" abgespeichert.

Folgende Aufrufe sind nun möglich, wobei in jedem Aufruf beliebige Parameter übergeben werden können:

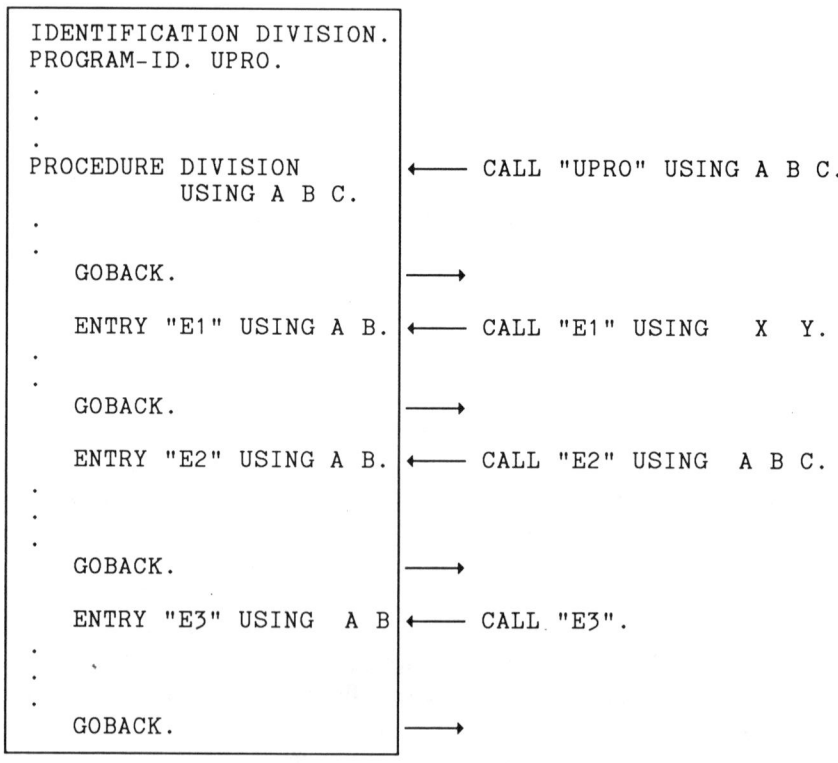

```
        UPRO.CBL
  IDENTIFICATION DIVISION.
  PROGRAM-ID. UPRO.
     .
     .
     .
  PROCEDURE DIVISION          ◄──── CALL "UPRO" USING A B C.
          USING A B C.
     .
     .
     GOBACK.                     ────►

     ENTRY "E1" USING A B.     ◄──── CALL "E1" USING   X Y.
     .
     .
     GOBACK.                     ────►

     ENTRY "E2" USING A B.     ◄──── CALL "E2" USING  A B C.
     .
     .
     .
     GOBACK.                     ────►

     ENTRY "E3" USING  A B     ◄──── CALL "E3".
     .
     .
     .
     GOBACK.                     ────►
```

Damit nun die CALL-Anweisung die aufgerufene Eingangsstelle finden kann, muß einer der nachfolgenden Schritte bereits durchgeführt worden sein:

1. Das Programm UPRO wurde mit einer CALL "UPRO" aufgerufen, um die primäre Eingangsstelle anzusteuern. Eine nachfolgende CALL-Anweisung, die sich auf eine sekundäre Eingangsstelle bezieht, findet nun den Einsprungspunkt in diesem Modul.

2. Wenn die Programmlogik den Aufruf der primären Eingangsstelle nicht benötigt, kann mit Hilfe der LIBRARY-Funktion eine Bibliothek aus dem Hauptmenü des COBOL-Entwicklungssystems wie folgt aufgebaut werden:

   ```
   F7=LIBRARY
   F3=LOAD       UPRO
   F4=SAVE       UPRO
   ```

   Es existiert nun eine Bibliothek mit dem Namen UPRO.LBR, die das Modul UPRO.INT beinhaltet. Die Anweisung CALL "UPRO.LBR" wird lediglich den Modul laden ohne jede Ausführung. Anschließend kann jede CALL-Anweisung auf einer sekundären Eingangsstelle ausgeführt werden. Die CALL-Anweisung findet nun den Einsprungspunkt im geladenen Modul.

3. Der Hauptmodul wurde mit dem Modul UPRO.INT mittels der BUILD-Funktion zu einer .EXE-Datei gebunden; in diesem Fall findet die CALL-Anweisung den Einsprungspunkt im gebundenen Modul. In jedem Fall muß der Name einer sekundären Eingangsstelle in allen benötigten Untermodulen eindeutig sein und darf nicht mit dem Namen eines Programms identisch sein.

14.9 CANCEL-Anweisung

Wirkung

Die CANCEL-Anweisung gibt den durch ein aufgerufenes Unterprogramm belegten Speicherplatz frei.

```
┌─ Format ─────────────────────────────────────────────┐
│                                                       │
│           ┌Literal-1     ⎫ ┌Literal-2     ⎤           │
│   CANCEL  ⎨              ⎬ │              │  ...       │
│           └Bezeichner-1  ⎭ └Bezeichner-2  ⎦           │
│                                                       │
└───────────────────────────────────────────────────────┘
```

Erläuterung

Literal oder Bezeichner benennt ein Unterprogramm, welches bereits mit der Call-Anweisung aufgerufen sein muß.

Eine CANCEL-Anweisung darf nicht auf einem Unterprogramm ausgeführt werden, das noch nicht zu Ende ausgeführt worden ist.

Beispiel 12

```
Ø1  UNTERPROGRAMM        PIC X(8).
    .

    .
    MOVE "ZINSEN" TO UNTERPROGRAMM.
    CANCEL UNTERPROGRAMM.
```

14.10 GOBACK-Anweisung

Wirkung

Die GOBACK-Anweisung hat die gleiche Funktion wie die EXIT PROGRAM-Anweisung.

```
┌─ Format ──────────────────────────────────────────────┐
│                                                        │
│  GOBACK                                                │
│                                                        │
└────────────────────────────────────────────────────────┘
```

Erläuterung

Die GOBACK-Anweisung ist nicht im ANSI STANDARD COBOL enthalten, erlaubt ist sie jedoch im Compiler PROFESSIONAL COBOL/2 aus Kompatibilitätsgründen mit dem IBM-COBOL-Compiler.

Im Gegensatz zu der EXIT PROGRAM-Anweisung muß GOBACK nicht als einzige Anweisung in einem Paragraph codiert werden.

14.11 CHAIN-Anweisung

Wirkung

Die CHAIN-Anweisung übergibt die Steuerung von einem laufenden Programm an ein anderes.

```
┌─ Format ──────────────────────────────────────────────────────┐
│                                                                │
│          ┌ Bezeichner-1 ┐                                      │
│   CHAIN  ⟨              ⟩                                       │
│          └ Literal-1    ┘                                      │
│                                                                │
│   ┌      ┌ [BY REFERENCE] {Bezeichner-2}...              ┐     │
│   │      │                                               │     │
│   │      │ [BY REFERENCE] [ADDRESS OF] {Satzname}...     │     │
│   │      │                                               │     │
│   │ USING⟨ [BY CONTENT] {Bezeichner-2}...                ⟩ ..  │
│   │      │                                               │     │
│   │      │                 ┌ Literal-2            ┐      │     │
│   │      │ BY CONTENT      ⟨                      ⟩...    │     │
│   └      └                 └ LENGTH OF Bezeichner-3┘     ┘     │
│                                                                │
│   [ON OVERFLOW unbedingte Anweisung-1 [END-CHAIN] ]            │
└────────────────────────────────────────────────────────────────┘
```

Erläuterung

Im Gegensatz zu der CALL-Anweisung steuert die CHAIN-Anweisung ein Programm ohne Rückkehr zum aufrufenden Programm, d.h. ohne daß das angesteuerte Programm die Steuerung an das aufrufende Programm zurückgibt.

Nach Übergabe der Steuerung an ein Programm wird das aufrufende Programm samt evtl. mitgeladener Unterprogramme freigegeben. Das angesteuerte Programm erhält somit die Initiative. Die folgende Abbildung verdeutlicht die Verbindung:

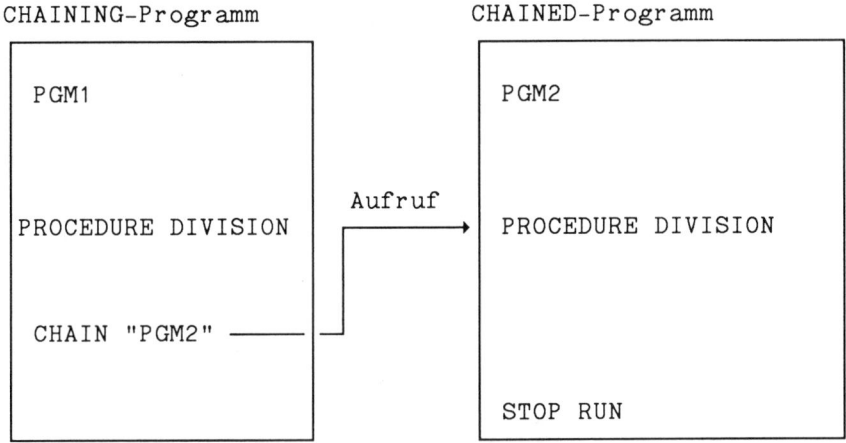

Auch hier ist im Gegensatz zu der CALL-Anweisung ein rekursiver Aufruf mit CHAIN möglich. D.h. das Programm "A" steuert mit CHAIN das Programm "B" und das Programm "B" darf das Programm "A" ansteuern.

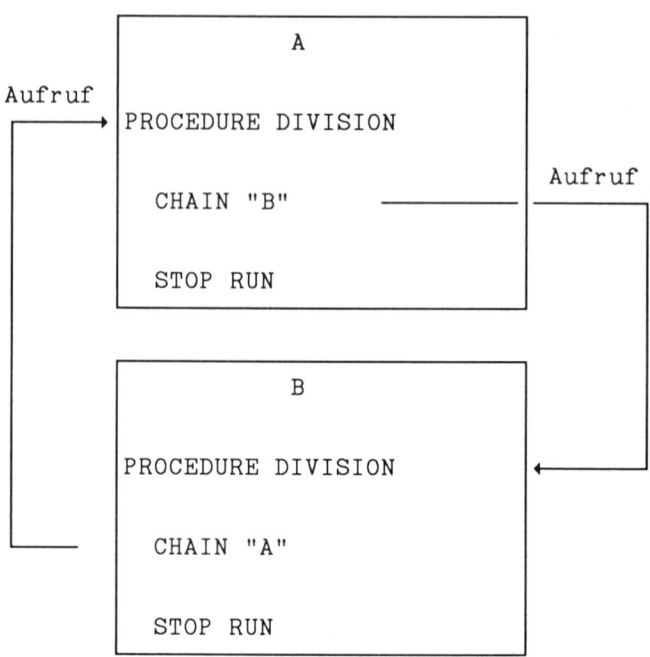

Des weiteren können alle zusätzlichen Angaben im Format mit der gleichen Bedeutung wie in der CALL-Anweisung verwendet werden.

Programmbeispiel: DEMO14-H-WURZEL-ZIEHEN

Aufgabenstellung

Es ist ein externes Unterprogramm für die Berechnung der Quadratwurzel mit Hilfe des Newtonschen Näherungsverfahrens zu entwickeln.

Die Formel dazu lautet:

$$X_{n+1} = \frac{1}{2} \times \left(X_n + \frac{a}{X_n} \right)$$

a   = Radikand

n   = 1, 2, 3 ... diese Annäherung wird so lange fortgesetzt, bis

$x_n - x_{n+1} < 0{,}1$ ist. Die Wurzel ist dann x_{n+1}

Das Unterprogramm soll schließlich mit Hilfe eines Hauptprogramms ausgeführt und getestet werden.

Struktogramm für das Hauptprogramm "DEMO14-H":

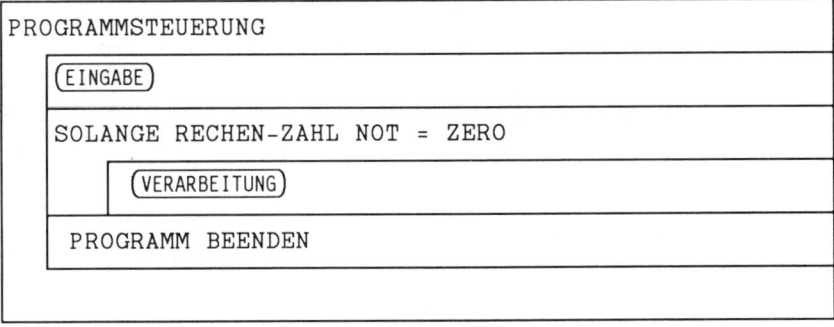

```
PROGRAMMSTEUERUNG
  (EINGABE)
  SOLANGE RECHEN-ZAHL NOT = ZERO
      (VERARBEITUNG)
  PROGRAMM BEENDEN
```

```
┌─────────────────────────────────────────────────────────────────┐
│ EINGABE                                                           │
│   ┌─────────────────────────────────────────────────────────┐   │
│   │ BILDSCHIRM LÖSCHEN                                        │   │
│   ├─────────────────────────────────────────────────────────┤   │
│   │ "WURZEL-BERECHNUNG" ANZEIGEN                              │   │
│   ├─────────────────────────────────────────────────────────┤   │
│   │ "Zahl   --->" ANZEIGEN                                    │   │
│   ├─────────────────────────────────────────────────────────┤   │
│   │ EINGABE-ZAHL  EINGEBEN                                    │   │
│   ├─────────────────────────────────────────────────────────┤   │
│   │ EINGABE-ZAHL  ---> RECHEN-ZAHL                            │   │
│   └─────────────────────────────────────────────────────────┘   │
└─────────────────────────────────────────────────────────────────┘
```

```
┌─────────────────────────────────────────────────────────────────┐
│ VERARBEITUNG                                                      │
│   ┌─────────────────────────────────────────────────────────┐   │
│   │ "DEMO14-U" ---> UNTERPROGRAMM                            │   │
│   ├─────────────────────────────────────────────────────────┤   │
│   │ (UNTERPROGRAMM)      * AUFRUF  DES EXTERNEN UNTER-       │   │
│   │                      PROGRAMMS "DEMO14-U" MIT ÜBERGABE  │   │
│   │                      DER PARAMETER: RECHEN-ZAHL UND      │   │
│   │                      WURZEL.                             │   │
│   ├─────────────────────────────────────────────────────────┤   │
│   │                              SPEICHER-ÜBERLAUF?          │   │
│   │ JA                                               NEIN    │   │
│   ├──────────────────────────────────────────────┬──────────┤   │
│   │ "FEHLER BEIM LADEN" ANZEIGEN                   │          │   │
│   ├────────────────────────────────────────────── │    /     │   │
│   │ WARTEN EINGEBEN * HÄLT DIE AUSGABE, AN UM DEM  │          │   │
│   │          BENUTZER DIE MÖGLICHKEIT ZU           │          │   │
│   │          GEBEN, DIE MELDUNG ZU LESEN.          │          │   │
│   ├─────────────────────────────────────────────────────────┤   │
│   │ UNTERPROGRAMM FREIGEBEN                                   │   │
│   ├─────────────────────────────────────────────────────────┤   │
│   │ WURZEL ---> ANZEIGE-WURZEL                               │   │
│   ├─────────────────────────────────────────────────────────┤   │
│   │ "Wurzel --->" ANZEIGEN                                   │   │
│   ├─────────────────────────────────────────────────────────┤   │
│   │ ANZEIGE-WURZEL ANZEIGEN                                  │   │
│   ├─────────────────────────────────────────────────────────┤   │
│   │ WARTEN EINGEBEN                                          │   │
│   ├─────────────────────────────────────────────────────────┤   │
│   │ (EINGABE)                                                │   │
│   └─────────────────────────────────────────────────────────┘   │
└─────────────────────────────────────────────────────────────────┘
```

Programmlisting:

```
1 $SET ANS85
2 IDENTIFICATION DIVISION.
3 PROGRAM-ID.        DEMO14-H-WURZEL-ZIEHEN.
4 AUTHOR.            R. HABIB.
5 DATE-WRITTEN.      12-08-1987.
6 DATE-COMPILED. 11-Sep-87 17:02.
7*
8* PROGRAMMFUNKTION:
9*
10* DAS PROGRAMM DEMONSTRIERT DEN AUFRUF DES
11* UNTERPROGRAMMS "DEMO14-U".
12*
13*
14 ENVIRONMENT DIVISION.
15 CONFIGURATION SECTION.
16 SOURCE-COMPUTER.  IBM-PC.
17 OBJECT-COMPUTER.  IBM-PC.
18 SPECIAL-NAMES.
19      CONSOLE IS CRT,
20      DECIMAL-POINT IS COMMA.
21*-------------------------------------------------*
22 DATA DIVISION.
23 WORKING-STORAGE SECTION.
24 01  EINGABE-ZAHL      PIC 9(12),9(6).
25 01  RECHEN-ZAHL       PIC S9(12)V9(6).
26 88  PROGRAMM-ENDE     VALUE ZERO.
27 01  WURZEL            PIC S9(12)V9(6).
28 01  ANZEIGE-WURZEL    PIC -(11)99,9(6).
29 01  UNTERPROGRAMM     PIC X(8).
30 01  WARTEN            PIC X.
31*-------------------------------------------------*
32 PROCEDURE DIVISION.
33 PROGRAMM-STEUERUNG SECTION.
34 PR-1000.
35      PERFORM EINGABE.
36      PERFORM VERARBEITUNG WITH TEST BEFORE
37          UNTIL RECHEN-ZAHL = ZERO.
```

469

```
38 PR-9999.
39     STOP RUN.
40*-------------------------------------------------*
41 EINGABE   SECTION.
42 EIN-1000.
43     DISPLAY SPACE.
44     DISPLAY "WURZEL-BERECHNUNG" AT 0525.
45     DISPLAY "Zahl   --->" AT 0820.
46     ACCEPT  EINGABE-ZAHL  AT 0835.
47     MOVE    EINGABE-ZAHL  TO RECHEN-ZAHL.
48 EIN-9999.
49     EXIT.
50*-------------------------------------------------*
51 VERARBEITUNG SECTION.
52 VER-1000.
53     MOVE "DEMO14-U" TO UNTERPROGRAMM.
54
55     CALL UNTERPROGRAMM  USING
56
57          BY CONTENT RECHEN-ZAHL
58          BY REFERENCE WURZEL
59
60          ON OVERFLOW
61              DISPLAY "FEHLER BEIM LADEN" AT 2501,
62              ACCEPT  WARTEN AT 0101.
63
64     CANCEL UNTERPROGRAMM.
65     MOVE WURZEL TO ANZEIGE-WURZEL.
66     DISPLAY "Wurzel --->" AT 1020.
67     DISPLAY ANZEIGE-WURZEL  AT 1035.
68     ACCEPT  WARTEN         AT 0101.
69     PERFORM EINGABE.
70 VER-9999.
71     EXIT.
```

Struktogramm für das externe Unterprogramm "DEMO14-U":

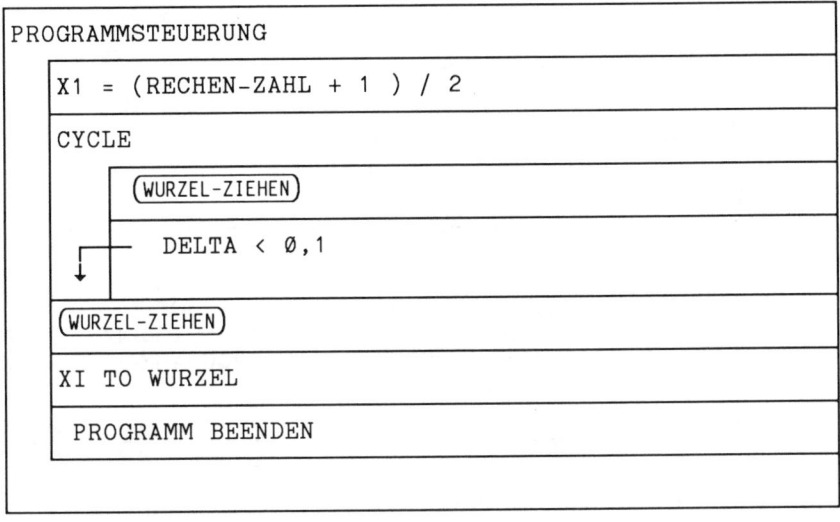

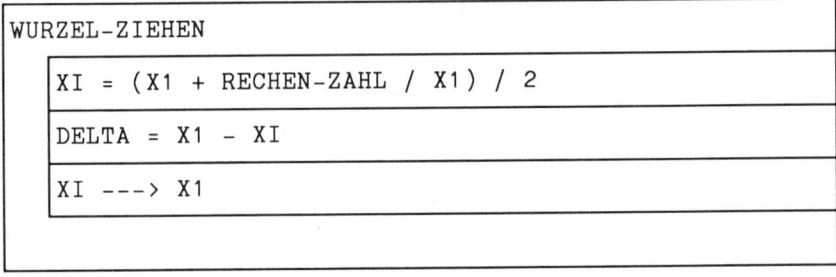

Programmlisting:

```
 1$SET ANS85
 2 IDENTIFICATION DIVISION.
 3 PROGRAM-ID.        DEMO14-U-WURZEL-ZIEHEN.
 4 AUTHOR.            R. HABIB.
 5 DATE-WRITTEN.      12-08-1987.
 6 DATE-COMPILED. 11-Sep-87 17:01.
 7*
 8* PROGRAMMFUNKTION:
 9*
10* DIESES PROGRAMM WURDE ALS EXTERNES UNTERPRO-
11* GRAMM FÜR DIE BERECHNUNG DER QUADRATISCHEN
12* WURZEL KONZIPIERT UND VOM HAUPTPROGRAMM
13* "DEMO14-H" AUFGERUFEN.
14*
15*
16 ENVIRONMENT DIVISION.
17 CONFIGURATION SECTION.
18 SOURCE-COMPUTER.  IBM-PC.
19 OBJECT-COMPUTER.  IBM-PC.
20 SPECIAL-NAMES.
21     CONSOLE IS CRT,
22     DECIMAL-POINT IS COMMA.
23*--------------------------------------------------*
24 DATA DIVISION.
25 WORKING-STORAGE SECTION.
26 01  X1              PIC S9(12)V9(6).
27 01  XI              PIC S9(12)V9(6).
28 01  DELTA           PIC S9(12)V9(6).
29*--------------------------------------------------*
30 LINKAGE SECTION.
31 01  RECHEN-ZAHL     PIC S9(12)V9(6).
32 01  WURZEL          PIC S9(12)V9(6).
33*--------------------------------------------------*
34 PROCEDURE DIVISION USING RECHEN-ZAHL WURZEL.
35 PROGRAMM-STEUERUNG SECTION.
36 PR-1000.
37     COMPUTE X1 = (RECHEN-ZAHL + 1 ) / 2.
```

```
38
39     PERFORM WURZEL-ZEIHEN WITH TEST AFTER
40                          UNTIL DELTA < 0,1.
41     PERFORM WURZEL-ZEIHEN.
42
43     MOVE XI TO WURZEL.
44 PR-9999.
45     EXIT PROGRAM.
46*-------------------------------------------------*
47 WURZEL-ZEIHEN SECTION.
48 WU-1000.
49     COMPUTE XI = ( X1 + RECHEN-ZAHL / X1 ) / 2.
50     COMPUTE DELTA = X1 - XI.
51     MOVE XI TO X1.
52 WU-9999.
53     EXIT.
```

Dialog-Testlauf 1

```
            WURZEL-BERECHNUNG


Zahl    ---> 000000000009,000000
Wurzel  --->          03,000000
```

Dialog-Testlauf 2

```
            WURZEL-BERECHNUNG


Zahl    ---> 000000000008,000000
Wurzel  --->          02,828427
```

15. TABELLENVERARBEI-TUNG

15.1 Vorbemerkung

Stellen wir uns vor, wir benötigen für die Verarbeitung eines bestimmten Programms eine Reihe von Datenfeldern, die die gleichen Längen und gleiche sonstige Merkmale aufweisen. Wie sollen nun solche Datenfelder definiert werden?

Ohne Tabellendefinitionen müßte man jedes Datenfeld einzeln, entsprechend seinen Eigenschaften, definieren; die Felder erhielten dann unterschiedliche Namen. Für 12 UMSATZ-Felder würden die Definitionen wie folgt aussehen:

```
Ø1  UMSATZ-1    PIC 9(6),99.
Ø1  UMSATZ-2    PIC 9(6),99.
    .
    .
    .
Ø1  UMSATZ-11   PIC 9(6),99.
Ø1  UMSATZ-12   PIC 9(6),99.
```

Diese Art, eine Reihe von gleichartigen Datenfeldern zu definieren, erhöht die Programmier- und Compilierzeit und führt zur Codierung einer komplexen und umfangreichen PROCEDURE DIVISION.

Eine solche Folge von Datenfeldern muß im Programm als Tabelle definiert werden. Mit Hilfe eines Index (Elementnummer) hat man dann Zugriff zu einem bestimmten Element.

15.2 OCCURS-Klausel

Wirkung

Die OCCURS-Klausel wird verwendet, um Datenfelder mehrfach (OCCURS = wiederhole) zu definieren, wir sprechen dann von einer Tabelle.

```
┌─ Format ──────────────────────────────────────────────────┐
│                                                            │
│  OCCURS ┌Ganzzahl-1 TIMES                              ┐    │
│         │Ganzzahl-2 TO Ganzzahl-3  TIMES DEPENDING     │    │
│         └                       ON Datenname-1         ┘    │
│                                                            │
│   ┌ ┌ASCENDING ┐KEY IS Datenname-2 [Datenname-3]... ┐...   │
│   │ └DESCENDING┘                                     │      │
│   └                                                 ┘       │
│                                                            │
│     [INDEXED  BY Indexname-1 [Indexname-2]  ...]           │
└────────────────────────────────────────────────────────────┘
```

Erläuterung

Die OCCURS-Klausel kann überall in der DATA DIVISION kodiert werden.

Nach ANSI Standard COBOL ist die OCCURS-Klausel nur auf der Stufennummer 02-49 erlaubt, PROFESSIONAL COBOL/2 erlaubt jedoch die Definition dieser Klausel auf der Stufennummer 01.

Nach ANSI Standard COBOL darf die OCCURS-Klausel innerhalb einer Struktur nur siebenmal auf unterschiedlichen Stufennummern kodiert werden. Dies bedeutet, daß eine Tabelle maximal dreifach dimensioniert werden kann. PROFESSIONAL COBOL/2 erlaubt jedoch die Definition einer Tabelle mit bis zu 60 Dimensionen.

Definition einer eindimensionalen Tabelle

Beispiel 1

Es soll eine Tabelle zur Aufnahme von 12 Umsatzfeldern definiert werden.

```
01  UMSATZ-TABELLE.
    05  UMSATZ-FELD   PIC 9(6),99 OCCURS 12 TIMES.
```

UMSATZ-FELD (1)	330000,00
UMSATZ-FELD (2)	456000,00
UMSATZ-FELD (3)	345666,00
UMSATZ-FELD (4)	789500,00
UMSATZ-FELD (5)	156980,00
UMSATZ-FELD (6)	439801,00
UMSATZ-FELD (7)	399987,00
UMSATZ-FELD (8)	298763,00
UMSATZ-FELD (9)	563830,00
UMSATZ-FELD (10)	982538,00
UMSATZ-FELD (11)	098240,00
UMSATZ-FELD (12)	487400,00

Abb. 15.1 Elemente einer eindimensionalen Tabelle

Adressierung von Elementen einer Tabelle

In diesem Beispiel wurde eine Tabelle mit 12 Elementen definiert. Jedes Element dieser Tabelle hat eine Länge von 9 Bytes. Die Tabelle selbst hat eine Länge von insgesamt 108 Bytes (12 x 9). Wie werden Tabellenelemente im Programm angesprochen?

Jedes Tabellenelement ist einfach über seine Nummer innerhalb der Tabelle anzusprechen. Das erste Element in der Tabelle hat die Nummer 1, das zweite Nummer 2 usw. Wollen wir uns auf die Umsatzfelder in Beispiel 1 beziehen, so können wir kodieren:

```
MOVE EINGABE-UMSATZ TO UMSATZ-FELD (1)
```

In diesem Fall wird der Inhalt des Feldes "EINGABE-UMSATZ" in das Element Nummer 1 übertragen.

```
MOVE UMSATZ-FELD (9) TO AUSGABE-UMSATZ
```

In diesem Fall wird der Inhalt des neunten Elementes "UMSATZ-FELD (9)" in das Feld "AUSGABE-UMSATZ" übertragen.

Selbstverständlich will man oft in einem Programm alle Elemente einer Tabelle verarbeiten. In diesem Fall können wir auch anstelle der Nummer eines Elementes in den Klammern eine Variable angeben. Diese Variable muß numerisch und ganzzahlig definiert werden. Der aktuelle Inhalt der Variablen zum Zeitpunkt des Zugriffs auf die Tabelle bestimmt dann, welches Element hier angesprochen wird.

```
Ø1 VARIABLE          PIC 99.

    MOVE 3 TO VARIABLE.
    MOVE EINGABE-UMSATZ TO UMSATZ-FELD (VARIABLE)
```

Hier wird die Variable auf den Inhalt "3" gesetzt und anschließend als variable Elementnummer in Klammern benutzt. In diesem Fall wird das dritte Element angesprochen.

Beispiel 2

Nehmen wir an, wir wollen für jedes der 12 Elemente in Beispiel 1 weitere Datenfelder definieren. Diese sind ARTIKEL-NR, ARTIKEL-BEZ und ARTIKEL-UMSATZ. In diesem Fall muß das Tabellenelement als Datengruppe definiert werden, die dann die aufgeführten Felder umfaßt. Die Tabellendefinition nimmt somit die folgende Struktur an:

```
Ø1  ARTIKEL-UMSATZ-TABELLE.
     Ø5 ARTIKEL-ELEMENT      OCCURS 12 TIMES.
        1Ø ARTIKEL-NR     PIC 9(4).
        1Ø ARTIKEL-BEZ    PIC X(3Ø).
        1Ø ARTIKEL-UMSATZ PIC 9(6).
```

		NR	BEZ	UMSATZ
ARTIKEL-ELEMENT	(1)	1234	WOHNZIMMERSCHRANK M198	ØØ19ØØ
ARTIKEL-ELEMENT	(2)	3498	SCHLAFZIMMER M1452	Ø2987Ø
ARTIKEL-ELEMENT	(11)	5588	TISCH M7522	Ø54982
ARTIKEL-ELEMENT	(12)	2344	SCHREIBTISCH I772	629857

Abb. 15.2 Elementaufbau einer eindimensionalen Tabelle

Erläuterung zu Beispiel 2

Die vorliegende Tabelle umfaßt 12 Elemente, jedes Element hat eine Länge von 40 Bytes (4+30+6), die Tabelle selbst hat eine Länge von insgesamt 480 Bytes (40 x 12). Das definierte Tabellenelement "ARTIKEL-ELEMENT" gilt in unserem Beispiel als Datengruppe, denn dieses wird in weitere Datenfelder unterteilt.

Beispiele für die Bezugnahme auf Tabellenelemente und deren Bestandteile:

```
ADD E-UMSATZ TO ARTIKEL-UMSATZ (4)
```

Addiere den Inhalt des Feldes "E-UMSATZ" auf den Inhalt des Feldes "ARTIKEL-UMSATZ" des vierten Elementes.

```
01 I          PIC 99.
   .
   .
   .
   IF  ARTIKEL-NR (I) = EINGABE-NR
       MOVE ARTIKEL-BEZ (I) TO AUSGABE-BEZ
       DISPLAY AUSGABE-BEZ AT 2001.
```

Wenn die Artikelnummer des gerade zu bearbeitenden Tabellenelementes gleich der des Feldes "EINGABE-NR" ist, dann übertrage die Artikelbezeichnung des Elements in das Feld "AUSGABE-BEZ" und zeige diese am Bildschirm an.

```
01 ELEMENT-NR    PIC 99.
01 EINGABE-SATZ  PIC X(40).
   .
   .
   MOVE ARTIKEL-ELEMENT (ELEMENT-NR) TO EINGABE-SATZ.
```

Übertrage den gesamten Inhalt des Elementes, dessen Nummer gerade im Feld "ELEMENT-NR" vorhanden ist, in die Struktur "EINGABE-SATZ".

Definition einer mehrdimensionalen Tabelle

Wir haben verschiedene Beispiele zur Definition von eindimensionalen Tabellen gesehen. Nun sollen mehrdimensionale Tabellen auch definiert werden. Eine mehrdimensionale Tabelle liegt vor, wenn das Element dieser Tabelle weiter unterteilt und mit der OCCURS-Klausel erneut beschrieben wird.

Beispiel 3

Angenommen, wir wollen die in Beispiel 1 definierte Tabelle so beschreiben, daß die Umsätze eines jeden Monats der letzten 5 Jahre abgespeichert werden können, so muß der dafür vorgesehene Bereich als zweidimensionale Tabelle beschrieben werden.

```
Ø1  UMSATZ-TABELLE.
    Ø5 UMSATZ-MONAT      OCCURS 12 TIMES.
       1Ø UMSATZ-JAHR    OCCURS 5 TIMES PIC 9(6).
```

	1981	1982	1983	1984	1985
1	(1, 1)	(1, 2)	(1, 3)	(1, 4)	(1, 5)
2	(2, 1)	(2, 2)	(2, 3)	(2, 4)	(2, 5)
3	(3, 1)	(3, 2)	(3, 3)	(3, 4)	(3, 5)
4	(4, 1)	(4, 2)	(4, 3)	(4, 4)	(4, 5)
5	(5, 1)	(5, 2)	(5, 3)	(5, 4)	(5, 5)
6	(6, 1)	(6, 2)	(6, 3)	(6, 4)	(6, 5)
7	(7, 1)	(7, 2)	(7, 3)	(7, 4)	(7, 5)
8	(8, 1)	(8, 2)	(8, 3)	(8, 4)	(8, 5)
9	(9, 1)	(9, 2)	(9, 3)	(9, 4)	(9, 5)
1Ø	(10, 1)	(10, 2)	(10, 3)	(10, 4)	(10, 5)
11	(11, 1)	(11, 2)	(11, 3)	(11, 4)	(11, 5)
12	(12, 1)	(12, 2)	(12, 3)	(12, 4)	(12, 5)

Abb. 15.3 Der Aufbau einer zweidimensionalen Tabelle

Beschreibung der Tabelle

Die Tabelle hat zwei Dimensionen, das Tabellenelement der ersten Dimension hat eine Länge von 30 Bytes (6 x 5), es gilt als Datengruppe hinsichtlich seiner Einordnung in die Datenkategorie. Dieses Element wird 12mal wiederholt.

Das Tabellenelement der zweiten Dimension hat eine Länge von 5 Bytes, es gilt als numerisches Feld hinsichtlich seiner Einordnung in die Datenkategorie. Dieses Element wird 5mal wiederholt. Die Tabelle selbst hat eine Länge von insgesamt 360 Bytes (5 x 6 x 12).

Adressierung von Elementen einer mehrdimensionalen Tabelle

Um ein Tabellenelement adressieren zu können, stellt man sich zunächt die Frage: In welcher Dimension liegt das zu adressierende Element? Will man z.B. das Element der ersten Dimension (Äußere Dimension) adressieren, so benötigt dieses nur eine Elementnummer. Liegt das zu adressierende Element in der zweiten Dimension, so benötigt dieses zwei Elementnummern.

```
MOVE UMSATZ-MONAT (7) TO HILFSBEREICH
```

Hier wird das siebte Element der ersten Dimension angesprochen.

```
ADD  UMSATZ-JAHR (3, 5) TO GESAMT-UMSATZ
```

Hier wird das fünfte Element der zweiten Dimension innerhalb des dritten Elementes der ersten Dimension angesprochen.

```
01  ZWISCHEN-TABELLE          PIC X(360).
      .
      .
    MOVE UMSATZ-TABELLE TO ZWISCHEN-TABELLE
```

Sollte der übergeordnete Name "UMSATZ-TABELLE" jemals angesprochen werden, so benötigt er keine Elementnummer für seine Adressierung, denn dieser umfaßt alle vorhandenen Elemente.

Beispiel 4

Nehmen wir weiter an, die in Beispiel 3 nun definierte Tabelle soll so beschrieben werden, daß in jedem Element der ersten Dimension ein Datenfeld
zur Aufnahme des Monatstextes vorgesehen wird; dieses Datenfeld muß dann
– wie aus der Definition der Tabelle zu sehen ist – Bestandteil dieses
Tabellenelementes sein.

```
Ø1  UMSATZ-TABELLE.
    Ø5  UMSATZ-MONAT      OCCURS 12 TIMES.
        1Ø  MONATSTEXT    PIC X(12).
        1Ø  UMSATZ-JAHR   OCCURS 5 TIMES PIC 9(6).
```

MONATSTEXT	1981	1982	1983	1984	1985
1	(1)	(1, 1)	(1, 2)	(1, 3)	(1, 4)	(1, 5)
2	(2)	(2, 1)	(2, 2)	(2, 3)	(2, 4)	(2, 5)
3	(3)	(3, 1)	(3, 2)	(3, 3)	(3, 4)	(3, 5)
4	(4)	(4, 1)	(4, 2)	(4, 3)	(4, 4)	(4, 5)
5	(5)	(5, 1)	(5, 2)	(5, 3)	(5, 4)	(5, 5)
6	(6)	(6, 1)	(6, 2)	(6, 3)	(6, 4)	(6, 5)
7	(7)	(7, 1)	(7, 2)	(7, 3)	(7, 4)	(7, 5)
8	(8)	(8, 1)	(8, 2)	(8, 3)	(8, 4)	(8, 5)
9	(9)	(9, 1)	(9, 2)	(9, 3)	(9, 4)	(9, 5)
1Ø	(1Ø)	(1Ø, 1)	(1Ø, 2)	(1Ø, 3)	(1Ø, 4)	(1Ø, 5)
11	(11)	(11, 1)	(11, 2)	(11, 3)	(11, 4)	(11, 5)
12	(12)	(12, 1)	(12, 2)	(12, 3)	(12, 4)	(12, 5)

Abb. 15.4 Struktur einer zweidimensionalen Tabelle

Beschreibung der Tabelle

Die Tabelle hat nach wie vor zwei Dimensionen, das Tabellenelement der ersten Dimension hat jedoch eine Länge von 42 Bytes (6 x 5) + 12.

Wie in den letzten Beispielen gezeigt wurde, benötigt jedes Tabellenelement eine Elementnummer (Index), um gezielt auf ein bestimmtes Element zugreifen zu können. Diese Methode, Tabellenelemente anzusprechen, wird Indizierung genannt. In COBOL wird zwischen Normal- und Spezialindizierung unterschieden.

15.3 Normalindizierung (Subscribierung)

Die Normalindizierungsmethode ist auch in COBOL unter dem Begriff "Subscribierung" bekannt. Sie beruht auf der Verwendung des sog. Normalindex.

Ein **Normalindex** kann in Form eines Datenfeldes oder eines Literals angegeben werden. Er wird auch "**Subscript**" genannt. Wird das Subscript in Form eines Datenfeldes angegeben, so muß dieses Feld numerisch und ganzzahlig definiert werden.

In jedem Fall ist das Subscript nichts anderes als eine Elementnummer, die den Tabellenplatz angibt, auf den zugegriffen werden soll. In den bisher aufgeführten Beispielen haben wir die Subscribierungsmethode angewandt, um Tabellenelemente zu adressieren.

```
┌─ Format der Normalindizierung ──────────────────────────┐
│                                                          │
│  ⎧Datenname-1   ⎫  ⎡⎧OF⎫              ⎤                  │
│  ⎨              ⎬   ⎢⎨  ⎬ Datenname-2 ⎥  ...            │
│  ⎩Bedingungsname⎭  ⎣⎩IN⎭              ⎦                  │
│                                                          │
│       (Subscript-1 [Subscript-2 [Subscript-3]])          │
│                                                          │
└──────────────────────────────────────────────────────────┘
```

Erläuterung

Jedes Tabellenelement einer Tabelle, die nicht mit dem Zusatz "INDEXED BY" beschrieben wurde, muß subscribiert werden, d.h. mit einem Subscript bzw. Normalindex versehen werden.

Datenname-1 muß das Tabellenelement oder eines seiner Bestandteile sein. Bedingungsname kann jeder sein, der sich auf das Tabellenelement oder eines seiner Bestandteile bezieht. Falls eine Qualifikation mit IN/OF erforderlich wird, so muß diese, bezogen auf Datenname-2, noch vor der Subscribierung angegeben werden.

Für jede Tabellendimension, in der das zu adressierende Element liegt, muß ein Subscript angegeben werden.

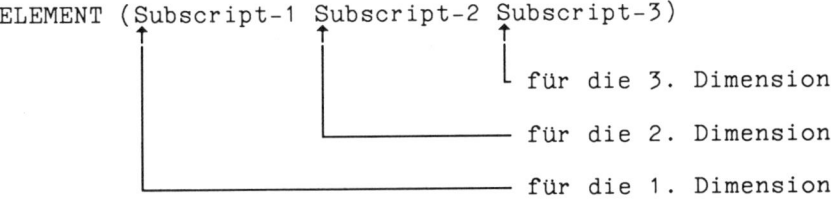

```
ELEMENT (Subscript-1 Subscript-2 Subscript-3)
```

└ für die 3. Dimension

── für die 2. Dimension

── für die 1. Dimension

Beispiel 5

```
Ø1   EINWOHNER-TAB.
     Ø5 LAND              OCCURS 1Ø.
        1Ø KREIS          OCCURS 15.
           15 NAME        PIC X(2Ø).
           15 MERKMALE    PIC 9(8).

Ø1   LAND-SUB            PIC 99.
Ø1   KREIS-SUB           PIC 99.
```

Vor Verwendung der Subscripte müssen diese auf entsprechende Werte gesetzt werden, z.B.

```
MOVE 3 TO LAND-SUB
MOVE 5 TO KREIS-SUB
```

Für die Adressierung der ersten Dimension "LAND" benötigt man ein Subscript

für die 1. Dimension

Für die Adressierung der zweiten Dimension "KREIS" benötigt man zwei Subscripte

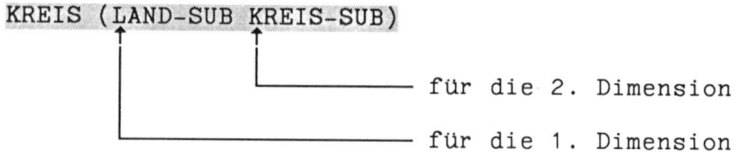

für die 2. Dimension

für die 1. Dimension

15.4 Spezialindizierung

Eine weitere Methode für die Adressierung von Tabellenelementen ist in COBOL die Spezialindizierung. Sie bietet einige Vorteile gegenüber der Subscribierungsmethode. Am Ende dieser Erläuterung zeigen wir eine Gegenüberstellung der beiden Methoden zum Vergleich. Die Spezialindizierung beruht auf der Verwendung des sog. Spezialindex.

Der INDEXED BY-Zusatz

Jede OCCURS-Klausel kann um den Zusatz INDEXED BY erweitert werden. Dieser Zusatz gibt den Namen eines Spezialindex an, der für den Zugriff auf diese Tabelle verwendet werden soll.

Es können auf einer OCCURS-Ebene bis zu 12 Indexnamen angegeben werden. Sie können alle, wenn die Programmlogik es erfordert, gleichzeitig für den Zugriff auf die Tabellenelemente verwendet werden. Der Spezialindex darf im Gegensatz zum Normalindex nicht in der DATE DIVISION wie alle anderen Datenfelder definiert werden. Seine Definition erfolgt ausschließlich durch den INDEXED BY-Zusatz.

Der Spezialindex ist ein 4 Byte großes Feld und ausschließlich für den Zugriff auf die Tabellenelemente vorgesehen. Er darf nur durch die folgenden Anweisungen verwendet werden: SET, SEARCH, PERFORM und IF.

Vorteile der Spezialindizierungsmethode

Der Vorteil dieser Spezialindizierungsmethode liegt darin, daß der Spezialindex die relative Adresse des zu verarbeitenden Elements enthält und daher etwas schneller beim Zugriff auf deren Elemente ist. Aus der Sicht des Programmierers bleibt jedoch der Umgang mit dem Spezialindex ähnlich wie mit dem Normalindex. Der Programmierer arbeitet in jedem Fall mit der Elementnummer, die auf einen bestimmten Tabellenplatz veweist; die relative Adresse dieses Tabellenplatzes errechnet das System selbst.

Ein weiterer Vorteil der Spezialindizierungsmethode liegt in der Möglichkeit, solche Tabellen mit der SEARCH-Anweisung zu durchsuchen. Die SEARCH-Anweisung wird etwas später erläutert.

Beispiel 6

```
Ø1  VERKAUFSTABELLE.
    Ø5 VERKAUFSGEBIET     OCCURS 12 INDEXED BY GEB-INDEX.
       1Ø VERKAUFSBEZIRK  OCCURS 5 INDEXED BY BEZ-INDEX.
          15 VER-ART-NR      PIC 9(3).
          15 VER-UMSATZ      PIC 9(6).
```

Erläuterung zu Beispiel 6

Hier wurde eine zweidimensionale Tabelle definiert. Wenn eine Dimension mit INDEXED BY beschrieben wird, müssen alle anderen Dimensionen ebenfalls mit INDEXED BY beschrieben werden.

Vor dem Zugriff auf die Tabellenelemente mit Hilfe der Spezialindizes müssen diese mit einem entsprechenden Wert versehen werden. Die MOVE-Anweisung darf dazu nicht benutzt werden, das Versorgen der Spezialindizes geschieht mit Hilfe der SET-Anweisung:

```
SET GEB-INDEX TO 5.

MOVE VERKAUFSGEBIET (GEB-INDEX) TO HILFSFELD.
```

Hier wird das fünfte Element der ersten Dimension zu einem Hilfsfeld übertragen.

```
SET GEB-INDEX TO 12.
SET BEZ-INDEX TO 1.
IF VER-ART-NR (GEB-INDEX BEZ-INDEX) = ZERO
   MOVE UMSATZ TO  VER-UMSATZ (GEB-INDEX BEZ-INDEX).
```

Hier bezieht man sich mit einer Abfrage auf das erste Element der zweiten Dimension, welches im letzten Element der ersten Dimension liegt.

Die relative Adresse im Spezialindex

Die relative Adresse im Spezialindex läßt sich nach der folgenden Formel ermitteln:

```
Relative Adresse = (Elementnummer - 1) x Elementlänge
```

Beispiel 7

```
01  UMSAETZE.
    05 UMSATZ      OCCURS 6 INDEXED BY UMSATZ-INDEX
                   PIC 9(3).
```

Setzt man den Spezialindex wie folgt:

```
    SET UMSATZ-INDEX TO 4,
```

so erhält man die relative Adresse im UMSATZ-INDEX wie folgt:

```
Relative Adresse = (4 - 1) * 3 = 9
```

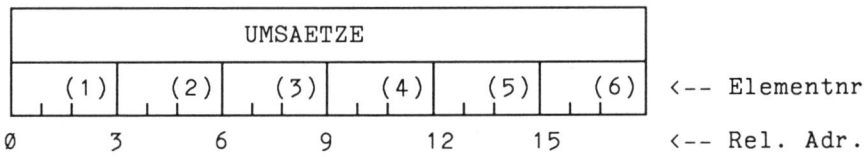

Abb. 15.5 Die relative Adresse eines Tabellenelementes

489

```
┌ Format der Spezialindizierung ─────────────────────────────────────────┐
│                                                                          │
│   ⎰Datenname-1  ⎱  ⎰OF⎱  Datenname-2      ...                            │
│   ⎱Bedingungsname⎰  ⎱IN⎰                                                 │
│                                                                          │
│        ⎡Indexname-1⎤  ⎡+⎤Literal-4                                       │
│     (  ⎨'iteral-1  ⎬  ⎨-⎬                                                │
│        ⎣           ⎦  ⎣ ⎦                                                │
│                                                                          │
│              ⎡Indexname-2⎤  ⎡+⎤Literal-5                                 │
│              ⎨Literal-2  ⎬  ⎨-⎬                                          │
│              ⎣           ⎦  ⎣ ⎦                                          │
│                                                                          │
│                    ⎡Indexname-3⎤  ⎡+⎤Literal-6                           │
│                    ⎨Literal-3  ⎬  ⎨-⎬              ]  ]  ]  )             │
│                    ⎣           ⎦  ⎣ ⎦                                    │
│                                                                          │
└──────────────────────────────────────────────────────────────────────────┘
```

Erläuterung

Die hier aufgeführten Indexnamen müssen Spezialindizes sein, sie werden ausschließlich durch INDEXED BY definiert.

Beispiel 8

```
Ø1  PERSONENWAGEN.
    Ø5 MODELL-BEZ      OCCURS 9  INDEXED BY MOD-INDEX
                       PIC X(1Ø).
```

Um auf ein Element dieser Tabelle zugreifen zu können, muß der zugehörige Spezialindex vorher auf eine entsprechende Elementnummer gesetzt werden:

```
SET MOD-INDEX TO 3
MOVE MODELL-BEZ (MOD-INDEX) TO AUSG-MODELL.
```

Relative Spezialindizierung

Die Spezialindizierung erlaubt die Angabe eines Literals neben dem Spezial-index in Klammern. Vorteil dieser Methode ist die Möglichkeit, auf ein Tabellenelement zuzugreifen, ohne den Inhalt des Spezialindex zu verändern.

Angenommen, wir wollen in Beispiel 8 relativ zu dem aktuellen Inhalt des Spezialindex auf das vierte oder das erste Element zugreifen, dann können wir codieren:

```
MOVE MODELL-BEZ (MOD-INDEX + 1) TO AUSG-MODELL
```

Diese Anweisung wird das vierte Element ansprechen, ohne daß der Inhalt des Spezialindex verändert wird.

```
MOVE MODELL-BEZ (MOD-INDEX - 2) TO AUSG-MODELL
```

Diese Anweisung wird das erste Element ansprechen, ohne daß der Inhalt des Spezialindex verändert wird.

Der DEPENDING ON-Zusatz

Dieser Zusatz kann in der OCCURS-Klausel verwendet werden, um eine Tabelle mit variabler Anzahl von Elementen zu definieren. Der Compiler reserviert zwar immer die in der OCCURS-Klausel geforderte maximale Anzahl von Elementen, jedoch während der Programmausführung kann die Variable (Datenname-1) so variiert werden, daß man nur auf so viele Elemente zugreifen kann, wie in diesem Datennamen-1 gerade vorhanden sind.

```
Ø1 ANZAHL            PIC  99.

Ø1  AUFTRAEGE.
    Ø5 AUFTRAG  OCCURS 1 TO 2Ø DEPENDING ON ANZAHL.
       1Ø AUF-NR       PIC  9(5).
       1Ø AUF-KUND     PIC  X(25).
       1Ø AUF-TERMIN   PIC  9(6).
```

15.5 SET-Anweisung

Wirkung

Die SET-Anweisung wird benutzt, um Spezialindizes mit Anfangswerten zu versehen; Format 2 erhöht oder vermindert den Inhalt eines Spezialindex.

```
 ┌─ Format 1 ──────────────────────────────────────────────┐
 │                                                          │
 │     ┌Indexname-1 ┐┌Indexname-2 ┐         ┌Indexname-3 ┐  │
 │  SET┤Bezeichner-1├┤Bezeichner-2├...TO  ┤Bezeichner-3├   │
 │     └            ┘│            │         │Literal-1   │  │
 │                   └            ┘         └            ┘  │
 └──────────────────────────────────────────────────────────┘
```

```
 ┌─ Format 2 ──────────────────────────────────────────────┐
 │                                                          │
 │  SET┌Indexname-1 ┐┌Indexname-2 ┐   ┌UP  ┐┌Indexname-3 ┐  │
 │     ┤Bezeichner-1├┤Bezeichner-2├...┤DOWN├┤Bezeichner-3├  │
 │     └            ┘│            │   └    ┘│Literal-1   │  │
 │                   └            ┘         └            ┘  │
 └──────────────────────────────────────────────────────────┘
```

Erläuterung

Format 1 wird verwendet, um den Spezialindex auf eine Elementnummer zu setzen, d.h. also, daß der Index mit einer Elementnummer versorgt wird.

Format 2 wird verwendet, um den Inhalt eines Spezialindex zu erhöhen (wenn UP benutzt wird) oder zu vermindern (wenn DOWN benutzt wird).

Nachdem bei der Spezialindizierung nicht die Elementnummer, sondern die relative Adresse eines Elementes im Spezialindex abgespeichert wird, findet bei der Ausführung der SET-Anweisung eine Konvertierung statt, die die Elementnummer in eine relative Adresse umwandelt.

Die nachfolgende Tabelle zeigt die gültigen Kombinationen der Operanden in einer SET-Anweisung, und wann eine Konvertierung stattfindet.

Sendefeld	Empfangsfeld		
	Datenfeld	Indexname	Indexdatenname
Literal	Nein	Gültig/K	Nein
Datenfeld	Nein	Gültig/K	Nein
Indexname	Gültig/K	Gültig/K	Gültig
Indexdatenname	Nein	Gültig	Gültig

Abb. 15.6 Zulässige Operanden-Kombinationen der SET-Anweisung

Nein   : Kombination nicht erlaubt
Gültig   : Kombination erlaubt
K   : Bei dieser Kombination findet eine Konvertierung statt.

Beispiel 9

```
01  ZINS-TAB.
    05 ZINSFELD        OCCURS 300 INDEXED BY Z-INDEX
                       PIC 9(4)V99.
01  TILGUNGSTAB.
    05 TILGFELD        OCCURS 300 INDEXED BY T-INDEX
                       PIC 9(6)V99.
01  SUBSCRIPT          PIC 999 VALUE 5.
```

```
SET Z-INDEX T-INDEX    TO 100.
```

Mit dieser Anweisung wird die Zahl 100 in relative Adressen umgewandelt und in den beiden Indizes abgespeichert.

```
        SET Z-INDEX TO SUBSCRIPT.
```

Hier wird die Elementnummer in "SUBSCRIPT" in relative Adressen umgewandelt und in "Z-INDEX" abgespeichert.

```
        SET Z-INDEX TO T-INDEX.
```

Aufgrund der unterschiedlichen Längen der Tabellenelemente findet hier
eine Adressenumrechnung von "T-INDEX" nach "Z-INDEX" statt.

15.6 USAGE INDEX-Klausel

```
┌─ Format ──────────────────────────────────────────────────┐
│                                                            │
│  USAGE IS INDEX                                            │
│                                                            │
└────────────────────────────────────────────────────────────┘
```

Erläuterung

Diese Klausel definiert Datenfelder mit den Eigenschaften von Spezialindizes, jedoch als unabhängige Indizes, die mit keiner bestimmten Tabelle in Beziehung gebracht werden, z.B:

```
Ø1  INDEXFELD    USAGE IS INDEX.
```

Ein auf diese Art definierter Index wird Indexdatenname genannt. Er kann im Gegensatz zu den Spezialindizes an ein Unterprogramm als Parameter übergeben werden.

Ein Indexdatenname wird hauptsächlich für die Zwischensicherung der Spezialindizes benutzt.

Beispiel 10

Bezogen auf Beispiel 9 können wir nun codieren:

```
┌────────────────────────────────────────────────────────────┐
│                                                            │
│   SET INDEXFELD  TO Z-INDEX.                               │
│                                                            │
└────────────────────────────────────────────────────────────┘
```

um den Inhalt von "Z-INDEX" in "INDEXFELD" zu sichern.

495

Vergleich zwischen Normal- und Spezialindizierung

Die nachfolgende Tabelle zeigt einige Unterschiede und Gemeinsamkeiten der zwei Methoden zur Tabellenverarbeitung.

Normalindizierung	Spezialindizierung
Definition	

`01 AUFTRAEGE.`
`   05 AUFTRAG PIC 999,`
`            OCCURS 5.`
	`01 AUFTRAEGE.`
	`   05 AUFTRAG PIC 999,`
	`            OCCURS 5,`
	`            INDEXED AUF-IND.`

Index-Definition	
`01 AUF-IND  PIC 9.`	Keine weitere Definitionen für AUF-IND möglich.
Index setzen	
`MOVE 4 TO AUF-IND`	`SET AUF-IND TO 4.`
Inhalt vom Index	
Inhalt von AUF-IND nach der MOVE-Anweisung = 4	Inhalt von AUF-IND nach der SET-Anweisung = 9 (4 - 1) * 3
Index erhöhen	
`ADD 1 TO AUF-IND`	`SET AUF-IND UP BY 1`
Index vermindern	
`SUBTRACT 1 TO AUF-IND`	`SET AUF-IND DOWN BY 1`
Adressierung	
`MOVE AUFTRAG (AUF-IND) TO` `     AUSGABE-BEREICH.`	`MOVE AUFTRAG (AUF-IND) TO` `     AUSGABE-BEREICH.`

SEARCH-Anweisung	
Keine Anwendung der SEARCH-Anweisung möglich.	Die SEARCH-Anweisung kann zum Durchsuchen dieser Tabelle benutzt werden.
PERFORM VARYING	
PERFORM VERARB VARYING AUF-IND FROM 1 BY 1 UNTIL AUF-IND > 5.	PERFORM VERARB VARYING AUF-IND FROM 1 BY 1 UNTIL AUF-IND > 5.
Index auswerten	
IF AUF-IND = 3 THEN ...	IF AUF-IND = 3 THEN ...
Relative Adressierung	
Nicht möglich	MOVE AUFTRAG (AUF-IND + 2) TO SUMME. ADD AUFTRAG (AUF-IND - 2) TO SUMME.

Initialisieren von Tabellen mit der REDEFINES-Klausel

Nachdem eine Tabelle, die mit der OCCURS-Klausel beschrieben wird, die VALUE-Klausel nicht enthalten darf, muß man sich fragen, wie nun eine Tabelle bereits bei der Definition mit Anfangswerten versehen werden kann. Ein einfaches Verfahren hierfür ist die Verwendung der REDEFINES-Klausel. Die benötigten Anfangswerte werden zunächst in einer Reihe von Datenfeldern angelegt, anschließend werden diese gemäß der gewünschten Tabelle redefiniert. Das folgende Beispiel zeigt die Handhabung eines solchen Verfahrens.

Beispiel 11

In diesem Beispiel soll eine Tabelle mit den Monatstexten definiert werden.

```
Ø1  MONATE.
    Ø5  FILLER  PIC  X(9)  VALUE  "JANUAR".
    Ø5  FILLER  PIC  X(9)  VALUE  "FEBRUAR".
    Ø5  FILLER  PIC  X(9)  VALUE  "MÄRZ".
    Ø5  FILLER  PIC  X(9)  VALUE  "APRIL".
    Ø5  FILLER  PIC  X(9)  VALUE  "MAI".
    Ø5  FILLER  PIC  X(9)  VALUE  "JUNI".
    Ø5  FILLER  PIC  X(9)  VALUE  "JULI".
    Ø5  FILLER  PIC  X(9)  VALUE  "AUGUST".
    Ø5  FILLER  PIC  X(9)  VALUE  "SEPTEMBER".
    Ø5  FILLER  PIC  X(9)  VALUE  "OKTOBER".
    Ø5  FILLER  PIC  X(9)  VALUE  "NOVEMBER".
    Ø5  FILLER  PIC  X(9)  VALUE  "DEZEMBER".

Ø1  MONATS-TAB  REDEFINES  MONATE.
    Ø5  MONAT  PIC  X(9)  OCCURS  12.
```

Anwendung

Angenommen, es soll in einer Liste der Monatstext aufgrund einer Zahl, die im Feld "MM" steht, ausgegeben werden, so können wir codieren:

```
Ø1  DATUM.
    Ø5  JJ     PIC  99.
    Ø5  MM     PIC  99.
    Ø5  TT     PIC  99.
        .
        .
        .
    ACCEPT DATUM FROM DATE.
    MOVE MONAT (MM) TO AUSG-MONAT.
```

Ist das Tagesdatum z.B. 860430, so erhält man den Text "APRIL" im Feld "AUSG-MONAT" übertragen.

498

Sequentielles Durchsuchen einer Tabelle

Wenn die Programmlogik es erfordert, eine Tabelle aufgrund eines Such-
argumentes zu durchsuchen, so kann dies mit Hilfe der SEARCH-Anweisung
ausgeführt werden.

15.7 SEARCH-Anweisung

Wirkung

Die SEARCH-Anweisung im Format 1 wird benutzt, um Tabellen sequentiell
zu durchsuchen.

```
┌─ Format 1 ──────────────────────────────────────────────────┐
│                                                              │
│                              ┌                  ┌          ┐ │
│   SEARCH  Bezeichner-1        │ VARYING          │Bezeichner-2│ │
│                              │                  │Indexname-1 │ │
│                              └                  └          ┘ │
│                                                              │
│   ┌                                          ┐               │
│   │ AT END  unbedingte Anweisung-1           │               │
│   └                                          ┘               │
│                                                              │
│   WHEN  Bedingung-1   ┌ unbedingte Anweisung-2 ┐             │
│                       │ NEXT SENTENCE          │             │
│                       └                        ┘             │
│                                                              │
│   ┌                                             ┐            │
│   │ WHEN  Bedingung-2   ┌ unbedingte Anweisung-3 ┐│ ...      │
│   │                     │ NEXT SENTENCE          ││          │
│   │                     └                        ┘│          │
│   └                                             ┘            │
│                                                              │
│   [ END-SEARCH ]                                             │
│                                                              │
└──────────────────────────────────────────────────────────────┘
```

Erläuterung

Frei übersetzt lautet die Anweisung: "Durchsuche die Tabelle, deren Elementname Bezeichner-1 ist, variiere dabei den Inhalt von Bezeichner-2 oder Indexname-1; wenn das Ende der Tabelle erreicht ist, ohne das gesuchte Element gefunden zu haben, führe Anweisung-1 aus, ansonsten, wenn Bedingung-1 erfüllt ist, führe Anweisung-2 aus.

Bezeichner-1 ist der Name eines Elements, der mit OCCURS und INDEXED BY beschrieben sein muß. Bei seiner Angabe in der SEARCH-Anweisung darf er nicht mit einem Index versehen werden.

Der VARYING-Zusatz

Der VARYING-Zusatz muß nicht angegeben werden, denn die Tabelle muß in jedem Fall mit INDEXED BY beschrieben sein. Infolgedessen wird der erste oder einzige Spezialindex zum Variieren herangezogen. Eine sinnvolle Anwendung für diesen Zusatz ist die Angabe eines Spezialindex einer anderen Tabelle, der parallel zum Index der zu durchsuchenden Tabelle variiert werden soll. In jedem Fall wird der Index mit einer Schrittweite von +1 variiert.

Der AT END-Zusatz

Der AT END-Zusatz kann angegeben werden, um eine Anweisung oder eine Folge von Anweisungen zu spezifizieren, die dann ausgeführt werden, wenn die Tabelle erfolglos durchsucht wurde. Fehlt dieser Zusatz und die wurde Tabelle erfolglos durchsucht, so wird die Ausführung des Programms bei der nächsten Anweisung nach der SEARCH-Anweisung fortgesetzt.

Der WHEN-Zusatz

Der WHEN-Zusatz muß mindestens einmal angegeben werden, um eine Bedingung zu spezifizieren, die dann den Abbruch der SEARCH-Schleife veranlaßt. Wenn diese Bedingung erfüllt wird, hat der Index dieser Tabelle die Elementnummer des gefundenen Elementes, und die zugehörige Anweisung-

2 wird ausgeführt. Es können mehrere unterschiedliche und voneinander unabhängige Bedingungen angegeben werden.

NEXT SENTENCE

Wenn auf die Spezifikation einer Anweisung im WHEN-Zusatz verzichtet wird, kann NEXT SENTENCE angegeben werden, die dann bewirkt, daß das Programm mit der nächsten Anweisung nach der SEARCH-Anweisung fortgesetzt wird.

Die allgemeine Logik, die in der SEARCH-Anweisung enthalten ist, zeigt das folgende Struktogramm:

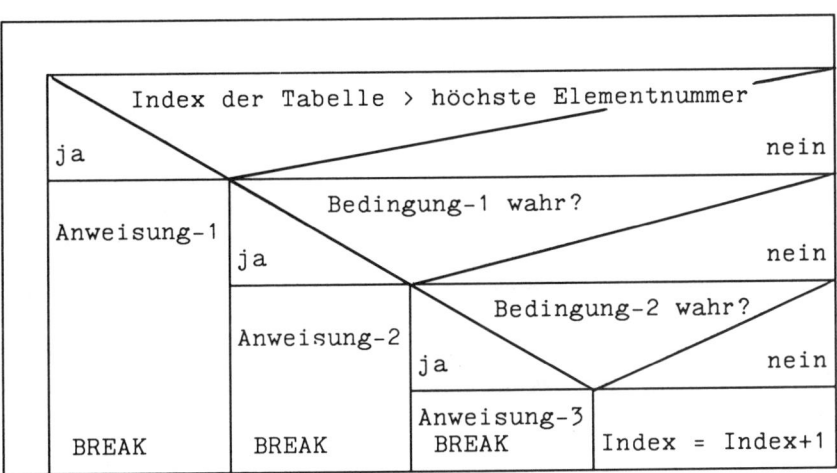

Beispiel 12

```
Ø1   AUFTRAEGE.
     Ø5 AUFTRAG  OCCURS 5Ø INDEXED BY AUF-INDEX.
        1Ø AUF-NR      PIC  9(5).
        1Ø AUF-KUND    PIC  X(25).
        1Ø AUF-TERMIN  PIC  9(6).
```

Wir suchen den Termin eines bestimmten Auftrages.

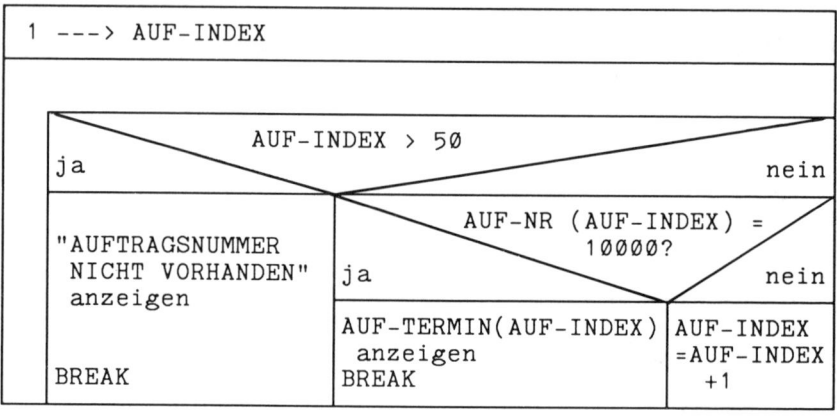

Der Index muß auf einen Anfangswert gesetzt werden, da dies nicht Bestandteil der SEARCH-Anweisung ist.

```
SET AUF-INDEX TO   1.

SEARCH AUFTRAG
       AT END DISPLAY "AUFTRAGSNUMMER NICHT VORHANDEN",
       WHEN AUF-NR (AUF-INDEX) = 1ØØØØ
            DISPLAY AUF-TERMIN (AUF-INDEX).
```

Durchsuchen einer mehrdimensionalen Tabelle

Wenn eine mehrdimensionale Tabelle durchsucht werden soll, muß für jede Dimension eine eigene SEARCH-Anweisung codiert werden.

Beispiel 13

```
Ø1  AUFTRAEGE.
    Ø5 AUFTRAG          OCCURS 5Ø INDEXED BY AUF-INDEX.
       1Ø AUF-NR        PIC 9(5).
       1Ø AUF-KUND      PIC X(25).
       1Ø AUF-TERMIN    PIC 9(6).
       1Ø VORGANG       OCCURS 1Ø.
          15 VOR-NR     PIC 999.
          15 VOR-BEZ    PIC X(2Ø).
          15 VOR-TERMIN PIC 9(6).
```

Wir suchen den Termin eines Vorganges eines bestimmten Auftrages.

```
SUCH-AUFTRAG.
   SET AUF-INDEX TO  1.
   SEARCH AUFTRAG
        AT END DISPLAY "AUFTRAGSNUMMER NICHT VORHANDEN",
        WHEN AUF-NR (AUF-INDEX) = 1ØØØØ
            PERFORM SUCH-VORGANG.
    .
    .
    .
SUCH-VORGANG.
   SET VOR-INDEX TO  1.
   SEARCH VORGANG
        AT END
        DISPLAY "VORGANGSBEZEICHNUNG NICHT VORHANDEN",
        WHEN VOR-BEZ (AUF-INDEX VOR-INDEX) =
            "GEWINDESCHNEIDEN"
            DISPLAY VOR-TERMIN (AUF-INDEX VOR-INDEX).
```

Binäres Durchsuchen einer Tabelle

Wenn eine große Tabelle durchsucht werden soll, muß überlegt werden, wie man den Suchvorgang zeitlich verkürzen kann.

Dieses Verfahren wird binäres Suchen genannt, da hier die Tabelle halbiert wird (binär bezieht sich also auf Basis 2). Unter Halbieren der Tabelle versteht man die Addition des ersten und des letzten Indexes einer Tabelle; anschließend wird die Summe durch 2 geteilt. Der somit entstandene Index verweist auf das mittlere Element der Tabelle. Dieses Element wird nun mit dem Suchargument verglichen, bei Gleichheit war die Suche erfolgreich und das Verfahren wird beendet. Bei Ungleichheit wird festgestellt, ob das Suchargument kleiner oder größer als das mittlere Element ist. Abhängig davon, wie die Tabelle nun sortiert ist (aufsteigend oder absteigend), geht die Suche in einer der zwei Hälften der Tabelle weiter.

Ist die Tabelle z.B. aufsteigend sortiert und das Suchargument größer als das mittlere Element, so ist es eindeutig, daß das gesuchte Element in der zweiten Hälfte der ursprünglichen Tabelle liegt. Der Vorgang wiederholt sich bezogen auf die jeweils neu entstandene Tabelle so lange, bis der Anfangsindex gleich dem Endindex ist, in diesem Fall endet das Verfahren, das gesuchte Element wurde nicht gefunden.

Die Anzahl der Suchschritte verkürzt sich bei diesem Verfahren auf n Suchschritte, wenn eine Tabelle, deren Elementanzahl $2^n - 1$ ist, zugrunde gelegt wird. Bei einer Tabelle mit 15 Elementen (OCCURS 15) werden maximal 4 Suchschritte durchgeführt ($2^4 - 1 = 15$).

Die folgende Darstellung zeigt die möglichen Suchschritte bei 15 Elementen:

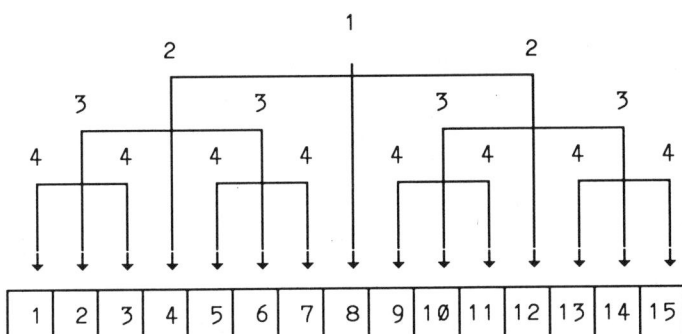

Abb. 15.7 Binäres Suchen in einer Tabelle

Die Verwendung dieses Verfahrens setzt voraus, daß die Tabelle aufsteigend oder absteigend sortiert sein muß.

Der ASCENDING/DESCENDING KEY-Zusatz

Dieser Zusatz muß nach der OCCURS-Klausel angegeben werden, wenn die beschriebene Tabelle mit dem binären Suchen durchsucht werden soll.

Der Zusatz spezifiziert Schlüsselfelder, die dem Compiler mitteilen, wie die Tabelle sortiert ist. ASCENDING bedeutet, daß die Elemente nach dem angegebenen Schlüsselfeld aufsteigend sortiert ist, DESCENDING bedeutet absteigend.

Die hier angegebenen Schlüsselfelder müssen Bestandteil des Tabellenelements sein. Eine Tabelle kann nach mehreren Sortierbegriffen aufsteigend und/oder absteigend sortiert sein. Bei der Codierung der Sortierschlüssel legt man die Ordnungshierarchie zwischen den einzelnen Sortierbegriffen fest.

Es wird nicht geprüft, ob die Tabelle tatsächlich laut den angegebenen Sortierbegriffen sortiert ist, dies liegt ausschließlich in der Verantwortung des Programmierers.

Beispiel 14

```
01  AUFTRAEGE.
    05 AUFTRAG          OCCURS 50,
                        ASCENDING KEY AUF-NR,
                        INDEXED BY AUF-INDEX.
       10 AUF-NR        PIC 9(5).
       10 AUF-KUND      PIC X(25).
       10 AUF-TERMIN    PIC 9(6).
```

15.8 SEARCH ALL-Anweisung

Wirkung

Die SEARCH-Anweisung im Format 2 wird benutzt, um Tabellen nach der Halbierungsmethode (binäres Suchen) zu durchsuchen.

```
┌─ Format 2 ─────────────────────────────────────────────┐
│                                                         │
│  SEARCH ALL Bezeichner-1                                │
│            ┌                                    ┐       │
│            │AT END   unbedingte-Anweisung-1     │       │
│            └                                    ┘       │
│                                                         │
│       WHEN   ┌Vergleichsbedingung-1┐                    │
│              ┤Bedingungsname-1      ├                   │
│              └                     ┘                    │
│       ┌                              ┐                  │
│       │AND┌Vergleichsbedingung-2┐    │  ..             │
│       │   ┤Bedingungsname-2      ├   │                  │
│       └   └                     ┘    ┘                  │
│                                                         │
│              ┌unbedingte-Anweisung-2┐                   │
│              ┤NEXT SENTENCE          ├                  │
│              └                      ┘                   │
│                                                         │
│  [END-SEARCH]                                           │
│                                                         │
└─────────────────────────────────────────────────────────┘
```

Erläuterung

Es gelten hierzu die allgemeinen Regeln der SEARCH-Anweisung Format 1.

Im WHEN-Zusatz dürfen nur Vergleichsbedingungen mit Gleichheitsrelation angegeben werden, dabei muß einer der Vergleichsoperanden (Subjekt oder Objekt) der Sortierbegriff (ASCENDING/DESCENDING KEY) sein.

Es können auch Bedingungsnamen-Bedingungen verwendet werden, wenn sie mit einem einzigen Literal versehen sind, dabei muß immer die zugehörige Bedingungsvariable der Sortierbegriff sein.

Der Ablauf dieser Anweisung entspricht der in der Einleitung zum binären Durchsuchen einer Tabelle angegebenen Beschreibung.

Beispiel 15

Bezogen auf das letzte Beispiel suchen wir den Kundennamen eines bestimmten Auftrages.

```
SUCH-AUFTRAG.
    SEARCH ALL AUFTRAG
            AT END DISPLAY "AUFTRAGSNUMMER NICHT VORHANDEN",
            WHEN   AUF-NR (AUF-INDEX) = 10000
                   DISPLAY AUF-KUND (AUF-INDEX).
```

Beispiel 16

```
01  MODELLE.
    05 MODELL                OCCURS 10,
                             ASCENDING KEY M-HUBRAUM,
                             M-LEISTUNG-PS, M-TYP,
                             INDEXED  BY M-INDEX.
        10 M-TYP             PIC X(5).
        10 M-BAUART          PIC X(10).
        10 M-HUBRAUM         PIC 9(4).
        10 M-LEISTUNG-PS     PIC 9(3).
        10 M-WERK-PREIS      PIC 9(6).
01  EINGABE-TYP              PIC X(5).
01  EINGABE-HUBRAUM          PIC 9(4).
```

Es soll nach der Halbierungsmethode durchsucht werden, ob die über dem Bildschirm eingegebenen Daten in der vorliegenden Tabelle vorhanden sind. Wird das gesuchte Element gefunden, so sollen die Felder "BAUART" "LEISTUNG" "WERK-PREIS" angezeigt werden.

```
EINGABE SECTION.
   ACCEPT  EINGABE-TYP.
   ACCEPT  EINGABE-HUBRAUM.


SUCHEN SECTION.
   SEARCH ALL MODELL
          AT END  PERFORM NICHT-GEFUNDEN
          WHEN    M-TYP     (M-INDEX) = EINGABE-TYP   AND
                  M-HUBRAUM (M-INDEX) = EINGABE-HUBRAUM,
                  PERFORM GEFUNDEN.

   .
   .
NICHT-GEFUNDEN SECTION.
   DISPLAY "EINGEGEBENER TYP: "        EINGABE-TYP
           "UND HUBRAUM: "            EINGABE-HUBRAUM
           "SIND NICHT VORHANDEN".


GEFUNDEN SECTION.
   DISPLAY M-BAUART       (M-INDEX)
           M-LEISTUNG-PS (M-INDEX)
           M-WERK-PREIS  (M-INDEX).
```

15.9 Übungen

1.   Definieren Sie eine Tabelle für die folgenden Datenstrukturen!

     a)   Jedes Element ist 10 Stellen lang und alphanumerisch zu definieren.

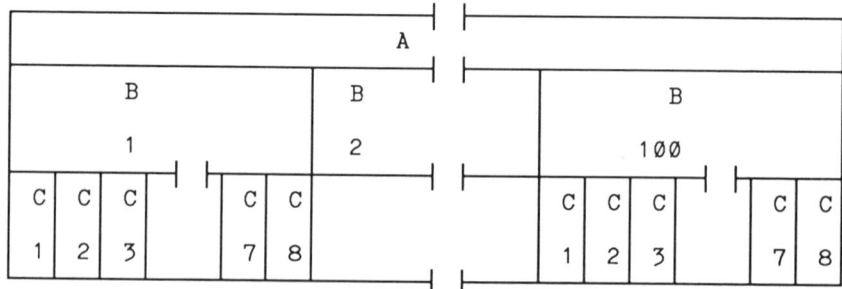

     b)   B = Elementname der ersten Dimension,
     C = Elementname der zweiten Dimension, 6 Stellen lang, numerisch, und gepackt.

c)   Y = Elementname der ersten Dimension,
A = Datenfeld innerhalb der ersten Dimension, 4 Stellen lang, alphanumerisch,
Z = Elementname der zweiten Dimension, 3 Stellen lang, und numerisch.

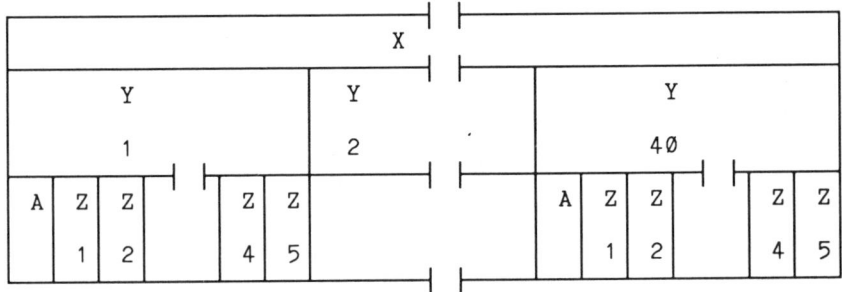

2.   Löschen Sie die Elemente der folgenden Tabelle auf Null!

```
Ø1 SUMMEN-TAB.
   Ø5 SUMME        PIC 9(5)V99 COMP-3   OCCURS 23Ø
                   INDEXED BY S-IND.
```

3.   Ermitteln Sie den Durchschnitt aus den Werten der ersten 30 Elemente und speichern Sie ihn im letzten Element der folgenden Tabelle.

```
Ø1 WERTE.

   Ø5 WERT     PIC  9(5)  OCCURS 5Ø INDEXED BY I.
```

15.10 Lösungen

1.

     a)

```
Ø1  D-TAB.

    Ø5  D              PIC X(1Ø)  OCCURS 2Ø.
```

     b)

```
Ø1  A.
    Ø5  B              OCCURS 1ØØ.
        1Ø  C              OCCURS 8 PIC 6 COMP-3.
```

     c)

```
Ø1  X.
    Ø5  Y              OCCURS 4Ø.
        1Ø  A              PIC X(4).
        1Ø  Z              PIC 9(3) OCCURS 5.
```

2.

```
PERFORM LOESCHEN VARYING S-IND
        FROM 1 BY 1 UNTIL S-IND > 23Ø.


    .
    .
    .

LOESCHEN.
    MOVE ZERO TO SUMME (S-IND).
```

3.

```
MOVE ZERO TO WERT (50).
PERFORM ADDIEREN VARYING I
     FROM 1 BY 1 UNTIL I > 30.
COMPUTE WERT (50) = WERT (50) / 30.
.
.
.
```

```
ADDIEREN.
   ADD WERT (I) TO WERT (50).
```

Programmbeispiel:
DEMO15-AUFZINSUNGSFAKTOR-TABELLE

Aufgabenstellung

Es ist ein Programm für die Erstellung einer Liste des Aufzinsungsfaktors nach der Formel

$$q = (1 + \frac{p}{100})^n$$

zu entwickeln.

p = Zinssatz, soll die Werte 3, 4, 5, 6, und 7 annehmen.
n = Anzahl der Jahre, soll die Werte 1, 2, ... 30 annehmen.

Ausgabeformat: siehe Druckliste

Struktogramm

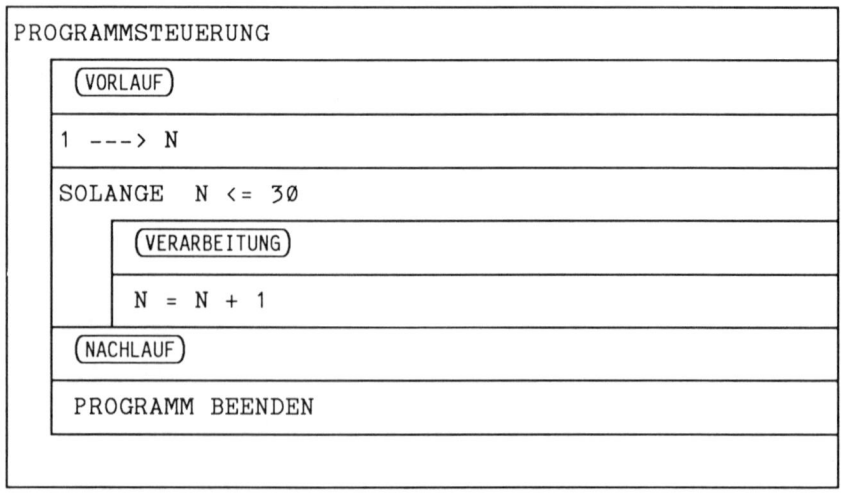

514

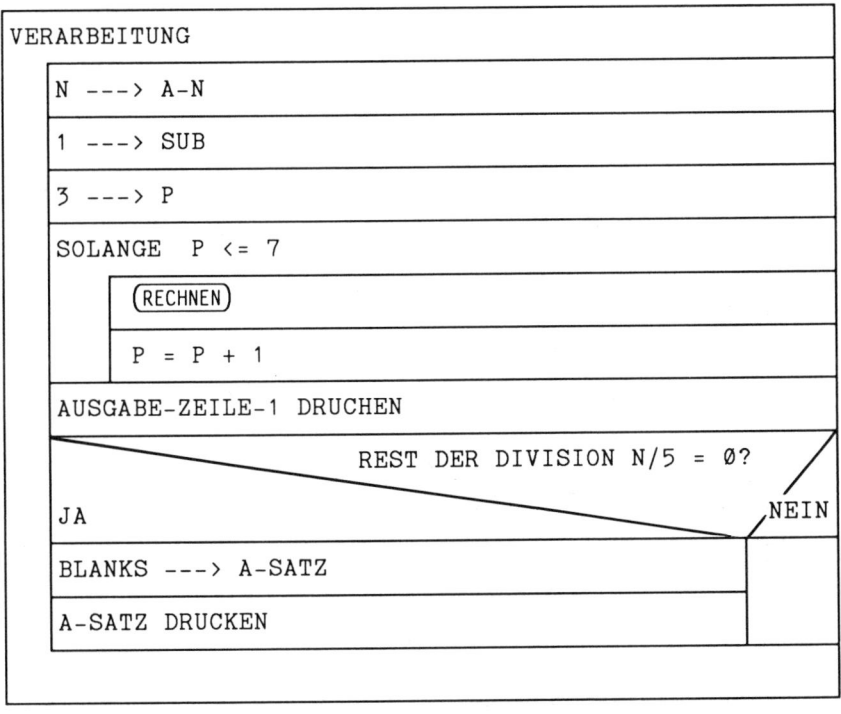

```
VORLAUF

    AUSGABE ERÖFFNEN

    UEBERSCHRIFT-1 DRUCKEN

    UEBERSCHRIFT-2 DRUCKEN

    BLANKS ---> A-SATZ

    A-SATZ DRUCKEN


VERARBEITUNG

    N ---> A-N

    1 ---> SUB

    3 ---> P

    SOLANGE  P <= 7

        (RECHNEN)

        P = P + 1

    AUSGABE-ZEILE-1 DRUCHEN

                    REST DER DIVISION N/5 = 0?

    JA                                          NEIN

    BLANKS ---> A-SATZ

    A-SATZ DRUCKEN
```

```
NACHLAUF

    AUSGABE SCHLIESSEN

```

```
RECHNEN

    A-FAKTOR (SUB) = (1 + P / 100) ** N

    SUB = SUB + 1

```

Programmlisting:

```
 1 IDENTIFICATION DIVISION.
 2 PROGRAM-ID.        DEMO15-AUFZINSUNGSFAKTOR-TAB.
 3 AUTHOR.            R. HABIB.
 4 DATE-WRITTEN.      12-08-1987.
 5 DATE-COMPILED. 13-Sep-87 06:08.
 6*
 7* PROGRAMMFUNKTION:
 8*
 9* DAS PROGRAMM ERSTELLT EINE TABELLE FÜR DIE AUF-
10* ZINSUNGSFAKTOREN IM ZINSSATZBEREICH 3%-7% UND
11* BIS ZU EINER SPARZEIT VON 30 JAHREN.
12*
13 ENVIRONMENT DIVISION.
14 CONFIGURATION SECTION.
15 SOURCE-COMPUTER.  IBM-PC.
16 OBJECT-COMPUTER.  IBM-PC.
17 SPECIAL-NAMES.
18     DECIMAL-POINT IS COMMA.
19 INPUT-OUTPUT SECTION.
20 FILE-CONTROL.
```

```
21      SELECT AUSGABE ASSIGN TO "VERZINS.AUS".
22*---------------------------------------------*
23 DATA DIVISION.
24 FILE SECTION.
25 FD  AUSGABE.
26 01  A-SATZ              PIC X(56).
27*---------------------------------------------*
28 WORKING-STORAGE SECTION.
29
30 01  UEBERSCHRIFT-1.
31     05 FILLER          PIC X(5)  VALUE SPACE.
32     05 FILLER          PIC X(45) VALUE
33     "POTENZEN DES AUFZINSUNGSFAKTORS (1+P/100)**n".
34
35 01  UEBERSCHRIFT-2.
36     05 FILLER          PIC XXB(6) VALUE " n".
37     05 FILLER          PIC X(45) VALUE
38     "3%        4%       5%        6%         7%"
39
40 01  AUSGABE-ZEILE.
41     05 A-N             PIC Z9BB.
42     05 A-FAKTOR        PIC Z9,9(6)B OCCURS 5.
43
44 01  SUB                PIC 9.
45
46 01  N                  PIC 99      VALUE 0.
47 01  P                  PIC 99      VALUE 0.
48 01  Q                  PIC 99V99   VALUE 0.
49 01  X                  PIC 9       VALUE 0.
50 01  REST               PIC 99V99   VALUE 0.
51*---------------------------------------------*
52 PROCEDURE DIVISION.
53 PROGRAMM-STEUERUNG SECTION.
54 PR-1000.
55     PERFORM VORLAUF.
56     PERFORM VERARBEITUNG VARYING N FROM 1 BY 1
57             UNTIL N > 30.
58     PERFORM NACHLAUF.
59 PR-9999.
```

```
60      STOP RUN.
61*--------------------------------------------------*
62 VORLAUF SECTION.
63 VOR-1000.
64      OPEN OUTPUT AUSGABE.
65      WRITE A-SATZ FROM UEBERSCHRIFT-1 AFTER PAGE.
66      WRITE A-SATZ FROM UEBERSCHRIFT-2 AFTER 2.
67      MOVE SPACE TO A-SATZ.
68      WRITE A-SATZ AFTER 2.
69 VOR-9999.
70      EXIT.
71*--------------------------------------------------*
72 VERARBEITUNG SECTION.
73 VER-1000.
74      MOVE N TO A-N.
75      MOVE 1 TO SUB.
76      PERFORM RECHNEN VARYING P FROM 3 BY 1
77              UNTIL P > 7.
78      WRITE A-SATZ FROM AUSGABE-ZEILE AFTER 1.
79      DIVIDE N BY 5 GIVING X REMAINDER REST.
80      IF REST = ZERO MOVE SPACE TO A-SATZ
81              WRITE A-SATZ AFTER 1.
82 VER-9999.
83      EXIT.
84*--------------------------------------------------*
85 NACHLAUF SECTION.
86 NAC-1000.
87      CLOSE AUSGABE.
88 NAC-9999.
89      EXIT.
90*--------------------------------------------------*
91 RECHNEN SECTION.
92 REC-1000.
93      COMPUTE A-FAKTOR (SUB) ROUNDED =
94                      (1 + P / 100) ** N.
95      ADD 1 TO SUB.
96 REC-9999.
97      EXIT.
```

Druckliste: "VERZINS.AUS"

```
POTENZEN DES AUFZINSUNGSFAKTORS (1+P/100)**n
```

n	3%	4%	5%	6%	7%
1	1,030000	1,040000	1,050000	1,060000	1,070000
2	1,060900	1,081600	1,102500	1,123600	1,144900
3	1,092727	1,124864	1,157625	1,191016	1,225043
4	1,125509	1,169859	1,215506	1,262477	1,310796
5	1,159274	1,216653	1,276282	1,338226	1,402552
6	1,194052	1,265319	1,340096	1,418519	1,500730
7	1,229874	1,315932	1,407100	1,503630	1,605781
8	1,266770	1,368569	1,477455	1,593848	1,718186
9	1,304773	1,423312	1,551328	1,689479	1,838459
10	1,343916	1,480244	1,628895	1,790848	1,967151
11	1,384234	1,539454	1,710339	1,898299	2,104852
12	1,425761	1,601032	1,795856	2,012196	2,252192
13	1,468534	1,665074	1,885649	2,132928	2,409845
14	1,512590	1,731676	1,979932	2,260904	2,578534
15	1,557967	1,800944	2,078928	2,396558	2,759032
16	1,604706	1,872981	2,182875	2,540352	2,952164
17	1,652848	1,947900	2,292018	2,692773	3,158815
18	1,702433	2,025817	2,406619	2,854339	3,379932
19	1,753506	2,106849	2,526950	3,025600	3,616528
20	1,806111	2,191123	2,653298	3,207135	3,869684
21	1,860295	2,278768	2,785963	3,399564	4,140562
22	1,916103	2,369919	2,925261	3,603537	4,430402
23	1,973587	2,464716	3,071524	3,819750	4,740530
24	2,032794	2,563304	3,225100	4,048935	5,072367
25	2,093778	2,665836	3,386355	4,291871	5,427433
26	2,156591	2,772470	3,555673	4,549383	5,807353
27	2,221289	2,883369	3,733456	4,822346	6,213868
28	2,287928	2,998703	3,920129	5,111687	6,648838
29	2,356566	3,118651	4,116136	5,418388	7,114257
30	2,427262	3,243398	4,321942	5,743491	7,612255

Programmbeispiel: DEMO16-RECHNUNG

Aufgabenstellung

Es ist ein Programm für die Erstellung von Rechnungen zu entwickeln.

Die Verarbeitung dieses Programms umfaßt dabei das Lesen aller Datensätze der Auftragsdatei, um für jeden Datensatz eine Rechnung zu erstellen.

Die Auftragsdatei "AUFTRAG.EIN" ist nach Kundennummern aufsteigend sortiert. Ein Auftrag enthält bis zu 5 Artikelpositionen, die im einzelnen aufgelistet werden sollen.

Am Ende einer Rechnung sollen 5% Rabatt und 14% Mwst berechnet und die Rechnungssumme gebildet werden.

Für den Zugriff auf die Kundendaten wird die Kundendatei "KUNDEN.EIN" vorgegeben, die ebenfalls nach Kundennummern aufsteigend sortiert ist.

Wird für einen Auftrag kein Kundensatz in der Kundendatei gefunden, so soll dies protokolliert werden.

Aufbau der Auftragsdatei "AUFTRAG.EIN":

Anz. Stellen	Feldverwendung	
4	Kundennummer	
2	Anzahl der Artikelpositionen	
4	Artikelnummer	
15	Artikelbezeichnung	maximal 5 x
2	Artikelmenge	
4V2	Artikelpreis	

Aufbau der Auftragsdatei "KUNDEN.EIN":

Anz. Stellen	Feldverwendung
4	Kundennummer
1	Kundenanrede
15	Kundenname
15	Straße
4	Postleitzahl
15	Ort

Aufbau der Rechnung: siehe Druckliste

Struktogramm

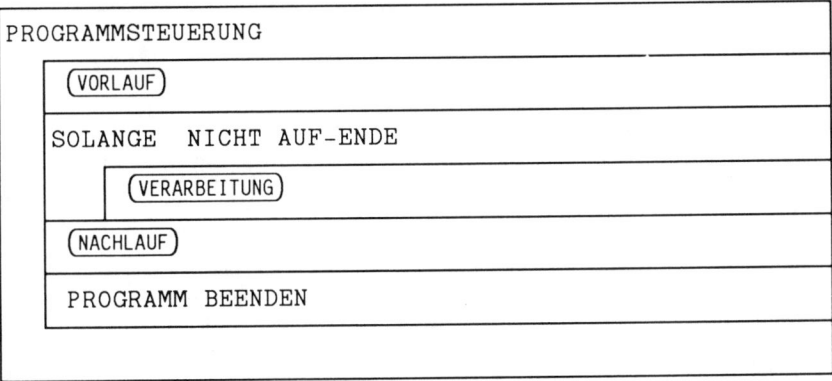

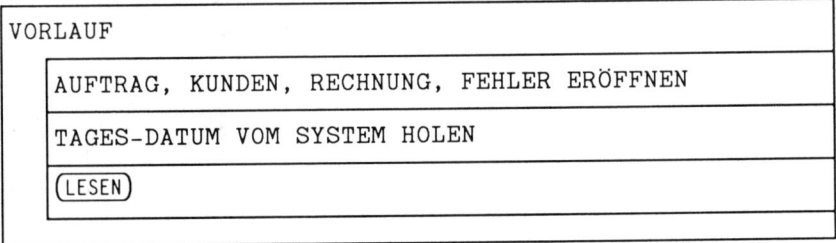

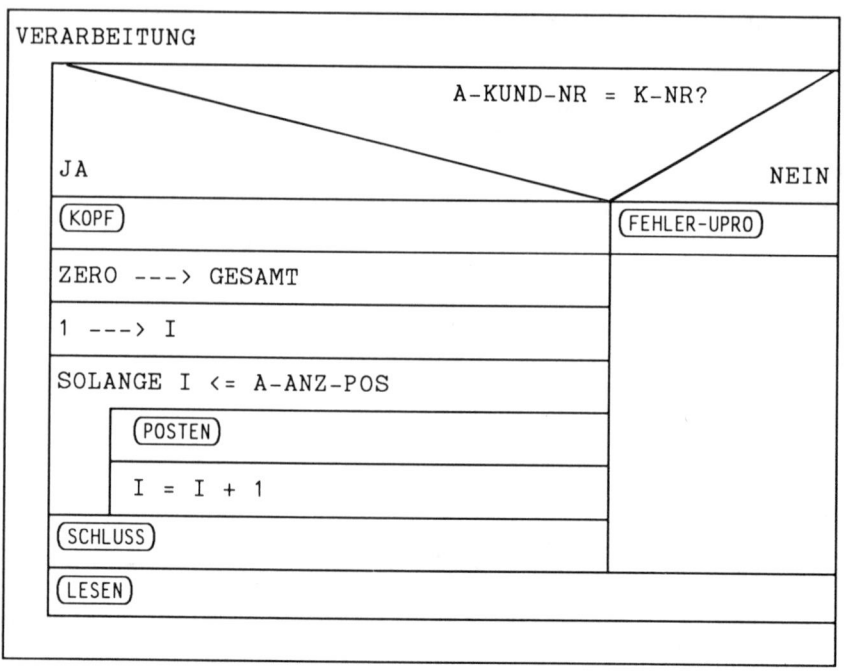

```
VERARBEITUNG

                              A-KUND-NR = K-NR?

     JA                                          NEIN

      (KOPF)                            (FEHLER-UPRO)

     ZERO ---> GESAMT

     1 ---> I

     SOLANGE I <= A-ANZ-POS

          (POSTEN)

          I = I + 1

      (SCHLUSS)

     (LESEN)
```

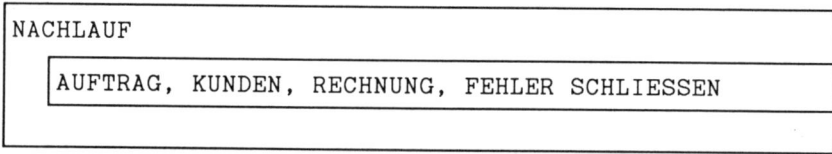

```
NACHLAUF

   AUFTRAG, KUNDEN, RECHNUNG, FEHLER SCHLIESSEN
```

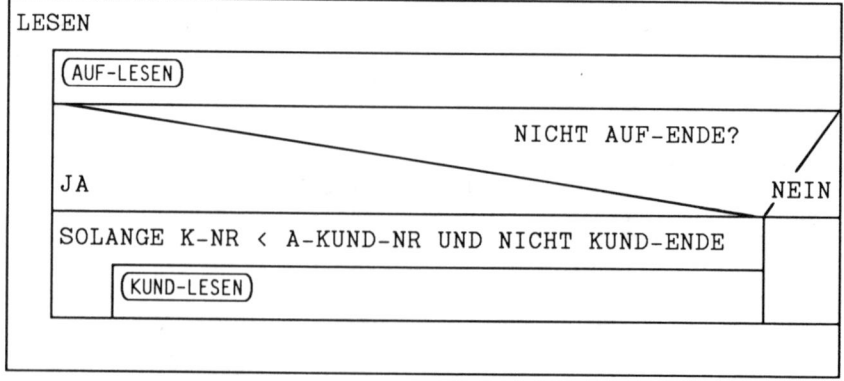

```
LESEN

   (AUF-LESEN)

                              NICHT AUF-ENDE?

     JA                                          NEIN

     SOLANGE K-NR < A-KUND-NR UND NICHT KUND-ENDE

          (KUND-LESEN)
```

```
AUF-LESEN

  SATZ LESEN   * AUFTRAG-DATEI


```

```
KUND-LESEN

  SATZ LESEN   * KUNDEN-DATEI


```

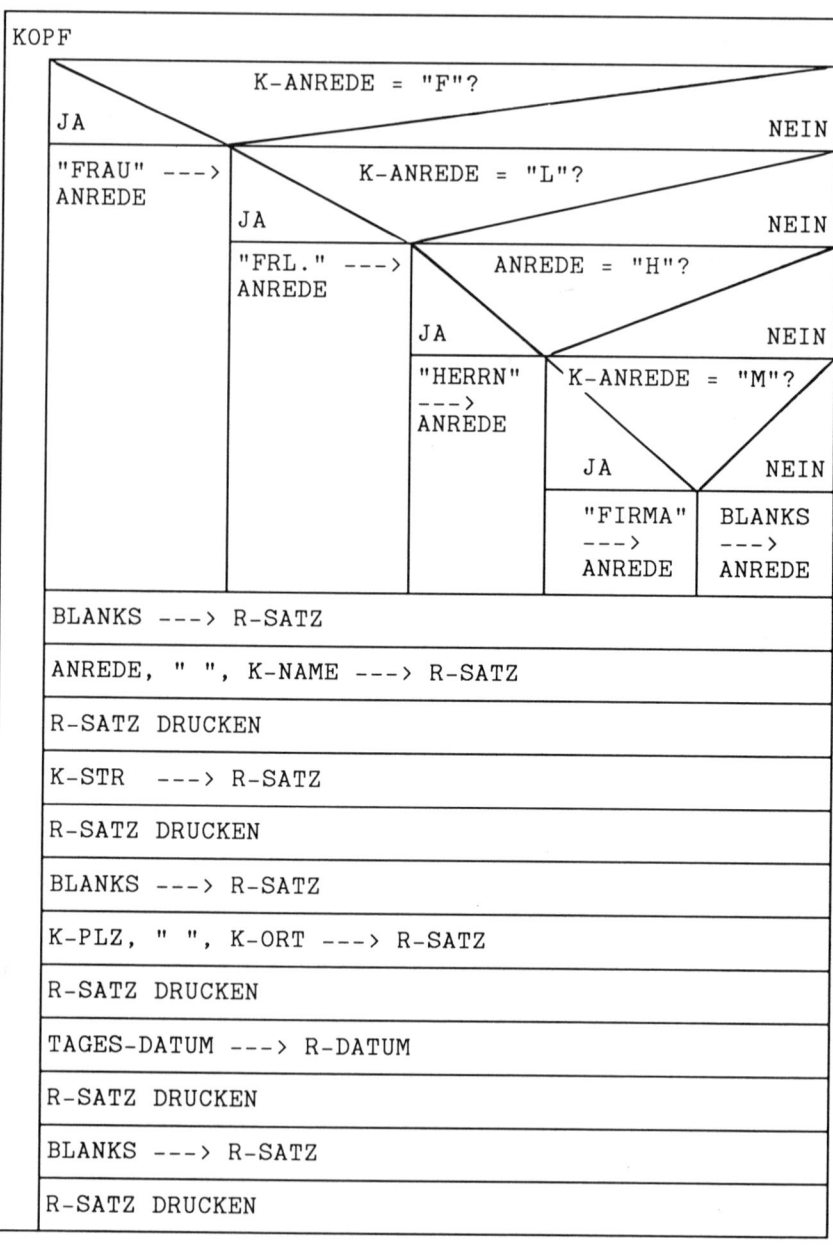

```
KOPF
┌─────────────────────────────────────────────────────────────┐
│                    K-ANREDE = "F"?                            │
│ JA                                                      NEIN   │
├────────────────┬──────────────────────────────────────────────┤
│ "FRAU" --->    │            K-ANREDE = "L"?                    │
│ ANREDE         │ JA                                    NEIN    │
│                ├────────────────┬───────────────────────────────┤
│                │ "FRL." --->    │         ANREDE = "H"?          │
│                │ ANREDE         │ JA                    NEIN     │
│                │                ├────────────┬──────────────────┤
│                │                │ "HERRN"    │ K-ANREDE = "M"?   │
│                │                │ --->       │ JA          NEIN  │
│                │                │ ANREDE     ├───────────┬───────┤
│                │                │            │ "FIRMA"   │BLANKS │
│                │                │            │ --->      │ --->  │
│                │                │            │ ANREDE    │ANREDE │
├────────────────┴────────────────┴────────────┴───────────┴───────┤
│ BLANKS ---> R-SATZ                                            │
├────────────────────────────────────────────────────────────┤
│ ANREDE, " ", K-NAME ---> R-SATZ                               │
├────────────────────────────────────────────────────────────┤
│ R-SATZ DRUCKEN                                                │
├────────────────────────────────────────────────────────────┤
│ K-STR  ---> R-SATZ                                            │
├────────────────────────────────────────────────────────────┤
│ R-SATZ DRUCKEN                                                │
├────────────────────────────────────────────────────────────┤
│ BLANKS ---> R-SATZ                                            │
├────────────────────────────────────────────────────────────┤
│ K-PLZ, " ", K-ORT ---> R-SATZ                                 │
├────────────────────────────────────────────────────────────┤
│ R-SATZ DRUCKEN                                                │
├────────────────────────────────────────────────────────────┤
│ TAGES-DATUM ---> R-DATUM                                      │
├────────────────────────────────────────────────────────────┤
│ R-SATZ DRUCKEN                                                │
├────────────────────────────────────────────────────────────┤
│ BLANKS ---> R-SATZ                                            │
├────────────────────────────────────────────────────────────┤
│ R-SATZ DRUCKEN                                                │
└────────────────────────────────────────────────────────────┘
```

```
POSTEN

  A-ART-NR    (I)  ---> R-ART-NR

  A-ART-BEZ   (I)  ---> R-ART-BEZ

  A-ART-MENGE (I)  ---> R-ART-MENGE

  A-ART-PREIS (I)  ---> R-ART-PREIS

  BETRAG = A-ART-MENGE (I) * A-ART-PREIS (I)

  BETRAG  ---> R-BETRAG

  R-SATZ DRUCKEN

  GESAMT = GESAMT + BETRAG
```

```
SCHLUSS
    ┌─────────────────────────────────────────────────┐
    │ "SUMME" ---> SCHLUSS-TEXT                         │
    ├─────────────────────────────────────────────────┤
    │ GESAMT      ---> R-WERT                           │
    ├─────────────────────────────────────────────────┤
    │ R-ZEILE-4 DRUCKEN                                 │
    ├─────────────────────────────────────────────────┤
    │ "- 5% RABATT" ---> SCHLUSS-TEXT                   │
    ├─────────────────────────────────────────────────┤
    │ RABATT = GESAMT * 5 / 100                         │
    ├─────────────────────────────────────────────────┤
    │ RABATT   ---> R-WERT                              │
    ├─────────────────────────────────────────────────┤
    │ R-ZEILE-4 DRUCKEN                                 │
    ├─────────────────────────────────────────────────┤
    │ "NETTO" ---> SCHLUSS-TEXT                         │
    ├─────────────────────────────────────────────────┤
    │ GESAMT = GESAMT - RABATT                          │
    ├─────────────────────────────────────────────────┤
    │ GESAMT   ---> R-WERT                              │
    ├─────────────────────────────────────────────────┤
    │ R-ZEILE-4 DRUCKEN                                 │
    ├─────────────────────────────────────────────────┤
    │ "+ 14% MWST" ---> SCHLUSS-TEXT                    │
    ├─────────────────────────────────────────────────┤
    │ MWST   = GESAMT * 14 / 100                        │
    ├─────────────────────────────────────────────────┤
    │ MWST      ---> R-WERT                             │
    ├─────────────────────────────────────────────────┤
    │ R-ZEILE-4 DRUCKEN                                 │
    ├─────────────────────────────────────────────────┤
    │ "RECHNUNGSBETRAG" ---> SCHLUSS-TEXT               │
    ├─────────────────────────────────────────────────┤
    │ GESAMT = GESAMT + RABATT                          │
    ├─────────────────────────────────────────────────┤
    │ GESAMT   ---> R-WERT                              │
    ├─────────────────────────────────────────────────┤
    │ R-ZEILE-4 DRUCKEN                                 │
    └─────────────────────────────────────────────────┘
```

```
POSTEN

    "KEIN KUNDENSATZ VORHANDEN, KUNDEN-NR= " --->
    FE-TEXT

    A-KUND-NR ---> FE-KUND-NR

    F-SATZ DRUCKEN
```

Programmlisting:

```
 1 IDENTIFICATION DIVISION.
 2 PROGRAM-ID.        DEMO16-RECHNUNG.
 3 AUTHOR.            R. HABIB.
 4 DATE-WRITTEN.      12-08-1987.
 5 DATE-COMPILED. 13-Sep-87 07:47.
 6*
 7* PROGRAMMFUNKTION:
 8*
 9* DIESES PROGRAMM ERSTELLT RECHNUNGEN FÜR DIE IN
10* DER AUFTRAGSDATEI VORHANDENEN AUFTRÄGE.
11*
12*
13 ENVIRONMENT DIVISION.
14 CONFIGURATION SECTION.
15 SOURCE-COMPUTER.  IBM-PC.
16 OBJECT-COMPUTER.  IBM-PC.
17 SPECIAL-NAMES.
18     DECIMAL-POINT IS COMMA,
19     FORMFEED      IS NEUSEITE.
20 INPUT-OUTPUT SECTION.
21 FILE-CONTROL.
22
23     SELECT AUFTRAG    ASSIGN TO "AUFTRAG.EIN",
24           ORGANIZATION IS LINE SEQUENTIAL,
25           FILE STATUS  IS AUF-STATUS.
26
```

```
27        SELECT KUNDEN     ASSIGN TO "KUNDEN.EIN",
28                ORGANIZATION IS LINE SEQUENTIAL,
29                FILE STATUS  IS KUND-STATUS.
30
31        SELECT RECHNUNG   ASSIGN TO "RECHNUNG.AUS".
32
33        SELECT FEHLER     ASSIGN TO "FEHLER.AUS".
34*-------------------------------------------------*
35 DATA DIVISION.
36 FILE SECTION.
37 FD   AUFTRAG.
38 01   A-SATZ.
39        05 A-KUND-NR        PIC 9(4).
40        05 A-ANZ-POS        PIC 9(2).
41        05 A-POSITION       OCCURS 1 TO 5
42                            DEPENDING ON A-ANZ-POS.
43           10 A-ART-NR      PIC X(4).
44           10 A-ART-BEZ     PIC X(15).
45           10 A-ART-MENGE   PIC 9(2).
46           10 A-ART-PREIS   PIC 9(4)V99.
47
48 FD   KUNDEN.
49 01   K-SATZ.
50        05 K-NR             PIC 9(4).
51        05 K-ANREDE         PIC X(1).
52        05 K-NAME           PIC X(15).
53        05 K-STR            PIC X(15).
54        05 K-PLZ            PIC X(4).
55        05 K-ORT            PIC X(15).
56
57 FD   RECHNUNG.
58 01   R-SATZ               PIC X(56).
59
60 FD   FEHLER.
61 01   F-SATZ.
62        05 FE-TEXT          PIC X(38).
63        05 FE-KUND-NR       PIC 9(4).
64*-------------------------------------------------*
65 WORKING-STORAGE SECTION.
```

```
66 Ø1  KUND-STATUS          PIC 99.
67 88  KUND-ENDE            VALUE 1Ø.
68 Ø1  AUF-STATUS           PIC 99.
69 88  AUF-ENDE             VALUE 1Ø.
7Ø
71 Ø1  R-ZEILE-2.
72     Ø5 FILLER            PIC X(4Ø) VALUE SPACE.
73     Ø5 R-DATUM.
74        1Ø TAG            PIC 99.
75        1Ø FILLER         PIC X VALUE ".".
76        1Ø MONAT          ·PIC 99.
77        1Ø FILLER         PIC XXX VALUE ".19".
78        1Ø JAHR           PIC 99.
79
8Ø Ø1  R-ZEILE-3.
81     Ø5 R-ART-NR          PIC X(4).
82     Ø5 FILLER            PIC X(4).
83     Ø5 R-ART-BEZ         PIC X(15).
84     Ø5 FILLER            PIC X(4).
85     Ø5 R-ART-MENGE       PIC Z9.
86     Ø5 FILLER            PIC X(4).
87     Ø5 R-ART-PREIS       PIC Z.ZZZ,ZZ.
88     Ø5 FILLER            PIC X(4).
89     Ø5 R-BETRAG          PIC ZZZ.ZZZ,ZZ.
9Ø
91 Ø1  R-ZEILE-4.
92     Ø5 FILLER            PIC X(2Ø).
93     Ø5 SCHLUSS-TEXT      PIC X(23).
94     Ø5 R-WERT            PIC Z.ZZZ.ZZZ,ZZ.
95
96 Ø1  ANREDE               PIC X(6).
97 Ø1  BETRAG               PIC 9(6)V99 VALUE ZERO.
98 Ø1  RABATT               PIC 9(6)V99 VALUE ZERO.
99 Ø1  MWST                 PIC 9(6)V99 VALUE ZERO.
1ØØ Ø1 GESAMT               PIC 9(7)V99 VALUE ZERO.
1Ø1 Ø1 I                    PIC 9.
1Ø2
1Ø3 Ø1 TAGES-DATUM.
1Ø4    Ø5  JAHR             PIC 99.
```

```
105      Ø5   MONAT          PIC 99.
106      Ø5   TAG            PIC 99.
1Ø7*---------------------------------------------------*
1Ø8 PROCEDURE DIVISION.
1Ø9 PROGRAMM-STEUERUNG SECTION.
11Ø PR-1ØØØ.
111      PERFORM VORLAUF.
112      PERFORM VERARBEITUNG UNTIL AUF-ENDE.
113      PERFORM NACHLAUF.
114 PR-9999.
115      STOP RUN.
116*---------------------------------------------------*
117 VORLAUF SECTION.
118 VOR-1ØØØ.
119      OPEN INPUT  AUFTRAG, KUNDEN,
12Ø          OUTPUT RECHNUNG, FEHLER.
121      ACCEPT TAGES-DATUM FROM DATE.
122
123      PERFORM LESEN.
124 VOR-9999.
125      EXIT.
126*---------------------------------------------------*
127 VERARBEITUNG SECTION.
128 VER-1ØØØ.
129      EVALUATE A-KUND-NR = K-NR
13Ø
131        WHEN TRUE
132
133            PERFORM KOPF
134            MOVE ZERO TO GESAMT
135            PERFORM POSTEN VARYING I FROM 1 BY 1
136                UNTIL I > A-ANZ-POS
137            PERFORM SCHLUSS
138
139        WHEN FALSE   PERFORM FEHLER-UPRO
14Ø
141      END-EVALUATE
142
143      PERFORM LESEN.
```

```
144 VER-9999.
145     EXIT.
146*--------------------------------------------------*
147 NACHLAUF SECTION.
148 NAC-1000.
149     CLOSE AUFTRAG, KUNDEN, RECHNUNG, FEHLER.
150 NAC-9999.
151     EXIT.
152*--------------------------------------------------*
153 LESEN SECTION.
154 LES-1000.
155     PERFORM AUF-LESEN.
156
157     IF NOT AUF-ENDE
158         PERFORM KUND-LESEN
159                 UNTIL K-NR NOT < A-KUND-NR OR
160                       KUND-ENDE.
161 LES-9999.
162     EXIT.
163*--------------------------------------------------*
164 AUF-LESEN SECTION.
165 AUF-LES-1000.
166     READ AUFTRAG.
167 AUF-LES-9999.
168     EXIT.
169*--------------------------------------------------*
170 KUND-LESEN SECTION.
171 KUND-LES-1000.
172     READ KUNDEN.
173 KUND-LES-9999.
174     EXIT.
175*--------------------------------------------------*
176 KOPF SECTION.
177 KO-1000.
178     EVALUATE K-ANREDE
179
180         WHEN  "F"   MOVE "FRAU"  TO ANREDE
181         WHEN  "L"   MOVE "FRL."  TO ANREDE
182         WHEN  "H"   MOVE "HERRN" TO ANREDE
```

```
183        WHEN   "M"     MOVE "FIRMA" TO ANREDE
184        WHEN   OTHER   MOVE SPACE   TO ANREDE
185
186     END-EVALUATE
187
188     MOVE SPACE TO R-SATZ.
189     STRING ANREDE DELIMITED BY SPACE,
190            " "  K-NAME   DELIMITED BY SIZE,
191             INTO R-SATZ.
192     WRITE R-SATZ AFTER NEUSEITE.
193
194     MOVE K-STR  TO R-SATZ.
195     WRITE R-SATZ AFTER 1.
196
197     MOVE SPACE TO R-SATZ.
198     STRING K-PLZ  " " K-ORT DELIMITED BY SIZE,
199            INTO R-SATZ.
200     WRITE R-SATZ AFTER 2.
201
202     MOVE CORR TAGES-DATUM TO R-DATUM.
203     WRITE R-SATZ FROM R-ZEILE-2 AFTER 5.
204     MOVE SPACE TO R-SATZ.
205     WRITE R-SATZ AFTER 4.
206 KO-9999.
207     EXIT.
208*---------------------------------------------------*
209 POSTEN SECTION.
210 POS-1000.
211     MOVE A-ART-NR    (I)  TO  R-ART-NR.
212     MOVE A-ART-BEZ   (I)  TO  R-ART-BEZ.
213     MOVE A-ART-MENGE (I)  TO  R-ART-MENGE.
214     MOVE A-ART-PREIS (I)  TO  R-ART-PREIS.
215     COMPUTE BETRAG = A-ART-MENGE (I) *
216                      A-ART-PREIS (I).
217
218     MOVE BETRAG  TO  R-BETRAG.
219     WRITE R-SATZ FROM R-ZEILE-3 AFTER 1.
220
221     ADD  BETRAG  TO  GESAMT.
```

```
222 POS-9999.
223     EXIT.
224*-------------------------------------------------*
225 SCHLUSS SECTION.
226 SCH-1000.
227     MOVE "SUMME" TO SCHLUSS-TEXT.
228     MOVE GESAMT    TO R-WERT.
229     WRITE R-SATZ FROM R-ZEILE-4 AFTER 3.
230
231     MOVE "- 5% RABATT" TO SCHLUSS-TEXT.
232     COMPUTE RABATT = GESAMT * 5 / 100.
233     MOVE RABATT   TO R-WERT.
234     WRITE R-SATZ FROM R-ZEILE-4 AFTER 1.
235
236     MOVE "NETTO" TO SCHLUSS-TEXT.
237     SUBTRACT RABATT   FROM GESAMT.
238     MOVE GESAMT   TO R-WERT.
239     WRITE R-SATZ FROM R-ZEILE-4 AFTER 2.
240
241     MOVE "+ 14% MWST" TO SCHLUSS-TEXT.
242     COMPUTE MWST    = GESAMT * 14 / 100.
243     MOVE MWST      TO R-WERT.
244     WRITE R-SATZ FROM R-ZEILE-4 AFTER 1.
245
246     MOVE "RECHNUNGSBETRAG" TO SCHLUSS-TEXT.
247     ADD  MWST      TO GESAMT.
248     MOVE GESAMT    TO R-WERT.
249     WRITE R-SATZ FROM R-ZEILE-4 AFTER 2.
250 SCH-9999.
251     EXIT.
252*-------------------------------------------------*
253 FEHLER-UPRO SECTION.
254 FEH-1000.
255     MOVE "KEIN KUNDENSATZ VORHANDEN, KUNDEN-NR= "
256         TO FE-TEXT.
257     MOVE  A-KUND-NR TO FE-KUND-NR.
258     WRITE F-SATZ AFTER 1.
259 FEH-9999.
260     EXIT.
```

Testdaten "AUFTRAG.EIN":

```
1111021234CD-PLAYER      010800006789HIFI-TURM 707  10500000
250001HIFI-TURM          02224200
3333028899FERNSEHEGERÄT  051998003456ELEKTRO-GITARRE08060000
```

Testdaten "KUNDEN.EIN":

```
1111HHANS   SCHNEIDERSONNENSTR. 123 8000MÜNCHEN 2
2222MKARL GMBH      LEOPOLDSTR. 72 8000MÜNCHEN 40
3333MKÖLBL GMBH     SENSERSTR. 56  8000MÜNCHEN 70
```

Ausgabe des Fehlerprotokolls: "FEHLER.AUS":

```
KEIN KUNDENSATZ VORHANDEN, KUNDEN-NR= 2500
```

Druckliste "RECHNUNG.AUS":

```
HERRN HANS   SCHNEIDER
SONNENSTR. 123
8000 MÜNCHEN 2




                              12.05.1986



1234    CD-PLAYER            1      800,00        800,00
6789    HIFI-TURM 707      10   5.000,00      50.000,00




              SUMME                  50.800,00
              - 5% RABATT             2.540,00

              NETTO                  48.260,00
              + 14% MWST              6.756,40

              RECHNUNGSBETRAG        55.016,40
```

```
FIRMA KÖLBL GMBH
SENSERSTR. 56
8000 MÜNCHEN 70



                                    12.05.1986



8899    FERNSEHEGERÄT       5    1.998,00    9.990,00
3456    ELEKTRO-GITARRE     8     600,00     4.800,00




            SUMME                14.790,00
            - 5% RABATT            739,50

            NETTO                14.050,50
            + 14% MWST            1.967,07

            RECHNUNGSBETRAG      16.017,57
```

Programmbeispiel: DEMO17-BALKENDIAGRAMM

Aufgabenstellung

Der Umsatzanteil jeder Warengruppe vom gesamten Umsatz soll prozentual ermittelt und in Form eines Balkendiagrammes dargestellt werden.

Am Bildschirm werden bis zu 4 Warengruppen und deren Umsatzanteile in DM-Beträgen eingegeben. Das Balkendiagramm wird zunächst am Bildschirm dargestellt und anschließend ausgedruckt.

Entwickeln Sie für dieses Problem ein Programm.

Aufbau des Balkendiagrammes: siehe Druckbild

Struktogramm

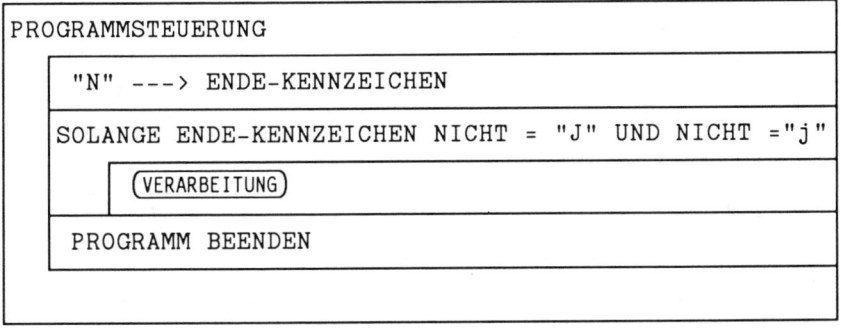

```
┌─────────────────────────────────────────────────────────┐
│ VERARBEITUNG                                              │
│ ┌───────────────────────────────────────────────────────┐│
│ │ BILDSCHIRM LÖSCHEN                                     ││
│ ├───────────────────────────────────────────────────────┤│
│ │ M1-AUSGABE ANZEIGEN                                   ││
│ ├───────────────────────────────────────────────────────┤│
│ │ M1-EINGABE EINGEBEN                                   ││
│ ├───────────────────────────────────────────────────────┤│
│ │ Ø ---> GESAMT-UMSATZ                                  ││
│ ├───────────────────────────────────────────────────────┤│
│ │ 1 ---> BAL-IND1                                       ││
│ ├───────────────────────────────────────────────────────┤│
│ │ SOLANGE BAL-IND1 <= 20                                ││
│ │   ┌─────────────┐                                     ││
│ │   │ LOESCHEN    │                                     ││
│ │   └─────────────┘                                     ││
│ │   BAL-IND1 = BAL-IND1 + 1                             ││
│ ├───────────────────────────────────────────────────────┤│
│ │ 1 ---> RECH-S1                                        ││
│ ├───────────────────────────────────────────────────────┤│
│ │ SOLANGE RECH-S1   <= 4                                ││
│ │   ┌─────────────┐                                     ││
│ │   │ MOVE-ADD    │                                     ││
│ │   └─────────────┘                                     ││
│ │   RECH-S1 = RECH1-S1 + 1                              ││
│ ├───────────────────────────────────────────────────────┤│
│ │ 1 ---> RECH-S1                                        ││
│ ├───────────────────────────────────────────────────────┤│
│ │ SOLANGE RECH-S1   <= 4                                ││
│ │   ┌───────────────┐                                   ││
│ │   │ PROZENT-RECH  │                                   ││
│ │   └───────────────┘                                   ││
│ │   RECH-S1 = RECH1-S1 + 1                              ││
│ ├───────────────────────────────────────────────────────┤│
│ │ MOVE 50 ---> Y                                        ││
│ ├───────────────────────────────────────────────────────┤│
│ │ 1 ---> BAL-IND1                                       ││
```

```
SOLANGE BAL-IND1 <= 19
    1 ---> BAL-IND2
    SOLANGE BAL-IND2 <= 4
        (VERSORGEN)
        BAL-IND2 = BAL-IND2 + 1
    BAL-IND1 = BAL-IND1 + 2
BILDSCHIRM LÖSCHEN
M2-BILD  ANZEIGEN
DRUCK-MELDUNG  ANZEIGEN
DRUCK-KENNZEICHEN EINGEBEN
              GEDRUCKT ?
JA                                    NEIN
(DRUCKEN)
ENDE-MELDUNG ANZEIGEN
ENDE-KENNZEICHEN  EINGEBEN
```

```
LOESCHEN
    BAL-IND2 ---> RECH-S1    * WIRD MIT SET ÜBERTRAGEN
    BLANKS ---> SPALTE  (BAL-IND1, BAL-IND2),
                        PRO-TAB (RECH-S1),
                        GR-TAB(RECH-S1)
    Ø    --->   RECH-UMSATZ  (RECH-S1),
                RECH-PROZENT (RECH-S1)
```

```
MOVE-ADD

    M1-UMSATZ (RECH-S1) ---> RECH-UMSATZ (RECH-S1)

    GESAMT-UMSATZ =
       GESAMT-UMSATZ + RECH-UMSATZ (RECH-S1)
```

```
PROZENT-RECH

                  M1-GRUPPE (RECH-S1) NICHT = BLANKS?
    JA                                                    NEIN

    RECH-PROZENT (RECH-S1) = RECH-UMSATZ (RECH-S1)
                            / GESAMT-UMSATZ * 100

    RECH-PROZENT (RECH-S1) ---> PROZ (RECH-S1)           /

    M1-GRUPPE (RECH-S1) ---> GRUPPE (RECH-S1)
    "%" ---> PROZ-ZEICH (RECH-S1)
```

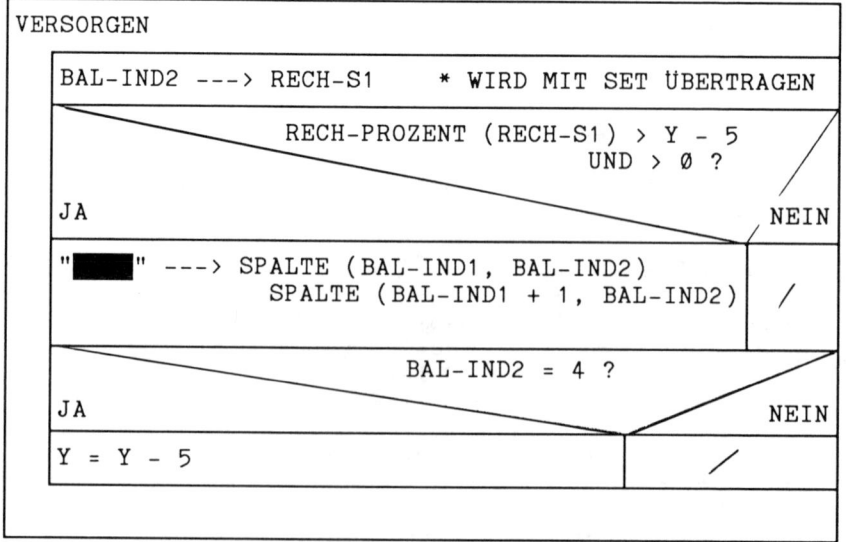

```
VERSORGEN

    BAL-IND2 ---> RECH-S1      * WIRD MIT SET ÜBERTRAGEN

                  RECH-PROZENT (RECH-S1) > Y - 5
                                UND > 0 ?
    JA                                                    NEIN

    "    " ---> SPALTE (BAL-IND1, BAL-IND2)
               SPALTE (BAL-IND1 + 1, BAL-IND2)           /

                  BAL-IND2 = 4 ?
    JA                                                    NEIN

    Y = Y - 5                                            /
```

```
┌─────────────────────────────────────────────────────────────────┐
│ DRUCKEN                                                           │
│   ┌───────────────────────────────────────────────────────────┐ │
│   │ AUSGABE-DATEI ERÖFFNEN                                     │ │
│   ├───────────────────────────────────────────────────────────┤ │
│   │ 1 ---> AUS-IND                                            │ │
│   ├───────────────────────────────────────────────────────────┤ │
│   │ SOLANGE AUS-IND  <= 25                                    │ │
│   │   ┌───────────────────────────────────────────────────────┤ │
│   │   │ (DRUCK)                                               │ │
│   │   ├───────────────────────────────────────────────────────┤ │
│   │   │ AUS-IND = AUS-IND  + 1                                │ │
│   ├───┴───────────────────────────────────────────────────────┤ │
│   │ AUSGABE-DATEI SCHLIESSEN                                   │ │
│   └───────────────────────────────────────────────────────────┘ │
│                                                                   │
└───────────────────────────────────────────────────────────────────┘
```

```
┌─────────────────────────────────────────────────────────────────┐
│ DRUCK                                                             │
│   ┌───────────────────────────────────────────────────────────┐ │
│   │ AUSGABE-ZEILE (AUS-IND) DRUCKEN                           │ │
│   └───────────────────────────────────────────────────────────┘ │
│                                                                   │
└───────────────────────────────────────────────────────────────────┘
```

Programmlisting:

```
 1 IDENTIFICATION DIVISION.
 2 PROGRAM-ID.        DEMO17-BALKENDIAGRAMM.
 3 AUTHOR.            R. HABIB.
 4 DATE-WRITTEN.      12-08-1987.
 5 DATE-COMPILED. 13-Sep-87 07:47.
 6*
 7* PROGRAMMFUNKTION:
 8*
 9* DAS PROGRAMM ERSTELLT EIN BALKENDIAGRAMM FÜR
10* DIE UMSATZVERTEILUNG IN EINEM VERSANDHAUS.
11*
12*
13 ENVIRONMENT DIVISION.
14 CONFIGURATION SECTION.
15 SOURCE-COMPUTER.  IBM-PC.
16 OBJECT-COMPUTER.  IBM-PC.
17 SPECIAL-NAMES.
18     DECIMAL-POINT IS COMMA,
19     CONSOLE IS CRT.
20 INPUT-OUTPUT SECTION.
21 FILE-CONTROL.
22     SELECT AUSGABE ASSIGN TO "BALKEN.AUS".
23*----------------------------------------------------*
24 DATA DIVISION.
25 FILE SECTION.
26 FD  AUSGABE.
27 01  A-SATZ            PIC X(56).
28*----------------------------------------------------*
29 WORKING-STORAGE SECTION.
30 01  M1-AUSGABE.
31     05 FILLER          PIC X(0012).
32     05 M1-TEXT-1       PIC X(0033) VALUE
33     "Umsatzverteilung auf Warengruppen".
34     05 FILLER          PIC X(0209).
35     05 M1-TEXT-2       PIC X(0023) VALUE
36     "Warengruppe      Umsatz".
37     05 FILLER          PIC X(0683).
```

```
38
39 Ø1  M1-EINGABE REDEFINES  M1-AUSGABE.
40      Ø5 FILLER            PIC X(Ø414).
41      Ø5 M1-GR-1           PIC X(ØØ1Ø).
42      Ø5 FILLER            PIC X(ØØØ7).
43      Ø5 M1-UMS-1          PIC ZZZ.ZZ9,99.
44      Ø5 FILLER            PIC X(Ø133).
45      Ø5 M1-GR-2           PIC X(ØØ1Ø).
46      Ø5 FILLER            PIC X(ØØØ7).
47      Ø5 M1-UMS-2          PIC ZZZ.ZZ9,99.
48      Ø5 FILLER            PIC X(Ø133).
49      Ø5 M1-GR-3           PIC X(ØØ1Ø).
5Ø      Ø5 FILLER            PIC X(ØØØ7).
51      Ø5 M1-UMS-3          PIC ZZZ.ZZ9,99.
52      Ø5 FILLER            PIC X(Ø133).
53      Ø5 M1-GR-4           PIC X(ØØ1Ø).
54      Ø5 FILLER            PIC X(ØØØ7).
55      Ø5 M1-UMS-4          PIC ZZZ.ZZ9,99.
56
57 Ø1  M1-TAB      REDEFINES  M1-AUSGABE.
58      Ø5 FILLER            PIC X(4ØØ).
59      Ø5 M1-ELEMENT        OCCURS 4.
6Ø         1Ø FILLER         PIC X(14).
61         1Ø M1-GRUPPE      PIC X(1Ø).
62         1Ø FILLER         PIC X(Ø7).
63         1Ø M1-UMSATZ      PIC ZZZ.ZZ9,99.
64         1Ø FILLER         PIC X(119).
65
66 Ø1  M2-AUSGABE.
67      Ø5 GR-PROZENTE       PIC X(Ø16Ø).
68      Ø5 M2-TEXT1          PIC X(ØØØ5) VALUE "5Ø% |".
69      Ø5 FILLER            PIC X(ØØ79).
7Ø      Ø5 M2-TEXT2          PIC X(ØØØ1) VALUE "|".
71      Ø5 FILLER            PIC X(ØØ75).
72      Ø5 M2-TEXT3          PIC X(ØØØ5) VALUE "45% |".
73      Ø5 FILLER            PIC X(ØØ79).
74      Ø5 M2-TEXT4          PIC X(ØØØ1) VALUE "|".
75      Ø5 FILLER            PIC X(ØØ75).
76      Ø5 M2-TEXT5          PIC X(ØØØ5) VALUE "4Ø% |".
77      Ø5 FILLER            PIC X(ØØ79).
78      Ø5 M2-TEXT6          PIC X(ØØØ1) VALUE "|".
```

```
 79        05 FILLER            PIC X(0075).
 80        05 M2-TEXT7          PIC X(0005) VALUE "35% |".
 81        05 FILLER            PIC X(0079).
 82        05 M2-TEXT8          PIC X(0001) VALUE "|".
 83        05 FILLER            PIC X(0075).
 84        05 M2-TEXT9          PIC X(0005) VALUE "30% |".
 85        05 FILLER            PIC X(0079).
 86        05 M2-TEXT10         PIC X(0001) VALUE "|".
 87        05 FILLER            PIC X(0075).
 88        05 M2-TEXT11         PIC X(0005) VALUE "25% |".
 89        05 FILLER            PIC X(0079).
 90        05 M2-TEXT12         PIC X(0001) VALUE "|".
 91        05 FILLER            PIC X(0075).
 92        05 M2-TEXT13         PIC X(0005) VALUE "20% |".
 93        05 FILLER            PIC X(0079).
 94        05 M2-TEXT14         PIC X(0001) VALUE "|".
 95        05 FILLER            PIC X(0075).
 96        05 M2-TEXT15         PIC X(0005) VALUE "15% |".
 97        05 FILLER            PIC X(0079).
 98        05 M2-TEXT16         PIC X(0001) VALUE "|".
 99        05 FILLER            PIC X(0075).
100        05 M2-TEXT17         PIC X(0005) VALUE "10% |".
101        05 FILLER            PIC X(0079).
102        05 M2-TEXT18         PIC X(0001) VALUE "|".
103        05 FILLER            PIC X(0076).
104        05 M2-TEXT19         PIC X(0004) VALUE "5% |".
105        05 FILLER            PIC X(0079).
106        05 M2-TEXT20         PIC X(0001) VALUE "|".
107        05 FILLER            PIC X(0079).
108        05 M2-TEXT21         PIC X(0043) VALUE
109        "L_____".
110        05 M2-TEXT22         PIC X(0009) VALUE
111        "_____".
112        05 FILLER            PIC X(0113).
113        05 M2-TEXT23         PIC X(0033) VALUE
114        "Umsatzverteilung auf Warengruppen".
115
116 01    M2-TABELLEN REDEFINES  M2-AUSGABE.
117        05 FILLER            PIC X(5).
118        05 GR-TAB            OCCURS 4.
```

```
119            10 FILLER        PIC X(2).
120            10 GRUPPE        PIC X(10).
121         05 FILLER           PIC X(27).
122
123         05 FILLER           PIC X(2).
124         05 PRO-TAB          OCCURS 4.
125            10 FILLER        PIC X(7).
126            10 PROZ          PIC Z9,9.
127            10 PROZ-ZEICH    PIC X.
128         05 FILLER           PIC X(30).
129
130         05 ZEILE            OCCURS 20
131                             INDEXED BY BAL-IND1.
132            10 FILLER        PIC X(2).
133            10 SPALTEN       OCCURS 4
134                             INDEXED BY BAL-IND2.
135               15 FILLER     PIC X(7).
136               15 SPALTE     PIC X(5).
137            10 FILLER        PIC X(30).
138
139 01 M2-BILD REDEFINES   M2-AUSGABE PIC X(2000).
140
141 01 M2-LISTE REDEFINES M2-AUSGABE.
142         05 AUSGABE-TAB      OCCURS 25
143                             INDEXED BY AUS-IND.
144            10 AUSGABE-ZEILE  PIC X(56).
145            10 FILLER        PIC X(24).
146
147 01 RECH-TAB.
148         05 RECH-ELEMENT     OCCURS 4.
149            10 RECH-UMSATZ   PIC 9(6)V99.
150            10 RECH-PROZENT  PIC 99V9.
151 01 RECH-S1               PIC 99.
152 01 GESAMT-UMSATZ         PIC S9(7)V99.
153 01 Y                     PIC S999.
154
155 01 DRUCK-MELDUNG         PIC X(16)     VALUE
156       "DRUCKEN (J/N)==>".
157 01 DRUCK-KENNZEICHEN     PIC X         VALUE SPACE.
158 88 GEDRUCKT VALUE "J", "j".
159
160 01 ENDE-MELDUNG          PIC X(25)     VALUE
161       "Programmende? (J/N) ===>".
162 01 ENDE-KENNZEICHEN      PIC X         VALUE SPACE.
163*--------------------------------------------------*
```

```
164 PROCEDURE DIVISION.
165 PROGRAMM-STEUERUNG SECTION.
166 PR-1000.
167     PERFORM VERARBEITUNG WITH TEST AFTER
168             UNTIL ENDE-KENNZEICHEN = "J" OR "j".
169 PR-9999.
170     STOP RUN.
171*-------------------------------------------------*
172 VERARBEITUNG SECTION.
173 VER-1000.
174     DISPLAY SPACE UPON CRT.
175     DISPLAY M1-AUSGABE AT 0101.
176     ACCEPT  M1-EINGABE AT 0101.
177     MOVE ZERO TO GESAMT-UMSATZ.
178
179     PERFORM LOESCHEN     VARYING BAL-IND1
180             FROM 1 BY 1 UNTIL BAL-IND1 > 20
181       AFTER BAL-IND2
182             FROM 1 BY 1 UNTIL BAL-IND2 > 4.
183
184     PERFORM MOVE-ADD  VARYING RECH-S1
185             FROM 1 BY 1 UNTIL RECH-S1 > 4.
186
187     PERFORM PROZENT-RECH VARYING RECH-S1
188             FROM 1 BY 1 UNTIL RECH-S1 > 4.
189
190     MOVE 50 TO Y.
191     PERFORM VERSORGEN     VARYING BAL-IND1
192             FROM 1 BY 2 UNTIL BAL-IND1 > 19
193       AFTER BAL-IND2
194             FROM 1 BY 1 UNTIL BAL-IND2 > 4.
195
196     DISPLAY SPACE UPON CRT.
197     DISPLAY M2-BILD    AT 0101.
198     DISPLAY DRUCK-MELDUNG    AT 1258.
199     ACCEPT  DRUCK-KENNZEICHEN AT 1275.
200     IF GEDRUCKT PERFORM DRUCKEN.
201
202     DISPLAY SPACE UPON CRT.
203     DISPLAY ENDE-MELDUNG    AT 2501.
204     ACCEPT  ENDE-KENNZEICHEN AT 2530.
205 VER-9999.
206     EXIT.
```

```
207*-------------------------------------------------*
208 LOESCHEN  SECTION.
209 LO-1000.
210     SET RECH-S1 TO BAL-IND2.
211     MOVE SPACE  TO SPALTE  (BAL-IND1, BAL-IND2),
212                     PRO-TAB (RECH-S1),
213                     GR-TAB(RECH-S1).
214
215     MOVE ZERO   TO  RECH-UMSATZ  (RECH-S1)
216                     RECH-PROZENT (RECH-S1).
217 LO-9999.
218     EXIT.
219*-------------------------------------------------*
220 MOVE-ADD SECTION.
221 MA-1000.
222     MOVE M1-UMSATZ (RECH-S1) TO
223                             RECH-UMSATZ (RECH-S1).
224     ADD RECH-UMSATZ (RECH-S1) TO GESAMT-UMSATZ.
225 MA-9999.
226     EXIT.
227*-------------------------------------------------*
228 PROZENT-RECH SECTION.
229 PRO-1000.
230     EVALUATE M1-GRUPPE (RECH-S1)
231
232        WHEN   NOT SPACE
233
234           COMPUTE RECH-PROZENT (RECH-S1) ROUNDED =
235                   RECH-UMSATZ (RECH-S1) /
236                   GESAMT-UMSATZ * 100
237
238           MOVE RECH-PROZENT (RECH-S1) TO
239                           PROZ (RECH-S1)
240           MOVE M1-GRUPPE  (RECH-S1) TO
241                           GRUPPE (RECH-S1)
242           MOVE "%" TO PROZ-ZEICH (RECH-S1)
243
244        WHEN OTHER CONTINUE
245
246     END-EVALUATE.
247 PRO-9999.
248     EXIT.
249*-------------------------------------------------*
```

```
250 VERSORGEN SECTION.
251 VE-1000.
252     SET RECH-S1 TO BAL-IND2.
253
254     EVALUATE
255
256         RECH-PROZENT (RECH-S1) > Y - 5 AND > 0
257
258     WHEN TRUE
259             MOVE "      "  TO
260             SPALTE (BAL-IND1, BAL-IND2)
261             SPALTE (BAL-IND1 + 1, BAL-IND2)
262
263     END-EVALUATE
264
265     IF BAL-IND2 = 4 SUBTRACT 5 FROM Y.
266 VE-9999.
267     EXIT.
268*---------------------------------------------*
269 DRUCKEN SECTION.
270 DRU-1000.
271     OPEN OUTPUT AUSGABE.
272
273     PERFORM WITH TEST BEFORE
274             VARYING AUS-IND
275             FROM 1
276             BY 1
277             UNTIL AUS-IND > 25
278
279         MOVE AUSGABE-ZEILE (AUS-IND) TO A-SATZ
280         WRITE A-SATZ AFTER 1
281
282     END-PERFORM
283
284     CLOSE AUSGABE.
285 DRU-9999.
286     EXIT.
```

Dialog-Testlauf:

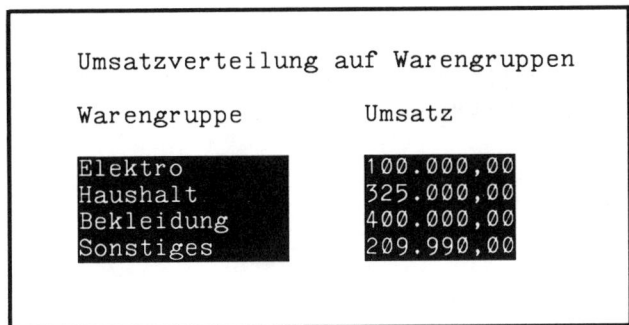

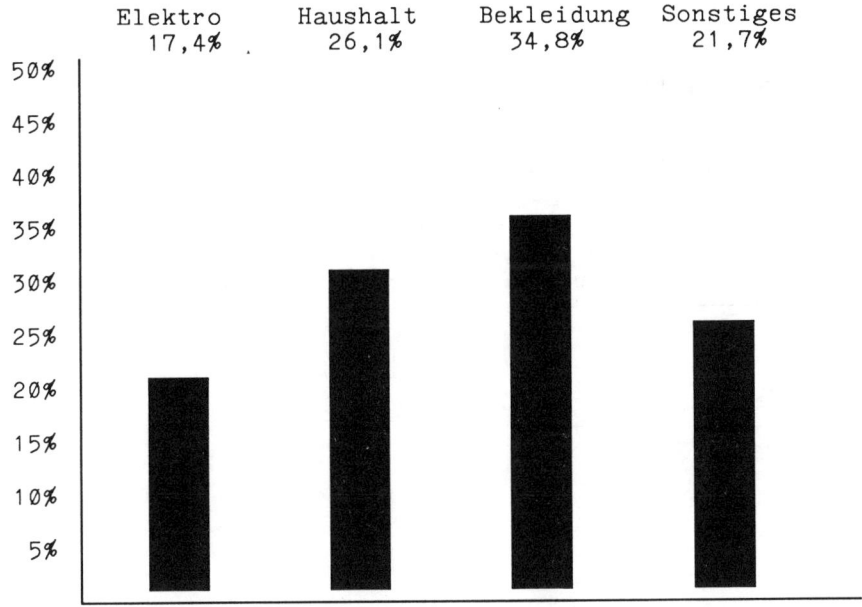

Umsatzverteilung auf Warengruppen

Programmbeispiel: DEMO18-ALTERS-STATISTIK

Aufgabenstellung

Es soll anhand der vorliegenden Einwohnerdatei eine Altersstatistik für die folgenden Altersgruppen erstellt werden:

```
00-06   Jahre
07-18   Jahre
19-20   Jahre
21-30   Jahre
31-45   Jahre
46-65   Jahre
66-80   Jahre
81-99   Jahre
Ab 100  jahre
```

Aufbau der Einwohnerdatei "ALTER.EIN":

Anz. Stellen	Feldverwendung
4	Einwohnernummer
1	Leer
8	Geburtsdatum (Format: jjjjmmtt)

Aufbau der Statistikliste: siehe Druckbild

Struktogramm

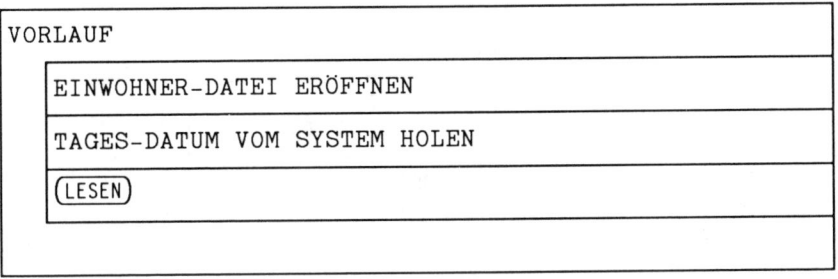

```
PROGRAMMSTEUERUNG

    (VORLAUF)

    SOLANGE NICHT DATEI-ENDE

        (VERARBEITUNG)

    (NACHLAUF)

    PROGRAMM BEENDEN


VORLAUF

    EINWOHNER-DATEI ERÖFFNEN

    TAGES-DATUM VOM SYSTEM HOLEN

    (LESEN)


LESEN

    SATZ LESEN
```

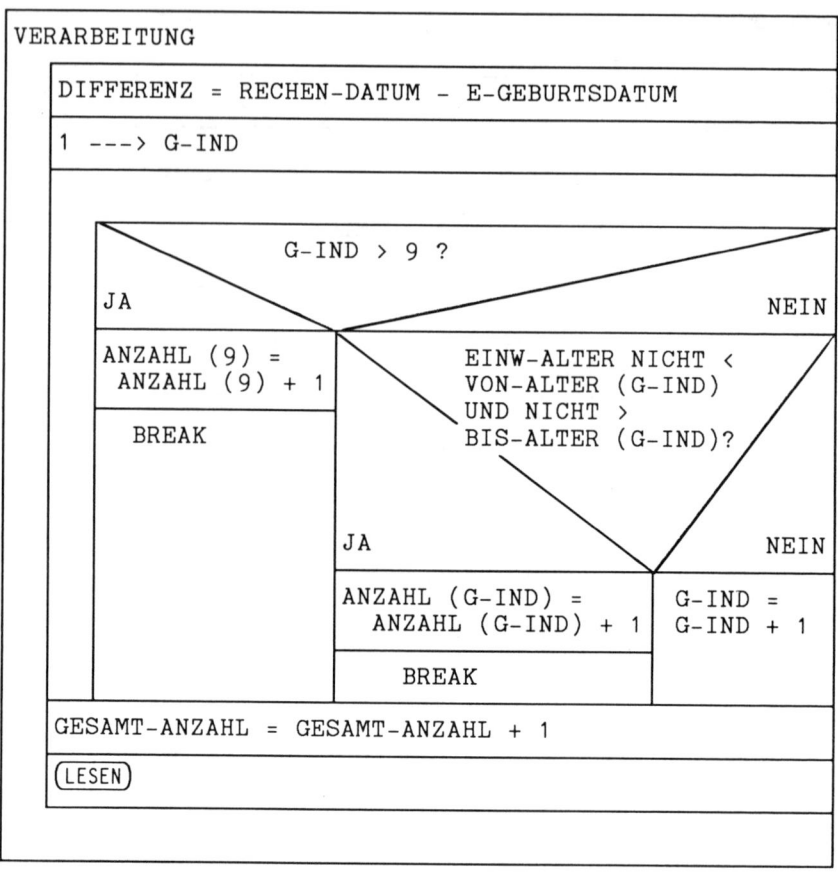

VERARBEITUNG

DIFFERENZ = RECHEN-DATUM - E-GEBURTSDATUM

1 ---> G-IND

G-IND > 9 ?

JA   NEIN

ANZAHL (9) =   EINW-ALTER NICHT <
  ANZAHL (9) + 1   VON-ALTER (G-IND)
                            UND NICHT >
    BREAK   BIS-ALTER (G-IND)?

                         JA   NEIN

                    ANZAHL (G-IND) =   G-IND =
                      ANZAHL (G-IND) + 1   G-IND + 1

                        BREAK

GESAMT-ANZAHL = GESAMT-ANZAHL + 1

(LESEN)

552

```
NACHLAUF

    AUSGABE-DATEI ERÖFFNEN

    UEBERSCHRIFT-1 DRUCKEN

    UEBERSCHRIFT-2 DRUCKEN

    BLANKS ---> A-SATZ

    A-SATZ DRUCKEN

    1 ---> G-IND

    SOLANGE G-IND <= 9

        (DRUCK)

        G-IND = G-IND  + 1

    GESAMT-ANZAHL ---> A-GESAMT

    SCHLUSS-ZEILE DRUCKEN

    AUSGABE-DATEI, EINWOHNER-DATEI SCHLIESSEN
```

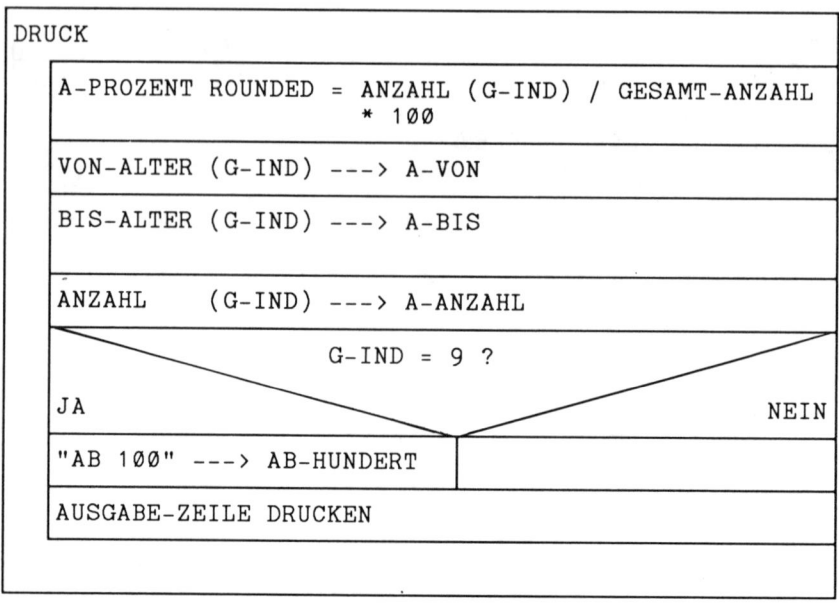

```
DRUCK
    ┌─────────────────────────────────────────────────────────┐
    │ A-PROZENT ROUNDED = ANZAHL (G-IND) / GESAMT-ANZAHL        │
    │                   * 100                                    │
    ├─────────────────────────────────────────────────────────┤
    │ VON-ALTER (G-IND) ---> A-VON                              │
    ├─────────────────────────────────────────────────────────┤
    │ BIS-ALTER (G-IND) ---> A-BIS                              │
    ├─────────────────────────────────────────────────────────┤
    │ ANZAHL    (G-IND) ---> A-ANZAHL                           │
    │              G-IND = 9 ?                                   │
    │ JA                                        NEIN             │
    ├───────────────────────────────┬─────────────────────────┤
    │ "AB 100" ---> AB-HUNDERT       │                          │
    ├───────────────────────────────┴─────────────────────────┤
    │ AUSGABE-ZEILE DRUCKEN                                     │
    └─────────────────────────────────────────────────────────┘
```

Programmlisting:

```
 1 IDENTIFICATION DIVISION.
 2 PROGRAM-ID.        DEMO18-ALTERS-STATISTIK.
 3 AUTHOR.            R. HABIB.
 4 DATE-WRITTEN.      12-08-1987.
 5 DATE-COMPILED. 13-Sep-87 07:48.
 6*
 7* PROGRAMMFUNKTION:
 8*
 9* DAS PROGRAMM ERSTELLT EINE ALTERSGRUPPEN-
10* STATISTIK.
11* DABEI WIRD DAS ABARBEITEN, DAS DURCHSUCHEN
12* UND AUSDRUCKEN EINER TABELLE DEMONSTRIERT.
13*
14*
15 ENVIRONMENT DIVISION.
16 CONFIGURATION SECTION.
17 SOURCE-COMPUTER.  IBM-PC.
18 OBJECT-COMPUTER.  IBM-PC.
19 SPECIAL-NAMES.
20     DECIMAL-POINT IS COMMA,
21     CONSOLE IS CRT.
22 INPUT-OUTPUT SECTION.
23 FILE-CONTROL.
24
25     SELECT  EINWOHNER ASSIGN TO "ALTER.EIN",
26             ORGANIZATION IS LINE SEQUENTIAL
27             FILE STATUS EINW-STATUS.
28
29     SELECT  AUSGABE ASSIGN TO "ALTER.AUS".
30*-------------------------------------------*
31 DATA DIVISION.
32 FILE SECTION.
33 FD  EINWOHNER.
34 01  E-SATZ.
35     05 E-NR             PIC X(4).
36     05 FILLER           PIC X.
37     05 E-GEBURTSDATUM    PIC 9(8).
38
```

```
39 FD   AUSGABE.
40 01   A-SATZ                PIC X(56).
41 *-------------------------------------------------*
42 WORKING-STORAGE SECTION.
43 01   UEBERSCHRIFT-1.
44      05 FILLER             PIC X(20) VALUE
45      "ALTERSSTATISTIK VOM ".
46      05 A-DATUM.
47         10 TAG             PIC 99.
48         10 FILLER          PIC X VALUE ".".
49         10 MONAT           PIC 99.
50         10 FILLER          PIC XXX VALUE ".19".
51         10 JAHR            PIC 99.
52
53 01   UEBERSCHRIFT-2.
54      05 FILLER             PIC X(30) VALUE
55      "ALTER VON-BIS    ANZAHL      %".
56
57 01   AUSGABE-ZEILE.
58      05 FILLER             PIC X(6) VALUE SPACE.
59      05 A-VON              PIC BZ9.
60      05 FILLER             PIC X VALUE "-".
61      05 A-BIS              PIC 99.
62      05 FILLER             PIC X(6) VALUE SPACE.
63      05 A-ANZAHL           PIC ZZ9.
64      05 FILLER             PIC X(5) VALUE SPACE.
65      05 A-PROZENT          PIC Z9,9.
66 66 AB-HUNDERT   RENAMES A-VON THRU A-BIS.
67
68 01   SCHLUSS-ZEILE.
69      05 FILLER             PIC X(16) VALUE
70      "GESAMT".
71      05 A-GESAMT           PIC **999.
72
73 01   ALTERSGRUPPEN.
74      05 FILLER             PIC X(10) VALUE "0006".
75      05 FILLER             PIC X(10) VALUE "0718".
76      05 FILLER             PIC X(10) VALUE "1920".
77      05 FILLER             PIC X(10) VALUE "2130".
```

```
78      05 FILLER              PIC X(10) VALUE "3145".
79      05 FILLER              PIC X(10) VALUE "4665".
80      05 FILLER              PIC X(10) VALUE "6680".
81      05 FILLER              PIC X(10) VALUE "8199".
82      05 FILLER              PIC X(10) VALUE "    ".
83 01 ALTERS-TAB REDEFINES ALTERSGRUPPEN.
84      05 GRUPPE              OCCURS 9 INDEXED BY G-IND.
85         10 VON-ALTER        PIC 99.
86         10 BIS-ALTER        PIC 99.
87         10 ANZAHL           PIC 999.
88         10 PROZENT          PIC 99V9.
89
90 01 DIFFERENZ               PIC S9(8).
91 01 DIFF-NEU REDEFINES DIFFERENZ.
92      05 EINW-ALTER         PIC 9(4).
93      05 FILLER             PIC 9(4).
94
95 01 DATUM.
96      05 FILLER             PIC 99 VALUE 19.
97      05 TAGES-DATUM.
98         10 JAHR            PIC 99.
99         10 MONAT           PIC 99.
100        10 TAG             PIC 99.
101 01 RECHEN-DATUM REDEFINES DATUM   PIC 9(8).
102
103 01 GESONDERT             PIC 9(2)    VALUE 0.
104 01 GESAMT-ANZAHL         PIC 9(4)    VALUE 0.
105
106 01 EINW-STATUS           PIC 99.
107 88 DATEI-ENDE            VALUE 10.
108*--------------------------------------------------*
109 PROCEDURE DIVISION.
110 PROGRAMM-STEUERUNG SECTION.
111 PR-1000.
112     PERFORM VORLAUF.
113     PERFORM VERARBEITUNG UNTIL DATEI-ENDE.
114     PERFORM NACHLAUF.
115 PR-9999.
116     STOP RUN.
```

```
117*----------------------------------------------------*
118 VORLAUF SECTION.
119 VOR-1000.
120     OPEN INPUT EINWOHNER.
121     ACCEPT TAGES-DATUM FROM DATE.
122     MOVE CORR TAGES-DATUM TO A-DATUM.
123     PERFORM LESEN.
124 VOR-9999.
125     EXIT.
126*----------------------------------------------------*
127 VERARBEITUNG SECTION.
128 VER-1000.
129     SUBTRACT E-GEBURTSDATUM FROM RECHEN-DATUM
130             GIVING  DIFFERENZ.
131
132     SET G-IND TO 1
133
134     SEARCH GRUPPE VARYING G-IND,
135         AT END ADD 1 TO ANZAHL (9)
136       WHEN EINW-ALTER NOT < VON-ALTER (G-IND)
137           AND        NOT > BIS-ALTER (G-IND)
138         ADD 1 TO ANZAHL (G-IND)
139
140     END-SEARCH
141
142     ADD 1 TO  GESAMT-ANZAHL.
143     PERFORM LESEN.
144 VER-9999.
145     EXIT.
146*----------------------------------------------------*
147 NACHLAUF SECTION.
148 NAC-1000.
149
150     OPEN OUTPUT AUSGABE.
151     WRITE A-SATZ FROM UEBERSCHRIFT-1 AFTER PAGE.
152     WRITE A-SATZ FROM UEBERSCHRIFT-2 AFTER 2.
153     MOVE SPACE TO A-SATZ.
154     WRITE A-SATZ AFTER 1.
155
```

```
156     PERFORM DRUCK VARYING G-IND FROM 1 BY 1
157            UNTIL G-IND > 9.
158     MOVE GESAMT-ANZAHL TO A-GESAMT.
159     WRITE A-SATZ FROM SCHLUSS-ZEILE   AFTER 3.
160     CLOSE EINWOHNER AUSGABE.
161 NAC-9999.
162     EXIT.
163*---------------------------------------------------*
164 LESEN SECTION.
165 LES-1000.
166     READ EINWOHNER.
167 LES-9999.
168     EXIT.
169*---------------------------------------------------*
170 DRUCK SECTION.
171 DR-1000.
172     COMPUTE A-PROZENT ROUNDED = ANZAHL (G-IND) /
173            GESAMT-ANZAHL * 100.
174     MOVE VON-ALTER (G-IND) TO A-VON.
175     MOVE BIS-ALTER (G-IND) TO A-BIS.
176     MOVE ANZAHL    (G-IND) TO A-ANZAHL.
177     IF G-IND = 9 MOVE "AB 100" TO AB-HUNDERT.
178     WRITE A-SATZ FROM AUSGABE-ZEILE   AFTER 1.
179 DR-9999.
180     EXIT.
```

Testdaten "ALTER.EIN":

```
9566  18801230
4565  18900511
1411  19000501
7657  19040510
6844  19050601
7347  19060310
4746  19100521
9945  19140511
4555  19210601
3454  19220510
6457  19221214
4472  19350414
3465  19410513
4544  19450301
4352  19450514
4544  19450601
7347  19560101
1166  19560501
2222  19560512
2345  19580613
4352  19590414
8799  19600511
9999  19600511
2324  19661112
3466  19660511
3241  19660613
9999  19670510
3241  19680721
3241  19680922
3241  19691221
3241  19790619
7879  19840510
4092  19840514
9098  19840601
2341  19850501
4522  19850512
4446  19860511
8966  19860511
4446  19860511
```

Druckliste "ALTER.AUS":

```
ALTERSSTATISTIK VOM 12.05.1986

ALTER VON-BIS    ANZAHL      %

       0-06         9       23,1
       7-18         3        7,7
      19-20         4       10,3
      21-30         7       17,9
      31-45         4       10,3
      46-65         4       10,3
      66-80         4       10,3
      81-99         3        7,7
     AB 100         1        2,6


GESAMT           **039
```

Programmbeispiel: DEMO19-TABELLE-SORTIEREN

Aufgabenstellung

Die Bankendatei "BANKEN.EIN" soll in eine Tabelle eingelesen, alphabetisch nach Bankname aufsteigend sortiert und gemäß der beiliegenden Druckliste ausgedruckt werden.

Aufbau der Bankendatei "BANKEN.EIN":

Anz. Stellen	Feldverwendung
8	Bankleitzahl
2	Leer
25	Bankname
2	Leer
15	Ort

Aufbau der Bankliste: siehe Druckbild

Struktogramm

```
PROGRAMMSTEUERUNG
    (LADEN)

    (SORTIEREN)

    (DRUCKEN)

    PROGRAMM BEENDEN
```

```
LADEN
  ┌─────────────────────────────────────────────────────┐
  │ BANKEN-DATEI ERÖFFNEN                                │
  ├─────────────────────────────────────────────────────┤
  │ BLANKS ---> BANK-TABELLE                             │
  ├─────────────────────────────────────────────────────┤
  │ 1 ---> I1                                            │
  ├─────────────────────────────────────────────────────┤
  │ SOLANGE  I1 <= 20 UND NICHT DATEI-ENDE              │
  │     ┌───────────────────────────────────────────────┤
  │     │  (LESEN)                                       │
  │     ├───────────────────────────────────────────────┤
  │     │ I1 = I1 + 1                                    │
  ├─────┴───────────────────────────────────────────────┤
  │ BANKEN-DATEI SCHLIESSEN                             │
  └─────────────────────────────────────────────────────┘
```

```
LESEN
  ┌─────────────────────────────────────────────────────┐
  │ SATZ LESEN                                          │
  ├─────────────────────────────────────────────────────┤
  │ \          NOCH-SATZ-VORHANDEN ?          /          │
  │ JA  \                                /  NEIN         │
  ├────────────────────────────┬────────────────────────┤
  │ B-SATZ   ---> BANK (I1)     │                        │
  │ ANZAHL = ANZAHL + 1         │          /             │
  └────────────────────────────┴────────────────────────┘
```

```
SORTIEREN
  ┌─────────────────────────────────────────────────────┐
  │ ANZAHL ---> I1                                      │
  ├─────────────────────────────────────────────────────┤
  │ SOLANGE I1 NICHT = 0 UND TAUSCH-SCHALTER NICHT = 0  │
  │     ┌───────────────────────────────────────────────┤
  │     │  (SORTIERE)                                    │
  │     ├───────────────────────────────────────────────┤
  │     │ I1 = I1 - 1                                    │
  └─────┴───────────────────────────────────────────────┘
```

```
SORTIERE
    ┌─────────────────────────────────────────────────────┐
    │ Ø ---> TAUSCH-SCHALTER                               │
    ├─────────────────────────────────────────────────────┤
    │ 1 ---> I2                                            │
    ├─────────────────────────────────────────────────────┤
    │ SOLANGE I2 NICHT = I1                                │
    │    ┌─────────────┐                                  │
    │    │ (TAUSCHEN)  │                                  │
    │    ├─────────────────────────────────────────────┐ │
    │    │ I2 = I2 + 1                                 │ │
    │    └─────────────────────────────────────────────┘ │
    └─────────────────────────────────────────────────────┘
```

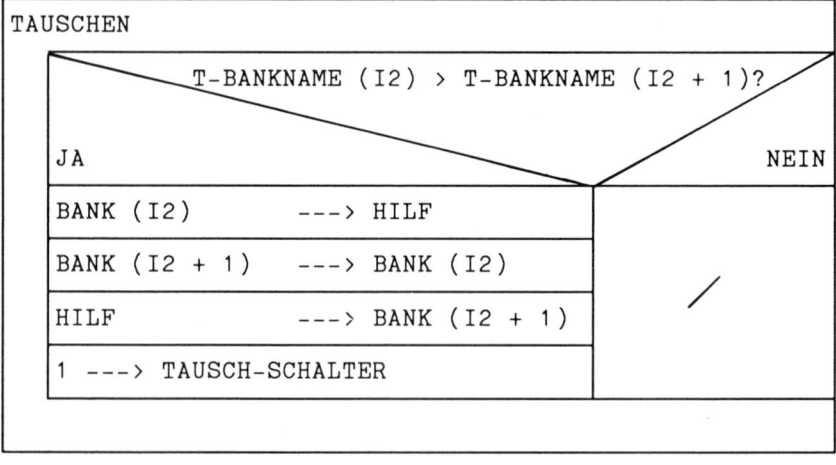

```
TAUSCHEN
              T-BANKNAME (I2) > T-BANKNAME (I2 + 1)?

    JA                                              NEIN

    BANK (I2)           ---> HILF
    BANK (I2 + 1)       ---> BANK (I2)                /
    HILF                ---> BANK (I2 + 1)
    1 ---> TAUSCH-SCHALTER
```

```
┌─────────────────────────────────────────────────────────────────────┐
│ DRUCKEN                                                               │
│   ┌─────────────────────────────────────────────────────────────────┐│
│   │ AUSGABE-DATEI ERÖFFNEN                                           ││
│   ├─────────────────────────────────────────────────────────────────┤│
│   │ UEBERSCHRIFT-1 DRUCKEN                                           ││
│   ├─────────────────────────────────────────────────────────────────┤│
│   │ UEBERSCHRIFT-2 DRUCKEN                                           ││
│   ├─────────────────────────────────────────────────────────────────┤│
│   │ BLANKS ---> A-SATZ                                              ││
│   ├─────────────────────────────────────────────────────────────────┤│
│   │ A-SATZ DRUCKEN                                                   ││
│   ├─────────────────────────────────────────────────────────────────┤│
│   │ 1 ---> I1                                                        ││
│   ├─────────────────────────────────────────────────────────────────┤│
│   │ SOLANGE I1   <= ANZAHL                                          ││
│   │   ┌───────────────────────────────────────────────────────────┐ ││
│   │   │ (DRUCK)                                                    │ ││
│   │   ├───────────────────────────────────────────────────────────┤ ││
│   │   │ I1 = I1 + 1                                                │ ││
│   ├───┴───────────────────────────────────────────────────────────┴─┤│
│   │ AUSGABE-DATEI SCHLIESSEN                                        ││
│   └─────────────────────────────────────────────────────────────────┘│
└─────────────────────────────────────────────────────────────────────┘

┌─────────────────────────────────────────────────────────────────────┐
│ DRUCK                                                                 │
│   ┌─────────────────────────────────────────────────────────────────┐│
│   │ BANK (I1) DRUCKEN                                               ││
│   └─────────────────────────────────────────────────────────────────┘│
└─────────────────────────────────────────────────────────────────────┘
```

Programmlisting:

```
 1 IDENTIFICATION DIVISION.
 2 PROGRAM-ID.          DEMO19-TABELLE-SORTIEREN.
 3 AUTHOR.              R. HABIB.
 4 DATE-WRITTEN.        12-08-1987.
 5 DATE-COMPILED. 13-Sep-87 07:49.
 6*
 7* PROGRAMMFUNKTION:
 8*
 9* DAS PROGRAMM LIEST DIE DATENSÄTZE DER BANKEN-
10* DATEI IN EINER TABELLE EIN.ANSCHLIESSEND WERDEN
11* DIE SÄTZE NACH BANKENNAMEN ALPHABETISCH AUF-
12* STEIGEND SORTIERT UND GEDRUCKT.
13*
14*
15 ENVIRONMENT DIVISION.
16 CONFIGURATION SECTION.
17 SOURCE-COMPUTER.  IBM-PC.
18 OBJECT-COMPUTER.  IBM-PC.
19 SPECIAL-NAMES.
20 INPUT-OUTPUT SECTION.
21 FILE-CONTROL.
22
23     SELECT  BANKEN    ASSIGN TO "BANKEN.EIN",
24             ORGANIZATION IS LINE SEQUENTIAL
25             FILE STATUS BANK-STATUS.
26
27     SELECT  AUSGABE   ASSIGN TO "BANKEN.AUS".
28*-------------------------------------------------*
29 DATA DIVISION.
30 FILE SECTION.
31 FD  BANKEN.
32 01  B-SATZ.
33     05 B-BANKLEITZAHL   PIC 9(8).
34     05 FILLER           PIC XX.
35     05 B-BANKNAME       PIC X(25).
36     05 FILLER           PIC XX.
37     05 B-ORT            PIC X(15).
38
```

```
39 FD   AUSGABE.
40 01   A-SATZ               PIC X(56).
41*------------------------------------------------*
42 WORKING-STORAGE SECTION.
43 01   UEBERSCHRIFT-1.
44      05 FILLER            PIC X(56) VALUE
45      "           BANKENLISTE".
46
47 01   UEBERSCHRIFT-2.
48      05 FILLER            PIC X(56) VALUE
49      "BLZ        NAME                    ORT".
50
51 01   BANK-TABELLE.
52      05 BANK              OCCURS 20
53                           INDEXED BY I1, I2.
54         10 T-BANKLEITZAHL PIC 9(8).
55         10 FILLER         PIC XX.
56         10 T-BANKNAME      PIC X(25).
57         10 FILLER         PIC XX.
58         10 T-ORT          PIC X(15).
59
60 01   HILF                 PIC X(52).
61 01   ANZAHL               PIC 99 VALUE 0.
62 01   TAUSCH-SCHALTER      PIC 9 VALUE 1.
63 01   BANK-STATUS          PIC 99.
64 88   NOCH-SATZ-VORHANDEN  VALUE 00.
65 88   DATEI-ENDE           VALUE 10.
66*------------------------------------------------*
67 PROCEDURE DIVISION.
68 PROGRAMM-STEUERUNG SECTION.
69 PR-1000.
70      PERFORM LADEN.
71      PERFORM SORTIEREN.
72      PERFORM DRUCKEN.
73 PR-9999.
74      STOP RUN.
75*------------------------------------------------*
76 LADEN SECTION.
77 LAD-1000.
```

```
78      OPEN INPUT BANKEN.
79      MOVE SPACE TO BANK-TABELLE.
80      PERFORM LESEN  VARYING  I1
81              FROM 1 BY 1 UNTIL I1 > 20 OR
82                              DATEI-ENDE.
83      CLOSE BANKEN.
84 LAD-9999.
85      EXIT.
86*--------------------------------------------------*
87 LESEN SECTION.
88 LES-1000.
89      READ BANKEN.
90      IF NOCH-SATZ-VORHANDEN
91          MOVE B-SATZ  TO BANK (I1)
92          ADD 1 TO ANZAHL.
93 LES-9999.
94      EXIT.
95*--------------------------------------------------*
96 SORTIEREN SECTION.
97 SOR-1000.
98      PERFORM SORTIERE VARYING
99              I1 FROM ANZAHL BY -1 UNTIL I1 = 0 OR
100                 TAUSCH-SCHALTER  = 0.
101 SOR-9999.
102     EXIT.
103*--------------------------------------------------*
104 SORTIERE SECTION.
105 SR-1000.
106     MOVE 0 TO TAUSCH-SCHALTER.
107     PERFORM TAUSCHEN VARYING I2
108             FROM 1 BY  1 UNTIL I2 = I1.
109 SR-9999.
110     EXIT.
111*--------------------------------------------------*
112 TAUSCHEN SECTION.
113 TA-1000.
114     IF   T-BANKNAME (I2) > T-BANKNAME (I2 + 1)
115          MOVE BANK (I2)        TO HILF
116          MOVE BANK (I2 + 1)    TO BANK (I2)
```

```
117            MOVE HILF          TO BANK (I2 + 1)
118            MOVE 1 TO TAUSCH-SCHALTER.
119 TA-9999.
120     EXIT.
121*----------------------------------------------*
122 DRUCKEN  SECTION.
123 DRU-1000.
124     OPEN OUTPUT AUSGABE.
125     WRITE A-SATZ FROM UEBERSCHRIFT-1 AFTER PAGE.
126     WRITE A-SATZ FROM UEBERSCHRIFT-2 AFTER 2.
127     MOVE SPACE TO A-SATZ.
128     WRITE A-SATZ AFTER 1.
129
130     PERFORM DRUCK VARYING I1 FROM 1 BY 1
131            UNTIL I1 > ANZAHL.
132
133     CLOSE AUSGABE.
134 DRU-9999.
135     EXIT.
136*----------------------------------------------*
137 DRUCK SECTION.
138 DR-1000.
139     WRITE A-SATZ FROM BANK (I1) AFTER  1.
140 DR-9999.
141     EXIT.
```

Testdaten "BANKEN.AUS":

```
30087030  Kreissparkasse        München 59
20030077  DSK-Bank              München 86
80060050  Banco di Sicilia      München 20
45560011  Thurn und Taxis Bank  München 44
60050010  Commerzbank           München 90
54060044  Deutsche Bank         München 16
45030066  Raiffeisenbank        München 22
77730067  Volksbank             München 2
45530088  Dresdner Bank         München 11
99933374  KKB-Bank              München 30
```

Druckliste "BANKEN.AUS":

```
                BANKENLISTE

BLZ         NAME                      ORT

80060050  Banco di Sicilia        München 20
60050010  Commerzbank             München 90
20030077  DSK-Bank                München 86
54060044  Deutsche Bank           München 16
45530088  Dresdner Bank           München 11
99933374  KKB-Bank                München 30
30087030  Kreissparkasse          München 59
45030066  Raiffeisenbank          München 22
45560011  Thurn und Taxis Bank    München 44
77730067  Volksbank               München 2
```

16. ZEICHENKETTEN-VERARBEITUNG

16.1 Vorbemerkung

In diesem Kapitel wenden wir uns einigen zusätzlichen Anweisungen in COBOL zu, die das Programmieren wesentlich erleichtern.

Es handelt sich hierbei um bestimmte Situationen, die in der Programmierpraxis häufig vorkommen.

Oft will man variable Satzlängen für eine bestimmte Datei erzeugen, um das externe Speichermedium besser auszunutzen, also müssen hier die Datenfelder des Datensatzes komprimiert werden. Bei der Wiederverarbeitung eines solchen Datensatzes sollen schließlich die Felder getrennt werden.

Umsetzung und Verschlüsselung von Datenfeldern sind selbstverständlich wichtige Bestandteile der Zeichenkettenverarbeitung – nicht zuletzt, wenn es um die Überprüfung eines Datenfeldes auf das Vorhandensein eines bestimmten Zeichens oder einer Zeichenfolge geht.

16.2 INSPECT-Anweisung

Wirkung

Die INSPECT-Anweisung verwendet man, um bestimmte Zeichen eines Datenfeldes zu zählen und/oder zu ersetzen.

```
┌ Format 1 ─────────────────────────────────────────────────────────┐
│                                                                     │
│  INSPECT Bezeichner-1                                               │
│                                                                     │
│     TALLYING {Bezeichner-2                                          │
│            ┌                       ┌BEFORE┐        ┌Bezeichner-4┐ ┐ │
│            │       CHARACTERS      │AFTER │ INITIAL │Literal-2   │ │ │
│            │                       └      ┘        └            ┘ │ │
│            │                                                      │ │
│     FOR    │  ┌ALL    ┐    ┌ ┌Bezeichner-3┐                       │ ...}...
│            │  │LEADING│    │ │Literal-1   │                       │ │
│            │  └       ┘    └ └            ┘                       │ │
│            │                       ┌BEFORE┐        ┌Bezeichner-4┐ │ │
│            │                       │AFTER │ INITIAL │Literal-2   │ ...}...
│            │                       └      ┘        └            ┘ │ │
│            └                                                      ┘ │
│                                                                     │
│  REPLACING                                                          │
│    ┌                                                               ┐│
│    │  CHARACTERS BY┌Bezeichner-6┐ ┌BEFORE┐      ┌Bezeichner-7┐     ││
│    │               │Literal-4   │ │AFTER │INITIAL│Literal-5   │... ││
│    │               └            ┘ └      ┘      └            ┘     ││
│    │  ┌ALL    ┐  ┌ ┌Bezeichner-5┐    ┌Bezeichner-6┐                ││
│    │  │LEADING│  │ │Literal-3   │ BY │Literal-4   │               ...
│    │  │FIRST  │  └ └            ┘    └            ┘                ││
│    │  └       ┘     ┌BEFORE┐        ┌Bezeichner-7┐                 ││
│    │                │AFTER │ INITIAL │Literal-5   │ ...}...         ││
│    │                └      ┘        └            ┘                 ││
│    └                                                               ┘│
│                                                                     │
└─────────────────────────────────────────────────────────────────────┘
```

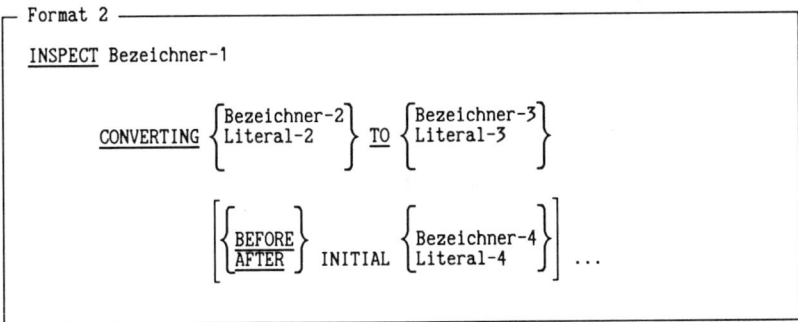

Format 2

INSPECT Bezeichner-1

CONVERTING {Bezeichner-2 / Literal-2} TO {Bezeichner-3 / Literal-3}

[{BEFORE / AFTER} INITIAL {Bezeichner-4 / Literal-4}] ...

Erläuterung zu Format 1

Soll gezählt werden, wie oft ein bestimmtes Zeichen oder eine Zeichenkette in einem Feld vorkommt, so muß der TALLYING-Zusatz verwendet werden. Will man nur dieses Zeichen oder diese Zeichenkette durch eine andere ersetzen, so muß der REPLACING-Zusatz verwendet werden. Sollen die beiden Funktionen Zählen und Ersetzen gleichzeitig verwendet werden, so können diese in einer INSPECT-Anweisung benutzt werden. In diesem Fall wird zuerst das Zählen, dann das Ersetzen durchgeführt.

Bezeichner-1 ist das Datenfeld, in dem ein Zeichen zu zählen oder zu ersetzen ist. Dieses Feld darf kein gepacktes oder binäres Feld sein.

Zählen mit TALLYING

Beispiel 1

Es soll gezählt werden, wie oft das Zeichen "&" in dem Datenfeld "E-TEXT" vorkommt.

```
Ø1   E-TEXT              PIC X(26).
Ø1   ZAEHLER             PIC 99 VALUE ZERO.

     INSPECT   E-TEXT TALLYING  ZAEHLER  FOR  ALL  "&".
```

E-TEXT

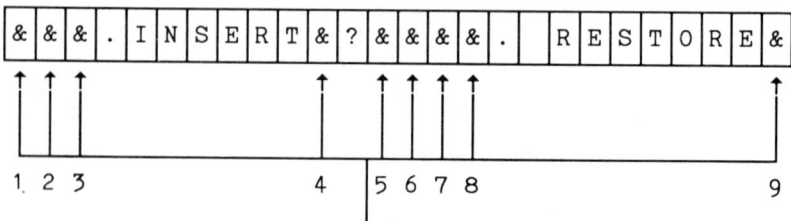

Gezählte Zeichen

ZAEHLER

Ø	9

Es ist darauf zu achten, daß das Zählerfeld vorher auf den Wert Null gesetzt wird, da die INSPECT-Anweisung lediglich den Inhalt dieses Feldes erhöht.

Beispiel 2

Die führenden Zeichen "&" im Datenfeld "E-TEXT" sollen gezählt werden. Unter führenden Zeichen versteht man solche, die nur am Anfang des Feldes vorkommen.

```
INSPECT E-TEXT TALLYING ZAEHLER FOR LEADING "&".
```

E-TEXT

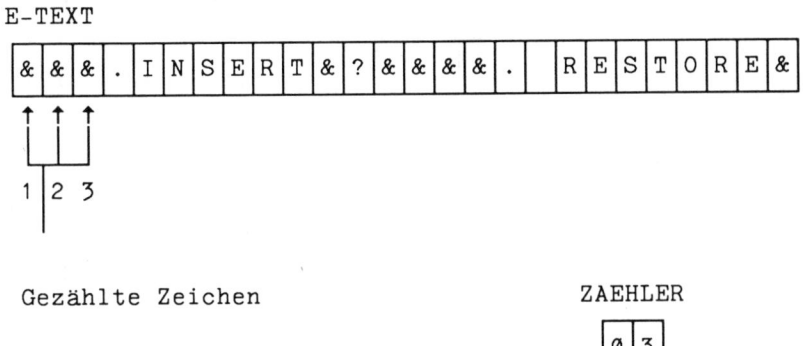

Gezählte Zeichen   ZAEHLER

Beispiel 3

Ändert man in Beispiel 1 das zu zählende Zeichen in der Zeichenkette in "&&", so erhält man:

INSPECT E-TEXT TALLYING ZAEHLER FOR ALL "&&".

E-TEXT

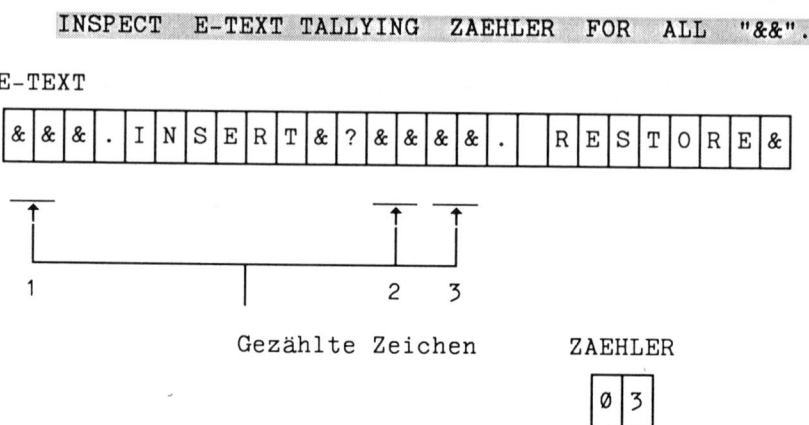

Gezählte Zeichen ZAEHLER

BEFORE und AFTER

BEFORE und AFTER können benutzt werden, um das Zählen oder das Ersetzen auf einen Teil des Feldes zu beschränken.

BEFORE besagt, zähle oder ersetze vom Anfang des Feldes an, bis das
INITIAL-Zeichen (Bezeichner-4) vorkommt.

AFTER besagt, beginne mit dem Zählen oder mit dem Ersetzen erst, nachdem das INITIAL-Zeichen (Bezeichner-4) vorgekommen ist.

Beispiel 4

Es sollen alle Zeichen, die bis zum Auftreten eines Leerzeichens vorkommen,
gezählt werden.

```
INSPECT  E-TEXT TALLYING   ZAEHLER
         FOR    CHARACTERS BEFORE SPACE.
```

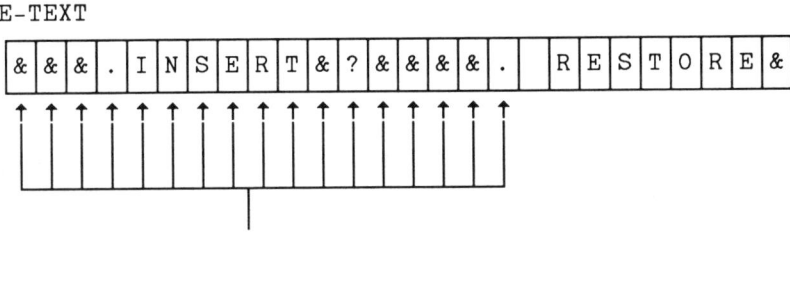

E-TEXT

Gezählte Zeichen   ZAEHLER

                          | 1 | 7 |

Beispiel 5

Es soll gezählt werden, wie oft das Zeichen "&" im Datenfeld "E-TEXT" vorkommt, nachdem das Zeichen "?" vorgekommen ist.

```
INSPECT   E-TEXT TALLYING   ZAEHLER
          FOR    ALL "&"     AFTER "?".
```

E-TEXT

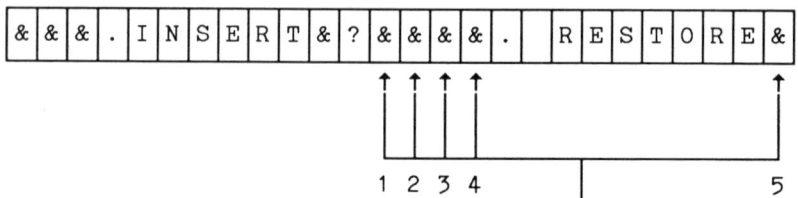

| & | & | & | . | I | N | S | E | R | T | & | ? | & | & | & | & | . | | R | E | S | T | O | R | E | & |

```
          1 2 3 4                5
```

ZAEHLER   Gezählte Zeichen

| Ø | 5 |

Ersetzen mit REPLACING

Beim Ersetzen von Zeichenketten müssen die auszutauschenden Zeichenketten gleich lang sein, oder die neue Zeichenkette (Literal-4 bzw. Bezeichner-6) darf nur 1 Byte lang sein.

Beispiel 6

Das Feld "GEHALT" soll gemäß der folgenden INSPECT-Anweisung verschlüsselt werden:

```
Ø1   GEHALT        PIC 9(5).
```

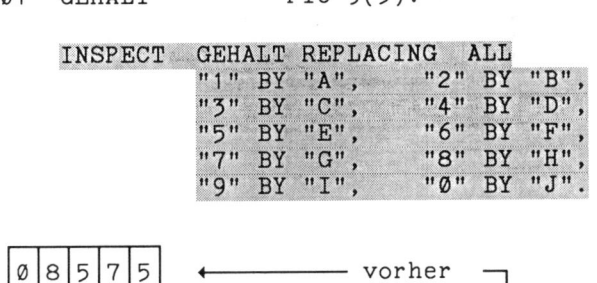

```
INSPECT  GEHALT REPLACING  ALL
          "1" BY "A",     "2" BY "B",
          "3" BY "C",     "4" BY "D",
          "5" BY "E",     "6" BY "F",
          "7" BY "G",     "8" BY "H",
          "9" BY "I",     "Ø" BY "J".
```

```
Ø 8 5 7 5   ◄——————— vorher  ┐
                             ├——— GEHALT
J H E G E   ◄——————— nachher ┘
```

Soll das Feld entschlüsselt werden, so können wir codieren:

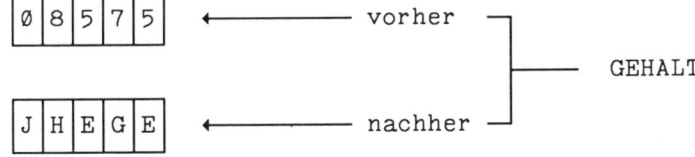

```
INSPECT  GEHALT REPLACING  ALL
          "A" BY "1",     "B" BY "2",
          "C" BY "3",     "D" BY "4",
          "E" BY "5",     "F" BY "6",
          "G" BY "7",     "H" BY "8",
          "I" BY "9",     "J" BY "Ø".
```

Beispiel 7

579

Alle vorhandenen Leerzeichen im Feld "ZEILE" sollen durch das Zeichen "-" ersetzt werden.

```
Ø1   ZEILE          PIC X(26).
```

```
INSPECT  ZEILE  REPLACING  ALL SPACE BY "-".
```

ZEILE

F	1	=	S	I	C	H	E	R	N				E	S	C	=	E	N	D	E			A	L	T

ZEILE

F	1	=	S	I	C	H	E	R	N	-	-	-	E	S	C	=	E	N	D	E	-	-	A	L	T

Beispiel 8

Ab dem Zeichen ":" im Feld "E-A-TEXT" sollen alle Zeichen durch Punkte
ersetzt werden. Die ersten zwei Bytes nach dem Zeichen ":" sollen in jedem
Fall Leerzeichen enthalten.

```
Ø1  E-A-TEXT      PIC X(26).
```

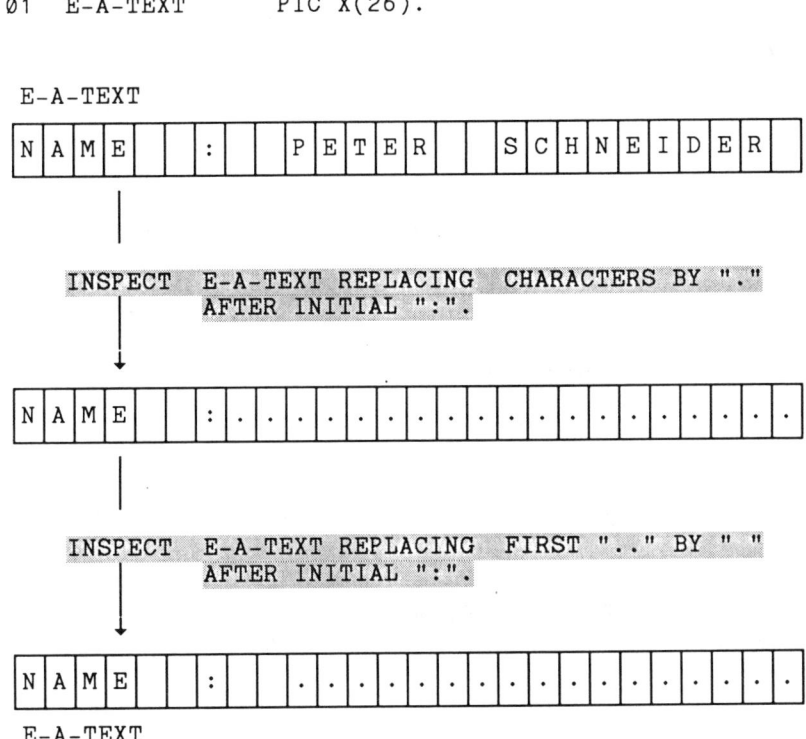

Erläuterung zu Format 2

Die Arbeitsweise von Format 2 ist vergleichbar mit Format 1, wenn dort eine Serie von ALL-Zusätzen spezifiziert wird, um bestimmte Zeichen durch andere zu ersetzen. Dabei bietet Format 2 mehr Komfort in der Formulierung der zu ersetzenden Zeichen und wird hauptsächlich für die Umwandlung von Daten benutzt. Bezeichner-2 oder Literal-2 enthält die zu ersetzenden Zeichen in einer Folge hintereinander, Bezeichner-3 oder Literal-3 enthält die Ersatzzeichen.

Bezeichner-2

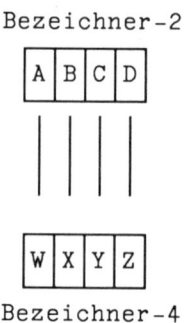

Bezeichner-4

Aus der Darstellung geht also hervor, daß die Umwandlung zeichenweise durchgeführt wird. Bezeichner-2 und Bezeichner-4 müssen demzufolge die gleiche Länge aufweisen. Wenn eine figurative Konstante verwendet wird, wird ein einziges Zeichen dafür eingesetzt. In diesem Fall werden alle Zeichen im anderen Operand durch die figurative Konstante ersetzt.

Beispiel 9

`INSPECT A CONVERTING "3456" TO "WXYZ".`

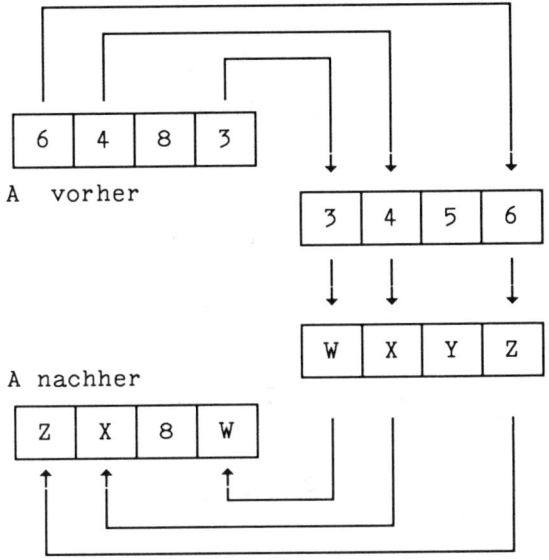

A   vorher

A   nachher

Syntaxbeispiele:

Die nachfolgenden Beispiele zeigen verschiedene Möglichkeiten, wie die INSPECT-Anweisung noch formuliert werden kann:

```
INSPECT DATENFELD TALLYING Z FOR ALL "TEXTE".

INSPECT DATENFELD TALLYING Z FOR ALL "TE ".

INSPECT DATENFELD TALLYING Z FOR LEADING "/".

INSPECT DATENFELD TALLYING Z FOR ALL "TEXTE".

INSPECT DATENFELD TALLYING Z FOR ALL "TEXTE"
       BEFORE "/".

INSPECT DATENFELD TALLYING Z FOR ALL "TEXTE"
       AFTER "/".

INSPECT DATENFELD TALLYING Z FOR ALL "TEXTE"
       BEFORE "?"  AFTER "?".

INSPECT DATENFELD TALLYING Z FOR CHARACTERS
          AFTER "??".

INSPECT DATENFELD TALLYING Z
       FOR CHARACTERS AFTER "??"
          ALL "T"
          LEADING "TE" AFTER "? ".

INSPECT DATENFELD
       TALLYING Z1
             FOR CHARACTERS AFTER "??"
          ALL "T"

          Z2
          LEADING "TE" AFTER "? ".
```

```
INSPECT DATENFELD TALLYING Z
        FOR CHARACTERS AFTER "ABC" BEFORE "&".

INSPECT DATENFELD REPLACING ALL "TEXTE" BY "*****".

INSPECT DATENFELD CONVERTING "T" TO "Y".

INSPECT DATENFELD CONVERTING "XTE" TO "YTE".

INSPECT DATENFELD CONVERTING SPACE TO "+"
        AFTER "/" BEFORE "A".

INSPECT DATENFELD CONVERTING "TE" TO "ET".

INSPECT DATENFELD REPLACING ALL "TE" BY "ET".

INSPECT DATENFELD CONVERTING "XTE" TO SPACE.
```

16.3 STRING-Anweisung

Wirkung

Die STRING-Anweisung wird verwendet, um die Inhalte mehrerer Datenfelder in einem einzigen Datenfeld aneinanderzufügen.

```
┌ Format ─────────────────────────────────────────────────────────────────┐
│                                                                          │
│  STRING ⎡Bezeichner-1⎤ ⎡Bezeichner-2⎤            ⎡Bezeichner-3⎤          │
│         ⎨Literal-1    ⎬ ⎢Literal-2   ⎥ ... DELIMITED BY ⎨Literal-3     ⎬ │
│         ⎣             ⎦ ⎣            ⎦            ⎢SIZE          ⎥       │
│                                                  ⎣             ⎦         │
│                                                                          │
│         ⎡⎧Bezeichner-4⎫⎤ ⎡Bezeichner-5⎤            ⎧Bezeichner-6⎫ ⎤      │
│         ⎢⎨Literal-4    ⎬⎥ ⎢Literal-5   ⎥ ... DELIMITED BY ⎨Literal-6 ⎬ ⎥...│
│         ⎣⎩            ⎭⎦ ⎣            ⎦            ⎩SIZE        ⎭ ⎦      │
│                                                                          │
│         INTO Bezeichner-7                                                │
│                                                                          │
│         [WITH POINTER  Bezeichner-8]                                     │
│                                                                          │
│         [ON  OVERFLOW  unbedingte-Anweisung-1 [END-STRING] ]             │
│                                                                          │
│         [NOT ON OVERFLOW  unbedingte-Anweisung-2]                        │
│                                                                          │
│         [END-STRING]                                                     │
│                                                                          │
└──────────────────────────────────────────────────────────────────────────┘
```

Erläuterung

Die Sendefelder

Als Sendefelder bezeichnet man solche, die zusammengefügt werden sollen.
Sie werden laut Format der STRING-Anweisung durch Bezeichner-1, Be-
zeichner-2, Bezeichner-3 und Bezeichner-4 dargestellt.

Beim Zusammenfügen wird der Inhalt des Feldes in vollem Umfang zusam-
mengefügt, wenn die SIZE-Angabe verwendet wird. Verwendet man z.B. die
Angabe DELIMITED BY "=", so werden alle Zeichen, die vom Beginn des
Feldes bis zu dem Zeichen "=" auftreten, zusammengefügt.

Das Empfangsfeld

Das Empfangsfeld ist das Datenfeld, in dem die Sendefelder zusammengefügt werden sollen. Es wird durch Bezeichner-7 dargestellt und muß alphanumerisch sein.

Beispiel 1

Die Inhalte der Felder "VORNAME" und "NACHNAME" sollen im Feld "AUSGABE" zusammengefügt werden.

```
Ø1  VORNAME      PIC X(1Ø).
Ø1  NACHNAME     PIC X(1Ø).
Ø1  AUSGABE      PIC X(25).
```

```
MOVE    ALL     "."  TO  AUSGABE.
STRING  VORNAME NACHNAME DELIMITED  BY  SIZE
        INTO  AUSGABE.
```

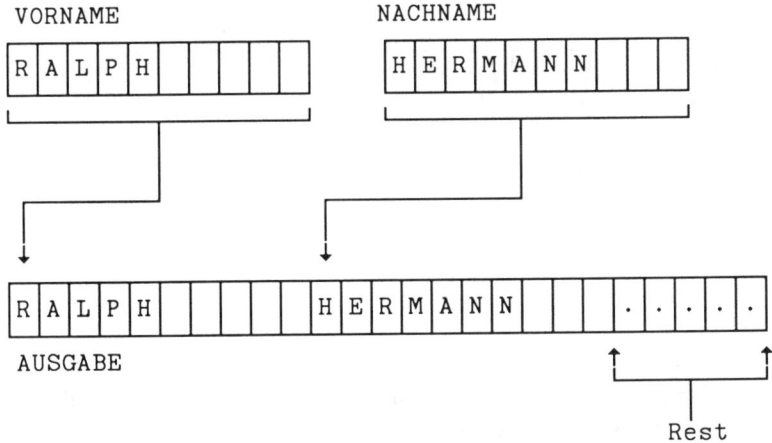

Der nicht benutzte Rest des Empfangsfeldes "AUSGABE" wird nicht verändert.

587

Beispiel 2

Wir verändern das Beispiel 1 so, daß die Namen unmittelbar hintereinander und getrennt durch ein Leerzeichen zusammengefügt werden.

```
MOVE    ALL    "." TO  AUSGABE.
STRING  VORNAME DELIMITED  BY  SPACE,
        SPACE   DELIMITED  BY  SIZE,
        NACHNAME DELIMITED BY  SPACE,
        INTO  AUSGABE.
```

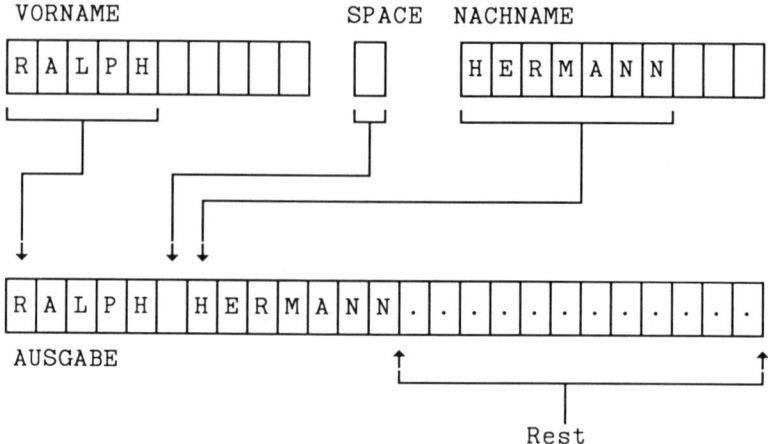

Der POINTER-Zusatz

Der POINTER-Zusatz kann verwendet werden, um die Übertragungsposition innerhalb des Empfangsfeldes variabel zu halten oder für den Fall, daß man wissen möchte, wie viele Zeichen durch eine STRING-Anweisung in das Empfangsfeld übertragen wurden.

Beispiel 3

Stellen wir uns vor, wir wollen die folgenden Felder zusammenfügen und anschließend die gesamte Länge des tatsächlich dafür benötigten Speicherbereiches erfahren. Wir müssen dann einen Zeiger definieren, diesen vor der STRING-Anweisung auf 1 setzen und nachher auswerten. Damit sie für spätere Verarbeitung wieder identifiziert werden können, trennen wir alle Inhalte jeweils durch das Zeichen "&" voneinander.

```
Ø1  KUNDEN-SATZ.
    Ø5 K-VORNAME      PIC  X(1Ø).
    Ø5 K-NAME         PIC  X(1Ø).

Ø1  ZEIGER            PIC  99.
Ø1  AUSGABE-SATZ      PIC X(5Ø).

    MOVE SPACE TO AUSGABE-SATZ.
    MOVE 1     TO ZEIGER.
    STRING K-VORNAME,  "&"
           K-NAME       "&"   DELIMITED  BY   SPACE,
           INTO  AUSGABE-SATZ
           WITH  POINTER ZEIGER.

    SUBTRACT 1 FROM ZEIGER.
```

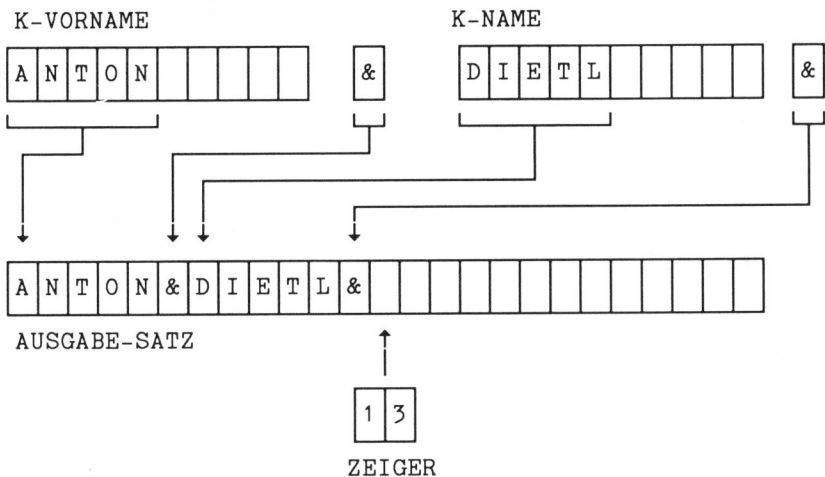

Die Länge des benötigten Bereiches beträgt nun 12 Bytes.

Der Überlauf in der STRING-Anweisung (OVERFLOW)

Existieren noch Sendefelder oder Zeichen aus einem Sendefeld, die nicht mehr übertragen werden konnten (weil das Empfangsfeld zu kurz ist), so tritt die Überlaufbedingung in Kraft, und die zugehörige unbedingte Anweisung wird nun ausgeführt.

16.4 UNSTRING-Anweisung

Wirkung

Die UNSTRING-Anweisung trennt den Inhalt eines Feldes und überträgt die getrennten Teile in verschiedene Felder.

```
┌─ Format ──────────────────────────────────────────────────────┐
│                                                                │
│  UNSTRING  Bezeichner-1                                        │
│                                                                │
│  [DELIMITED BY [ALL] ⎡Bezeichner-2⎤ [OR [ALL] ⎡Bezeichner-3⎤]...] │
│                      ⎨Literal-1  ⎬             ⎨Literal-2  ⎬   │
│                                                                │
│  INTO  Bezeichner-4 [DELIMITER IN  Bezeichner-5]               │
│                     [COUNT     IN  Bezeichner-6]               │
│                                                                │
│       ⎡Bezeichner-7 [DELIMITER IN  Bezeichner-8] ⎤            │
│       ⎣             [COUNT     IN  Bezeichner-9] ⎦...          │
│                                                                │
│  [WITH POINTER Bezeichner-1Ø]                                  │
│                                                                │
│  [TALLYING IN  Bezeichner-11]                                  │
│                                                                │
│  [ON  OVERFLOW  unbedingte-Anweisung-1 [END-UNSTRING] ]        │
│  [NOT ON OVERFLOW  unbedingte-Anweisung-2]                     │
│  [END-UNSTRING]                                                │
│                                                                │
└────────────────────────────────────────────────────────────────┘
```

590

Erläuterung

Das Sendefeld

Das Sendefeld ist das Datenfeld, dessen Inhalt getrennt werden soll, es wird durch Bezeichner-1 dargestellt.

Die Empfangsfelder

Die Empfangsfelder sind die Felder, in die die zerlegten Teile aus dem Sendefeld übertragen werden sollen. Sie werden laut Format der UNSTRING-Anweisung durch Bezeichner-4, Bezeichner-7, usw. dargestellt. Die restlichen Stellen der Empfangsfelder, die nicht für die Übertragung benutzt werden, werden mit Leerzeichen bzw. führenden Nullen gefüllt, wenn das Empfangsfeld alphanumerisch bzw. numerisch definiert ist.

Beispiel 1

Die in Beispiel 3 zusammengefügten Felder sollen in ihren ursprünglichen Zustand zerlegt werden.

```
UNSTRING  AUSGABE-SATZ    DELIMITED  BY  "&"
          INTO K-VORNAME, K-NAME.
```

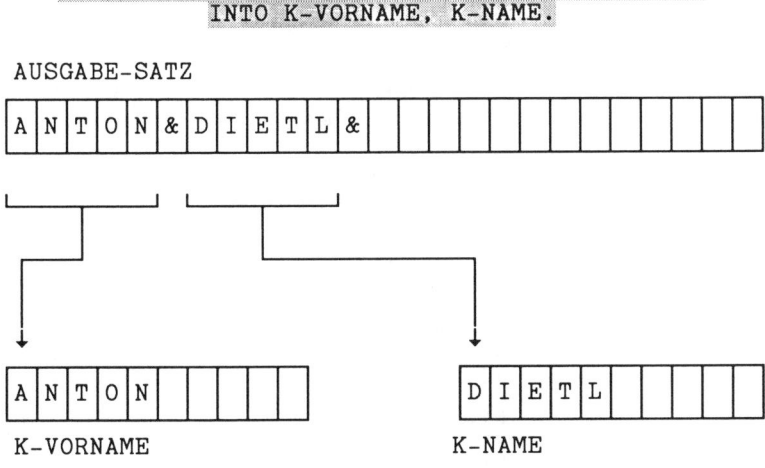

591

Die Begrenzer

In der UNSTRING-Anweisung können beliebig viele unterschiedliche Begrenzer verwendet werden. Sie können beliebig lang sein. Für jedes Empfangsfeld kann ein Datenfeld (Bezeichner-5, Bezeichner-8) zur Aufnahme des jeweils für das Empfangsfeld gefundenen Begrenzers angegeben werden.

Die Zähler

Ähnlich wie die Begrenzer können wir auch für jedes Empfangsfeld einen Zähler angeben (Bezeichner-6, Bezeichner-9). In diesem Zähler wird die Länge der zu übertragenden Zeichenkette abgespeichert.

Der TALLYING-Zusatz

Der TALLYING-Zusatz kann benutzt werden, um die Anzahl der durch die UNSTRING-Anweisung benutzten Empfangsfelder abzuspeichern. Der Zähler dafür (Bezeichner-11) wird nicht von der UNSTRING-Anweisung initialisiert, sondern immer um 1 erhöht, wenn ein Empfangsfeld benutzt wird.

Beispiel 2

Das Datenfeld "DATEINAME" enthält einen vollständigen Dateinamen nach den Regeln des DOS-Betriebssystems. Der Dateiname soll nun in seine Bestandteile zerlegt und nach den allgemeinen Regeln geprüft werden.

```
Ø1  DATEINAME        PIC X(14).

Ø1  LAUFWERK         PIC X.
Ø1  NAME             PIC X(8).
Ø1  ERW              PIC X(3).
Ø1  D1               PIC X.
Ø1  D2               PIC X.
Ø1  D3               PIC X.
Ø1  Z1               PIC 99.
Ø1  Z2               PIC 99.
Ø1  Z3               PIC 99.
Ø1  ANZAHL-FELDER    PIC 99.
```

```
Ø1   FEHLER-KZ          PIC 9 VALUE Ø.

     MOVE ZERO TO ANZAHL-FELDER.
     UNSTRING DATEINAME  DELIMITED  BY ":" OR "." OR " "
          INTO LAUFWERK DELIMITER IN D1 COUNT IN Z1
               NAME     DELIMITER IN D2 COUNT IN Z2
               ERW      DELIMITER IN D3 COUNT IN Z3
          TALLYING IN ANZAHL-FELDER.
```

DATEINAME

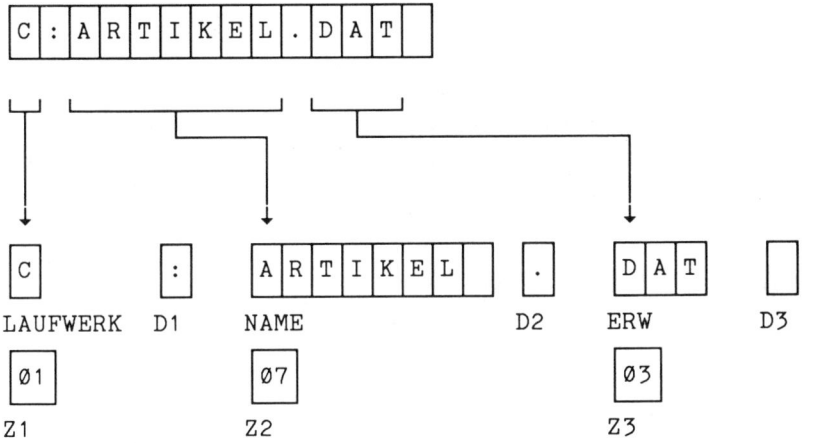

```
IF D1 NOT = ":"  OR D2 NOT = "."  OR
   Z1    >   1   OR Z2    >   8   OR
   Z3    >   3   OR ANZAHL-FELDER < 3
   MOVE 1 FEHLER-KZ.
```

Der ALL-Zusatz

Wird ALL angegeben, so legt man damit fest, daß alle hintereinander vorkommenden Begrenzer als ein einziger Begrenzer betrachtet werden sollen. Wird ALL nicht angegeben und folgen zwei Begrenzer hintereinander, so wird eine Null-Zeichenkette für das betroffene Empfangsfeld angenommen.

Beispiel 3

Im Feld "EINGABE-TEXT" können maximal 4 Worte mit jeweils einer maximalen Länge von 15 Stellen vorkommen. Dabei können die Worte voneinander mit einer unterschiedlichen Anzahl von Leerzeichen getrennt sein. Die Worte sollen nun in einem Feld "AUSGABE-TEXT" so übertragen werden, daß sie nur noch durch ein Leerzeichen voneinander getrennt sind.

```
Ø1   EINGABE-TEXT        PIC X(26).
Ø1   AUSGABE-TEXT        PIC X(26).
```

Hinweis für Lösung

Wir trennen das Feld in vier Empfangsfelder und verwenden dabei den ALL-Zusatz, damit aufeinanderfolgende Leerzeichen als ein einziges interpretiert werden. Anschließend fügen wir diese mit Hilfe der STRING-Anweisung wieder zusammen.

```
Ø1   WORT-1            PIC X(15).
Ø1   WORT-2            PIC X(15).
Ø1   WORT-3            PIC X(15).
Ø1   WORT-4            PIC X(15).
```

```
UNSTRING  EINGABE-TEXT  DELIMITED  BY ALL SPACE
          INTO WORT-1 WORT-2 WORT-3 WORT-4.
```

```
MOVE SPACE O AUSGABE-TEXT.
STRING  WORT-1 WORT-2 WORT-3 WORT-4
        DELIMITED  BY SPACE
        INTO AUSGABE-TEXT.
```

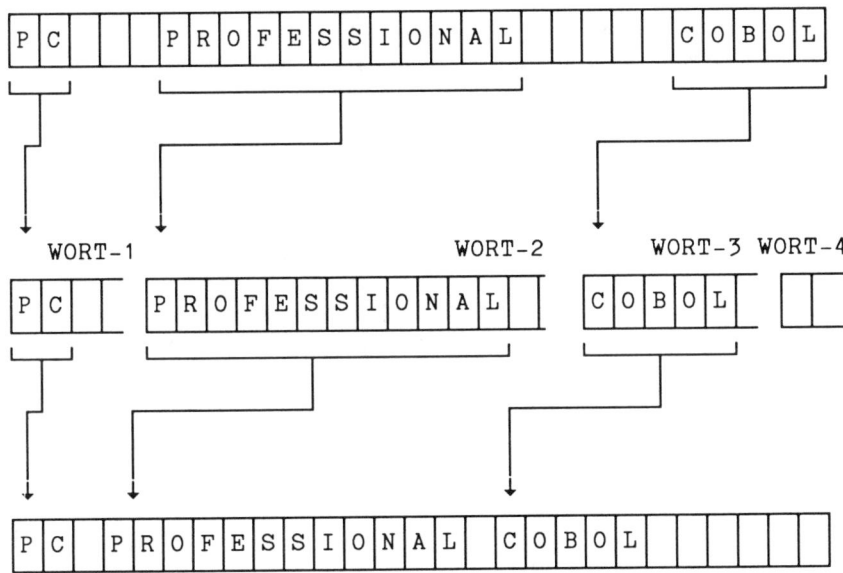

Der POINTER-Zusatz

Der POINTER-Zusatz kann verwendet werden, um die Anfangsposition innerhalb des Sendefeldes selbst zu bestimmen.

595

Die OVERFLOW-Bedingung

Die OVERFLOW-Bedingung tritt auf, wenn das Sendefeld noch Zeichen enthält, die nicht mehr übertragen werden konnten (da zu wenig Empfangsfelder angegeben sind).

16.5 EXAMINE-Anweisung

Wirkung

Mit der EXAMINE-Anweisung kann das Vorkommen eines Zeichens in einem Feld gezählt und/oder durch ein anderes Zeichen ersetzt werden.

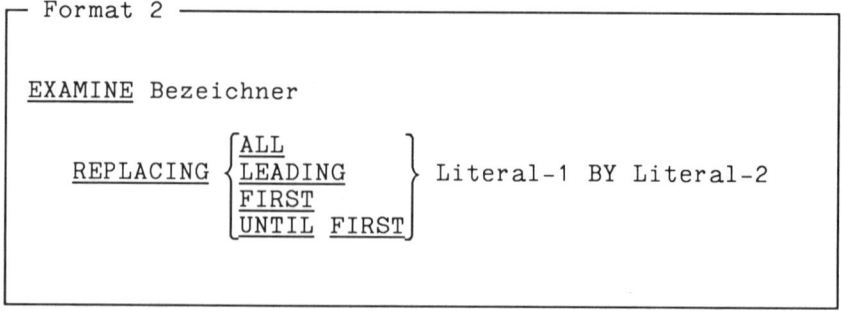

Erläuterung

Die EXAMINE-Anweisung stellt eine einfache Version der INSPECT-Anweisung dar. Der angegebene Bezeichner muß implizit oder explizit die Eigenschaft USAGE DISPLAY aufweisen. Im Gegensatz zu der INSPECT-Anweisung müssen hier alle verwendeten Literale aus einem einzigen Zeichen bestehen.

TALLYING

Der TALLYING-Zusatz zählt die Vorkommnisse von Literal-1 gemäß der spezifizierten Angaben ALL, LEADING bzw. UNTIL FIRST. Hierzu verwendet die EXAMINE-Anweisung das Sonderregister TALLY, um die errechnete Anzahl zur Verfügung zu stellen. TALLY ist ein Sonderregister, das intern mit der Beschreibung PIC 9(5) definiert ist und in jeder Anweisung als numerisches Feld benutzt werden kann. Es ist darauf zu achten, daß die Anzahl der Zeichen in TALLY übertragen und nicht darauf addiert wird.

Beispiel 1

```
Ø1  NAME        PIC X(14).


EXAMINE  NAME TALLYING  UNTIL FIRST SPACE.
DISPLAY TALLY.
```

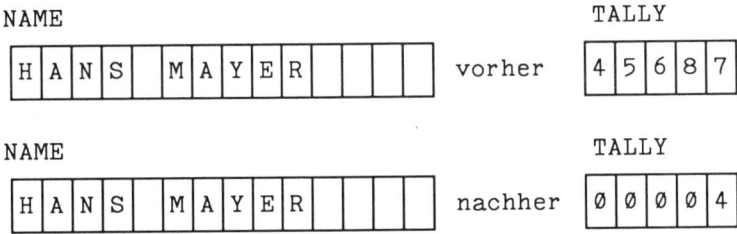

```
NAME                                    TALLY

| H | A | N | S |   | M | A | Y | E | R |   |   |   |   |   vorher   | 4 | 5 | 6 | 8 | 7 |

NAME                                    TALLY

| H | A | N | S |   | M | A | Y | E | R |   |   |   |   |   nachher  | Ø | Ø | Ø | Ø | 4 |
```

REPLACING

Der REPLACING-Zusatz ersetzt alle Vorkommnisse von Literal-1 gemäß der spezifizierten Angaben ALL, LEADING bzw. UNTIL FIRST. Bei Verwendung dieses Zusatzes im Zusammenhang mit Format 2 bleibt der Inhalt von TALLY unverändert.

Beispiel 2

```
Ø1   SUMME          PIC 9(14).


INSPECT  SUMME REPLACING  LEADING ZERO BY "*".
```

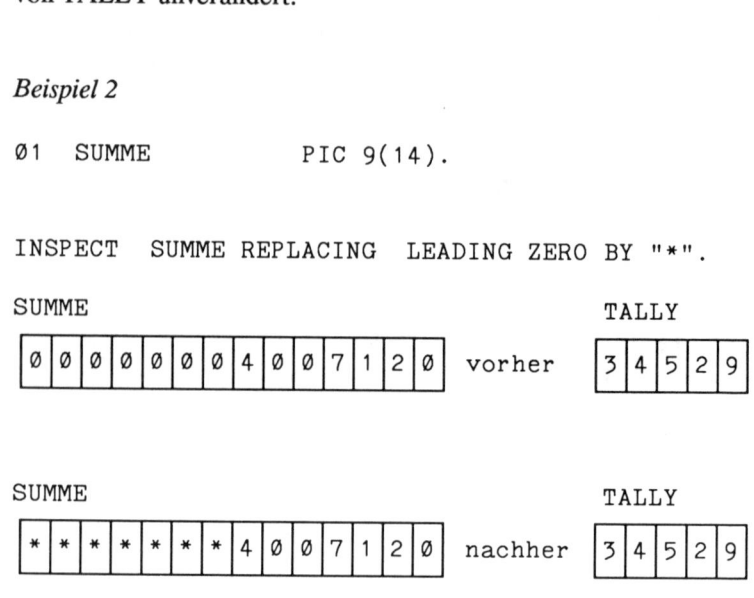

16.6 TRANSFORM-Anweisung

Wirkung

Die TRANSFORM-Anweisung wird für die Umwandlung von Daten gemäß
bestimmter Umwandlungsregeln benutzt.

```
┌─ Format ──────────────────────────────────────────────────

  TRANSFORM   Bezeichner-3   CHARACTERS


                     ┌figurative Konstante-1  ┐
            FROM     ⟨nichtnumerisches Literal-1⟩
                     └Bezeichner-1            ┘


                     ┌figurative Konstante-2  ┐
            TO       ⟨nichtnumerisches Literal-2⟩
                     └Bezeichner-2            ┘

```

Erläuterung

Die hauptsächliche Anwendung der TRANSFORM-Anweisung liegt in der
Umwandlung bzw. in der Verschlüsselung von Datenfeldern. Dabei bestimmen Bezeichner-1 und Bezeichner-2 bzw. die entsprechenden Literale, wie
ein Zeichen in Bezeichner-3 umgewandelt werden soll. Bezeichner-1 und Be-
zeichner-2 müssen daher die gleiche Länge aufweisen, damit es eindeutig aus
der TRANSFORM-Anweisung hervorgeht, daß jedes Zeichen von Bezeich-
ner-1 durch ein bestimmtes Zeichen von Bezeichner-2 umgewandelt wird.

Bezeichner-1

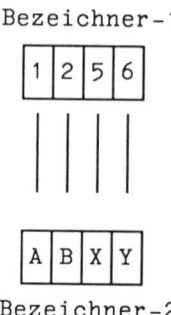

Bezeichner-2

Eindeutigkeit der Umwandlungsregel

Der Inhalt von Bezeichner-3 wird gemäß der Umwandlungsregel (1256 --> ABXY) umgewandelt. D.h. jede vorkommende 1 in Bezeichner-3 wird in A, jede 2 in B umgewandelt, usw. In Bezeichner-1 darf ein Zeichen nicht mehr als einmal vorkommen. Erscheint dasselbe Zeichen mehr als einmal, so gilt das erste korrespondierende Zeichen in Bezeichner-2 als Ersatzzeichen.

Beispiel 1

Verschlüsselung des Feldes PREIS gemäß der Umwandlungsregel (0123456789 --> ASDFGHJKLP).

```
Ø1  PREIS            PIC 9(6).

TRANSFORM  PREIS FROM "Ø123456789" TO "ASDFGHJKLP"
```

PREIS vorher

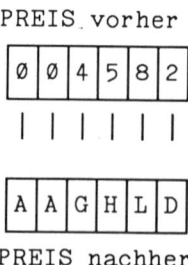

PREIS nachher

Die Entschlüsselung:

```
TRANSFORM  PREIS FROM "ASDFGHJKLP" TO "Ø123456789"
```

PREIS vorher

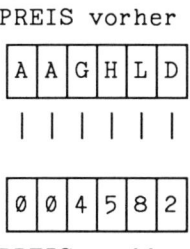

PREIS nachher

Wird als Bezeichner-2 ein einziges Zeichen oder eine figurative Konstante verwendet, so werden alle Zeichen von Bezeichner-1 durch dieses Zeichen ersetzt.

Beispiel 2

Alle Sonderzeichen im Feld ZEICHENKETTE sollen durch Leerzeichen ersetzt werden.

```
Ø1    ZEICHENKETTE        PIC X(14).

TRANSFORM ZEICHENKETTE FROM "!$$%&/()=?-.,;:_<>#+^*"
                       TO   SPACE.
```

ZEICHENKETTE vorher

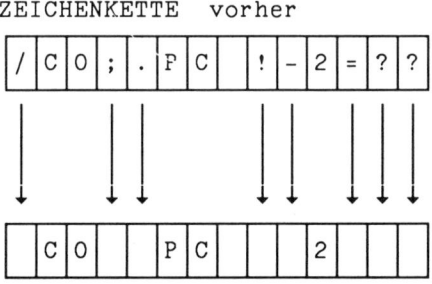

ZEICHENKETTE nachher

Beispiel 3

Austauschen der Zeichen < und > gegeneinander.

```
Ø1      AUSGABE              PIC X(14).

Ø1      CODE-1               PIC X(2) VALUE "<>".
Ø1      CODE-2               PIC X(2) VALUE "><".


TRANSFORM ZEICHENKETTE FROM CODE-1 TO CODE-2
```

AUSGABE vorher

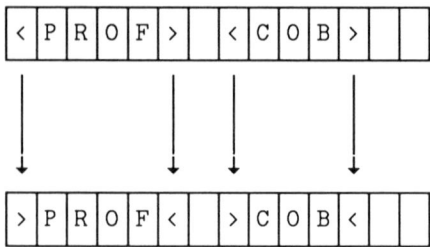

AUSGABE nachher

Programmbeispiel: DEMO20-VARIABLE-SATZLAENGE

Aufgabenstellung

Die Personaldatei "PERSONAL.EIN" soll komprimiert und in einer neuen Datei mit variabler Satzlänge "PERSONAL.AUS" übertragen werden.

Die Datenfelder eines jeden Datensatzes dieser Datei sollen ohne Leerzeichen hintereinander abgespeichert werden. Damit eine Identifizierung der Grenzen der Datenfelder bei einer späteren Verarbeitung gewährleistet wird, werden die Datenfelder voneinander durch Kommazeichen "," getrennt.

Aufbau der Personaldatei "PERSONAL.EIN":

Anz. Stellen	Feldverwendung
3	Personalnummer
15	Name
15	Straße
4	Postleitzahl
15	Ort
4	Gehalt

Aufbau der Ausgabedatei "PERSONAL.AUS":

Alle Datenfelder werden aneinander, getrennt durch ",", in einen 65stelligen Datensatz gekettet. Vergleiche das Ergebnis am Ende dieses Kapitels.

603

Struktogramm

```
PROGRAMMSTEUERUNG
    (VORLAUF)
    SOLANGE NICHT DATEI-ENDE
        (VERARBEITUNG)
    (NACHLAUF)
    PROGRAMM BEENDEN
```

```
VORLAUF
    PERSONAL-DATEI, AUSGABE-DATEI ERÖFFNEN
    (LESEN)
```

```
LESEN
    SATZ LESEN
```

```
VERARBEITUNG

    TRENNEN DES FELDES E-NAME IN VORNAME UND NACHNAME

    TRENNEN DES FELDES E-STR IN STR UND HAUSNR

    TRENNEN DES FELDES E-ORT IN ORT UND STADTTEIL

    BLANKS ---> A-SATZ

    ZUSAMMENFÜGEN DER FOLGENDEN FELDER IN A-SATZ:

        E-NR      "," VORNAME    "," NACHNAME   "," STR ","
        HAUSNR  "," E-PLZ      "," ORT         ","
        STADTTEIL "," E-GEHALT   ","

    A-SATZ SCHREIBEN

    (LESEN)


NACHLAUF

    PERSONAL-DATEI, AUSGABE-DATEI SCHLIESSEN

```

Programmlisting:

```
 1 IDENTIFICATION DIVISION.
 2 PROGRAM-ID.          DEMO20-VARIABLE-SATZLAENGE.
 3 AUTHOR.              R. HABIB.
 4 DATE-WRITTEN.        12-09-1987.
 5 DATE-COMPILED. 13-Sep-87 07:49.
 6*
 7* PROGRAMMFUNKTION:
 8*
 9* DAS PROGRAMM ERSTELLT AUS DEN DATENSÄTZEN DER
10* PERSONAL-DATEI EINE NEUE DATEI MIT VARIABLER
11* SATZLÄNGE. DABEI WERDEN DIE IM DATENSATZ VOR-
12* HANDENEN LEERZEICHEN AUSGEFILTERT.
13*
14*
15 ENVIRONMENT DIVISION.
16 CONFIGURATION SECTION.
17 SOURCE-COMPUTER.  IBM-PC.
18 OBJECT-COMPUTER.  IBM-PC.
19 SPECIAL-NAMES.
20      DECIMAL-POINT IS COMMA.
21 INPUT-OUTPUT SECTION.
22 FILE-CONTROL.
23      SELECT  PERSONAL ASSIGN TO "PERSONAL.EIN",
24              ORGANIZATION IS LINE SEQUENTIAL
25              FILE STATUS PERS-STATUS.
26
27      SELECT  AUSGABE  ASSIGN TO "PERSONAL.AUS"
28              ORGANIZATION IS LINE SEQUENTIAL.
29*------------------------------------------------*
30 DATA DIVISION.
31 FILE SECTION.
32 FD  PERSONAL.
33 01  E-SATZ.
34      05 E-NR            PIC X(3).
35      05 E-NAME          PIC X(15).
36      05 E-STR           PIC X(15).
37      05 E-PLZ           PIC X(4).
```

```
38      05 E-ORT              PIC X(15).
39      05 E-GEHALT           PIC 9(4).
40
41 FD  AUSGABE.
42 01  A-SATZ                 PIC X(65).
43*--------,--------------------------------------*
44 WORKING-STORAGE SECTION.
45 01  PERS-STATUS            PIC 99.
46 88  DATEI-ENDE             VALUE 10.
47 01  VORNAME                PIC X(15).
48 01  NACHNAME               PIC X(15).
49 01  STR                    PIC X(15).
50 01  HAUSNR                 PIC X(3).
51 01  ORT                    PIC X(15).
52 01  STADTTEIL              PIC XX.
53*-------------------------------------------------*
54 PROCEDURE DIVISION.
55 PROGRAMM-STEUERUNG SECTION.
56 PR-1000.
57     PERFORM VORLAUF.
58     PERFORM VERARBEITUNG UNTIL DATEI-ENDE.
59     PERFORM NACHLAUF.
60 PR-9999.
61     STOP RUN.
62*-------------------------------------------------*
63 VORLAUF SECTION.
64 VOR-1000.
65     OPEN INPUT PERSONAL,
66          OUTPUT AUSGABE.
67     PERFORM LESEN.
68 VOR-9999.
69     EXIT.
70*-------------------------------------------------*
71 VERARBEITUNG SECTION.
72 VER-1000.
73     UNSTRING E-NAME DELIMITED BY ALL SPACE
74                INTO VORNAME NACHNAME.
75     UNSTRING E-STR  DELIMITED BY ALL SPACE
76                INTO STR     HAUSNR.
```

```
77      UNSTRING E-ORT   DELIMITED BY ALL SPACE
78               INTO ORT      STADTTEIL.
79
80      MOVE SPACE TO A-SATZ.
81      STRING E-NR       ","
82             VORNAME    ","
83             NACHNAME   ","
84             STR        ","
85             HAUSNR     ","
86             E-PLZ      ","
87             ORT        ","
88             STADTTEIL  ","
89             E-GEHALT   "," DELIMITED BY SPACE
90             INTO A-SATZ.
91      WRITE A-SATZ.
92      PERFORM LESEN.
93 VER-9999.
94      EXIT.
95*-------------------------------------------------*
96 LESEN SECTION.
97 LES-1000.
98      READ PERSONAL.
99 LES-9999.
100     EXIT.
101*-------------------------------------------------*
102 NACHLAUF SECTION.
103 NAC-1000.
104     CLOSE PERSONAL, AUSGABE.
105 NAC-9999.
106     EXIT.
```

Testdaten "PERSONAL.EIN":

```
111 EMIL MAYER      HERZOGSTR. 2      8000 MÜNCHEN 18      2000
222 HANS GERBL      HANSASTR.    45   6000 BONN 12          3450
333 KURT BIEK       LOTHSTR. 1        8000 MÜNCHEN 45       6770
444 PETER HÖNER     LANDSTR. 78       8021 AUGSBURG 125     9860
555 KARL HARTL      LERCHENSTR. 90    8236 GLONN 2          5040
```

Inhalt der Datei "PERSONAL.AUS":

```
111,EMIL,MAYER,HERZOGSTR.,2,8000,MÜNCHEN,18,2000,
222,HANS,GERBL,HANSASTR.,45,6000,BONN,12,3450,
333,KURT,BIEK,LOTHSTR.,1,8000,MÜNCHEN,45,6770,
444,PETER,HÖNER,LANDSTR.,78,8021,AUGSBURG,12,9860,
555,KARL,HARTL,LERCHENSTR.,90,8236,GLONN,2,5040,
```

17. INDEX-SEQUENTIELLE DATEIORGANISATION

17.1 Vorbemerkung

Alle Organisationsformen in COBOL haben einige Gemeinsamkeiten hinsichtlich der Definitionen der betroffenen Dateien und ihrer Verarbeitung.

Wir haben jedoch dieses Kapitel ausschließlich der Datei-Organisationsform "index-sequentiell" gewidmet. Wir werden also in diesem Kapitel auf die ausführliche Erläuterung verschiedener Klauseln oder Anweisungen, die bereits detailliert beschrieben sind, verzichten. Auf Kapitel 13 (sequentielle Organisation) wird verwiesen.

Der Übersicht wegen wollen wir die Themen "Alternative Schlüssel für index-sequentielle Dateien und Dateien in Multi-User-Umgebung" in gesonderten Abschnitten am Ende dieses Kapitels behandeln.

Der Vorteil der index-sequentiellen Dateien liegt darin, Datensätze einer solchen Datei sequentiell oder wahlfrei verarbeiten zu können. Der Aufbau einer index-sequentiellen Datei bedarf der Angabe eines Schlüsselfeldes, das innerhalb des Datensatzes liegen muß. Dieser Schlüssel ist der Ordnungsbegriff des Datensatzes, der für das Aufsuchen eines Satzes im wahlfreien Zugriffsmodus verwendet wird.

Für eine index-sequentielle Datei, die in PROFESSIONAL COBOL/2 erstellt wird, werden zwei Datenbestände erzeugt. Der erste Datenbestand enthält logische Datensätze, die vom Anwender erfaßt werden. Der zweite Datenbestand enthält Verwaltungsinformationen, die automatisch vom System generiert und gepflegt werden, er wird daher als Indexbestand bezeichnet.

17.2 Eintragungen in der ENVIRONMENT DIVISION

```
┌─ Format ──────────────────────────────────────────────┐
│                                                        │
│  ENVIRONMENT DIVISION.                                 │
│  INPUT-OUTPUT SECTION.                                 │
│  FILE-CONTROL.                                         │
│                                                        │
│                 ┌                ┐                     │
│                 │ ┌OPTIONAL    ┐ │                     │
│  SELECT         │ │NOT OPTIONAL│ │  Dateiname ASSIGN TO│
│                 │ └            ┘ │                     │
│                 └                ┘                     │
│                                                        │
│       ┌                                              ┐ │
│       │ ┌          ┐       ┌─────────────────────┐   │ │
│       │ │ ┌EXTERNAL┐│       │externer-Dateinamen │   │ │
│       │ │ │DYNAMIC ││  DISK │Datei-Datenname     │   │ │
│       │ │ └        ┘│       │Literal-1           │   │ │
│       │ └          ┘        └─────────────────────┘   │ │
│       │                                              │ │
│       │ ┌          ┐       ┌─────────────────────┐   │ │
│       │ │ ┌EXTERNAL┐│       │externer-Dateinamen │   │ │
│       │ │ │DYNAMIC ││  DISK │Datei-Datenname     │   │ │
│       │ │ └        ┘│       │Literal-1           │   │ │
│       │ └          ┘        └─────────────────────┘   │ │
│       └                                              ┘ │
│                                                        │
│            [ORGANIZATION IS INDEXED]                   │
│                                                        │
│       ┌                       ┌SEQUENTIAL┐ ┐          │
│       │ ACCESS MODE   IS       │RANDOM    │ │          │
│       │                       │DYNAMIC   │ │          │
│       └                       └          ┘ ┘          │
│                                                        │
│            RECORD KEY IS                               │
│                                                        │
│                 ┌                              ┐       │
│                 │Datenname-1                   │       │
│                 │Split-Schlüssel-1={Datenname-2}...│   │
│                 └                              ┘       │
│                                                        │
│            [PASSWORD IS Datenname-3]                   │
│                                                        │
└────────────────────────────────────────────────────────┘
```

```
 ┌                                                    ┐
 │ ALTERNATE RECORD KEY IS                            │
 │                                                    │
 │    ┌Datenname-4                            ┐       │
 │    ┤Split-Schlüssel-2={Datenname-5}...     ├       │
 │    └                                       ┘       │
 │       [WITH DUPLICATES]] ...                       │
 └                                                    ┘

 [FILE STATUS   IS  Datenname-6]

 ┌                                                  ┐
 │ RESERVE          ┌Ganzzahl-1┐ ALTERNATE ┌AREA ┐ ││
 │                  ┤NO        ├           └AREAS┘ ││
 │                  └          ┘                   ││
 └                                                  ┘

 ┌                                                  ┐
 │ LOCK   MODE   IS  ┌EXCLUSIVE┐                     │
 │                   ┤AUTOMATIC├                     │
 │                   └MANUAL   ┘                     │
 │  ┌                                           ┐   │
 │  │ WITH LOCK ON [MULTIPLE] ┌RECORD ┐         │   │
 │  │                         └RECORDS┘         │   │
 │  └                                           ┘   │
 └                                                  ┘
```

Erläuterung

Die NOT OPTIONAL-Klausel ist nicht im ANSI STANDARD COBOL vorhanden.

Die folgenden Klauseln haben die gleichen Bedeutungen wie bereits in Kapitel 13 (sequentielle Organisation) beschrieben:

> SELECT-Klausel,
> ASSIGN-Klausel,
> PASSWORD-Klausel und
> RESERVE-Klausel.

Die ORGANIZATION-Klausel

Wenn eine index-sequentielle Datei spezifiziert werden soll, muß ORGANIZATION IS INDEXED angegeben werden.

ACCESS MODE-Klausel

Die ACCESS MODE-Klausel spezifiziert den Zugriffsmodus für diese Datei. Im Gegensatz zu sequentiellen Dateien können index-sequentielle Dateien wahlfrei verarbeitet werden.

ACCESS MODE IS SEQUENTIAL erlaubt einen sequentiellen Zugriff auf die Datensätze dieser Datei. Dieser Zugriffsmodus wird empfohlen, wenn die Datei das erste Mal erstellt wird bzw. wenn viele Sätze aus dieser Datei verarbeitet werden sollen.

ACCESS MODE IS RANDOM erlaubt einen wahlfreien Zugriff für eine index-sequentielle Datei. Beim wahlfreien Zugriff hat man die Möglichkeit, anhand eines Schlüsselwertes einen Datensatz aus der Datei direkt zu lesen oder zu schreiben.

Wird ACCESS MODE IS DYNAMIC angegeben, so hat man gleichzeitig die Möglichkeit, sowohl sequentiell als auch wahlfrei auf die Datei zuzugreifen. Dieser Zugriffsmodus wird dann empfohlen, wenn im gleichen Programm unterschiedliche Verarbeitungen für die Sätze einer Datei stattfinden, die den sequentiellen oder den wahlfreien Zugriffsmodus erfordern.

Die RECORD KEY-Klausel

Diese Klausel teilt dem System mit, welches Datenfeld innerhalb des Datensatzes dieser Datei als Satzschlüssel (RECORD KEY) verwendet werden soll. Mit Hilfe dieses Datenfeldes wird nun der wahlfreie Zugriffsmodus auf einer index-sequentiellen Datei realisiert. Der Satzschlüssel stellt den Sortierbegriff der Datei dar, daher befinden sich die Sätze einer index-sequentiellen Datei zu jedem Zeitpunkt in einer – nach diesem Satzschlüssel – sortierten Reihenfolge.

Der Wert des Satzschlüssels muß für jeden Datensatz innerhalb dieser Datei eindeutig sein.

Das Schlüsselfeld muß numerisch oder alphanumerisch definiert werden; es kann gekennzeichnet, aber nicht indiziert werden und eine Länge von 127 Bytes nicht überschreiten.

Beispiel 1

Das folgende Beispiel zeigt den Aufbau des Satzschlüssels einer Auftragsdatei:

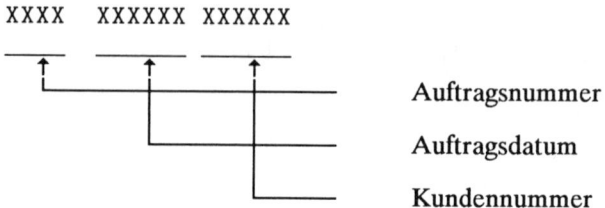

ENVIRONMENT DIVISION.
INPUT-OUTPUT SECTION.
FILE-CONTROL.
    SELECT AUFTRAG ASSIGN TO "C:AUFTRAG.DAT",
            ORGANIZATION   IS INDEXED,
            RECORD KEY   IS AUF-KEY,
            ACCESS MODE   IS RANDOM,
            FILE   STATUS IS AUF-STATUS.
    .
    .

    .

DATA DIVISION.
FILE SECTION.
FD AUFTRAG.
Ø1 AUFTRAG-SATZ.
    Ø5 AUF-KEY.
        1Ø AUF-NR   PIC X(5).
        1Ø AUF-DATUM PIC X(6).
        1Ø KUNDEN-NR PIC X(6).
    Ø5 AUFTRAGSDATEN PIC X(15Ø).

WORKING-STORAGE SECTION.
Ø1 AUF-STATUS   PIC 99.
    .

    .

Split-Schlüssel

Die Implementierung von MICRO FOCUS erlaubt dem Benutzer die Definition des Satzschlüssels als sog. Split-Schlüssel. Der Split-Schlüssel ist eine logische Verkettung von einem oder mehreren Datenfeldern, aus denen der Schlüssel aufgebaut werden soll. Diese Datenfelder müssen, auch in beliebiger Reihenfolge, innerhalb der Satzbeschreibung der index-sequentiellen Datei vorkommen.

Die Einrichtung des Split-Schlüssels hat lediglich den Vorteil, daß das Schlüsselfeld aus mehreren Datenfeldern bestehen kann, die nicht unbedingt hintereinander vorkommen müssen, sondern an beliebiger Stelle im Datensatz. Es ist also darauf zu achten, daß der Name des Split-Schlüssels nur als solcher in der RECORD KEY-Klausel angegeben wird und nirgendwo definiert werden darf.

Das COBOL-System interpretiert den Split-Schlüssel so, als hätte man eine Datengruppe definiert, die aus einzelnen Datenfeldern in bestimmter Reihenfolge besteht, in der die Datenfelder in der RECORD KEY-Klausel hinter (Split-Schlüssel =) angegeben sind.

Der Split-Schlüssel darf in der READ- bzw. START-Anweisung zum Lesen bzw. Positionieren verwendet werden.

Beispiel 2

```
SELECT ANGEBOT ASSIGN TO   "C:\DATEN\ANGEBOT.DAT",
              ORGANIZATION   IS  INDEXED,
              RECORD  KEY    IS  SCHLUESSEL =
                                 ANGEBOTSNR
                                 KUNDENNR
                                 AKTIONSNR
                                 ANGEBOTSDATUM
              ACCESS   MODE   IS  RANDOM.


DATA DIVISION.
FILE SECTION.
FD  ANGEBOT.
Ø1  ANGEBOT-SATZ.
      Ø5 ANGEBOTSNR      PIC X(4).
      Ø5 ANGEBOTSDATUM   PIC X(6).
      Ø5 RABATTSATZ      PIC 9(2)V9(2).
      Ø5 ANGEBOTSMENGE   PIC 9(6).
      Ø5 PREIS           PIC 9(6)V9(2).
      Ø5 LIEFERTERMIN    PIC 9(6).
      Ø5 KUNDENNR        PIC 9(5).
      Ø5 AKTIONSNR       PIC 9(3).
      Ø5 VERSANDART      PIC X(2).
      .
      .
      .
```

Die Datenfelder ANGEBOTSNR, KUNDENNR, AKTIONSNR und ANGEBOTSDATUM bilden in der angegebenen Reihenfolge den Satzschlüssel (RECORD KEY).

FILE STATUS-Klausel

Die FILE STATUS-Klausel findet die gleiche Anwendung wie bei sequentiellen Dateien. Bei der Verarbeitung einer index-sequentiellen Datei können jedoch weitere Fehlersituationen auftreten. Im folgenden sind die wichtigsten Fehlercodes aufgeführt:

1.Byte	Bedeutung		
Ø	E/A-Anweisung wurde erfolgreich ausgeführt.		
	2.Byte	**Bedeutung**	
	Ø	Keine weitere Informationen	
	2	Es wurde mit einer READ-Anweisung ein Datensatz gelesen, für dessen alternativen Schlüssel noch weitere Sätze mit dem gleichen Inhalt in der Datei existieren. Eine WRITE- oder REWRITE-Anweisung bearbeitete einen Satz, für dessen alternativen Schlüssel noch weitere Sätze mit dem gleichen Inhalt in der Datei existieren.	
	4	Die Länge des soeben geschriebenen Satzes entspricht nicht der Eigenschaft der Datei, als eine mit fester Satzlänge.	
	5	Kennzeichnet, daß die soeben eröffnete Optional-Datei nicht vorhanden war.	

1.Byte	Bedeutung		
1	AT END-Bedingung		
	2.Byte	**Bedeutung**	
	Ø	Kein logischer Satz mehr vorhanden, weil das Dateiende aufgetreten ist oder die READ-Anweisung auf einer Optional-Datei ausgeführt wurde, die nicht existiert.	
2	Schlüsselfehler (INVALID KEY)		
	2.Byte	**Bedeutung**	
	1	Sortierfehler: Tritt auf, wenn bei der sequentiellen Erstellung der Datei ein nicht sortierter Satz vorkommt. Der Satzschlüssel (RECORD KEY) wurde zwischen dem Lesen und dem Zurückschreiben im sequentiellen Zugriffsmodus geändert.	
	2	Satz bereits vorhanden. Es wurde versucht, mit einer WRITE-Anweisung einen Datensatz zu schreiben, dessen Schlüssel bereits für einen anderen verwendet worden ist. Trifft auch zu, wenn für alternative Schlüssel die WITH DUPLICATES-Klausel weggelassen wird und der Schlüssel doppelt vorkommt. In diesem Fall kann die REWRITE-Anweisung diesen Fehler verursachen.	

1.Byte	Bedeutung		
noch 2	Schlüsselfehler (INVALID KEY)		
	2.Byte	**Bedeutung**	
	3	Kein Satz vorhanden. Es wurde im wahlfreiem Zugriffsmodus versucht, auf einen Datensatz, der nicht existiert, zuzugreifen. Eine START- bzw. READ-Anweisung wurde auf einer Optional-Datei ausgeführt, die nicht existiert.	
	4	Dateigröße überschritten.	
3	Permanenter Fehler		
	2.Byte	**Bedeutung**	
	Ø	Keine weiteren Informationen.	
	5	Es wurde versucht, eine NOT OPTIONAL-Datei, die nicht existiert, mit OPEN INPUT, I-O oder EXTEND zu eröffnen.	
	7	Der OPEN-Modus für eine Datei ist nicht möglich.	
	8	Die Datei kann nicht eröffnet werden, da sie mit CLOSE WITH LOCK geschlossen worden ist.	
	9	Satzlängen-Fehler	

1.Byte	Bedeutung		
4	Logischer Fehler		
	2.Byte	**Bedeutung**	
	1	Datei bereits eröffnet.	
	2	Datei bereits geschlossen.	
	3	Eine DELETE- oder REWRITE-Anweisung kann nicht im sequentiellen Zugriffsmodus ohne vorausgehendes Lesen ausgeführt werden.	
	4	Überschreitung der Dateigröße.	
	6	Der für das sequentielle Lesen Satzzeiger (current record pointer) ist undefinierbar. Ursache dafür ist eine erfolglose READ- oder START-Anweisung.	
	7	Der aktuelle Eröffnungsmodus erlaubt das Lesen nicht.	
	8	Der aktuelle Eröffnungsmodus erlaubt das Schreiben nicht.	
	9	Der aktuelle Eröffnungsmodus erlaubt das Löschen oder das Zurückschreiben nicht.	
9	Run-time Systemfehler		
	2.Byte	**Bedeutung**	
	xxx	Das zweite Byte enthält eine 3stellige Zahl im binären Format, die im Anhang D zu finden ist.	

Abb. 17.1 FILE STATUS-Werte für index-sequentielle Dateien

17.3   Eintragungen in der DATA DIVISION

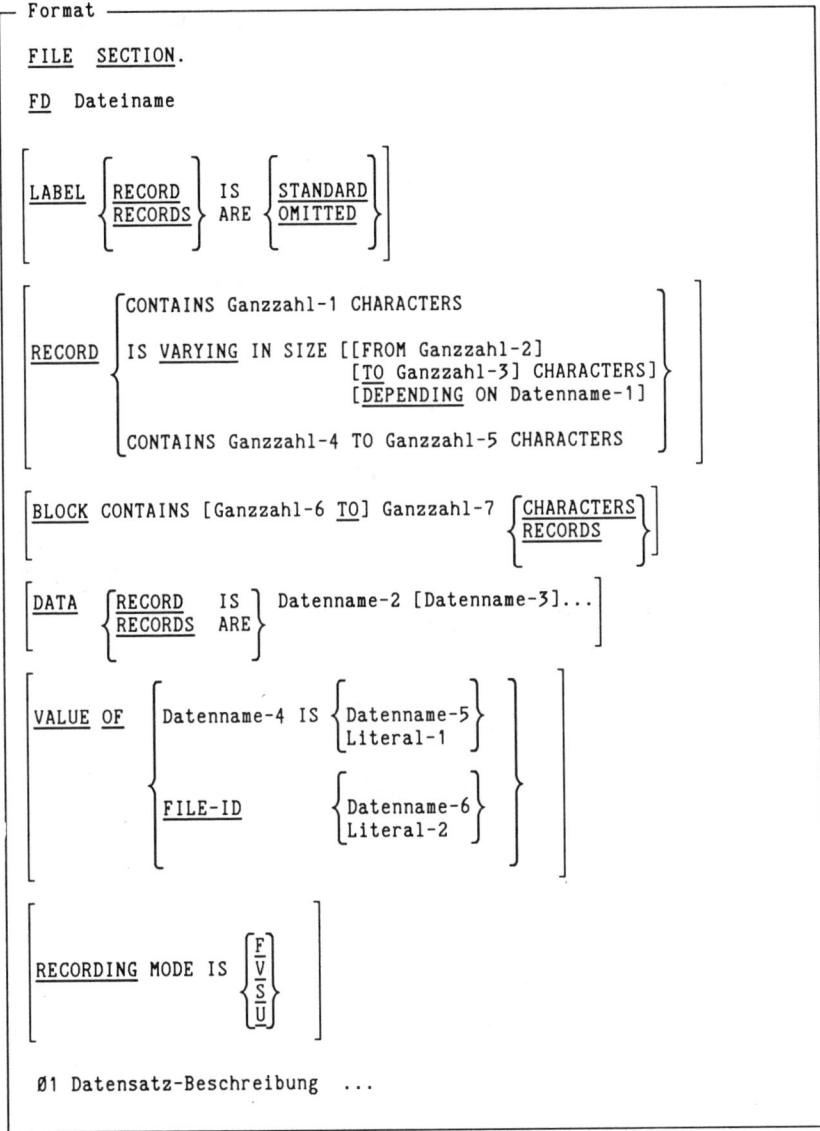

```
┌─ Format ──────────────────────────────────────────────────────────────┐
│                                                                         │
│  FILE  SECTION.                                                         │
│                                                                         │
│  FD  Dateiname                                                          │
│                                                                         │
│  ⎡        ⎧RECORD ⎫  IS  ⎧STANDARD⎫⎤                                    │
│  ⎢ LABEL  ⎨       ⎬     ⎨        ⎬⎥                                    │
│  ⎣        ⎩RECORDS⎭  ARE ⎩OMITTED ⎭⎦                                    │
│                                                                         │
│  ⎡        ⎡CONTAINS Ganzzahl-1 CHARACTERS                      ⎤⎤       │
│  ⎢        ⎢                                                    ⎥⎥       │
│  ⎢        ⎢IS VARYING IN SIZE [[FROM Ganzzahl-2]              ⎫⎥⎥       │
│  ⎢ RECORD ⎨                   [TO Ganzzahl-3] CHARACTERS]     ⎬⎥⎥       │
│  ⎢        ⎢                   [DEPENDING ON Datenname-1]      ⎭⎥⎥       │
│  ⎢        ⎢                                                    ⎥⎥       │
│  ⎣        ⎣CONTAINS Ganzzahl-4 TO Ganzzahl-5 CHARACTERS       ⎦⎦       │
│                                                                         │
│  ⎡                                          ⎧CHARACTERS⎫⎤               │
│  ⎢ BLOCK CONTAINS [Ganzzahl-6 TO] Ganzzahl-7⎨          ⎬⎥               │
│  ⎣                                          ⎩RECORDS   ⎭⎦               │
│                                                                         │
│  ⎡      ⎧RECORD   IS ⎫                          ⎤                       │
│  ⎢ DATA ⎨          ⎬ Datenname-2 [Datenname-3]...⎥                      │
│  ⎣      ⎩RECORDS  ARE⎭                          ⎦                       │
│                                                                         │
│  ⎡                   ⎡                 ⎧Datenname-5⎫⎤⎤                  │
│  ⎢ VALUE OF          ⎢Datenname-4 IS   ⎨          ⎬⎥⎥                  │
│  ⎢                   ⎢                 ⎩Literal-1  ⎭⎥⎥                  │
│  ⎢                   ⎨                             ⎬⎥                   │
│  ⎢                   ⎢                 ⎧Datenname-6⎫⎥⎥                  │
│  ⎢                   ⎢FILE-ID          ⎨          ⎬⎥⎥                  │
│  ⎣                   ⎣                 ⎩Literal-2  ⎭⎦⎦                  │
│                                                                         │
│  ⎡                       ⎧F⎫⎤                                          │
│  ⎢                       ⎪V⎪⎥                                          │
│  ⎢ RECORDING MODE IS     ⎨S⎬⎥                                          │
│  ⎣                       ⎩U⎭⎦                                          │
│                                                                         │
│  Ø1 Datensatz-Beschreibung  ...                                        │
│                                                                         │
└─────────────────────────────────────────────────────────────────────┘
```

Erläuterung

Alle Klauseln haben die gleichen Bedeutungen wie bereits in Kapitel 13 (sequentielle Organisation) beschrieben:

17.4 Anweisungen in der PROCEDURE DIVISION

Für die Verarbeitung einer index-sequentiellen Datei können die nachfolgenden Anweisungen benutzt werden:

OPEN	Eröffnen der Datei
READ	Lesen aus der Datei
WRITE	Schreiben in die Datei
REWRITE	Ersetzen eines Satzes in der Datei
DELETE	Löschen eines Satzes aus der Datei
START	Positionieren auf einen Satz in der Datei
CLOSE	Schließen der Datei
USE	Behandlung von Fehlern

17.4.1 OPEN-Anweisung

```
┌ Format ─────────────────────────────────────────────────────┐
│                                                              │
│        ┌INPUT    {Dateiname-1}  ...┐                         │
│        │                          │                          │
│ OPEN  ┤ OUTPUT  {Dateiname-2}  ...├  ...                     │
│        │ I-O     {Dateiname-3}  ...│                         │
│        │                          │                          │
│        └EXTEND  {Dateiname-4}  ...┘                          │
│                                                              │
└──────────────────────────────────────────────────────────────┘
```

Erläuterung

Die OPEN-Anweisung wird mit gleicher Wirkung verwendet wie bei sequentiellen Dateien.

Der Update-Modus

Wenn Datensätze in einer index-sequentiellen Datei ersetzt (REWRITE) bzw. gelöscht werden sollen, muß die Datei mit OPEN I-O eröffnet werden.

Wird eine Datei mit OPEN I-O eröffnet, und sie existiert noch nicht bzw. ist noch leer, so kann sie das erste Mal erstellt werden, es sei denn, der NOT OPTIONAL-Zusatz wurde in der SELECT-Klausel angegeben. In diesem Fall muß die Datei existieren, ansonsten tritt ein Fehler auf.

17.4.2 READ-Anweisung

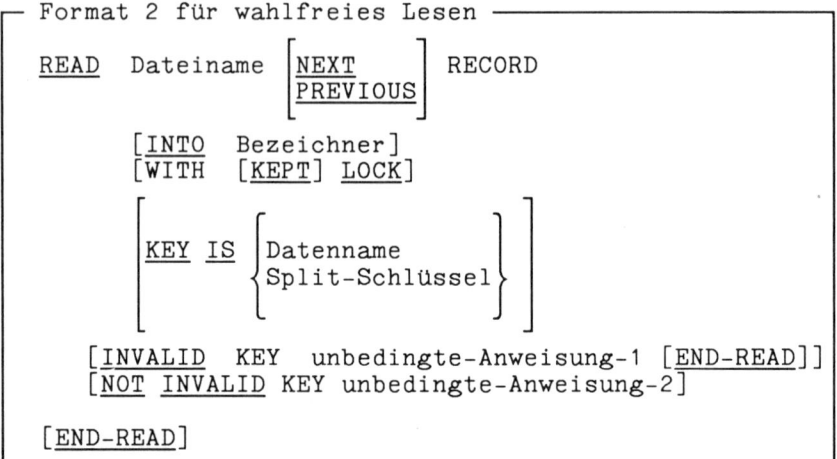

```
┌─ Format 1 für sequentielles Lesen ──────────────────────────┐
│                                                              │
│   READ  Dateiname  ┌NEXT    ┐  RECORD                        │
│                    │PREVIOUS│                                │
│                    └        ┘                                │
│                                                              │
│           [INTO  Bezeichner]                                 │
│           [WITH  [KEPT] LOCK]                                │
│           [AT END unbedingte Anweisung-1 [END-READ]]]        │
│           [NOT AT END unbedingte Anweisung-2]                │
│                                                              │
│       [END-READ]                                             │
└──────────────────────────────────────────────────────────────┘
```

```
┌─ Format 2 für wahlfreies Lesen ─────────────────────────────┐
│                                                              │
│   READ  Dateiname  ┌NEXT    ┐  RECORD                        │
│                    │PREVIOUS│                                │
│                    └        ┘                                │
│                                                              │
│           [INTO  Bezeichner]                                 │
│           [WITH  [KEPT] LOCK]                                │
│                                                              │
│          ┌                     ┐                             │
│          │KEY IS ┌Datenname      ┐│                          │
│          │       │Split-Schlüssel│                           │
│          └       └             ┘ ┘                           │
│                                                              │
│         [INVALID KEY unbedingte-Anweisung-1 [END-READ]]]     │
│         [NOT INVALID KEY unbedingte-Anweisung-2]             │
│       [END-READ]                                             │
└──────────────────────────────────────────────────────────────┘
```

Erläuterung

Die READ-Anweisung im Format 1 kann für das sequentielle Lesen einer index-sequentiellen Datei nur dann verwendet werden, wenn ACCESS MODE IS SEQUENTIAL oder ACCESS MODE IS DYNAMIC angegeben wurde. Der Ablauf dieser Anweisung entspricht dem der READ-Anweisung für sequentielle Dateien.

Der NEXT/PREVIOUS-Zusatz

Da beim dynamischen Zugriffsmodus (ACCESS MODE DYNAMIC) das sequentielle, aber auch das wahlfreie Lesen möglich ist, muß dem COBOL-System syntaktisch mitgeteilt werden, ob die READ-Anweisung sequentiell oder wahlfrei lesen soll. Dies geschieht mit Hilfe des NEXT/PREVIOUS-Zusatzes.

Wenn NEXT angegeben wird, liest die READ-Anweisung sequentiell, ausgehend von der aktuellen Dateiposition, den nächsten Datensatz.

Wenn PREVIOUS angegeben wird, liest die READ-Anweisung sequentiell, ausgehend von der aktuellen Dateiposition, in Richtung auf den Dateianfang, also rückwärtiges Lesen.

Der Zusatz AT END/NOT AT END

AT END spezifiziert die unbedingte Anweisung-1, die in den folgenden Fällen ausgeführt wird:

1. Im Zusammenhang mit ACCESS MODE SEQUENTIAL wurde durch eine READ-Anweisung das Dateiende erreicht.

2. Im Zusammenhang mit ACCESS MODE DYNAMIC wurde durch eine READ NEXT-Anweisung das Dateiende erreicht.

3. Im Zusammenhang mit ACCESS MODE DYNAMIC wurde durch eine READ PREVIOUS-Anweisung der Dateianfang erreicht.

Wahlfreies Lesen

Besonders interessant ist jedoch das wahlfreie Lesen aus einer indexsequentiellen Datei, denn hier kann ein Datensatz direkt aus der Datei gelesen werden. Dies kann mit Hilfe des zweiten Formats der READ-Anweisung vorgenommen werden. Dabei setzt das wahlfreie Lesen die Bereitstellung eines Schlüsselwertes für den zu lesenden Datensatz voraus.

Beispiel 1

Wir beziehen uns auf Beispiel 1 der Dateidefinitionen und wollen nun den Datensatz eines Auftrags, dessen Nummer zur Verfügung gestellt wird, direkt lesen.

```
MOVE "45678"  TO AUF-NR.
MOVE "880118" TO AUF-DATUM.
MOVE "123456" TO KUNDEN-NR.

READ AUFTRAG.
```

Der INVALID KEY-Zusatz

Nachdem es nicht sicher ist, ob ein Datensatz mit diesem Schlüsselwert in der Datei vorhanden ist, kann der INVALID KEY-Zusatz verwendet werden, um dies festzustellen. Frei übersetzt lautet dieser Zusatz: "Bei Schlüsselfehler soll die angegebene unbedingte Anweisung ausgeführt werden". Ein Schlüsselfehler kann bei der Ausführung der READ-Anweisung nur dann auftreten, wenn der zu lesende Datensatz nicht vorhanden ist.

Wir können also die Codierung wie folgt verbessern:

```
MOVE "45678"  TO AUF-NR.
MOVE "880118" TO AUF-DATUM.
MOVE "123456" TO KUNDEN-NR.

READ AUFTRAG INVALID KEY
        DISPLAY "AUFTRAG NICHT VORHANDEN".
```

Die READ-Anweisung und der FILE STATUS

Soll das Vorhandensein des Datensatzes nicht direkt in der READ-Anweisung, sondern an einer beliebigen Stelle im Programm festgestellt werden, so können wir uns auf den Inhalt des FILE STATUS-Feldes beziehen und diesen erfragen. Das System liefert den Fehlercode 23, wenn eine READ-Anweisung den gewünschten Datensatz nicht findet.

Die Codierung sieht dann wie folgt aus:

```
MOVE "45678"  TO AUF-NR.
MOVE "880118" TO AUF-DATUM.
MOVE "123456" TO KUNDEN-NR.

READ AUFTRAG.
IF AUF-STATUS = 23 DISPLAY "AUFTRAG NICHT VORHANDEN".
```

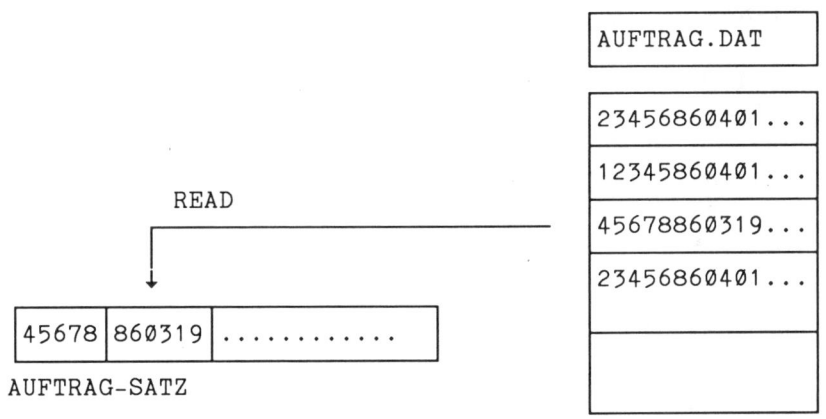

Abb. 17.2 Wahlfreies Lesen eines Satzes

END-READ

END-READ beendet die READ-Anweisung und begrenzt damit syntaktisch die in den Zusatz AT END bzw. INVALID KEY enthaltenen Anweisungen von den nachfolgenden Anweisungen.

17.4.3 WRITE-Anweisung

Format

```
┌─ Format ─────────────────────────────────────

  WRITE Datensatzname

     [FROM    Bezeichner-1]

     [INVALID KEY unbedingte-Anweisung-1 [END-WRITE]]

     [NOT INVALID KEY unbedingte-Anweisung-2

  [END-WRITE]
```

Erläuterung

Die WRITE-Anweisung kann nur benutzt werden, wenn die index-sequentielle Datei mit OPEN OUTPUT bzw. OPEN I-O eröffnet wurde. Die WRITE-Anweisung kann im sequentiellen Zugriffsmodus verwendet werden, wenn die Datei das erste Mal erstellt wird. In allen anderen Fälle bedarf die Verwendung der WRITE-Anweisung eines wahlfreien Zugriffsmodus (ACCESS MODE RANDOM bzw. ACCESS MODE DYNAMIC).

Der INVALID KEY-Zusatz

Der INVALID KEY-Zusatz kann angegeben werden, um festzustellen, ob der Datensatz erfolgreich in der Datei abgespeichert werden konnte oder nicht.

Ein Schlüsselfehler tritt in der WRITE-Anweisung auf, wenn beim Laden der Datei (ACCESS MODE SEQUENTIAL) der Versuch gemacht wird, einen nicht-sortierten Datensatz zu schreiben (Sortierfehler, Fehlercode = 21), oder wenn sich die Datei im wahlfreien bzw. dynamischen Zugriffsmodus befindet und ein Datensatz geschrieben werden soll, dessen Schlüsselwert bereits für einen anderen Satz verwendet wurde (Satz bereits vorhanden, Fehlercode = 22).

Beispiel 1

Nach erfolgter Eingabe am Bildschirm soll nun der Auftrag im wahlfreien Zugriffsmodus abgespeichert werden.

```
ACCEPT AUF-NR     AT Ø62Ø.
ACCEPT AUF-DATUM  AT Ø72Ø.
ACCEPT KUNDEN-NR  AT Ø82Ø.
**** Eingabe sonstiger Daten
  .
  .
  .
WRITE  AUFTRAG-SATZ.
IF AUF-STATUS = 22
    DISPLAY "AUFTRAG BEREITS VORHANDEN".
```

17.4.4 REWRITE-Anweisung

```
┌─ Format ──────────────────────────────────────────┐
│                                                    │
│  REWRITE Datensatzname [FROM  Bezeichner]          │
│                                                    │
│  [INVALID KEY unbedingte-Anweisung-1 [END-REWRITE]]│
│                                                    │
│  [NOT INVALID KEY unbedingte-Anweisung-2]          │
│                                                    │
│  [END-REWRITE]                                     │
└────────────────────────────────────────────────────┘
```

Erläuterung

Befindet sich eine Datei im sequentiellen Zugriffsmodus (ACCESS MODE SEQUENTIAL) und soll dort ein vorhandener Datensatz aktualisiert werden, so muß dieser vor der Ausführung der REWRITE-Anweisung gelesen werden, denn die REWRITE-Anweisung im sequentiellen Zugriffsmodus schreibt immer den zuletzt gelesenen Datensatz zurück. Das Lesen des Datensatzes ist also hier, bedingt durch den technischen Ablauf der REWRITE-Anweisung, im sequentiellen Zugriffsmodus erforderlich. Wird der Schlüsselwert zwischen dem Lesen und dem Zurückschreiben verändert, so tritt der Systemfehler 9/195 auf.

Befindet sich die Datei im wahlfreien bzw. dynamischen Zugriffsmodus (ACCESS MODE RANDOM bzw. ACCESS MODE DYNAMIC), so muß der Datensatz vorher nicht gelesen werden; der Datensatz soll lediglich bedingt durch die Logik eines Aktualisierungs-Vorganges gelesen werden. Bei der Aktualisierung bestimmter Datenfelder darf das Schlüsselfeld nicht verändert werden. Wird der Schlüssel trotzdem verändert, ist es möglich, daß für den neuen Schlüssel bereits ein Datensatz vorhanden ist. In diesem würde die REWRITE-Anweisung diesen Satz zurückschreiben.

Beispiel 1

Das Beispiel demonstriert den Ablauf eines Aktualisierungsvorgangs im Dialog, auf die Aufbereitung in Bildschirm-Masken wird hier verzichtet.

```
FILE-CONTROL.
    SELECT ADRESSEN ASSIGN TO "ADRESSEN.DAT"
            ORGANISATION    IS    INDEXED,
            RECORD  KEY      IS    A-NR,
            ACCESS  MODE     IS    RANDOM,
            FILE STATUS      ADR-STATUS.

FD  ADRESSEN.
01  ADR-SATZ.
    05  A-NR            PIC   X(6).
    05  A-NAME          PIC   X(20).
    05  A-STRASSE       PIC   X(25).
    05  A-PLZ           PIC   X(4).
    05  A-ORT           PIC   X(25).
    05  SONSTIGES       PIC   X(200).

WORKING-STORAGE SECTION.
01  ADR-STATUS          PIC 99.
```

```
PROCEDURE DIVISION.
     .
     .
    **** ERÖFFNEN DER DATEI FÜR DIE AKTUALISIERUNG ****
    OPEN I-O ADRESSEN.
     .
     .
    **** EINGABE DES SCHLÜSSELS                      ****
    ACCEPT A-NR AT 0820.
    **** LESEN DES ZUGEHÖRIGEN DATENSATZES           ****
    READ ADRESSEN.
    **** FESTSTELLEN, OB DER SATZ VORHANDEN IST      ****
    IF ADR-STATUS = ZERO PERFORM EINGABE
                         PERFORM ZURUECKSCHREIBEN
    ELSE DISPLAY "SATZ NICHT VORHANDEN".
     .

EINGABE SECTION.
EIN-1000.
    **** ANZEIGEN DER VORHANDENEN DATEN              ****
    DISPLAY A-STRASSE AT 1020.
    DISPLAY A-PLZ     AT 1120.
    DISPLAY A-ORT     AT 1220.
    **** EINGABE DER NEUEN DATEN                     ****
    ACCEPT  A-STRASSE AT 1020.
    ACCEPT  A-PLZ     AT 1120.
    ACCEPT  A-ORT     AT 1220.
EIN-9999.

ZURUECKSCHREIBEN   SECTION.
ZU-1000.
    REWRITE   ADR-SATZ.
ZU-9999.
```

17.4.5 DELETE-Anweisung

Wirkung

Die DELETE-Anweisung wird benutzt, um einen Datensatz aus der Datei zu löschen.

```
┌─ Format ──────────────────────────────────────────────

   DELETE   Dateiname RECORD

   [INVALID KEY unbedingte-Anweisung-1 [END-DELETE]]

   [NOT INVALID KEY unbedingte-Anweisung-2]

   [END-DELETE]
```

Erläuterung

Wenn eine DELETE-Anweisung im sequentiellen Zugriffsmodus (ACCESS MODE SEQUENTIAL) ausgeführt wird, muß der zu löschende Datensatz bereits vorher mit der READ-Anweisung gelesen worden sein.

Im wahlfreien bzw. dynamischen Zugriffsmodus (ACCESS MODE RANDOM bzw. ACCESS MODE DYNAMIC) kann die DELETE-Anweisung einen Datensatz direkt aus der Datei löschen. Hierzu ist die Angabe eines Schlüssels notwendig. Beim Löschen eines Datensatzes werden der Wert seines Schlüssels und der Speicherplatz, der vom Satz belegt wurde, freigegeben. Der Wert des Schlüssels kann wieder für die Aufnahme eines weiteren Datensatzes verwendet werden.

Der INVALID KEY-Zusatz kann angegeben werden, um festzustellen, ob der zu löschende Datensatz vorhanden war oder nicht. Dies kann auch mit Hilfe des FILE STATUS-Feldes festgestellt werden.

Beispiel 1

Wir beziehen uns auf Beispiel 4 und wollen nun den Datensatz mit Schlüssel 100999 löschen.

```
MOVE    "100999" TO A-NR.
DELETE ADRESSEN.
IF ADR-STATUS  = 23
    DISPLAY "SATZ NICHT VORHANDEN".
```

17.4.6 START-Anweisung

Wirkung

Die START-Anweisung positioniert die Datei auf einen bestimmten Datensatz.

```
 ┌ Format ───────────────────────────────────────────────

                      ┌    ┌IS    EQUAL  TO          ┐
                      │    │IS    =                  │
   START Dateiname │KEY│IS    GREATER THAN       │
                      │    │IS    >                  │
                      │    ⟨IS    NOT LESS THAN      ⟩
                      │    │IS    NOT <              │
                      │    │IS    GREATER THAN OR EQUAL TO│
                      └    └IS    > =               ┘

      ┌Datenname-1      ⟩ ┌         ┌Bezeichner-1⟩ ⟩
      ⟨Split-Schlüssel-1⟩ │WITH SIZE⟨Literal-1   ⟩ │
      └                 ⟩ └         └            ⟩ ⟩

   [INVALID KEY unbedingte-Anweisung-1 [END-START]]

   [NOT INVALID KEY unbedingte-Anweisung-2]

 [END-START]
```

Erläuterung

Die Positionierung einer Datei auf einen bestimmten Datensatz ist nur dann sinnvoll, wenn die Datei anschließend sequentiell gelesen werden soll. Daher ist die START-Anweisung nur im sequentiellen oder dynamischen Zugriffsmodus erlaubt.

Der KEY-Zusatz kann verwendet werden, um genau zu bestimmen, auf welchen Datensatz die Datei positioniert werden soll. Dabei bedeutet:

- EQUAL oder =, daß die Datei auf dem Satz positioniert werden soll, dessen Schlüsselwert dem aktuellen Inhalt des angegebenen Datennamens entspricht.

- GREATER oder >, daß die Datei auf dem Satz positioniert werden soll, dessen Schlüsselwert größer ist als der aktuelle Inhalt des angegebenen Datennamens.

- NOT LESS, NOT < oder > =, daß die Datei auf dem Satz positioniert werden soll, dessen Schlüsselwert größer oder gleich dem aktuellen Inhalt des angegebenen Datennamens ist.

Der anzugebende Datenname kann sein:

- Der primäre Schlüssel (RECORD KEY). Dieser kann auch der Split-Schlüssel sein.

- Ein Datenfeld, das dem primären Schlüssel untergeordnet ist und dessen linke Position mit der linken Position des primären Schlüssels bereinstimmt.

- Ein beliebiger sekundärer Schlüssel (ALTERNATE KEY) (s.a. den nächsten Abschnitt).

Wenn der KEY-Zusatz nicht verwendet wird, wird angenommen, daß der RECORD KEY in Gleichheitsrelation mit dem KEY gebracht worden ist.

Konnte auf einem Datensatz nicht positioniert werden, so ist die aktuelle Dateiposition undefinierbar, und das FILE STATUS-Feld enthält 23.

Der Zusatz WITH SIZE

Wenn WITH SIZE angegeben wird, benutzt die START-Anweisung nur so viele Zeichen aus dem angegebenen Schlüssel zum Positionieren, wie aus Literal-1 bzw. Bezeichner-1 hervorgeht. In jedem Fall muß Bezeichner-1 bzw. Literal-1 numerisch und ganzzahlig sein.

Beispiel 1

```
MOVE SPACE TO AUF-KEY.
START AUFTRAG KEY NOT < AUF-KEY.
```

Beispiel 2

AUF-NR ist der erste Teil des Satzschlüssels AUF-KEY (RECORD KEY).

```
MOVE "20000" TO AUF-NR.
START AUFTRAG KEY NOT < AUF-KEY WITH SIZE 5.
```

Siehe an dieser Stelle das Programmbeispiel am Ende dieses Kapitels.

17.4.7 CLOSE-Anweisung

```
┌─ Format ──────────────────────────────────────────┐
│                                                    │
│   CLOSE   Dateiname-1   [WITH LOCK]                 │
│                                                    │
│           [Dateiname-2   [WITH LOCK]]...            │
│                                                    │
└────────────────────────────────────────────────────┘
```

Die CLOSE-Anweisung findet die gleiche Anwendung wie bei sequentiellen Dateien.

Zusammenfassung

Die folgende Darstellung zeigt die zulässigen E/A-Anweisungen in den verschiedenen Eröffnungsmodi für sequentielle Dateien.

ACCESS MODE	Anweisung	Eröffnungsmodus			
		INPUT	OUTPUT	I-O	EXTEND
SEQUENTIAL	READ	X		X	
	WRITE		X		X
	REWRITE			X	
	START	X		X	
	DELETE			X	
RANDOM	READ	X		X	
	WRITE		X	X	
	REWRITE			X	
	START				
	DELETE			X	
DYNAMIC	READ	X		X	
	WRITE		X	X	
	REWRITE			X	
	START	X		X	
	DELETE			X	

Abb. 17.3 Zulässige E/A-Anweisungen für index-sequentielle Dateien

17.4.8 USE-Anweisung

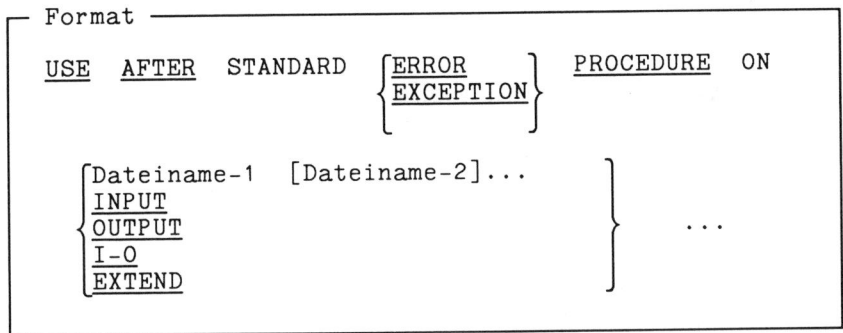

Die USE-Anweisung wurde ausführlich in Kapitel 13 beschrieben. Sie kann für die gleiche Anwendung unter Beachtung der gleichen Regeln benutzt werden.

17.5 Alternative Schlüssel für index-sequentielle Dateien

ALTERNATE RECORD KEY-Klausel

```
┌ Format ─────────────────────────────────────────────────────┐
│                                                              │
│   ⎡ ALTERNATE RECORD KEY IS                              ⎤   │
│   ⎢                                                      ⎢   │
│   ⎢  ⎧ Datenname-2                                  ⎫   ⎢   │
│   ⎢  ⎨ Split-Schlüssel-2={Datenname-3}...           ⎬   ⎢   │
│   ⎢  ⎩                                              ⎭   ⎢   │
│   ⎢     [WITH DUPLICATES]]  ...                         ⎥   │
│   ⎣                                                      ⎦   │
│                                                              │
└──────────────────────────────────────────────────────────────┘
```

Erläuterung

Für eine index-sequentielle Datei können bis zu 80 alternative Schlüssel angegeben werden.

Ein alternativer Schlüssel definiert einen weiteren Zugriffspfad zu den Sätzen einer index-sequentiellen Datei. D.h., der Benutzer einer Kundendatei muß nicht mehr die Kundennummer (wenn diese als RECORD KEY verwendet wurde) eingeben, um den Datensatz lesen zu können, sondern er kann den Kundennamen (wenn dieser als ALTERNATE KEY verwendet wurde) oder ein anderes Merkmal des Kunden eingeben.

Im Gegensatz zu primären Schlüsseln (RECORD KEY) muß der sekundäre Schlüssel (ALTERNATE KEY) nicht eindeutig sein. D.h., es können in einer Datei mehrere Datensätze mit dem gleichen Ordnungsbegriff vorhanden sein, vorausgesetzt, der Zusatz WITH DUPLICATES ist angegeben. Ein alternativer Schlüssel ist immer Bestandteil des Datensatzes.

Anwendungen des alternativen Schlüssels ALTERNATE KEY in der READ-Anweisung

Für die Anwendung eines alternativen Schlüssels in der READ-Anweisung für das wahlfreie Lesen ist der Zusatz: KEY IS Datenname zu verwenden.

Diesen Zusatz verwendet man, um einen sog. Bezugsschlüssel für das Lesen festzulegen.

Der Bezugsschlüssel

Der Bezugsschlüssel dient als Such-Kriterium für den zu lesenden Datensatz. Spezifiziert man z.b. KEY IS KUNDENNAME in einer READ-Anweisung für eine Datei, die mit ALTERNATE RECORD KEY IS KUNDENNAME WITH DUPLICATES beschrieben wurde, so verwendet die READ-Anweisung den Inhalt des Feldes KUNDENNAME als Such-Kriterium zum direkten Lesen des Datensatzes. Sind in der Datei mehrere Datensätze mit dem gleichen Kundennamen vorhanden, so wird der Satz gelesen, der den niedrigsten Ordungsbegriff im primären Schlüssel (RECORD KEY) aufweist, und das FILE STATUS-Feld wird vom System auf den Wert 02 gesetzt.

Sollen die anderen Datensätze mit dem gleichen Kundennamen auch verarbeitet werden, so können diese nur sequentiell gelesen werden. Eine nachfolgende READ-Anweisung zum sequentiellen Lesen dieser Datensätze bezieht sich automatisch auf den zuletzt verwendeten Bezugsschlüssel. Sie liefert immer wieder den Wert 02 im FILE STATUS-Feld, solange Datensätze mit dem gleichen Ordnungsbegriff vorhanden sind, oder den Wert 00, wenn kein Datensatz mehr mit dem gleichen Ordnungsbegriff vorhanden ist. Eine solche READ-Anweisung liest aus der Datei weiter, in aufsteigender Reihenfolge nach dem Bezugsschlüssel in Richtung auf das Dateiende, auch wenn kein Datensatz mehr mit dem gleichen Ordnungsbegriff vorhanden ist.

Beispiel 7

Nehmen wir an, wir wollen eine Statistik für die Kunden eines bestimmten Wohnortes (z.B. München) erstellen, und es soll deswegen auf die Sätze dieser Kunden zugegriffen werden. In diesem Fall muß der Ort als alternativer Schlüssel (ALTERNATE KEY) definiert werden. Wir können den folgenden Programmabschnitt dafür verwenden.

```
ENVIRONMENT DIVISION.
INPUT-OUTPUT SECTION.
FILE-CONTROL.
     SELECT KUNDEN  ASSIGN TO  "KUNDEN.DAT",
            ORGANIZATION  IS  INDEXED,
            RECORD  KEY   IS  K-NR,
            ALTERNATE RECORD KEY  K-ORT WITH DUPLICATES,
            ACCESS  MODE  IS  DYNAMIC,
            FILE    STATUS IS  K-STATUS.
.
.
.
DATA DIVISION.
FILE SECTION.
FD  KUNDEN.
01  K-SATZ.
     05 K-NR           PIC X(6).
     05 K-NAME         PIC X(25).
     05 K-STRASSE      PIC X(25).
     05 K-PLZ          PIC X(4).
     05 K-ORT          PIC X(25).
     05 K-SONSTIGES    PIC X(150).

WORKING-STORAGE  SECTION.
01  K-STATUS           PIC 99.
.
```

```
PROCEDURE DIVISION.
    .
    .

    OPEN I-O KUNDEN.

    MOVE "München" TO K-ORT.

    READ KUNDEN KEY IS K-ORT.                  ←——— (1)

    IF K-STATUS = 23 DISPLAY                    ←——— (2)
        "KEIN KUNDE IN MÜNCHEN VORHANDEN"
    ELSE PERFORM STATISTIK                      ←——— (3)
        PERFORM STATISTIK
            UNTIL K-STATUS NOT = 02.            ←——— (4)
    .
    .
    .

STATISTIK SECTION.
STA-1000.
    **** BEI JEDEM DURCHLAUF DIESES UNTERPROGRAMMS  ****
    **** WIRD DER SATZ EINES KUNDEN, DESSEN WOHNORT ****
    **** MÜNCHEN IST, VERARBEITET.                  ****
    **** DIE ERSTELLUNG DER SATISTIK SOLL HIER NICHT ****
    **** BESTANDTEIL DES BEISPIELES SEIN.           ****
    .
    .
    .
    READ KUNDEN NEXT.                           ←——— (5)
STA-9999.
    EXIT.
```

643

Erläuterung

(1) Wahlfreies Lesen mit ALTERNATE KEY "K-ORT", gleichzeitig wird "K-ORT" als Bezugsschlüssel für das sequentielle Lesen in Punkt (5) festgelegt.

(2) Beinhaltet der Dateistatus "K-STATUS" den Wert 23, so war kein einziger Kunde, dessen Wohnort München ist, in der Datei vorhanden.

(3) Im ELSE-Zweig kann man davon ausgehen, daß mindestens ein Kunde vorhanden war, deshalb wird das Unterprogramm "STATISTIK" einmal ausgeführt.

(4) Abhängig davon, ob weitere Datensätze (mit Wohnort = München) noch vorhanden sind (K-STATUS = 02), wird nun das Unterprogramm "STATISTIK" weiter ausgeführt.

(5) Sequentielles Lesen im dynamischen Zugriffsmodus und Bezugsschlüssel "K-ORT".

ALTERNATE KEY in der START-Anweisung

In vielen Situationen in der Praxis will man mit Hilfe eines Suchbegriffes, der nicht als RECORD KEY definiert wurde, einen Datensatz direkt lesen. Dabei kann es manchmal der Fall sein, daß man diesen Ordnungsbegriff nicht genau kennt oder daß man gerade eine Abkürzung dafür eingeben will. In diesem Fall ist es möglich, den sekundären Schlüssel (ALTERNATE KEY) als Datennamen im KEY-Zusatz der START-Anweisung zu verwenden. Denn auch hier kann mit Hilfe der START-Anweisung ein Bezugsschlüssel festgelegt werden.

17.6 Index-sequentielle Dateien in einer Multi-User-Umgebung (FILE SHARE)

Die Entwicklung auf dem PC-Sektor hat in den letzten Jahren eine beachtliche Steigerung der PC-Leistung erbracht. Aus einem Einplatzsystem konnte mit Unterstützung bestimmter Hard- und Software-Einrichtungen ein Mehrplatzsystem geschaffen werden. Nun tritt aber das Problem auf, wie mehrere Benutzer gleichzeitig auf eine Datei zugreifen, diese verarbeiten und möglicherweise verändern können, ohne daß es dabei zu Kollisionen kommt.

Um dieses Problem zu lösen, wurde für den Compiler PROFESSIONAL COBOL/2 die zusätzliche Software "FILE SHARE" entwickelt.

Unter FILE SHARE verstehen wir also die gleichzeitige Mitbenutzbarkeit einer Datei durch mehrere Benutzer.

FÜr Anwendungen, die das FILE SHARE-Produkt verwenden sollen, erweitert sich der COBOL-Sprachvorrat um die folgenden Klauseln und Zusätze in den entsprechenden Anweisungen. Diese Erweiterungen bestimmen, wie eine Datei bzw. ein Datensatz vor dem Zugriff anderer Benutzer geschützt wird.

17.6.1 Dateidefinitionen

Die Dateidefinition mit der SELECT-Klausel kann um die LOCK MODE-Klausel erweitert werden.

LOCK MODE-Klausel

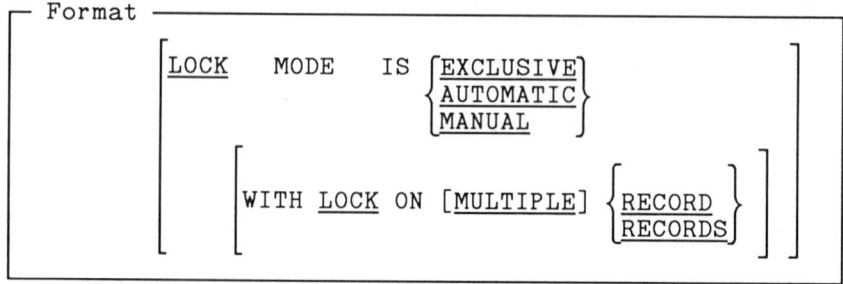

```
 ┌ Format ──────────────────────────────────────────────────┐
 │      ┌                                                  ┐  │
 │      │ LOCK   MODE   IS  ┌EXCLUSIVE┐                    │  │
 │      │                   ┤AUTOMATIC├                    │  │
 │      │                   └MANUAL   ┘                    │  │
 │      │  ┌                                         ┐     │  │
 │      │  │ WITH LOCK ON [MULTIPLE] ┌RECORD ┐       │     │  │
 │      │  │                         └RECORDS┘       │     │  │
 │      │  └                                         ┘     │  │
 │      └                                                  ┘  │
 └───────────────────────────────────────────────────────────┘
```

Erläuterung

Die LOCK MODE-Klausel bestimmt den Sperrmodus für eine Datei.

Exklusivsperrung

Eine Exklusivsperrung kann mit der Klausel LOCK MODE EXCLUSIVE angefordert werden.

Bei einer Exklusivsperrung kann die Datei von keinem weiteren Benutzer verwendet werden, sie ist ausschließlich (EXCLUSIVE) für das Programm zugänglich, in dem sie exklusiv gesperrt worden ist. Erst nachdem die Ausführung dieses Programms beendet ist, können andere Benutzer die Datei verwenden.

Die Exklusivsperrung wird auch impliziert, wenn die LOCK MODE-Klausel weggelassen wird, es sei denn, die Datei wurde mit OPEN INPUT eröffnet; hier gilt sie dann als mehrfachbenutzbar (shareable). Unabhängig vom LOCK MODE ist eine Datei auch exklusiv gesperrt, wenn sie mit OPEN OUTPUT eröffnet wird. Wenn eine Exklusivsperrung aktiviert wird, ist eine Satzsperrung nicht möglich.

Die folgende Darstellung zeigt den Ablauf, wenn zwei Benutzer eine Datei, die LOCK MODE EXCLUSIVE definiert wurde, eröffnen wollen:

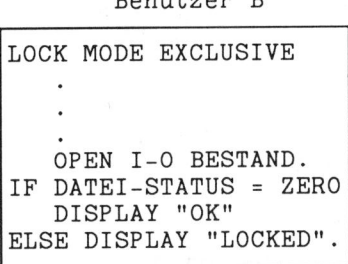

```
        Benutzer A                        Benutzer B

LOCK MODE EXCLUSIVE               LOCK MODE EXCLUSIVE
.                                 .
.                                 .
.                                 .
OPEN I-O BESTAND.                 OPEN I-O BESTAND.
IF DATEI-STATUS = ZERO            IF DATEI-STATUS = ZERO
   DISPLAY "OK"                      DISPLAY "OK"
ELSE DISPLAY "LOCKED".            ELSE DISPLAY "LOCKED".
```

Unter der Annahme, daß Benutzer A die Datei zuerst eröffnet hat und Benutzer B anschließend die Datei eröffnen will, bekommen wir die folgenden Anzeigen:

```
      OK                              LOCKED

   Anzeige                           Anzeige
```

Satzsperrung

Die Satzsperrung ist eine Alternative für die Exklusivsperrung. Sie wird dann empfohlen, wenn mehrere Benutzer gleichzeitig auf die gleiche Datei zugreifen sollen. Solange eine Satzsperrung für eine Datei besteht, kann diese Datei von anderen Benutzern nicht mit LOCK MODE EXCLUSIVE eröffnet werden.

Unter Satzsperrung versteht man allgemein, daß ein oder mehrere Sätze gesperrt werden können. Wird ein Satz gesperrt, so kann er von keinem weite-

ren Programm gelesen, gelöscht oder verändert werden, bevor er wieder freigegeben wurde.

Eine Satzsperrung kann mit LOCK MODE AUTOMATIC oder LOCK
MODE MANUAL errichtet werden.

Während bei LOCK MODE AUTOMATIC der Datensatz automatisch gesperrt wird, sobald er gelesen ist – vorausgesetzt, die Datei wurde mit OPEN
I-O eröffnet –, muß in LOCK MODE MANUAL mit READ WITH LOCK
gelesen werden, damit eine Satzsperrung errichtet werden kann.

Bei der Satzsperrung unterscheiden wir zwischen Einzelsatz- und Mehrsatzsperrung.

Einzelsatzsperrung

Es kann zur selben Zeit nur ein Datensatz gesperrt werden. Eine Einzelsatzsperrung ist gegeben, wenn der Zusatz MULTIPLE nicht verwendet wird.

Mehrsatzsperrung

Bei Mehrsatzsperrung können in einem Programm mehrere Sätze gleichzeitig
gesperrt werden. Eine Mehrsatzsperrung ist dann gegeben, wenn der Zusatz
WITH LOCK ON MULTIPLE RECORDS verwendet wird.

Freigabe der gesperrten Sätze

Bei Einzelsatzsperrung wird der Datensatz sofort freigegeben, sobald eine
beliebige E/A-Anweisung (außer START) für die betroffene Datei ausgeführt wird. Mehr- oder auch Einzelsatzsperrungen können durch die Anweisungen: CLOSE, UNLOCK oder COMMIT aufgehoben werden. In jedem
Fall wird jede Sperrung aufgehoben, wenn die Ausführung des Programms
beendet ist.

17.6.2 Restriktionen hinsichtlich FILE SHARE

Bei der Ausführung einer E/A-Anweisung für eine indexsequentielle Datei in einer Multi-User-Umgebung sind einige Unterschiede zu beachten. Im folgenden sind diese im Detail beschrieben.

OPEN-Anweisung

Bei der OPEN-Anweisung ist zu beachten, daß eine Datei, die mit LOCK MODE EXCLUSIVE definiert ist, nicht von einem anderen Benutzer eröffnet werden kann. Das System liefert den FILE STATUS-Wert 65, wenn festgestellt wird, daß die Datei von einem anderen Programm exklusiv gesperrt ist.

Wird eine Datei mit OPEN OUTPUT in einem Programm eröffnet, so hat dieses Programm die exklusive Kontrolle auf diese Datei, bis sie geschlossen oder freigegeben wird.

Nur Dateien, die mit OPEN I-O eröffnet sind, können Satzsperrungen aktivieren.

READ-Anweisung

Die READ-Anweisung für das sequentielle Lesen (Format-1) und das wahlfreie Lesen (Format-2) kann um den folgenden Zusatz erweitert werden:

```
[WITH  [KEPT]  LOCK]
```

Erläuterung

Dieser Zusatz kann benutzt werden, um Satzsperrungen für Dateien, die mit LOCK MODE MANUAL bzw. AUTOMATIC beschrieben sind, zu aktivieren.

Eine READ-Anweisung für eine Datei, die mit LOCK MODE AUTOMATIC beschrieben ist, aktiviert immer eine Einzelsatzsperrung.

Ist die Datei mit LOCK MODE MANUAL beschrieben, so kann eine Einzelsatzsperrung nur dann aktiviert werden, wenn die READ-Anweisung den Zusatz WITH LOCK enthält.

Wird der Versuch gemacht, einen von einem anderen Benutzer bereits gesperrten Datensatz zu lesen, so liefert das System den Fehlercode 68 im FILE STATUS-Feld.

Enthält die LOCK MODE-Klausel das Wort "MULTIPLE" zusätzlich, so kann eine Mehrsatzsperrung aktiviert werden – vorausgesetzt, die READ-Anweisung enthält den Zusatz WITH KEPT LOCK. Das System liefert den Fehlercode 213 im FILE STATUS-Feld, wenn die maximale Anzahl der zu sperrenden Datensätze überschritten wird.

Ist ein Datensatz gesperrt, so kann die READ NEXT-Anweisung zum sequentiellen Lesen nicht mehr verwendet werden, eine solche READ-Anweisung würde immer wieder den gleichen gesperrten Datensatz lesen.

Ist das sequentielle Lesen unbedingt erforderlich, so kann mit Hilfe der START-Anweisung auf einen Datensatz positioniert und von dort aus weiter gelesen werden.

Die folgende Darstellung zeigt, wann eine Satzsperrung aktiviert werden kann:

Anweisung	Sperrmodus/Eröffnungsmodus	
	AUTOMATIC/I-O	MANUAL/I-O
READ ohne WITH-Zusatz	E	N
READ WITH LOCK	E	E
READ WITH KEPT LOCK	M	M

Legende

E = Einzelsatzsperrung
M = Mehrsatzsperrung, nur in Verbindung mit MULTIPLE RECORD
N = Keine Satzsperrung

WRITE-Anweisung und REWRITE-Anweisung

In PROFESSIONAL COBOL/2 kann eine WRITE- oder REWRITE-Anweisung im Normalfall keine Satzsperre errichten. Dies ist jedoch möglich, wenn bei der Übersetzung des Programms die Übersetzungsdirektive "WRITELOCK" verwendet wird.

In jedem Fall kann ein Datensatz nicht zurückgeschrieben werden (REWRITE), wenn er zu diesem Zeitpunkt von einem anderen Benutzer gesperrt ist.

DELETE-Anweisung

Bei der DELETE-Anweisung ist darauf zu achten, daß ein Datensatz, der von einem anderen Benutzer gesperrt ist, nicht gelöscht werden kann.

Ist der Datensatz im eigenen Programm gesperrt, so kann er gelöscht werden; die Sperrung für diesen Datensatz ist dann automatisch aufgehoben.

START-Anweisung

Die START-Anweisung kann weder eine Satzsperrung aktivieren, noch eine Satzsperrung von einem anderen Benutzer feststellen.

CLOSE-Anweisung

Die erfolgreiche Ausführung einer CLOSE-Anweisung für eine Datei hebt alle mit dieser Datei verbundenen Satz- und Exklusivsperrungen auf.

COMMIT-Anweisung

```
┌─ Format ──────────────────────────────────────────┐
│                                                    │
│   COMMIT                                           │
│                                                    │
└────────────────────────────────────────────────────┘
```

Erläuterung

Die COMMIT-Anweisung wird verwendet, um Einzel- und Mehrsatzsperrungen aller Dateien aufzuheben. Dabei werden sämtliche gesperrten Datensätze freigegeben.

Die COMMIT-Anweisung hat keinen Einfluß auf eine Datei, die sich im exklusiven Sperrmodus (LOCK MODE EXCLUSIVE) befindet.

UNLOCK-Anweisung

```
┌─ Format ──────────────────────────────────────────┐
│                                                    │
│   UNLOCK   Dateiname                               │
│                                                    │
└────────────────────────────────────────────────────┘
```

Erläuterung

Im Gegensatz zu der COMMIT-Anweisung hebt die UNLOCK-Anweisung alle Satzsperrungen nur für eine bestimmte Datei auf. Sie kann nur für Dateien verwendet werden, die bereits eröffnet sind.

Programmbeispiel:
DEMO21-VERWALTEN-ADRESSEN-DATEI

Aufgabenstellung

Es ist ein Programm für die Erstellung und die vollständige Pflege einer Adressendatei zu entwickeln.

Die Datei soll indexsequentiell organisiert werden. Als Primärschlüssel (RECORD KEY) ist eine 4stellige Adressennummer zu verwenden. Weiterhin sollen die Felder "NAME", "ORT" und "GEBURTSDATUM" als alternative Schlüssel (ALTERNATE RECORD KEY) definiert werden.

Das Programm soll das Erfassen, das Löschen und das Ändern von Adressen erlauben. Sämtliche Funktionen werden im Dialog ausgeführt.

Am Beginn der Verarbeitung wird eine Bildschirmmaske mit den auszuwählenden Funktionen angezeigt.

Alle ausgeführten Funktionen sollen in einer Protokolldatei "PROTOK.AUS" protokolliert werden.

Aufbau der Adressendatei "ADRESSEN.ISA":

Anz. Stellen	Feldverwendung
4	Adressennummer
15	Name
15	Straße
4	Postleitzahl
15	Ort
14	Telefon
6	Geburtsdatum
20	Bemerkung
1	Kennzeichen

Aufbau der Protokolldatei "PROTOK.AUS":

Anz. Stellen	Feldverwendung
4 1 1Ø	Adressennummer Leer Funktion (Erfassen, Löschen bzw. Ändern)

Aufbau der Bildschirmmasken: siehe den Dialog-Testlauf am Ende dieses Programms.

Struktogramm

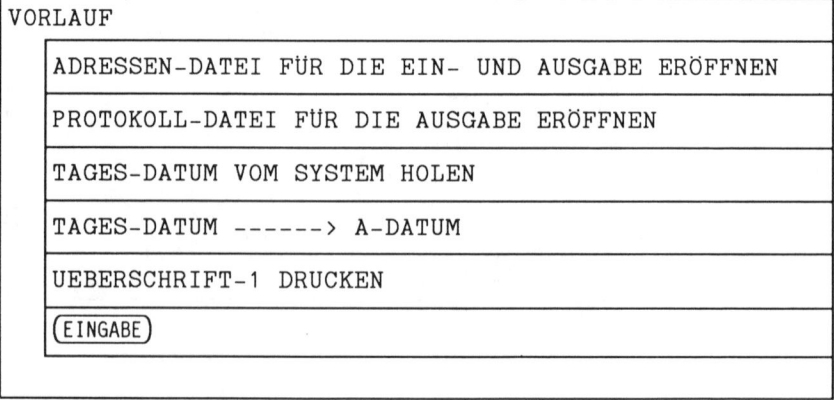

```
EINGABE

    BILDSCHIRM LÖSCHEN

    "ADRESSEN VERWALTUNG" ANZEIGEN

    "ADRESSEN-NR:    "        ANZEIGEN

    "1. NEUAUFNAHME "        ANZEIGEN

    "2. ÄNDERN       "        ANZEIGEN

    "3. LÖSCHEN      "        ANZEIGEN

    "4. LESEN DIREKT"        ANZEIGEN

    "5. LESEN VORWÄRTS"      ANZEIGEN

    "6. LESEN RÜCKWÄRTS"     ANZEIGEN

    "7. STARTEN         "     ANZEIGEN

    "9. ENDE          "       ANZEIGEN

    "IHRE WAHL ( )    "       ANZEIGEN

    Ø ---> AUSWAHL-KZ

    ADRESSEN-NR ---> A-NR IN A-SATZ, D-NR

    ADRESSEN-NR    EINGEBEN

    AUSWAHL-KZ    EINGEBEN
```

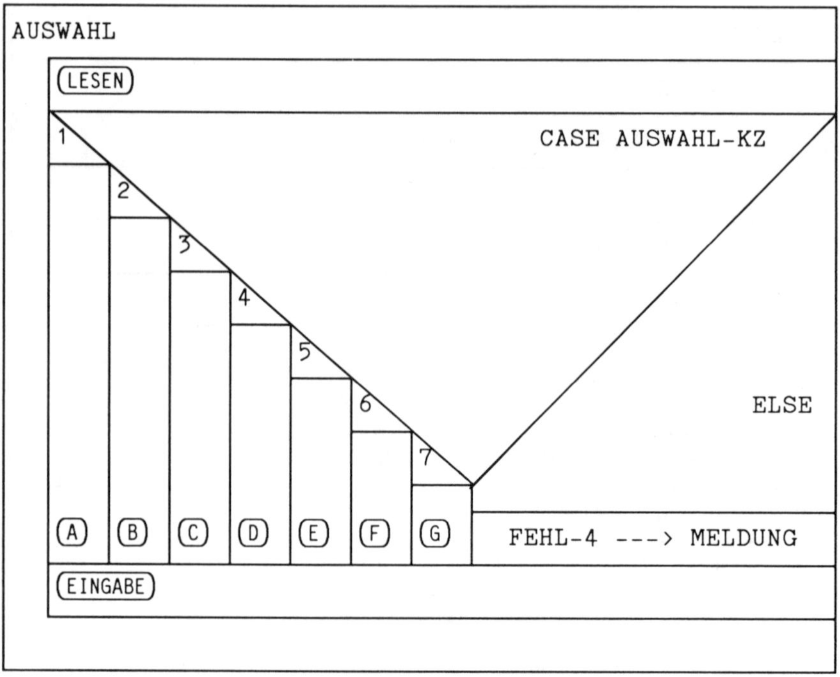

```
┌─────────────────────────────────────────────────────────────────┐
│ AUSWAHL                                                           │
│  ┌─────────────────────────────────────────────────────────────┐ │
│  │ (LESEN)                                                       │ │
│  ├───────────────────────────────────────────────────────────── │
│  │ 1                                       CASE AUSWAHL-KZ        │
│  │   2                                                           │ │
│  │     3                                                         │ │
│  │       4                                                       │ │
│  │         5                                                     │ │
│  │           6                                    ELSE           │ │
│  │             7                                                 │ │
│  │ (A) (B) (C) (D) (E) (F) (G)   FEHL-4 ---> MELDUNG             │ │
│  │ (EINGABE)                                                     │ │
│  └─────────────────────────────────────────────────────────────┘ │
└─────────────────────────────────────────────────────────────────┘
```

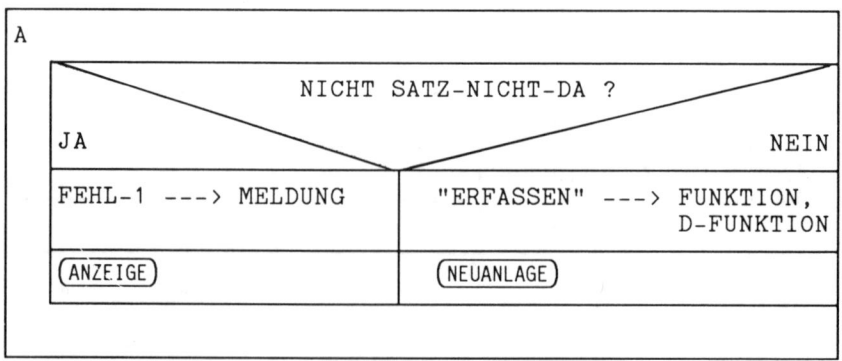

```
┌─────────────────────────────────────────────────────────────────┐
│ A                                                                 │
│  ┌─────────────────────────────────────────────────────────────┐ │
│  │              NICHT SATZ-NICHT-DA ?                            │ │
│  │ JA                                               NEIN         │ │
│  ├───────────────────────────────┬───────────────────────────── │
│  │ FEHL-1 ---> MELDUNG           │ "ERFASSEN" ---> FUNKTION,     │ │
│  │                               │                  D-FUNKTION   │ │
│  │ (ANZEIGE)                     │ (NEUANLAGE)                   │ │
│  └───────────────────────────────┴───────────────────────────── │
└─────────────────────────────────────────────────────────────────┘
```

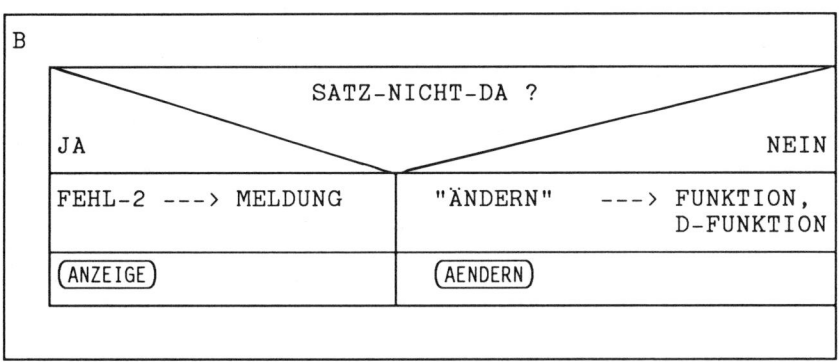

```
B
        SATZ-NICHT-DA ?

 JA                                    NEIN

 FEHL-2 ---> MELDUNG    "ÄNDERN"   ---> FUNKTION,
                                        D-FUNKTION
 (ANZEIGE)             (AENDERN)
```

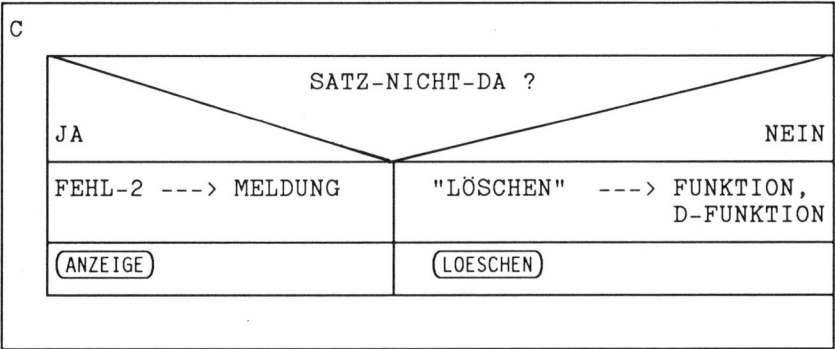

```
C
        SATZ-NICHT-DA ?

 JA                                    NEIN

 FEHL-2 ---> MELDUNG    "LÖSCHEN"  ---> FUNKTION,
                                        D-FUNKTION
 (ANZEIGE)             (LOESCHEN)
```

```
D
 (WAHLFREI-LESEN)
```

```
E
 (VORWAERTS-LESEN)
```

F

    (RUECKWAERTS-LESEN)

G

    (POSITIONIEREN)

LESEN

    WAHLFREIES LESEN EINES SATZES AUS DER
    ADRESSEN-DATEI

NACHLAUF

    ADRESSEN-DATEI, PROTOKOLL-DATEI SCHLIESSEN

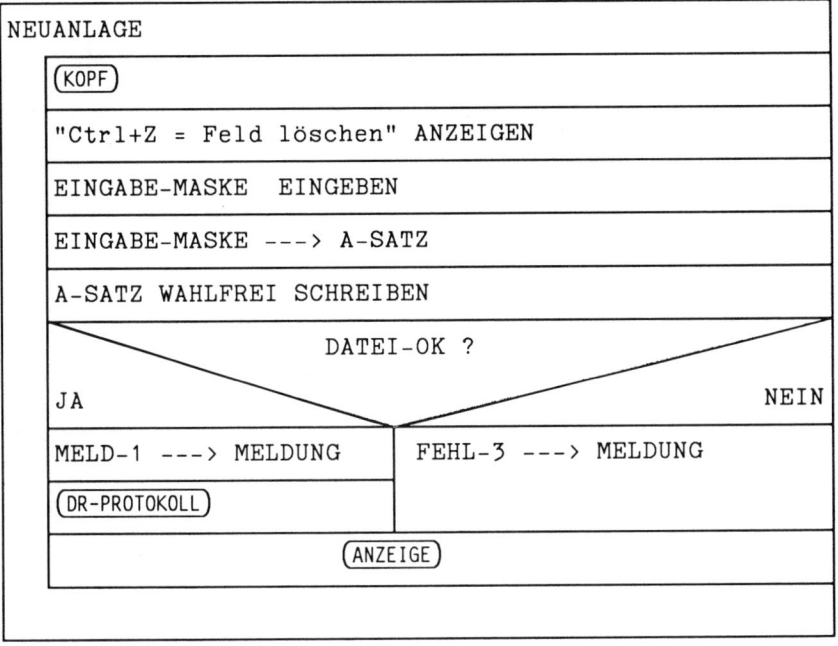

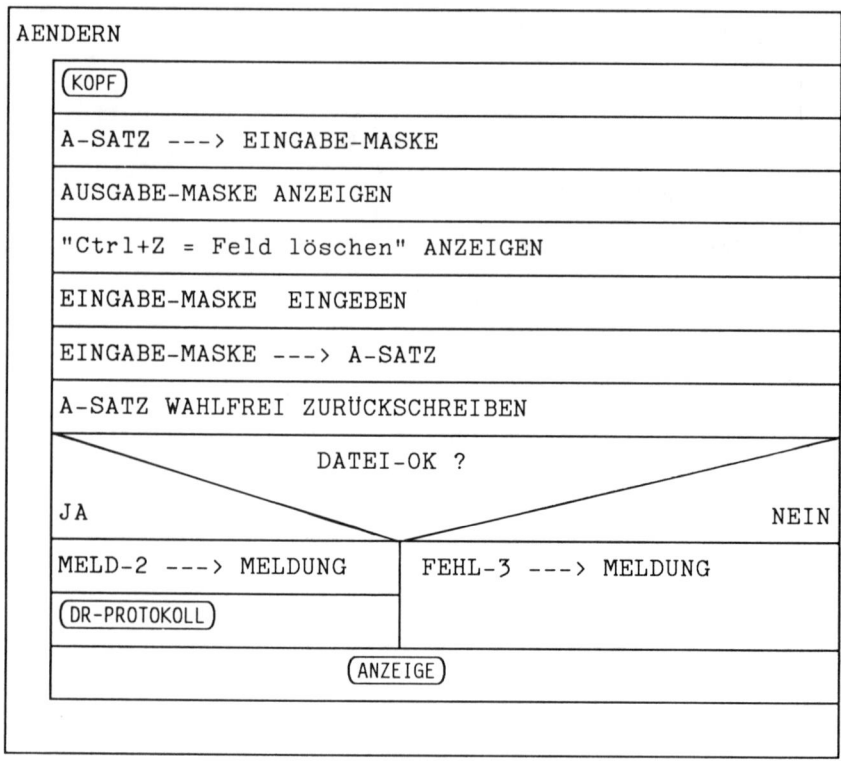

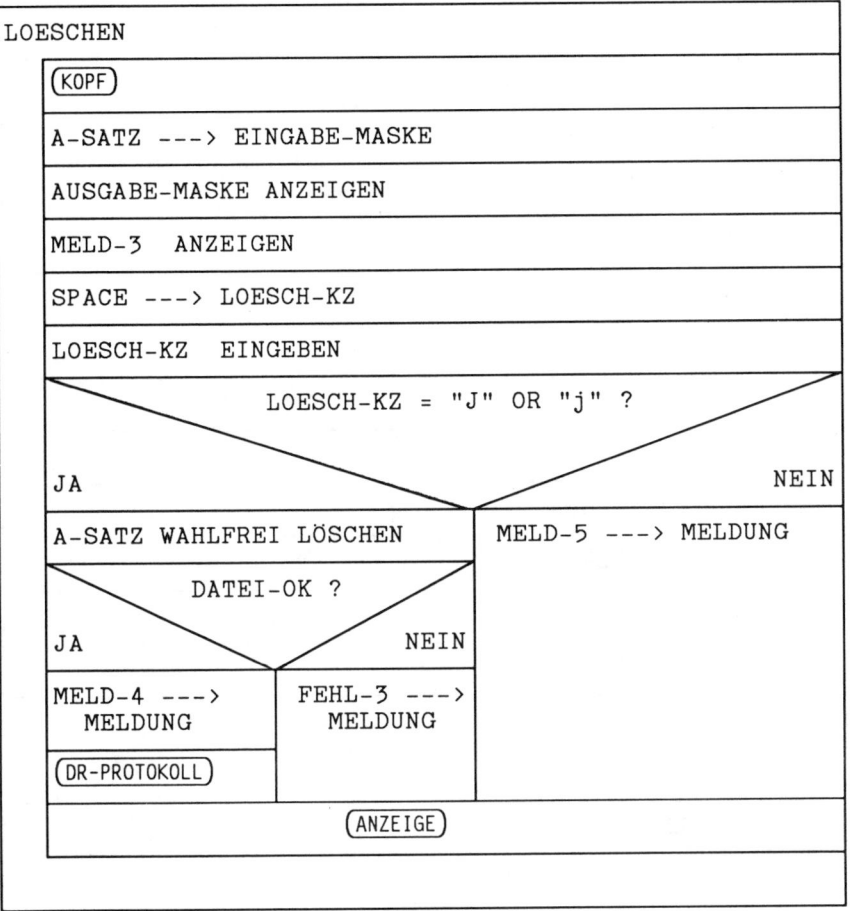

```
KOPF
    BILDSCHIRM LÖSCHEN

    FUNKTION   ANZEIGEN

    "ADRESSEN-NR:    "  ANZEIGEN

    ADRESSEN-NR   ANZEIGEN

    AUSGABE-MASKE   ANZEIGEN
```

```
ANZEIGE
    MELDUNG ANZEIGEN

    WARTEN EINGEBEN

    BLANKS ---> MELDUNG

    MELDUNG ANZEIGEN
```

```
DR-PROTOKOLL
    DRUCK-ZEILE DRUCKEN
```

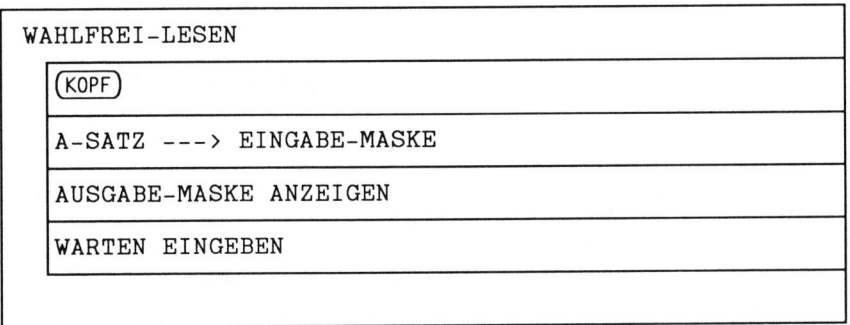

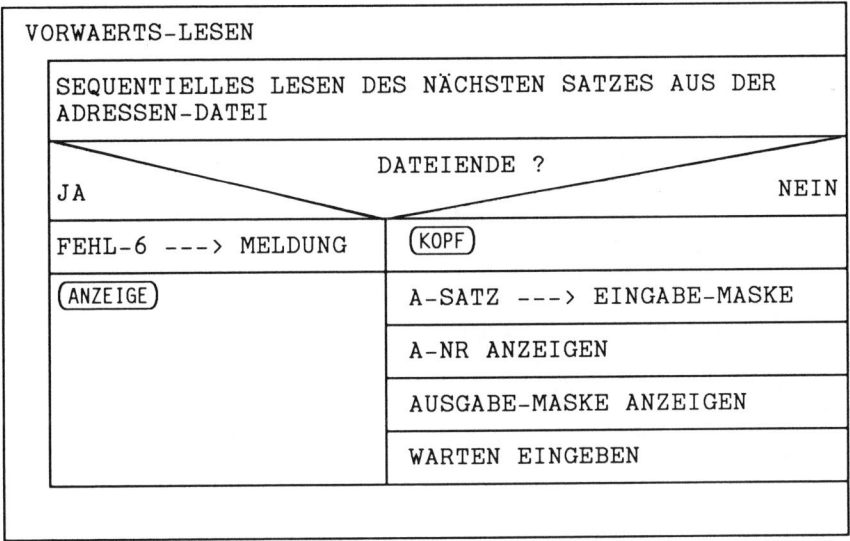

```
┌─────────────────────────────────────────────────────────────────┐
│ RUECKWAERTS-LESEN                                                 │
│   ┌─────────────────────────────────────────────────────────────┐
│   │ RÜCKWÄRTS LESEN EINES SATZES AUS DER ADRESSEN-DATEI          │
│   ├─────────────────────────────────────────────────────────────┤
│   │                    DATEIANFANG ?                             │
│   │ JA                                               NEIN         │
│   ├──────────────────────────┬──────────────────────────────────┤
│   │ FEHL-7 ---> MELDUNG       │ (KOPF)                           │
│   ├──────────────────────────┼──────────────────────────────────┤
│   │ (ANZEIGE)                 │ A-SATZ ---> EINGABE-MASKE        │
│   │                           ├──────────────────────────────────┤
│   │                           │ A-NR ANZEIGEN                    │
│   │                           ├──────────────────────────────────┤
│   │                           │ AUSGABE-MASKE ANZEIGEN           │
│   │                           ├──────────────────────────────────┤
│   │                           │ WARTEN EINGEBEN                  │
│   └──────────────────────────┴──────────────────────────────────┘
└─────────────────────────────────────────────────────────────────┘
```

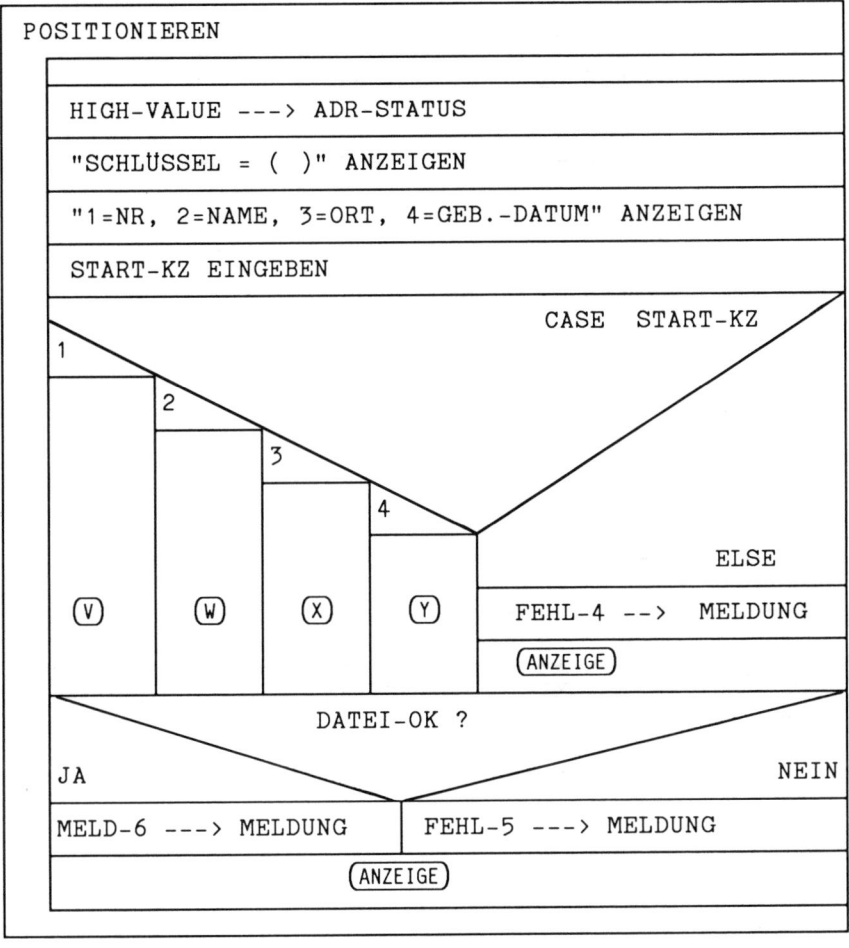

```
POSITIONIEREN

   HIGH-VALUE ---> ADR-STATUS

   "SCHLÜSSEL = ( )" ANZEIGEN

   "1=NR, 2=NAME, 3=ORT, 4=GEB.-DATUM" ANZEIGEN

   START-KZ EINGEBEN
                                    CASE   START-KZ
   1
       2
           3
               4
                                               ELSE
   (V)     (W)     (X)     (Y)    FEHL-4 --> MELDUNG
                                     (ANZEIGE)
                 DATEI-OK ?
   JA                                           NEIN
   MELD-6 ---> MELDUNG      FEHL-5 ---> MELDUNG
                 (ANZEIGE)
```

665

V

POSITIONIEREN MIT ADRESSENNUMMER

W

POSITIONIEREN MIT NAME

V

POSITIONIEREN MIT ORT

V

POSITIONIEREN MIT GEBURTSDATUM

Programmlisting:

```
 1 IDENTIFICATION DIVISION.
 2 PROGRAM-ID.         DEMO21-VERWALTEN-ADRESS-DATEI.
 3 AUTHOR.             R. HABIB.
 4 DATE-WRITTEN.       12-09-1987.
 5 DATE-COMPILED. 16-Sep-87 16:44.
 6*
 7* PROGRAMMFUNKTION:
 8*
 9* DIESES PROGRAMM ERSTELLT UND AKTUALISIERT EINE
10* ADRESS-DATEI, DIE INDEX-SEQUENTIELL ORGANISIERT
11* WIRD.
12*
13*
14 ENVIRONMENT DIVISION.
15 CONFIGURATION SECTION.
16 SOURCE-COMPUTER.   IBM-PC.
17 OBJECT-COMPUTER.   IBM-PC.
18 SPECIAL-NAMES.
19     DECIMAL-POINT IS COMMA,
20     CONSOLE IS CRT.
21 INPUT-OUTPUT SECTION.
22 FILE-CONTROL.
23     SELECT  ADRESSEN ASSIGN TO "ADRESSEN.ISA"
24             ORGANIZATION    IS INDEXED,
25             ACCESS MODE     IS DYNAMIC,
26             RECORD KEY       IS A-NR   IN A-SATZ
27     ALTERNATE RECORD KEY IS A-NAME    IN A-SATZ
28             WITH DUPLICATES,
29     ALTERNATE RECORD KEY IS A-ORT     IN A-SATZ
30             WITH DUPLICATES,
31     ALTERNATE RECORD KEY IS A-G-DATUM IN A-SATZ
32             WITH DUPLICATES,
33             FILE STATUS IS ADR-STATUS.
34
35     SELECT  PROTOKOLL ASSIGN TO "PROTOK.AUS".
36*-------------------------------------------------*
37 DATA DIVISION.
38 FILE SECTION.
```

```
39 FD   ADRESSEN RECORD IS VARYING IN SIZE
40                       FROM 50 TO 100
41                       DEPENDING ON SATZLAENGE.
42 01   A-SATZ.
43      05 A-NR          PIC 9(4).
44      05 A-NAME        PIC X(15).
45      05 A-STR         PIC X(15).
46      05 A-PLZ         PIC X(4).
47      05 A-ORT         PIC X(15).
48      05 A-TELEFON     PIC X(14).
49      05 A-G-DATUM     PIC 9(6).
50      05 A-BEMERKUNG   PIC X(20).
51      05 A-KENNZEICHEN PIC X(1).
52
53 FD   PROTOKOLL.
54 01   PROTOKOLL-SATZ   PIC X(56).
55*-------------------------------------------------*
56 WORKING-STORAGE SECTION.
57
58 01   UEBERSCHRIFT-1.
59      05 FILLER        PIC X(36) VALUE
60      "ADRESSENVERWALTUNGS-PROTOKOLL VOM ".
61      05 A-DATUM.
62         10 TAG        PIC 99.
63         10 FILLER     PIC X VALUE ".".
64         10 MONAT      PIC 99.
65         10 FILLER     PIC XXX VALUE ".19".
66         10 JAHR       PIC 99.
67
68 01   DRUCK-ZEILE.
69      05 D-NR          PIC 9(4).
70      05 FILLER        PIC X.
71      05 D-FUNKTION    PIC X(20).
72
73 01   TAGES-DATUM.
74      05  JAHR         PIC 99.
75      05  MONAT        PIC 99.
76      05  TAG          PIC 99.
77
```

```
78 01 ADR-STATUS            PIC 99.
79      88 DATEI-OK          VALUE 00, 02.
80      88 DATEI-ENDE        VALUE 10.
81      88 SATZ-NICHT-DA     VALUE 23.
82      88 SATZ-BEREITS-DA   VALUE 22.
83
84 01 AUSWAHL-KZ            PIC 9 VALUE 0.
85 88 DIALOG-ENDE           VALUE 9.
86
87
88 78 NEUAUFNAHME           VALUE 1.
89 78 AENDERUNG             VALUE 2.
90 78 LOESCHUNG             VALUE 3.
91 78 WAHLFREI-LESEN        VALUE 4.
92 78 VOR-LESEN             VALUE 5.
93 78 RUECK-LESEN           VALUE 6.
94 78 STARTEN               VALUE 7.
95
96 01 SATZLAENGE            PIC 9(3) VALUE 100.
97
98 01 AUSGABE-MASKE.
99      05 TEXT1   PIC X(80) VALUE "Name:".
100     05 TEXT2   PIC X(80) VALUE "Straße:".
101     05 TEXT3   PIC X(80) VALUE "PLZ:".
102     05 TEXT4   PIC X(80) VALUE "Ort:".
103     05 TEXT5   PIC X(80) VALUE "Telefon:".
104     05 TEXT6   PIC X(80) VALUE "Geburtsdatum:".
105     05 TEXT7   PIC X(80) VALUE "Bemerkung:".
106     05 TEXT8   PIC X(80) VALUE "Kennzeichen:".
107
108 01 EINGABE-MASKE REDEFINES AUSGABE-MASKE.
109     05 FILLER      PIC X(15).
110     05 A-NAME      PIC X(15).
111     05 FILLER      PIC X(50).
112
113     05 FILLER      PIC X(15).
114     05 A-STR       PIC X(15).
115     05 FILLER      PIC X(50).
116
```

```
117      05 FILLER            PIC X(15).
118      05 A-PLZ             PIC X(4).
119      05 FILLER            PIC X(61).
120
121      05 FILLER            PIC X(15).
122      05 A-ORT             PIC X(15).
123      05 FILLER            PIC X(50).
124
125      05 FILLER            PIC X(15).
126      05 A-TELEFON         PIC X(14).
127      05 FILLER            PIC X(51).
128
129      05 FILLER            PIC X(15).
130      05 A-G-DATUM         PIC 99.99.99.
131      05 FILLER            PIC X(57).
132
133      05 FILLER            PIC X(15).
134      05 A-BEMERKUNG       PIC X(20).
135      05 FILLER            PIC X(45).
136
137      05 FILLER            PIC X(15).
138      05 A-KENNZEICHEN     PIC X(1).
139      05 FILLER            PIC X(64).
140
141 01   FEHL-1               PIC X(60) VALUE
142      "Satz bereits vorhanden".
143 01   FEHL-2               PIC X(60) VALUE
144      "Satz nicht vorhanden".
145 01   FEHL-3               PIC X(60) VALUE
146      "Systemfehler aufgetreten".
147 01   FEHL-4               PIC X(60) VALUE
148      "Falsches Kennzeichen".
149 01   FEHL-5               PIC X(60) VALUE
150      "Datei nicht positioniert".
151 01   FEHL-6               PIC X(60) VALUE
152      "Dateiende erreicht".
153 01   FEHL-7               PIC X(60) VALUE
154      "Dateianfang erreicht".
155
```

```
156 01  MELD-1              PIC X(60) VALUE
157     "Satz gespeichert".
158 01  MELD-2              PIC X(60) VALUE
159     "Satz geändert".
160 01  MELD-3              PIC X(60) VALUE
161     "Soll der Satz gelöscht werden(J/N)? ( )".
162 01  MELD-4              PIC X(60) VALUE
163     "Satz gelöscht".
164 01  MELD-5              PIC X(60) VALUE
165     "Satz nicht gelöscht".
166 01  MELD-6              PIC X(60) VALUE
167     "Datei positioniert".
168 01  MELDUNG             PIC X(60).
169 01  WARTEN             PIC X.
170 01  LOESCH-KZ          PIC X.
171 01  ADRESSEN-NR        PIC 9(4).
172 01  FUNKTION           PIC X(20).
173 01  START-KZ           PIC X.
174*------------------------------------------------*
175 PROCEDURE DIVISION.
176 PROGRAMM-STEUERUNG SECTION.
177 PR-1000.
178     PERFORM VORLAUF.
179     PERFORM AUSWAHL UNTIL DIALOG-ENDE.
180     PERFORM NACHLAUF.
181 PR-9999.
182     STOP RUN.
183*------------------------------------------------*
184 VORLAUF SECTION.
185 VOR-1000.
186     OPEN I-O ADRESSEN OUTPUT PROTOKOLL.
187     ACCEPT TAGES-DATUM FROM DATE.
188     MOVE CORR TAGES-DATUM TO A-DATUM.
189     WRITE PROTOKOLL-SATZ FROM UEBERSCHRIFT-1
190             AFTER PAGE.
191     PERFORM EINGABE.
192 VOR-9999.
193     EXIT.
194*------------------------------------------------*
```

671

```
195 EINGABE SECTION.
196 EIN-1000.
197     DISPLAY SPACE.
198     DISPLAY "ADRESSEN VERWALTUNG" AT 0130.
199     DISPLAY "ADRESSEN-NR:   "     AT 0301.
200     DISPLAY "1. NEUAUFNAHME "     AT 0535.
201     DISPLAY "2. ÄNDERN       "     AT 0735.
202     DISPLAY "3. LÖSCHEN      "     AT 0935.
203     DISPLAY "4. LESEN DIREKT"     AT 1135.
204     DISPLAY "5. LESEN VORWÄRTS"   AT 1335.
205     DISPLAY "6. LESEN RÜCKWÄRTS"  AT 1535.
206     DISPLAY "7. STARTEN       "   AT 1735.
207
208     DISPLAY "9. ENDE         "     AT 1935.
209
210     DISPLAY "IHRE WAHL ( )   "     AT 2401.
211     MOVE    ZERO TO AUSWAHL-KZ.
212     ACCEPT ADRESSEN-NR           AT 0316.
213     ACCEPT AUSWAHL-KZ            AT 2412.
214     MOVE    ADRESSEN-NR TO A-NR IN A-SATZ, D-NR.
215 EIN-9999.
216     EXIT.
217*---------------------------------------------*
218 AUSWAHL SECTION.
219 AUS-1000.
220     EVALUATE AUSWAHL-KZ
221     WHEN 1 THRU 4 PERFORM LESEN
222     END-EVALUATE
223
224     EVALUATE AUSWAHL-KZ
225
226     WHEN NEUAUFNAHME
227
228         EVALUATE SATZ-NICHT-DA
229         WHEN TRUE  MOVE "ERFASSEN" TO FUNKTION,
230                                    D-FUNKTION,
231             PERFORM NEUANLAGE,
232
```

```
233              WHEN FALSE MOVE FEHL-1 TO MELDUNG
234                       PERFORM ANZEIGE
235
236              END-EVALUATE
237
238      WHEN AENDERUNG
239
240              EVALUATE SATZ-NICHT-DA
241
242              WHEN FALSE MOVE "ÄNDERN" TO FUNKTION,
243                                      D-FUNKTION,
244                      PERFORM AENDERN
245
246              WHEN TRUE  MOVE FEHL-2 TO MELDUNG
247                         PERFORM ANZEIGE
248
249              END-EVALUATE
250
251      WHEN LOESCHUNG
252
253              EVALUATE SATZ-NICHT-DA
254
255              WHEN FALSE MOVE "LÖSCHEN" TO FUNKTION,
256                                       D-FUNKTION,
257                      PERFORM LOESCHEN,
258
259              WHEN TRUE  MOVE FEHL-2 TO MELDUNG
260                         PERFORM ANZEIGE
261
262              END-EVALUATE
263
264
265      WHEN  WAHLFREI-LESEN
266
267              EVALUATE SATZ-NICHT-DA
268
269              WHEN FALSE MOVE "LESEN DIREKT" TO FUNKTION,
270                                       D-FUNKTION,
271                      PERFORM LESEN-DIREKT
```

```
272
273          WHEN TRUE   MOVE FEHL-2 TO MELDUNG
274                      PERFORM ANZEIGE
275
276          END-EVALUATE
277
278      WHEN  VOR-LESEN PERFORM VORWAERTS-LESEN
279
280      WHEN  RUECK-LESEN PERFORM RUECKWAERTS-LESEN
281
282      WHEN  STARTEN PERFORM POSITIONIEREN
283
284      WHEN OTHER MOVE FEHL-4 TO MELDUNG
285                 PERFORM ANZEIGE
286
287      END-EVALUATE
288
289      PERFORM EINGABE.
290 AUS-9999.
291      EXIT.
292*------------------------------------------------*
293 LESEN SECTION.
294 LES-1000.
295      READ ADRESSEN.
296 LES-9999.
297      EXIT.
298*------------------------------------------------*
299 NACHLAUF SECTION.
300 NAC-1000.
301      CLOSE ADRESSEN, PROTOKOLL.
302 NAC-9999.
303      EXIT.
304*------------------------------------------------*
305 NEUANLAGE SECTION.
306 NEU-1000.
307      PERFORM KOPF.
308      DISPLAY "Ctrl+Z = Feld löschen" AT 2401.
309      ACCEPT  EINGABE-MASKE      AT 0501.
310      MOVE CORR EINGABE-MASKE TO A-SATZ.
```

```
311     WRITE A-SATZ.
312     IF DATEI-OK  MOVE MELD-1 TO MELDUNG,
313                  PERFORM DR-PROTOKOLL
314     ELSE         MOVE FEHL-3 TO MELDUNG.
315     PERFORM ANZEIGE.
316 NEU-9999.
317     EXIT.
318*-------------------------------------------------*
319 AENDERN SECTION.
320 AEN-1000.
321     PERFORM KOPF.
322     MOVE CORR A-SATZ TO EINGABE-MASKE.
323     DISPLAY AUSGABE-MASKE       AT 0501.
324     DISPLAY "Ctrl+Z = Feld löschen" AT 2401.
325     ACCEPT  EINGABE-MASKE       AT 0501.
326     MOVE CORR EINGABE-MASKE TO A-SATZ.
327     REWRITE A-SATZ.
328     IF DATEI-OK  MOVE MELD-2 TO MELDUNG
329                  PERFORM DR-PROTOKOLL
330     ELSE         MOVE FEHL-3 TO MELDUNG.
331     PERFORM ANZEIGE.
332 AEN-9999.
333     EXIT.
334*-------------------------------------------------*
335 LOESCHEN SECTION.
336 LOE-1000.
337     PERFORM KOPF.
338     MOVE CORR A-SATZ TO EINGABE-MASKE.
339     DISPLAY AUSGABE-MASKE       AT 0501.
340     DISPLAY MELD-3              AT 2401.
341     MOVE SPACE TO LOESCH-KZ.
342     ACCEPT  LOESCH-KZ           AT 2438.
343
344     EVALUATE LOESCH-KZ = "J" OR "j"
345     WHEN TRUE
346         DELETE ADRESSEN
347         IF DATEI-OK  MOVE MELD-4 TO MELDUNG
348                      PERFORM DR-PROTOKOLL
349         ELSE         MOVE FEHL-3 TO MELDUNG
```

```
350              END-IF
351
352       WHEN FALSE MOVE MELD-5 TO MELDUNG
353
354       END-EVALUATE
355
356       PERFORM ANZEIGE.
357 LOE-9999.
358       EXIT.
359*-------------------------------------------------*
360 KOPF SECTION.
361 KO-1000.
362       DISPLAY SPACE.
363       DISPLAY FUNKTION            AT 0135.
364       DISPLAY "ADRESSEN-NR:   "  AT 0301.
365       DISPLAY ADRESSEN-NR        AT 0316.
366
367       DISPLAY AUSGABE-MASKE      AT 0501.
368 KO-9999.
369       EXIT.
370*-------------------------------------------------*
371 ANZEIGE SECTION.
372 ANZ-1000.
373       DISPLAY MELDUNG AT 2501.
374       ACCEPT  WARTEN  AT 2561.
375       MOVE SPACE TO MELDUNG.
376       DISPLAY MELDUNG AT 2501.
377 ANZ-9999.
378       EXIT.
379*-------------------------------------------------*
380 DR-PROTOKOLL SECTION.
381 DR-1000.
382       WRITE PROTOKOLL-SATZ FROM DRUCK-ZEILE AFTER 1.
383 DR-9999.
384       EXIT.
385*-------------------------------------------------*
386 LESEN-DIREKT SECTION.
387       PERFORM KOPF.
388       MOVE CORR A-SATZ TO EINGABE-MASKE.
```

```
389     DISPLAY AUSGABE-MASKE        AT 0501.
390     ACCEPT WARTEN AT 2501.
391*---------------------------------------------------*
392 VORWAERTS-LESEN SECTION.
393
394     READ ADRESSEN NEXT
395         AT END
396                 MOVE FEHL-6 TO MELDUNG
397                 PERFORM ANZEIGE
398
399         NOT AT END
400                 PERFORM KOPF
401                 MOVE CORR A-SATZ TO EINGABE-MASKE
402                 DISPLAY A-NR              AT 0316
403                 DISPLAY AUSGABE-MASKE     AT 0501
404                 ACCEPT WARTEN AT 2501
405     END-READ.
406*---------------------------------------------------*
407 RUECKWAERTS-LESEN SECTION.
408
409     READ ADRESSEN PREVIOUS
410         AT END
411                 MOVE FEHL-7 TO MELDUNG
412                 PERFORM ANZEIGE
413
414         NOT AT END
415                 PERFORM KOPF
416                 MOVE CORR A-SATZ TO EINGABE-MASKE
417                 DISPLAY A-NR              AT 0316
418                 DISPLAY AUSGABE-MASKE     AT 0501
419                 ACCEPT WARTEN AT 2501
420     END-READ.
421*---------------------------------------------------*
422 POSITIONIEREN  SECTION.
423     MOVE HIGH-VALUE TO ADR-STATUS.
424
425     DISPLAY "SCHLÜSSEL = ( )" AT  2001.
426
```

```
427        DISPLAY "1=NR, 2=NAME, 3=ORT, 4=GEB.-DATUM"
428                                  AT 2017.
429        ACCEPT START-KZ          AT 2014.
430
431        EVALUATE START-KZ
432
433        WHEN  1
434
435            DISPLAY "NR:"              AT 2101
436            ACCEPT  A-NR IN A-SATZ     AT 2120
437            START ADRESSEN KEY NOT < A-NR IN A-SATZ
438
439        WHEN  2
440
441            DISPLAY "NAME:"            AT 2101
442            ACCEPT  A-NAME IN A-SATZ   AT 2120
443            START ADRESSEN KEY NOT < A-NAME IN A-SATZ
444
445        WHEN  3
446
447            DISPLAY "ORT:"             AT 2101
448            ACCEPT  A-ORT IN A-SATZ    AT 2120
449            START ADRESSEN KEY NOT < A-ORT IN A-SATZ
450
451        WHEN  4
452
453            DISPLAY "GEB.-DATUM"          AT 2101
454            ACCEPT  A-G-DATUM IN A-SATZ AT 2120
455            START ADRESSEN KEY NOT < A-G-DATUM
456                                    IN A-SATZ
457
458        WHEN OTHER MOVE FEHL-4 TO MELDUNG
459                   PERFORM ANZEIGE
460
461        END-EVALUATE
462
463        IF DATEI-OK  MOVE MELD-6 TO MELDUNG
464        ELSE         MOVE FEHL-5 TO MELDUNG
465        END-IF
466        PERFORM ANZEIGE.
```

Dialog-Testlauf:

```
                    ADRESSEN VERWALTUNG

ADRESSEN-NR:    1000


                    1. NEUAUFNAHME

                    2. ÄNDERN

                    3. LÖSCHEN

                    4. ENDE


IHRE WAHL (█)
```

```
                         ERFASSEN


ADRESSEN-NR:    1000

Name:
Straße:
PLZ:
Ort:
Telefon:
Geburtsdatum:
Bemerkung:
Kennzeichen:


Ctrl+Z = Feld löschen
```

Inhalt der Protokolldatei "PROTOK.AUS":

```
ADRESSENVERWALTUNGS-PROTOKOLL VOM 12.05.1986


     1111  ERFASSEN
     2222  ERFASSEN
     4444  ERFASSEN
     1111  ÄNDERN
     6666  ERFASSEN
     5555  ERFASSEN
     7777  ERFASSEN
     1000  ERFASSEN
     8888  ERFASSEN
     9999  ERFASSEN
     3333  ERFASSEN
     1000  LÖSCHEN
```

Programmbeispiel: DEMO22-TELEFONLISTE

Aufgabenstellung

Für die im Programmbeispiel "DEMO22" erstellte index-sequentielle Datei "ADRESSEN.ISA" soll nun eine alphabetisch sortierte Telefonliste erstellt werden.

Aufbau der Telefonliste: siehe Druckliste am Ende dieses Programms

Lösungshinweis:

Da das Feld "NAME" als alternativer Schlüssel definiert worden ist, befinden sich die Datensätze der Datei zu jedem Zeitpunkt in aufsteigender sortierter Reihenfolge nach diesem Feld.

Die Datei soll daher auf den alphabetisch niedrigsten Namen positioniert und anschließend sequentiell gelesen werden. Nachdem aber der alphabetisch niedrigste Name nicht bekannt ist, werden zum Positionieren Leerzeichen benutzt.

Struktogramm

```
PROGRAMMSTEUERUNG
    (VORLAUF)
    SOLANGE NICHT DATEI-OK
        (VERARBEITUNG)
    (NACHLAUF)
    PROGRAMM BEENDEN
```

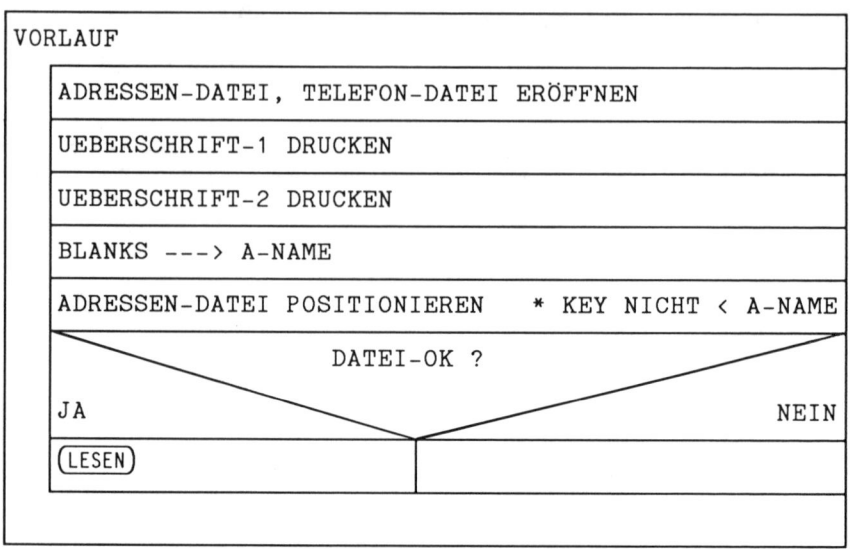

```
VORLAUF

   ADRESSEN-DATEI, TELEFON-DATEI ERÖFFNEN

   UEBERSCHRIFT-1 DRUCKEN

   UEBERSCHRIFT-2 DRUCKEN

   BLANKS ---> A-NAME

   ADRESSEN-DATEI POSITIONIEREN   * KEY NICHT < A-NAME

                    DATEI-OK ?
   JA                                           NEIN
   (LESEN)
```

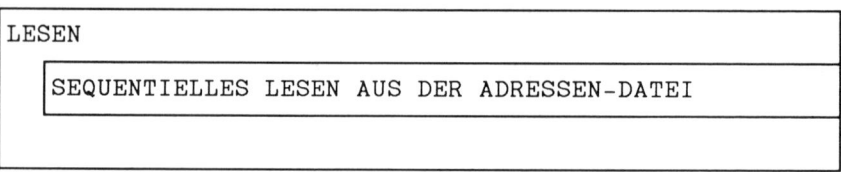

```
LESEN

   SEQUENTIELLES LESEN AUS DER ADRESSEN-DATEI
```

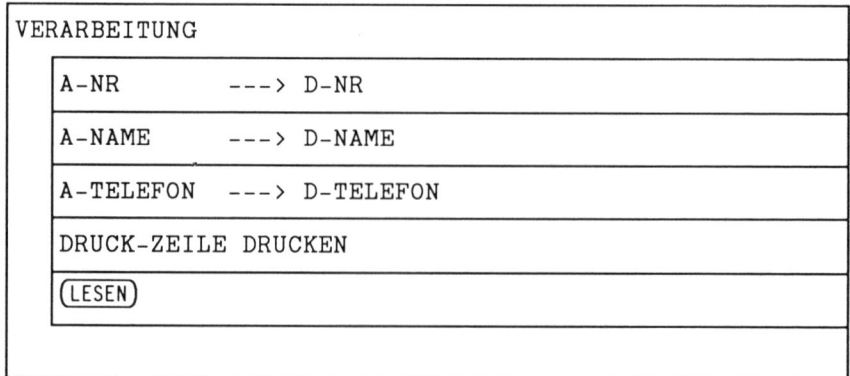

```
VERARBEITUNG

   A-NR        ---> D-NR

   A-NAME      ---> D-NAME

   A-TELEFON   ---> D-TELEFON

   DRUCK-ZEILE DRUCKEN
   (LESEN)
```

```
NACHLAUF

    ADRESSEN-DATEI, TELEFON-DATEI SCHLIESSEN

```

Programmlisting:

```
 1 IDENTIFICATION DIVISION.
 2 PROGRAM-ID.          DEMO22-TELEFONLISTE.
 3 AUTHOR.              R. HABIB.
 4 DATE-WRITTEN.        12-09-1987.
 5 DATE-COMPILED. 16-Sep-87 16:45.
 6*
 7* PROGRAMMFUNKTION:
 8*
 9* DAS PROGRAMM ERSTELLT AUS DEN SÄTZEN EINER
10* INDEX-SEQUENTIELLEN DATEI EINE TELEFONLISTE.
11*
12*
13 ENVIRONMENT DIVISION.
14 CONFIGURATION SECTION.
15 SOURCE-COMPUTER.  IBM-PC.
16 OBJECT-COMPUTER.  IBM-PC.
17 SPECIAL-NAMES.
18     DECIMAL-POINT IS COMMA,
19     CONSOLE IS CRT.
20 INPUT-OUTPUT SECTION.
21 FILE-CONTROL.
22     SELECT  ADRESSEN ASSIGN TO "ADRESSEN.ISA",
23             ORGANIZATION   IS INDEXED,
24             ACCESS MODE    IS DYNAMIC,
25             RECORD KEY     IS A-NR   IN A-SATZ,
26     ALTERNATE RECORD KEY IS A-NAME   IN A-SATZ
27             WITH DUPLICATES,
28     ALTERNATE RECORD KEY IS A-ORT    IN A-SATZ
29             WITH DUPLICATES,
```

```
30      ALTERNATE RECORD KEY IS A-G-DATUM IN A-SATZ
31              WITH DUPLICATES,
32              FILE STATUS IS ADR-STATUS.
33
34      SELECT  TELEFONLISTE ASSIGN TO "TELEFON.AUS".
35*--------------------------------------------------*
36 DATA DIVISION.
37 FILE SECTION.

38 FD  ADRESSEN RECORD IS VARYING IN SIZE
39                      FROM 50 TO 100
40                      DEPENDING ON SATZLAENGE.
41 01  A-SATZ.
42      05 A-NR           PIC 9(4).
43      05 A-NAME         PIC X(15).
44      05 A-STR          PIC X(15).
45      05 A-PLZ          PIC X(4).
46      05 A-ORT          PIC X(15).
47      05 A-TELEFON      PIC X(14).
48      05 A-G-DATUM      PIC 9(6).
49      05 A-BEMERKUNG    PIC X(20).
50      05 A-KENNZEICHEN  PIC X(1).
51
52 FD  TELEFONLISTE.
53 01  TELEFON-SATZ       PIC X(56).
54*--------------------------------------------------*
55 WORKING-STORAGE SECTION.
56 01  SATZLAENGE        PIC 9(3) VALUE 100.
57
58 01  UEBERSCHRIFT-1.
59      05 FILLER          PIC X(40) VALUE
60      "          TELEFONLISTE ".
61
62 01  UEBERSCHRIFT-2.
63      05 FILLER          PIC X(40) VALUE
64      "NR     NAME              TELEFON".
65
66 01  DRUCK-ZEILE.
67      05 D-NR            PIC 9(4).
```

```
68        05 FILLER           PIC X(2).
69        05 D-NAME           PIC X(15).
70        05 FILLER           PIC X(2).
71        05 D-TELEFON        PIC X(14).
72
73 01 ADR-STATUS              PIC 99.
74        88 DATEI-OK         VALUE 00, 02.
75        88 DATEI-ENDE       VALUE 10.
76        88 SATZ-NICHT-DA    VALUE 23.
77        88 SATZ-BEREITS-DA  VALUE 22.
78*---------------------------------------------------*
79 PROCEDURE DIVISION.
80 PROGRAMM-STEUERUNG SECTION.
81 PR-1000.
82        PERFORM VORLAUF.
83        PERFORM VERARBEITUNG UNTIL NOT DATEI-OK.
84        PERFORM NACHLAUF.
85 PR-9999.
86        STOP RUN.
87*---------------------------------------------------*
88 VORLAUF SECTION.
89 VOR-1000.
90        OPEN I-O ADRESSEN OUTPUT TELEFONLISTE.
91        WRITE TELEFON-SATZ FROM UEBERSCHRIFT-1 AFTER 1.
92        WRITE TELEFON-SATZ FROM UEBERSCHRIFT-2 AFTER 1.
93        MOVE SPACE TO A-NAME.
94        START ADRESSEN KEY NOT < A-NAME.
95        IF DATEI-OK PERFORM LESEN.
96 VOR-9999.
97        EXIT.
98*---------------------------------------------------*
99 VERARBEITUNG SECTION.
100 VER-1000.
101       MOVE A-NR       TO D-NR.
102       MOVE A-NAME     TO D-NAME.
103       MOVE A-TELEFON  TO D-TELEFON.
104       WRITE TELEFON-SATZ FROM DRUCK-ZEILE AFTER 1.
105       PERFORM LESEN.
106 VER-9999.
```

```
107     EXIT.
108*---------------------------------------------------*
109 LESEN SECTION.
110 LES-1000.
111     READ ADRESSEN NEXT.
112 LES-9999.
113     EXIT.
114*---------------------------------------------------*
115 NACHLAUF SECTION.
116 NAC-1000.
117     CLOSE ADRESSEN, TELEFONLISTE.
118 NAC-9999.
119     EXIT.
120*---------------------------------------------------*
```

Inhalt der Druckliste "TELEFON.AUS":

```
        TELEFONLISTE

NR    NAME                TELEFON

2222  MAEIR  KLAUS        089/23849
1111  SCHMIDT PETER       089/5626566
5555  SCHULZ ALOIS        089/326547
3333  SCHULZ GEHARD       089/83873
6666  SCHULZ GÜNTER       089/3646778
7777  SCHULZ GÜNTER       089/878993
4444  SCHULZ HANS         089/98263
8888  SCHULZ ROSA         0637/9834432
9999  SCHULZ ROSA         06879/654231
```

Programmbeispiel: DEMO23-AUSKUNFTS-SYSTEM

Aufgabenstellung

Ein Auskunftssystem soll für die im Programmbeispiel "DEMO22" erstellte index-sequentielle Datei "ADRESSEN. ISA" entwickelt werden.

Dabei soll der Benutzer die Möglichkeit haben, einen oder mehrere Buchstaben des Namens (als Abkürzung) einzugeben, um anschließend die alphabetisch nächsten 5 Datensätze in Kurzform am Bildschirm zu erhalten.

Der Benutzer kann dann anhand anderer Datenfelder des Satzes (z.B. Geburtsdatum) bestimmen, welchen Satz er für die Verarbeitung bzw. zum Anzeigen benötigt.

Die Auswahl des benötigten Satzes wird vom Benutzer insofern vorgenommen, daß er nur noch den Cursor zwischen die angezeigten 5 Datensätzen am Bildschirm zu bewegen braucht. Wird die RETURN-Taste gedrückt, so erscheint anschließend der vollständige Satz am Bildschirm.

Ablauf des Dialogs: siehe Bildschirmmasken am Ende dieses Programms

Struktogramm

```
┌─────────────────────────────────────────────────────┐
│ PROGRAMMSTEUERUNG                                     │
│  ┌──────────────────────────────────────────────────┐│
│  │ (VORLAUF)                                          ││
│  ├──────────────────────────────────────────────────┤│
│  │ SOLANGE NICHT DIALOG-ENDE                          ││
│  │  ┌─────────────────────────────────────────────── ││
│  │  │ (AUSWAHL)                                        ││
│  ├──────────────────────────────────────────────────┤│
│  │ (NACHLAUF)                                         ││
│  ├──────────────────────────────────────────────────┤│
│  │ PROGRAMM BEENDEN                                   ││
│  └──────────────────────────────────────────────────┘│
└─────────────────────────────────────────────────────┘
```

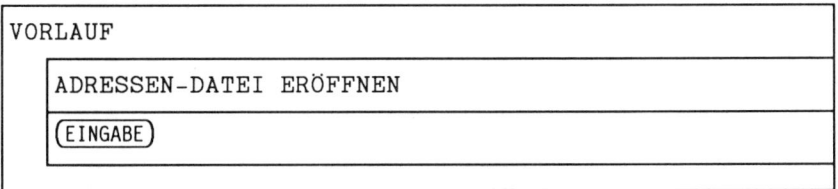

```
VORLAUF

    ADRESSEN-DATEI ERÖFFNEN

   (EINGABE)
```

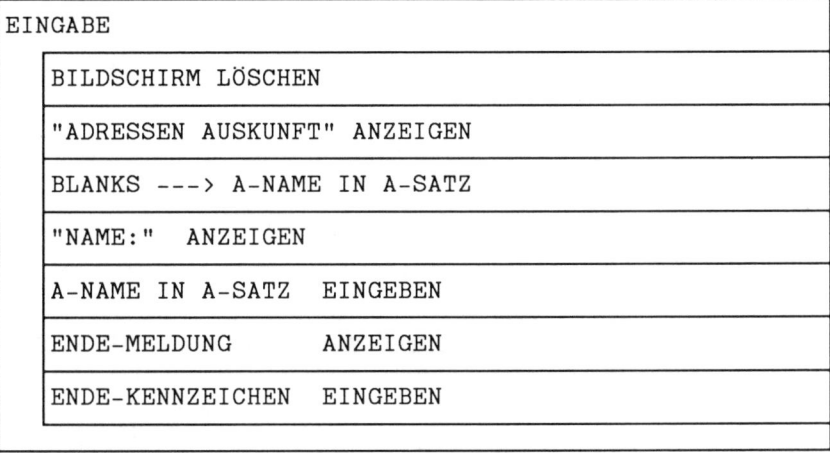

```
EINGABE

    BILDSCHIRM LÖSCHEN

    "ADRESSEN AUSKUNFT" ANZEIGEN

    BLANKS ---> A-NAME IN A-SATZ

    "NAME:"  ANZEIGEN

    A-NAME IN A-SATZ  EINGEBEN

    ENDE-MELDUNG      ANZEIGEN

    ENDE-KENNZEICHEN  EINGEBEN
```

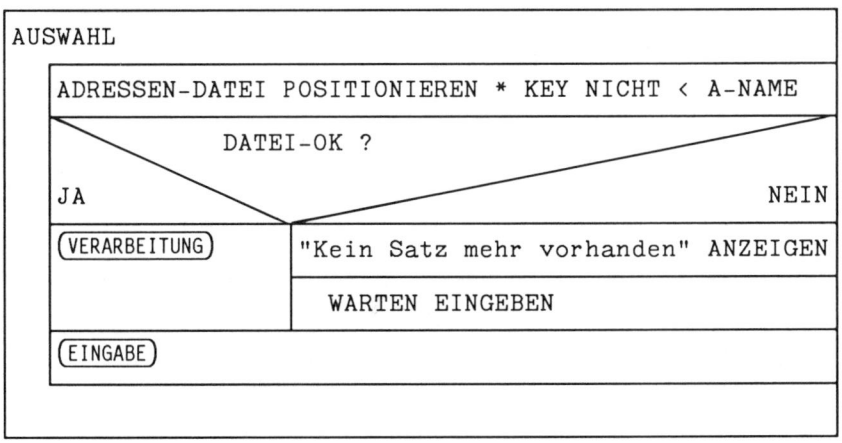

```
AUSWAHL

    ADRESSEN-DATEI POSITIONIEREN * KEY NICHT < A-NAME

                    DATEI-OK ?
    JA                                          NEIN

   (VERARBEITUNG)    "Kein Satz mehr vorhanden" ANZEIGEN

                     WARTEN EINGEBEN

   (EINGABE)
```

```
┌─────────────────────────────────────────────────────────────┐
│ VERARBEITUNG                                                  │
│  ┌──────────────────────────────────────────────────────────┤
│  │ (KOPF)                                                     │
│  ├──────────────────────────────────────────────────────────┤
│  │ Ø    ---> NR-TAB                                           │
│  ├──────────────────────────────────────────────────────────┤
│  │ SEQUENTIELLES LESEN DER ADRESSEN-DATEI                     │
│  ├──────────────────────────────────────────────────────────┤
│  │ Ø ---> I                                                   │
│  ├──────────────────────────────────────────────────────────┤
│  │ 1 ---> SPALTE                                              │
│  ├──────────────────────────────────────────────────────────┤
│  │ 7 ---> ZEILE                                               │
│  ├──────────────────────────────────────────────────────────┤
│  │ SOLANGE ZEILE  <= 11 UND DATEI-OK                          │
│  │   ┌──────────────────────────────────────────────────────┤
│  │   │ (LESEN)                                                │
│  │   └──────────────────────────────────────────────────────┤
│  │     ZEILE = ZEILE + 1                                      │
│  ├──────────────────────────────────────────────────────────┤
│  │ "Cursor auf die gewünschten Zeile bewegen" ANZEIGEN        │
│  ├──────────────────────────────────────────────────────────┤
│  │ (ACCEPT-NR)                                                │
│  ├──────────────────────────────────────────────────────────┤
│  │ SOLANGE NR (I) = Ø                                         │
│  │   ┌──────────────────────────────────────────────────────┤
│  │   │ (ACCEPT-NR)                                            │
│  ├──────────────────────────────────────────────────────────┤
│  │ NR(I) ---> A-NR IN A-SATZ                                  │
│  ├──────────────────────────────────────────────────────────┤
│  │ WAHLFREIES LESEN DER ADRESSEN-DATEI                        │
│  ├──────────────────────────────────────────────────────────┤
│  │ BILDSCHIRM LÖSCHEN                                         │
│  ├──────────────────────────────────────────────────────────┤
│  │ A-SATZ ---> EINGABE-MASKE                                  │
│  ├──────────────────────────────────────────────────────────┤
│  │ AUSGABE-MASKE, EINGABE-MASKE ANZEIGEN                      │
│  ├──────────────────────────────────────────────────────────┤
│  │ WARTEN EINGEBEN                                            │
│  └──────────────────────────────────────────────────────────┤
└─────────────────────────────────────────────────────────────┘
```

```
LESEN

    I = I + 1

    A-SATZ ---> NAMEN-MASKE

    NAMEN-MASKE ANZEIGEN

    A-NR IN A-SATZ ---> NR (I)

    SEQUENTIELLES LESEN AUS DER ADRESSEN-DATEI

```

```
NACHLAUF

    ADRESSEN-DATEI SCHLIESSEN

```

```
KOPF

    BILDSCHIRM LÖSCHEN

    AUSWAHL-MASKE   ANZEIGEN

```

```
ACCEPT-NR

    0701 ---> CURSOR-POSITION

    POSITION-MASKE   EINGEBEN

    I = ZEILE - 6

```

Programmlisting:

```
 1 IDENTIFICATION DIVISION.
 2 PROGRAM-ID.        DEMO23-AUSKUNFT-SYSTEM.
 3 AUTHOR.            R. HABIB.
 4 DATE-WRITTEN.      12-09-1987.
 5 DATE-COMPILED. 16-Sep-87 16:46.
 6*
 7* PROGRAMMFUNKTION:
 8*
 9* DAS PROGRAMM ERMÖGLICHT DEM BENUTZER DAS AUF-
10* SUCHEN EINES SATZES IN EINER INDEX-SEQUEN-
11* TIELLEN DATEI MIT HILFE EINES ODER MEHRERER
12* BUCHSTABEN DES NAMENS.
13*
14*
15 ENVIRONMENT DIVISION.
16 CONFIGURATION SECTION.
17 SOURCE-COMPUTER.  IBM-PC.
18 OBJECT-COMPUTER.  IBM-PC.
19 SPECIAL-NAMES.
20      DECIMAL-POINT IS COMMA,
21      CURSOR IS CURSOR-POSITION,
22      CONSOLE IS CRT.
23 INPUT-OUTPUT SECTION.
24 FILE-CONTROL.
25      SELECT  ADRESSEN ASSIGN TO "ADRESSEN.ISA",
26              ORGANIZATION   IS INDEXED,
27              ACCESS MODE    IS DYNAMIC,
28              RECORD KEY     IS A-NR   IN A-SATZ,
29      ALTERNATE RECORD KEY IS A-NAME    IN A-SATZ
30              WITH DUPLICATES,
31      ALTERNATE RECORD KEY IS A-ORT     IN A-SATZ
32              WITH DUPLICATES,
33      ALTERNATE RECORD KEY IS A-G-DATUM IN A-SATZ
34              WITH DUPLICATES,
35              FILE STATUS IS ADR-STATUS.
36*-----------------------------------------------*
37 DATA DIVISION.
38 FILE SECTION.
```

```
39 FD   ADRESSEN RECORD IS VARYING IN SIZE
40                      FROM 50 TO 100
41                      DEPENDING ON SATZLAENGE.
42 01   A-SATZ.
43      05 A-NR           PIC 9(4).
44      05 A-NAME         PIC X(15).
45      05 A-STR          PIC X(15).
46      05 A-PLZ          PIC X(4).
47      05 A-ORT          PIC X(15).
48      05 A-TELEFON      PIC X(14).
49      05 A-G-DATUM      PIC 9(6).
50      05 A-BEMERKUNG    PIC X(20).
51      05 A-KENNZEICHEN  PIC X(1).
52*-------------------------------------------------*
53 WORKING-STORAGE SECTION.
54
55 01   SATZLAENGE        PIC 9(3) VALUE 100.
56
57 01   ADR-STATUS        PIC 99.
58      88 DATEI-OK        VALUE 00, 02.
59      88 DATEI-ENDE      VALUE 10.
60      88 SATZ-NICHT-DA   VALUE 23.
61      88 SATZ-BEREITS-DA VALUE 22.
62
63 01   AUSWAHL-MASKE.
64      05 FILLER    PIC X(10).
65      05 TEXT1     PIC X(02) VALUE "Nr".
66      05 FILLER    PIC X(08).
67      05 TEXT2     PIC X(04) VALUE "Name".
68      05 FILLER    PIC X(21).
69      05 TEXT3     PIC X(35) VALUE "Geburtsdatum".
70      05 FILLER    PIC X(10).
71      05 TEXT4     PIC X(47) VALUE ALL "=".
72
73 01   NAMEN-MASKE.
74      05 FILLER    PIC X(10).
75      05 A-NR      PIC 9(4).
76      05 FILLER    PIC X(06).
77      05 A-NAME    PIC X(15).
```

```
78      05 FILLER     PIC X(10).
79      05 A-G-DATUM PIC 99.99.99.
80
81 01  POSITION-MASKE.
82      05 FILLER          OCCURS 5.
83         10 FILLER    PIC X(9).
84         10 TEXT1     PIC X.
85         10 FILLER    PIC X(70).
86
87 01  AUSGABE-MASKE.
88      05 TEXT0     PIC X(80) VALUE "Nr".
89      05 TEXT1     PIC X(80) VALUE "Name:".
90      05 TEXT2     PIC X(80) VALUE "Straße:".
91      05 TEXT3     PIC X(80) VALUE "PLZ:".
92      05 TEXT4     PIC X(80) VALUE "Ort:".
93      05 TEXT5     PIC X(80) VALUE "Telefon:".
94      05 TEXT6     PIC X(80) VALUE "Geburtsdatum:".
95      05 TEXT7     PIC X(80) VALUE "Bemerkung:".
96      05 TEXT8     PIC X(80) VALUE "Kennzeichen:".
97
98 01  EINGABE-MASKE REDEFINES AUSGABE-MASKE.
99      05 FILLER         PIC X(15).
100     05 A-NR           PIC 9(4).
101     05 FILLER         PIC X(61).
102
103     05 FILLER         PIC X(15).
104     05 A-NAME         PIC X(15).
105     05 FILLER         PIC X(50).
106
107     05 FILLER         PIC X(15).
108     05 A-STR          PIC X(15).
109     05 FILLER         PIC X(50).
110
111     05 FILLER         PIC X(15).
112     05 A-PLZ          PIC X(4).
113     05 FILLER         PIC X(61).
114
115     05 FILLER         PIC X(15).
116     05 A-ORT          PIC X(15).
```

```
117      05 FILLER              PIC X(50).
118
119      05 FILLER              PIC X(15).
120      05 A-TELEFON           PIC X(14).
121      05 FILLER              PIC X(51).
122
123      05 FILLER              PIC X(15).
124      05 A-G-DATUM           PIC 99.99.99.
125      05 FILLER              PIC X(57).
126
127      05 FILLER              PIC X(15).
128      05 A-BEMERKUNG         PIC X(20).
129      05 FILLER              PIC X(45).
130
131      05 FILLER              PIC X(15).
132      05 A-KENNZEICHEN       PIC X(1).
133      05 FILLER              PIC X(64).
134
135 01 CURSOR-POSITION.
136      05  ZEILE              PIC 99 VALUE 07.
137      05  SPALTE             PIC 99 VALUE 01.
138
139 01 NR-TAB.
140      05 NR                  PIC 9(4) OCCURS 5.
141
142 01 MELDUNG                  PIC X(60).
143 01 WARTEN                   PIC X.
144 01 I                        PIC 99.
145
146 01 ENDE-KENNZEICHEN         PIC X  VALUE SPACE.
147      88 DIALOG-ENDE         VALUE "J", "j".
148 01 ENDE-MELDUNG             PIC X(25) VALUE
149      "Programmende (J/N) ===>".
150*--------------------------------------------------*
151 PROCEDURE DIVISION.
152 PROGRAMM-STEUERUNG SECTION.
153 PR-1000.
154      PERFORM VORLAUF.
155      PERFORM AUSWAHL UNTIL DIALOG-ENDE.
```

```
156      PERFORM NACHLAUF.
157 PR-9999.
158      STOP RUN.
159*--------------------------------------------------*
160 VORLAUF SECTION.
161 VOR-1000.
162      OPEN I-O ADRESSEN.
163      PERFORM EINGABE.
164 VOR-9999.
165      EXIT.
166*--------------------------------------------------*
167 EINGABE SECTION.
168 EIN-1000.
169      DISPLAY SPACE.
170      DISPLAY "ADRESSEN AUSKUNFT"    AT 0130.
171      MOVE SPACE TO A-NAME IN A-SATZ.
172      DISPLAY   "NAME:"            AT 0314.
173      ACCEPT    A-NAME IN A-SATZ   AT 0320.
174      DISPLAY   ENDE-MELDUNG        AT 2401.
175      ACCEPT    ENDE-KENNZEICHEN    AT 2425.
176 EIN-9999.
177      EXIT.
178*--------------------------------------------------*
179 AUSWAHL SECTION.
180 AUS-1000.
181      START ADRESSEN KEY NOT < A-NAME IN A-SATZ.
182      IF DATEI-OK PERFORM VERARBEITUNG
183      ELSE
184         DISPLAY "Kein Satz mehr vorhanden" AT 2501
185         ACCEPT   WARTEN   AT 2561.
186
187      PERFORM EINGABE.
188 AUS-9999.
189      EXIT.
190*--------------------------------------------------*
191 NACHLAUF SECTION.
192 NAC-1000.
193      CLOSE ADRESSEN.
194 NAC-9999.
```

```
195     EXIT.
196*--------------------------------------------------*
197 VERARBEITUNG SECTION.
198 VER-1000.
199     PERFORM KOPF.
200     MOVE ZERO  TO NR-TAB.
201     READ ADRESSEN NEXT.
202     MOVE 0 TO I.
203     MOVE 01 TO SPALTE.
204     PERFORM LESEN VARYING ZEILE   FROM 7 BY 1
205             UNTIL ZEILE  > 11 OR
206                   NOT DATEI-OK.
207     DISPLAY
208        "Cursor auf die gewünschten Zeile bewegen"
209        AT 2501.
210
211     PERFORM ACCEPT-NR.
212     PERFORM ACCEPT-NR UNTIL NR (I) NOT = ZERO.
213     MOVE NR(I) TO A-NR IN A-SATZ.
214     READ ADRESSEN.
215     DISPLAY SPACE.
216     MOVE CORR A-SATZ TO EINGABE-MASKE.
217     DISPLAY AUSGABE-MASKE       AT 0501.
218     DISPLAY EINGABE-MASKE       AT 0501.
219     ACCEPT WARTEN.
220 VER-9999.
221     EXIT.
222*--------------------------------------------------*
223 LESEN SECTION.
224 LES-1000.
225     ADD 1 TO I.
226     MOVE CORR A-SATZ TO NAMEN-MASKE.
227     DISPLAY NAMEN-MASKE AT CURSOR-POSITION.
228     MOVE A-NR IN A-SATZ TO NR (I).
229     READ ADRESSEN NEXT.
230 LES-9999.
231     EXIT.
232*--------------------------------------------------*
233 KOPF SECTION.
```

```
234 KO-1000.
235     DISPLAY SPACE.
236     DISPLAY AUSWAHL-MASKE       AT 0301.
237 KO-9999.
238     EXIT.
239*--------------------------------------------------*
240 ACCEPT-NR SECTION.
241 ACC-1000.
242     MOVE 0701 TO CURSOR-POSITION.
243     ACCEPT  POSITION-MASKE  AT CURSOR-POSITION.
244     SUBTRACT 6 FROM ZEILE GIVING I.
245 ACC-9999.
246     EXIT.
247
```

Dialog-Testlauf:

1. Bild

```
        ADRESSEN AUSKUNFT
NAME:  SCHU
```

2. Bild

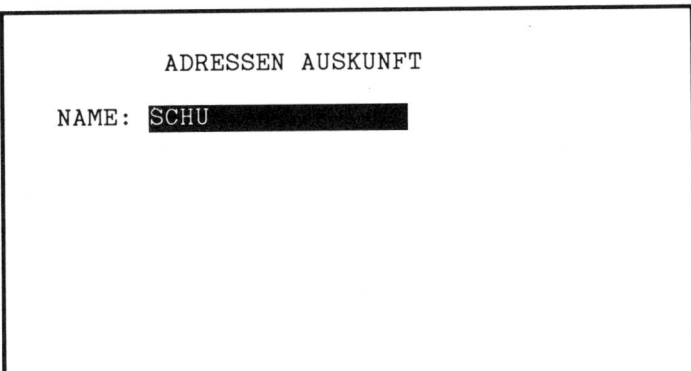

```
   Nr     Name              Geburtsdatum
   ─────────────────────────────────────

   5555   SCHULZ ALOIS      35.03.23
   3333   SCHULZ GEHARD     47.08.31
   6666   SCHULZ GÜNTER     68.03.27
   7777   SCHULZ GÜNTER     55.10.28
   4444   SCHULZ HANS       50.06.27

   Cursor auf die gewünschte  Zeile bewegen
```

3. Bild

```
NR               5555
Name:            SCHULZ ALOIS
Straße:          WESTENDSTR. 92
PLZ:             8000
Ort:             MÜNCHEN 23
Telefon:         089/326547
Geburtsdatum:    35.03.23
Bemerkung:
Kennzeichen:     P
```

18. SORT-MERGE-MODUL

18.1 Vorbemerkung

Der SORT-MERGE-Modul wurde hier nach den allgemeinen Regeln der ANSI STANDARD COBOL-Sprache implementiert. Dieser Modul erlaubt die Sortierung oder die Mischung einer bzw. mehrerer Dateien.

Das Sortieren einer Datei bedeutet, daß die Datensätze dieser Datei in eine aufsteigende oder absteigende Reihenfolge eines oder mehrerer Schlüssel (Ordnungsbegriff) gebracht werden. Das Sortieren kann mit Hilfe der SORT-Anweisung eingeleitet werden.

Das Mischen erfordert mehrere Dateien, die jeweils in sich selbst sortiert sind. Dabei sollen diese Dateien in einer aufsteigenden bzw. absteigenden Reihenfolge ihrer Schlüssel in einer Datei gemischt werden. Nach ANSI'85 dürfen nur sequentielle Dateien im SORT-MERGE-Modul verwendet werden. Die Implementierung von MICRO FOCUS erlaubt jedoch die Verwendung einer Datei mit beliebiger Organisationsform (sequentiell, relativ oder index-sequentiell). Der Zugriffsmodus muß in jedem Fall sequentiell sein (ACCESS MODE SEQUENTIAL).

Für die Definition einer Sortier-Datei ist eine SELECT-Klausel in der ENVIRONMENT DIVISION und eine SD-Stufenbezeichnung in der FILE SECTION notwendig.

18.2 Die SELECT-Klausel für Sortier-Dateien

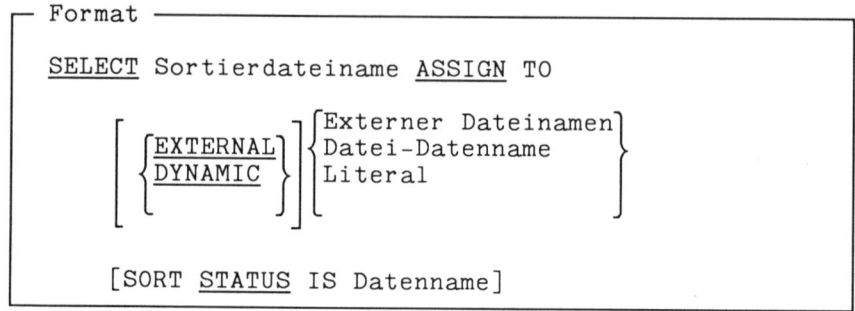

Erläuterung

Mit Hilfe der SELECT-Klausel wird der Sortierdatei ein Name vergeben.
Auf diesen Namen bezieht sich dann eine SORT- bzw. MERGE-Anweisung.
Die Sortierdatei gilt als Arbeitsdatei, die die unsortierten Datensätze für die
Dauer des Sortiervorganges aufnimmt.

Abb. 18.1 Die Funktion einer Sortier-Datei

Beispiel 1

```
SELECT VERTRETER ASSIGN TO "VERT.DAT".
```

SORT STATUS

Die SORT STATUS-Klausel verknüpft die Sortierdatei mit einem 2stelligen Datenfeld (Datenname), in dem nach jeder ausgeführten E/A-Operation für diese Datei ein Returncode übertragen wird. Es werden hier vergleichbare Werte wie bei sequentiellen Dateien geliefert. Siehe Kapitel 13 für weitere Details.

18.3 Die SD-Stufenbezeichnung

```
┌ Format ─────────────────────────────────────────────────────────┐
│                                                                  │
│  FILE SECTION.                                                   │
│                                                                  │
│  SD Sortierdateiname                                            │
│                                                                  │
│  ┌      ┌ CONTAINS Ganzzahl-1 CHARACTERS              ┐  ┐       │
│  │      │                                             │  │       │
│  │RECORD│ IS VARYING IN SIZE [[FROM Ganzzahl-2]       │  │       │
│  │      │               [TO Ganzzahl-3] CHARACTERS]   │  │       │
│  │      │               [DEPENDING ON Datenname-1]    │  │       │
│  │      │                                             │  │       │
│  │      │ CONTAINS Ganzzahl-4 TO Ganzzahl-5 CHARACTERS│  │       │
│  └      └                                             ┘  ┘       │
│                                                                  │
│  ┌    ┌ RECORD   IS ┐                                ┐          │
│  │DATA│             │ Datenname-2 [Datenname-3]...   │          │
│  │    │ RECORDS  ARE│                                │          │
│  └    └             ┘                                ┘          │
│                                                                  │
│  ┌                          ┌ Datenname-4 ┐ ┐                   │
│  │VALUE OF   FILE-ID    IS  │             │ │                   │
│  │                          │ Literal-1   │ │                   │
│  └                          └             ┘ ┘                   │
│                                                                  │
│  Ø1 Datensatz-Beschreibung  ...                                 │
│                                                                  │
└──────────────────────────────────────────────────────────────────┘
```

Erläuterung

Die SD-Stufenbezeichnung wird für die Definition des Datensatzes der Sortierdatei verwendet.

Die Datensatzbeschreibung der Sortierdatei muß mindestens die Sortierschlüssel als untergeordnete Datenfelder beinhalten.

Alle anderen Klauseln haben die gleichen Bedeutungen wie bei sequentiellen Dateien.

Beispiel 2

```
SD  VERTRETER.
01  SORT-SATZ.
    05 S-NACHNAME        PIC X(25).
    05 S-VORNAME         PIC X(25).
    05 SONSTIGES         PIC X(230).
```

18.4 SORT-Anweisung

Wirkung

Die SORT-Anweisung leitet den Sortiervorgang einer Datei ein.

```
┌─ Format ────────────────────────────────────────────────────┐
│                                                              │
│  SORT Sortierdateiname                                       │
│                                                              │
│      ON  ⎡ASCENDING ⎤ KEY Datenname-1 [Datenname-2]...       │
│          ⎣DESCENDING⎦                                        │
│                                                              │
│     ⎡ON  ⎡ASCENDING ⎤ KEY Datenname-3 [Datenname-4]⎤ ...     │
│     ⎢    ⎣DESCENDING⎦                              ⎥         │
│     ⎣                                              ⎦         │
│                                                              │
│                                                              │
│     [WITH DUPLICATES IN ORDER]                               │
│                                                              │
│     [COLLATING SEQUENCE IS Alphabetname]                     │
│    ⎧                                                    ⎫    │
│    ⎪ USING   Dateiname-1 [Dateiname-2]  ...             ⎪    │
│    ⎨                                                    ⎬    │
│    ⎪ INPUT PROCEDURE  IS Kapitelname-1⎡⎡THROUGH⎤Kapitelname-2⎤⎪│
│    ⎩                                  ⎣⎣THRU   ⎦            ⎦⎭│
│                                                              │
│                                                              │
│    ⎧ GIVING Dateiname-3 [Dateiname-4]  ...              ⎫    │
│    ⎨                                                    ⎬    │
│    ⎪ OUTPUT PROCEDURE IS Kapitelname-3⎡⎡THROUGH⎤Kapitelname-4⎤⎪│
│    ⎩                                  ⎣⎣THRU   ⎦            ⎦⎭│
│                                                              │
└──────────────────────────────────────────────────────────────┘
```

Erläuterung

Der in der SORT-Anweisung anzugebende Sortierdateiname muß der Name einer SD-Datei sein.

ASCENDING/DESCENDING KEY

Der ASCENDING/DESCENDING-Zusatz muß benutzt werden, um die notwendigen Schlüsselfelder, nach denen eine Datei sortiert werden soll, anzugeben. Diese Schlüsselfelder müssen Bestandteil des Sortierdatensatzes sein. Dabei spielt die verwendete Reihenfolge der Schlüsselfelder eine wesentliche Rolle bei der Festlegung der Sortier-Rangordnung zwischen den verschiedenen Schlüsseln, denn der erste angegebene Schlüssel hat den ersten Rang, der zweite Schlüssel den zweiten Rang, usw.

ASCENDING sortiert die Datei aufsteigend, und DESCENDING absteigend nach den angegebenen Schlüsseln. Es können bis zu 12 Schlüsselfelder, wahlweise aufsteigend und/oder absteigend, verwendet werden.

Automatische E/A-Operationen

Wenn eine Datei sortiert werden soll, muß festgelegt werden, wie die unsortierten Datensätze in die Sortierdatei gelangen, und wie sie nach dem Sortieren in eine Ausgabedatei übertragen werden sollen.

Der USING-Zusatz gibt an, welche Datei bzw. Dateien sortiert werden sollen (Eingabe für den Sortiervorgang). In diesem Fall übernimmt das SORT-Programm das Eröffnen, das vollständige Lesen und das Schließen der Eingabedatei automatisch. Die Eingabedatei darf dabei zu diesem Zeitpunkt nicht eröffnet sein. Wurde die Sortierdatei mit variabler Satzlänge beschrieben, so muß darauf geachtet werden, daß die Satzlänge der USING-Dateien die minimale Länge des Sortiersatzes nicht unterschreitet bzw. die maximale Länge nicht überschreitet.

Der GIVING-Zusatz bestimmt, wohin die sortierten Datensätze gelangen sollen (Ausgabe-Datei für den Sortiervorgang). Auch hier übernimmt das SORT-Programm das Eröffnen, die vollständige Ausgabe und das Schließen der Ausgabedatei automatisch. Sollen die sortierten Datensätze mit GIVING in einer index-sequentiellen Datei ausgegeben werden, so muß der Satzschlüssel für diese Datei (RECORD KEY) identisch mit dem ersten Sortierschlüssel (Datenname-1) dieser SORT-Anweisung sein.

Beispiel 3

Hier soll eine Vertreterdatei "V-UNSORTIERT" aufsteigend nach den Schlüsselfeldern "S-NACHNAME" und "S-VORNAME" sortiert werden. Die sortierten Datensätze gelangen anschließend in die Datei "V-SORTIERT".

```
SORT  VERTRETER
     ON ASCENDING KEY S-NACHNAME S-VORNAME
     USING V-UNSORTIERT GIVING V-SORTIERT.
```

INPUT PROCEDURE

Der INPUT PROCEDURE-Zusatz kann als Alternative für den USING-Zusatz verwendet werden. Dabei können wir bestimmen, welche Datensätze aus der Eingabedatei in die Sortierdatei gelangen sollen. Mit INPUT PROCEDURE wird der Name eines Kapitels angegeben, in dem die sonst vom SORT-Programm automatisch ausgeführten Operationen selbst codiert werden müssen. Die Übergabe der unsortierten Datensätze an die Sortierdatei erfolgt nun in diesem Kapitel und kann mit Hilfe der RELEASE-Anweisung abgewickelt werden.

OUTPUT PROCEDURE

Ähnlich wie mit INPUT PROCEDURE können wir mit OUTPUT PROCEDURE ein Kapitel für die Ausgabe der sortierten Datensätze codieren. Auch hier haben wir die Möglichkeit zu bestimmen, wo die Datensätze ausgegeben werden sollen, ob sie in eine oder mehrere Dateien übertragen werden usw.

Die RETURN-Anweisung kann dabei verwendet werden, um einen Satz aus der Sortierdatei zu lesen.

COLLATING SEQUENCE

Der COLLATING SEQUENCE-Zusatz kann verwendet werden, um für den Sortiervorgang eine bestimmte Sortierfolge zu benutzen (s.a. SPECIAL-NAMES-Paragraph).

WITH DUPLICATES IN ORDER

Wenn in einem Sortiervorgang mehrere Sätze mit gleicher Sortierordnung (gleicher Inhalt in allen Sortierschlüsseln) vorkommen, so ist die Reihenfolge der Sätze nach dem Sortieren undefinierbar. Dies gilt jedenfalls, solange der Zusatz "WITH DUPLICATES IN ORDER" nicht verwendet wird. Mit der Spezifikation dieses Zusatzes bestimmen wir dann, daß solche Sätze so angeordnet werden sollen, wie sie aus der Eingabedatei eingelesen worden sind, bzw. nach der Reihenfolge der Eingabedateien in der SORT-Anweisung.

18.5 RELEASE-Anweisung

Wirkung

Die RELEASE-Anweisung wird verwendet, um einen Datensatz an eine Sortierdatei zu übergeben.

```
┌─ Format ──────────────────────────────────────────────────┐
│                                                            │
│  RELEASE Sortierdatensatzname [FROM Bezeichner]            │
│                                                            │
└────────────────────────────────────────────────────────────┘
```

Erläuterung

Die RELEASE-Anweisung entspricht in ihrer Funktion der WRITE-Anweisung, sie wird jedoch nur zum Schreiben von Datensätzen in einer SD-Datei verwendet. Deshalb darf auch der Sortierdatensatzname nur der Name eines Satzes sein, der mit einer SD-Datei verbunden ist.

Die RELEASE-Anweisung kann nur in einer Eingabeprozedur (INPUT PROCEDURE) verwendet werden, die im Zusammenhang mit einer SORT-Anweisung ausgeführt werden soll.

18.6 RETURN-Anweisung

Wirkung

Die RETURN-Anweisung liest einen Datensatz aus der Sortier-Datei.

```
┌─ Format ────────────────────────────────────────────────┐
│                                                          │
│  RETURN Sortierdateiname RECORD [INTO Bezeichner]        │
│                                                          │
│       AT END unbedingte-Anweisung-1                      │
│                                                          │
│       [NOT AT END unbedingte-Anweisung-2]                │
│                                                          │
│  [END-RETURN]                                            │
│                                                          │
└──────────────────────────────────────────────────────────┘
```

Erläuterung

Die RETURN-Anweisung entspricht in ihrer Funktion der READ-Anweisung, sie wird jedoch nur zum Lesen von Datensätzen aus einer SD-Datei verwendet.

Die RETURN-Anweisung kann nur in einer Eingabeprozedur (INPUT PROCEDURE) verwendet werden, die im Zusammenhang mit einer SORT- oder MERGE-Anweisung ausgeführt werden soll.

Der AT END-Zusatz kann dabei verwendet werden, um festzustellen, daß das Ende der Sortierdatei erreicht ist. Wird das Dateiende festgestellt, so wird die unbedingte Anweisung-1 ausgeführt und das Programm setzt sich nach END-RETURN fort.

Der Zusatz NOT AT END spezifiziert die unbedingte Anweisung-2, die dann ausgeführt wird, wenn das Dateiende bei der Ausführung einer RETURN-Anweisung nicht festgestellt wird.

END-RETURN kennzeichnet das Ende der RETURN-Anweisung samt allen darin enthaltenen Zusätzen und Anweisungen.

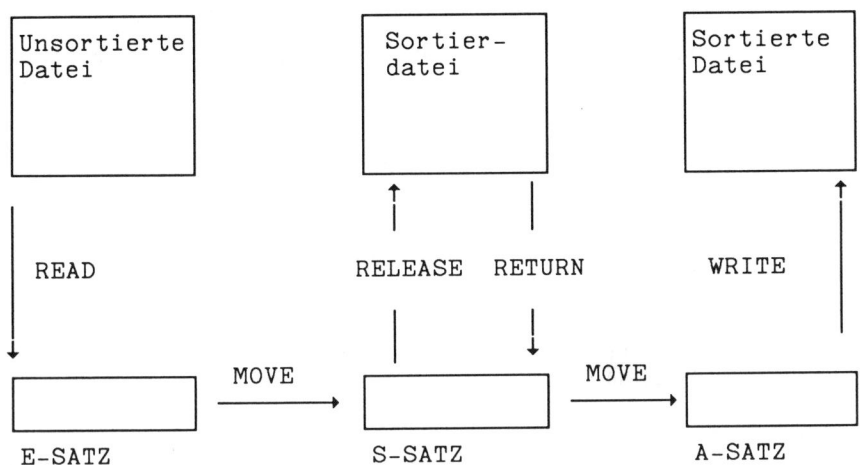

Abb. 18.2   *Der Ablauf eines Sortiervorganges mit INPUT/OUTPUT*
PROCEDUREN

Siehe an dieser Stelle das zweite Programmbeispiel in diesem Kapitel.

18.7 MERGE-Anweisung

Wirkung

Die MERGE-Anweisung wird verwendet, um mehrere Eingabedateien zu mischen.

```
┌─ Format ──────────────────────────────────────────────────────┐
│                                                                 │
│  MERGE Sortierdateiname                                         │
│                                                                 │
│      ON  ⎡ASCENDING ⎤  KEY Datenname-1 [Datenname-2]...         │
│          ⎣DESCENDING⎦                                           │
│                                                                 │
│     ⎡ON  ⎡ASCENDING ⎤  KEY Datenname-3 [Datenname-4]⎤ ...       │
│     ⎣    ⎣DESCENDING⎦                               ⎦           │
│                                                                 │
│                                                                 │
│     [COLLATING SEQUENCE IS Alphabetname]                        │
│     ⎧USING   Dateiname-1  Dateiname-2 [Dateiname-3]  ...  ⎫      │
│     ⎪                                                    ⎪      │
│     ⎨GIVING  Dateiname-4  [Dateiname-5]  ...             ⎬      │
│     ⎪                                                    ⎪      │
│     ⎩OUTPUT PROCEDURE IS Kapitelname-3 ⎡THROUGH⎤Kapitelname-4⎭  │
│                                        ⎣THRU   ⎦                │
│                                                                 │
└─────────────────────────────────────────────────────────────────┘
```

Erläuterung

Die MERGE-Anweisung entspricht im wesentlichen hinsichtlich ihrer Syntax der SORT-Anweisung.

Es kann jedoch hier keine INPUT PROCEDURE benutzt werden, da die MERGE-Anweisung eine eigene Logik für die Übernahme der Datensätze aus mehreren Eingabedateien hat. Die Sätze einer jeden Datei müssen innerhalb der jeweiligen Datei sortiert sein.

Siehe an dieser Stelle das dritte Programmbeispiel in diesem Kapitel.

Programmbeispiel: DEMO24-SORTIER-PROGRAMM

Aufgabenstellung

Die Bankendatei "BANKEN.EIN" soll mit Hilfe des SORT-MERGE-Moduls
alphabetisch nach Bankname aufsteigend sortiert und in einer Datei mit dem
Namen "BANKEN.SOR" ausgegeben werden. Die Datei "BANKEN.SOR"
hat den gleichen Aufbau wie die Datei "BANKEN.EIN".

Aufbau der Bankendatei "BANKEN.EIN":

Anz. Stellen	Feldverwendung
8	Bankleitzahl
2	Leer
25	Bankname
2	Leer
15	Ort

Aufbau der sortierten Datei "BANKEN.SOR":

Struktogramm

```
PROGRAMMSTEUERUNG
    (SORTIEREN)
    PROGRAMM BEENDEN
```

```
SORTIEREN
    SORTIEREN DER BANKEN-DATEI MIT HILFE DES
    SORT-MERGE-MODULS AUFSTEIGEND NACH BANKNAMEN
```

Programmlisting:

```
 1 IDENTIFICATION DIVISION.
 2 PROGRAM-ID.          DEMO24-SORTIER-PROGRAMM.
 3 AUTHOR.              R. HABIB.
 4 DATE-WRITTEN.        12-09-1987.
 5 DATE-COMPILED. 13-Sep-87 07:52.
 6*
 7* PROGRAMMFUNKTION:
 8*
 9* DAS PROGRAMM BENUTZT DEN SORT-MERGE-MODUL, UM
10* DIE EINGABE-DATEI "BANKEN.EIN" ALPHABETISCH
11* NACH BANKENNAMEN ZU SORTIEREN.
12*
13*
14 ENVIRONMENT DIVISION.
15 CONFIGURATION SECTION.
16 SOURCE-COMPUTER.  IBM-PC.
17 OBJECT-COMPUTER.  IBM-PC.
18 SPECIAL-NAMES.
19 INPUT-OUTPUT SECTION.
20 FILE-CONTROL.
21    SELECT EINGABE-DATEI ASSIGN TO "BANKEN.EIN",
22            ORGANIZATION IS LINE SEQUENTIAL.
23
24    SELECT SORTIER-DATEI ASSIGN TO "ARBEIT.DAT".
25
26    SELECT AUSGABE-DATEI ASSIGN TO "BANKEN.SOR"
27            ORGANIZATION IS LINE SEQUENTIAL.
28*---------------------------------------------------*
29 DATA DIVISION.
30 FILE SECTION.
31 FD  EINGABE-DATEI.
32 01  E-SATZ              PIC X(52).
33
34 SD  SORTIER-DATEI.
35 01  S-SATZ.
36     05 S-BANKLEITZAHL   PIC 9(8).
37     05 FILLER           PIC XX.
38     05 S-BANKNAME       PIC X(25).
```

```
39      05 FILLER           PIC XX.
40      05 S-ORT            PIC X(15).
41
42 FD  AUSGABE-DATEI.
43 01  A-SATZ              PIC X(52).
44*--------------------------------------------------*
45 WORKING-STORAGE SECTION.
46*--------------------------------------------------*
47 PROCEDURE DIVISION.
48 PROGRAMM-STEUERUNG SECTION.
49 PR-1000.
50     PERFORM SORTIEREN.
51 PR-9999.
52     STOP RUN.
53*--------------------------------------------------*
54 SORTIEREN SECTION.
55 SOR-1000.
56     SORT  SORTIER-DATEI,
57           ON ASCENDING KEY S-BANKNAME,
58           USING  EINGABE-DATEI,
59           GIVING AUSGABE-DATEI.
60 SOR-9999.
61     EXIT.
62
```

Testdaten "BANKEN.EIN" (noch unsortiert):

```
30087030   Kreissparkasse            München 59
20030077   DSK-Bank                  München 86
80060050   Banco di Sicilia          München 20
45560011   Thurn und Taxis Bank      München 44
60050010   Commerzbank               München 90
54060044   Deutsche Bank             München 16
45030066   Raiffeisenbank            München 22
77730067   Volksbank                 München 2
45530088   Dresdner Bank             München 11
99933374   KKB-Bank                  München 30
```

Inhalt der Datei "BANKEN.SOR" (bereits sortiert):

```
80060050   Banco di Sicilia          München 20
60050010   Commerzbank               München 90
20030077   DSK-Bank                  München 86
54060044   Deutsche Bank             München 16
45530088   Dresdner Bank             München 11
99933374   KKB-Bank                  München 30
30087030   Kreissparkasse            München 59
45030066   Raiffeisenbank            München 22
45560011   Thurn und Taxis Bank      München 44
77730067   Volksbank                 München 2
```

Programmbeispiel: DEMO25-STICHWORTVERZEICHNIS

Aufgabenstellung

Mit Hilfe der folgenden Dateien soll ein Stichwortverzeichnis erstellt werden.

Die erste Datei "ALPHA.EIN" enthält genau 26 Sätze mit jeweils einem Byte zur Aufnahme eines Buchstabens des Alphabetes.

Die zweite Datei "WORTE.EIN" ist unsortiert und enthält die Stichworte des Verzeichnisses. Jeder Satz dieser Datei hat eine Länge von 40 Bytes und enthält ein Stichwort, gefolgt von der Seitennummer.

Es ist darauf zu achten, daß Klein- und Großbuchstaben bezüglich ihrer Sortierordnung gleich behandelt werden.

Aufbau des Stichwortverzeichnisses "STICHWO.VER": siehe das Stichwortverzeichnis dieses Buches.

Struktogramm

```
PROGRAMMSTEUERUNG

    (SORTIEREN)

    PROGRAMM BEENDEN

```

```
SORTIEREN

    SORTIEREN DER DATEIEN: ALPHA UND STICHWORTE MIT
    HILFE DES SORT-MERGE-MODULS AUFSTEIGEND NACH
    STICHWORT. DIE AUSGABE VON DER SORTIER-DATEI WIRD
    VOM UNTERPROGRAMM "AUSGABETEIL" GESTEUERT.
```

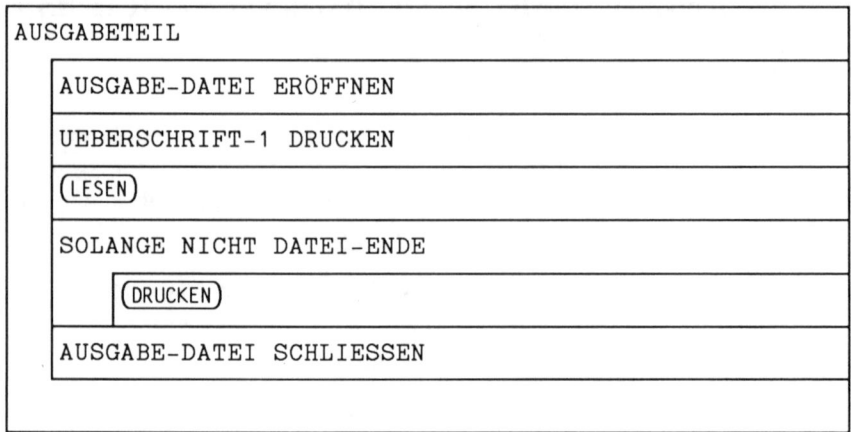

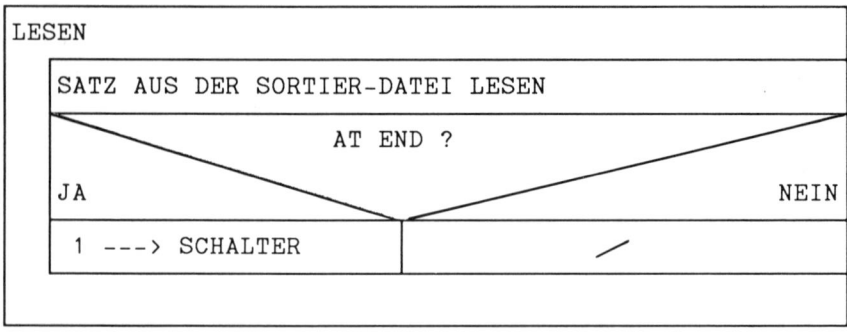

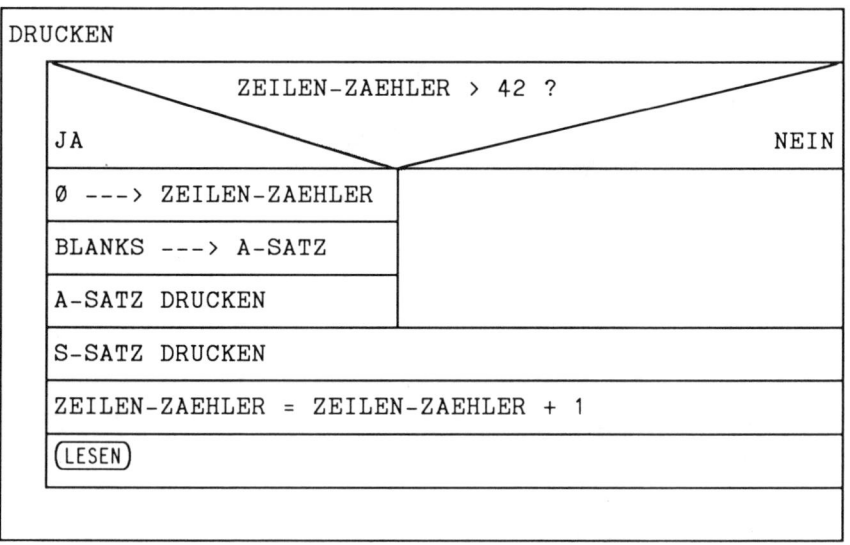

Programmlisting:

```
 1 IDENTIFICATION DIVISION.
 2 PROGRAM-ID.          DEMO25-STICHWORTVERZEICHNIS.
 3 AUTHOR.              R. HABIB.
 4 DATE-WRITTEN.        12-09-1987.
 5 DATE-COMPILED. 13-Sep-87 07:53.
 6*┌──────────────────────────────────────────────┐
 7*│PROGRAMMFUNKTION:                               │
 8*│                                                │
 9*│DIESES PROGRAMM LIEST MIT HILFE DES SORT-MERGE- │
10*│MODULS ZWEI EINGABE-DATEIEN  UND ERSTELLT EIN   │
11*│SORTIERTES STICHWORTVERZEICHNIS.                │
12*│                                                │
13*└──────────────────────────────────────────────┘
14 ENVIRONMENT DIVISION.
15 CONFIGURATION SECTION.
16 SOURCE-COMPUTER.  IBM-PC.
17 OBJECT-COMPUTER.  IBM-PC.
18 SPECIAL-NAMES.
19     GROSS-GLEICH-KLEIN IS
20         " " "!"   "#"    "$"
21         "%" "&"   "("    ")"        "*"
22         "+" "-"   "."    "/"        "0"
23         "1" "2"   "3"    "4"        "5"
24         "6" "7"   "8"    "9"        ":"
25         ";" "<"   "="    ">"        "?"
26
27         "A" ALSO "a",  "B" ALSO "b",
28         "C" ALSO "c",  "D" ALSO "d",
29         "E" ALSO "e",  "F" ALSO "f",
30         "G" ALSO "g",  "H" ALSO "h",
31         "I" ALSO "i",  "J" ALSO "j",
32         "K" ALSO "k",  "L" ALSO "l",
33         "M" ALSO "m",  "N" ALSO "n",
34         "O" ALSO "o",  "P" ALSO "p",
35         "Q" ALSO "q",  "R" ALSO "r",
36         "S" ALSO "s",  "T" ALSO "t",
37         "U" ALSO "u",  "V" ALSO "v",
38         "W" ALSO "w",  "X" ALSO "x",
39         "Y" ALSO "y",  "Z" ALSO "z".
```

```
40
41 INPUT-OUTPUT SECTION.
42 FILE-CONTROL.
43     SELECT ALPHA         ASSIGN TO "ALPHA.EIN",
44              ORGANIZATION IS LINE SEQUENTIAL.
45
46     SELECT STICHWORTE    ASSIGN TO "WORTE.EIN"
47              ORGANIZATION IS LINE SEQUENTIAL.
48
49     SELECT SORTIER-DATEI ASSIGN TO "ARBEIT.DAT".
50
51     SELECT AUSGABE-DATEI ASSIGN TO "STICHWO.VER"
52              ORGANIZATION IS LINE SEQUENTIAL.
53*------------------------------------------------*
54 DATA DIVISION.
55 FILE SECTION.
56 FD  ALPHA.
57 01  E-SATZ               PIC X(40).
58
59 FD  STICHWORTE.
60 01  W-SATZ               PIC X(40).
61
62 SD  SORTIER-DATEI.
63 01  S-SATZ.
64     05 S-STICHWORT-SEITE PIC X(40).
65
66 FD  AUSGABE-DATEI.
67 01  A-SATZ               PIC X(40).
68*------------------------------------------------*
69 WORKING-STORAGE SECTION.
70 01  UEBERSCHRIFT-1.
71     05 FILLER            PIC X(30) VALUE
72     "STICHWORTVERZEICHNIS".
73 01  ZEILEN-ZAEHLER       PIC 99 VALUE 43.
74 01  SCHALTER             PIC 9  VALUE 0.
75 88  DATEI-ENDE           VALUE 1.
76*------------------------------------------------*
77 PROCEDURE DIVISION.
78 PROGRAMM-STEUERUNG SECTION.
79 PR-1000.
80     PERFORM SORTIEREN.
81 PR-9999.
82     STOP RUN.
```

```
83*-------------------------------------------------*
84 SORTIEREN SECTION.
85 SOR-1000.
86     SORT SORTIER-DATEI,
87         ON ASCENDING KEY S-STICHWORT-SEITE,
88         COLLATING SEQUENCE IS GROSS-GLEICH-KLEIN
89         USING  ALPHA, STICHWORTE,
90         OUTPUT PROCEDURE AUSGABETEIL.
91 SOR-9999.
92     EXIT.
93*-------------------------------------------------*
94 AUSGABETEIL SECTION.
95 AUS-1000.
96     OPEN OUTPUT AUSGABE-DATEI.
97     WRITE A-SATZ FROM UEBERSCHRIFT-1 AFTER PAGE.
98     PERFORM LESEN.
99     PERFORM DRUCKEN UNTIL DATEI-ENDE.
100    CLOSE AUSGABE-DATEI.
101 AUS-9999.
102    EXIT.
103*-------------------------------------------------*
104 LESEN SECTION.
105 LES-1000.
106    RETURN SORTIER-DATEI AT
107                        END MOVE 1 TO SCHALTER.
108 LES-9999.
109    EXIT.
110*-------------------------------------------------*
111 DRUCKEN SECTION.
112 DR-1000.
113    IF ZEILEN-ZAEHLER > 42
114        MOVE 0 TO ZEILEN-ZAEHLER,
115        MOVE SPACE TO A-SATZ,
116        WRITE A-SATZ AFTER PAGE.
117
118    WRITE A-SATZ FROM S-SATZ AFTER 1.
119    ADD  1 TO ZEILEN-ZAEHLER.
120    PERFORM LESEN.
121 DR-9999.
122    EXIT.
```

Programmbeispiel: DEMO26-MISCH-PROGRAMM

Aufgabenstellung

Mit Hilfe des SORT-MERGE-Moduls soll aus den 3 Datenbeständen "VERT1.EIN", "VERT2.EIN" und "VERT3.EIN" ein einziger Bestand, der aufsteigend nach Vertreternamen und Vornamen sortiert ist, erstellt werden.

Jeder der 3 Bestände ist in sich nach Vertreternamen und Vornamen aufsteigend sortiert.

Aufbau der 3 Bestände:

Anz. Stellen	Feldverwendung
15	Vertretername
15	Vorname
4	Leer
6	Umsatz

Struktogramm

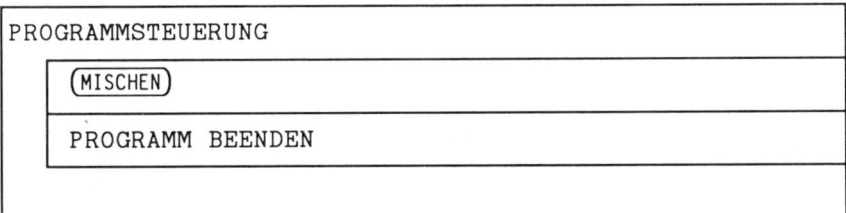

```
PROGRAMMSTEUERUNG

    (MISCHEN)

    PROGRAMM BEENDEN


MISCHEN

    MISCHEN DER 3 DATEIEN: VERTRETER1, VERTRETER2 UND
    VERTRETER3 NACH VERTRETERNAME UND VORNAME.
```

Programmlisting:

```
 1 IDENTIFICATION DIVISION.
 2 PROGRAM-ID.        DEMO26-MISCH-PROGRAMM.
 3 AUTHOR.            R. HABIB.
 4 DATE-WRITTEN.      12-09-1987.
 5 DATE-COMPILED. 13-Sep-87 07:53.
 6*┌─────────────────────────────────────────────┐
 7*│PROGRAMMFUNKTION:                              │
 8*│                                               │
 9*│DAS PROGRAMM LIEST MIT HILFE DES SORT-MERGE-   │
10*│MODULS DREI SORTIERTE EINGABE-DATEIEN.         │
11*│ANSCHLIESSEND WERDEN DIE DATEIEN IN SORTIERTER │
12*│REIHENFOLGE NACH VERTRETERNAME UND VORNAME     │
13*│IN EINER DATEI GEMISCHT.                       │
14*│                                               │
15*└─────────────────────────────────────────────┘
16 ENVIRONMENT DIVISION.
17 CONFIGURATION SECTION.
18 SOURCE-COMPUTER.  IBM-PC.
19 OBJECT-COMPUTER.  IBM-PC.
20 SPECIAL-NAMES.
21 INPUT-OUTPUT SECTION.
22 FILE-CONTROL.
23     SELECT VERTRETER1    ASSIGN TO "VERT1.EIN",
24             ORGANIZATION IS LINE SEQUENTIAL.
25
26     SELECT VERTRETER2    ASSIGN TO "VERT2.EIN",
27             ORGANIZATION IS LINE SEQUENTIAL.
28
29     SELECT VERTRETER3    ASSIGN TO "VERT3.EIN",
30             ORGANIZATION IS LINE SEQUENTIAL.
31
32     SELECT MISCH-DATEI   ASSIGN TO "ARBEIT.DAT".
33
34     SELECT VERTRETER-NEU ASSIGN TO "VERT.NEU"
35             ORGANIZATION IS LINE SEQUENTIAL.
36*-------------------------------------------------*
37 DATA DIVISION.
38 FILE SECTION.
39 FD  VERTRETER1.
40 01  V1-SATZ              PIC X(40).
41
42 FD  VERTRETER2.
43 01  V2-SATZ              PIC X(40).
```

```
44
45 FD   VERTRETER3.
46 Ø1   V3-SATZ                PIC X(4Ø).
47
48 SD   MISCH-DATEI.
49 Ø1   S-SATZ.
50      Ø5 S-VERTNAME          PIC X(15).
51      Ø5 S-VORNAME           PIC X(15).
52      Ø5 FILLER              PIC X(4).
53      Ø5 S-UMSATZ            PIC 9(6).
54
55 FD   VERTRETER-NEU.
56 Ø1   A-SATZ                 PIC X(4Ø).
57*---------------------------------------------------*
58 WORKING-STORAGE SECTION.
59*---------------------------------------------------*
60 PROCEDURE DIVISION.
61 PROGRAMM-STEUERUNG SECTION.
62 PR-1ØØØ.
63      PERFORM MISCHEN.
64 PR-9999.
65      STOP RUN.
66*---------------------------------------------------*
67 MISCHEN SECTION.
68 MI-1ØØØ.
69      MERGE MISCH-DATEI,
70             ON ASCENDING KEY S-VERTNAME S-VORNAME,
71
72             USING   VERTRETER1,
73                     VERTRETER2,
74                     VERTRETER3,
75
76             GIVING VERTRETER-NEU.
77 MI-9999.
78      EXIT.
```

Testdaten "VERT1.EIN":

```
HOLZER          ANTON              234460
KROLL           OTTO               276760
RIEGER          LANZ               450060
```

Testdaten "VERT2.EIN":

```
HENNIG          RAINER             222250
RIEGER          KARL               100500
ZETTL           HEINZ              558900
```

Testdaten "VERT3.EIN":

```
LANG            HERBERT            666000
MÜLLER          RUDOLF             398760
```

Inhalt der neuen Datei "VERT.NEU":

```
HENNIG          RAINER             222250
HOLZER          ANTON              234460
KROLL           OTTO               276760
LANG            HERBERT            666000
MÜLLER          RUDOLF             398760
RIEGER          KARL               100500
RIEGER          LANZ               450060
ZETTL           HEINZ              558900
```

19. TESTHILFEN

Die COBOL-Sprache verfügt über Testeinrichtungen, die dem Benutzer erlauben, das Programm auf verschiedene Weise zu überwachen.

19.1 Schalter zur Umwandlungszeit

```
┌─ Format ──────────────────────────────────────────────┐
│                                                        │
│  SOURCE-COMPUTER. Computername [WITH DEBUGGING MODE]   │
│                                                        │
└────────────────────────────────────────────────────────┘
```

Erläuterung

Zeitweise werden Anweisungen und Datendefinitionen zum Testen des Programms benötigt. Die Ergebnisse dieser Anweisungen sind aber nicht immer erwünscht, insbesondere nachdem das Programm als fehlerfrei überprüft worden ist. In solchen Fällen können diese Anweisungen und Datendefinitionen als Testhilfezeilen markiert werden, d.h. es wird ein D in Spalte 7 jeder Zeile eintragen.

Wenn die Klausel DEBUGGING MODE nun angegeben wird, werden Testhilfezeilen wie jede andere Zeile des Programms normal übersetzt. Daten und Anweisungen dieser Testhilfezeilen sind somit Bestandteil des Objektprogramms. Wird diese Klausel weggelassen, so werden alle Testhilfezeilen als Kommentarzeilen betrachtet und nicht übersetzt.

Mit dieser Klausel ist nun dem Benutzer ein Mittel gegeben, das Programm einmal unter Einschließung der Klausel DEBUGGING MODE zu übersetzen bzw. ohne diese Klausel erneut zu übersetzen, um die Wirkung der Testhilfezeilen auszuschließen.

Eine Testhilfezeile kann an jeder Stelle des Programms nach SOURCE-COMPUTER vorkommen.

Beispiel

```
SOURCE-COMPUTER. IBM-PC   WITH DEBUGGING MODE.
OBJECT-COMPUTER. IBM-PC.
SPECIAL-NAMES.
WORKING-STORAGE SECTION.
Ø1  AUSGABE-ZEILE.
    Ø5 FILLER             PIC X(6) VALUE SPACE.
    Ø5 A-VON              PIC BZ9.
    Ø5 FILLER             PIC X VALUE "-".
    Ø5 A-BIS              PIC 99.
    Ø5 FILLER             PIC X(6) VALUE SPACE.
DØ1 GESAMT-ANZAHL         PIC 9(4)    VALUE Ø.
    .
    .
    .
*-------------------------------------------------*
PROCEDURE DIVISION.
    .
    .
    .
D   SET G-IND TO 1
D   SEARCH GRUPPE VARYING G-IND,
D          AT END ADD 1 TO ANZAHL (9)
D      WHEN EINW-ALTER NOT < VON-ALTER (G-IND)
D          AND         NOT > BIS-ALTER (G-IND)
D       ADD 1 TO ANZAHL (G-IND)
D   END-SEARCH

    ADD 1 TO  GESAMT-ANZAHL.
    PERFORM LESEN.
VER-9999.
    EXIT.
```

19.2 Schalter zur Ausführungszeit

Der Schalter zur Ausführungszeit aktiviert dynamisch den generierten Code in einer USE FOR DEBUGGING-Prozedur. Ist dieser Schalter auf "on", so werden die Anweisungen einer USE FOR DEBUGGING-Prozedur aktiviert. Ist der Schalter auf "off", so werden diese Anweisungen deaktiviert.

Der Schalter zur Ausführungszeit hat keinen Einfluß auf die Ausführung einer USE FOR DEBUGGING-Prozedur, wenn die Klausel WITH DEBUGGING MODE nicht verwendet worden ist.

Mit dieser Einrichtung ist das erneute Übersetzen des Programms, um Testanweisungen zu aktivieren bzw. zu deaktivieren, nicht mehr notwendig. Der Benutzer muß lediglich bei der Ausführung entscheiden, ob das Programm im Testmodus oder im Normalmodus ausgeführt werden soll. Dementsprechend muß der Schalter auf "on" bzw. "off" gesetzt werden.

Der Schalter zur Ausführungszeit heißt D (für DEBUG) und kann im RUN- bzw. BUILD-Menü auf "on" gesetzt werden. Standardmäßig ist der Schalter auf "off" gesetzt.

19.3 USE FOR DEBUGGING

Wirkung

Die USE FOR DEBUGGING-Anweisung legt eine Test-Prozedur fest, die zu einer bestimmten Zeit ausgeführt wird.

```
┌─ Format ──────────────────────────────────────────┐
│                                                    │
│   Kapitelname SECTION.                             │
│                                                    │
│      USE FOR DEBUGGING                             │
│                                                    │
│                 ┌                           ┐      │
│                 │ [ALL REFERENCES OF] Bezeichner-1 │
│            ON   ⎨ Dateiname-1                ⎬ ...  │
│                 │ Prozedurname-1             │      │
│                 │ ALL PROCEDURES             │      │
│                 └                           ┘      │
│                                                    │
└────────────────────────────────────────────────────┘
```

Erläuterung

Die USE-Anweisung darf nur innerhalb eines Kapitels in der Prozedurvereinbarung (DECLARATIVES) verwendet werden. Dabei wird dieses Kapitel automatisch angesprungen und ausgeführt, wenn der festgelegte Fall auftritt.

ON Bezeichner-1

Wenn Bezeichner-1 verwendet wird, wird das Testkapitel in den folgenden Fällen ausgeführt:

- Vor jeder WRITE-, REWRITE- bzw. RELEASE-Anweisung, die sich auf Bezeichner-1 bezieht, und nach jeder Übertragung durch den Zusatz FROM.

- Nach jeder Initialisierung, Veränderung oder Prüfung von Bezeichner-1 in einer PERFORM VARYING-Anweisung, die Bezeichner-1 nach dem Wort VARYING, AFTER oder UNTIL verwendet.

- Nach jeder COBOL-Anweisung, die sich auf Bezeichner-1 bezieht und seinen Wert ändert.

Beispiel 1

```
USE FOR DEBUGGING ON HILFSFELD.
```

ON ALL REFERENCES OF Bezeichner-1

Wenn ALL REFERENCES OF Bezeichner-1 verwendet wird, wird das Testkapitel in den o.g. Fällen ausgeführt und zusätzlich:

- Vor der Ausführung der Anweisung GO TO DEPENDING ON Bezeichner-1.

Beispiel 2

```
USE FOR DEBUGGING ON ALL REFERENCES OF HILFSFELD.
```

ON Dateiname-1

Wenn Dateiname-1 verwendet wird, wird das Testkapitel in den folgenden Fällen ausgeführt:

- Nach jeder OPEN-, CLOSE-, START- oder DELETE-Anweisung, die sich auf Dateiname-1 bezieht.

- Nach jeder READ-Anweisung, die sich auf Dateiname-1 bezieht und keinen AT END bzw. INVALID KEY aktiviert.

Beispiel 3

```
USE FOR DEBUGGING ON EINGABE-DATEI.
```

ON Prozedurname-1

Wenn Prozedurname-1 verwendet wird, wird das Testkapitel vor jeder Ausführung der angegebenen Prozedur ausgeführt.

Beispiel 4

```
USE FOR DEBUGGING ON VERARBEITUNGSKAPITEL.
```

ON ALL PROCEDURES

Wenn ALL PROCEDURES verwendet wird, wird das Testkapitel vor jeder Ausführung einer beliebigen Prozedur – Testhilfeprozeduren ausgeschlossen – ausgeführt. Diese Möglichkeit bietet die totale überwachung des Programms.

Beispiel 5

```
USE FOR DEBUGGING ON ALL PROCEDURES.
```

Anmerkungen

In den o.g. Erläuterungen wird das Testkapitel nur dann wirklich ausgeführt, wenn die auslösende Anweisung tatsächlich ausgeführt wird.

Ein Bezeichner, ein Dateiname oder eine Prozedur dürfen nur in einem einzigen Testkapitel vorkommen. ALL PROCEDURES darf in einem Programm nur einmal verwendet werden. In diesem Fall dürfen keine anderen Prozeduren in einer USE-Anweisung angegeben werden.

Wenn ein Tabellenelement benutzt wird, dürfen keine Indizes angegeben werden.

DEBUG-ITEM

DEBUG-ITEM ist ein Sonderregister, welches dem Testkapitel bestimmte Informationen zur Verfügung stellt.

DEBUG-ITEM hat die folgende implizite Beschreibung:

```
01  DEBUG-ITEM.
    02  DEBUG-LINE      PICTURE IS X(6).
    02  FILLER          PICTURE IS X  VALUE SPACE.
    02  DEBUG-NAME      PICTURE IS X(30).
    02  FILLER          PICTURE IS X  VALUE SPACE.
    02  DEBUG-SUB-1     PICTURE IS S9999
                        SIGN IS LEADING SEPARATE
CHARACTER.
    02  FILLER          PICTURE IS X  VALUE SPACE.
    02  DEBUG-SUB-2     PICTURE IS S9999
                        SIGN IS LEADING SEPARATE
CHARACTER.
    02  FILLER          PICTURE IS X  VALUE SPACE.
    02  DEBUG-SUB-3     PICTURE IS S9999
                        SIGN IS LEADING SEPARATE
CHARACTER.
    02  FILLER          PICTURE IS X  VALUE SPACE.
    02  DEBUG-CONTENTS  PICTURE IS X(n).
```

Inhalt der DEBUG-ITEM-Felder

DEBUG-LINE enthält die Zeilennummer aus dem Quellprogramm.

DEBUG-NAME enthält die ersten 30 Zeichen des Namens, der die Ausführung des Testhilfekapitels verursacht hat. D.h. wenn nach ON ein Datenfeld angegeben wird, wird dessen Name in DEBUG-NAME abgespeichert.

DEBUG-SUB-1, DEBUG-SUB-2 und DEBUG-SUB-3 enthalten 3 Stufen für die Indizierung oder Subscribierung, wenn der Name nach ON ein Tabellenelement ist.

DEBUG-CONTENTS enthält eine Angabe, die von der ON-Angabe anhängig ist:

ON-Angabe	Inhalt von DEBUG-CONTENTS
Bezeichner	Inhalt von Bezeichner
Dateiname	Nach einer READ-Anweisung: der Inhalt vom Eingabesatz. In jeder anderen Bezugnahme: Leerzeichen.
Prozedurname	Wenn die Prozedur sequentiell erreicht und ausgeführt wird, enthält DEBUG-CONTENTS "FALL THROUGH". Wenn die Prozedur durch eine PERFORM-Anweisung angesteuert wird, enthält DEBUG-CONTENTS "PERFORM LOOP".

Siehe dazu das Programmbeispiel DEMO27 am Ende dieses Kapitels.

19.4 TRACE-Anweisung

Wirkung

Die TRACE-Anweisung überwacht den Ablauf des Programms.

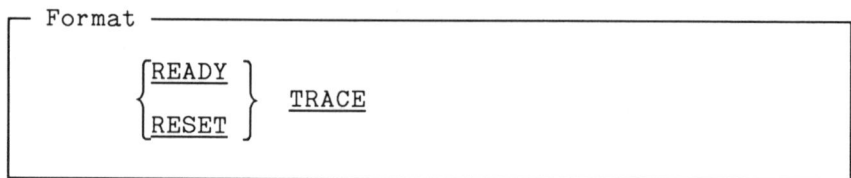

```
┌─ Format ─────────────────────────────────────────────
│         ⎰ READY ⎱
│         ⎱ RESET ⎰   TRACE
│
└──────────────────────────────────────────────────────
```

Erläuterung

Die READY TRACE-Anweisung aktiviert die Überwachung des Programms, die RESET TRACE-Anweisung deaktiviert diese Überwachung. Solange die Überwachung des Programms aktiv ist, werden alle Namen der durchlaufenen Prozeduren (Paragraphen- und SECTION-Namen) auf dem Bildschirm ausgegeben. Die Ausgabe der Prozedurnamen erfolgt in der gleichen Reihenfolge, wie die Prozeduren durchlaufen. READY oder RESET TRACE kann an beliebiger Stelle in PROCEDURE DIVISION codiert werden.

Hinweis:

Die Ausführung der TRACE-Anweisung erfordert die Benutzung der TRACE-Direktive bei der Übersetzung des Programms.

Beispiele: Siehe das Programmbeispiel DEMO28.

19.5 EXHIBIT-Anweisung

Wirkung

Mit der EXHIBIT-Anweisung können Feldinhalte und Feldnamen am Bildschirm ausgegeben werden.

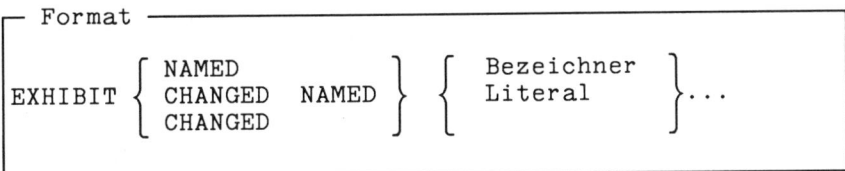

```
┌─ Format ──────────────────────────────────────────────┐
│                                                        │
│            ┌ NAMED          ┐  ┌ Bezeichner ┐          │
│  EXHIBIT  ┤  CHANGED  NAMED  ├  ┤ Literal     ├...      │
│            └ CHANGED        ┘  └             ┘          │
│                                                        │
└────────────────────────────────────────────────────────┘
```

Erläuterung

Wenn während der Testphase eines Programms die Kontrolle eines Feldes erforderlich wird, kann mit Hilfe der EXHIBIT-Anweisung der Feldinhalt und dessen Name am Bildschirm ausgegeben werden.

EXHIBIT NAMED

EXHIBIT NAMED bewirkt jedesmal die Ausgabe des Feldinhalts und des Feldnamens, wenn diese Anweisung ausgeführt wird.

Beispiel

```
01 ZAEHLER      PIC 9(6) VALUE 67.

   EXHIBIT NAMED ZAEHLER.
```

Ausgabe am Bildschirm:

```
   ZAEHLER = 000067
```

EXHIBIT CHANGED NAMED

EXHIBIT CHANGED NAMED bewirkt die Ausgabe des Feldinhalts und des Feldnamens. Wenn diese Anweisung ausgeführt wird, werden sie das erste Mal ausgegeben, und bei jedem weiteren Durchlauf dieser Anweisung ein weiteres Mal, nachdem sich der Wert des Feldes geändert hat.

Beispiel

```
EXHIBIT CHANGED NAMED ZAEHLER.
```

EXHIBIT CHANGED

EXHIBIT CHANGED bewirkt lediglich die Ausgabe des Feldinhalts in der gleichen Weise wie vorher.

Siehe für Details das Programmbeispiel DEMO28.

Programmbeispiel: DEMO27-USE-FOR-DEBUGGING.

Aufgabenstellung:

Zur Demonstration des ANSI-DEBUG-Moduls wird lediglich das Ihnen
bereits bekannte Programm DEMO19 herangezogen und um einige USE-
Anweisungen erweitert.

Programmlisting:

```
 1 IDENTIFICATION DIVISION.
 2 PROGRAM-ID.         DEMO27-USE-FOR-DEBUGGING.
 3 AUTHOR.             R. HABIB.
 4 DATE-WRITTEN.       12-08-1987.
 5 DATE-COMPILED. 17-Sep-87 16:17.
 6*
 7* PROGRAMMFUNKTION:
 8*
 9* DAS PROGRAMM LIEST DIE DATENSÄTZE DER BANKEN-
10* DATEI IN EINER TABELLE EIN.ANSCHLIESSEND WERDEN
11* DIE SÄTZE NACH BANKENNAMEN ALPHABETISCH AUF-
12* STEIGEND SORTIERT UND GEDRUCKT.
13*
14*
15 ENVIRONMENT DIVISION.
16 CONFIGURATION SECTION.
17 SOURCE-COMPUTER.  IBM-PC WITH DEBUGGING MODE.
18 OBJECT-COMPUTER.  IBM-PC.
19 SPECIAL-NAMES.
20 INPUT-OUTPUT SECTION.
21 FILE-CONTROL.
22
23     SELECT  BANKEN    ASSIGN TO "BANK.EIN",
24                       ORGANIZATION IS LINE SEQUENTIAL
25                       FILE STATUS BANK-STATUS.
26
27     SELECT  AUSGABE   ASSIGN TO "BANK.AUS".
28     SELECT  TESTINFO  ASSIGN TO "TESTINFO.DAT".
29*--------------------------------------------------*
```

```
30 DATA DIVISION.
31 FILE SECTION.
32 FD  TESTINFO.
33 01  T1                    PIC X(80).
34*--------------------------------------------------*
35 FD  BANKEN.
36 01  B-SATZ.
37     05 B-BANKNAME         PIC X(25).
38
39 FD  AUSGABE.
40 01  A-SATZ                PIC X(56).
41*--------------------------------------------------*
42 WORKING-STORAGE SECTION.
43 01  UEBERSCHRIFT-1.
44     05 FILLER             PIC X(56) VALUE
45     "          BANKENLISTE".
46
47 01  UEBERSCHRIFT-2.
48     05 FILLER             PIC X(56) VALUE
49     "BANKNAME".
50
51 01  BANK-TABELLE.
52     05 BANK               OCCURS 20
53                           INDEXED BY I1, I2.
54        10 T-BANKNAME      PIC X(25).
55
56 01  HILF                  PIC X(25).
57 01  ANZAHL                PIC 99 VALUE 0.
58 01  TAUSCH-SCHALTER       PIC 9  VALUE 1.
59 01  BANK-STATUS           PIC 99.
60 88  NOCH-SATZ-VORHANDEN VALUE 00.
61 88  DATEI-ENDE          VALUE 10.
62*--------------------------------------------------*
63 PROCEDURE DIVISION.
64 DECLARATIVES.
65 BANKEN-KONTROLLE SECTION.
66     USE FOR DEBUGGING ON BANKEN.
67     WRITE T1 FROM DEBUG-ITEM AFTER 1.
68 DAT-9999.
```

```
 69      EXIT.
 70*------------------------------------------------*
 71 AUSGABE-KONTROLLE SECTION.
 72      USE FOR DEBUGGING ON AUSGABE.
 73      WRITE T1 FROM DEBUG-ITEM AFTER 1.
 74 DAT-9999.
 75      EXIT.
 76*------------------------------------------------*
 77 A-SATZ-KONTROLLE SECTION.
 78      USE FOR DEBUGGING ON HILF.
 79      WRITE T1 FROM DEBUG-ITEM AFTER 1.
 80 A-9999.
 81      EXIT.
 82*------------------------------------------------*
 83 DATEN-KONTROLLE SECTION.
 84      USE FOR DEBUGGING ON ALL REFERENCES OF ANZAHL.
 85      WRITE T1 FROM DEBUG-ITEM AFTER 1.
 86 DATEN-9999.
 87      EXIT.
 88*------------------------------------------------*
 89 PROZEDUR-KONTROLLE SECTION.
 90      USE FOR DEBUGGING ON ALL PROCEDURES.
 91      WRITE T1 FROM DEBUG-ITEM AFTER 1.
 92 PROZ-9999.
 93      EXIT.
 94 END DECLARATIVES.
 95*------------------------------------------------*
 96      OPEN OUTPUT TESTINFO.
 97
 98 PROGRAMM-STEUERUNG SECTION.
 99 PR-1000.
100      PERFORM LADEN.
101      PERFORM SORTIEREN.
102      PERFORM DRUCKEN.
103 PR-9999.
104      CLOSE TESTINFO.
105      STOP RUN.
106*------------------------------------------------*
107 LADEN SECTION.
```

```
108 LAD-1000.
109     OPEN INPUT BANKEN.
110     MOVE SPACE TO BANK-TABELLE.
111     PERFORM LESEN  VARYING  I1
112             FROM 1 BY 1 UNTIL I1 > 20 OR
113                             DATEI-ENDE.
114     CLOSE BANKEN.
115 LAD-9999.
116     EXIT.
117*------------------------------------------------*
118 LESEN SECTION.
119 LES-1000.
120     READ BANKEN.
121     IF NOCH-SATZ-VORHANDEN
122         MOVE B-SATZ  TO BANK (I1)
123         ADD 1 TO ANZAHL.
124 LES-9999.
125     EXIT.
126*------------------------------------------------*
127 SORTIEREN SECTION.
128 SOR-1000.
129     PERFORM SORTIERE VARYING
130             I1 FROM ANZAHL BY -1 UNTIL I1 = 0 OR
131                 TAUSCH-SCHALTER  = 0.
132 SOR-9999.
133     EXIT.
134*------------------------------------------------*
135 SORTIERE SECTION.
136 SR-1000.
137     MOVE 0 TO TAUSCH-SCHALTER.
138     PERFORM TAUSCHEN VARYING I2
139             FROM 1 BY  1 UNTIL I2 = I1.
140 SR-9999.
141     EXIT.
142*------------------------------------------------*
143 TAUSCHEN SECTION.
144 TA-1000.
145     IF   T-BANKNAME (I2) > T-BANKNAME (I2 + 1)
146         MOVE BANK (I2)       TO HILF
```

```
147          MOVE BANK (I2 + 1)   TO BANK (I2)
148          MOVE HILF            TO BANK (I2 + 1)
149          MOVE 1 TO TAUSCH-SCHALTER.
150 TA-9999.
151     EXIT.
152*---------------------------------------------*
153 DRUCKEN  SECTION.
154 DRU-1000.
155     OPEN OUTPUT AUSGABE.
156     WRITE A-SATZ FROM UEBERSCHRIFT-1 AFTER PAGE.
157     WRITE A-SATZ FROM UEBERSCHRIFT-2 AFTER 2.
158     MOVE SPACE TO A-SATZ.
159     WRITE A-SATZ AFTER 1.
160
161     PERFORM DRUCK VARYING I1 FROM 1 BY 1
162             UNTIL I1 > ANZAHL.
163
164     CLOSE AUSGABE.
165 DRU-9999.
166     EXIT.
167*---------------------------------------------*
168 DRUCK SECTION.
169 DR-1000.
170     WRITE A-SATZ FROM BANK (I1) AFTER  1.
171 DR-9999.
172     EXIT.
```

Die Ausgabedatei: "TESTINFO.DAT"

```
                                                      ───────  DEBUG-LINE
                                                      ───────  DEBUG-NAME
                                                       ┌─────  DEBUG-CONTENTS




   ↓  ↓                                                ↓

   96 PROGRAMM-STEUERUNG                               FALL THROUGH
      PR-1ØØØ OF PROGRAMM-STEUERUNG
  1ØØ LADEN OF PROGRAMM-STEUERUNG                      PERFORM LOOP
      LAD-1ØØØ OF LADEN OF PROGRAMM-
  1Ø9 BANKEN
  111 LESEN OF LADEN OF PROGRAMM-STE                   PERFORM LOOP
      LES-1ØØØ OF LESEN OF LADEN OF
  12Ø BANKEN                                           Volksbank
  123 ANZAHL                                           Ø1
  123 LES-9999 OF LESEN OF LADEN OF                    FALL THROUGH
  111 LESEN OF LADEN OF PROGRAMM-STE                   PERFORM LOOP
      LES-1ØØØ OF LESEN OF LADEN OF
  12Ø BANKEN                                           DSK-Bank
  123 ANZAHL                                           Ø2
  123 LES-9999 OF LESEN OF LADEN OF                    FALL THROUGH
  111 LESEN OF LADEN OF PROGRAMM-STE                   PERFORM LOOP
      LES-1ØØØ OF LESEN OF LADEN OF
  12Ø BANKEN                                           Kreissparkasse
  123 ANZAHL                                           Ø3
  123 LES-9999 OF LESEN OF LADEN OF                    FALL THROUGH
  111 LESEN OF LADEN OF PROGRAMM-STE                   PERFORM LOOP
      LES-1ØØØ OF LESEN OF LADEN OF
  12Ø BANKEN                                           Commerzbank
  123 ANZAHL                                           Ø4
  123 LES-9999 OF LESEN OF LADEN OF                    FALL THROUGH
  111 LESEN OF LADEN OF PROGRAMM-STE                   PERFORM LOOP
      LES-1ØØØ OF LESEN OF LADEN OF
  12Ø BANKEN
  123 LES-9999 OF LESEN OF LADEN OF                    FALL THROUGH
  114 BANKEN
  114 LAD-9999 OF LADEN OF PROGRAMM-                   FALL THROUGH
  1Ø1 SORTIEREN OF PROGRAMM-STEUERUN                   PERFORM LOOP
      SOR-1ØØØ OF SORTIEREN OF PROGR
  129 SORTIERE OF SORTIEREN OF PROGR                   PERFORM LOOP
      SR-1ØØØ OF SORTIERE OF SORTIER
  138 TAUSCHEN OF SORTIERE OF SORTIE                   PERFORM LOOP
      TA-1ØØØ OF TAUSCHEN OF SORTIER
  146 HILF                                             Volksbank
  149 TA-9999 OF TAUSCHEN OF SORTIER                   FALL THROUGH
  138 TAUSCHEN OF SORTIERE OF SORTIE                   PERFORM LOOP
      TA-1ØØØ OF TAUSCHEN OF SORTIER
  149 TA-9999 OF TAUSCHEN OF SORTIER                   FALL THROUGH
```

```
138 TAUSCHEN OF SORTIERE OF SORTIE      PERFORM LOOP
    TA-1000 OF TAUSCHEN OF SORTIER
149 TA-9999 OF TAUSCHEN OF SORTIER      FALL THROUGH
138 SR-9999 OF SORTIERE OF SORTIER      FALL THROUGH
129 SORTIERE OF SORTIEREN OF PROGR      PERFORM LOOP
    SR-1000 OF SORTIERE OF SORTIER
138 TAUSCHEN OF SORTIERE OF SORTIE      PERFORM LOOP
    TA-1000 OF TAUSCHEN OF SORTIER
149 TA-9999 OF TAUSCHEN OF SORTIER      FALL THROUGH
138 TAUSCHEN OF SORTIERE OF SORTIE      PERFORM LOOP
    TA-1000 OF TAUSCHEN OF SORTIER
146 HILF                                Kreissparkasse
149 TA-9999 OF TAUSCHEN OF SORTIER      FALL THROUGH
138 SR-9999 OF SORTIERE OF SORTIER      FALL THROUGH
129 SORTIERE OF SORTIEREN OF PROGR      PERFORM LOOP
    SR-1000 OF SORTIERE OF SORTIER
138 TAUSCHEN OF SORTIERE OF SORTIE      PERFORM LOOP
    TA-1000 OF TAUSCHEN OF SORTIER
146 HILF                                DSK-Bank
149 TA-9999 OF TAUSCHEN OF SORTIER      FALL THROUGH
138 SR-9999 OF SORTIERE OF SORTIER      FALL THROUGH
129 SORTIERE OF SORTIEREN OF PROGR      PERFORM LOOP
    SR-1000 OF SORTIERE OF SORTIER
138 SR-9999 OF SORTIERE OF SORTIER      FALL THROUGH
129 SOR-9999 OF SORTIEREN OF PROGR      FALL THROUGH
102 DRUCKEN OF PROGRAMM-STEUERUNG       PERFORM LOOP
    DRU-1000 OF DRUCKEN OF PROGRAM
155 AUSGABE
161 ANZAHL                              04
161 DRUCK OF DRUCKEN OF PROGRAMM-S      PERFORM LOOP
    DR-1000 OF DRUCK OF DRUCKEN OF
170 DR-9999 OF DRUCK OF DRUCKEN OF      FALL THROUGH
161 ANZAHL                              04
161 DRUCK OF DRUCKEN OF PROGRAMM-S      PERFORM LOOP
    DR-1000 OF DRUCK OF DRUCKEN OF
170 DR-9999 OF DRUCK OF DRUCKEN OF      FALL THROUGH
161 ANZAHL                              04
161 DRUCK OF DRUCKEN OF PROGRAMM-S      PERFORM LOOP
    DR-1000 OF DRUCK OF DRUCKEN OF
170 DR-9999 OF DRUCK OF DRUCKEN OF      FALL THROUGH
161 ANZAHL                              04
161 DRUCK OF DRUCKEN OF PROGRAMM-S      PERFORM LOOP
    DR-1000 OF DRUCK OF DRUCKEN OF
170 DR-9999 OF DRUCK OF DRUCKEN OF      FALL THROUGH
161 ANZAHL                              04
164 AUSGABE
164 DRU-9999 OF DRUCKEN OF PROGRAM      FALL THROUGH
102 PR-9999 OF PROGRAMM-STEUERUNG       FALL THROUGH
```

Programmbeispiel: DEMO28-READY-TRACE-EXHIBIT

Aufgabenstellung:

Dieses Programm wird hauptsächlich für die Demonstration der Anweisungen READY TRACE und EXHIBIT benutzt. Es handelt sich dabei um das Programmbeispiel DEMO03, welches hier wenig modifiziert worden ist.

Programmlisting:

```
 1 IDENTIFICATION DIVISION.
 2 PROGRAM-ID.          DEMO28-READY-TRACE-EXHIBIT.
 3 AUTHOR.              R. HABIB.
 4 DATE-WRITTEN.        12-10-1987.
 5 DATE-COMPILED. 05-Oct-87 18:00.
 6*
 7* ┌─────────────────────────────────────────────┐
 8* │ PROGRAMMFUNKTION:                             │
 9* │ DAS PROGRAMM ERSTELLT EINE LISTE DER ZWEIER-  │
10* │ POTENZEN VON 2 ** 0 BIS 2 ** 32.              │
11* │                                               │
12* └─────────────────────────────────────────────┘
13 ENVIRONMENT DIVISION.
14 CONFIGURATION SECTION.
15 SOURCE-COMPUTER.    IBM-PC.
16 OBJECT-COMPUTER.    IBM-PC.
17 SPECIAL-NAMES.
18      DECIMAL-POINT IS COMMA.
19 INPUT-OUTPUT SECTION.
20 FILE-CONTROL.
21      SELECT AUSGABE ASSIGN TO "POTENZEN.AUS".
22*----------------------------------------------------*
23 DATA DIVISION.
24 FILE SECTION.
25 FD  AUSGABE.
26 01  A-SATZ              PIC X(30).
27*----------------------------------------------------*
28 WORKING-STORAGE SECTION.
29
```

```
30 01   EXPONENT              PIC 99.
31
32 01   AUSGABE-ZEILE-1.
33      05 FILLER             PIC X(30) VALUE
34      "LISTE DER 2-ER POTENZEN 2 ** n".
35
36 01   AUSGABE-ZEILE-2.
37      05 FILLER             PIC X(30) VALUE
38      " n          POTENZEN".
39
40 01   AUSGABE-ZEILE-3.
41      05 A-EXPONENT         PIC Z9.
42      05 FILLER             PIC X(5).
43      05 A-POTENZ           PIC ZBZZZBZZZBZZZ.
44*-------------------------------------------------*
45 PROCEDURE DIVISION. READY TRACE.
46 PROGRAMM-STEUERUNG SECTION.
47 PR-1000.
48     PERFORM VORLAUF.
49     PERFORM VERARBEITUNG UNTIL EXPONENT > 32.
50     PERFORM NACHLAUF.
51 PR-9999.
52     STOP RUN.
53*-------------------------------------------------*
54 VORLAUF SECTION.
55 VOR-1000.
56     OPEN OUTPUT AUSGABE.
57     WRITE A-SATZ FROM AUSGABE-ZEILE-1 AFTER PAGE.
58     WRITE A-SATZ FROM AUSGABE-ZEILE-2 AFTER 2.
59     MOVE 0 TO EXPONENT.
60 VOR-9999.
61     EXIT.
62*-------------------------------------------------*
63 VERARBEITUNG SECTION.
64 VER-1000.
65     EXHIBIT NAMED ">>" EXPONENT A-POTENZ "<<".
66
67     MOVE EXPONENT TO A-EXPONENT.
68     COMPUTE A-POTENZ  = 2 ** EXPONENT.
```

```
69      ADD 1 TO EXPONENT.
70      WRITE A-SATZ FROM AUSGABE-ZEILE-3 AFTER 1.
71 VER-9999.
72      EXIT.
73*---------------------------------------------------*
74 NACHLAUF SECTION.
75 NAC-1000.
76      CLOSE AUSGABE.
77 NAC-9999.
78      EXIT.
```

Die Ausgabe am Bildschirm (READY TRACE und EXHIBIT):

```
PROGRAMM-STEUERUNG
PR-1000
VORLAUF
VOR-1000
VOR-9999
VERARBEITUNG
VER-1000
>>EXPONENT = 00 A-POTENZ =                  <<
VER-9999
VERARBEITUNG
VER-1000
>>EXPONENT = 01 A-POTENZ =              1 <<
VER-9999
VERARBEITUNG
VER-1000
>>EXPONENT = 02 A-POTENZ =              2 <<
VER-9999
VERARBEITUNG
VER-1000
>>EXPONENT = 03 A-POTENZ =              4 <<
VER-9999
VERARBEITUNG
VER-1000
>>EXPONENT = 04 A-POTENZ =              8 <<
VER-9999
VERARBEITUNG
VER-1000
>>EXPONENT = 05 A-POTENZ =             16 <<
VER-9999
VERARBEITUNG
VER-1000
>>EXPONENT = 06 A-POTENZ =             32 <<
VER-9999
VERARBEITUNG
VER-1000
>>EXPONENT = 07 A-POTENZ =             64 <<
VER-9999
```

```
VERARBEITUNG
VER-1000
>>EXPONENT = 08 A-POTENZ =              128 <<
VER-9999
VERARBEITUNG
VER-1000
>>EXPONENT = 09 A-POTENZ =              256 <<
VER-9999
VERARBEITUNG
VER-1000
>>EXPONENT = 10 A-POTENZ =              512 <<
VER-9999
VERARBEITUNG
VER-1000
>>EXPONENT = 11 A-POTENZ =            1 024 <<
VER-9999
VERARBEITUNG
VER-1000
>>EXPONENT = 12 A-POTENZ =            2 048 <<
VER-9999
VERARBEITUNG
VER-1000
>>EXPONENT = 13 A-POTENZ =            4 096 <<
VER-9999
VERARBEITUNG
VER-1000
>>EXPONENT = 14 A-POTENZ =            8 192 <<
VER-9999
VERARBEITUNG
VER-1000
>>EXPONENT = 15 A-POTENZ =           16 384 <<
VER-9999
VERARBEITUNG
VER-1000
>>EXPONENT = 16 A-POTENZ =           32 768 <<
VER-9999
VERARBEITUNG
VER-1000
>>EXPONENT = 17 A-POTENZ =           65 536 <<
```

```
VER-9999
VERARBEITUNG
VER-1000
>>EXPONENT = 18 A-POTENZ =          131 072 <<
VER-9999
VERARBEITUNG
VER-1000
>>EXPONENT = 19 A-POTENZ =          262 144 <<
VER-9999
VERARBEITUNG
VER-1000
>>EXPONENT = 20 A-POTENZ =          524 288 <<
VER-9999
VERARBEITUNG
VER-1000
>>EXPONENT = 21 A-POTENZ =        1 048 576 <<
VER-9999
VERARBEITUNG
VER-1000
>>EXPONENT = 22 A-POTENZ =        2 097 152 <<
VER-9999
VERARBEITUNG
VER-1000
>>EXPONENT = 23 A-POTENZ =        4 194 304 <<
VER-9999
VERARBEITUNG
VER-1000
>>EXPONENT = 24 A-POTENZ =        8 388 608 <<
VER-9999
VERARBEITUNG
VER-1000
>>EXPONENT = 25 A-POTENZ =       16 777 216 <<
VER-9999
VERARBEITUNG
VER-1000
>>EXPONENT = 26 A-POTENZ =       33 554 432 <<
VER-9999
VERARBEITUNG
VER-1000
```

```
>>EXPONENT = 27 A-POTENZ =      67 108 864 <<
VER-9999
VERARBEITUNG
VER-1000
>>EXPONENT = 28 A-POTENZ =     134 217 728 <<
VER-9999
VERARBEITUNG
VER-1000
>>EXPONENT = 29 A-POTENZ =     268 435 456 <<
VER-9999
VERARBEITUNG
VER-1000
>>EXPONENT = 30 A-POTENZ =     536 870 912 <<
VER-9999
VERARBEITUNG
VER-1000
>>EXPONENT = 31 A-POTENZ =   1 073 741 824 <<
VER-9999
VERARBEITUNG
VER-1000
>>EXPONENT = 32 A-POTENZ =   2 147 483 648 <<
VER-9999
NACHLAUF
NAC-1000
NAC-9999
PR-9999
```

Anhang A:
BEDIENUNG DES COMPILERS

Geben Sie im Betriebssystem-Modus "C>COBOL " ein, um das COBOL-System aufzurufen. Das COBOL-System meldet sich anschließend mit dem nachfolgenden Hauptmenü und ist startbereit.

In diesem Menü werden verschiedene Funktionen des COBOL-Systems angeboten, die jeweils über die danebenstehende Funktionstaste zu erreichen sind. Soll z.B. ein Programm erstellt werden, so drückt man auf die ⌜F2⌝-Taste.

```
Professional COBOL Hauptmenü

 F1    help    - Hilfsfunktion

 F2    edit    - Editiert ein Programm.

 F3    check   - Übersetzt ein Programm.

 F4    animate - Testet ein Programm.

 F5    compile - Erzeugt einen schnellen Code.

 F6    run     - Führt ein Programm aus.

 F7    library - Generiert Bibliotheken.

 F8    build   - Erzeugt .COM- bzw. .EXE-Dateien.

 Esc   escape  - Beendet Professional COBOL/2.
```

Alt	Alternate – halten Sie die [Alt]-Taste gedrückt und drücken Sie auf eine der nachfolgenden Tasten, um eine Funktion aus dem erweiterten Menü zu erreichen:	
	F1	help – Hilfsfunktion
	F2	color – Wird für die Einstellung der Bildschirmattribute verwendet.
	F3	Dos-command – zum Aufrufen von DOS-Kommandos.
	F4	session-recorder – Zum Aufzeichnen eines Vorganges.
	F5	xilerator – Zum Testen auf Maschinencodeebene.
	F6	screens – Zum Aufrufen des Maskengenerators.
	F7	screens-demo – Abspielen einer aufgezeichneten SCREENS-Demo.
	F8	panels-example – Beispiel für die Arbeit mit Windows im Programm.
	F9	panels-demo – Abspielen einer aufgezeichneten Windows-Demo.
	F10	Test-demo – Abspielen einer aufgezeichneten COBOL-Demo.

Der Editor

Der Editor kann verwendet werden, um COBOL-Programme oder beliebige Testdaten zu erstellen, zu verändern oder zu drucken. Wenn der Editor aufgerufen wird, erscheint am Bildschirm ein 3zeiliges Menü, und man kann nun mit der Eingabe des Programms beginnen. Während der Eingabe des Programms hat jede Taste eine bestimmte Funktion, die wie folgt beschrieben wird:

Tastenfunktionen im Editor

Taste	Funktion
←	Positioniert den Cursor um ein Zeichen nach links.
→	Positioniert den Cursor um ein Zeichen nach rechts.
↑	Bewegt den Cursor eine Zeile nach oben oder verschiebt den Text eine Zeile nach oben, wenn Scroll Lock eingeschaltet ist.
↓	Bewegt den Cursor eine Zeile nach unten oder verschiebt den Text eine Zeile nach unten, wenn Scroll Lock eingeschaltet ist.
←	Backspace - Löscht das Zeichen links vom Cursor.
Ins	Insert - Wenn diese Taste eingeschaltet wird, wird der eingegebene Text an der Stelle eingefügt, an der der Cursor gerade steht.
Del	Delete - Löscht das Zeichen, auf dem der Cursor gerade steht.

Tastenfunktionen im Editor

Taste	Funktion
Home	Home - Beim ersten Drücken wird der Cursor an den Anfang der aktuellen Bereiches bewegt. Beim zweiten Drücken wird der Cursor auf den Anfang des vorhergehenden Bereiches bewegt, beim dritten Drücken in die oberste linke Ecke des Bildschirms.
End	End - Funktioniert wie Home, jedoch in Richtung auf das Bildschirmende.
PgUp	Page Up - Eine Seite (20 Zeilen) rückwärts blättern.
PgDn	Page Dn - Eine Seite (20 Zeilen) vorwärts blättern.
⇥	Tab - Bewegt den Cursor 4 Zeichen vorwärts.
⇧⇥	Backtab- Bewegt den Curs. 4 Zeichen rückwärts.
↵	Enter - Bewegt den Cursor an den Anfang der nächsten Zeile.

Während der Editor aktiv ist, können die folgenden Funktionstasten betätigt werden, um die danebenstehende Funktion auszuführen. Dabei bedeutet diese geschachtelte Darstellung, daß bestimmte Funktionen erst nach dem Drücken mehrerer Funktionstasten erreicht werden können.

Auswahlmöglichkeiten des Editors

Taste	Funktion
F1	**help** - Hilfsfunktion
F2	**forms** - (form screen) Mit Hilfe dieses Maskengenerators können Bildschirmmasken und die dafür notwendigen Datendefinitionen und Programmanweisungen erzeugt werden.
F3	**insert-line** - Einfügen einer Leerzeile vor der aktuellen Zeile.
F4	**delete-line** - Löschen der aktuellen Zeile. Jede gelöschte Zeile kann mit F6 zurückgeholt werden.
F5	**repeat-line** - Verdoppeln der aktuellen Zeile. Durch abwechselndes Drücken von F5 und F4 kann ein Block kopiert werden.
F6	**restore-line** - Wiedergabe der zuletzt gelöschten Zeile. Durch mehrmaliges Betätigen dieser Taste können alle bisher gelöschten Zeilen wiedergegeben werden.
F7	**retype-char** - Wiedergabe des zuletzt mit "Backspace" gelöschten Zeichens.
F8	**retype-char** - Wiedergabe des zuletzt mit "Del" gelöschten Zeichens.
F9	**word-left** - Bewegt den Cursor zum Beginn des vorhergehenden Wortes.
F10	**word-right** - Bewegt den Cursor zum Beginn des nächsten Wortes.
Esc	**escape** - Beendet den Editor. Wurde das Sichern des Programms vergessen oder hat man aus Versehen auf die Esc-Taste gedrückt, so erscheint die Meldung "exit without saving? Y/N". Soll das Programm nicht gesichert werden, so können wir "N" eingeben.

Auswahlmöglichkeiten des Editors

Taste	Funktion
Alt	**Alternate** – halten Sie die Alt-Taste gedrückt und drücken Sie auf eine der nachfolgenden Tasten, um die danebenstehende Funktion zu erreichen:

	F1	**help** – Hilfsfunktion
	F2	**library** – Hier kann ein COPY-Element editiert werden. Dazu bewegt man den Cursor auf den Anfang der COPY-Anweisung und drückt auf Alt F2. Die gleiche Funktion kann auch mit der CALL-Anweisung anstelle der COPY-Anweisung ausgeführt werden.
	F3	**load-file** – Laden einer Datei (COBOL-Programm mit der Erweiterung (.CBL) an der aktuellen Cursorposition im Editor.

	F1	**help** – Hilfsfunktion
	F2	**directory** – Einblenden des Directory-Menüs (1. Stufe). Siehe das Directory-Menü anschließend.
	Esc	**escape** – Beendet das Load-file-Menü.
	⏎	**load** – Laden der angezeigten Datei.

Auswahlmöglichkeiten des Editors

Taste		Funktion
[Alt]	[F4]	`save-file` - sichert den aktuellen Inhalt der Arbeitsdatei auf dem Bezugslaufwerk.
	[F1]	`help` - Hilfsfunktion.
	[F2]	`directory` - Einblenden des Directory-Menüs (1. Stufe). Siehe das Directory-Menü anschließend.
	[Esc]	`escape` - Beendet des Save-file-Menü.
	[↵]	`save` - Sichern der angezeigten Datei.
	[F5]	`split line` - Trennt die aktuelle Zeile ab dere Cursor-Position.
	[F6]	`join-line` - Verbindet die aktuelle Zeile mit der nächsten Zeile an der aktuellen Cursor-Position.

Auswahlmöglichkeiten des Editors

Taste		Funktion
[Alt]	[F7]	`print` - Schaltet das Druck-Menü zum Drucken einer Datei ein.
	[F1]	`help` - Hilfsfunktion
	[F2]	`cancel print` - Beendet den aktuellen Druckvorgang.
	[F3]	`pause-at-new-page` - Hält das Drucken an, wenn das Zeichen "/" in Spalte 7 erscheint. Hier kann z.B. ein neues Blatt eingelegt und anschließend mit der Leertaste das Drucken fortgesetzt werden.
	[F4]	`no pause` - Beginnt mit dem Drucken.
	[Esc]	`escape` - Beendet das Druck-Menü ohne zu drucken.

Auswahlmöglichkeiten des Editors

Taste		Funktion
`Alt`	`F8`	`calculate` - Macht aus den Tasten "+", "-" "*", "/" und "=" arithmetische Operatoren. Dabei können diese Tasten benutzt werden, um eine entsprechende Rechenoperation durchzuführen. Um mit einer Zahl zu operieren, bewegt man den Cursor an den Anfang dieser Zahl und drückt auf die gewünschte Operator-Taste. In Zeile 25 erscheint ein Zählerfeld, in dem das Ergebnis einer Rechenoperation erscheint. Soll das Ergebnis an die aktuelle Cursor-position übertragen werden, so drückt man auf "=".
	`F9`	`untype-word-left` - Löscht ein Wort links vom Cursor.
	`F1Ø`	`untype-word-right` - Löscht ein Wort rechts vom Cursor.

Auswahlmöglichkeiten des Editors

Taste	Funktion
Ctrl	**Control** - Halten Sie die Ctrl-Taste gedrückt und drücken Sie auf eine der nachfolgenden Tasten, um die danebenstehende Funktion zu erreichen.

F1 **help** - Hilfsfunktion

F2 **find** - Einblenden des Find-Menüs. Hier kann eine Zeichenkette gesucht und evtl. verändert werden.

F1 **help** - Hilfsfunktion

F2 **set** - Bewegt den Cursor zwischen dem Text-Puffer (Programm-Text), dem Find-Puffer (Such-Text) und dem Replace-Puffer (Ersatz-Text).

F3 **line** - Gibt die Möglichkeit, die Nummer einer Zeile einzugeben, die dann gesucht und am Bildschirm angezeigt wird.

F7 **REPLACE-back** - Sucht nach dem Such-Text, ausgehend von der aktuellen Cursor-Position in Richtung auf den Dateiangang. Wird der Text gefunden, so hat man die Möglichkeit, erneut mit F7, den Such-Text durch den Ersatz-Text zu ersetzen.

F8 **REPLACE-fdw** - Sucht nach dem Such-Text, ausgehend von der aktuellen Cursor-Position in Richtung auf das Dateiende. Wird der Text gefunden, so hat man die Möglichkeit, erneut mit F8, den Such-Text durch den Ersatz-Text zu ersetzen.

Auswahlmöglichkeiten des Editors

Taste	Funktion
[Ctrl] [F2] [F9]	FIND-back - Wie [F7], wird jedoch nur zum Suchen verwendet.
[F10]	FIND-fwd - Wie [F8], wird jedoch nur zum Suchen verwendet.
[Ctr]	Control - Halten Sie die [Ctrl]-Taste kehrt zum Hauptmenü d. Editors zurück. gedrückt und drücken Sie auf eine der nachfolgenden Tasten, um die danebenstehende Funktion zu erreichen.
[F1]	help - Hilfsfunktion.
[F3]	cursor -> Find - Kopiert das Wort, an dessen Anfang der Cursor gerade steht, in den Such-Puffer.
[F4]	clear - Löscht Inhalt des Such-Puffers oder des Ersatz-Puffers, je nachdem, wo sich der Cursor gerade befindet.
[F5]	punc-on/off - Ist der Schalter ausgeschaltet, werden die Interpunktionszeichen (. , ;) während des Suchens wie ein Leerzeichen behandelt.
[F6]	case-on/off - Ist dieser Schalter ausgeschaltet, so werden beim Suchen Klein- und Großbuchstaben gleich behandelt.
[F9]	repl-mode(step,all) - Ist dieser Schalter auf "all" gesetzt, so werden alle gefundenen Zeichenketten in [F7] und [F8] automatisch ersetzt.
[Esc]	escape - Beendet das Find-Menü.

Auswahlmöglichkeiten des Editors

Taste	Funktion
Ctrl	F3 block – Einblenden des Block-Menüs. Hier können neue Blöcke editiert, kopiert oder gelöscht werden.

F1 help – Hilfsfunktion

F2 edit block – Editiert einen Block.

F3 insert block – Fügt den aktuellen Block vor der aktuellen Zeile im Programmtext ein.

F4 define block – Hier hat man die Möglichkeit, einen Teil aus dem Programmtext als Block zu definieren. Dabei können die üblichen Tasten für die vertikalen Bewegungen innerhalb des Textes benutzt werden, um den Blocktext zu markieren. Der Blocktext wird dabei invertiert dargestellt.

F1 help – Hilfsfunktion.

F2 find – Hat die gleiche Funktion wie Ctrl+F2 in Editor.

F3 copy-to-block – Kopiert den markierten Text in einem Block. Diese Funktion wird benutzt, um den Block anschließend mit F3 (insert-block) an eine andere Stelle im Programm zu kopieren.

F4 remove-to-block – Verschiebt den markierten Text in den aktuellen Block. Dabei wird der Block aus dem Programmtext gelöscht.

Esc escape – Beendet das Define-Block-Menü ohne Erstellung von Blöcken.

Auswahlmöglichkeiten des Editors

Taste	Funktion
[Ctrl] [F3] [F6]	`restore block` - Kopiert den aktuellen Block vor der aktuellen Zeile im Programm und löscht die Block-Datei.
[Esc]	`escape` - Beendet das Block-Menü und kehrt zum Hauptmenü des Editors zurück.
[F4]	`clear` - Löscht den Inhalt der Arbeitsdatei.
[F5]	`margins` - Schaltet ein Menü für die Bereichseinteilung ein. Dabei werden die Grenzen des aktuellen Bereichs durch hervorgehobene Balken am Anfang und am Ende des Bereichs angezeigt. d.h. das Zeichen wird an der aktuellen Cursorposition am Bildschirm geschrieben.
[F1]	`help` - Hilfsfunktion
[F2]	`COBOL-margins` - Setzt die üblichen COBOL-Bereiche (1-7, 8-72, 73-80) zurück, falls diese inzwischen geändert wurden.
[F3]	`left-margins-to-cursor` - Bewegt den linken Balken bis zu der Spalte links vor dem Cursor.
[F4]	`right-margins-to-cursor` - Bewegt den rechten Balken bis zu der Spalte rechts nach dem Cursor.
[F5]	`left-out` - Bewegt den linken Balken eine Stelle nach links.
[F6]	`left-in` - Bewegt den linken Balken eine Stelle nach rechts.

765

Auswahlmöglichkeiten des Editors

Taste	Funktion
Ctrl	F5	F7	right-out – Bewegt den rechten Balken eine Stelle nach links.
		F8	right-in – Bewegt den rechten Balken eine Stelle nach rechts.
		F9	full-page-left – Bewegt den linken Balken äußerst links.
		F10	full-page-right – Bewegt den rechten Balken äußerst rechts. Mit F9 F10 lassen sich Texte in einer Breite von 80 Zeichen für beliebige Verwendungen erstellen.
		Esc	escape – Beendet dieses Menü und kehrt zum Hauptmenü des Editors zurück. Die Balken werden zwar ausgeblendet, jedoch kennzeichnen die Positionen der Balken den Anfang und das Ende des aktuellen Bereichs nach wie vor.

Auswahlmöglichkeiten des Editors

Taste	Funktion
Ctrl	F6 draw - Schaltet ein Menü zum Zeichnen von Linien ein.

	F1	help - Hilfsfunktion
	F2	draw/erase - Schaltet zwischen Zeichnen und Löschen von Linien um.
	F3	‖/‖ Schaltet zwischen einfacher und doppelter Linie um.
	F4	join/over/under - Schaltet zwischen verschiedenen Darstellungsarten für Linien, die sich überschneiden, um.
	Esc	escape - Beendet das Zeichnungs-Menü, kehrt zum Hauptmenü d. Editors zurück.
	→ ↑ ↓ ←	draw - Mit den Cursor-Tasten kann man nun Linien in der Richtung des Cursors zeichnen oder löschen, je nachdem, ob "draw" oder "erase" eingeschaltet ist.
	⇧ + → ↑ ↓ ←	cursor - Bewegt den Cursor ohne zu zeichnen oder zu löschen.
	Num	Wechselt die Funktion der Cursor-Tasten zwischen ihrer Wirkung mit oder ohne Shift-Taste ab.
	Ctrl + End	menu-on/off - Schaltet das Menü ein oder aus.

Auswahlmöglichkeiten des Editors

Taste		Funktion
Ctrl	F7	text-->forms – Überträgt den Inhalt des Bildschirmes (25 Zeilen) in die Umgebung des Maskengenerators. Variablen und Attribute werden nicht übertragen.
	F8	word-wrap – Schaltet das Wort "wrap" im Hauptmenü des Editors ein oder aus. Wenn es eingeschaltet ist, wird ein Wort, das nicht mehr im aktuellen Bereich geschrieben werden konnte (weil es zu lang ist), automatisch in die nächste Zeile übertragen.
	F9	scroll-up – Rollt den Text der Datei sehr schnell rückwärts. Eine beliebige Taste beendet das Rollen.
	F10	scoll-down – Rollt den Text der Datei sehr schnell vorwärts. Eine beliebige Taste beendet das Rollen.
	→	move-window-up – Rollt den Text zusammen mit dem Cursor innerhalb des Bildschirms nach oben.
	←	move-window-down – Rollt den Text zusammen mit dem Cursor innerhalb des Bildschirms nach unten.
	Hom	Home – Positioniert den Cursor an den Anfang der Datei.
	End	End – Positioniert den Cursor an das Ende der Datei.
	PgUp	page up – Blättert eine Seite (200 Zeilen) rückwärts.
	PgDn	page Dn – Blättert eine Seite (200 Zeilen) vorwärts.
	Esc	escape – Beendet den Editor und kehrt zum Hauptmenü von Professional COBOL/2 zurück.

Das Directory-Menü

Das Directory-Menü bietet dem Benutzer die Möglichkeit, Dateien aufzulisten, um eine Datei für die bevorstehende Funktion (z.B. Laden oder Sichern einer Datei) auszuwählen. Abhängig von der bevorstehenden Funktion, werden Dateien mit einem bestimmten Typ aufgelistet. Sie sind wie folgt bestimmt:

Funktion	Dateityp
Edit	.CBL, .CPY
Check	.CBL
Animate	.INT, .GNT, .BIN, .LIB
Compile	.INT,
Run	.INT, .GNT, .BIN, .LIB
Library	alle vorhandene Dateien
Build	.BBT, .GNT, .INT, .BIN, .LIB
FORMS	.FRM
Session Recorder	.KYS

Bei der Festlegung der Dateinamen können auch die Wildcards "?" und "*" benutzt werden, um Dateien mit bestimmten Namen und/oder Typen aufzulisten, z.B.

```
C:*.DAT
C:DEMO??.CBL
C:DEMO??.EIN
A:*.AUS
```

Hinweis:

Es ist darauf zu achten, daß das COBOL-System in allen Bezugnahmen auf Dateien immer das aktuelle Standard-Directory als Bezugsquelle benutzt. Dieses kann aus der ersten Stufe des Directory-Menüs systemintern geändert werden. Dazu hält man die Ctrl-Taste gedrückt und betätigt eine der folgenden Funktionstasten:

```
Directory-Menü (erste Stufe)
```

F1   help - Hilfsfunktion.

F2   show-default-dir - Zeigt das Standard-Directory
     in Zeile 25 an.

F3   select-def-dir - Wählt das Standard-Directory vor
     dem Dateinamen.

F4   change-def-dir - Wechselt das Standard-Directory
     systemintern auf das aktuelle Directory, welches
     gerade vor dem Dateinamen vorhanden ist.

F10 del-delete - Löscht die Datei, deren Name hervor-
     gehoben dargestellt ist.

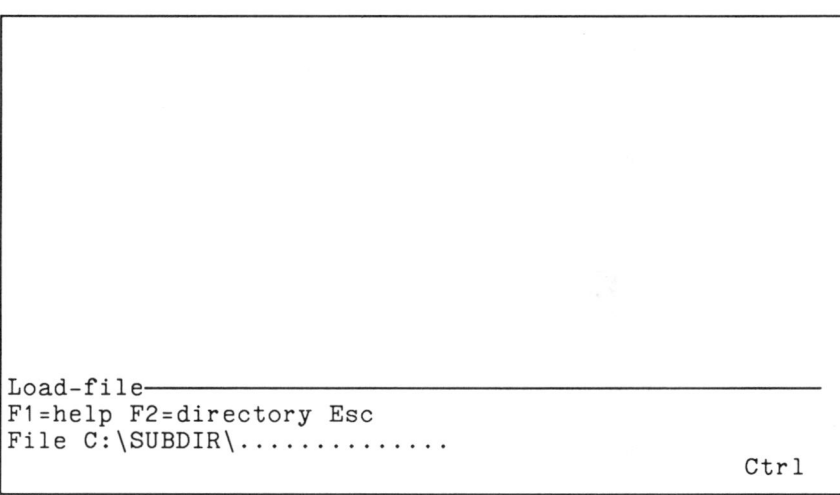

```
Load-file───────────────────────────────────────────
F1=help F2=directory Esc
File C:\SUBDIR\.............
                                                    Ctrl
```

Die erste Stufe des Directory-Menüs

Das folgende Menü wird mit der [F2]-Taste beim Laden oder Sichern einer
Datei zur Verfügung gestellt:

```
Directory-Menü
───────────────────────────────────────────────────
 [F1]   help - Hilfsfunktion

 [↑]    up-file - Bewegt den Cursor eine Zeile nach oben.

 [↓]    down-file - Bewegt den Cursor eine Zeile nach
        unten.

 [↵]    select-file - Wählt den hervorgehobenen Datei-
        namen für die bevorstehende Funktion.

 [F2]   list-files - Auflisten des Directory-Inhaltes.
```

771

```
┌─────────────────────────────────────────────────────────────────┐
│ Directory-Menü                                                    │
├───────────────────────────────────────────────────────────────── │
│  F3   list-dir - Auflisten aller Directories.                     │
│                                                                    │
│        F1   help - Hilfsfunktion                                  │
│                                                                    │
│        ↑    up-dir  - Bewegt den Cursor eine Zeile                │
│             nach oben.                                            │
│                                                                    │
│        ↓    down-dir  - Bewegt den Cursor eine                    │
│             Zeile nach unten.                                     │
│                                                                    │
│        ↵    select-dir  - Wählt das hervorgehobene                │
│             Directory.                                            │
│                                                                    │
│        F2   list-files - Auflisten des Directory-                 │
│             Inhaltes.                                             │
│                                                                    │
│        F3   list-dir - Auflisten aller Directories.               │
│                                                                    │
│        F4   set-default-dir - Wählt das Standard-                 │
│             Directory.                                            │
│                                                                    │
│        F9   drv  - Erlaubt das Wechseln des Bezugslauf-           │
│             werkes.                                               │
│                                                                    │
│        Esc  escape - Beendet diese Menüstufe.                     │
│                                                                    │
│  F4   del - delete - Löscht die Datei, deren Name her-            │
│       vorgehoben dargestellt ist.                                 │
│                                                                    │
│  F5   sort-name - Sortiert die aufgelisteten Namen                │
│       nach Dateinamen.                                            │
│                                                                    │
│  F6   sort-date - Sortiert die aufgelisteten Namen                │
│       nach Erstellungsdatum der Dateien.                          │
│                                                                    │
│  F7   unsort - Listet das Directory in der ursprüng-              │
│       lichen Form auf (unsortiert).                               │
│                                                                    │
│  F8   asc/desc - Schaltet zwischen aufsteigender und              │
│       absteigender Sortierung um.                                 │
│                                                                    │
│  F9   drv - Erlaubt das Wechseln des Bezugslaufwerkes.            │
└─────────────────────────────────────────────────────────────────┘
```

772

Der CHECKER

Nachdem nun ein Programm erstellt und gesichert ist, kann es vom Hauptmenü des COBOL-Systems übersetzt werden. Bei der Übersetzung wird das COBOL-Programm auf syntaktische Richtigkeit geprüft und eine Datei erstellt, die den Objektcode enthält. Dieser Objektcode wird hier Zwischencode genannt und kann anschließend mit Hilfe des Animators zur Ausführung gebracht werden.

```
Check────────────────Pause────────────────Ins─Caps─Num─Scroll
F1=help F2=directory F3=pause F4=print F5=comp F6=ref F7=xref F10=more Escape
File C:\PROF-2\demo16                                          ◄┘ Ctrl
```

CHECKER-Menü

Zwischencode

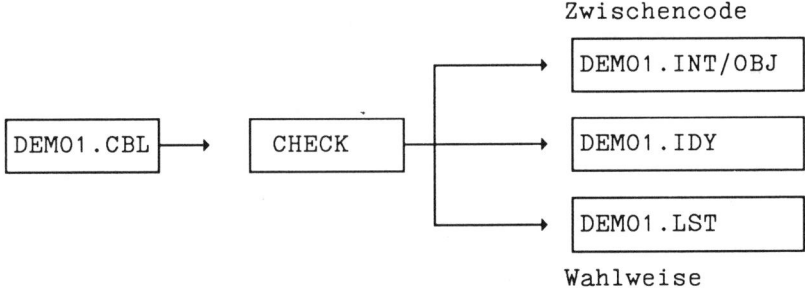

Abb. A-1 Ein/Ausgabe-Dateien des Checkers

Auswahlmöglichkeiten des Checkers

Taste	Funktion
F1	help - Hilfsfunktion.
F2	directory - Einblenden des Directory-Menüs (1. Stufe), siehe Directory-Menü.
F3	pause-at-error- Wenn dieser Schalter eingeschaltet ist, hält der Checker die Übersetzung an, wenn ein Syntaxfehler entdeckt wird. Der Checker zeigt eine entsprechende Fehlermeldung und die Abfrage "CONTINUE CHECKING PROGRAMM? Y/N" an. Wird "N" eingegeben, so wird die Übersetzung abgebrochen und das COBOL-System geht automatisch in den Editor-Modus, um die Fehlerkorrektur zu ermöglichen.
F4	print - Wenn dieser Schalter eingeschaltet ist, wird das Übersetzungsprotokoll über den Drucker ausgegeben, ansonsten erfolgt die Ausgabe am Bildschirm.
F5	comp - Wenn dieser Schalter eingeschaltet ist, werden verschiedene Funktionen zur Optimierung numerischer Datenfelder eingesetzt.

Auswahlmöglichkeiten des Checkers

Taste	Funktion
F6	**ref** - Wenn dieser Schalter eingeschaltet ist, wird eine 4stellige Zahl am rechten Rand des Übersetzungsprotokolls als Adreßpegel gesetzt.
F7	**xref** - Wenn dieser Schalter eingeschaltet ist, erzeugt der Checker ein Querverweis-Listing am Ende der Übersetzung.
F1Ø	**more** - Wenn dieser Schalter eingeschaltet ist, hat man anschließend die Möglichkeit, weitere Übersetzungs-Direktiven, die im Auswahl-Menü nicht angezeigt sind, einzugeben.
Esc	**escape** - Beendet das Checker-Menü, ohne zu übersetzen.
⏎	Wählt den hervorgehobenen Dateinamen zum übersetzen aus. Während der Übersetzung des Programms sind die folgenden Möglichkeiten gegeben:
Ctrl + Break	Beendet die Übersetzung jederzeit.
Ctrl + NumLock	Hält die Übersetzung an. Eine beliebige Taste setzt die Übersetzung fort.

775

CHECKER-Direktiven

Direktiven sind Steuerbefehle an den CHECKER, die zum Festlegen der Arbeitsweise des Übersetzers benutzt werden.

1) Aus der Betriebssystemumgebung (Command-Line) nach folgendem Format:

```
C>COBOL Programmname [Direktive]...
```

Beispiel

```
C>COBOL DEMO24  ANS85 LIST"DEMO24.LST" NOALTER
```

2) Direkt vom CHECKER-Menü mit der [F1Ø]-Taste, anschließend können beliebige Direktiven über die Tastatur eingegeben werden.

3) Aus dem COBOL-Programm kann ein $SET-Anweisung in der ersten Zeile des Programms gesetzt werden.

Beispiel

```
$SET NOALTER ANS85
 IDENTIFICATION DIVISION.
 PROGRAM-ID.  DEMO15.
 .
 .
 .
```

4)   Mit Hilfe der Direktive (DIRECTIVES)

Diese Direktive teilt dem Übersetzer den Namen einer Datei mit, in der die benötigten Direktiven abgespeichert sind.

Beispiel

```
C>COBOL DEMO24  DIRECTIVES"DEMO20.DIR"
```

In der Datei "STEUER.DIR" befinden sich nun die erforderlichen Direktiven:

```
"STEUER.DIR"

ANS85
LIST"DEMO20.LST"
NOALTER
ANALYZE
STRUCT
VSC2
```

Hinweis:

PROFESSIONAL COBOL/2 benutzt, liest und verwendet automatisch die Direktiven aus der Datei "COBOL.DIR".

Die folgenden Direktiven können benutzt werden:

ALIGN"Ganzzahl"   Standard: ALIGN"1"

   Spezifiziert die erforderliche Speichergrenze.

[NO]ALTER   Standard: ALTER

   Anforderung bzw. Unterdrückung der Verwendung der ALTER-
Anweisung. Bei NOALTER darf die ALTER-Anweisung nicht
verwendet werden.

[NO]ANALYZE   Standard: NOANALYZE

   Das Programm wird so übersetzt, daß anschließend im
ANIMATOR die Anforderung der ANALYZER-Routine (Aus-
führungsstatistik) möglich ist.

[NO]ANIM   Standard: ANIM

   Das Programm wird so übersetzt, daß es anschließend mit dem
ANIMATOR getestet werden kann.

[NO]ANS85   Standard: NOANS85

   Wenn angegeben, wird der gesamte Sprachvorrat von ANSI'85
als reservierte Worte betrachtet.

```
⎡ ASSIGN"DYNAMIC"  ⎤          Standard: ASSIGN"DYNAMIC"
⎣ ASSIGN"EXTERNAL" ⎦
```

Bestimmt die Zuweisungsart für die im COBOL-Programm definierten Dateien. Mit Hilfe dieser Direktive braucht der Benutzer die Zuweisungsart in der ASSIGN-Klausel im Programm noch nicht festlegen.

```
[NO]AUTOLOCK                 Standard: NOAUTOLOCK
```

Wird AUTOLOCK angegeben, so bewirkt dieses, daß wenn die LOCK MODE-Klausel für eine Datei fehlt, die mit I-O oder EXTEND eröffnet wird, die automatische und nicht die exklusive Satzsperrung als Standard angenommen wird.

```
[NO]BELL                     Standard: BELL
```

Erzeugt am Ende der Übersetzung ein akustisches Signal.

```
[NO]BRIEF                    Standard: NOBRIEF
```

Wenn angegeben, werden Fehlernummern und Fehlermeldungen des Übersetzers am Bildschirm ausgegeben. NOBRIEF erzeugt nur Fehlernummern.

```
COMMIT"Datei-Organisation"
```

Bewirkt eine Satzsperrung für jeden gelesenen Satz aus einer Datei, die mit der angegebenen Organisation definiert worden ist. Die Freigabe des Satzes erfolgt durch eine CLOSE- oder COMMIT-Anweisung. Als Organisation kann SEQUENTIAL, RELATIVE oder INDEXED verwendet werden.

[NO]COMP   Standard: NOCOMP

Wenn angegeben, wird der Maschinencode der arithmetischen Anweisungen, die COMP PIC 9(2) oder COMP PIC 9(4)-Datenfelder enthalten, komprimiert. Es muß in diesem Fall gewährleistet sein, daß keine Überlaufbedingung auftreten darf.

[NO]CONFIRM   Standard: CONFIRM

Anforderung bzw. Unterdrückung der Ausgabe aller verwendeten Direktiven am Bildschirm.

[NO]COPYLIST"n"   Standard: COPYLIST

Bewirkt die Auflistung aller COPY-Elemente, die im Segment-Nr "n" vorhanden sind, im Übersetzungsprotokoll. NOCOPYLIST unterdrückt die Auflistung aller COPY-Elemente.

Beispiele

COPYLIST"60"   listet alle COPY-Elemente im ROOT-Segment und im Segment Nr 60 auf.

NOCOPYLIST"60"   listet alle COPY-Elemente im Segment Nr 60 auf.

COPYLIST"0"   listet alle COPY-Elemente der ROOT-Segmente auf.

$$\begin{bmatrix} \texttt{[NO]DATE} \\ \qquad \texttt{DATE"Zeichenkette"} \end{bmatrix}$$ Standard: DATE

> Setzt das Tagesdatum oder die angegebene Zeichenkette im DATE-COMPILED-Paragraph. Wird nur DATE angegeben, so wird das Tagesdatum übernommen.

`DEFAULTBYTE"Ganzzahl"`   Standard: `DEFAULTBYTE"32"`

> Spezifiziert ein Zeichen, mit dem die DATA DIVISION initialisiert wird. Es werden nur Felder, die ohne VALUE-Klausel definiert sind, initialisiert. Das Defaultbyte wird in dezimaler Form angegeben, z.B.
>
> "48" für Null.

`DERESTRICT"Datei-Organisation"`

> Bewirkt eine Einzelsatzsperrung für die angegebene Dateiorganisation, bis die nächste READ-Anweisung ausgeführt wird. Als Organisation kann SEQUENTIAL, RELATIVE oder INDEXED verwendet werden.

`[NO]DG`   Standard: NODG

> Die von DATA GENERAL-COBOL reservierten Worte werden vom Übersetzer miteingeschlossen.

$$\begin{bmatrix} \text{NODIRECTIVES} \\ \text{DIRECTIVES"Dateiname"} \end{bmatrix}$$ Standard: NODIRECTIVES

Teilt dem Übersetzer den Namen einer Datei mit, in der die benötigten Direktiven abgespeichert sind.

[NO]ECHO   Standard: ECHO

Bewirkt die Ausgabe der fehlerhaften Quellprogrammzeilen, Fehlernummer und Fehlermeldung (soweit nicht durch BRIEF aktiviert ist), am Bildschirm.

[NO]ECHOALL   Standard: NOECHOALL

Wenn angegeben, wird das Listing sowohl auf den Bildschirm als auch auf dem Drucker ausgegeben. Die Ausgabe erfolgt auch in jeder Einheit, die mit der LIST- oder PRINT-Direktive verbunden ist.

[NO]ERRLIST   Standard: NOERRLIST

Erzeugt eine Liste, die nur fehlerhafte Zeilen und Fehlermeldungen enthält.

[NO]ERRQ   Standard: ERRQ

Wird diese Direktive angegeben, hält der Compiler die Übersetzung beim Auftreten eines Fehlers an und fragt, ob die Übersetzung abgebrochen oder fortgesetzt werden soll.

[NO]FILESHARE   Standard: NOFILESHARE

Diese Direktive ist als Alternative zu AUTOLOCK und
WRITELOCK zu benutzen.

$$\begin{bmatrix} \text{NOFLAG} \\ \quad \text{FLAG"Dialekt"} \end{bmatrix}$$ Standard: NOFLAG

Hiermit wird das COBOL-Programm auf die Einhaltung gewisser
Konventionen eines bestimmten Dialektes geprüft. Dabei wird
jede vom angegebenen Dialekt differenzierte Angabe im Listing
markiert.

"Dialekt"	Sprachumfang
ANS74	ANSI'74 Standard X3.23-1974 COBOL
ANS85	Wie ANSI'74, jedoch einschließlich des zusätzlichen Sprachumfangs von ANSI'85 X3.23-1985 COBOL.
OSVS	Wie ANSI'74, jedoch einschließlich des zusätzlichen Sprachumfangs von IBM OS/VS COBOL.
VSC2	Wie ANSI'74, jedoch einschließlich des zusätzlichen Sprachumfangs von IBM VS II COBOL.
SAA	Sprachumfang nach den SAA-Konzept.

```
[NO]FLAGQ                        Standard: NOFLAGQ
```

Wenn angegeben, hält der Compiler die Übersetzung beim Auftreten eines Indicators (FLAG) an und fragt, ob die Übersetzung
abgebrochen oder fortgesetzt werden soll.

```
⎡[NO]FORM  ⎤                     Standard: NOFORM
⎣  FORM"n" ⎦
```

Legt die Anzahl der Quellprogrammzeilen pro Seite im Listing
fest. NOFORM gibt an, daß kein Seitenvorschub oder Seiten-
kopf vorkommen darf.

Hinweis:

Bei der Übersetzung aus der Betriebssystemumgebung wird
FORM"60" angenommen.

```
[NO]IBMCOMP                      Standard: NOIBMCOMP
```

Veranlaßt den Übersetzer, für binäre Felder (USAGE COMP) 2
oder 4 Bytes, je nach PICTURE-Klausel, anzulegen. Damit ist
eine größere Kompatibilität zu IBM-Großrechnern erreicht.

```
⎡[NO]INT          ⎤              Standard: INT
⎣  INT"Dateiname" ⎦
```

Legt den Dateinamen für den Zwischencode (intermediate
code) fest. NOINT erzeugt keinen Zwischencode (nur Syntax
prüfen).

784

[NO]LIBRARY   Standard: LIBRARY

Erlaubt dem Übersetzer eine unterschiedliche Interpretation des angegebenen Namens nach OF in einer COPY-Anweisung. Wenn z.B. die Anweisung COPY "KUNDEN.DAT" OF C codiert und LIBRARY spezifiziert wurde, so sucht der Übersetzer nach der Datei "KUNDEN.DAT" in der Bibliothek C.LBR. Mit NOLIBRARY würde die gleiche COPY-Anweisung nach der Datei "KUNDEN.DAT" im Laufwerk C: suchen.

```
[NO]LIST
    PRINT
    LIST
    PRINT"Dateiname"
```
                          Standard: LIST

LIST oder PRINT spezifiziert den Namen der Listing-Datei. Als Dateiname kann eine Laufwerksbezeichnung mit Pfad- und Dateiname, CON: oder PRN: verwendet werden. NOLIST bzw. NOPRINT unterdrückt die Ausgabe des Listings.

```
LISTWIDTH"nnn"
LW"nnn"
```
                          Standard: LISTWIDTH"72"

Spezifiziert die Zeilenlänge des Listings. Dabei gilt "nnn" als Zahl zwischen 72 und 132.

[NO]MFCOMMENT   Standard: MFCOMMENT

MFCOMMENT spezifiziert, daß alle COBOL-Programmzeilen, die in Spalte 1 das Zeichen "*" beinhalten, als Kommentar betrachtet werden sollen. Sie werden also bei der Übersetzung ignoriert und erscheinen nicht in der Liste. NOMFCOMMENT bewirkt, daß solche Zeilen zwar in der Liste erscheinen, aber nicht übersetzt werden.

$$\begin{bmatrix} \texttt{[NO]MF} \\ \quad \texttt{MFLEVEL} \\ \quad \texttt{MF} \\ \quad \texttt{MFLEVEL "Ganzzahl"} \end{bmatrix}$$ Standard: MF"3"

Veranlaßt den Übersetzer, die zusätzlichen MICRO FOCUS-Erweiterungen zum ANSI'74 COBOL als reservierte Worte zu betrachten. Ganzzahl bestimmt wie folgt den Umfang der Erweiterungen:

1   Erweiterungen, wie sie in PROFESSIONAL COBOL Version 1.0, 1.1 und 1.2 vorhanden sind.

2   Erweiterungen, wie sie in VS COBOL WORKBENCH Version 1.0, 1.1 und 1.2 vorhanden sind.

3   Erweiterungen, wie sie in VS COBOL WORKBENCH Version 1.3 vorhanden sind (alle Erweiterungen).

NOMF
spezifiziert, daß alle Erweiterungen von MIRCO FOCUS nicht als reservierte Worte betrachtet werden.

NATIVE"Sortierfolge"   Standard: NATIVE"ASCII"

Spezifiziert die in einem Vergleich zu verwendende Sortierfolge. Als Sortierfolge kann "ASCII" oder "EBCDIC" verwendet werden. Diese Direktive gilt als Alternative für die Klausel PROGRAM COLLATING SEQUENCE im COBOL-Programm.

[NO]OPTIONAL-FILE   Standard: NOOPTIONAL-FILE

> OPTIONAL-FILE veranlaßt den Übersetzer, alle SELECT-Klauseln für Dateien, die mit OPEN I-O oder OPEN EXTEND zu eröffnen sind, so zu interpretieren, als wären sie mit SELECT OPTIONAL definiert. Da im ANSI'85 die Dateien als NOT OPTIONAL betrachtet werden, sollte man aus Kompatibilitätsgründen mit dem ANSI'85-Standard die Direktiven ANS85 und NOOPTIONAL-FILE benutzen.

OSEXT"Dateierweiterung"   Standard: OSEXT"CBL"

> Wenn die Dateierweiterung in einem Dateinamen fehlt (z.B. in einer COPY-Anweisung), sucht der CHECKER nach einer Datei mit der angegebenen Dateierweiterung.

[NO]OSVS   Standard: NOOSVS

> OSVS spezifiziert, daß die Erweiterungen von IBM OS/VS COBOL als reservierte Worte betrachtet werden.

[NO]OSVS-PERFORMS   Standard: NOOSVS-PERFORMS

> OSVS-PERFORMS spezifiziert die Arbeitsweise der PERFORM-Anweisung unter OS/VS COBOL.

```
OVERRIDE"COBOL-Wort"="Benutzer-definiertes-Wort" ...
```

Standard: keine Änderungen in den reservierten Worten

Diese Direktive erlaubt dem Benutzer die Definition eines Wortes (Benutzer-definiertes-Wort), welches anstelle eines COBOL-Wortes verwendet werden soll. Das COBOL-Wort wird damit freigegeben.

Beispiele:

```
OVERRIDE "DIVISION" = "TEIL"
OVERRIDE "SECTION" = "KAPITEL"
OVERRIDE "VALUE" = "WERT"
OVERRIDE "IF" = "WENN"
OVERRIDE "COMPUTE" = "RECHNE"
OVERRIDE "ADD" = "ADDIERE"
```

```
[NO]PROFILE                    Standard: NOPROFILE
```

PROFILE erzeugt einen Objektcode, der die Ausgabe von Ausführungsstatistiken bewirkt.

```
[NO]QUAL                       Standard: QUAL
```

QUAL erlaubt die Qualifizierung von Daten- und Prozedurnamen (IN/OF) im Programm. NOQUAL beschleunigt die Überetzung, wenn keine Qualifizierung notwendig ist.

```
[NO]QUERY                      Standard: QUERY
```

QUERY fordert vom Benutzer den Dateinamen eines COPY-Elementes an, wenn das Element während der Übersetzung nicht gefunden wird.

`[NO]REF`   Standard: NOREF

REF setzt eine 4stellige Zahl auf der rechten Seite des Übersetzungsprotokolls als Adreßpegel. Hierbei wird die Direktive LISTWIDTH mit mindestens 90 Spalten pro Zeile benötigt (LISTWIDTH"90").

`[NO]REMOVE"COBOL-Wort""COBOL-Wort"...`

Standard: kein COBOL-Wort wird freigegeben

REMOVE gibt das angegebene Wort aus der Liste der reservierten Worte frei. Das Wort kann nun als Programmierer-Wort benutzt werden. Es versteht sich von selbst, nur reservierte Worte, die im Programm nicht benötigt werden, können freigegeben werden.

`[NO]RESEQ`   Standard: RESEQ

Die Zeilen des Quellprogramms werden beginnend mit 1 und in einer Schrittweite von 1 durchnumeriert.

`[NO]RW`   Standard: RW

RW spezifiziert, daß der Sprachumfang des REPORT WRITER-Moduls (ANS'74) als reservierte Worte betrachtet wird.

`[NO]SEG`   Standard: SEG

NOSEG veranlaßt den Übersetzer, alle Segmentierungen zu ignorieren. Alle SECTION-Nummern werden als Null interpretiert. Es wird ein einziges Programm, ohne Überlagerungssegment, erzeugt.

789

[NO]SEQCHK   Standard: NOSEQCHK

SEQCHK überprüft die Durchnumerierung in Spalte 1-6 des Quellprogramms.

SEQUENTIAL"Typ"   Standard: SEQUENTIAL"RECORD"

Spezifiziert die Organisationsform "ORGANIZATION IS RECORD SEQUENTIAL" oder "ORGANIZATION IS LINE SEQUENTIAL" für alle im Programm definierten, sequentiellen Dateien. Als Type kann LINE oder RECORD verwendet werden.

SIGN"Code"   Standard: SIGN"ASCII"

Spezifiziert, ob für die Interpretation des Vorzeichens eines numerischen Feldes, der ASCII- oder der EBCDIC-Code verwendet werden soll.

[NO]STRUCK   Standard: NOSTRUCK

STRUCK übersetzt das Programm so, daß es anschließend mit dem STRUCTURE- ANIMATOR getestet werden kann. Dabei wird die PROCEDURE DIVISION vom STRUCTURE-ANIMATOR analysiert und in einem Baumdiagramm dargestellt und getestet.

[NO]SUBFF   Standard: NOSUBFF

SUBFF unterdrückt den Seitenvorschub (FORM FEED) bei der Ausgabe des Listing am Bildschirm. Damit wird die Ausgabe der Kopfzeilen am Bildschirm unterdrückt.

```
[NO]TIME                        Standard: TIME
```

TIME erzeugt die aktuelle Uhrzeit in der Kopfzeile des Listing. Diese Direktive kann nur im Zusammenhang mit der Direktive DATE verwendet werden.

```
[NO]TRACE                       Standard: NOTRACE
```

TRACE muß definiert werden, wenn die READY oder RESET TRACE-Anweisung im Programm verwendet soll.

```
⎡[NO]TRUNC    ⎤                 Standard: TRUNC"ANSI"
⎣   TRUNC"ANSI"⎦
```

Steuert die Übertragung in binäre Datenfelder (USAGE COMP). Bei TRUNC wird die zu übertragende Zahl auf die Länge der PICTURE-Klausel abgeschnitten. NOTRUNC schneidet die Zahl auf die Größe des zugewiesenen Speicherplatzes ab. TRUNC"ANSI" schneidet bei nicht-numerischer Übertragung die Zahl auf die Länge der PICTURE-Klausel.

```
[NO]VERBOSE                     Standard: VERBOSE
```

VERBOSE bewirkt die Ausgabe aller verwendeten Direktiven und CHECKER-Statistiken über die Größe des Programms im Listing bzw. am Bildschirm.

```
┌                        ┐
│ [NO]WARNING            │         Standard: WARNING"1"
│     WARNING"Ganzzahl"  │
└                        ┘
```

WARNING steuert die Ausgabe von Warnungs- und Fehlermeldungen. Als Ganzzahl kann 1, 2 oder 3 verwendet werden.

1   bewirkt die Ausgabe von Meldungen mit E-Stufe
2   bewirkt die Ausgabe von Meldungen mit E- und W-Stufe
3   bewirkt die Ausgabe von Meldungen mit E-, W- und I-Stufe

Meldungen mit der U- bzw. S-Stufe werden immer ausgegeben. NOWARNING unterdrückt die Ausgabe aller Meldungen mit der E-, W- oder I-Stufe.

Bedeutung der Meldungsstufen:

U   Unrecoverable.
     Nicht-behebbarer Fehler, die Übersetzung wird beendet.

S   Severe.
     Schwere Fehler, die Ausführung des Programms ist nicht
     möglich.

E   Error.
     Fehler, die Ausführung des Programms ist möglich.

W   WARNING.
     Warnung, die Ausführung des Programms ist möglich.

I   Information.
     Es handelt sich lediglich um Informationen, die keine
     Korrekturen seitens des Benutzers benötigen.

[NO]WRITELOCK   Standard: NOWRITELOCK

   Wird WRITELOCK angegeben, so bewirkt eine WRITE- bzw.
   eine REWRITE-Anweisung eine automatische Satzsperre.

[NO]XREF   Standard: NOXREF

   XREF erzeugt eine Querverweis-Liste. Diese Liste enthält die
   Namen aller Datenfelder und Prozeduren.

Der Animator

Der Animator wird verwendet, um das COBOL-Programm zu testen. Dabei können verschiedene Testfunktionen benutzt werden.

Die folgenden Abbildungen zeigen das Hauptmenü des Animators und einige seiner Submenüs:

```
Animate-DEMO16───────────────────Level=Ø1─Speed=5─Ins─Caps─Num─Scroll
F1=help F2=view F3=align F4=exchange F5=where F6=look-up F9/F1Ø=word</> Escape
Step Go Zoom next-If Perform Reset Break Env Query Find Locate Text Do Alt Ctr
```

ANIMATOR-Hauptmenü

```
Perform-level────────────────────Level=Ø1─Speed=5─Ins─Caps─Num─Scroll
F1=help F2=view F3=align F4=exchange F5=where F6=look-up F9/F1Ø=word</> Escape
```

Perform-level-Submenü

```
Reset-execution──────────────────Level=Ø1─Speed=5─Ins─Caps─Num─Scroll
F1=help F2=view F3=align F4=exchange F5=where F6=look-up F9/F1Ø=word</> Escape
Cursor-position Next Start Quit-perform
```

Reset-execution-Submenü

```
Break-points—On-count=unset——————————Level=Ø1–Speed=5–Ins–Caps–Num–Scroll
F1=help F2=view F3=align F4=exchange F5=where F6=look-up F9/F1Ø=word</> Escape
Set Unset Cancel-all Examine If Do On-count
```

Break-points-Submenü

```
Environment——————————————————————Level=Ø1–Speed=5–Ins–Caps–Num–Scroll
F1=help F2=view F3=align F4=exchange F5=where F6=look-up F9/F1Ø=word</> Escape
Program-break Threshold-level Until Backtrack
```

Environment-Submenü

```
Query-data————————————————————Level=Ø1–Speed=5–Ins–Caps–Num–Scroll
F1=help F2=view F3=align F4=exchange F5=where F6=look-up F9/F1Ø=word</> Escape
Cursor-name Enter-name Repeat Monitor-off Dump-list
```

Query-data-Submenü

```
Options-DEMO16─────────────────────Level=Ø1-Speed=5-Ins-Caps-Num-Scroll
F1=help F2=analyzer on/off F3=structure/code F4=save-analysis F5=save-structur
F6=display F7=print
```

Alt-Menü

```
Options-DEMO16─────────────────────Level=Ø1-Speed=5-Ins-Caps-Num-Scroll
F1=help F2=find              F4=clear      ←  →  page left/right
F9/F1Ø=scroll
```

Ctrl-Menü

Die Ausführung des Programms kann im Zoom- oder im Go-Modus erfolgen, siehe Auswahlmöglichkeiten des Animators.

Tastenfunktionen im Animator

Taste	Funktion
←	Positioniert den Cursor um ein Zeichen nach links.
→	Positioniert den Cursor um ein Zeichen nach rechts.
↑	Bewegt den Cursor eine Zeile nach oben oder verschiebt den Text eine Zeile nach oben, wenn Scroll Lock eingeschaltet ist.
↓	Bewegt den Cursor eine Zeile nach unten oder verschiebt den Text eine Zeile nach unten, wenn Scroll Lock eingeschaltet ist.
· Home	Home - Beim ersten Drücken wird der Cursor an den Anfang der aktuellen Bereiches bewegt. Beim zweiten Drücken wird der Cursor auf den Anfang des vorhergehenden Bereiches bewegt, beim dritten Drücken in die oberste linke Ecke des Bildschirms.
End	End - Funktioniert wie Home, jedoch in Richtung auf das Bildschirmende.
PgUp	Page Up - Eine Seite (20 Zeilen) rückwärts blättern.
PgDn	Page Dn - Eine Seite (20 Zeilen) vorwärts blättern.
⇥	Tab - Bewegt den Cursor 4 Zeichen vorwärts.
⇧ ⇥	Backtab- Bewegt den Curs. 4 Zeichen rückwärts.
↵	Enter - Bewegt den Cursor an den Anfang der nächsten Zeile.

Auswahlmöglichkeiten vor "Animation"

Taste	Funktion
F1	help - Hilfsfunktion.
F2	directory - Schaltet das Directory-Menü ein. Dabei werden alle übersetzten Programme aufgelistet, siehe Directory-Menü für Details.
F3	zoom on/off - Wird dieser Schalter vor der Initialisierung des Animators eingeschaltet, so wird das Programm mit höchster Geschwindigkeit und ohne das nachfolgende Animator-Menü ausgeführt.
Esc	escape - Beendet das Animate-Menü.

Auswahlmöglichkeiten während "Animation"

Taste	Funktion
F1	`help` - Hilfsfunktion.
F2	`view` - Zeigt den Benutzer-Bildschirm an. Eine beliebige Taste beendet die Anzeige.
F3	`align` - Positioniert die aktuelle Zeile als dritte Zeile am Bildschirm.
F4	`exchange` - Überträgt den Cursor in die andere Hälfte des geteilten Bildschirms.
F5	`where` - Zeigt die nächste ausführbare Anweisung (intensiv dargestellt) und positioniert den Cursor darauf.
F6	`look-up` - Erlaubt die Eingabe einer Zeilennummer. Dabei wird das Programm ab dieser Zeile an der dritten Zeile des Bildschirms angezeigt. Die Zeilennummer ist in 10er Schritten anzugeben.
F9	`word-left` - Setzt den Cursor auf den Beginn des vorhergehenden Wortes.
F10	`word-right` - Setzt den Cursor auf den Beginn des nächsten Wortes.
Esc	`escape` - Beendet das Animator-Menü.

Auswahlmöglichkeiten während "Animation"

Taste	Funktion
S	`step` - Führt die aktuelle Anweisung (intensiv dargestellt) aus.
G	`go` - Führt das Progamm Schritt für Schritt aus. Dabei kann der Ablauf des Programms beobachtet werden. Die aktuelle Anweisung, die als nächste ausgeführt wird,ist immer in intensiver Helligkeit dargestellt. In diesem Ausführungs-modus werden alle mit DISPLAY anzuzeigenden Texte im Benutzer-Bildschirm angezeigt. Sie können mit der F2-Taste oder wenn keine ACCEPT-Anweisung ausgeführt wird, angesehen werden.
F1	`help` - Hilfsfunktion.
0 - 9	`speed` - Variiert die Geschwindigkeit der Ausführung für den Go-Modus. 0 ist sehr langsam, 9 sehr schnell.
Z	`zoom` - Setzt die Ausführung des Programms im Zoom-Modus fort. Mit Ctrl+Break kann die Ausführung angehalten werden.
Esc	`escape` - Beendet die Ausführung und kehrt zum Animator-Menü zurück.
Z	`zoom` - Setzt die Ausführung des Programms im Zoom-Modus fort. Mit Ctrl+Break kann die Ausführung angehalten werden.

Auswahlmöglichkeiten während "Animation"

Taste	Funktion
I	`next-if` - Führt alle Anweisungen bis zu der nächsten IF-Anweisung aus.
P	`perform-level` - Erlaubt die Ausführung von PERFORM- und CALL-Paragraphen,ohne den Text dieser Paragraphen während der Ausführung anzuzeigen. Diese Funktion spart Zeit beim Testen, wenn man bestimmte Unterprogramme nicht mehr bei der Ausführung beobachten muß.
F1 F2 . Esc	`help` - Hilfsfunktion. Diese Tasten haben die gleiche Funktionen wie vorher.
S	`step` - Ist die aktuelle Anweisung (nächste auszuführende) eine PERFORM- bzw. CALL-Anweisung, so werden die dort im zugehörigen Unterprogramm vorhandenen Anweisungen ohne Beobachtung ausgeführt.
E	`exit` - Befindet man sich bereits in einem PERFORM-Unterprogramm, so kann man den Rest der dort vorhandenen Anweisungen ohne Beobachtung ausführen lassen. Das Programm wird dann nach der PERFORM-Anweisung positioniert, die dieses Unterprogramm aufgerufen hat.

Auswahlmöglichkeiten während "Animation"

Taste	Funktion
R	**reset** - Mit dieser Funktion kann eine beliebige Anweisung als aktuelle Anweisung (nächste auszuführende) gemacht werden. Bei dieser aktuellen Anweisung kann dann die Programmausführung fortgesetzt werden.
F1	**help** - Hilfsfunktion.
F2 . . . Esc	Diese Tasten haben die gleichen Funktionen wie vorher.
C	**Cursor** - Wählt die Anweisung, auf der der Cursor gerade positioniert ist, als aktuelle Anweisung.
N	**next** - Wählt die nächste Anweisung als aktuelle Anweisung aus.
S	**start** - Wählt die erste Anweisung in der PROCEDURE DIVISION als aktuelle Anweisung. Hier kann dann das Programm vom Anfang nochmals ausgeführt werden. Dabei werden die Variablen nicht zurückgesetzt.
Q	**quit-perform** - Beendet die Ausführung des PERFORM-Unterprogramms, ohne dessen Rest zu Ende auszuführen.

Auswahlmöglichkeiten während "Animation"

Taste	Funktion
B	**break-points** - Mit dieser Funktion können Haltepunkte im Programm gesetzt werden. Dabei wird die Ausführung des Programms im Go- bzw. Zoom-Modus beendet, wenn ein Haltepunkt erreicht wird.
F1	**help** - Hilfsfunktion.
F2 · · · Esc	Diese Tasten haben die gleichen Funktionen wie vorher.
S	**Set** - Setzt einen Haltepunkt an der aktuellen Cursorposition. Dabei muß der Cursor am Anfang eines COBOL-Verbs stehen.
U	**Unset** - Löscht den Haltepunkt, auf dem der Cursor gerade steht.
C	**Cancel-all** - Löscht alle Haltepunkte im Programm.
E	**Examine** - Zeigt alle Haltepunkte im Programm in ihrer Reihenfolge. Jedesmal, wenn die Taste "E" gedrückt wird, wird der Cursor auf den nächsten Haltepunkt positioniert.

Auswahlmöglichkeiten während "Animation"

Taste		Funktion
B	D	**Do** - Mit dieser Funktion läßt sich eine COBOL-Anweisung eingeben, die immer wieder ausgeführt wird, wenn der an dieser Stelle festgelegte Haltepunkt erreicht wird. Ein Do-Haltepunkt darf im Programm nur einmal definiert werden.
	C	**On-count** - Setzt einen Haltepunkt an der aktuellen Cursorposition, der nur dann zum Anhalten des Programms führt, wenn die festgelegte Anzahl der Durchläufe erreicht wird.
	I	**if** - Setzt einen bedingten Haltepunkt im Programm. Anschließend kann die gewünschte Bedingung eingegeben werden. Die Ausführung des Programms wird nur dann beendet, wenn die eingegebene Bedingung erfüllt ist. In einem Programm darf gleichzeitig nur ein bedingter Haltepunkt angegeben werden.
	F1	**help** - Hilfsfunktion.
	F2	**clear** - Löscht die aktuelle Bedingung.
	Esc	**escape** - Beendet das IF-Menü.

Auswahlmöglichkeiten während "Animation"

Taste	Funktion
E	environment - Erlaubt die Angabe verschiedener Parameter zur Steuerung der Programmausführung.

	F1	help - Hilfsfunktion.
	F2	
	.	
	.	Diese Tasten haben die gleichen Funktionen wie vorher.
	.	
	Esc	
	P	Program-break - Setzt einen Haltepunkt an den Anfang eines Programms.

		F1	help - Hilfsfunktion.
		F2	
		.	
		.	Diese Tasten haben die gleichen Funktionen wie vorher.
		.	
		Esc	
		T	this - Setzt den Haltepunkt an den Anfang des aktuellen Programms.
		S	select - Hier kann der Name eines Programms, an dessen Anfang der Haltepunkt gesetzt werden soll, spezifiziert werden.

			F1	help - Hilfsfunktion.
			F2	clear - Löscht den angezeigten Programmnamen.
			Esc	escape - Beendet das Select-Menü.

		↵	Setzt den Haltepunkt an den Anfang des angezeigten Programms.
		C	cancel - Löscht alle Programm-Haltepunkte, die mit dem Programm-break-Menü gemacht wurden.

Auswahlmöglichkeiten während "Animation"

Taste	Funktion	
E	T	**Threshold-level** – Diese Funktion setzt eine Grenze für die Verschachtelungstiefe der PERFORM- und CALL-Anweisungen.
	F1	**help** – Hilfsfunktion.
	F2 . . . Esc	Diese Tasten haben die gleichen Funktionen wie vorher.
	S	**set** – Setzt die Verschachtelungsgrenze auf die aktuelle PERFORM- oder CALL-Tiefe.
	U	**unset** – löscht die Verschachtelungsgrenze für alle PERFORM- bzw. CALL-Anweisungen. Sie können wieder bei der Ausführung beobachtet werden.

Auswahlmöglichkeiten während "Animation"

Taste	Funktion
E	U	`Until` -Diese Funktion setzt eine Bedingung, welche die Ausführung des Programms überwacht. Sobald diese Bedingung erfüllt wird, wird die Ausführung des Programms beendet. Die Bedingung ist nicht an eine bestimmte COBOL-Anweisung gebunden und wird automatisch gelöscht, wenn sie erfüllt wurde.
	F1	`help` - Hilfsfunktion.
	F2 . . . Esc	Diese Tasten haben die gleichen Funktionen wie vorher.
	S	`set` - Setzt die Bedingung, die die Ausführung des Programms beenden soll.
	F1	`help` - Hilfsfunktion.
	F2	`clear`-Löscht die angezeigte Bedingung.
	Esc	Beendet das Set-Menü ohne eine Bedingung anzugeben.
	⏎	Setzt die eingegebene Bedingung.
	U	`unset`-Löscht die aktuelle Until-Bedingung.
	E	`examine` - Zeigt die aktuelle UNTIL-Bedingung.

Auswahlmöglichkeiten während "Animation"

Taste	Funktion
E B	**Backtrack** - Setzt einen "Verfolgungspfad" für die bisher ausgeführten Anweisungen. Diese Funktion erlaubt dem Benutzer jederzeit das Nachvollziehen des Programms, wie es bisher durchlaufen ist. Dabei kann der Benutzer die Verfolgung der ausgeführten Anweisungen vorwärts oder rückwärts vornehmen.

Innerhalb der Funktion Backtrack:

F1 **help** - Hilfsfunktion.

S **set** - Beginnt mit der Aufnahme von Informationen für den "Verfolgungspfad".

U **unset** - Beendet die Aufnahme der vorherigen Informationen.

E **examine** - Schaltet das Menü für das "Playback" ein.

F1 **help** - Hilfsfunktion.

F2 **view**
F3 **align**   ⎤ wie vorher
F4 **exchange**
T **threshold level** ⎦

↓ ↑ **to follow backtrack trail** -

An dieser Stelle kann nun das Programm mit den Tasten ↓ ↑ zurück- oder vorwärts bis zu der ausgeführten Anweisung verfolgt werden.

Auswahlmöglichkeiten während "Animation"

Taste	Funktion
Q	**query** - Diese Funktion wird benutzt, um den In- halt eines Datenfeldes anzusehen und evtl.zu verändern. Ein Datenfeld kann zum Anzeigen gewählt werden, indem man den Cursor auf den Feldnamen positioniert oder den Feldnamen eingibt. Der angezeigte Inhalt kann durch Über- schreiben und mit - anschließendem Drücken der Return-Taste geändert werden.

	F1	**help** - Hilfsfunktion.
	F2 . . . Esc	Diese Tasten haben die gleichen Funktionen wie vorher.
	C	**cursor-name** - Zeigt den Inhalt des Daten- feldes an, welches durch die aktuelle Cur- sor-Position gekennzeichnet ist.

	F1	**help** - Hilfsfunktion.
	F2	**clear** - Löscht den Inhalt des Daten feldes.
	F3	**hex/text** - Zeigt den Inhalt im hexa bzw. Text-Format an.
	F4	**monitor** - Schaltet eine Überwachungs- funktion ein. Wenn diese eingeschaltet ist, wird jeweils der aktuelle Inhalt dieses Feldes im Go-Modus in Zeile 25 angezeigt.
	F5	**up-table** - Zeigt das vorherige Element an, wenn das Datenfeld ein Tabellen- element ist.
	F6	**down-table** - Wie F5, jedoch wird hier das nächste Element angezeigt.

Auswahlmöglichkeiten während "Animation"

Taste	Funktion		
Q	C	F7	containing - Zeigt den Inhalt der übergeordneten Datengruppe ausgehend vom aktuellen Datenfeld an.
		F8	contained - Zeigt den Inhalt des nächsten Datenelementes von dieser Datengruppe an.
		F9	same level - Zeigt jeweils das nächste Datenelement oder die Datengruppe, die auf der gleichen Stufennummer steht, wie das gerade angezeigte Feld.
		↑	up-data - Wenn das Feld länger als der Anzeigeplatz ist (80 Bytes im Text-Modus, 16 Bytes im Hexa-Modus), können die linken Stellen des Feldes mit ↑ angezeigt werden.
		↓	down-data - Wie vorher, jedoch werden die rechten Stellen des Feldes ange-zeigt.
		Esc	escape - Beendet das Query-Menü.
	E		enter-name - Erlaubt die Eingabe des Daten-feldnamens. Dabei kann auch das Query-Menü wie bei C benutzt werden.
		F1	help - Hilfsfunktion.
		F2	clear - Löscht den angezeigten Namen.
		Esc	escape - Beendet das Enter-name-Menü.
		↵	Zeigt den Inhalt des Datenfeldes an, dessen Name gerade eingegeben worden ist.

Auswahlmöglichkeiten während "Animation"

Taste	Funktion	
Q	R	**repeat** - Zeigt das zuletzt in diesem Menü gewählte Datenfeld an.
	M	**monitor-off** - Schaltet die Überwachungsfunktion wieder aus.
	D	**dump list** - Speichert die eingegebenen Werte in der Datei "Dateiname.ILS".
F		**find** - Sucht das nächste Auftreten eines bestimmten Textes im Programm.
	F1	**help** - Hilfsfunktion.
F	F2	**clear** - Löscht den gerade angezeigten Suchtext.
	Esc	**escape** - Beendet das Find-Menü.
	↵	Sucht nach dem eingegebenen Text.
L		**locate** - Sucht die Definition eines Datenfeldes bzw. einer Prozedur im Programm.
	F1	**help** - Hilfsfunktion.
	F2 . . . Esc	Diese Tasten haben die gleichen Funktionen wie vorher.
	C	**cursor-name** - Sucht den Namen, auf dem der Cursor gerade positioniert ist.

811

Auswahlmöglichkeiten während "Animation"

Taste	Funktion
L	E enter-name - Erlaubt die Eingabe des ge- suchten Namens.
	F1 help - Hilfsfunktion.
	F2 clear - Löscht den gerade angezeigten Namen.
	Esc escape - Beendet das Locate-Menü.
	⏎ Sucht nach dem eingegebenen Namen.
T	text - Erlaubt die Aufteilung des Bildschirms.
	F1 help - Hilfsfunktion.
	F2 . . Esc Diese Tasten haben die gleichen Funktionen wie vorher.
	S split - Teilt den Bildschirm an der aktuel- len Cursor-Position in zwei Teile auf.
	J join - Hebt die Bildschirmaufteilung wieder auf.
	R refresh - Baut den Bildschirm neu auf, nachdem er möglicherweise durch eine DISPLAY-Anweisung von Format 1 zerstört wurde.
	E Edit - Beendet den Animator und geht sofort in den Edit-Modus. Dabei wird das Programm, welches sich gerade im Animator befindet, im Edit-Modus geladen und auf der Zeile positioniert, auf der der Cursor im Animate-Modus gerade stand.

Auswahlmöglichkeiten während "Animation"

Taste	Funktion
D	**do** - Mit dieser Funktion kann eine COBOL-Anweisung eingegeben werden, die dann anschließend ausgeführt wird.
F1	**help** - Hilfsfunktion.
F2	**clear** - Löscht die gerade angezeigte Anweisung.
Esc	**escape** - Beendet das Do-Menü.
↵	Übersetzt die eingegebene COBOL-Anweisung und führt sie aus.
0 – 9	**speed** - Variiert die Geschwindigkeit der Ausführung für den Go-Modus. 0 ist sehr langsam, 9 sehr schnell.

Auswahlmöglichkeiten während "Animation"

Taste	Funktion
Ctr F1	**help** - Hilfsfunktion.
F2	**find** - Positioniert den Cursor bei jeder Betätigung zu der nächsten Anweisung, die noch nicht ausgeführt ist.
F4	**clear** - Löscht alle Statistiken, die vom ANALYZER bisher durchgeführt worden sind. Diese Funktion ist nur dann erlaubt, wenn der ANALYZER aktiv ist.
F9 F10	**scroll** - Rollt den Text des Quellprogramms mit höherer Geschwindigkeit vorwärts oder rückwärts. Eine beliebige Taste beendet diese Funktion.

Auswahlmöglichkeiten während "Animation"

Taste	Funktion
[Alt]	[F1] help - Hilfsfunktion.
	[F2] analyzer on/off - Aktiviert eine Statistik-routine (ANALYZER), welche zählt, wie oft jede Anweisung im Programm ausgeführt wird.
	[F3] structure/code - Schaltet die Ausführung des Programms zwischen Code- und Structure-Modus um. Im Code-Modus werden die Quell-programmzeilen am Bildschirm dargestellt, und das Programm kann nun getestet werden.
	Im Structure-Modus wird die PROCEDURE DIVISION systemintern analysiert und in ein Baumdiagramm umgewandelt, das nun am Bild-schirm dargestellt und getestet werden kann. Siehe STRUCTURE-ANIMATOR.
	[F4] save-analysis - Sichert die aktuelle Aus-führungsstatistik in der .IDY-Datei. Wenn der ANIMATOR erneut aufgerufen wird, können diese Statistiken mit [ALT]+[F2] am Bildschirm angezeigt werden. Die Ausführung des Programms beginnt jedoch wie immer mit der ersten Anweisung in der PROCEDURE DIVISION.
	[F5] save-structure - Sichert das aktuelle Baumdiagramm in der .IDY-Datei.
	[F6] display - Schaltet ein Menü ein, dessen Funktionen vom aktuellen Modus (Code- oder Structure-Modus) abhängig sind.
	[F7] print - Erstellt einen Ausdruck aus dem aktuellen Baumdiagramm in der Datei "Pro-grammname.PRT".

ANIMATOR-Direktiven

$$\begin{bmatrix} \text{NOBREAK} \\ \text{BREAK"Prozedurname"} \end{bmatrix}$$ Standard: NOBREAK

Veranlaßt den ANIMATOR, das Programm automatisch bis zum angegebenen Prozedurname auszuführen. Die Ausführung wird an der angegebenen Prozedur angehalten. Der Haltepunkt (Prozedurname) kann ein Paragraphen- oder Section-Name sein.

END

Kennzeichnet das Ende der Direktiven-Eingabe. Diese Direktive kann auch benutzt werden, um einen Text einzugeben, der im Programm mit Hilfe der ACCEPT-Anweisung zur Verfügung gestellt wird. Dazu wird das Format (ACCEPT Datenname FROM Funktionsname) benutzt, wobei Funktionsname ein Merkname ist, der im SPECIAL-NAMES-Paragraphen mit COMMAND-LINE verknüpft worden ist.

Beipiel

```
SPECIAL-NAMES.
    COMMAND-LINE IS PARAM.
    .
    .
    01  PARAM-FELD          PIC X(60).
    .
    .
    .
    ACCEPT  PARAM-FELD FROM PARAM.


END DIESER TEXT KANN IM PROGRAMM BENUTZT WERDEN
```

[NO]FLASH   Standard: FLASH

> FLASH spezifiziert, daß der Benutzer-Bildschirm immer dann
> angezeigt wird, wenn eine DISPLAY-Anweisung zur Ausführung
> kommt. Ansonsten bleibt der Benutzer-Bildschirm immer im
> Hintergrund und kann jederzeit mit der [F2]-Taste angesehen
> werden.

NOZOOM
  ZOOM"Programmname"   Standard: NOZOOM

> ZOOM veranlaßt den ANIMATOR, das angegebene Programm
> im Zoom-Modus auszuführen, bis die Steuerung an ein Unter-
> programm mit der CALL-Anweisung übergeben wird bzw. bis
> zur Rückkehr aus dem Unterprogramm, wenn das spezifizierte
> Programm ein Unterprogramm ist.

Der Compiler

In PROFESSIONAL COBOL/2 wurde die Möglichkeit, einen schnellen Maschinencode zu generieren, vorgesehen. Ein Programm, das mit dem Checker (Funktionstaste: F3) geprüft wurde, erzeugt eine Datei mit dem gleichen Namen des Quellprogramms und der Erweiterung ".INT". Diese Datei enthält einen Zwischencode, den wir Objektcode nennen. Der Zwischencode kann nun mit Hilfe des Compilers in den Maschinencode umgewandelt werden. Dabei erzeugt der Compiler eine Datei mit dem gleichen Programmnamen und wahlweiser Erweiterung .GNT oder .OBJ, die den Maschinencode enthält. Der Maschinencode ist bei der Ausführung des Programms wesentlich schneller als der Zwischencode.

```
Compile-to-GNT─────────────────────Bound───────────Ins─Caps─Num─Scroll
F1=help F2=dir F3=bound-chk F4=print F5=codelist F6=GNT/OBJ F7=Link F10=more
File C:\PROF-2\demo16                                    ◄─┘ Ctrl Esc
```

COMPILER-Menü

Auswahlmöglichkeiten des Compilers

Taste	Funktion
F1	help - Hilfsfunktion.
F2	directory - Einblenden des Directory-Menüs (1. Stufe), siehe Directory-Menü
F3	bound-check - Wenn dieser Schalter vor dem Compile-Vorgang eingeschaltet ist, wird der Maschinencode so generiert, daß der Normal- bzw. Spezialindex auf die maximale Anzahl der verfügbaren Elemente der betroffenen Tabelle geprüft wird.
F4	print - Wenn eingeschaltet ist, werden alle Ausgaben des Compilers über den Drucker gedruckt.
F5	codelist - Listet den Maschinencode in Form eines Assembler-Programms auf.
F6	GNT/OBJ - Schaltet zwischen der Erzeugung von GNT-Code und OBJ-Code um. Die aktuelle Wahl ist immer in der Informationszeile angezeigt.
F7	Link - Wenn eingeschaltet, wird das Programm automatisch gebunden. Dabei wird eine .EXE-Datei erzeugt. Diese Funktion ist nur erlaubt, wenn mit F6 auf OBJ umgeschaltet ist.

Auswahlmöglichkeiten des Compilers

Taste	Funktion
F10	**more** - Wenn dieser Schalter eingeschaltet ist, hat man anschließend die Möglichkeit, weitere Compile-Direktiven, die im Auswahl-Menü nicht angezeigt sind, einzugeben.
Esc	**escape** - Beendet das Compile-Menü.
↵	Wählt den hervorgehobenen Dateinamen zum Compilieren aus. Während der Compilierung sind die folgenden Möglichkeiten gegeben:

Ctrl + Break	Beendet die Compilierung jederzeit.
Ctrl + NumLock	Hält die Compilierung an. Eine beliebige Taste setzt sie fort.

COMPILER-Direktiven

[NO]64KSECT   Standard: NOKSECT

> Diese Direktive veranlaßt den COMPILER, Informationen über
> die Lokalisierung von Paragraphen in Programmen mit mehr als
> 64K-Objektcode auszugeben. Andernfalls werden diese Informa-
> tionen nur für SECTIONs ausgegeben.

[NO]ASM   Standard: NOASM

> ASM erzeugt ein Assembler-Listing.

ASMLIST ["Dateiname"]   Standard: NOASMLIST

> ASMLIST erzeugt ein Assembler-Listing am Bildschirm. Der
> Dateiname kann als Ziel für die Abspeicherung des Listings ver-
> wendet werden.

[NO]AUXOPT   Standard: NOAUXOPT

> AUXOPT optimiert die Benutzung der AUXILIARY-
> LENGTH-REGISTER. Diese Register werden beim Zugriff auf
> Datenfelder mit variablen Längen oder mit einer Länge von mehr
> als 8192 Bytes verwendet.

[NO]BELL   Standard: BELL

> Erzeugt am Ende des COMPILER-Vorgangs oder beim Auftre-
> ten eines Fehlers ein akustisches Signal.

[NO]CHECK   Standard: CHECK

    Wenn CHECK angegeben, werden Maschinenbefehle im Objektprogramm angelegt, die den Zugriff auf ein Tabellenelement prüfen. In diesem Fall verursacht der Zugriff auf ein Tabellenelement einen RTS-Fehler, wenn das Element außerhalb der Tabelle vorliegt.

[NO]CONFIRM   Standard: CONFIRM

    Anforderung bzw. Unterdrückung der Ausgabe aller verwendeten Direktiven am Bildschirm.

[NO]DATALIT   Standard: DATALIT

    DATALIT speichert alle Literale im Datenteil des Programms, bis eine Größe von 64K erreicht wird. Alle nachfolgenden Literale werden im Codeteil abgespeichert. NODATALIT bewirkt, daß alle Literale der PROCEDURE DIVISION da abgespeichert werden, wo sie anfallen, also im Codeteil.

NOFORM   Standard: NOFORM
  FORM"n"

    Legt die Anzahl der Quellprogrammzeilen pro Seite fest. NOFORM gibt an, daß kein Seitenvorschub oder Seitenkopf vorkommen darf.

[NO]GNT"Dateiname"   Standard: GNT"Dateiname.GNT"

    GNT spezifiziert den Namen einer Datei, die den erzeugten Maschinencode enthält. Wird NOGNT angegeben, so wird nur ein Assembler-Listing erzeugt. Diese Direktive wird nicht beachtet, wenn der COMPILER eine .OBJ-Datei erzeugen soll.

```
NOLIST                    Standard: LIST
  LIST"Dateiname"
```

LIST spezifiziert den Namen der Listing-Datei. Als Dateiname kann ein Diskettendateiname, CON: oder PRN: angegeben werden.

```
[NO]TRICKLE               Standard: TRICKLE
```

TRICKLE spezifiziert, daß bezüglich der Schachtelung von PERFORM-Anweisungen mit THRU kein Konflikt auftreten kann.

Die Run-Funktion

Die Run-Funktion kann mit der Funktionstaste $\boxed{\text{F5}}$ vom Hauptmenü des PROFESSIONAL COBOL aufgerufen werden. Hier kann das Programm auf etwas "professionellere" Art ausgeführt werden. Dabei sind die Test-Funktionen des Animators nicht zugänglich.

Auswahlmöglichkeiten des Run-Menüs

Taste	Funktion
$\boxed{\text{F1}}$	**help** - Hilfsfunktion.
$\boxed{\text{F2}}$	**directory** - Einblenden des Directory-Menüs (1. Stufe), siehe Directory-Menü.
$\boxed{\text{F3}}$	**switches** -Erlaubt das Setzen von COBOL-Schaltern
	$\boxed{\text{F1}}$ **help** - Hilfsfunktion.
	$\boxed{\text{0}}$- $\boxed{\text{7}}$ Schaltet einen COBOL-Schalter von 0 bis 7 ein.
	$\boxed{\text{D}}$ Schaltet den ANSI-Debug-Schalter ein oder aus.
	$\boxed{\hookleftarrow}$ Beendet das Switches-Menü und wählt die gesetzten Schalter.
	$\boxed{\text{Esc}}$ **escape** - Beendet das Switches-Menü und ignoriert die gesetzten Schalter.
$\boxed{\text{Esc}}$	**escape** - Beendet das Run-Menü.
$\boxed{\hookleftarrow}$	Wählt den hervorgehobenen Dateinamen zum Ausführen.

Die Library-Funktion

Die Library-Funktion erlaubt den Aufbau von Bibliotheken zur Aufnahme von COBOL-Quellprogrammen, Objektmodulen, die für den Binder benötigt werden, oder COPY-Dateien.

Um eine Bibliothek einzurichten, lädt man mit F3 (aus dem folgenden Menü) alle Dateien, die in die Bibliothek aufgenommen werden sollen, und sichert die Bibliothek anschließend mit F4. Beim Sichern hat man die Möglichkeit, den Bibliotheksnamen anzugeben. Eine Bibliothek hat immer die Dateierweiterung ".LIB".

Auswahlmöglichkeiten der Library-Funktion

Taste	Funktion
F1	help - Hilfsfunktion.
F2	directory - Einblenden des Directory-Menüs (1. Stufe), siehe Directory-Menü.
F3	load - Erlaubt das Laden einer Datei, die in die Bibliothek aufgenommen werden soll. Die Bibliothek erhält automatisch den Namen der Datei, die zuerst geladen wird, es sei denn, der Name wird beim Sichern F4 durch einen anderen überschrieben. Wenn eine Datei geladen werden soll, wird nach einer Datei mit der Erweiterung .GNT, .INT oder .Bin in der angegebenen Reihenfolge gesucht.
	F1 help - Hilfsfunktion.
	F2 directory - Listet alle Dateien auf.
	Esc escape - Verläßt das Load-Menü und kehrt zum Library-Hauptmenü zurück.
	↵ Wählt den hervorgehobenen Dateinamen zur Aufnahme in die Bibliothek.

Auswahlmöglichkeiten der Library-Funktion

Taste	Funktion
[F4]	`save` - Sichert die Bibliothek. Alle bisher geladenen Dateien sind dann in der Bibliothek vorhanden.
	[F1] `help` - Hilfsfunktion.
	[F2] `directory` - Listet alle Bibliotheken (.LIB) auf.
	[Esc] `escape` - Verläßt das Save-Menü und kehrt zum Library-Hauptmenü zurück, ohne die Bibliothek zu sichern.
	[↵] Wählt den hervorgehobenen Bibliotheksnamen zum Sichern.
[F5]	`list` - Erlaubt das Auflisten aller Dateinamen, die in einer Bibliothek vorhanden sind.
	[F1] `help` - Hilfsfunktion.
	[F2] `directory` - Listet alle Bibliotheken auf. Wählt den hervorgehobenen Bibliotheksnamen zum Auflisten.
	[F1] `help` - Hilfsfunktion.
	[PgUp] Blättert eine Seite in den Dateinamen zurück.
	[PgDp] Blättert eine Seite in den Dateinamen vorwärts.
	[Esc] `escape` - Kehrt zum List-Menü zurück.
	[Esc] `escape` - Kehrt zum Library-Hauptmenü zurück.
[Esc]	`escape` - Beendet das Library-Menü und kehrt zum PROFESSIONAL COBOL-Hauptmenü zurück.

Der Binder (build)

Der Binder wird verwendet, um aus einem Hauptprogramm und allen dazu-gehörigen Unterprogrammen ein Lademodul zu erstellen. Dabei wird eine Datei mit der Erweiterung ".COM" bzw. ".EXE", wenn das Anwendungspro-gramm größer als 64k ist, erstellt. Solche Dateien können dann vom Betriebs-system-Modus aufgerufen werden, z.B.

```
C>FIBU
```

Der Binde-Vorgang

Um ein Lademodul zu erstellen, lädt man mit F3 (aus dem folgenden Menü) den Hauptprogramm-Modul und alle dazu benötigten Unterprogramm-Module und sichert anschließend mit F4 unter dem angegebenen Namen. Hierbei dürfen die COBOL-System-Module, die in einem Anwen-dungsprogramm durch bestimmte Anweisungen automatisch benötigt wer-den, nicht vergessen werden.

Die COBOL-System-Module sind in der COBOL-Bibliothek vorhanden und können für die folgenden Aufgaben benötigt werden.

Modul	Wird benötigt wenn:
ADIS.GNT	eine ACCEPT- oder DISPLAY-Anweisung ver-wendet wird.
IXSIO.GNT	eine Anwendung für index-sequentielle Dateien stattfindet.
HELP.GNT	die Hilfseinrichtung des COBOL-Systems im eigenen Anwendungsprogramm benutzt wird.
NAME.GNT	das Directory-Menü des COBOL-Systems im eigenen Anwendungsprogramm benutzt wird.

Um den Binde-Vorgang zu vereinfachen, kann eine Batch-Datei erstellt werden, welche die Namen aller Module enthält, die gebunden werden sollen.
Die Batch-Datei hat die Erweiterung ".BBT".

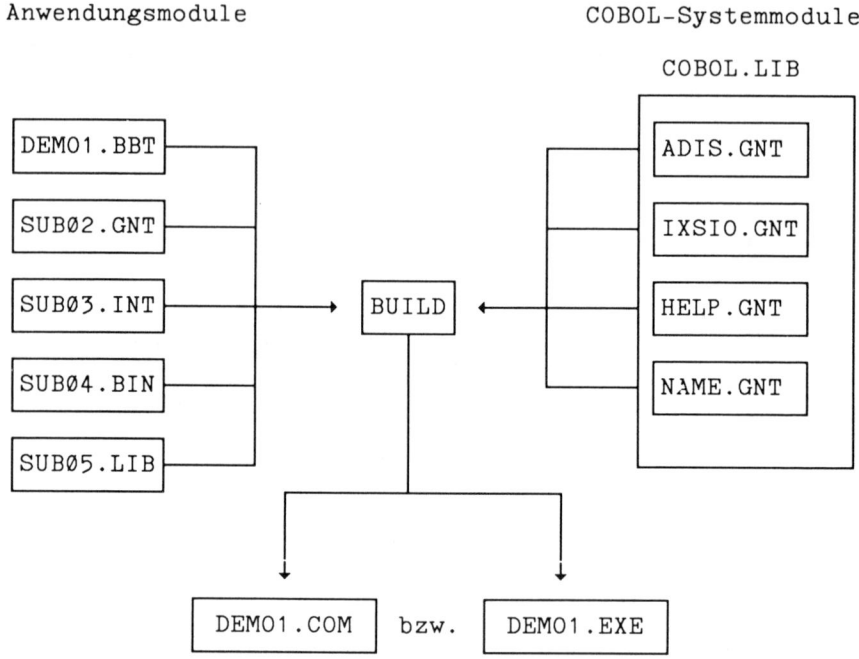

Abb. A.2 Ein/Ausgabe-Dateien des Binders

Auswahlmöglichkeiten des Build-Menüs

Taste	Funktion
F1	help - Hilfsfunktion.
F3	load- Erlaubt das Laden eines Moduls zum Binden. Wenn ein Modul geladen werden soll, wird automatisch nach einer Datei mit der Erweiterung .BBT, .GNT, .INT, .Bin oder .LIB in der angegebenen Reihenfolge gesucht.

	F1	help - Hilfsfunktion.
	F2	directory - Listet alle Dateien mit den oben genannten Erweiterungen auf.
	F3	switches - Erlaubt das Setzen von COBOL-Schaltern.

		F1	help - Hilfsfunktion.
		0 - 7	Schaltet einen COBOL-Schalter von ·0 bis 7 ein.
		D	Schaltet den ANSI-Debug-Schalter ein oder aus.
		←	Beendet das Switches-Menü und wählt die gesetzten Schalter.
		Esc	escape - Beendet das Switches-Menü und ignoriert die gesetzten Schalter.

	←	Wählt den hervorgehobenen Dateinamen zum Laden aus.
	Esc	escape - Verläßt das Load-Menü und kehrt zum Build-Hauptmenü zurück.

Auswahlmöglichkeiten des Build-Menüs

Taste	Funktion
F4	**save** - Bindet alle bisher geladenen Module und kehrt automatisch zum PROFESSIONAL COBOL-Hauptmenü zurück.
Esc	**escape** - Beendet das Build-Menü und kehrt zum PROFESSIONAL COBOL-Hauptmenü zurück, ohne zu binden.

ANALYZER-ANIMATOR

Der ANALYZER ist eine zusätzliche Einrichtung des ANIMATORS, der Ausführungsstatistiken für jede Anweisung des Programms erstellt. Dabei wird für jede Anweisung am rechten Rand des Bildschirms ein Zähler eingerichtet. Jedesmal, wenn eine Anweisung ausgeführt wird, erhöht sich der zugehörige Zähler um 1. Am Ende der ANIMATOR-Setzung verfügt der Benutzer über wichtige Informationen, die möglicherweise zur Optimierung des Programms oder Überwachung kritischer Stellen benutzt werden können. Der Benutzer hat dabei die Möglichkeit, die bisher erstellten Statistiken zu sichern ($\boxed{\text{ALT}}$ + $\boxed{\text{F4}}$ aus dem ANIMATOR-Menü) und in einer späteren ANIMATOR-Setzung anzufordern.

Der ANALYZER wird mit $\boxed{\text{ALT}}$ + $\boxed{\text{F2}}$ aus dem ANIMATOR-Menü aktiviert. Die Aktivierung des ANALYZER erfordert die Übersetzung des Programms unter Einfluß der Direktive ANALYZE.

Das Display-Menü im ANALYZER-Modus

Bei der Ausführung des Programms mit GO oder durch die Betätigung der Tastenkombination $\boxed{\text{ALT}}$ + $\boxed{\text{F6}}$ erscheint das folgende Menü:

```
        Durchlaufanzahl jeder Anweisung  ─────────────────────┐
                                                               │
                                                               ↓
 ┌───────────────────────────────────────────────────────────────┐
 │ 111     PERFORM VORLAUF.                                      1 │
 │ 112     PERFORM VERARBEITUNG UNTIL AUF-ENDE.                  4 │
 │ 113     PERFORM NACHLAUF.                                     1 │
 │ 114 PR-9999.                                                   │
 │ 115     STOP RUN.                                            1 │
 │ 116*-------------------------------------------*               │
 │ 117 VORLAUF SECTION.                                           │
 │ 118 VOR-1ØØØ.                                                  │
 │ 119     OPEN INPUT  AUFTRAG, KUNDEN,                         1 │
 │                                                                │
 │ Go-DEMO16─────────────────────Level=Ø4-Speed=5-Ins-Caps-Num-Scroll │
 │ F1=help F2=view F3=align F4=exchange                    Escape │
 │ Ø-9=speed Zoom              F7=figures/graph F8=colour F9/F1Ø=scale up/down │
 └───────────────────────────────────────────────────────────────┘
```

Beschreibung des Menüs

F1 ↤
F2
F3   ⎤— Diese Tasten haben die gleichen Funktionen
F4 ↤   wie vorher.

F7 = figures/graph

Hiermit kann die Durchlaufanzahl einer Anweisung in Form einer Ziffer oder eines Blocks dargestellt werden. Der Block besteht aus den Sternzeichen (*).

F8 = colour

Mit dieser Funktion lassen sich Anweisungen, die mit unterschiedlicher Durchlaufanzahl ausgeführt worden sind, in unterschiedlichen Farben darstellen.

F9/F10 = scale up/down

Diese Funktion erhöht (F9) oder vermindert (F10) die Durchlaufanzahl, bei der die Anweisung in einer anderen Farbe dargestellt wird.

Beispiel:

Im folgenden wird das Ihnen bereits bekannte Programm DEMO16.CBL nach einer vollständigen Ausführung unter Verwendung des ANALYZERS gezeigt. Die am rechten Rand angegebene Ziffer ist die Durchlaufanzahl der jeweiligen Anweisung. Ein Bindestrich (-) bedeutet, daß die Anweisung kein einziges Mal ausgeführt worden ist.

```
107*----------------------------------------------*
108 PROCEDURE DIVISION.
109 PROGRAMM-STEUERUNG SECTION.
110 PR-1000.
111     PERFORM VORLAUF.                            1
112     PERFORM VERARBEITUNG UNTIL AUF-ENDE.        4
113     PERFORM NACHLAUF.                           1
14 PR-9999.
115     STOP RUN.                                   1
116*----------------------------------------------*
117 VORLAUF SECTION.
118 VOR-1000.
119     OPEN INPUT  AUFTRAG, KUNDEN,                1
120          OUTPUT RECHNUNG, FEHLER.
121     ACCEPT TAGES-DATUM FROM DATE.               1
122
123     PERFORM LESEN.                              1
124 VOR-9999.
125     EXIT.                                       1
126*----------------------------------------------*
127 VERARBEITUNG SECTION.
128 VER-1000.
129     EVALUATE A-KUND-NR = K-NR                   3
130
131       WHEN TRUE
132
133           PERFORM KOPF                          2
134           MOVE ZERO TO GESAMT                   2
135           PERFORM POSTEN VARYING I FROM 1 BY 1  2
136                   UNTIL I > A-ANZ-POS
137           PERFORM SCHLUSS                       2
138
139       WHEN FALSE   PERFORM FEHLER-UPRO          1
140
141     END-EVALUATE                                1
142
```

```
143      PERFORM LESEN.                                      3
144 VER-9999.
145      EXIT.                                               3
146*----------------------------------------------------*
147 NACHLAUF SECTION.
148 NAC-1000.
149      CLOSE AUFTRAG, KUNDEN, RECHNUNG, FEHLER.            1
150 NAC-9999.
151      EXIT.                                               1
152*----------------------------------------------------*
153 LESEN SECTION.
154 LES-1000.
155      PERFORM AUF-LESEN.                                  4
156
157      IF AUF-ENDE GO TO LES-9999.                         1
158      PERFORM KUND-LESEN                                  6
159           UNTIL K-NR NOT < A-KUND-NR OR
160                 KUND-ENDE.
161 LES-9999.
162      EXIT.                                               4
163*----------------------------------------------------*
164 AUF-LESEN SECTION.
165 AUF-LES-1000.
166      READ AUFTRAG.                                       4
167 AUF-LES-9999.
168      EXIT.                                               4
169*----------------------------------------------------*
170 KUND-LESEN SECTION.
171 KUND-LES-1000.
172      READ KUNDEN.                                        3
173 KUND-LES-9999.
174      EXIT.                                               3
175*----------------------------------------------------*
176 KOPF SECTION.
177 KO-1000.
178      EVALUATE K-ANREDE                                   2
179
180      WHEN  "F"     MOVE "FRAU"  TO ANREDE                -
181      WHEN  "L"     MOVE "FRL."  TO ANREDE                -
182      WHEN  "H"     MOVE "HERRN" TO ANREDE                1
183      WHEN  "M"     MOVE "FIRMA" TO ANREDE                1
184      WHEN  OTHER   MOVE SPACE   TO ANREDE                -
185
186      END-EVALUATE                                        -
187
188      MOVE SPACE TO R-SATZ.                               2
189      STRING ANREDE DELIMITED BY SPACE,                   2
```

```
190                  " "  K-NAME    DELIMITED BY SIZE,
191                INTO R-SATZ.
192      WRITE R-SATZ AFTER NEUSEITE.                           2
193
194      MOVE K-STR  TO R-SATZ.                                 2
195      WRITE R-SATZ AFTER 1.                                  2
196
197      MOVE SPACE TO R-SATZ.                                  2
198      STRING K-PLZ  " " K-ORT DELIMITED BY SIZE,             2
199                INTO R-SATZ.
200      WRITE R-SATZ AFTER 2.                                  2
201
202      MOVE CORR TAGES-DATUM TO R-DATUM.                      2
203      WRITE R-SATZ FROM R-ZEILE-2 AFTER 5.                   2
204      MOVE SPACE TO R-SATZ.                                  2
205      WRITE R-SATZ AFTER 4.                                  2
206 KO-9999.
207      EXIT.                                                  2
208*---------------------------------------------*
209 POSTEN SECTION.
210 POS-1000.
211      MOVE A-ART-NR    (I)  TO  R-ART-NR.                    4
212      MOVE A-ART-BEZ   (I)  TO  R-ART-BEZ.                   4
213      MOVE A-ART-MENGE (I)  TO  R-ART-MENGE.                 4
214      MOVE A-ART-PREIS (I)  TO  R-ART-PREIS.                 4
215      COMPUTE BETRAG = A-ART-MENGE (I) *                     4
216                       A-ART-PREIS (I).
217
218      MOVE BETRAG  TO  R-BETRAG.                             4
219      WRITE R-SATZ FROM R-ZEILE-3 AFTER 1.                   4
220
221      ADD  BETRAG  TO  GESAMT.                               4
222 POS-9999.
223      EXIT.                                                  4
224*---------------------------------------------*
225 SCHLUSS SECTION.
226 SCH-1000.
227      MOVE "SUMME" TO SCHLUSS-TEXT.                          2
228      MOVE GESAMT    TO R-WERT.                              2
229      WRITE R-SATZ FROM R-ZEILE-4 AFTER 3.                   2
230
231      MOVE "- 5% RABATT" TO SCHLUSS-TEXT.                    2
232      COMPUTE RABATT = GESAMT * 5 / 100.                     2
233      MOVE RABATT  TO R-WERT.                                2
234      WRITE R-SATZ FROM R-ZEILE-4 AFTER 1.                   2
235
236      MOVE "NETTO" TO SCHLUSS-TEXT.                          2
```

```
237        SUBTRACT RABATT  FROM GESAMT.                       2
238        MOVE GESAMT   TO R-WERT.                            2
239        WRITE R-SATZ FROM R-ZEILE-4 AFTER 2.               2
240
241        MOVE "+ 14% MWST" TO SCHLUSS-TEXT.                 2
242        COMPUTE MWST   = GESAMT * 14 / 100.                2
243        MOVE MWST      TO R-WERT.                          2
244        WRITE R-SATZ FROM R-ZEILE-4 AFTER 1.               2
245
246        MOVE "RECHNUNGSBETRAG" TO SCHLUSS-TEXT.            2
247        ADD  MWST      TO GESAMT.                          2
248        MOVE GESAMT    TO R-WERT.                          2
249        WRITE R-SATZ FROM R-ZEILE-4 AFTER 2.               2
250 SCH-9999.
251        EXIT.                                              2
252*-------------------------------------------*
253 FEHLER-UPRO SECTION.
254 FEH-1000.
255        MOVE "KEIN KUNDENSATZ VORHANDEN,KUNDEN-NR="  1
256            TO FE-TEXT.
257        MOVE  A-KUND-NR TO FE-KUND-NR.                     1
258        WRITE F-SATZ AFTER 1.                              1
259 FEH-9999.
260        EXIT.                                              1
```

Der STRUCTURE-ANIMATOR

Der STRUCTURE-ANIMATOR ist eine leistungsfähige Einrichtung des ANIMATORS, die die PROCEDURE DIVISION des COBOL-Programms interpretiert und in ein Baumdiagramm umwandelt. Dabei hat der Benutzer während der ANIMATOR-Setzung die Wahl, ob das Programm im Code- oder im STRUCTURE-Modus ausgeführt werden soll.

Im STRUCTURE-Modus kann der Benutzer mit einem Blick die gesamte Struktur der PROCEDURE DIVISION und die darin enthaltenen Zusammenhänge überschauen. Während der Animierung im STRUCTURE-Modus können alle Funktionen des ANIMATOR-Hauptmenüs benutzt werden. Dabei wird durch die Funktion (Step) nicht nur eine Anweisung, sondern ein ganzes Unterprogramm ausgeführt.

STRUCTURE-ANIMATOR wird mit [ALT] + [F3] aus dem ANIMATOR-Hauptmenü aktiviert, wobei das Programm unter Einfluß der Direktive STRUCT übersetzt werden muß.

Das Display-Menü im STRUCTURE-Modus

Das folgende Menü erreichen Sie mit [ALT] + [F6] aus dem ANIMATOR-Hauptmenü. Mit diesem Menü lassen sich verschiedene Werte und Funktionen festlegen, die für den Umfang und die Darstellungsart des Baumdiagramms entscheidend sind.

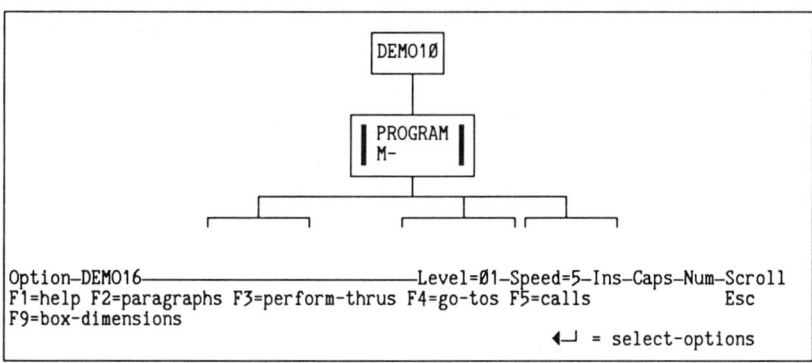

837

Beschreibung des Menüs

⌊F2⌋ = paragraphs

Alle Paragraphen in der PROCEDURE DIVISION werden im Baumdiagramm berücksichtigt.

⌊F3⌋ = perform-thrus

Alle PERFORM-THRU-Anweisungen in der PROCEDURE DIVISION werden im Baumdiagramm berücksichtigt.

⌊F4⌋ = go-tos

Alle GO TO-Anweisungen in der PROCEDURE DIVISION werden im Baumdiagramm berücksichtigt.

⌊F5⌋ = calls

Alle CALL-Anweisungen in der PROCEDURE DIVISION werden im Baumdiagramm berücksichtigt.

⌊F9⌋ = box-dimensions

Diese Funktion erlaubt in einem anschließenden Menü die Veränderung der Rechteckgrößen im Baumdiagramm. Ebenfalls kann anschließend der Abstand zwischen den einzelnen Rechtecken verändert werden. Die Veränderung erfolgt in jedem Fall mit Hilfe der Cursortasten.

Im folgenden wird für das Ihnen bereits bekannte Programm DEMO10.CBL das vom **STRUCTURE-ANIMATOR** erstellte Baumdiagramm gezeigt:

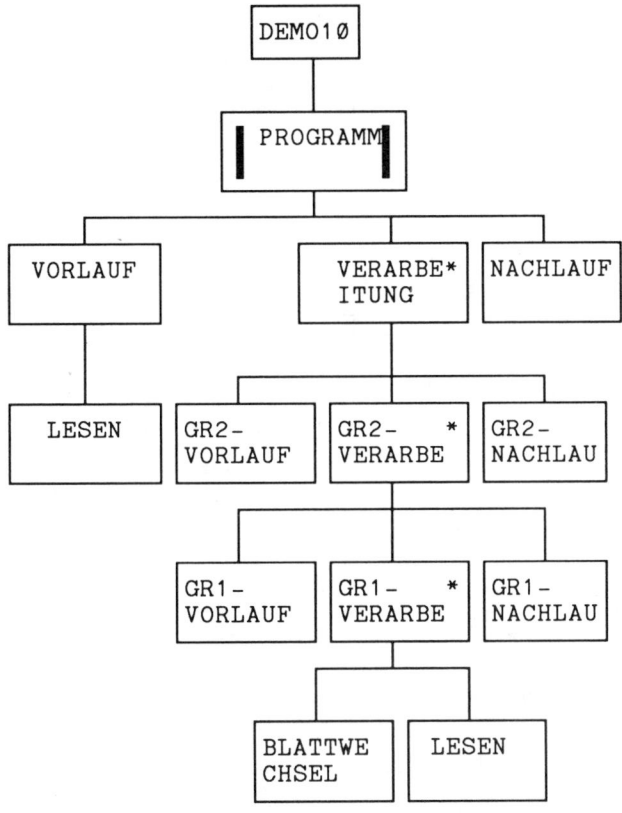

Das folgende Baumdiagramm wurde für das gleiche Programm unter Einfluß der Funktion "Paragraphs" ([ALT] + [F6] aus dem ANIMATOR-Hauptmenü, dann [F2]) erstellt.

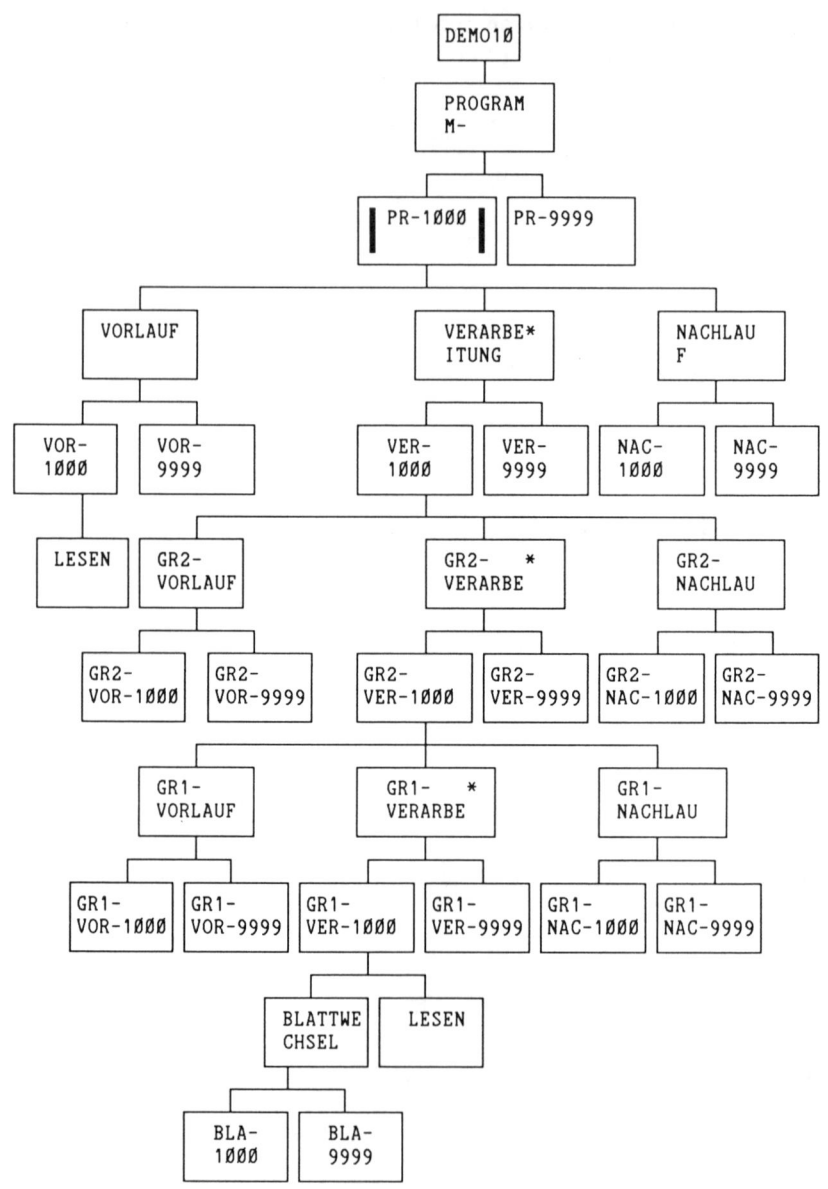

Anhang B:
SCREEN SECTION

Die SCREEN SECTION ist ein weiteres Modul dieses Compilers, der für die Definitionen von Bildschirmmasken benutzt wird. In der SCREEN SECTION lassen sich mehrere Masken definieren, die dann mit DISPLAY bzw. mit ACCEPT weiter bearbeitet werden können. Jede Bildschirmmaske beginnt auf der Stufennummer 01 und kann aus mehreren Ein/Ausgabefeldern bestehen, die mit unterschiedlichen Eigenschaften beschrieben sein können. In diesem Zusammenhang wird ein solches Feld als Maskenfeld bezeichnet.

Die Syntax der SCREEN SECTION umfaßt Klauseln zur Festlegung des Maskeninhaltes, der Positionen der Maskenfelder am Bildschirm, der Bildschirmattribute und weiterer Merkmale für die Maskenfelder.

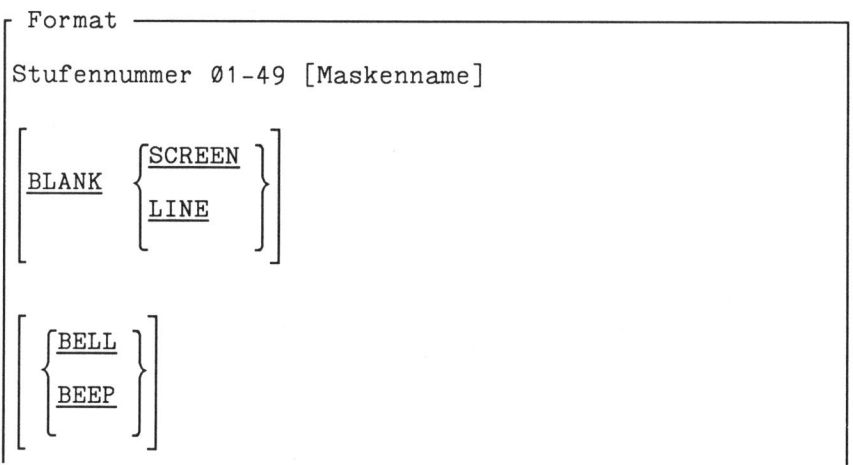

```
┌ Format ──────────────────────────────────────────────────────

Stufennummer Ø1-49 [Maskenname]

 ⎡         ⎧ SCREEN ⎫ ⎤
 ⎢ BLANK   ⎨        ⎬ ⎥
 ⎣         ⎩ LINE   ⎭ ⎦

 ⎡ ⎧ BELL ⎫ ⎤
 ⎢ ⎨      ⎬ ⎥
 ⎣ ⎩ BEEP ⎭ ⎦
```

```
[BLINK]

[HIGHLIGHT]

[REVERSE-VIDEO]

[UNDERLINE]

⎡                 ⎧Bezeichner-1⎫ ⎤
⎢ SIZE IS         ⎨            ⎬ ⎥
⎣                 ⎩Ganzzahl-1  ⎭ ⎦


⎡                         ⎡⎧PLUS⎫⎤  ⎧Bezeichner-2⎫ ⎤
⎢ LINE     NUMBER IS      ⎢⎨ +  ⎬⎥  ⎨            ⎬ ⎥
⎣                         ⎣⎩ -  ⎭⎦  ⎩Ganzzahl-2  ⎭ ⎦


⎡⎧COLUMN⎫                  ⎡⎧PLUS⎫⎤  ⎧Bezeichner-3⎫ ⎤
⎢⎨      ⎬  NUMBER IS       ⎢⎨ +  ⎬⎥  ⎨            ⎬ ⎥
⎣⎩COL   ⎭                  ⎣⎩ -  ⎭⎦  ⎩Ganzzahl-3  ⎭ ⎦

[FOREGROUND-COLOR    IS Ganzzahl-4]

[BACKGROUND-COLOR    IS Ganzzahl-5]

[VALUE IS Literal-1]

⎡⎧PICTURE⎫                                                    ⎤
⎢⎨       ⎬     IS Zeichenkette                                ⎥
⎢⎩PIC    ⎭                                                    ⎥
⎢                                                             ⎥
⎢        ⎧⎡      ⎧Bezeichner-4⎫                  ⎤ ⎫          ⎥
⎢        ⎨⎢ FROM ⎨            ⎬ [TO Bezeichner-5]⎥ ⎬          ⎥
⎢        ⎢⎣      ⎩Literal-2   ⎭                  ⎦ ⎪          ⎥
⎢        ⎪                                         ⎪          ⎥
⎣        ⎩ USING  Bezeichner-6                     ⎭          ⎦
```

```
[BLANK WHEN ZERO]

 ⎡ ⎧JUSTIFIED⎫         ⎤
 ⎢ ⎨         ⎬ RIGHT   ⎥
 ⎣ ⎩JUST     ⎭         ⎦

 ⎡            ⎧LEADING ⎫                      ⎤
 ⎢ [SIGN IS]  ⎨        ⎬ [SEPARATE CHARACTER] ⎥
 ⎣            ⎩TRAILING⎭                      ⎦

 ⎡ ⎧AUTO     ⎫ ⎤
 ⎢ ⎨         ⎬ ⎥
 ⎣ ⎩AUTO-SKIP⎭ ⎦

 ⎡ ⎧SECURE ⎫ ⎤
 ⎢ ⎨       ⎬ ⎥
 ⎣ ⎩NO-ECHO⎭ ⎦

 ⎡ ⎧REQUIRED   ⎫ ⎤
 ⎢ ⎨           ⎬ ⎥
 ⎣ ⎩EMPTY-CHECK⎭ ⎦

 ⎡                      ⎧Bezeichner-7⎫  ⎤
 ⎢ PROMPT [CHARACTER IS ⎨            ⎬] ⎥
 ⎣                      ⎩Literal-3   ⎭  ⎦

[OCCURS Ganzzahl-6 TIMES]

 ⎡ ⎧FULL        ⎫ ⎤
 ⎢ ⎨            ⎬ ⎥
 ⎣ ⎩LENGTH-CHECK⎭ ⎦

[ZERO-FILL]
```

Erläuterung

Ein Maskenfeld kann auf einer beliebigen Stufennummer zwischen 01 und 49 definiert werden. Die Bildschirmmaske selbst muß jedoch auf der Stufennummer 01 beginnen und mit einem Namen versehen werden. In der Bezugnahme auf der SCREEN SECTION in der PROCEDURE DIVISION kann der Maskenname oder der Maskenfeldname in einer DISPLAY- oder ACCEPT-Anweisung aufgeführt werden.

Jede Maskenfelddefinition muß mindestens eine der nachfolgenden Klauseln aufweisen:

```
BELL
BLANK LINE
BLANK SCREEN
COLUMN
LINE
PICTURE
VALUE
```

Die folgenden Klauseln haben die gleichen Funktionen, wie bereits unter Datendefinitionen beschrieben wurde:

```
PICTURE
VALUE
BLANK WHEN ZERO
JUSTIFIED
SIGN
OCCURS
```

Beschreibung der Klauseln

BLANK LINE/SCREEN

BLANK LINE löscht die Bildschirmzeile ausgehend von der aktuellen Cursorposition bis zum Ende der Zeile. BLANK SCREEN löscht den gesamten Bildschirm. Diese Klausel ist nur für Datenelemente erlaubt.

BELL/BEEP

Diese Klausel verursacht ein akustisches Signal, sobald das betroffene Maskenfeld mit ACCEPT oder DISPLAY bearbeitet wird. Sie ist nur für Datenelemente erlaubt.

BLINK

Die BLINK-Klausel versieht das betroffene Maskenfeld mit dem Blinkattribut, wenn dieses am Bildschirm angezeigt wird.

HIGHLIGHT

Die HIGHLIGHT-Klausel versieht das betroffene Maskenfeld mit höherer Lichtintensität, wenn dieses am Bildschirm angezeigt wird.

REVERSE-VIDEO

Diese Klausel bewirkt die Darstellung des betroffenen Maskenfeldes in invertierter Form am Bildschirm.

UNDERLINE

Diese Klausel legt das Unterstreichungsattribut für das betroffene Maskenfeld fest, wenn es am Bildschirm angezeigt wird.

SIZE

Die SIZE-Klausel bestimmt die Länge des Maskenfeldes, auf die sich eine ACCEPT- bzw. eine DISPLAY-Anweisung bezieht. Diese Länge überschreibt in jedem Fall die Feldlänge, die sich aus der PICTURE- oder VALUE-Klausel ergibt.

Ist die angegebene Länge in der SIZE-Klausel kürzer als die implizite Länge des Maskenfeldes, so wird der rechte Teile des Feldes abgeschnitten, es sei den, es wurde die JUSTIFIED-Klausel verwendet, in diesem Fall wird der linke Teil des Feldes angeschnitten. Die SIZE-Klausel wirkt sich auf die gesamte Länge der Bildschirmmaske aus und darf nur für Datenelemente verwendet werden.

LINE

LINE spezifiziert die Bildschirmzeile, auf der das Maskenfeld mit ACCEPT oder DISPLAY bearbeitet wird. Fehlt der Zusatz "NUMBER IS", so wird +1 angenommen. Die Bildschirmzeile kann auf zwei Arten spezifiziert werden. Als absoluter Wert, z.B. LINE 4, oder als relativer Wert zu der zuletzt verwendeten Zeilennummer in dieser Maske, z.B. LINE +6. Standardmäßig beginnt jede Bildschirmmaske mit der Zeilennummer 1.

COLUMN

Die COLUMN-Klausel ist mit der LINE-Klausel vergleichbar, jedoch bestimmt die erste die Bildschirmspalte, auf der das Maskenfeld mit ACCEPT oder DISPLAY bearbeitet werden soll.

FOREGROUND-COLOR

Diese Klausel bestimmt die Vordergrundfarbe, mit der das Maskenfeld auf dem Bildschirm angezeigt wird.

0 Schwarz
1 Blau
2 Grün
3 Kobaltblau
4 Rot
5 Violett
6 Braun
7 Weiß

BACKGROUND-COLOR

Diese Klausel bestimmt die Hintergrundfarbe, mit der das Maskenfeld auf dem Bildschirm angezeigt wird.

0 Schwarz
1 Blau
2 Grün
3 Kobaltblau
4 Rot
5 Violett
6 Braun
7 Weiß

PICTURE

Die PICTURE-Klausel hat den gleichen Verwendungszweck, wie bereits unter Datendefinitionen beschrieben ist. Es können auch hier in der SCREEN SECTION alle Aufbereitungssymbole verwendet werden. In der PICTURE-Klausel muß einer der Zusätze FROM, TO oder USING enthalten sein.

Automatische Übertragungen mit ACCEPT/DISPLAY

Alle verwendeten Bezeichner in den Zusätzen FROM, TO und USING müssen in der FILE, WORKING-STORAGE oder LINKAGE SECTION definiert sein.

Noch vor der Anzeige eines Maskenfeldes mit der DISPLAY-Anweisung wird der Inhalt des Bezeichners, der nach FROM oder USING angegeben wird, in das Maskenfeld übertragen. Umgekehrt gilt dies nach der Ausführung einer ACCEPT-Anweisung für ein Maskenfeld, hier werden die über die Tastatur eingegebenen Zeichen in den Bezeichner übertragen, der nach TO oder USING angegeben wird.

Damit wird der Zusatz USING eine Alternative gleichzeitig für FROM und TO. Er definiert das Maskenfeld als Update-Feld. Der Zusatz TO definiert ein Eingabefeld und der Zusatz FROM definiert ein Ausgabefeld.

AUTO/AUTO-SKIP

Die Klausel AUTO beendet die ACCEPT-Anweisung, sobald das letzte Zeichen des Eingabefeldes eingegeben worden ist.

Falls das Eingabefeld nicht das letzte in der Bildschirmmaske war, positioniert sich der Cursor zum nächsten Feld, ansonsten wird die ACCEPT-Anweisung sofort beendet. Diese Klausel darf nur für Eingabe- und Update-Felder benutzt werden.

SECURE/NO-ECHO

Die SECURE-Klausel bewirkt, daß die über die Tastatur eingegebenen Zeichen unsichtbar bleiben. Sie wird hauptsächlich für die Eingabe von Passworten benutzt und darf nur für Eingabe- und Update-Felder verwendet werden.

REQUIRED/EMPTY-CHECK

Die REQUIRED-Klausel spezifiziert, daß das Eingabe- oder das Update-Feld während einer ACCEPT-Anweisung nicht leer gelassen werden darf. Versucht der Benutzer am Bildschirm, das Eingabefeld mit der Tabulatortaste oder mit der [RETURN]-Taste zu verlassen, ohne einen Wert eingegeben zu haben, so positioniert sich der Cursor wieder am Anfang des Feldes. Damit das Eingabefeld nicht als leer betrachtet wird, muß ein alphanumerisches Feld mindestens ein Zeichen ungleich Leerzeichen beinhalten, und ein numerisches Feld mindestens ein Zeichen ungleich Null. Diese Klausel darf nur für Eingabe- und Update-Felder benutzt werden.

PROMPT

Die PROMPT-Klausel definiert ein Zeichen, mit dem die restlichen Stellen eines Eingabefeldes, die nicht gefüllt worden sind, aufgefüllt werden. Sie zeigt also dem Benutzer den Eingabebereich am Bildschirm und darf daher nur für Eingabe- und Update-Felder verwendet werden.

Diese Klausel hat keinen Effekt für ein Maskenfeld, welches mit der SECURE-Klausel versehen worden ist, oder ein Feld, das ohne Nullenunterdrückung definiert worden ist.

FULL/LENGTH-CHECK

Die FULL-Klausel spezifiziert, daß das Eingabefeld nach einer ACCEPT-Anweisung entweder vollkommen leer oder voll verlassen werden kann.

ZERO-FILL

Diese Klausel bewirkt, daß Eingabe- oder Update-Felder, die alphabetisch oder alphanumerisch definiert sind, in den restlichen ungefüllten Stellen mit Nullen statt Leerzeichen gefüllt werden sollen. Dies ist jedoch der Fall, wenn der Benutzer eine Eingabe in das Feld gemacht hat.

SCREENS

SCREENS ist ein weiteres Tool dieses Softwarepaketes, welches für die Entwicklung von Bildschirmmasken für die SCREEN SECTION eingesetzt wird.

SCREENS wird mit $\boxed{\text{Alt}}$ + $\boxed{\text{F6}}$ aus dem Hauptmenü des Entwicklungssystems aktiviert.

```
New form———————Attribute—————————————Row:Ø1-Col:Ø1-Ins-Caps-Num-Scroll
F1=Help F2=Mark/Unmark F3=Field F4=Group F5=Paint attribute F6=Attribute roll
F7=Cut to block F8=Copy to block F9=Restore block F1Ø=Field order Alt Ctl Esc
```

SCREENS-Hauptmenü

$\boxed{\text{F2}}$ = Mark/Unmark

Beginnt mit der Markierung eines Bereichs, der anschließend für die belegten Funktionen unter $\boxed{\text{F3}}$, $\boxed{\text{F4}}$, $\boxed{\text{F5}}$, $\boxed{\text{F7}}$ oder $\boxed{\text{F8}}$ zur Verfügung steht. Dieser Bereich kann eine beliebige Größe haben und aus Datenfeldern und/oder Texten bestehen. Nach Betätigung der $\boxed{\text{F2}}$-Taste wird die Bildschirmstelle, auf der der Cursor gerade positioniert ist, markiert. Ausgehend von dieser Stelle kann nun der Bereich mit den Tasten ($\boxed{\rightarrow}$ $\boxed{\leftarrow}$ $\boxed{\uparrow}$ $\boxed{\downarrow}$ $\boxed{\text{Home}}$ $\boxed{\text{End}}$ $\boxed{\text{Tab}}$) vergrößert oder verkleinert werden.

F3 = Field

Hierzu markiert man einen Bereich entweder mit dem Symbol (^) als Datenfeld oder mit der F2-Taste und drückt auf die F3-Taste, um das Feld-Menü einzuschalten. Nach dieser Aktion erscheint das folgende Fenster und das untere Feld-Menü.

```
              <Field  name>
              AUTO
              FULL
              PROMPT
             >REQUIRED                    <
              NO ECHO
              ZERO FILL
              BLANK WHEN ZERO
              JUSTIFIED RIGHT
              SIZE
              BELL

              TO
              FROM
              USING
```

```
Field————————Attribute————————Field————Row:08-Col:23-Ins-Caps-Num-Scroll
F1=Help F2=Select/Unselect clause F3=Edit clause F4=Numeric/Alphanumeric Esc
```

SCREENS-Field-Menü

Beschreibung des Feldmenüs

Dieses Menü erlaubt dem Benutzer die Verknüpfung mehrerer Klauseln mit der bevorstehenden Felddefinition. Dazu positioniert man mit den Cursortasten (⬆ ⬇) auf die gewünschte Klausel und drückt auf F2. Die angezeigten Klauseln haben die gleichen Bedeutungen, wie bereits in der SCREEN SECTION beschrieben wurde.

F2   **= Select/Unselect clause**

Wählt oder ignoriert die Klausel, die gerade zwischen den Symbolen > < steht.

F3   **= Edit clause**

Erlaubt die Angabe einer PICTURE-Zeichenkette für die Druckaufbereitung.

F4   **= Numeric/Alphanumeric**

Stellt die Definition des Datenfelds auf numerisch oder alphanumerisch um.

F4 = Group

Bevor das Gruppenmenü mit F4 angefordert wird, muß man bereits einen Bereich mit F2 markiert haben. Dieser Bereich gilt dann als eine Gruppe, die mit dem folgenden Gruppenmenü bearbeitet werden kann.

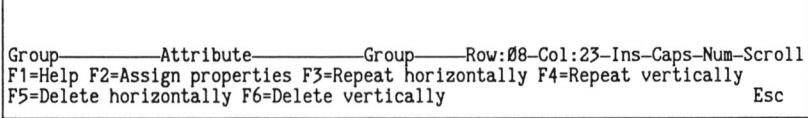

```
Group────────Attribute──────────Group─────Row:08-Col:23-Ins-Caps-Num-Scroll
F1=Help F2=Assign properties F3=Repeat horizontally F4=Repeat vertically
F5=Delete horizontally F6=Delete vertically                          Esc
```

Beschreibung des Gruppenmenüs

F2 = **Assign properties**

Erlaubt die Angabe von Datenklauseln ähnlich wie unter Field (F3).

F3 = **Repeat horizontally**

Wiederholt die markierte Gruppe horizontal unmittelbar nach der Gruppe.

F4 = **Repeat vertically**

Wiederholt die markierte Gruppe vertikal unmittelbar nach der Gruppe.

F5 = **Delete horizontally**

Löscht die markierte Gruppe horizontal.

F6 = **Delete vertically**

Löscht die markierte Gruppe vertikal.

F5 = Paint attribute

Versieht die aktuelle Cursorstelle oder einen markierten Block mit dem aktuellen Bildschirmattribut.

F6 = Attribute roll

Schaltet auf eines von 5 festgelegten Attributen um.

F7 = Cut to block

Hierzu markiert man zuerst einen Block mit F2 und schaltet anschließend mit F7 das folgende Blockmenü ein, um den Block zu verschieben und wahlweise kopieren zu können.

```
Block─────────Attribute──────────Group──────Row:08─Col:23─Ins─Caps─Num─Scroll
F1=Help F2=Paste Block F3=Copy from block F4=Store block
Cursor keys=Move block                                              Esc
```

Cursortasten

Mit den Cursortasten läßt sich der Block an eine beliebige Stelle am Bildschirm verschieben.

F2 = Paste Block

Mit F2 kann nun der Block an der aktuellen Cursorposition ausgelagert werden und das Blockmenü wird nun beendet.

F3 = Copy from block

Kopiert lediglich den Block an der aktuellen Cursorposition, und der Block kann weiter verschoben oder kopiert werden.

F4 = Store block

Sichert den Block intern, um anschließend aus dem SCREENS-Hauptmenü mit F9 in dieses Menü zu gelangen und den gleichen Block weiter zu bearbeiten.

F8 = Copy to block

Wie F7, jedoch wird hier der Block nicht verschoben, sondern nur kopiert.

F9 = Restore block

Schaltet das Blockmenü ein, um einen bereits gesicherten Block (mit F4 aus dem Blockmenü) weiter zu bearbeiten.

F10 = Field order

Zeigt alle Bereiche in der Bildschirmmaske, die von den Datenfeldern belegt worden sind. Nachdem F10 gedrückt worden ist, werden alle anderen Funktionen deaktiviert. Daher muß F10 wieder gedrückt werden, um die Bearbeitung der Bildschirmmaske fortzusetzen.

Das Alt-Menü

Beim Drücken der Alt-Taste wird das folgende Menü angezeigt:

```
New form————Attribute———————————Row:01-Col:01-Ins-Caps-Num-Scroll
F1=Help F2=Attribute On/Off F3=Load F4=Save F5=Generate COBOL F6=Clear
F7=Delete line F8=Insert line F9=Attribute palette F10=Screen name
```

SCREENS-Alt-Menü

F2 = Attribute On/Off

Schaltet das aktuelle Attribut ein oder aus. Wenn das Attribut eingeschaltet ist, wird jedes eingegebene Zeichen mit dem aktuellen Attribut geschrieben; das aktuelle Attribut ist in Zeile 22 angezeigt.

Wenn das Attribut ausgeschaltet ist, wird jedes eingegebene Zeichen mit dem Standardattribut geschrieben; die Anzeige des aktuellen Attributs in Zeile 22 wird unterdrückt.

[F3] = Load

Lädt eine bereits existierende Bildschirmmaske. Beim Laden und Sichern von Masken wird nur nach Dateien mit der Erweiterung (.SRN) gesucht.

[F4] = Save

Sichert die erstellte Bildschirmmaske.

[F5] = Generate COBOL

Fordert die Generierung von COBOL-Datendefinitionen.

[F2]   = Data-descriptions

Generiert notwendige COBOL-Datendefinitionen für diese Maske in der SCREEN SECTION. Die Datendefinitionen werden in einer Datei mit der Erweiterung Maskenname.SS abgespeichert.

[F3]   = Skeleton program

Erstellt ein vollständiges COBOL-Programm zum Testen der Ein/Ausgabe für die erstellte Bildschirmmaske.

[F4]   = Monochrome/Colour

856

F6 = Clear

Fordert das Löschen der bisher bearbeiteten Bildschirmmaske. Ist die Maske bisher noch nicht gesichert worden, erscheint die Frage (Clear without saving? Y/N). Wird die Frage mit yes beantwortet, so bleibt die Bildschirmmaske trotzdem erhalten.

F7 = Delete line

Löscht die aktuelle Zeile.

F8 = Insert line

Fügt eine Leerzeile vor der aktuellen Zeile ein.

F9 = Attribute palette

Schaltet das folgende Menü ein, um 5 verschiedene Attribute festzulegen.

```
New form————Attribute————————Row:01-Col:01-Ins-Caps-Num-Scroll
F1=Help Current attr:  F2=X F3=X F4=X F5=X =F6=X
F7=Default attribute (X/07h)
XXXXXXXXXXXXXXXXXXXXXXXXXXXXXXXXXXXXXXXXXXXXXXXXXXXXXXXXXXXXXXXXXXXXXXXXXXXXXXXXXXXX
```

In diesem Menü werden sämtliche verfügbaren Attributkombinationen in Zeile 25 angezeigt (jeweils 80 gleichzeitig sichtbar). Der Benutzer positioniert nun mit dem Cursor auf das gewünschte Attribut und belegt anschließend eine der Tasten F2 bis F6 mit diesem Attribut. Die nun auf diesem Weg unter F2 bis F6 belegten Attribute können aus dem Hauptmenü (mit F6 = Attribute roll) abwechselnd verwendet werden.

857

[F10] = **Screen name**

Erlaubt die Angabe eines Maskennamens, unter dem die Bildschirmmaske später abgespeichert wird.

Das Ctrl-Menü

Beim Drücken der [Ctrl]-Taste wird das folgende Menü angezeigt:

```
New form————Attribute———————————Row:Ø1-Col:Ø1-Ins-Caps-Num-Scroll
F1=Help F3=Char left F4=Char right F5=Select char (!/Ø33/21h) F6=Draw
F7=Read char F8=Read attr F9=Delete field defn F1Ø=Delete group defn
```

[F3] = **Char left**

Macht das linke Zeichen vom aktuellen Zeichen zum aktuellen Zeichen. Wenn die [Scroll-Lock]-Taste eingeschaltet ist, bewegt sich das Band nach links, ansonsten bewegt sich die Hervorhebung nach links.

[F4] = **Char right**

Wie [F3], jedoch kann hier ein Zeichen rechts vom aktuellen Zeichen zum aktuellen Zeichen gemacht werden.

[F5] = **select-char**

Wählt das aktuelle Zeichen, d.h. das Zeichen wird an der aktuellen Cursorposition am Bildschirm geschrieben.

F6 = Draw

Schaltet ein Menü zum Zeichnen von Linien ein.

F2 = draw/erase

Schaltet zwischen Zeichnen und Löschen von Linien um.

F3 = +/+

Schaltet zwischen einfacher und doppelter Linie um.

F4 = Attribute roll

Wie bereits beschrieben.

F7 = Read char

Macht das Zeichen, auf dem der Cursor gerade steht, zum aktuellen Zeichen.

F8 = Read attr

Liest das Attribut, auf dem der Cursor gerade steht, in der Informationszeile 22 (zu sehen am Wort "ATTRIBUTE"). Mit F5 kann dann dieses Attribut beliebig oft am Bildschirm wiederholt werden.

F9 = Delete field defn

Löscht das an der aktuellen Cursorposition definierte Feld. Ein bereits definiertes Feld kann nicht durch andere Zeichen überschrieben werden und kann daher nur mit Ctrl + F9 gelöscht werden.

F10 = Delete group defn

Löscht alle vertikalen und horizontalen Wiederholungen der Gruppe, auf der der Cursor gerade positioniert ist.

End = Menu-on/off

Damit wird das 3zeilige Menü auf Zeile 22 bis 25 ein- oder ausgeblendet.

Programmbeispiel: DEMO29-SCREEN-SECTION.

Im folgenden werden die Ein/Ausgabe-Definitionen des Programms DEMO08 über die SCREEN SECTION und unter Anwendung des Maskengenerators "SCREENS" abgewickelt.

Der Maskenentwurf unter SCREENS

Die folgenden Abbildungen zeigen verschiedene Entwicklungsphasen der Bildschirmmaske "DEMO29.SRN".

```
                        Fahrkarten-Automat


           Zu bezahlender Betrag        Bezahlter Betrag

           [^^^^^]                      [^^]

           Rückbetrag:   [^^^^^]

           ^^^     Stück a 5-DM
           ^^^     Stück a 2-DM
           ^^^     Stück a 1-DM
           ^^^     Stück a 50-PF
           ^^^     Stück a 10-PF
           ^^^     Stück a 5-PF
           ^^^     Stück a 2-PF
           ^^^     Stück a 1-PF
Programmende? (J/N) ===> ^
```

```
                        Fahrkarten-Automat


           Zu bezahlender Betrag        Bezahlter Betrag

           [55555]                      [55]

           Rückbetrag:   [55555]

           555     Stück a 5-DM
           ^^^     Stück a 2-DM
           ^^^     Stück a 1-DM
           ^^^     Stück a 50-PF
           ^^^     Stück a 10-PF
           ^^^     Stück a 5-PF
           ^^^     Stück a 2-PF
           ^^^     Stück a 1-PF
Programmende? (J/N) ===> 5
```

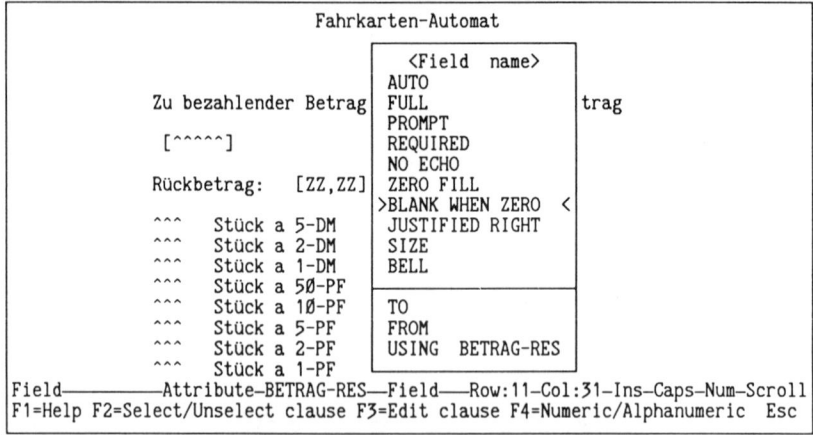

```
                    SCR-ZU-BEZ-BETRAG  tomat
                    AUTO
                    FULL
                    PROMPT
        Zu bezah    REQUIRED                 Bezahlter Betrag
                    NO ECHO
        [ZZ,ZZ]     ZERO FILL               [^^]
                   >BLANK WHEN ZERO   <
        Rückbetr    JUSTIFIED RIGHT
                    SIZE
        ^^    St    BELL
        ^^    St
        ^^    St    TO
        ^^    St    FROM
        ^^    St    USING  ZU-BEZ-BET
        ^^    St
        ^^    Stück a 2-PF
        ^^    Stück a 1-PF
Field———————Attribute-SCR-ZU-BEZ—Field——Row:Ø9-Col:18-Ins-Caps-Num-Scroll
F1=Help F2=Select/Unselect clause F3=Edit clause F4=Numeric/Alphanumeric Esc
```

```
                         Fahrkarten-Automat
                              <Field   name>
                              AUTO
        Zu bezahlender Betrag  FULL                    trag
                              PROMPT
        [^^^^^]               REQUIRED
                              NO ECHO
        Rückbetrag:  [ZZ,ZZ]  ZERO FILL
                             >BLANK WHEN ZERO   <
        ^^    Stück a 5-DM     JUSTIFIED RIGHT
        ^^    Stück a 2-DM     SIZE
        ^^    Stück a 1-DM     BELL
        ^^    Stück a 5Ø-PF
        ^^    Stück a 1Ø-PF    TO
        ^^    Stück a 5-PF     FROM
        ^^    Stück a 2-PF     USING  BETRAG-RES
        ^^    Stück a 1-PF
Field———————Attribute-BETRAG-RES—Field——Row:11-Col:31-Ins-Caps-Num-Scroll
F1=Help F2=Select/Unselect clause F3=Edit clause F4=Numeric/Alphanumeric  Esc
```

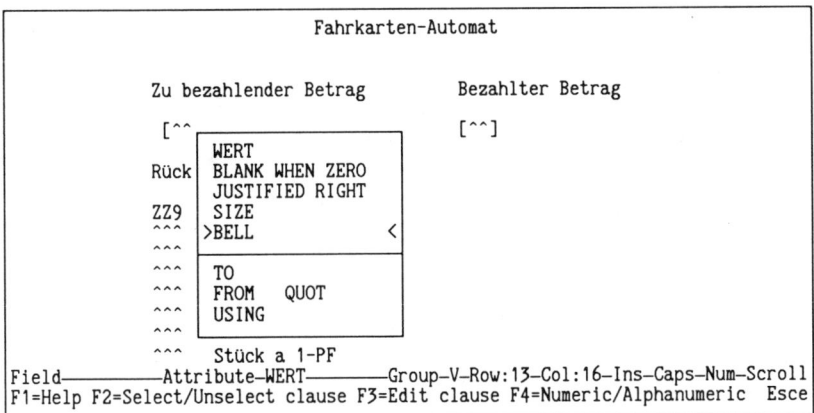

```
                        Fahrkarten-Automat


           Zu bezahlender Betrag        Bezahlter Betrag

              [^^                          [^^]
                   ┌─────────────────────────────┐
                   │ WERT                         │
              Rück │ BLANK WHEN ZERO              │
                   │ JUSTIFIED RIGHT             │
              ZZ9  │ SIZE                         │
              ^^^  │>BELL                       < │
              ^^^  │                              │
              ^^^  ├──────────────────────────────┤
              ^^^  │ TO                           │
              ^^^  │ FROM    QUOT                 │
              ^^^  │ USING                        │
              ^^^  └──────────────────────────────┘
              ^^^      Stück a 1-PF
Field──────────Attribute-WERT─────────Group-V-Row:13-Col:16-Ins-Caps-Num-Scroll
F1=Help F2=Select/Unselect clause F3=Edit clause F4=Numeric/Alphanumeric  Esce
```

Programmlisting:

```
 1 IDENTIFICATION DIVISION.
 2 PROGRAM-ID.          DEMO29-SCREEN-SECTION.
 3 AUTHOR.              R. HABIB.
 4 DATE-WRITTEN.        12-08-1987.
 5 DATE-COMPILED. 13-Oct-87 11:23.
 6*┌─────────────────────────────────────────────┐
 7*│PROGRAMMFUNKTION:                              │
 8*│                                               │
 9*│DAS PROGRAMM ZERLEGT DEN REST EINES BETRAGES   │
10*│IN EINZELNE  MÜNZ-STÜCKE.                      │
11*│                                               │
12*└─────────────────────────────────────────────┘
13 ENVIRONMENT DIVISION.
14 CONFIGURATION SECTION.
15 SOURCE-COMPUTER.  IBM-PC.
16 OBJECT-COMPUTER.  IBM-PC.
17 SPECIAL-NAMES.
18     DECIMAL-POINT IS COMMA,
19     CONSOLE IS CRT.
20*----------------------------------------------*
21 DATA DIVISION.
22 WORKING-STORAGE SECTION.
23
24 01   ZU-BEZ-BETRAG        PIC  S99V99.
25 01   BEZ-BETRAG           PIC  S999.
26
27 01   BETRAG-REST          PIC  S999V99.
28
29 01   HILF                 PIC  S999V99.
30 01   REST-NEU REDEFINES HILF.
31      05 DM                PIC  999.
32      05 P-F               PIC  99.
33
34 01   REST                 PIC  999.
35
36 01   QUOT-TABELLE.
37      05 QUOT              OCCURS 8 PIC 9(3).
38
```

```
39 01 ENDE-KENNZEICHEN       PIC X.
40
41 SCREEN SECTION.
*   42 COPY "DEMO29.SS".
43 01 G-DEMO29.
44    02 SCR-ZU-BEZ-BETRAG LINE 9 COL 18 BACKGROUND-
COLOR 3
45 FOREGROUND-COLOR 0 PIC ZZ,ZZ USING ZU-BEZ-BETRAG
AUTO.
46    02 SCR-BEZ-BETRAG LINE 9 COL 47 BACKGROUND-COLOR 3
47 FOREGROUND-COLOR 0 PIC ZZ USING BEZ-BETRAG AUTO.
48    02 LINE 11 COL 31 BACKGROUND-COLOR 0 FOREGROUND-
COLOR 2
49 HIGHLIGHT PIC ZZ,ZZ USING BETRAG-REST PROMPT.
50    02 LINE 13 COL 16.
51    02 PROMPT.
52     03 OCCURS 8.
53      04 WERT BACKGROUND-COLOR 0 FOREGROUND-COLOR 2
HIGHLIGHT
54 PIC ZZ9 FROM QUOT.
55      04 LINE + 1 COL - 2.
56    02 G-001 LINE 25 COL 26 PIC X TO ENDE-KENNZEICHEN
AUTO.
57    02 LINE 3 COL 32 BACKGROUND-COLOR 4 FOREGROUND-
COLOR 2
58 HIGHLIGHT VALUE "Fahrkarten-Automat".
59    02 LINE 7 COL 16 BACKGROUND-COLOR 4 FOREGROUND-
COLOR 2
60 HIGHLIGHT VALUE "Zu bezahlender Betrag".
61    02 COL 46 BACKGROUND-COLOR 4 FOREGROUND-COLOR 2
HIGHLIGHT VALUE
62 "Bezahlter Betrag".
63    02 LINE 9 COL 17 VALUE "[     ]
[  ]".
64    02 LINE 11 COL 16 VALUE "Rückbetrag:  [      ]".
65    02 LINE 13 COL 22 VALUE "Stück a 5-DM".
66    02 LINE 14 COL 22 VALUE "Stück a 2-DM".
67    02 LINE 15 COL 22 VALUE "Stück a 1-DM".
68    02 LINE 16 COL 22 VALUE "Stück a 50-PF".
```

```
69    02 LINE 17 COL 22 VALUE "Stück a 10-PF".
70    02 LINE 18 COL 22 VALUE "Stück a 5-PF".
71    02 LINE 19 COL 22 VALUE "Stück a 2-PF".
72    02 LINE 20 COL 22 VALUE "Stück a 1-PF".
73    02 LINE 25 COL 1 VALUE "Programmende? (J/N) ===>".
74*--------------------------------------------*
75 PROCEDURE DIVISION.
76 PROGRAMM-STEUERUNG SECTION.
77 PR-1000.
78    PERFORM VERARBEITUNG WITH TEST AFTER
79            UNTIL ENDE-KENNZEICHEN = "J" OR "j".
80 PR-9999.
81    STOP RUN.
82*--------------------------------------------*
83 VERARBEITUNG SECTION.
84 VER-1000.
85    DISPLAY SPACE.
86    DISPLAY G-DEMO29 AT LINE 1 COLUMN 1.
87    ACCEPT  G-DEMO29 AT LINE 1 COLUMN 1.
88
89    SUBTRACT ZU-BEZ-BETRAG FROM BEZ-BETRAG
90            GIVING BETRAG-REST HILF.
91
92    IF BETRAG-REST POSITIVE PERFORM ZERLEGEN.
93
94 VER-9999.
95    EXIT.
96*--------------------------------------------*
97 ZERLEGEN SECTION.
98 ZER-1000.
99    DIVIDE DM BY 5 GIVING QUOT (1) REMAINDER REST
100   MOVE REST  TO DM.
101
102   DIVIDE DM BY 2 GIVING QUOT (2) REMAINDER REST.
103
104   MOVE REST  TO QUOT (3).
105
106
107   DIVIDE P-F BY 50 GIVING QUOT (4) REMAINDER REST.
```

```
108      MOVE REST  TO P-F.
109
110      DIVIDE P-F BY 10 GIVING QUOT (5) REMAINDER REST.
111      MOVE REST  TO P-F.
112
113      DIVIDE P-F BY 5  GIVING QUOT (6) REMAINDER REST.
114      MOVE REST  TO P-F.
115
116      DIVIDE P-F BY 2  GIVING QUOT (7) REMAINDER REST.
117      MOVE REST  TO P-F.
118
119      MOVE REST  TO QUOT (8).
120 ZER-9999.
121      EXIT.
```

Anhang C:
SESSION RECORDER

Der SESSION RECORDER ist ein weiterer Modul dieses Entwicklungs-
paketes, der für die Aufzeichnung einer Setzung verwendet wird. Unter einer
Setzung versteht man hier einen beliebigen Vorgang, der mit diesem Ent-
wicklungspaket durchgeführt werden kann, z.B. edit, check, animate, compile
usw. Der aufgezeichnete Vorgang kann jederzeit zwecks Demonstration oder
Verfolgung des Ablaufs zurückgespielt werden.

Nach dem Aufruf des SESSION RECORDERS erscheint das folgende
Menü. Die Aufzeichnung kann an dieser Stelle mit ⌕F7⌕ begonnen und mit
⌕Ctrl⌕ + ⌕Break⌕ unterbrochen werden.

```
Session=Keyboard input=>>=Break==Mntr=Rec=Alt=Ctrl=Lt↑=Rt↑=Ins=Caps=Num=Scroll
F1=help F2=Keybr/playba F3=>>-on/off F4=brk-on/off F5=mnt-on/off F6=rec-on/off
F7=play F8=next-key F9=step F1Ø=tiptoe Del=skip Ctrl+End=full Alt Esc
```

SESSION RECORDER-Hauptmenü

Erläuterung zur Informationszeile

Keyboard input/Playback

Zeigt den Zustand, ob gerade aufgezeichnet oder zurückgespielt wird ($\boxed{\text{F2}}$).

> >

Zeigt, ob die Einrichtung "fast-forward" aktiv ist ($\boxed{\text{F3}}$).

Break

Zeigt, ob eine Bedingung gesetzt ist ($\boxed{\text{F4}}$).

Mntr

Zeigt, ob die Mntr-Einrichtung aktiv ist ($\boxed{\text{F5}}$).

Rec

Zeigt, ob die Record-Einrichtung aktiv ist ($\boxed{\text{F6}}$).

$\boxed{\text{Alt}}$
$\boxed{\text{Ctrl}}$
$\boxed{\text{Lt◊}}$
$\boxed{\text{Rt◊}}$ Diese Tasten zeigen den Zustand der
$\boxed{\text{Ins}}$ shift-ähnlichen Tasten während des
$\boxed{\text{Caps}}$ Zurückspielens.
$\boxed{\text{Num}}$
$\boxed{\text{Scroll}}$

Erläuterung zu den Funktionen

F2 = Keybrd/playback

Schaltet um zwischen Aufzeichnung einer Setzung, die über Tastatur beginnen kann, und Zurückspielen einer bereits aufgezeichneten Setzung. Im letzten Fall muß eine Setzung bereits mit Alt + F3 geladen sein, um sie anschließend mit F7 zurückspielen zu können.

F3 = > >-on/off

Schaltet die Aufzeichnung mit höherer Geschwindigkeit (fast-forward) auf Ein oder Aus. Wenn die höhere Geschwindigkeit eingeschaltet ist, werden nur Ereignisse, die tatsächlich anfallen, aufgezeichnet. Dies bedeutet, daß der Zustand, in dem sich keine Aktivitäten befinden – "non-events", nicht aufgezeichnet wird.

F4 = brk-on/off

Definiert eine Bedingung, die erlaubt, während der Aufzeichnung bzw. während des Zurückspielens einer Setzung, den Vorgang abzubrechen.

F5 = mntr-on/off

Aktiviert eine Einrichtung, wonach interne Informationen vom SESSION RECORDER nicht am Bildschirm angezeigt werden.

F6 = rec-on/off

Schaltet die Aufzeichnung ein oder aus. Es ist zu beachten, daß bereits während des Zurückspielens, weiter aufgezeichnet wird, wenn F6 auf on steht. Dies bedeutet, daß man aus einer bereits existierenden Setzung eine neue erstellen und dabei einige Ereignisse "ausschneiden" oder hinzufügen kann.

F7 = play

Beginnt mit der Aufzeichnung, wenn F2 auf Keyboard steht, ansonsten mit dem Zurückspielen, wenn F2 auf Playback steht. Die Aufzeichnung erfolgt jedoch nur, wenn Rec auf on ist (F6 = on). Während der Aufzeichnung oder des Zurückspielens kann der Vorgang jederzeit mit Ctrl + Break abgebrochen und wieder mit F7 fortgesetzt werden.

```
Session-Keyboard input────────Mntr-Rec-Alt-Ctrl-Lt^-Rt^-Ins-Caps-Num-Scroll
Ctr+Break=stop-and-enter-session-recorder Ctrl+NumLock=pause(any-key=continue)
```

Aufzeichnungsmenü

F8 = next-key

Beginnt mit der Aufzeichnung bzw. mit dem Zurückspielen und endet beim nächsten Tastendruck.

F9 = step

Wie F7, jedoch wird nur ein Ereignis aufgezeichnet oder zugespielt. Dieses Ereignis kann auch eine Folge von Zeiteinheiten, in denen nichts geschieht – "non-events", sein.

F10 = tiptoe

Meistens wie F9, jedoch wird eine Folge von "non-events" im einzelnen zerlegt, so daß F10 eine Zeiteinheit ausführt.

[Del] = skip

Überspringt eine Zeiteinheit von "non-events" vom Zurückspielen oder ein Ereignis, wenn mit [F3] "non-events" aktiviert ist.

[Ctrl] + [End] = full

Schaltet das Hauptmenü während der Aufzeichnung aus, so daß der gesamte Bildschirm für die Aufzeichnung zur Verfügung steht.

Das Alt-Menü

Mit Hilfe der [Alt]-Taste erscheint das folgende Menü:

```
Session=Keyboard input==========Mntr=Rec=Alt=Ctrl=Lt↑=Rt↑=Ins=Caps=Num=Scroll
F1=help F2=eject-playback F3=load-playback F4=save-recording F5=rewind-record.
F6=record-on/off F7=play F8=next-key F9=step F10=tiptoe
```

Alt-Menü

[F2] = eject-playback

Wenn eine Setzung geladen, jedoch nicht vollständig zum Ende zurückgespielt wurde, kann sie mit [F2] freigegeben werden.

[F3] = load-playback

Lädt eine Setzung zum Zurückspielen in den SESSION RECORDER. Beim Laden wird nach Dateien mit der Erweiterung .KYS gesucht.

[F4] = save-recording

Sichert die bisher durchgeführte Setzung in einer Datei.

[F5] = rewind-recording

Löscht alle bisher aufgezeichneten Ereignisse. Die Aufzeichnung kann nun von Anfang an begonnen werden.

Die restlichen Funktionen haben die gleichen Bedeutungen, wie sie bereits im Hauptmenü beschrieben worden sind.

Anhang D: LAUFZEIT-FEHLER (RTS-ERROR)

Wenn der Rechner mit einem Problem konfrontiert wird, das er nicht lösen kann, bricht die Ausführung des Programms ab. Wir sprechen dann von einem abnormalen Ende des Programms. Wenn ein Programm abgebrochen wird, zeigt das System die folgende Fehlermeldung an:

```
"RTS ERROR NO.xxx"
```

wobei xxx die Nummer eines Fehlers in der folgenden Liste ist.

Beim Auftreten von Laufzeitfehlern unterscheiden wir zwischen behebbaren und nicht behebbaren Fehlern.

- Behebbare Fehler

  Behebbare Fehler sind dateibezogene Fehler und verursachen keinen Programmabbruch, wenn die FILE STATUS-Klausel für die betroffene Datei verwendet wird. Sie können daher im Programm abgefangen und behandelt werden.

- Nicht-behebbare Fehler

  Dies sind Fehler, die in jedem Fall zu einem Programmabbruch führen. Sie sind in der folgenden Tabelle mit einem * gekennzeichnet.

Fehler-Nr.	Ursache
001	Pufferplatz bereits ausgenutzt; wird der Pufferplatz für eine Datei benötigt, so gilt der Fehler als behebbar;
002	Datei ist nicht eröffnet
004	Ungültiger Dateiname
005	Gerät ist unbekannt
006	Ausgabe auf eine Datei, die mit OPEN INPUT eröffnet wurde, ist nicht zulässig;
007*	Diskette ist voll
008	Eingabe von einer Datei, die mit OUTPUT eröffnet wurde
009	Kein Platz im Inhaltsverzeichnis mehr vorhanden
012	Datei ist bereits eröffnet
013	Datei nicht gefunden
014	Zu viele Dateien gleichzeitig eröffnet
015	Zu viele Indexdateien gleichzeitig eröffnet
016	Zu viele Gerätedateien gleichzeitig eröffnet
017	Ungültige Satzlänge
018	Das Ende der Datei wurde eher als das Ende des Datensatzes festgestellt. Dies kann durch Verwechselung von SEQUENTIAL und LINE SEQUENTIAL verursacht werden;
019	Falscher Eröffnungs- oder Zugriffsmodus für die REWRITE-Anweisung;

Fehler- Nr.	Ursache
021*	Es wurde ein Directory anstelle einer Datei verwendet;
022	Ungültiger bzw. unmöglicher Zugriffsmodus für die OPEN-Anweisung;
023	Ungültiger bzw. unmöglicher Zugriffsmodus für die CLOSE-Anweisung;
024	Disketten-E/A-Fehler, kommt bei zerstörten Disketten vor;
025*	Betriebssystem-Datenfehler
026*	Block Ein-/Ausgabefehler
027	Gerät nicht vorhanden oder nicht betriebsbereit
028*	Kein Platz mehr auf dem angesprochenen Gerät vorhanden
030	Datei ist schreibgeschützt
031	Datei ist vom Eigentümer mit Attributen versehen
032	Zu viele Indexdateien gleichzeitig eröffnet
033*	Hardware-E/A-Fehler, z.B. Diskette fehlt
034	Falscher Eröffnungsmodus für eine Datei
035	Datei ist mit READ-Attribut versehen
036	Es wurde versucht, eine unpassende Operation auf einer existierenden Datei durchzuführen
037*	Dateizugriff ist nicht möglich
038*	Diskettenformat ist nicht kompatibel

Fehler-Nr.	Ursache
039*	Datei ist nicht kompatibel
041	Zerstörte index-sequentielle Datei
043*	Datei-Information für eine index-sequentielle Datei fehlt
047*	Überlauf in einer index-sequentiellen Datei
065	Die Datei ist gesperrt
066*	Doppelter Schlüssel in einer index-sequentiellen Datei für ein Schlüsselfeld, welches dieses nicht erlaubt
067	Eine index-sequentielle Datei ist nicht eröffnet
068	Satz gesperrt
069*	Falsche Argumente für eine index-sequentielle Datei, verursacht durch einen Systemfehler
070	Zu viele Indexdateien gleichzeitig eröffnet
071*	Falsches Format für eine index-sequentielle Datei
072*	Ende einer index-sequentiellen Datei, verursacht durch einen Systemfehler
073*	Keinen Satz gefunden in einer index-sequentiellen Datei, verursacht durch einen Systemfehler
074*	Kein nächster Satz gefunden in einer index-sequentiellen Datei, verursacht durch einen Systemfehler
075*	Name für eine index-sequentielle Datei ist zu lang (für UNIX-System)

Fehler-Nr.	Ursache
076*	Eine Dateisperrung kann für eine index-sequentielle Datei nicht durchgeführt werden; kann dadurch verursacht sein, wenn das Programm abbricht und die Datei noch gesperrt ist
077*	Fehler im ISAM-Modul, verursacht durch einen Systemfehler
078*	Falsche Schlüsselbeschreibung für eine index-sequentielle Datei, verursacht durch einen Systemfehler
081*	Schlüssel existiert bereits in einer index-sequentiellen Datei, verursacht durch einen Systemfehler
101*	Ungültige Operation für eine index-sequentielle Datei, verursacht durch einen Systemfehler
102*	Falsche Länge für eine sequentielle Datei
104*	Kein Dateiname bei der OPEN-Anweisung
105*	Nicht genügend Speicherplatz verfügbar
106*	Verzeichnisfehler
107*	Ungültige Dateioperation
116*	Nicht genügend Speicherplatz verfügbar
117	Falscher Sortiercode
138	Datei wurde mit CLOSE WITH LOCK geschlossen
139	Fehler in Satz- oder Schlüssellänge, (wurde verändert nach der Erstellung)

Fehler-Nr.	Ursache
141	Index-sequentielle Datei ist bereits eröffnet
142	Datei ist noch nicht eröffnet
143	REWRITE/DELETE-Anweisung, ohne vorher mit der READ-Anweisung gelesen zu haben
146	Kein nächster Satz zum Lesen im sequentiellen oder dynamischen Zugriffsmodus
147	Falscher Eröffnungsmodus für READ/START
148	Falscher Eröffnungsmodus für WRITE
149	Falscher Eröffnungsmodus für REWRITE/DELETE
151	Wahlfreier Lesezugriff auf eine sequentielle Datei
152	REWRITE auf eine Datei, die nicht mit I-O eröffnet wurde
153*	Subscript außerhalb der erlaubten Grenzen
154*	PERFORM zu tief geschachtelt
155*	Ungültige Befehlszeile
156*	COMPUTE-Anweisung ist zu lang
157	Objekt-Programm ist zu groß zum Laden
158	REWRITE auf eine LINE SEQUENTIAL Datei
159	Zerstörte LINE SEQUENTIAL-Datei
161*	Ungültiger Zwischencode
162*	Division durch Null

Fehler-Nr.	Ursache
163*	Ein numerisches Feld enthält ein ungültiges Zeichen
164*	Ein Unterprogramm ist nicht gefunden worden
165*	Zwischencode nicht mit dieser COBOL-Version kompatibel
166*	Rekursives CALL (nicht erlaubt)
167*	Zu viele Parameter wurden bei der CALL-Anweisung verwendet
169*	Ungültige Konfiguration
170*	Eine COBOL-Systemdatei ist nicht auf der System-Disk vorhanden
173*	Ein Unterprogramm wurde auf dem aktuellen Laufwerk bzw. Directory nicht gefunden
176*	Ungültige Referenz zwischen verschiedenen Segmenten
177*	CANCEL auf ein aktives Programm
178*	Fehler beim Sichern
179*	Fehler beim Aufruf eines Unterprogramms (kann nicht gefunden werden)
180*	End-of-File (Ende-der-Datei) nicht lesbar
181*	Fehler bei der Parameter-Übergabe
182*	Ungültige E/A-Richtung für die Console
183*	Es wurde versucht, eine LINE SEQUENTIAL-Datei mit I-O zu eröffnen;
184*	Fehler in der ACCEPT/DISPLAY-Anweisung

Fehler-Nr.	Ursache
190*	Zu viele Parameter in der CALL-Anweisung
191*	Terminal-Typ ist nicht definiert
192*	Terminal-Eintragungen fehlen
193*	Ungültiger Zwischencode
194*	Datei zu groß
195*	REWRITE/DELETE-Anweisung, ohne vorher mit der READ-Anweisung gelesen zu haben
196*	Maximale Anzahl der Sätze in einer Datei ist überschritten
198*	Ladefehler
199*	Systemfehler aufgetreten, der hier nicht dokumentiert ist
200*	Interner Logikfehler
201*	Ein-/Ausgabefehler während Paging-Operationen (kein Platz auf der Diskette bzw. im Directory)
203*	Parameter fehlen im Unterprogramm
206*	Es wurde versucht, von einer leeren Hauptspeicherdatei zu lesen
208*	Fehler im Multi-User-System
209*	Fehler in der Netzwerk-Kommunikation
210*	Datei wurde mit CLOSE WITH LOCK geschlossen
212*	Ungültige Assembler-Unterroutine

Fehler- Nr.	Ursache
213	Maximale Anzahl der zu sperrenden Daten-sätze wurde bereits ausgenutzt
214*	GO TO-Anweisung ohne Ziel (noch nicht modifiziert)
215*	COMMUNICATION-Modul kann nicht mit dem Animator getestet werden
216*	Für den COMMUNICATION-Modul fehlt ein Gerät
217*	Generiertes Programm ";GNT" ist für den Host-Prozessor nicht kompatibel
218*	Ungültige REEL/UNIT-Datei
219	Überschreitung der maximalen Anzahl der gleichzeitig eröffneten Dateien in Multi-User-Umgebung (shareable)
221*	Fehler vom SORT/MERGE-Modul
222*	Fehler vom SORT/MERGE-Modul
223*	Fehler vom SORT/MERGE-Modul

Stichwortverzeichnis